2015

湖南省社会科学界第六届学术年会论文集

HUNANSHENG SHEHUI KEXUEJIE DILIUJIE XUESHU NIANHUI LUNWENJI(2015NIANDU)

（2015年度）

主编 宋智富 郑 升

湘潭大学出版社

图书在版编目(CIP)数据

湖南省社会科学界第六届学术年会论文集. 2015 年度 / 宋智富, 郑升主编.—湘潭：湘潭大学出版社，2016.7
ISBN 978-7-81128-969-5

Ⅰ.①湖… Ⅱ. ①宋… ②郑… Ⅲ. ①社会科学—学术会议—文集 Ⅳ. ①C53

中国版本图书馆 CIP 数据核字(2016)第 199944 号

湖南省社会科学界
第六届学术年会论文集(2015 年度)

宋智富　郑升　主编

责任编辑：李志红
装帧设计：张春燕
出版发行：湘潭大学出版社
社　　址：湖南省湘潭市 湘潭大学出版大楼
电话(传真)：0731-58298966　邮编：411105
网　　址：http://press.xtu.edu.cn
印　　刷：长沙鸿和印务有限公司
经　　销：湖南省新华书店
开　　本：787×1092　1/16
印　　张：36.25
字　　数：860 千字
版　　次：2016 年 7 月第 1 版
印　　次：2016 年 7 月第 1 次印刷
书　　号：ISBN 978-7-81128-969-5
定　　价：88.00 元

湖南省社会科学界第六届学术年会组织委员会

主　　任：省委常委、宣传部长、省社科联主席　张文雄

副 主 任：省委宣传部巡视员　李湘舟
省社科联党组书记、副主席　宋智富
湖南农业大学副校长　曾福生

委　　员（按姓氏笔画排序）：

湖南生物机电职业技术学院党委书记	成立平
长沙师范学院副院长	伍春辉
省委党校副巡视员	伍晓华
湖南工业职业技术学院院长	刘建湘
中国人民银行长沙中心支行党委副书记	张瑞怀
湖南农业大学科技处处长	陈光辉
省社科联党组成员、副主席	郑　升
省社科规划办主任	骆　辉
株洲市委党校教育长	黄夏先
湖南广播电视大学校长	彭　元
湖南师范大学副校长	蒋新苗

组委会办公室：

主　　任：	省社科联党组成员、副主席	郑　升
副 主 任：	省社科规划办主任	骆　辉
	省社科联副秘书长	楚　玲
	湖南农业大学科技处处长	陈光辉
主　　编：	省社科联党组书记、副主席	宋智富
	省社科联党组成员、副主席	郑　升
副 主 编：	省社科联副秘书长	楚　玲
	省社科联学会工作处科长	周松华
成　　员：	省社科联学会工作处副处长	方　丽
	省社科联学会工作处副调研员	邱素峰
	省社科联学会工作处副调研员	陈晓季
	省社科联学会工作处科长	肖　艳
	省社科联学会工作处科长	李凤琦

湖南省社会科学界第六届学术年会论文集（2015 年度）

内容简介

2015 年，“湖南省社会科学界第六届学术年会论文集”，紧扣改革进行时的“思与行”成果交流会这一主题，从“金融体制改革”“社会保障体制改革”“文化体制改革”“生态文明体制改革”“农村改革”“经济体制改革”“教育体制改革”“民主法制领域改革”“行政机构改革”等 9 个专题探讨、研究相关问题，为湖南进一步深化改革建言献策。本书汇集的年会优秀论文，有理论分析，有思想阐释，有问题剖析，更有针对性、可操作性强的具体对策，是全省广大社科工作者当好省委、省政府“智囊团”“思想库”的优秀研究成果的结晶。

社科工作者要在推进理论工作“四大平台”建设上大显身手

（代序）

李湘舟

中央指出，理论工作“四大平台”建设是一个大思路、大战略、大举措，是推进社科理论工作的一个总抓手。推进“四大平台”建设，是社科界在新形势下要认真做好的一个大课题，也是广大社科工作者在新形势下可以大显身手的大舞台。

首先，要在“马克思主义理论研究和建设工程”这个平台建设上发挥更大的作为。一是在研究阐释当代中国马克思主义上显示作为，其中最主要的就是要把习近平总书记系列重要讲话精神、把中国特色社会主义理论体系、把“四个全面”战略布局等党的理论创新成果研究阐释好，多出成果、出好成果。二是在深入研究和回答“三个重大”上显示作为。努力用新的视野研究阐释好重大现实问题、重大理论问题和重大实践经验。三是在加强深层次理论问题的辨析引导上显示作为，在大是大非问题上要敢于亮剑、敢于发声，做意识形态领域“上甘岭保卫战”的坚强战士。

其次，要在中国特色社会主义理论体系研究中心这个平台建设上发挥更大的作为。要以扎实的理论研究为基础，以重大课题为牵引，以短平快的课题为抓手，全面提升中心的综合实力和社会影响力，使中心成为开展理论宣传、进行思想舆论斗争的“快速反应部队”。湖南省中国特色社会主义理论体系研究中心现有19个基地，每年都在中央“三报一刊”发表一批有分量的理论文章，是全国地方“中心”的一支精锐部队。我们在推进中心建设上显示作为，最主要的是要努力聚焦党的理论创新成果，聚焦中央最新精神，聚焦社会热点思潮，在重大节点、重要关头和重大问题上及时发声、快速反应推出理论阐释文章。

再次，要在马克思主义学院这个平台建设上发挥更大的作为。中央提出，把马克思主义学院（以下简称“马院”）纳入“四大平台”建设，主要任务是加强思想政治理论课教学，强化理论人才培养，为马克思主义理论事业源源不断地输送新鲜血液。现在，全国93%的本科院校、97%的教育部直属高校成立了独立的思政课教学科研机构，有230多所高校正式命名成立了马院。我省高校已经有13所马院，所有高校都设立了思政课教学科研机构。我们在推进马院建设上显示作为，最主要的是要进一步推进党的创新理论进教材、进课堂、进头脑，努力把高校建设成为社科理论工作的红色大本营。

最后，要在推进报刊网络理论阵地这个平台建设上发挥更大的作为。把报刊网络理论宣传阵地纳入“四大平台”建设，主要任务是做大做强党报党刊党网的理论宣传，把传统媒体的内容优势和新媒体的传播优势有机结合起来，巩固壮大主流思想理论传播阵地。我们在推进报刊网络理论阵地建设上显示作为，最主要的是广大社科理论工作者要发挥自身优势，努力抢占发声的“制高点”，力争成为报刊上的“红色理论大腕”，自觉把宣传阐释党的理论创新成果、开展理论引导作为自己的应尽之责；力争成为网络上的“红色理论大 V”，在净化网络空间、维护网络意识形态安全方面，最大限度地发挥正能量。

在推进理论工作“四大平台”建设上显示作为，需要在以下几个方面着力，努力做到四个“高”：

一是要培养保持正确政治方向的高度自觉。社科理论领域是意识形态的前沿阵地，社科工作者是这个阵地的前沿卫士，因此，最要紧的是要培养和形成高度的政治意识和政治定力，把握好社科研究正确的政治方向。首先要自觉练好“基本功”，更好地掌握马克思主义基本理论这个“看家本领”；其次要自觉牢记“任务书”，始终把“两个巩固”——巩固马克思主义在意识形态领域的指导地位、巩固全党全国人民团结奋斗的共同思想基础作为自己的责任和使命；最后自觉把握好“度量衡”，坚持把中国特色社会主义作为衡量一切是非曲直包括衡量我们学术研究的尺子。把这三条把握好了，社科研究才会既不走封闭僵化的老路，也不走改旗易帜的邪路，从而始终保持正确的政治方向。

二是要从全省改革发展大局的高处着眼。从一定意义上讲，社科理论工作是一种高层次的服务工作，因此我们的研究要把为决策服务、让社会受益作为最高价值追求。实现这个价值追求，就要善于从高处着眼，始终做到胸中有大局。当然，从高处着眼不能眼高手低，打造社科理论高地要善于从低处做起。也就是说，我们做课题、搞研究，一定要注意联系实际，面向实践，真正做到把心思放在现实中，把文风转向通俗化，把理论送到基层去，把论文写在大地上。

三是要多奉献富有创新创造的高明之见。搞社科理论研究，最重要的是要作出自己的分析，亮出自己的观点，提出自己的对策。无论是作分析、亮观点，还是提对策，都要有能够让人们“精神为之一振”的高明之见。这种高明之处，主要体现在两个方面：一方面是要敢为人先，有先见之明；另一方面是要敢为人新，有新见之明。这里最核心的要求是，我们做学问、搞研究不能被动应付满足于做“传声筒”，不能落后现实发展自甘于当“马后炮”，不能人云亦云陶醉于出“大路货”，一句话，就是要立志当“领跑者”，不能当“跟跑者”。

四是要树立立足和引领前沿的高远追求。哲学社会科学研究是一种重要的文化软实力，而增强这个软实力，必须要有硬功夫，没有立足和引领前沿的高远追求是达不到理想境界的。立足和引领前沿，首先要瞄准“前沿”问题，把研究学术上的前沿问题和现实中的“前沿”问题作为主攻方向，敢于嚼别人没有嚼过的馒头；其次要发挥“前瞻”思维，善于用“望远镜”看问题、作判断，努力见微知著、超前谋划；再次要推出“前卫”成果，努力潜心研究、大胆创新，做到见人之所未见，发人之所未发，形成引领前沿研究的成果。社科研究如果具备了这三个“前”，就能更好地发挥思想引领和社会服务的积极作用。

（本文摘自省委宣传部巡视员李湘舟同志在第六届湖南省社科界学术年会暨全省改革进行时的“思与行”成果交流会上的讲话）

目 录

内强基础　外拓形象　深化改革　跨越发展
为建设特色鲜明的高水平财经类大学而努力奋斗

王汉青

改革创新是时代主旋律。十八届三中全会对全面深化改革的系统部署，掀起了我国新一轮改革发展的浪潮。当前，高等教育作为学校教育的最高阶段，其综合改革已逐渐进入攻坚期和深水区，我省作为教育大省，各兄弟院校也陆续推进了相关改革，积累了宝贵经验，而且持续深入的力度还在不断加大。这两年，湖南商学院紧紧抓住深化改革这个主题，大刀阔斧地推进了一系列改革，取得了让师生员工满意的成效，学校呈现出振奋人心的新气象。借此机会，我和大家分享几点认识和体会。

一、以战略思维谋划改革，做好顶层设计，强化目标引领

改革发展需要战略思维。以习近平同志为总书记的党中央大力推进全面深化改革，正是结合中国具体国情，结合国家重大发展目标，一心一意谋求发展所做出的重要战略决策和部署。高校党政班子要谋求发展，推动教育上层次、上水平，也必须把体制机制改革上升到战略的高度，以战略思维确保改革抓得准、立得住、得人心、管长远。

以战略思维谋划改革推动发展，做好顶层设计是关键。顶层设计关涉全局、统揽大局、规划长远，顶层设计做得好，就能极大地凝聚人心，提振精气神，激发出巨大的能量。去年我从湖南工业大学调任湖南商学院担任党委书记后，做的第一件事就是在全面深入各二级单位走访调研的基础上，冷静分析学校的发展现状，结合国际国内和我省的新形势、新要求，与班子成员一道谋划学校的改革发展，认真做好顶层设计工作。我们深刻地认识到，改革创新既是时代发展的迫切需要，也是学校发展的必然选择。

一方面，作为以财经为特色的高校，全球化对财经高端人才培养的新要求，需要高校改革人才培养模式与之适应。我们所处的时代是一个知识经济、科技革命、全球化主导的时代，改革开放30多年来，中国的对外直接投资已经走向世界各地，融入全球分工和产业链的进程不断加快。而且，伴随着亚投行等的建设，中国日益成为国际经济新秩序的重要倡导者和推动力量。这种全球化的形势，要求财经类高校必须更加注重与国际接轨，注重培养国际化复合型高端人才，使学生不仅具备全球化的意识和国际化的视野，更能在多元文化和多元经贸交往中站稳脚跟，甚至引领潮流，掌握话语权。要满足这种人才培养的

新要求，迫切需要高校在教育教学方面着力改革创新。

另一方面，我国改革发展事业步入新常态，迫切需要高校积极改革应变。当今时代，结构调整、技术进步、制度创新、开放带动已经成为中国经济新常态，经济持续增长的强大动力，大众创业、万众创新的时代已经扑面而来。这些变化给高等教育的发展带来了新的机遇和挑战，高等教育要适应这种新常态，必然会有一轮更加深刻的变革与之相匹配。而这种重大变革，要求我们必须提升内涵质量，以特色求发展。放眼未来高校发展，谁有特色，谁就有位置，谁就有资源，质量好、特色优的学校必将大放异彩。

此外，经济社会发展对财经大学的呼唤，需要学校在改革中实现新作为。放眼全国，各省市顺应经济社会发展的需要，纷纷拥有了一所或多所财经类大学，中部六省也唯独湖南还没有自己的财经大学。湖南经济社会迈入发展的快车道，迫切需要建设一所财经类大学；湖南推动经济强省的建设，迫切需要有高水平财经大学的支撑。在区域经济发展对高校服务地方经济社会能力的要求与日俱增的情况下，顺应形势需要，全面深化改革，提升教育教学质量与层次，更好地满足湖南经济社会发展的需要，就必然成为我们责无旁贷的使命。

作为一所有 66 年办学历史的老牌财经类院校，湖南商学院已经成为湖南财经教育的桥头堡，形成了较为深厚的文化底蕴，在老百姓中树立起了良好的口碑，赢得了“培育经济湘军摇篮”的赞誉，依托良好的办学基础再上新台阶是必然需要。正是基于这些分析，我们感到湖南商学院已经迎来了一个十分重要的发展机遇期，也处在一个需要自我重新定位的发展转折点，只有把改革创新作为推动发展的战略引擎，当做一种积极主动自觉的行动，才能主动适应新常态，积极引领新常态，才能在新一轮改革发展的浪潮中赢得先机。为此，我们召开了“深化改革，推进发展”主题务虚会，凝聚起改革发展的基本共识，强化对体制机制改革创新的顶层设计，提出了实现“三升三旺”的事业发展目标和愿景，“三升”就是升一本、升大学、升博士点，“三旺”就是人气旺、人才旺、事业旺。在今年 7 月中旬成功召开的学校第四次党代会上，正式将“三升三旺”确立为学校发展的战略目标和事业愿景，通过十年左右的改革创新和跨越发展，将学校建设成为特色鲜明的高水平财经类大学。这个目标和愿景的提出与确立，极大地提振了精气神，凝聚了人心力量，师生员工建设学校的热情空前高涨，也日益得到社会各界的广泛认可。

目标引领方向，目标引领发展，目标引领前进。高目标的引领，需要高标准的落实。战略目标的确立，引领学校师生员工凝神聚力，发扬跳起来摘桃子的精神投入改革建设事业。学校整合一切资源，集中一切智慧，调动一切力量，坚持以升促建，各种活动都坚持与发展战略相适应，为发展战略服务，以更多务实之举、求实之风、落实之策，把战略目标落实到十三五规划的制定中去，转化为一项项具体措施，落实到一件件具体事情。我亲身经历了两次“改大”：一次是在南华大学，牵头合并原来的衡阳工学院和衡阳医学院；一次是在湖南工业大学，牵头以株洲工学院为基础，合并多所学校组建工大。这个过程非常艰难，我感觉到我们取得成功的关键，正在于高度重视做好顶层设计，强化目标引领，带领师生员工以高度的团结、饱满的热情投身事业。2005 年，教育部高校设置委员会投票全票通过，将株洲工学院升格为湖南工业大学，这是非常不容易的。

二、以系统思维推进改革，理顺体制机制，创新大学治理

体制机制的理顺和大学治理的创新是改革的重中之重，也是国内高校在新的发展时期朝着建设高水平大学努力的方向。作为一项系统工程，高校改革涉及教学、科研、管理等方方面面。这些改革既各有侧重，也相互关联，要做好改革这篇大文章，头痛医头脚痛医脚显然不行，零敲碎打也难以奏效，必须以系统思维推进改革，形成改革合力，使改革体现“深化”和“全面”的要求，在广度和深度上都取得实效。为此，自去年以来，学校紧锣密鼓地推进了一揽子改革工程，包括校院两级管理体制改革、绩效工资改革、“151”人才工程实施、高层次人才引进和管理、职称内聘评审、职员职级制改革、青年教师培养管理、本科教学改革、学科建设整体规划、校园建设整体规划、高水平科研学术成果奖励、辅导员队伍建设、后勤改革等25项改革事项，并先后两批次推进了简化办事程序改革，并突出抓了以下几个方面的改革。

一是围绕《大学章程》的制定，明确改革基本方向、原则和制度模式。章程是现代大学制度的标志和载体，是大学办学的总纲领。改革有破有立，章程的制定就是一个“立”的过程。学校章程明确了坚持党委领导下的校长负责制，突出强调了党委书记和校长之间的沟通、协调；明确建立校董事会；明确将学术委员会作为学校学术管理的最高机构，让学术委员会承担学术规划、学科建设、学科评价、专业设置等职能，监督学术道德；明确将学院党政联席会议作为学院的决策机构等。在章程中，我们充分体现和落实办学重心下移的方针，理顺校院两级关系，积极推进学校办学重心下移，扩大学院等基层学术组织自主管理的领域和范围，确保事权相宜、权责一致，充分激发内部办学活力。《大学章程》的科学制定，使学校的综合改革有了基本的遵循。

二是抓住立德树人这个根本，深化教育教学管理与运行机制改革。作为教育部本科教学水平评估为“优秀”的高校，学校始终紧扣商科特色办学，为经济社会发展培育了一大批经济管理类高级专门人才。学校学生以学科基础扎实、社会适应度高、实践能力突出、意志品质过硬，赢得了用人单位的广泛好评，毕业生自主创立的企业达3000多家。为将学生更好地培养成社会主义事业的合格建设者和可靠接班人，学校一方面坚持把立德树人作为教育的根本任务，认真做好社会主义核心价值观的宣传教育，引领德育工作；不断培育和夯实大学精神，激励学生成长；大力打造健康向上的校园文化活动品牌，丰富学生生活；不断创新学生管理的方式和路径，帮助学生成才。学校涌现出一批先进学生的典型，《光明日报》等主流媒体多次予以报道。另一方面，学校全面落实本科教学建设与改革三年行动纲要，深化人才培养机制改革，着力推进了六大改革步伐：一是打破原有招生模式和专业建设模式，探索和推进按学科大类招生改革，逐步建立专业动态调整机制，打造商科品牌优势专业群。二是探索完全学分制改革试点，鼓励并引导学院开展素质提升教育。三是按照学业导师与项目导师有机结合的理念，推进导师制改革。四是改革课堂教学方式，引进与国际国内接轨的“慕课”课程，并以试点先行的方式，探索课程考试改革。五是构建“分层递进”式创业教育体系，开展普及性创新创业教育，建设大学生创新创业孵化平台和创客服务平台。六是进一步完善校院两级教学管理体制与运行机制，推进并优化教学质量评价体系。

三是紧扣学科和科研实力提升这个关键，深化学科科研体制改革创新。一是探索按一级学科建设新模式，积极推进大学部制改革，促进学科之间的深度交叉融合。二是构建以高水平成果和高层次平台建设为导向的学科建设评价体系，实施学科常规建设与学科水平建设相结合的考核机制，提升学科建设整体水平。三是充分发挥校学术委员会的功能，引入校内外专家匿名评审制度，营造公平学术环境。四是以第三方学术评价机构发布的评价体系和影响力因素为主要依据，优化和完善科研评价体系；以成果质量为导向，优化科研激励机制。五是以 2011 协同创新中心的培育建设为载体，推进科研组织管理、拔尖人才培养、资源配置与共享等方面的综合改革，努力做到中心、平台与团队三位一体。六是创新科研管理体制机制，出台强化学校产学研用合作系列举措，实现科研自主创新能力和服务社会能力“双提升”。日趋科学、完善的学科科研建设体制，产生了良好的成效，经管类学科实力进入全国百强。2015 年，新增 1 个“2011 协同创新中心”，协同创新中心达到 2 个。我校成为全国唯一进入国家社科基金课题立项百强的院字号高校，并获省光召科技奖 1 项、教育部人文社科优秀成果一等奖和三等奖各 1 项。

除了上述核心领域的改革创新，我们还探索实施了一系列综合配套改革，如在人事制度改革方面，我们探索实行全员岗位聘任（用）制和岗位聘任（用）合同制，探索实行教师分类管理，探索构建新的职称内聘机制，积极推行教育职员制度，深化收入分配制度改革，并在高层次拔尖人才的培育引进方面出台了多项改革举措。同时，学校还进一步深化了合作办学体制改革和后勤管理体制改革等，在校园融资和基础设施建设模式上也进行了大胆的创新与尝试。

三、以党建思维统领改革，强化党的领导，把握发展方向

党建思维就是想问题、作决策、办事情都能站在党建的角度，用党建理念去发现问题、解决问题、指导实践。党建思想政治工作是凝心聚力的工程，也是传递正能量的工程，还是保驾护航的工程。我认为，在社会主义国家，一所大学没有高水平的党建思想政治工作，就不是一流的大学，就不符合中央和省委的要求，一个组织、一个集体、一个单位就不可能有战斗力、凝聚力和向心力。所以，我们围绕实现“三旺”抓党建，把抓党建思想政治工作上升到立德树人、办人民满意的高水平大学的高度来认识、来谋划、来推进、来落实。在去年全省高校党委书记履行党建工作责任述职评议会上，我校取得了第 5 名的成绩，并得到了省厅领导的高度评价，这与我们以党建思维统领改革是密不可分的。在学校党代会报告中，我提出务必坚持“五个强化”，即：强化目标引领、强化改革创新、强化内涵建设、强化以人为本、强化党的建设，正是认识到了强化改革创新与强化党的建设紧密关联，必须协同推进。为此，我们坚持把党建工作和中心工作一起谋划、一起部署、一起考核。

一是强化班子建设提升领导力。党委班子的领导核心作用发挥得好不好，直接关系改革成败。习总书记强调指出：“要着眼于领导好全面深化改革这场攻坚战，加强学习和实践，努力提高各级领导干部的思想政治能力、动员组织能力、驾驭复杂矛盾能力。”作为学校重大改革事项的决策者、领导者，学校党委坚持落实管党治党的主体责任，坚持社会主义办学方向，坚持民主集中制，不断提高班子成员的政治素养和理论水平，打造学校改

革发展稳定的坚强领导核心。在工作中，我提出坚持团结共事要开心、工作当中多交心、做任何事情出自公心的“三心”原则，使领导班子的战斗力、凝聚力和创造力得到提高，营造出心往一处想、劲往一处使的生动局面。

二是强化组织建设提升战斗力。基层组织和党员干部是推动改革事业的战斗堡垒和先锋队，必须始终保持和提升其改革战斗力。学校一方面进一步规范党的基层组织建设，各党总支和党支部顺利换届，党支部活动经费全额到位，支部活力进一步激发。一方面坚持德才兼备、以德为先的用人标准，交流了一批正处级干部，提拔了一部分副处级干部到正处级岗位，完成了182名科级干部的调整充实工作。推进了干部制度改革的深化，保证能者上、庸者下、劣者汰，切实增强干部队伍活力，打造了一支靠得住、能干事、能干成事的干部队伍。

三是强化作风建设提升执行力。一个单位作风建设抓得好，就能形成推动改革发展的强大动力。学校以深入开展党的群众路线教育实践活动为契机，既坚持改作风，也大力促改革，师生反映强烈的一系列问题、制约学校发展的重大问题，通过持续改革得到了有效解决，师生员工对教育实践活动的整体满意度达97%以上。今年，学校继续深入推进了作风建设，并认真扎实地开展“三严三实”专题教育，各级党员干部改革发展的意识得到强化，党建思维不断增强，落实工作的举措更加有力，改革事业顺利推进。

四是强化廉政建设提升保障力。廉政环境能有力助推改革事业，保障改革进行。我校以党风廉政建设责任制为抓手，以廉政风险防控管理为依托，不断推进教育、制度、监督并重的惩治和预防腐败体系建设，在重点领域和关键岗位的廉政监督、查办违法违纪案件和信访工作等方面取得新成效。广大党员干部和教职员工廉洁从政、廉洁从教意识进一步增强。我校多次被评为全省党风廉政建设先进单位，在省市厅级主要领导干部专题培训班上，作为省内高校唯一代表宣传介绍党风廉政建设有关经验。

面对改革发展的大潮，面对日新月异的形势，已经收获了改革红利的湖南商学院，将在持续深入的改革发展中，激发新活力，实现新跨越，努力成为湖南乃至全国高等教育新的增长极。

（作者单位：湖南商学院）

“两型社会”建设背景下金融支持长株潭产业转型升级[①]

王庆安

在国家“一带一路”、长江中游城市群发展战略下，长株潭地区在我国中部的战略地位日显突出。2007年启动的长株潭“两型社会”建设契合了社会发展趋势，具有战略性和前瞻性，八年以来取得了丰硕的成果，当前正处于产业转型升级的攻坚期和关键期。金融支持经济发展是一个老课题，但面对新形势、新任务，如何主动适应、引领经济发展的新常态，通过金融改革、强化金融支持产业转型升级，则又是一个新课题，对长株潭“两型社会”建设有着战略意义。

一、“两型社会”背景下长株潭产业转型升级现状

自长株潭“两型社会”建设以来，长株潭三市经济发展迅速，地区生产总值稳步增长，人均收入水平逐步提高，居民消费增长迅速。以2013年数据为例，不到21%的人口贡献了湖南省生产总值的43 %。表1列出了长株潭三市自2009年以来的经济增长情况。

表1　湖南省及长株潭生产总值变化情况表　　单位：亿元

年份	2009	2010	2011	2012	2013
湖南省生产总值	13059.7	16038.0	19669.6	22154.2	24501.7
长株潭生产总值	5506.71	6715.91	8320.62	9441.7	10539.2
湖南省生产总值增加值	1504.7	2978.3	3631.6	2484.6	2347.5
长株潭生产总值增加值	941.4	1209.2	1604.71	1121.08	1097.5
长株潭生产总值贡献率	62.56%	40.60%	44.19%	45.12%	46.75%

数据来源：2008—2013年湖南省统计年鉴、长株潭统计公报

① 湖南省科技厅软科学项目：金融支持长株潭“两型社会”建设结构调整的对策研究（批准号：2013ZK3021）。

近5年以来，长株潭三市的经济增长速度较快，生产总值从5506.71亿元增长到2013年的10539.2亿元，三市的生产总值增长值对湖南全省的生产总值增加值的贡献率均在40%以上，2009年更是高达62.56%。

金融支持经济发展的力度不断增强，长株潭的固定资产投资额从2008年的2320.22亿元增长到2013年的7313.64亿元，增速为21.9%。2013年，长株潭金融机构存款余额达到13303.78亿元，同比增长16.3%，占全省比重达到49.7%；贷款余额11245.15亿元，同比增长13.7%，占全省比重为63.3%。

虽然长株潭三市在“两型社会”建设以来，经济增长较为明显，但与珠三角等城市群相比还有一段距离。2013年珠三角城市群生产总值为73429.74亿元，同比增长53.3%，而长株潭城市群的同比增长仅为11.6%。在产业结构中，长株潭城市群的第一产业比重持续上升，第二产业的比重虽略有下降，但比重仍较大，第三产业的比重增长不明显。2012年三大产业的比重为5.58∶57.41∶37.01，2013年为5.33∶56.64∶38.03，可见长株潭城市群的产业结构的调整力度不够大。

二、金融支持长株潭产业转型升级的现状及问题分析

经济的发展与金融的深化及支持力度紧密相关。一方面，长株潭各大产业迅速发展，区域金融环境持续改善；另一方面，金融支持与产业转型升级之间还存在较大缺口。

（一）金融支持不断深化，产业持续转型升级

在建设“两型社会”的要求下，长株潭地区产业结构持续优化，尤其是战略性新兴产业转型升级迅速，得到金融支持的力度也不断增强。一方面，政府政策性金融支持力度加大。2010年国家开发银行计划为长株潭在2010—2020年间提供18万亿元资金支持；2012—2014年，省级财政每年安排600万元金融发展专项补助资金支持华融湘江银行；在“3+5”城市群试验区战略的带动下，2013年9月，由湖南省政府金融办牵头编制的《长株潭城市群金融改革发展专项方案》获国务院审批出台，以加快金融资源集聚，提升金融服务水平。另一方面，金融支持长株潭经济较快发展，三大产业结构不断调整，由2008年的8.22∶52.48∶39.30调整到2013年的5.33∶56.64∶38.03，第二产业占比提高，大力发展工业形成的工业增加值影响力加大。长株潭地区生产总值占湖南省生产总值比重由39.51%增加到43.01%。至2013年，长株潭对全省经济增长贡献率高达46.75%，城市群经济增长重要性更加突出。整个湖南省的战略性新兴产业也得到不断地发展，2008年到2013年增加值由1624.59亿元增加到2622.31亿元，而长株潭则是战略发展中心，增长贡献率最高。

（二）金融支持中存在的问题

1. 金融支持供需不平衡且总量不足

为支持长株潭“两型社会”的发展，2010年国家开发银行编制了《长株潭融资规划》，该规划认为在2010—2020年间长株潭社会资金总需求为22万亿元，年均需求为2万亿元。在资金供给方面，预计10年总供给只有18.34万亿元，包括信贷资金3万亿元、财政资金2.76万亿元、域外资金2.63万亿元、资本市场融资0.55万亿元、自筹资金9.4

万亿元，存在约4万亿元资金缺口，必须寻找其他融资渠道以保障资金供给。①

从金融支持对生产总值的贡献度来看，2009—2013 年，全国水平基本上在 1.2 倍以上，2013 年还高达 1.3 倍。而长株潭地区的水平远远低于全国水平，贡献度在 1.1 倍左右，且近年呈下降波动趋势。这表明，长株潭地区金融支持的总量不足，这对产业结构调整形成了一种制约力量。

表 2　长株潭金融支持与全国金融支持对比表　　单位：%

年度	全国年末贷款余额/年度生产总值	长株潭年末贷款余额/年度生产总值
2009	126.91	111.21
2010	127.95	111.13
2011	123.39	106.02
2012	129.58	107.6
2013	130.32	109.77

数据来源：中国人民银行年度金融统计报告、国家统计局、湖南统计局

2. 间接融资比重大，直接融资发展缓慢

近年来，湖南省金融业的发展为长株潭产业转型升级注入了新的活力，但在融资方式上仍没有较大改变，主要表现在以下几个方面：

（1）银行信贷是产业转型升级资金的主要来源。从金融机构分类来看，仍然是以国有大型商业银行为主，股份制商业银行、城市商业银行、小型农村金融机构虽然也有发展，但规模有限，信托公司、财务公司等非银行类金融机构力量较为薄弱。

从湖南金融机构本外币贷款来看，国有大型商业银行的贷款占比较大，达到 43.96%，股份制商业银行及城市商业银行贷款贡献度也在逐步提高，但非银行金融机构的占比只有 1.14%。这表明湖南省金融融资模式较为单一，金融开放度还不够高，没有形成完全的市场竞争机制。

长株潭作为湖南省最主要的经济发展中心，集中了湖南省主要的信贷资金。从 2009 到 2013 年，湖南省及长株潭地区存贷款余额总量都呈增长趋势，其中，长株潭占据湖南省存款余额比例在 50% 左右，而贷款余额比例在 65% 左右。较大力度的金融支持将促进长株潭农业、高新产业、服务业的发展，产业结构调整的步伐加快。

（2）保险业增长较缓。尽管长株潭保费收入在整个湖南省保费收入中占比较大，增速较快，但保费增长率波动较大，这反映保险市场融资阻力较大，这既加大了保险业的运营成本，也可能加剧保险资金投向其他产业的不稳定性。

① 《湖南省统计年鉴 2013》：湖南省及长株潭财政收入及支出平衡度，表 8－3 和 8－4。

表3　2009—2013年湖南省及长株潭保费收入变化表　单位：亿元、%

年份	湖南省保费收入	长株潭保费收入	长株潭保费收入增速	长株潭保费收入/湖南省保费收入
2009	348.45	127.8	12.96%	36.68%
2010	438.53	163.75	28.13%	37.34%
2011	443.53	166.91	1.93%	37.63%
2012	465.1	181.6	8.8%	39.04%
2013	508.6	204.36	12.53%	40.18%

数据来源：2009—2013年湖南省统计公报、长株潭三市统计公报

（3）资本市场逐步健全，但融资渠道还有待拓宽。2013年，整个湖南省的证券交易趋向活跃，省内各类投资者参与股票基金交易金额同比增长94.5%。同时，证券公司积极完善公司治理结构，方正证券成功发行短期融资券33亿元，湘财证券成功登陆第三板。截至2013年年底，全省上市公司有87家，其中境内上市公司72家、境外上市公司15家，全年通过定向增发公司债券等渠道实现再融资189.8亿元，较上年增长1.6倍。全省企业从资本市场的直接融资总额从2009年的442.2亿元增长到2013年的1420.5亿元，融资规模快速增长，而相对于全省融资总额来看，占比仍然较小。

3. 从资金投向看，金融信贷结构不合理

在"两型社会"战略的支持下，长株潭产业转型升级迅速，两型产业得到的金融支持力度也有所增强，但从银行信贷资金投向来看，资金分布结构还不合理。至2013年年末，交通运输、仓储和邮政业处于绝对优势，占比将近25%；一直处于湖南省核心地位的制造业也占据较大比重，其他行业则只能获得小部分贷款，尤其是信息传输、计算机服务和软件等战略性新兴产业所获贷款占比仅为0.43%。

4. 金融支持生态环境还有待改善

（1）非正规金融发展较缓。当前我国利率市场化加速推进，市场竞争更加激烈，也加速了非正规金融的发展。而长株潭的金融支持结构还较为单一，非正规金融发展还处于探索阶段。一方面，信托公司、财务公司发展较缓，至2013年年底全省财务公司有4家，信托公司才1家；另一方面，小额贷款公司、投资担保公司还存在比较混乱的格局，资金运作不透明，内部管理风险较大。

（2）政府政策支持力度不大。从湖南省财政支出状况来看，2012年金融监管等事务支出为3.23亿元，2013年则降为2.35亿元，同比下降27%，且在整个财政支出中占比分别为0.08%和0.05%。

（3）信用、法律环境建设不足。从当前来看，长株潭地区信用体系在不断完善，中小企业信用体系建设示范园区逐步建立，企业和个人征信系统覆盖率逐步提高。但企业诚信意识和公众金融风险意识仍较为欠缺，防范金融风险、保障金融安全的任务仍然相当繁重。

三、金融支持长株潭产业转型存在问题的原因分析

"两型社会"建设进程中，长株潭地区产业结构在不断调整，资金需求数量较大且多

样化，尽管金融支持在逐步改善，但仍存在很多问题，究其原因主要表现在以下几个方面：

（一）三市各自为政，区域金融融合力度不够

近年来，长株潭三市的整体水平得到提高，但三市各自为政，并没有相互促进金融经济的发展。具体来说，仍然是长沙市发展较快，株洲市次之，湘潭市最后，且发展差距较为明显。在“两型社会”建设过程中，长沙市经济的迅速发展并没有带动株洲市、湘潭市，例如在生产总值方面，长沙市 2013 年的地区生产总值为 7153.13 亿元，其地区生产总值占长株潭地区生产总值的比重为 68%。在固定资产投资额方面，长沙市 2013 年的固定资产投资额为 4593.39 亿元，新增固定资产 2861.34 亿元；株洲市的固定资产总额为 1505.33 亿元，新增固定资产 984.91 亿元；湘潭市的固定资产总额为 1214.92 亿元，新增固定资产 916.22 亿元。

长株潭“两型社会”城市群，是“环境友好型”和“资源节约型”两型社会，目的就是要通过城城结合、统筹发展，实现资源的合理配置。区域金融整合可以提高金融支持的效率，降低融资成本，节省融资时间。然而长株潭三市的金融机构并没有实现区域金融合作，甚至三地支行之间也存在着恶性竞争。

（二）风险控制机制不健全

在长株潭的金融机构中，银行一直处于融资垄断地位。一方面，银行作为传统的间接融资机构，信贷机制较为完善，受到的信赖程度较高，从而导致企业倾向于向银行贷款；另一方面，存款准备金以及资本充足率的监管要求促使银行在选择贷款客户时更注重大中型企业而忽视小微企业和正处于创业、成长期的战略新兴产业企业，单从企业规模来判断信贷投向不仅可能造成大中企业一味迎合银行信贷标准而降低自身风险控制能力，忽略资金运营管理，也造成银行之间相互争夺大中型企业信贷指标，而战略新兴产业、小微企业却因规模小、市场竞争力不足而难以获得支持资金。

（三）金融投资方向与经济政策导向不匹配

长株潭在建设“两型社会”中，不断要求发展战略性新兴产业以及高新技术产业，从而促进长株潭产业结构的转型和优化升级，三市政府为产业转型升级制定了发展目标与经济政策，要求降低“两高一剩”产业的占比，大力发展战略新兴产业。而从金融机构资金投向上看，较大部分信贷资金还是主要流向传统产业，对战略性新兴产业支持力度不够。这主要是因为：1）政府宏观经济政策具有先导性、长期性，而由于市场中信息不对称的存在，金融市场对政策的反映具有一定的滞后期，从而导致当前金融资金投向还不能完全与政策支持相一致。2）“两型社会”的建设不仅要求经济发展水平的提高和产业协调升级，还追求整个社会事业以及人民生活水平的提高，而由于金融生态环境的不健全，资金的利用效率差异，加上资本市场发展较缓，金融机构的投向趋于单一化。3）由于传统产业在长株潭产业结构中始终占据主导地位，在当前金融业的盈利模式和风险控制模式下，如果没有政府引导，资金流向难以在短期实现根本性转变。

四、促进长株潭产业转型升级的金融支持政策建议

长株潭金融支持为“两型社会”产业转型升级及结构转型起到了一定的推动作用，但

仍存在区域金融融合力度不够、风险控制机制不健全以及金融结构与经济结构不匹配等问题，因此，加快改善金融结构，促进产业结构转型是当前长株潭经济发展的主要方向。

（一）健全金融融合机制，促进区域金融同城化

首先，深化各金融机构区域金融融合理念，促进各金融机构建立区域金融清算体系，要求区域内金融机构共同创建区域金融风险防范和监管体系，共同创建区域金融货币市场、票据市场，完善长株潭银行间拆借市场，最大程度整合金融资源。其次，建立区域信贷制度，建立公开透明、快捷的信息共享机制，增加支行贷款发放权限，优化贷款审批程序。优化绩效考核体系，促进支行间的合作，避免恶性竞争。最后，健全长株潭金融服务体系，推进长株潭区域内金融机构实行同行及跨行通存通兑，实现区域内个人和企业汇兑结算等业务，对区域内的银行结算免收手续费，实现真正的长株潭"一体化"。

（二）完善金融监管，健全风险控制机制

首先，继续加强"一行三会"对传统金融机构的监督管理。合理监控信贷资金的质量，规范信贷审查流程，严格执行贷款标准，降低不良贷款率、贷款集中度；增强监管部门与金融机构、企业之间的联系与合作，动态地监测产业转型升级转型资金需求、走向以及金融机构的风险分布。其次，统筹长株潭地区的金融监管体制，实时共享各市信息以根据实际需要而不断做出调整，从而杜绝区域监管真空。最后，尽快出台规范民间金融市场的政策法规，引导影子银行体系朝着正规化、阳光化、透明化发展，同时加强对各类小额贷款公司、投资担保公司等的资本管理，提高风险抵抗能力。

（三）建立多层次资本市场，增强金融支持与经济结构转型的匹配度

健全的资本市场会增强企业融资的能力，长株潭应创造条件不断建立多层次的资本市场。首先，降低中小企业的上市门槛，增加银行信贷融资难的中小企业的融资渠道，从而在促进银行信贷融资向股权融资的转变的同时，也支持新型中小企业的发展。其次，大力发展债券市场和票据市场，建立合理的债券、票据融资机制，并通过政策支持鼓励战略新兴产业企业发行公司债券、企业票据，并不断创新金融产品，拓宽融资渠道，降低企业融资成本，优化资金利用效率。最后，长株潭政府应加大对金融机构资金流向的引导作用。一方面，不断明确产业重点发展方向，加强对"两型"产业的支持力度，并逐步推动新兴产业与金融机构的信息沟通与匹配，以解决融资渠道问题；另一方面，创新互联网金融体系，开发对战略新兴产业有针对性的支持产品，解决产业转型升级与金融机构之间的信息不对称问题。

（作者单位：湘潭大学）

对接“一带一路”加快湖南产业结构调整与优化的政策建议

王耀中

国家实施“一带一路”发展战略为湖南扩大对外开放，加快过剩产能输出，从而促进产业结构调整与升级带来了难得的历史契机。我们必须认真分析形势，抢抓机遇，积极应对。

一、优势与机遇

（一）交通区位优势凸显

湖南承东启西，连南接北，扼长江中游以南交通之要津。随着京广、沪昆两条高铁在长沙交会，岳阳城陵矶港通江达海，省高速公路网与周边各省“无缝衔接”，黄花机场航空业务与日俱增，湖南立体交通网已初具规模。在“一带一路”国家战略的引领下，湖南充分发挥作为东部沿海地区和中西部地区过渡带、长江经济开放带和沿海经济开放带结合部的区位优势，加强与沿海和内陆地区产业联系，促进产业转型升级已恰逢其势。

（二）优势产业发展良好

2014年湖南省工业运行质量综合指数居全国前十，继续保持中部第一。随着开放型经济不断发展，我省在轨道交通、工程机械、基础建设、能源开发等领域形成了一大批具备较强“走出去”能力的优质企业，出口商品在“一带一路”沿线国家进一步开辟市场已恰逢其时。

（三）产业集聚效应增强

“十二五”以来，我省一直坚持实施大力推进新型工业化进程的战略，使得产业集群化水平有了较大提升。通过刺激创新、降低成本、提高效率等途径，促进产业上下延伸、系统配套，吸引更多相关企业集聚发展，提高集群竞争力已恰到其时。

二、问题与挑战

（一）第三产业发展缓慢，制约了我省产业链的对外延伸

2014 年全省三大产业结构比例为 11.6∶46.2∶42.2，湖南省经济增长主要依靠第二产业，特别是制造业带动的格局并未得到根本性改变。与全国及中部其它省份相比，我省第三产业发展缓慢，产业整体结构偏重。第三产业的发展，尤其是现代生产性服务业的滞后势必影响产能的输出和产业结构的调整与升级。

（二）产业内部结构层次偏低

传统制造业产能普遍过剩，特别是在水泥、钢铁、电解铝等高耗能行业表现得尤为突出，但技术含量较高的医药制造业、通信设备、计算机及其他电子设备制造业则供给不足。现代服务业内部结构不优。"十二五"期间，湖南省交通运输、仓储和邮政业、批发零售业、住宿餐饮业等传统服务业在全部服务业增加值中占比达到60%左右，而金融、信息传输、计算机服务、软件业等现代服务业占比仅为40%左右，结构性矛盾制约着产业整体结构优化。

（三）产业结构升级的动力不足

全省产业发展主要依赖于资本、劳动力等要素驱动，创新驱动效应不明显。以湖南优势支柱产业工程机械为例，关键液压元件、大马力发动机等核心技术部件仍依赖进口，人才智力支撑力度不够，企业自主创新能力相对不足，难以突破产业转型升级需要重要关键技术的制约。

（四）产业区域发展不平衡

湖南省工业和服务业较活跃的地区主要集中在长株潭城市群。2014 年，该地区第二产业和第三产业生产总值占全省生产总值比重都接近50%，湘南地区、大湘西地区和洞庭湖生态经济区第二产业和第三产业生产总值占全省生产总值比重偏低，区域差距明显。

三、对策与建议

（一）进一步扩大对外开放，创新对外交流与合作模式

拓展开放合作空间，充分依托泛珠论坛、中博会等平台，主动融入"一带一路"，推进多层次区域合作。"一带一路"共涉及60 多个国家和地区，大多是新兴经济体和发展中国家，其工业化、城市化正处在起步或加速阶段，产业发展还不完善。利用当地巨大市场需求，将过剩产业转移到欠发达国家和地区，既能推动欠发达国家的发展，也能有效地缓解我省的产能过剩问题。湖南完全可以通过创新对外开放的产业合作模式，积极参与长江中游经济带产业分工，加强与新兴经济体的合作，构筑产业开放的战略支点，承接国内外产业转移。

（二）依托重点企业，优化产业结构

湖南与"一带一路"沿线国家的经贸合作增势强劲。南车株机、三一重工、中联重

科、山河智能等企业的海外版图不断扩张，目前已辐射东盟、欧洲、非洲等市场。对接“一带一路”战略，扩大深化与沿线国家的经贸合作，能有效推动我省产业优势转化为出口竞争优势，实现产业结构优化与外向型经济发展的有机结合。建议重点发展装备制造业、文化旅游业、现代物流等产业。编制重点产业专项规划，在科学把握这些产业发展规律的基础上，制定发展目标和任务。打破地方利益保护的藩篱，推动沿线国家政策沟通和规划对接，促进重点产业要素有序自由流动，提升产业结构。

（三）激发企业活力，提升产业组织水平

整合社会资源，构筑以政府为主导、以市场为导向、以企业为主体的技术创新体系。推动大型国有企业面向世界500强和战略投资者招商，提高生产效率和管理水平，打造国际产业合作新模式。我省在“三角联动”空间战略中可选择合适的核心节点城市，连接综合交通运输干线，并根据自身发展优势和功能定位，与东盟、非洲、东欧、拉美等新兴经济体合作建立农业、制造业、文化、旅游等产业园区，形成“串珠状”经济合作格局，可推动产业结构转型升级。同时，培育特色产业基地、龙头企业和出口企业群体竞争新优势，增强企业参与市场竞争能力。提升全省百强民营企业、千家成长型中小企业国际化水平，引导其向“专、精、特、新”方向发展。

（四）加快创新驱动，提升产业竞争力

积极对接“一带一路”，引导创新要素向我省企业集聚，吸收国内外创新资源，构建现代产业体系。在新技术的引领下，创新产业经营方式和发展模式，开拓高端制造业和现代服务业新领域，提升价值链地位。同时，建设创新平台，推进高新技术在产业中的广泛应用，提高全要素生产率。

（五）强化保障措施，完善产业促进机制

加快淘汰落后产能，积极扶持培育战略性新兴产业，优化产业空间布局。要制定更加完善的金融支持政策，健全中小企业融资担保体系，保障高新技术企业融资需求，发挥商业银行金融支持作用。要破解资源稀缺制约，支持重点产业项目建设，优化产业用地结构，提高土地利用效率。同时，在对外开放过程中，充分利用湖南的人文优势，坚持培养与引进并重，建设一支开放意识强、创新潜力大、综合素质高的复合型人才队伍。

（作者单位：长沙理工大学）

完善社会保障制度　提高人民获得感

邓　微

党的十八届五中全会为“十三五”及更长时期的发展描绘了新蓝图。更具有深远意义的是全会提出了创新、协调、绿色、开放、共享的发展理念。在这个具有里程碑意义的会议上，中央特别强调要“使全体人民在共建共享发展中有更多获得感”。本文从完善社会保障制度的视角谈谈在市场在资源配置中起决定性作用的条件下，人民如何全面共享发展成果、提高人民的获得感的问题。

一、社会保障制度是提高人民获得感的有效制度工具

市场经济是目前国际占主导地位的资源配置方式，我国通过大力度的经济体制改革建立了社会主义市场经济体制。

市场经济之所以能够成为世界占主导地位的资源配置方式，我国的经济体制改革之所以选择社会主义市场经济体制为目标，是因为市场经济具有巨大的魅力，即以市场为基础配置资源，全面调动市场主体创新、创造的潜能，给以市场机制为核心的竞争法则带来效率，给社会注入巨大的发展活力。但是作为一种资源配置方式，市场经济存在着其自身无法克服的缺陷：即趋利性导致不平等竞争，导致分配差距拉大，难以实现公共目标。

我国选择和实行社会主义市场经济体制的目的是利用市场经济机制增强发展动力，加快我国经济发展步伐，为践行党的宗旨、实现社会主义生产目的打下坚实的物质基础；同时发挥社会主义制度的优越性，克服市场经济的缺陷，为践行党的宗旨实现社会主义生产目的提供有效的制度保障。

社会保障制度伴随着商品经济来到人类社会，能有效弥补市场经济的缺陷。目前，实行市场经济体制的国家均十分重视社会保障制度工具的运用。在我国实行社会主义市场经济体制之后，社会成员由计划经济条件下的“单位人”转变为“社会人”，各个单位为社会成员提供各类保障的机制被打破，这就需要政府适应社会主义市场经济体制的要求构建新的社会安全网，从20世纪80年代中期开始，我国启动了社会保障体系的建设。

社会保障体系以社会救助、社会保险、社会福利为主要内容，以社会互助、慈善事业、商业保险为补充。社会保障属于社会再分配范畴，该制度在以市场为基础配置资源的游戏规则下进行初次分配之后，通过公共政策、公共产品的供给在再次分配领域发挥让社会成员共

享发展成果的作用，是一种既不破坏市场机制，又让社会成员分享发展成果的制度工具。

当前，国家面临着非常复杂严峻的国内国际环境，改革仍然在深水区，经济发展面临着新的挑战和压力。新常态下新老问题叠加，新旧矛盾交织，风险之大、挑战之巨前所未有，这就要求在改革发展过程当中，要充分调动市场和社会的力量，要激活市场和社会的活力，处理好政府与市场、政府与社会、市场与社会的关系。为此，党的十八届五中全会提出，坚持共享发展，必须坚持发展为了人民、发展依靠人民、发展成果由人民共享，作出更有效的制度安排，使全体人民在共建共享发展中有更多获得感。在这样的历史条件下，社会保障是提高全体社会成员的生活水平和质量，提高社会成员获得感的有效制度工具。

二、我国社会保障制度正在发挥提高人民获得感的制度作用

计划经济条件下，我国的社会安全网与我国全面实施公有制的体制相联系实行国家保障作用。市场经济体制的建立倒逼与之相适应的社会保障制度的建立，到21世纪初我国的社会保障体系基本建立。

“十二五”时期是我国社会保障制度建设和改革力度最大、发展最迅速的时期。特别是党的十八大以来，以习近平同志为总书记的党中央把人民过上美好幸福生活作为治国理政的核心理念，高度重视社会保障建设，确定了“全覆盖、保基本、多层次、可持续”社保体系建设的基本方针，重点是“增强公平性，适应流动性，保证可持续性”，党的十八届三中全会明确要求建立更加公平可持续的社会保障制度。

经过多年的改革发展，我国已经建立起了世界上覆盖人群最多的社会保障体系。截至2015年上半年，全国参加基本养老、基本医疗、失业保险、工伤保险、生育保险的人数分别为8.46亿人、6.56亿人、1.71亿人、2.08亿人、1.76亿人。养老保险实现了制度全覆盖，保障待遇不断提高。到2014年，我国领取养老金人数2.3亿人，其中离退休人员8593万人、城乡老年居民1.43亿人。企业退休人员基本养老金从2005年开始已经11年连续上调。月人均养老金从最初的700元，到2014年超过了2000元。医疗保险实现了制度全覆盖，保险待遇水平稳步提高。2014年全国参加职工基本医疗保险人数2.8亿人、参加居民基本医疗保险人数3.1亿人、新农合参合人口数达8.02亿人。保险待遇水平稳步提高，职工基本医疗保险、城镇居民基本医疗保险和新农合政策范围内住院医疗费用报销比例分别达到80%以上和70%左右，基金最高支付限额分别提高到当地职工年平均工资和当地居民年人均可支配收入的6倍，看病贵的问题得到缓解。在失业、工伤、生育保险方面，享受待遇的人数和待遇水平也大幅提高。社保待遇的提高，改善了广大群众特别是低收入群体的生活。

社会救助制度得到完善，救助水平不断提高。截至2014年年底，全国共有城市低保对象1026.1万户、1877.0万人。各级财政共支出城市低保资金721.7亿元，全国城市低保年均标准411元/人。全国有农村低保对象2943.6万户、5207.2万人。全年各级财政共支出农村低保资金870.3亿元，全国农村低保年均标准2777元/人。全国有农村五保供养对象529.1万人，全年各级财政共支出农村五保供养资金189.8亿元。社会救助精细化管理成效明显，贫困人口生活质量有较大幅度提高。

社会福利事业大幅度全面发展，公共文化、公共活动场所、市民广场建设力度空前，

社区服务建设步履加快。截至 2014 年年底，全国共有各类社区服务机构 31.1 万个，社区服务机构覆盖率达 45.5%。

社会保障事业的发展使更多群众更好地分享到经济社会发展成果，提高了人民的获得感。

三、加快完善社会保障制度进一步提高人民的获得感

“十三五”时期是我国全面建成小康社会非常关键的时期，但目前我国发展不平衡、不协调、不可持续的问题仍然突出，城乡之间、地区之间、群体之间、行业之间发展的差距仍然存在。所以，人民期盼有更多的共享、期盼有更好的获得感，从 2007 年以来《人民日报》、人民网在两会召开之前对公众关心的热点问题的问卷调查结果可见一斑。

2007 以来两会热点调查关键词前三名

年份	关键词前三名		
2007	医疗改革	反腐倡廉	住房保障
2008	稳定物价	住房保障	医药卫生
2009	反腐倡廉	医疗改革	搭建官民渠道
2010	收入分配	住房保障	物价调控
2011	住房保障	收入分配	稳定物价
2012	收入分配	稳定物价	食品安全
2013	反腐倡廉	住房保障	教育公平
2014	社会保障	反腐倡廉	食药安全
2015	收入分配	反腐倡廉	医疗改革

实现更高层次的共享、提高人民的获得感，需要政府进行全面综合的思考和制度设计。作为提高人民获得感的有效制度工具，社会保障制度建设还存在一些突出问题，主要表现为：一是社会保障在制度供给方面依然存在制度顶层设计不合理、制度碎片化问题；二是制度实施存在制度执行不力问题，已出台的社会保障制度未能得到落实，造成制度资源的浪费；三是群体差异大、公平性问题依然突出，民众颇有微词；四是管理体制尚未理顺、制度实施路径有待创新。

党的十八届五中全会明确要求，践行共享发展的理念必须“作出更有效的制度安排，使全体人民在共建共享发展中有更多获得感”，如果没有包容的制度设计使共享发展理念得到践行，使全体人民有更多的获得感，就无法如期完成全面建成小康社会的历史使命。因此政府应进一步认识社会保障制度在提高人民获得感中的重要作用，高度重视社会保障制度的改革与完善。一是注重制度供给保障可持续，制度顶层设计科学化，更加注重公平性，加快制度整合，提高统筹层次。二是改革制度实施方式，扩大制度效应，畅通社会力量参与渠道，坚持互助共济，发展补充性保障。三是改革制度运行，提高制度效益，转换制度运行机制，规范精细管理。四是创新社会保障制度实现途径，扩大向社会力量购买社会保障服务的范围和力度，政府做好政策的规划者、执行的裁判者、质量实施的监督评判者，保证更高的社会保障制度实施效率。

（作者单位：中共湖南省委党校）

农地流转的“三农”转型效应：总体演化和区域差异分析

匡远配

一、引言

随着市场化、工业化和城镇化的共同作用和纵深推进，中国的经济社会结构和形态加速向“半耕社会”演进，农村经济社会形态和结构正在发生深刻而复杂的变化（刘奇，2007）。[1] 以农业为本的发展思路有效地推进了农业转型，例如在农业经营“六化”（规模化、机械化、集约化、专业化、社会化和组织化）、农业生产率和农业竞争力实现大幅提高，粮食生产实现了“十一连增”，农业多功能、农业可持续发展得到重视。“三农”转型就是要从根本上解决“三农”问题，步入现代化的发展轨道。但是，转型期“三农”发展进程中面临与现代化目标不相一致的困境，“三农”转型发展并没有齐驱并进，农业转型没有有效带动农民转型和农村转型，农村问题、农民问题仍然存在并涌现出了更具挑战的新问题。目前，农村经济社会转型进入深水区，解决“三农”问题的核心与关键是农地流转（张曙光，2010）。[2] 正是在这一背景下，国家提出了明确所有权、稳定承包权、放活经营权，鼓励农地流转。截至 2014 年年底，全国家庭承包耕地流转面积达到 4.03 亿亩，占比达 30.4%。农地流转确实引起了一系列的根本性变革，但是忽视了农民主体和农村问题这两个战略支撑点，导致农民转型、农村转型滞后于农业转型，例如农民就业不充分、难以市民化，城乡差距继续存在，农民社会保障、基层治理等一系列难题出现。[3] 如果从农村经济社会多重转型大背景中考察，农地流转对“三农”转型发展的作用进程和效果也是非均衡性。在认同“三农”转型与农地流转之间存在客观联系的基础上，深入剖析其影响机理，测度农地流转的“三农”转型效应，寻求演变规律，并进行区域差异分析，从而选择一条“三农”转型协调发展的农地流转路子。

二、农地流转与“三农”转型间的内部逻辑联系及其作用机理

从根本上看，转型是一个社会整体制度系统变革过程。[4] “三农”转型是整个经济社会转型中的一部分，是一定时期内农村经济、社会结构发生根本性变化的过程，是农村生产力和生产关系全面变化的过程，也是一个“三农”发生分化和“三农”现代化目标得

以实现的过程。

（一）农地流转深嵌和根植于农村经济社会转型过程

1. 农地产权制度内嵌于农村经济社会转型过程

农地产权制度包含生产方式和社会权利结构等多方面，其变迁本身是农村经济社会转型的重要组成部分，其变迁的方向和目标受制于多重经济社会转型的制约。农地产权制度实质上构建了农村社会内部、城乡之间的经济秩序，约束着人们的选择。完善农地产权制度不仅是解决“三农”问题的关键，而且关系到“四化同步”和城乡统筹发展、构建新的工农城乡关系，关系到全面建成小康社会目标的实现。农地流转是农地产权制度的基本内容和改革方向，是农村多重转型在农地流转制度和农地产权制度改革的一种具体体现，农地流转制度的设计为农村经济社会转型提供了窗口。农地产权制度的非独立性使得“三权分置”引导的农地流转受到农村经济社会转型的深刻影响。“三农”转型是农村经济社会结构变迁的基本目标和重要内容，农地产权制度和“三农”转型因为同时内嵌在农村经济社会转型中而存在客观联系。从“两权分离”到“三权分置”是对农地产权的进一步分割，是对农地制度的创新。于是，农地流转自然与“三农”转型存在亲缘关系。

2. 农地流转与“三农”转型的互动关系

（1）农地经营方式变革影响和决定“三农”转型的方向和整体战略布局。农地流转本质上是多元主体之间权能结构和利益结构的一个转型过程。农地流转对“三农”转型的作用既是农地产权变迁的结果，又是农地产权市场化改革的内在要求。农地流转是通过生产方式变革和制度改革等途径促进“三农”转型的。农地流转是农村生产要素利用方式的变革形式，其直接影响“三农”转型，明显表现在农业要素市场间的契约关联性上。农地流转和规模经营促进了农村现代化、工业化和农民市民化，产生新的生产关系。

（2）“三农”转型是农地流转的动力。农村经济运行方式、农民生活方式、乡村治理方式等变化都会影响农地流转，主要体现经济性质的生产要素交易方式的变革。在部分沿海地区，工业化、城市化带动农民转型和农村转型，从而带动农村资源配置的变化和农村生产结构的调整，也带来农地利用方式的变革和农地流转。

（3）农地流转效益应该是经济、社会、生态效益的综合体。农地流转是“三农”转型的一部分，两者存在内容上的吻合和协调。农地流转是“三农”转型的具体体现、路径和要求，农地流转的整体态势与“三农”转型过程密切互动，“三农”转型速度决定了农地流转市场发展的速度。

（二）农地流转对“三农”转型作用的作用机理：产权视角

“三农”转型与农地产权紧密相连，不同关联的产权特征影响着不同的转型推进。“三农”转型之间对农地流转不同的要求之间，存在相互交织的协调与制约关系（图1）。

1. “三农”转型之间存在的内在自然逻辑联系

一是农业转型为农民转型和农村转型奠定了规模基础和产业基础。农业经济发展方式被嵌入到农村结构和制度安排中，农村经济结构调整改变着农村的传统表征。农业转型有利于新型农业经营主体和核心农民的培养，本质上就是农民转型，也将促进农村治理模式的转变。二是农民从身份到职业属性的转型将倒逼农业转型发展，必然导致农村社会向现代法治、契约、民主化的治理模式转变。三是农村转型将为农业转型和农民转型提供平台与保障。农村转型必定带来农村经济产业结构的调整，促进农民的生活方式深刻变化和农民角色转型，推动公共财政覆盖农村。四是“三农”转型之间相互协调与制约，单一转型的滞后就可能阻滞其他转型的推进，非均衡的“三农”转型是低效率制度安排的维系。

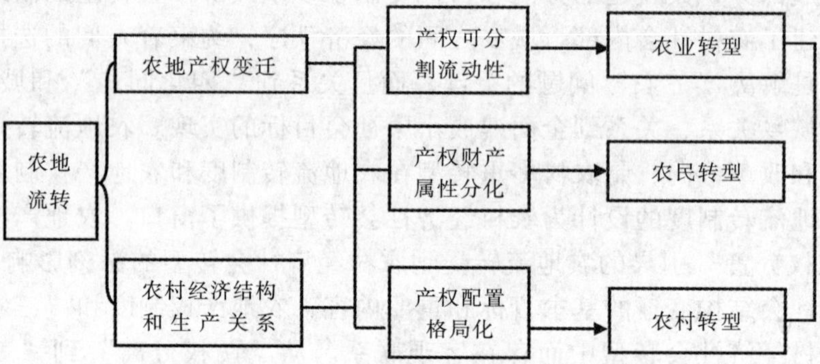

图 1　农地流转对“三农”转型的作用机理图

2. 农地流转对农业转型：产权分割和流动

产权是由一束可分解的权利组成的，被分解的多种权利呈现出一定的产权结构，产权权能是可拓展的和重新界定（组合）的。[6]同时，产权必须通过交易（整体或部分）才能达到最佳配置和使用。现代农业需要基于自由流动性生产要素的规模组合和有效配置，尤其是农地要素自由流动基础上的适度规模经营。农地流动和高效配置本质上是要求农地产权具有现实的可转让性、产权主体可充分自由行使产权的表现。农地使用权关乎农业生产效率，农地产权的有效改造为农业转型奠定了基础和提供了动力。当下，中国正在以“三权分置”为指导推进农地流转和适度规模经营，改造传统农业。

3. 农地流转与农民转型：农地财产权属性和确认

财产的配置状况会影响资源利用效率和居民福利水平。农地财产权利的再确认就是农地的生产性收益和增值收益在权利主体间利益调整的过程。把产权制度纳入生产力与生产关系之中，才能解决农地产权制度中的效率、公平和利益均衡问题。从理论上讲，《物权法》保护了农地财产权利，但农民的农地财产权是不完备的，例如农民不拥有完备的农地处分权，财产的出租、流转和抵押等权利实现是有限的。农地财产价值及其增值有利于降低农民工市民化成本，农地资本化收益有利于提高农民工市民化的能力。农地制度改革的出发点和落脚点是需要维护好、实现好、发展好农民土地权益，盘活农地财产属性。在完善农地集体所有的基础上，以用益物权为基础，还权赋能，把处于“公共领域”的权利具体化，实现农地权利契约化、农地资本化，才能保障农地财产权收益，农地流转才能改变农户收入结构、就业层次和社会分层，从而推进农民转型。

4. 农地流转和农村转型：农地权利配置和农村治理结构

农村转型主要指社会范式的根本变化。农村现代良治是农地产权制度完善的结果，也将显著提高农地权利的可保护程度。（1）农地流转影响农地权利配置格局和效率。在农地流转下农地产权配置确定的利益格局、各主体的经济地位和社会关系的规则等，影响农村社会治理转型。农地产权不明确、管理不合理，农地流转市场发育不完善，缺乏专门法律，将影响农地流转和农地产权配置格局和效率。“三权分置”隐含的主线就是农地流转动力的制衡。明晰财产权利和高效配置的自由流动产权在推进农业转型、农民转型的基础上进一步推进农村转型。(2) 农地流转和农地产权在相当程度上决定农村公共治理的方式和结构。现代规模农业引入和建立的新型经营主体将改变社会治理博弈的主体结构和社会治理的复杂性。超出共同体范畴的农地流转提出了跨区域公共服务的新需求，将改变农村社会治理的方向、目标和形式。农地要素市场深化速度和农地产权权能的偏好影响农村转型路径。

三、农地流转对“三农”转型的效应总体演化分析

（一）农地流转对“三农”转型的效应：基于 AT、FT 和 RT 分析框架

在中国农业加速转型的关键期，平稳有序地推进农地流转是实现“三农”转型的决定因素。农业转型是创造了一个新时代的小农经济，还是开启了农业资本主义？要回答这个问题，需要考察农业转型基础上的农民转型和农村转型的事实。构建一个 AT（Agriculture transformation）、FT（Farmer transformation）和 RT（Rural transformation）分析框架，来分析农地流转的转型效应。我们应用弹性来进行衡量。弹性就是影响因变量的某因素（自变量）的值每变动百分之一，所引起因变量变化的百分比。[7]将农地流转面积定义为自变量，将农业转型、农民转型和农村转型作为因变量。于是，可得到农地流转对“三农”转型的弹性计算公式：

$$EI_i = (\Delta Y_i / Y_i) / (\Delta X / X) \tag{1}$$

在公式（1）中，EI_i为农地流转的“三农”转型的弹性系数，即农地流转面积（X）的值变动百分比与其所引起 Y_i变化百分比的比值。Y_i（$i = 1、2、3 \cdots n$）为农业转型、农民转型和农村转型的相应指标值。借鉴弹性原理，符号只用来判断方向，用绝对值来比较弹性（效应）的大小。如果 $EI_i = 1$ 表示农地流转与“三农”转型同步增长；当 $EI_i < 1$ 时，表明农地流转增长快于“三农”转型的增长；当 $EI_i > 1$ 时，表明农地流转增速慢于“三农”转型的增速。

1. 农业转型效应的判断标准

在工业化、城镇化进程中，发展现代农业是世界农业发展的普遍现象及一般趋势。农业转型是传统农业到现代农业的嬗变，是农业功能、农业生产方式、农业市场形态、农业服务形态随之发生质与量的变化，同时还伴随着制度变迁、体制改革、技术创新、生产方式转换、产业组织形式转型、结构调整和优化、增长方式转变等形式。[8]农业转型是导致农村经济社会结构变迁的最重要因素，其本质是市场依附与去小农化。[9]农业转型需要选择合适的合同和组织来突破资本约束和农地约束。在农地流转全面加速发展的新时期，农地利用效率和现代农业水平得到显著提升。[10]将农地流转对粮食产量、农业机械总动力和农业 GDP/GDP 的弹性来衡量农地流转后农业转型的效果。这里要分两种情况分析：一是农地流转对粮食产量和农业机械总动力的弹性符号为正，说明农地流转对农业转型效应是好的，否则农地流转对农业转型的效应有待提高。二是农地流转对农业 GDP/GDP 的弹性符号为正，则说明农地流转对农业转型没有效果甚至是负向作用；如果弹性符号是负值，说明随着农地流转的加快，农业 GDP 在 GDP 比重是降低的，农业转型是在优化的。

2. 农民转型效应的判断标准

农业兼业化、农村空心化、农民老龄化的现象日趋明显，阻碍了现代农业发展。农业现代化并不意味着将传统农民淘汰出农业生产领域。在农业转型的紧迫形势下，农民转型显得更加迫切。农地流转无法解决中国人多地少、农民数量庞大的问题，农业发展要维护农民的主体地位。农民转型关键是要在培育新型职业农民经营农业的同时，实现农民的职业转变、身份转型，以及区域转移和收入结构变迁。将农地流转对工资性收入占比、市民化率和农村非农就业人员的弹性值来衡量农地流转后农民转型的效应，如果弹性符号为正，则说明农地流转对农民转型是有效果的；如果弹性符号是负值，说明农地流转面积与农民工资性收入占比、市民化率和农村非农就业人员是反方向变动，农地流转增加并没有带来真正的农民转型。

3. 农村转型效应的判断标准

城乡二元体制是中国乡土社会的基本格局，同质性强的小农经营方式往往使得乡村社会稳态结构化。农业转型和市场化带来了农村经济的结构与秩序、农村社会的分化与整合，重塑了农村生产关系和社会关系，使得农村社会治理资源和社会基础发生质的变化，推动着农村基层治理变革和社会转型。本文将农地流转对城乡收入差距、城镇化率和城乡恩格尔系数比三者的弹性系数来衡量农村转型的效果。分两种情况来分析：一是如果农地流转对城乡收入差距和城乡恩格尔系数比弹性符号为正，则说明农地流转是扩大城乡收入差距和城乡消费差距的，城乡二元结构没有弱化反而得到强化，可以说农村转型没有很好实现；如果弹性符号是负值，说明随着农地流转的加快，城乡收入差距和城乡消费差距都在缩小，正在实现农村转型。二是农地流转对城镇化率的弹性符号为正，则说明农地流转促进了农村劳动力的转移和城镇化，对农村转型是向好的；如果弹性符号是负值，说明随着农地流转城镇化水平在降低，农业转型效果不好。

（二）农地流转的“三农”转型效应的总体测度

伴随着中国农业的转型，农业资本主义道路带来资本积累的动力和农村的社会分化。[11]通过基于2001—2014年的数据，测算农地流转对“三农”转型效应（表1），我们得到：(1) 农地流转的“三农”转型效应都不高。农地流转对“三农”转型的弹性系数大部分小于1，是缺乏弹性的。也就是说，农地流转面积每增加1%，农业转型、农民转型和农村转型的变动百分比都小于1%。原因是多方面的：一是农地流转“运动化”。农地流转速度非常快，农地流转比率从2006年的4.5%上升到2014年的30.4%。二是农地流转效率不高。农地流转服务中心覆盖性、流转机制创新不足、流转市场发育不完善，违背“依法、自愿、健康、有序”流转的基本原则。三是工商资本下乡和“圈而不用”现象严重。(2) 农地流转对农业转型、农民转型和农村转型的效应三者具有方向一致性。自2007年以来，农地流转对“三农”转型的弹性变化比较趋同，基本上是有利于农业转型、农民转型和农村转型的。(3) 农地流转对农业转型、农民转型和农村转型的效应具有“非均衡性”。主要体现在：农业转型在“三农”转型中居领先地位，农民转型和农村转型滞后。原因是：一是国家顶层设计中，为了国家粮食安全，重视了农业转型，忽视了农民转型和农村转型；二是农业生产边缘化和“去农业化”现象将割裂“三农”之间的传统联系；三是资本下乡推动的农地流转走向无地雇工农业的方向[12]，扶持新型的具有资本经营逻辑的规模经营主体的农业治理转型推动了农业转型；四是农民转型、农村转型本身更加复杂、任务更加艰巨。农地流转作为要素配置方式已经嵌入到了农业转型过程中，因此更加贴近农业转型。

表1　全国农地流转的“三农”转型效应的弹性计算

年份	农地流转面积（万亩）X	农业转型			农民转型			农村转型		
		粮食产量（亿斤）(Y_1)	农业机械总动力（Y_2）	农业 GDP/GDP（Y_3）	工资性收入占比%（Y_4）	市民化率%（Y_5）	农村非农就业人员（Y_6）	城乡收入差距（Y_7）	城镇化率%（Y_8）	城乡恩格尔系数比%（Y_9）
2001	4，760.9	-0.148	0.343	-0.324	0.324	0.156	-0.348	0.780	0.277	-0.014
2002	5，385.9	0.079	0.396	-0.374	0.322	0.357	-0.543	1.226	0.302	0.152
2003	5，631.3	-1.333	0.932	-1.599	0.705	1.401	-0.353	2.524	0.812	-0.067
2004	5，823.9	2.562	1.741	1.353	-0.879	0.958	2.130	3.063	0.889	-0.548
2005	5，467.4	-0.483	-1.045	1.577	-0.941	-0.691	-0.857	-1.738	-0.460	-0.155
2006	5，551.2	1.803	3.848	-5.713	3.962	1.478	2.964	7.973	2.037	2.083
2007	10，300.0	0.014	0.091	-0.052	0.010	0.022	0.028	0.276	0.057	0.019
2008	10，900.0	0.930	1.246	-0.063	0.176	0.273	-0.129	2.350	0.419	0.518
2009	15，000.8	0.013	0.197	-0.119	0.085	0.059	0.018	0.274	0.090	0.083
2010	18，700.0	0.132	0.267	-0.106	0.120	0.073	-0.043	0.422	0.149	-0.112
2011	20，700.0	0.436	0.512	-0.057	0.330	0.185	0.305	1.154	0.257	0.333
2012	27，000.0	0.120	0.182	0.017	0.095	0.054	-0.023	0.437	0.095	0.125
2013	34，000.0	0.090	0.057	-0.030	0.167	0.082	0.226	0.354	0.095	-0.002
2014	40，339.0	0.050	0.205	-0.496	–	–	0.232	0.095	0.112	-0.182

注：农地流转面积来自各部委报告，非农就业人员数 = 乡村总从业人员数 - 农业从业人员数，其他数据来自《中国统计年鉴》

（三）农地流转的“三农”转型效应的分解

1. 农地流转的农业转型效应分析

农地流转以及规模化经营将是农村经济社会转型的必然趋势，政府推动农地流转来解困“留守农业”状态，快速推进了农业现代化转型。从表1看出：（1）农地流转促进高产农业。2006年以来，农地流转（X）对 Y_1 的弹性基本上是正的且小于1，说明农地流转所培育的新型经营主体和规模经营被赋予了中国粮食安全任务和推动农业现代化的职责，农地流转可以提高粮食产量。但是弹性系数比较小，原因是：一是农业规模经营尚未适度，不能有效提高土地产出率、劳动生产率和实现规模经济效应；二是“留守农民”只能支撑小农模式和粗放经营，已经严重影响了粮食生产安全；三是从事粮食大规模种植的经济效益不高，可能导致耕地非农化和非粮化问题。[13]（2）农地流转有利于提高农业机械化水平。2006年以来，农地流转对 Y_2 的弹性基本上是正的且小于1，说明农地流转带来的规模经营有利于农业机械化水平提高。事实上，中国农业增长方式发生了深刻变化，2003年至2011年间，土地生产率和劳动生产率年均增长分别为3.17%和9.71%。[14]反映生产性固定资产投资的年增农机总动力从1978年1489万千瓦增加到2012年的4824.3万千瓦，年均增长3.5%。但是弹性系数比较小，原因是：一是由于适宜的农业机械不足和成本高昂，中国农业劳动生产率和机械化程度相对偏低；二是农业规模经营导致经济作物种植，其适用性农业机械发明和推广不足；三是农机具补贴政策效率和效果有待提高。(3) 农地流转促进农业结构调整。2006年以来，农地流转对Y_3的弹性基本上是负的且弹性系数小于1，说明农地流转带来的规模经营促进了农业的发展，农地流转增加造成了农业GDP份额下降，且农地流转的变动幅度要大于农业GDP份额的变动幅度。农业GDP份额下降是农业现代化的基本规律。目前我国农业GDP占GDP的比例已从1978年的28.2%下降到2013年的10.01%。根据发达国家的经验，农业份额下降至10%左右时，农业模式开始进入农业转型的关键时期。但是弹性系数小，原因是：一是农业转型包括农业生产体系的转型和农业服务体系转型，中国农业服务体系转型较慢。二是保守的粮食安全观影响农业结构调整。三是新农业能够实现“隐性革命”，价值提高导致农业GDP的变化。

总之，在粮食“十一连增”的背景下，中国农业正在告别几千年小农经济，步入现代大农业。其主要特征为：农产品转向总量基本平衡的结构性、地区性相对过剩和买方市场，农业形态转变为质量农业；农业资本品有机构成不断提高，农业资本化增强；农业增长方式向资本、技术密集型方向转变；农业生产组织呈现出规模化、专业化、合作化的“制度特性”。这些预示着农业转型进入深化期。但是，家庭承包经营制度始终是“三农”转型的基本制度特征，农地细碎化经营特征和农村生产方式没有发生根本变化，因而农业制度变迁更能体现哈耶克自发秩序的本质，这也是理解农业转型阶段性和演化特征的基础。

2. 农地流转的农民转型效应分析

农地流转将改变农地资源配置与劳动力的使用，从而改变农民家庭经济收入方式，也将导致农民分层和分化，以及社会阶层结构变化和农村社会整合的新范式。从表1看出：(1) 农民收入结构实现转型。现代化是一个国家由低收入的农业社会向高收入的工业社会转变的过程。2006年以来，农地流转对Y_4的弹性符号基本上是正的弹性系数小于1。说明农地“三权”主体的分离带来了农民身份地位的转换，增加了工资性收入占比。从总量看，农村居民人均纯收入从1990年的686.31元增加到2014年的9892元。从结构上看，农户的收入构成也发生了变化。但是弹性系数比较小，原因是：一是在“留守农业”下农户转出农地和非农就业的意愿边际递减。根据家庭分工理论的解释，家庭劳动力结构、农地流转比例和外出劳动力数量等都影响收入来源和结构。二是农地流转制度限制了农民身份转型。三是农地流转中的收益分配机制和风险补偿机制不完善影响农民权益保障和收入结构。四是工业化和城市化的吸纳能力有限，农民获得工资性收入机会增长不快。(2) 农民身份实现转型。2006年以来，农地流转对市民化率（Y_5）的弹性符号基本上是正的且弹性系数小于1，说明农民转型的需要顺应了农地流转和现代农业发展的新要求，农地流转推进了农民转型。但是弹性系数比较小，原因是：一是农民市民化政策和公共财政体制有待完善，市民化进程有待加快，特别是财政转移支付需要结合市民化的事权。二是就业优先与产业升级排斥劳动，农民工很难真正融入城市。三是家族留守现象和家庭生命周期使得农民市民化的内生力量不足，特别是农村教育和人力资本投资不足。四是城镇化吸纳农民进城但同时存在驱赶效应。土地城镇化和农民城镇化不同步，农民地域性转移不充分。五是土地制度与非正式的农地流转的可逆性，导致农民转移的流动性。(3) 农民实现职业转型。农村劳动力非农化和农地流转是整个农村发展的一个动向，是导致农村经济结构转型和农村社会转型的最重要因素。2006 年以来，农地流转对 Y_6 的弹性是波动性前进且弹性系数小于 1，说明农地流转对非农就业的作用方向不稳定。但是弹性系数比较小，原因是：一是就地转移和异地转移两种情形，导致农村非农就业会出现波动。二是“三权分置”后农地价值的发现和农业雇佣，可能带来农业非农就业的变化。随着农地的逐渐集中，雇佣劳动的显著增加，中国农业雇佣劳动的比例只有 3%—5% 左右。[15] 农业新型经营主体雇用农业劳动力的比例大约在 20%—30% 左右。长期外出人口已占农村家庭总人口的 1/4。三是农业资本化和绿色革命将对农业劳动有“挤出效应”。非农就业的增加一定程度上有“去过密化”作用，但是，“去过密化”的农业生产仍然是小农经济的延续。[16] 四是家庭的代际分工和非农就业高收入影响农民转型。

总之，伴随农业转型升级必然推进农民转型。农业现代化经营明显地改变了农村劳动力结构。2013 年，农业劳动力的比重已经降到 31.4% 以下，表明我国已进入工业化的中期阶段，但是，农业劳动力就业结构变动滞后于产业结构变动。农村人口迁移和流动成为常态，“农工社会”中的社会流动机制助推了农村阶层分化和村庄精英外流。同时，在乡村稳态社会结构下，农民工很难从根本上改变职业属性和角色，很难实现真正意义上的农民转型。

3. 农地流转的农村转型效应分析

农村土地制度的变革和农地关系的演变往往是社会关系重构的动因。农地流转带来的所有制和生产方式改变必然带来深远的社会变革。从表 1 可以看出：（1）城乡收入差距在扩大。城乡二元结构是中国转型期社会发展的前提背景，是“三农”问题的重要体制根源。2006 年以来，农地流转对 Y_7 的弹性符号基本上是正的，说明农地流转带来的城乡收入差距是扩大的。弹性系数具有波动特征，原因是：一是中国城乡收入差距经历了一个倒“U”字形发展路径。近年来城乡收入差距一直下降，由 2007 年的 3.33∶1 下降到 2014 年的 2.92∶1，城乡收入处于优化进程中。但是，中国农民的收入增长仍然缓慢，以基尼系数反映的总体性差异超过国际公认的承受线。二是规模收益、政府补贴和工资性收入改变了农户收入结构，但是，农户的流动性使得农户社区公共事务参与机会减少、农村社会骨干力量消解，影响基层治理从而导致农村社区建设停滞不前。三是城市工商资本大举下乡与广大农民争夺利益，而不是与其形成互补。收益合理分配机制和农地租金动态调整机制缺乏，很多农民无法分享农业利益和国家的资源投入。四是政府发展干预农地流转仍然没有走出权力的“滴流效应”误区[17]，农地流转中无法真正实现符合农村的发展。（2）城镇化进程在加快。农村城镇化是传统农村向现代城市文明的一种变迁，是统筹城乡发展、全面建成小康社会的重要内容。农地流转与城镇化速度和规模都密不可分。2006 年以来，农地流转对 Y_8 的弹性符号是正的，说明农地流转和农业剩余劳动力转移有利于实现城镇化，农地有序流转有望成为城乡要素市场的第三次交融。2014 年中国城镇化率达到 54.77%，城乡互动推动农村转型。弹性系数小于 1，原因是：一是农村剩余劳动力存量大、结构失衡，不有利于推进城镇化；二是土地城镇化要远远快于人口的城镇化，这凸显出农村转型中的问题。（3）城乡消费差距在变化。2012 年以来，农村恩格尔系数下降为 40% 以下，城乡恩格尔系数之比由 2007 年的 0.84∶1 变化为 2013 年的 0.93∶1，农村消费水平和质量同步提高。[18] 2006 年以来，农地流转对 Y_9 的弹性符号正负相间，说明农地流转带来的城乡消费差距影响是多元的。弹性系数小于 1，原因是：一是农地流转有利于增加农民收入，收入效应使得农村居民恩格尔系数下降；二是农地转出户的消费有模仿城市居民特征，导致生活消费比例下降。

总之，农地流转改变了农村社会的基石，推动建立在普遍主义基础上的公共社会关系的构建。中国强农惠农富农政策有效地扶持了农业农村发展，培育了农村的巨大消费需求，实现了农民增收“十一连快”和农村消费需求“十一连扩”，城乡消费和收入差距有缩小趋势，一体化进程和农村转型加快。但是，农村基层治理的现代化转型并未得到真正的实现。

三、农地流转“三农”转型效应的区域差异分析

（一）各省农地流转对“三农”转型效应的弹性计算

农地经营权的流转和集中必然是一个不平衡的、渐进的长期过程（韩俊，2014）[19]，农地流转要与当地经济发展水平、城镇化进程和农村劳动力转移规模、农业科技进步和生产手段改进程度、农业社会化服务水平提高相适应。但是，全国区域之间的差异性是客观存在的，农地流转的“三农”转型效应也应该有差异。为了简化分析，我们分别用 X 对 Y_3、Y_4 和 Y_7 弹性系数来衡量农业转型、农民转型和农村转型效应（表 2）。通过计算 2011 年、2013 年和 2014 年各省农地流转面积的变动百分比，以及农地流转带来“三农”转型的弹性系数，来反映各省农地流转的“三农”转型效应。结果是：农地流转对“三农”转型的效应总体上是渐进性的、温和的，体现为 EI 都小于 1。农地流转对农业转型、农民转型作用力量（EI 值）和方向（符号）上存在明显的区域差异，对农村转型作用方向全国基本一致，作用力有大小之分。

表 2　全国各省市农地流转弹性：基于 2011 年、2013 年和 2014 年数据

地区	家庭承包耕地流转总面积（万亩）			X 对 Y_3 弹性值	X 对 Y_4 弹性值	X 对 Y_7 弹性值
	2014 年	2013 年	2011 年			
北京	231.77	195.92	132.41	−0.027	0.025	−0.040
天津	150.55	127.26	86.00	−0.192	0.090	−0.150
河北	1879.69	1588.92	1073.83	0.110	0.462	−0.091
山西	760.56	642.91	434.49	0.189	0.424	−0.078
内蒙古	2846.18	2405.90	1625.96	0.113	−0.003	−0.091
辽宁	1298.34	1097.50	741.71	−0.013	0.111	−0.038
吉林	1520.02	1284.89	868.36	−0.100	−0.097	−0.060
黑龙江	6507.64	5500.96	3717.68	0.662	0.122	−0.042
上海	127.36	107.66	72.76	−0.217	−0.117	−0.022
江苏	2959.76	2501.91	1690.85	−0.032	0.033	−0.048
浙江	915.25	773.67	522.86	−0.079	0.273	−0.021
安徽	2568.12	2170.84	1467.11	−0.170	0.139	−0.116
福建	419.8706	354.92	239.86	−0.081	0.121	−0.076

续表

地区	家庭承包耕地流转总面积（万亩）			X对Y_3弹性值	X对Y_4弹性值	X对Y_7弹性值
	2014年	2013年	2011年			
江西	953.28	805.82	544.59	-0.105	0.381	-0.049
山东	2150.99	1818.25	1228.82	-0.026	0.208	-0.068
河南	3605.01	3047.35	2059.47	-0.084	0.260	-0.108
湖北	1475.44	1247.20	842.89	-0.106	0.277	-0.079
湖南	1502.29	1269.90	858.23	-0.275	0.275	-0.066
广东	851.50	719.78	486.44	-0.056	-0.078	-0.031
广西	582.15	492.10	332.57	-0.179	0.356	-0.127
海南	31.61	26.72	18.06	-0.215	0.376	-0.093
重庆	1399.88	118.33	799.72	-0.126	0.243	-0.083
四川	1482.30	1253.01	846.81	-0.217	0.093	-0.079
贵州	725.95	613.65	414.72	0.023	0.350	-0.117
云南	714.26	603.77	408.04	0.049	0.400	-0.101
陕西	753.77	637.17	430.61	-0.066	0.044	-0.082
甘肃	979.64	828.11	559.65	0.096	0.198	-0.083
青海	135.66	114.68	77.50	0.161	-0.043	-0.189
宁夏	255.11	215.65	145.74	-0.020	0.097	-0.080
新疆	555.52	469.59	317.36	0.049	0.504	-0.118
平均值						-0.081

注：2011—2014年数据来自《全国农村经营管理统计资料》，其他数据根据《中国统计年鉴》计算得出

（二）农地流转的“三农”转型效应区域差异分析：二维矩阵

为了更好地分析农地流转带来的“三农”转型效应的区域差异，需要进行区域和模式划分。于是，将方向作为农地流转对Y_3和Y_4的弹性系数的划分标准，将弹性系数的均值作为Y_7的分界点，然后分别建立“二维”矩阵。可以得到如下结果：（1）从图2可以看出，农业转型效果好、农民转型效果也好的是第三象限，包括上海、吉林、广东等；农业转型较好而农民转型需要加强的处于第二象限，主要有安徽、福建、天津、四川、陕西、江苏、辽宁、北京、宁夏、海南、江西、广西、湖北、湖南、浙江、河南、重庆和山东；农业转型效果较差、农民转型较好的处于第四象限，主要有青海和内蒙古；农业转型和农民转型都较差的处于第一象限，有新疆、河北、山西、云南、贵州、甘肃和黑龙江。（2）从图3可得到：农业转型效果好、农村转型效果也好的是第三象限，主要有四川、湖北、福建、山东、湖南、吉林、江西、江苏、北京、辽宁、广东、上海、宁夏和浙江；农业转型较好而农村转型需要加强的处于第二象限，包括天津、广西、安徽、河南、海南、陕西和重庆；农业转型效果较差、农村转型较好的处于第四象限，主要有山西和黑龙江；农业转型和农村转型都较差的处于第一象限，主要有青海、新疆、贵州、甘肃、云南、内蒙古和河北。

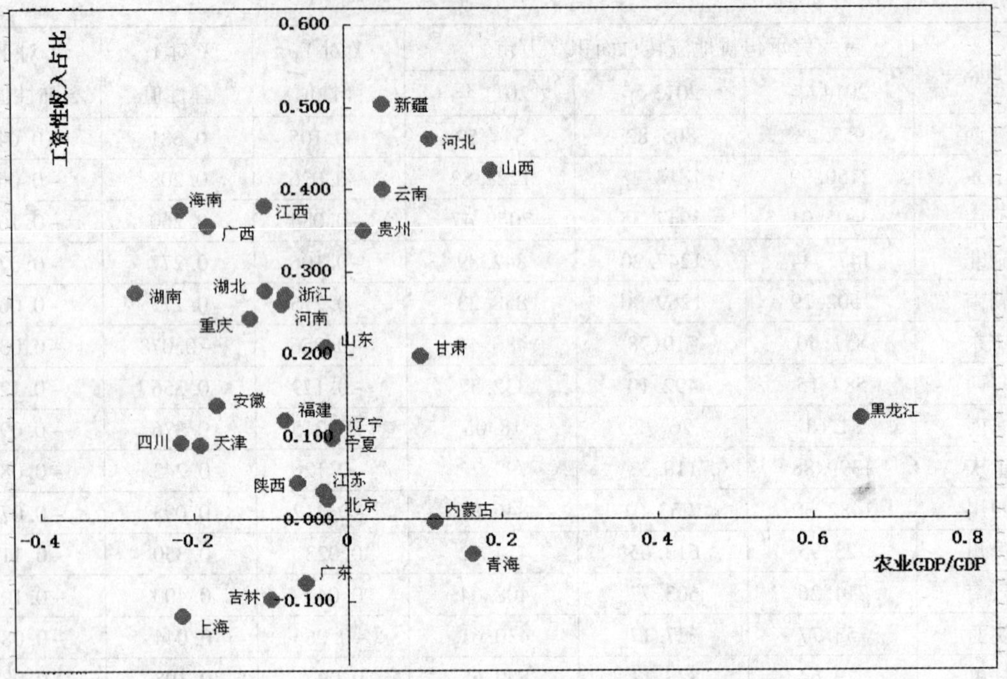

图 2　基于农业转型和农民转型判断矩阵的区域分布

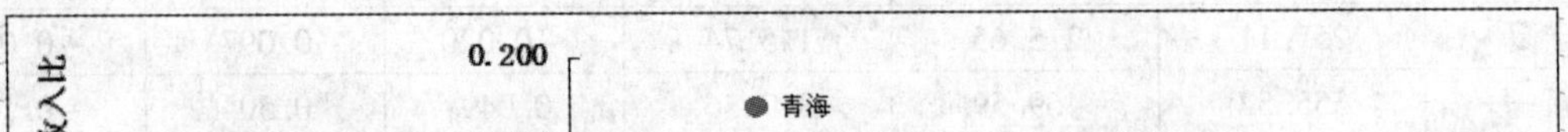

图 3　基于农业转型和农村转型(城乡收入)判断矩阵的区域分布

（三）农地流转的“三农”转型效应区域差异分析：三维矩阵

将前面两个二维矩阵综合起来形成一个“三维”矩阵，“三维”矩阵分析的结果见表3，农地流转及其“三农”转型效应具有明显的地域特征。我们大致可将其划分为三维一致性发展模式、"二一"发展模式和"一二"发展模式。

表3 农地流转的"三农"转型效应的区域分布

		农村转型好	农村转型需加强
农业转型好	农民转型好	沪、辽、粤（3）	皖、津、陕（3）
	农民转型需加强	京、闽、川、吉、苏、鄂、湘、浙、鲁、宁（10）	琼、赣、桂、豫、渝（5）
农业转型需加强	农民转型好	晋（1）	青、蒙（2）
	农民转型需加强	黑（1）	新、冀、滇、贵、甘（5）

1. 农业转型、农民转型和农村转型区域：三维一致性模式

主要是两个极端模式：（1）农地流转"三农"转型效应的"三好学生"是沪、辽、粤。他们都是属于沿海地区，这是两个方向的互促作用的结果：一是农地流转促进农业转型，进而实现农民转型和农村转型；二是工业化（包括乡镇企业）、城市化发展为农民转型、农村转型提供了初始条件和拉动力，农民转型和农村转型彻底倒逼着农业快速转型。(2)"三农"转型需要同时发力的是新、冀、滇、贵、甘。农地流转受到农地产权制度和确权进程的制约，"三权分置"下的农地流转推进缓慢。农地流转转型效应只有在一系列促进农村经济社会发展政策综合作用下才能顺利有效。这5省中大多属于西部地区，农业发展的资源禀赋差，弱化了农地流转"三农"转型效应：云南、贵州、甘肃属于土地制约型，河北属于水资源约束型，新疆属于气候约束型。农地自发流转和小农经营的自我调适，很难实现农业转型，而且工业化和城市化对"三农"转型的拉动力不足。

2. 两个转型向好、一个转型滞后的区域："二一"发展模式

主要有三种类型：（1）农业、农民转型好而农村转型需要加强的是皖、津、陕。农村转型是人、时间和空间三者相互平衡，偏离平衡的农村转型不是最佳的。城乡二元结构突出，农地流转单一行动难以奏效，需要加强社会主义新农村建设和乡村治理能力建设，例如扶持农村居民住房改造和建设的政策措施，乡村公路和田间道路建设扶持政策，农村生态环境保护和建设政策，等等；需要贯彻落实"工业反哺农业、城市支持农村"的方针，通过农地流转促进现代农业、现代农民发展，顺次实现农村转型。(2) 农业、农村转型好而农民转型需要加强的是京、闽、川、苏、鄂、湘、浙、吉、鲁、宁。工业化内生有差异，但是共同存在农民转型慢的问题。京、闽、苏、浙、鲁等的问题是工业化和非农化驱动的结果，对农村劳动力产生"虹吸"效应。而川、鄂、湘、吉、宁等省份由于外部社会工业化的引力，农民流出和"留守"农民现象严重，很难适应农地流转和规模经营的需要。同时，农地流转推进中，注重了农业产业发展和新农村建设，忽视了新型农民的培育。另外，农民工市民化进程太慢。以资本为主导的农业规模化有自上而下的资本化（龙头企业外来资本下乡）和自下而上的资本化（家庭农场从农村分化中内生的资本形态）两种驱动力，正在改造农村的生产关系。工业化程度往往难以容纳农村"剩余劳动力"，出现了"流出地后没有退路，进城难以就业"的尴尬境地。资本和土地的结合排斥农民，农民在土地的资本化和资本的土地化的经济逻辑中难以分享合作剩余。努力方向是：一是扶持新型农业经营主体，培育职业农民；二是加快农业劳动力的就业创业培训，加快其有

序转移；三是扶持返乡农民在农业领域创业，实现“贴近农业”的农民转型。（3）农民、农村转型好，但是农业转型需要加强的只有山西。原因是山西的工业发达带来的“资源诅咒”效应，农民的非农就业推进了农民转型和农村转型，它是建立在牺牲农业的基础上实现的，是一种农业没有很好实现转型基础上的“空转”。需要保护农业资源和综合生产能力，例如加强耕地保护和水资源保护；扶持新型农业经营主体发展，支持农业信息化建设和农业设施建设，发展特色农业和多功能农业，吸引资金、人力、技术等要素从工矿业中回流到农业中来，促进现代农业转型，实现“三农”转型的协调性。

3. 一个转型向好、两个转型滞后的区域：“一二”发展模式

主要有三种类型：（1）农业转型好，而农民、农村转型需要加强的是琼、赣、桂、豫、渝5省。这是传统中国农村社会结构转型历史进程被延误的一个缩影：农民、农村转型具有滞后性。一是由于城市落地政策的缺失和农地流转市场发育滞后，城市化发生扭曲，人口流动和资源流动脱节，形成半拉子城市化和“留守农业”。二是从农村社会分离出来的农民并未能完全非农化，未能彻底切断与传统农民的身份联系，也未被非农社会阶层完全接纳，处于两种社会角色边缘。三是农地流转或土地交易价格无法补偿失地农民进城所需的“投入”。农地缺乏可交易性而无法吸引到足够多的资本来有效地推进农村社区化。目前最紧迫的任务仍然是完成农村工业化的任务，实现向现代化工业经济的转变。（2）农村转型好，但是农业和农民转型需要加强的是黑龙江。黑龙江地广人稀，农业GDP的占比影响现代农业转型发展，如果从区域整体经济和经济结构层面看，确实农业转型效果不理想。但是，如果仅仅从现代农业的特征来分析，其规模化、市场化、机械化、组织化、社会化等方面的发展在全国遥遥领先，这也是农业收入高，导致城乡收入、消费差距和城镇化水平高的原因之一。从弹性系数的数值看，因为农地已经达到一个相对饱和的规模，流转带来的“三农”转型效应确实不高。农产品高商品率带来农民农业经营收入增加，影响其转型特征表现；但是其农民具有向南迁徙性，以及机械化对劳动替代带来非农就业的倾向，又实在说明了其农民转型的进步性。因此，黑龙江是一个矛盾中的个别。（3）农民转型好，但是农业和农村转型需要加强的是青海和内蒙古。农牧业省份的农业调结构、转方式、抓特色相对要难度大一些，集约化、规模化的现代生态畜牧业刚刚起步，农业转型相对较慢。牧民观念和生产生活方式的变革正在向纵深处发展，但是游牧方式影响其农村转型发展。新型职业农牧民培训和经营主体培育方面成绩突出，科技创新和组织化大大推进了农民转型。政府加大牧民转移就业培训力度，组织引导牧民进城务工就业。充分发挥合作社的组织作用，促进一、二、三产业融合解决剩余劳动力就业问题。市场化改革、农村社会结构转变和基层治理变革带来了中国农村转型。

四、农地流转促进“三农”转型协调发展的政策建议

（一）顶层设计，实现农地流转“三农”转型“三位一体”发展

理顺“三农”转型的内部逻辑，坚持“以人为本”的价值导向和“工业反哺农业、城市支持农村”的决策思路，将战略重心移向农业转型、农民转型、农村转型的“三位一体”发展上来，深层思考和长远谋划农地流转。（1）用确保国家粮食安全作为农地流转的基点。在现实国情下，推进农地流转必须实现保障农产品和粮食供给安全的基本目标。

从土地流转的产权属性、功能属性、供求关系等三个维度构建和完善农地治权结构，保护耕地，建立保障粮食安全的激励和约束机制。(2) 用统筹思想引领农地流转。农地流转具有非独立性，在农地流转以后，要关注“三农”在城乡关系和国家政策中的弱势地位，更要关注农民分化、农业资本化和农村生态危机等问题。切实打破城乡隔阂，切实负起农村地区公共服务建设提升的责任，加快社会主义新农村建设，缩小城乡差距，促进农村社会进步。(3) 用包容思想指导农地流转。抛弃“农业变工业、农民变职工、农村变城市”的“三农”转型之路，选择一条包容性的、可持续的“三农”转型道路，使农民成为农业现代化的主力军，以及城镇化、工业化发展的参与者和成果分享者，将农村建设成新社区。(4) 依法依规保障农地流转。确定农地用益物权，要在确权颁证的基础上制定农地流转法规，从法律上保证农民享有农地的完整权能。制定土地登记法与土地合同法。在农地确权颁证、产权改革的基础上完善政策体系，校准政策目标，显著提高推进农地流转的政策绩效。

（二）实现农地流转动力的权衡：政府与市场耦合

在整个农业与农村社会转型中，政府介入和政策偏好是内生的，需要进一步彻底理清政府与市场的边界问题。(1) 政府应转换职能。政府职责重在为创造良好的市场发展环境提供公共服务，降低土地权利交易成本。率先实施确权政策，使得农地经营权可抵押、质押支持农业发展。建立有效的现代社会管理宏观环境，依法规范农地流转市场行为，促进农地流转市场健康、快速发展。(2) 推进农地流转的市场化改革。规模的扩张仅仅是实现农村经济社会变革的手段，需要进一步实现农地市场化改革的目的。针对农地隐性市场对症规制导向促进农地流转，以保障农地产权为核心，给予农民通过契约自由选择和交易农地产权的权利，流转收益应归承包农户所有，要创造条件推进农地自发流转。(3) 将自上而下制度安排与自下而上需求推动有机结合起来。

（三）保护以家庭经营为基础的小农经济和中产阶层

(1) 坚持和完善农村基本经营制度不动摇。以土地的“集体所有、家庭承包、多元经营、管住用途”为主线制度内核，将成为中国新型农业经营模式的基本架构。[20]需要创新农业经营体系，大力培育农业社会化服务组织，提高土地产出率、资源利用率、劳动生产率，努力走出中国特色新型农业现代化道路。(2) 保护以家庭经营为基础的小农经济。中国农业生产的格局是传统小农户和新型农业生产主体长期并存，规模农户与小规模农户长期并存，生存型农业和现代农业形式兼具。[21]天然障碍、社会治理性矛盾和成本劣势，决定了资本主义大农场经营往往失败。农户经营与农业企业混合型经营是中国现代农业的未来发展态势，以家庭经营为基础的小农经济决定着农业转型的路径选择。(3) 保护中农阶层。中农阶层的逐步消失瓦解了小农体系。未来农地流转市场目标导向是“小而精”的家庭农场。[22]保护以家庭式全职务农、经营中等农地规模为代表的中农阶层的兴起。

（四）“四化同步”促进农地流转的“三农”转型效应提升

农业农村仍然是“四化同步”发展的短板。农地流转需要工业化、城市化的外部条件和相关制度保证[23]，不可能在没有解决农民离农出路的情况下就简单地强制流转农地。一是破除城乡二元体制，构建以工促农、以城带乡、工农互惠、城乡一体的新型工农城乡关系，也要实行农业消化过剩产能、农村提供转型升级的空间，要把扩大农村消费需求政策作为强农惠农富农政策的重要组成部分。[24]二是农地流转要与工业化、城市化建设同步。围绕新型工业化、城镇化，大力促进农村二、三产业转型升级发展。用城市居民的包容度和制度的灵活度推进市民化实现，要形成农民能够分享工业化与城市化的制度支撑，创新让农民自由选择土地和城镇社会保障的良性城市化机制。三是农地流转要与社会保障体系建设同步。解决农民工的社会保障问题，进一步完善农村的保障制度，建立健全符合经济发展水平的农村保障体系。消除城乡户籍之间的差异，改革各项保障制度与户籍挂钩的政策。四是发展新型农业，要坚持用“全产业链”的思维不断优化产业结构，转变农业发展方式，推进和提高土地流转和农业现代化的水平。

（五）建立和完善农地流转的治理机制

要建立适应农地产权转型的基层社会治理新机制。（1）适应乡村社会分化背景下的民主参与，对农村实行“赋权、享利”的治理形式实现农地资本收益，让农民自主治理社区事务，实现农村的转型。把农地流转的选择权真正交给农民，建立农民所有、农民所治、农民所享的经济组织，提升留守农民组织化程度。实现乡村民主和村民自治，形成人格化的产权主体和产权治理机制。（2）要充分尊重农民群体作为农地流转真正主体的原则性，从保障农民权益的角度推进土地流转。建立和完善农地流转收益的分配机制，设置侵权后的救助和补偿机制。在农地流转中，要发挥参与性控制的“重建秩序”的“安全阀”功能。[25]（3）适应流动的乡村治理空间结构调整和机制转型，坚持因地制宜、分类指导原则，推进农地流转。对于始于外部社会工业化的引力，农业人口大量流出的中西部农村，需要重新修复小农经济结构，实现农地流转和“民工”迁徙的平衡。（4）分类指导农地流转。对于三维一致性模式，要么是锦上添花，要么是全面改造；对于“二一”发展模式，主要是查漏补缺，精准转型；对于“一二”发展模式，需要借力发力，用已经转型的撬动尚未实现转型的重头。

参考文献：

[1] 刘奇．农村社会转型与“三农”政策取向［J］．中国农村经济，2007（4）：4—11.

[2] 张曙光．土地流转与农业现代化［J］．管理世界，2010（7）：66—85.

[3] 曾福生．新时期中国“三农”发展思路的再思考［J］．湖南财政经济学院学报，2015（2）：84—90.

[4]［比］热若尔·罗兰．转型与经济学［M］．张帆，潘佐红译．北京：北京大学出版社，2002：6.

[5] 李宁，陈利根，孙佑海．推动农地产权市场化改革需要考虑多重社会转型［J］．江苏社会科学，2015（1）：69—79.

[6]［美］R·科斯，A·阿尔钦，D·诺斯等著．财产权利与制度变迁：产权学派与新制度学派译文集［M］．上海三联书店，上海人民出版社，1994.

[7] 高鸿业．西方经济学［M］．中国人民大学出版社，2011.

[8] 罗必良．广东产业结构升级：进展、问题与选择［J］．广东社会科学，2007（6）：42—47.

[9] 冯小．去小农化：国家主导发展下的农业转型［D］．中国农业大学，2015.

[10] 郭晓鸣. 推进土地流转与适度规模经营需要高度关注四个问题 [N]. 农民日报, 2014-10-27 (01).

[11] 严海蓉等, 中国农业资本化的特征和方向：自下而上和自上而下的资本化动力 [J]. 开放时代, 2015 (9).

[12] 黄宗智, 高原, 彭玉生. 没有无产化的资本化：中国的农业发展 [J]. 开放时代, 2012 (3): 10—30.

[13] 王德福, 桂华. 大规模农地流转的经济与社会后果分析 [J]. 华南农业大学学报 (社会科学版), 2011 (2).

[14] 刘守英. 中国的农业转型与政策选择 [J]. 行政管理改革, 2013 (12).

[15] 黄宗智. “家庭农场”是中国农业的发展出路吗? [J]. 开放时代, 2014 (2).

[16] Friedmann. H. Household Productions and the National Economy: Concepts for the Analysis of Agrarian Formations [J]. Journal of Peasant Studies, 1980, 7 (2): 158—184.

[17] 叶敬忠. 发展干预中的权力滴流误区与农民组织 [J]. 广西民族大学学报 (哲学社会科学版), 2008 (2).

[18] 尹成杰. 农村需求：经济转型发展的巨大力量 [N]. 农民日报, 2015-02-16.

[19] 韩俊. 准确把握土地流转需要坚持的基本原则 [N]. 农民日报, 2014-10-22.

[20] 罗必良. 家庭经营的性质及其产权含义 [J]. 世界农业, 2014 (3).

[21] 张晓山. 因地制宜发展多元化混合型农业经营模式 [N]. 农民日报, 2015-01-07.

[22] 黄宗智. “家庭农场”是中国农业的发展出路吗? [J]. 开放时代, 2014 (2).

[23] 陶然, 徐志刚. 城市化、农地制度与迁移人口社会保障 [J]. 经济研究, 2005 (12): 45—56.

[24] 尹成杰. 农村需求：经济转型发展的巨大力量 [N]. 农民日报, 2015-02-16.

[25] 胡联合, 胡仁光. 现代化与“安全阀”机制构建 [J]. 社会科学战线, 1994, (2).

（作者单位：湖南农业大学）

农村公共危机防控治理中多元主体行为研究

刘　玮

进入21世纪以来，社会突发公共危机事件频发，公共危机的种类和形态也日益呈现出复杂化、多样化和高频化的特点。在频发的农村公共危机事件中，如何有效地治理公共危机，如何推进农村改革成为了社会各界工作的重点和学术界研究的热点。2015年中央“一号文件”中提出“围绕增添农村发展活力，全面深化农村改革”。其中，公共危机治理是农村改革发展的可靠保障，也考验着政府对突发性事件处理的能力。然而多主体的协同是制约农村发展的关键问题，也给农民的日常生活和经济收入都造成了一定影响。当前，社会各界正在积极参与到对公共危机的治理中。这些治理主体会对危机的发展和治理产生不同的影响。本文以农村较常见的动物疫情公共危机为例，来分析农村公共危机中各主体之间的行为影响，解决主体应该如何适应农村社会发展的问题。

一、危机治理主体的阻滞行为

农村公共危机给社会和农民带来的伤害是不可估量的，为了尽可能避免危机所带来的伤害，就必须在一个相当快的时间内对危机的潜在发生做出预警，在相当短的时间内对已发生的危机事件做出反应。在公共危机中，政府、媒体、农民等社会治理主体虽然都各司其职，但也存在着各主体本身的阻滞行为和主体之间的不协调行为。

首先，从政府治理来看，政府一方面为社会提供了公共服务，另一方面管理着社会公共事务。当公共危机事件直接威胁到社会安全时，政府就会履行危机治理的职责，扮演着主导者的角色。[1]这也说明，我国当前的危机治理体系呈现一种“塔式结构”。[2]掌握信息、体现权力的政府在长期以来被视为危机治理的唯一主体，处于危机应对的制高点，单方面扛起全面治理的重担，但事实上，即使抛开其自身固有的缺陷不说，仅靠政府单个组织，而试图在有限的时间、人力与资源基础上做到高效应对危机也难免势单力薄。

其次，媒体在公共危机治理中也会发挥公共管理主体的作用。当农村公共危机发生的时候，媒体的影响力也是不可忽视的。在科技飞速发展的现在，媒体不仅仅是单一的报纸新闻的存在形式了，人们更多地是通过自媒体的形式了解社会发展现状。[3]在引人关注的突发性危机H7N9禽流感的爆发中，当网民的关注度持续提升时，有关H7N9禽流感公共危机的网络传言就会散播开来，以一定的传播形式成为社会舆论，引起社会恐慌情绪，最终网络传言会表现出“异化”特征。网络谣言的存在就让媒体在报道禽流感事件中起到更加重要的作用了，特别是，如果在关键时刻，公众获得的权威信息不足时，网络传言就会变成公众期待的权威信息的补充。[4]所以在报道危机事件的过程中，权威媒体机构的发言极为重要，让大众了解事情的真相才是媒体应该有的做法。

再次，在社会的发展进程中，有市场就有消费者，有消费行为就有经济的增长和社会的进步。但是危机在农村发生后，公众的不安感势必会造成很多经济方面的影响。如禽流感发生之后，禽蛋和禽肉生产企业集约化程度明显提高，消费者也从农贸市场转向超市购买禽产品。[5]虽然市场在一段时间内恢复了正常，但是刚开始发生的时候还是对消费者产生很大的负面影响，比如不敢吃禽产品、不敢接触动物类等。

最后，相对于消费者的不安，养殖户的损失也不容忽视。禽流感在农村发生之后，在经济上有重大损失的莫过于养殖户了。在现行的政策中，一旦发现禽类有问题，农村都是对其进行扑杀，养殖户的利益损失显而易见。[6]虽然扑杀之后对养殖户有一定的补偿，但是由于补偿的方式和方法没有一定的制度规定，再加上许多养殖户对扑杀政策的了解较少，就很难理解政府的作为。同时，养殖户在选择预防措施时，一般是按照个人意愿来采纳预防药物，对国家推行的免费药物也是如此，导致药物的质量和效果也是随机的、不可控的，这对于危机治理和防控是很大的障碍。[7]

综上，在农村公共危机的发生过程中，政府、媒体、消费者与养殖户等主体都对农村的治理存在一定的影响，并且这几个主体间也有着相互之间的影响。所以，笔者认为，可以将这几个主体看做一个复杂适应系统来进行研究，并利用复杂适应系统的特点来研究农村公共危机下多元主体的行为。

二、复杂适应系统理论范式（CAS）

对于复杂性问题的提出起源于奥地利，首次出现在贝塔朗菲的《生物有机体系统》（1928年）一文中[8]，此后，学者开始对它展开了进一步的研究。钱学森教授于1989年提出了开发的复杂性系统理论。[9]复杂适应系统（Complex Adaptıve System，简称CAS）是20世纪末兴起的前沿科学阵地。最初由美国圣达菲研究所（SFI）试图建立复杂系统的一元化理论[10]，之后由著名遗传算法之父约翰·霍兰（John Hollan）教授等人于1994年首次正式提出“关于复杂性研究的系统科学”。其目标是研究适应性演化系统内部会产生复杂性，又叫复杂适应系统。复杂适应系统是由各个行业或各种模式进行非线性相互作用的行为主体组成的动态系统。霍兰说：“我们将CAS看成是由规则描述的、相互作用的主体组成的系统。这些主体随着经验的积累，靠不断变换其规则来适应。在CAS中，任何特定的适应性主体所处环境的主要部分，都由其他适应性主体组成，所以，任何主体在适应性上所做的努力就是要去适应别的适应性主体。这个特征是CAS生成的复杂动态模式的主要根源”。[11]复杂适应系统对主体进行研究始于“主体能够预知某些事情”。[12]“CAS理论不能简单地划归为系统科学，因为它的大量内容是系统科学与自然科学、经济学、政治学、社会学、可持续发展理论等的交叉研究。”[13]“它不是被物理学等自然科学领域所‘独享’的理论成果，它从诞生之日起就与人类社会科学的发展紧密相连。”[14]所以，复杂适应系统可以作为检视社会科学系统的一个简单架构。[15]

在复杂适应系统中，主体对环境的适应性就使系统产生了复杂性，而适应性就体现在其主体（Agent）是活的、能动的、有主观意识等方面。对农村公共危机进行防控和治理的过程是一个复杂的、动态的系统，该系统由不同 Agent 的交互作用共同实现。防控主体为了促进自身适应能力的改善，以公共危机的预防、控制、解决、治理等作为工作目标，依据系统的变化、外界环境的变化、治理目标等改进多元主体的行为。任何主体在复杂环境中都会通过不断适应危机前、危机中、危机后等外部环境的改变，而需要寻找最优的适应途径，此时，大量具有主动性的元素（active element）便开始“聚集”，当他们成为适应性主体时，复杂适应系统就诞生了。

三、CAS 下的多元主体行为分析

正是由于农村公共危机所具有的复杂适应系统特性，这里以复杂适应系统论（CAS）为视角，研究农村公共危机下多元主体行为，可以发现，人类社会就是一个相互联系、密不可分的有机体，系统内外发生的危机就是系统失衡，每个系统独立主体的行为都有可能影响到危机的生成、爆发和后续走向。农村公共危机防控体系包括以下因素：环境（E）、主体（A）、资源（R）、流（F），这四大元素构成了农村公共危机的复杂系统，可表示为：

$$CAS_{\text{Avian Influenza}} = \{E,\ A,\ R,\ F\},$$

我们认为在农村公共危机中存在着多个主体，即 $A = \{G,\ M,\ C,\ F\}$，这些 Agent 被分别称为：政府 Agent、媒体 Agent、消费者 Agent、养殖户 Agent，至于农村我们认为这是一个环境而不是一个主体，因为农村没有主观意识，只是一个客观存在。

主体的行为都是在农村公共危机爆发的情况下才会做出的，所以描述农村公共危机爆发这一环境就成了重中之重。农村环境是指在农村公共危机爆发的时候各个受到其影响的主体共同生成的一个处于社会大环境中的小环境。在这个环境中，我们认为政府处于核心地位，政府有能力而且应当协调各方利益，减轻和消除农村公共危机。对农村起主要影响作用的主体不仅仅是政府，媒体作为具有社会责任的主体，在农村公共危机中以传播者的身份，既可以向消费者、养殖户提供关于疫情的消息，又可以为政府提出意见。而消费者和养殖户就处于相对被动的处境，不同的是消费者可以通过不食用禽类、避免与之直接接触等简单方式来减少其对自身的影响，而养殖户就没有那么简单，养殖户只能依靠自身经验在政府的帮助下最大化地减少危机所带来的损失。

对于这些主体，在研究其行为模式时可表示为“刺激—反应”模式，即由主体内部的自适应结构所决定。其中，刺激因素包括外部环境的因素及来自于其他主体的刺激；反应行为指主体针对现有刺激因素而产生的应对行为。

政府 Agent：政府是统治阶级，行使权力实施阶级统治。它管理社会公共事务，防止社会不安，但是如果危机管理体系的协调仅依靠单一的行政协调体系进行治理，就会存在很大的问题，必须要多元主体共同协作一起来完成对公共危机的治理。当社会上发生农村公共危机时，政府行为可以是有作为的也可以是不作为的，其原因与执政者的执政理念、社会环境等都有一定关系。政府的作为包括很多方面，它可以通过引导媒体报道农村信息，给予养殖户一定的政策帮扶，及时辟谣发布疫情消息，加强防控措施等来消除消费者的恐慌心理。同样的政府的不作为也包括很多方面，首先政府对媒体进行施压，同时隐瞒相关疫情。消费者得不到相关消息，媒体又无法发挥自己的作用，这时谣言就会流传，人们更加恐慌。而养殖户如果得不到政府的帮扶，只靠自己的力量是很难对抗农村公共危机的。这样做的后果就是政府的公信力下降，无论是消费者还是养殖户都会对政府极大地失望，久而久之政府的统治力就会大大降低。

媒体 Agent：媒体是传播信息的载体，在信息爆炸的时代，一个社会公共危机可能会引起社会各个阶层的广泛关注，如果媒体在此时不作为或者少作为就有可能促使流言、谣言的传播。所以媒体如何摆正自己的身份、如何有效合理地发布消息就成为了现代媒体人所要思考的一个问题。但媒体传播信息不是随意传播的，它会受到政府当权者的影响。政府不会任由媒体随意报道，而是采取施压或者引导的策略，这两者很难界定，但其会影响到媒体在农村之中发挥自己的职能。媒体的行为会进一步影响到消费者，当其失职时消费者就会产生不信任心理，影响到媒体的公众形象，反之消费者就会信任媒体。同时媒体也可以发挥自己的力量，调查养殖户的情况形成报告向政府提供意见。

消费者 Agent：消费者是具有消费能力的群体，他们的行为是以购买或使用商品为目的。在家禽消费方面通常以鸡鸭鹅等肉类为主，而这些禽类又是农村公共危机爆发的源头，虽然在正确方式处理禽类之后会减少传染的概率，但不排除感染的可能性。所以当农村公共危机爆发时人们往往会迫切地想要了解有关疫情，以便及时采取措施应对。所以消费者对于政府和媒体的相关报道会格外关注，但消费者在农村公共危机之中是相对被动的，他们只能从政府或媒体那里获得有关信息，并且由于缺乏专业知识，对信息的真假难以做出判断。但在农村公共危机过后，消费者会根据实际情况对政府和媒体的行为做出自己的评判，并选择在以后同类事件中采取信任或者不信任的态度。

养殖户 Agent：养殖户在农村中处于一个相对被动的位置，其自身遭受到农村公共危机的影响，损失巨大的经济利益，只能依靠经验来应对危机。如果没有政府的政策帮扶，很有可能在危机中遭受毁灭性的打击。

四、CAS 范式下多元主体行为优化策略

随着社会的发展，公共管理模式的变化，公共管理主体的多元化成为了主要趋势，政府不再独立承担提供公共产品和公共服务的责任，而是与其他主体一起承担管理义务和责任。在这种多元主体参与的公共管理模式下，政府虽然还是公共管理的核心组织，却不再是唯一提供公共产品和公共服务的组织。[16]在农村公共危机防控的大环境中，不管是政府还是养殖户、消费者、媒体，其目标都是使农村公共危机防控和治理效果达到最优，因此，各个主体之间形成了相互适应、相互影响的复杂适应系统。

在农村公共危机爆发的大环境中，政府的作用不容小觑。政府应急管理的目的，是通过提高政府对突发公共事件发生的预见能力、事件发生后的救治能力以及善后恢复阶段的学习能力，及时有效地化解危急状态，尽快恢复正常的生活秩序。因此，政府应该选择更适当的危机处理方法，采取危机终止、危机隔离、危机消除和危机利用等策略。需要注意的是危机的确定和反应要迅速、决策要冷静、信息关注要全面、责任分工要明确、善后工作要妥当。[17]首先，政府要有一套完整的应急预案体系，在农村公共危机爆发的时候，根据爆发的程度和地点确定危机事件的级别，然后根据级别下发相应的指令做应急处理。在

爆发的点务必要做好更大范围的防控工作，将危机尽可能控制在爆发的那一小片的区域内，然后才能更好地做下一步的治理工作。扑杀，看起来应该是目前最好的解决的方案了，对于染病的家禽等一律扑杀，将流感病毒控制在一定的范围内，就是治理工作成功了一大步。同时，在进行扑杀的过程中对给养殖户带来的损失要进行规定性的补偿，补偿政策的制定也是政府工作的重点所在。政府的扑杀补偿政策能得到养殖户的支持的话，在进行农村治理的过程中就会更顺利。媒体对于农村情况的报道要处于绝对的真实状态，这样才能让大众了解到最真实的疫情。政府在农村公共危机爆发的时候有正式的、官方的对于疫情的说明，则会让民众更加地安心。

媒体在农村公共危机爆发的过程中，处于一个信息媒介传播的地位。特别是消费者，很希望能通过媒体传播得到疫情发生的真实情况。媒体对真相进行隐瞒或者夸大的话，都会使农村这个大系统恶化，让养殖户和消费者这两个主体在不同方面遭受不同的损失。隐瞒会让不明真相的养殖户和消费者可能会继续进行交易活动，疫情则会进一步地扩大，那么将会带来更大的损失。而夸大会令消费者不敢再购买禽类食物，显而易见，养殖户的损失将是无法预料的。因此，在农村公共危机爆发的过程中，媒体应通过政府引导，并采纳政府建议，与政府建立一定的沟通机制，如实、及时的报道可以让农村这个大环境更加稳定。

养殖户在农村公共危机爆发的时候，遭受着最直接的影响和损失。农村公共危机爆发后，如果按照政府要求进行扑杀，养殖户有相应的扑杀补偿，应积极响应政府的扑杀政策。另外，在农村环境中，养殖户在解决已存的危机之后，必须要对危机事件吸取教训，争取将养殖场的卫生控制好，为预防以后可能发生的农村公共危机做足预防的准备。

在农村公共危机发生的过程中，消费者要做的就是结合政府宣传及媒体报道认清事实，不要盲目跟风，正确判断社会舆论，不要被错误信息所导向。在了解农村公共危机的同时，提高对政府和养殖户及时治理和解决问题的信任度，消弭市场负面影响，降低市场经济损失。

五、结论

因此，农村公共危机的治理和防控需要养殖户、消费者、政府、媒体等多个主体的共同协作，最初的应对应该源于养殖户对农村公共危机的预防和政府的支持。当危机爆发时，要有政府的积极应对措施及消费者对事件发生后的接纳行为，同时还需要媒体面对农村公共危机时发挥媒体作用，其最终的目标是使全社会在面对公共危机时，采取有条不紊的行为模式，形成一个合力，共同应对农村公共危机。各主体经过复杂的相互适应过程，可以形成最为优化的行为模式，使农村公共危机防控治理体系这个复杂的系统最终得以高效地运转。

参考文献：

[1] 苗维进．论中国政府危机管理体系的构建和完善［J］．郑州牧业工程高等专科学校学报，2004（24）．

[2] 王臻荣．治理结构的演变：政府、市场与民间组织的主体间关系分析［J］．中国行政管理，2014（11）：56—59．

[3] 张凌彬．政府危机管理体制［D］．上海：复旦大学，2009．

[4] 陈喻，徐君康．自媒体时代网络谣言传播探析［J］．新闻界，2013（15）．

[5] 齐想．禽流感加速消费者从农贸市场走向超市［J］．中国家禽，2006，28（21）．

[6] 张泉，王余丁，崔和瑞．禽流感对中国经济产生的影响及启示［J］．中国农学通报，2006，22（3）．

[7] 张淑霞，陆迁．禽流感暴发造成的养殖户经济损失评价及补偿政策分析［J］．山东农业大学学报（社会科学版），2013（1）．

[8] 王正中．复杂系统仿真方法及其应用［J］．计算机仿真，2001：18（1）：3—6．

[9] 钱学森，于景元，戴汝为．一个科学的新领域——开放的复杂巨系统及其方法论［J］．自然杂志，1990：13（1）：3—10．

[10] John H Holland. Hiden order: How adaptation Builds Complexity［M］. Addlson - Wesley publishing Company. 1995.

[11] 约翰·H·霍兰．隐秩序——适应性造就复杂性［M］．周晓牧，韩晖译．上海：上海科技教育出版社，2000：9—10．

[12] 约翰·H·霍兰．隐秩序——适应性造就复杂性［M］．周晓牧，韩晖译．上海：上海科技教育出版社，2000：31．

[13] 苗东升．系统科学大学讲稿［M］．中国人民大学出版社，2007：383．

[14] 张立荣，方堃．基于复杂适应系统理论（CAS）的政府治理公共危机模式革新探索［J］．软科学，2009（1）：8．

[15] ANDERSON P. Complexity theory and organization science［J］. Organization Science, 1999, 10（3）: 216—232.

[16] 叶瑜敏．媒体在公共危机管理中的角色与功能——公共管理视角［J］．兰州学刊，2010（11）．

[17] 王延兵．政府应对公共危机的策略与方法［J］．学术论坛，2009：51 53．

（作者单位：湖南农业大学）

现代工业社会加快县域经济发展的战略思考

刘茂松

郡县治则天下安，县域强则国家富。我们认为，我国县域经济的基体是农业、农村、农民。因此，县域经济又好又快地发展直接关系整个国民经济的现代化和全面建成小康社会。本文就工业社会"省管县"条件下县域经济发展的战略地位和战略路径阐述以下三个方面的观点：

一、"省管县"是工业社会实现城乡一体的制度安排

2014年，全国农业增加值58332亿元，仅占国内生产总值的9.2%，我省农业增加值的占比也下降到11.6%。而全国第二产业的占比为42.7%，我省已达到46.2%。由此，全国包括湖南都进入了工业社会，农业也进入了小部门化时期，需要工业对农业进行反哺和城市对农村进行支持。而这个阶段，我国综合国力在显著增强，已达到中等收入国家水平，具备了反哺农业和支持农村发展的经济条件。全面解决我国城乡分割的二元经济社会体制，也正是有了这个前提，才可能实行"省管县"财政模式，建立扩权增收强县体制。所以"省管县"是工业社会实施工业反哺农业、城市支持农村的一种制度安排，其根本目的就是激励县域经济又好又快发展，彻底解决"三农"问题，推进城乡要素平等交换、合理配置和基本公共服务均等化，实现城乡一体化发展，全面建成小康社会。

二、县域经济对全面建成小康社会具有重大战略地位

在现代工业社会，县域经济对促进国民经济现代化全面发展的重大战略地位集中表现为以下"五性"：

一是本原性。工业社会县域经济发展的本质要求是消除城乡割据的二元结构，从根本上解决农业—农民—农村问题。发展现代大农业，生产力的发展是起决定作用的。因为只有如此，才能增加农民就业，增加农民收入，增加高质安全农产品供给，既确保粮食安全，又消除城乡差别。现状分析表明，导致我国"三农问题"的总根子是生产方式落后，是传统手工农业惹的祸。我国是世界上农业平均规模最小的国家，目前中国每个农户平均拥有耕地0.568hm^2，而美国每个家庭农场平均规模为190hm^2，是中国的335倍；土地资

源同样紧缺的日本平均每个农户经营的土地规模 1.81hm^2，也为我国的 3.19 倍。这种碎片化的小块耕地无法进行规模化和机械化生产而只能靠手工操作，占用劳动力多，其生产率极低。2014 年，我国农业的比较劳动生产率系数为 0.312，只占同期工业比较劳动生产率系数 1.425 的 21.89%。正是由于生产率低，便导致了收入水平低、积累水平低、生活水平低、素质水平低、经济效益低。所以，解决“三农问题”必须在生产方式上动手术，通过提高农民职业化和组织化水平，用分工协作集群的新型工业化方式改造传统手工农业，全面建立现代农业工业化的生产方式。

二是基础性或基石性。县域经济是国民经济的基本单元、基本结构、基本层次，正是这三个基本就构成了整个国民经济社会的基石，过去、现在以至未来都是如此。在中文语境中基石是基础中的核心部分，是中坚力量。县域经济作为国民经济的基石，是因为它是整个国民经济的基本细胞。在生物学上基本细胞是具有真核细胞功能的，即进行原生质流动和变形运动，产生光合作用和氧化磷酸化作用，这才有生命运动，也才有生态和生态文明。过去传统的化石工业化是忽视生态文明的，而今天经济发展方式要转变，要实现绿色发展，工业化要生态化，县域经济的基石性作用对于国民经济现代化就具决定性了。正是因为县域经济的基石性，所以，县域经济的发展就构成了我国国民经济最基本的供给侧。

三是枢纽性。湖南作为一个发展中的农业大省，全面实现工业化和现代化必须处理好宏观与微观、城市与农村、工业与农业、工人与农民这四大关系，才能真正消灭城乡差别。由于县和县域经济具有基础性和综合性，其“屁股”坐在“三农”上而“四肢”则联着城市以及工业与服务业，同时中央省市宏观层面的经济流也要通过县级组配而流向企业、农户和有关产业。在这里，县域经济是国民经济各项经济活动相互协调与总体布局的组合体和关键性的中心环节。

四是引领性。从工业化的发展过程分析，县域经济对国民经济特别是工业化的发展不仅具有支撑作用，还更具有引领和导向的作用，这里的动力就是土地革命。我们知道，土地是社会最基本也是最稀缺的生产资料，同时也是社会最基本的财产，是社会财富最主要的实体表征。这种生产资料和财富结构的变化，将引领和推动社会经济结构和产业结构的变化。新中国成立以来，我国已进行了两次土地革命即新中国成立初期的“土改”和改革开放初期的“土包”（家庭联产承包）。前者导向我国农民的解放，推动农业发展，逐步满足城乡人民的生活需求，为社会主义改造和建设奠定基础；后者导向社会主义市场经济，通过土地资源配置格局的重大调整，引领我国工业化的起步和起飞。目前，我国特别是我省都已进入工业化中期向后期转化，同时要全面推进新型城市化，而这一切都需要进行第三次土地革命即“土转”（农村土地确证依法流转），改变农村土地资源分散低效配置的格局，实现集约化高效配置，提高农业劳动生产率和土地出产率，在确保粮食安全的前提下，为全面完成工业化和城市化提供所需要的土地。

五是生态性。县域是自然生态资源集聚地，其经济的本原是农（林）业。因此，生态资源和农业光合作用使县域构成了城市的生态屏障和碳汇之库，担负着对城市生态环境的调节保护和地理环境生物净化的重要功能，对生态文明建设和国民经济绿色发展具有决定性的意义。

三、新时期县域经济应采取城乡统筹发展战略

中央“十三五”规划建议提出，发展特色县域经济，加快培育中小城市和特色小城镇，促进农产品精深加工和农村服务业发展，拓展农民增收渠道，完善农民收入增长支持政策体系，增强农村发展内生动力。基于此，新时期湖南县域经济发展应采取城乡统筹发展的战略，要重点抓好以下“六个一”的战略路径：

第一个一是“一城”，即都市区发展中的新城区。在工业化全面推进的过程中，城镇化或城市群的发展随着产业集群式发展必然呈现出都市区化的趋势，特大城市、大城市、中等城市、小城市、核心镇等联结成网，城市与城市间的延绵地区既是农村也是城市郊区。因此，工业社会的县域经济既不是单一的农村经济也不是单一的城市经济，而是包容了农村和城市、农业和工业服务业的都市区经济，县域就是都市区，是都市区的基本圈层。在这里，县城要扩大，建成20万人口左右的初级中等城市并与县级以上大中城市联结，县以下的核心镇应建成5至10万人口的小城市，以往农民自发交易形成的墟场可根据需要扩建为小集镇，这样构成大、中、小联结的都市区城市网络，能突出县城和核心镇的吸纳、集聚和辐射的作用。

第二个一是“一区”，即新农村建设中的新社区。什么是社区？“社”是指相互有联系、有某些共同特征的人群，“区”是指一定的地域范围。所以，“社区”可以说是相互有联系、有某些共同特征的人群共同居住的一定的区域。具有以下一些特征：有一定的地理区域，有一定数量的人口，居民之间有共同的意识和利益，并有着较密切的社会交往。可以说，社区就是地方社会或地域群体。社区发展的最大意义在于社区认同和社区互动，社区的居民以社区的名义与其他社区的居民沟通，并在自己的社区内互动。同时社区居民形成一种社区防卫系统，居民产生明确“归属感”及“社区情结”。由此可见，在新农村建设中发展农村新社区，改变传统小农经济分散居住的状况，不仅能提高农村居民的共同意识和合作力量，促进农村的精神文明建设，同时还能促进包括宅基地、承包地在内的农村土地的有效流转，发展集约化的大农业，并为县域工业化和城市化创造必要条件。

第三个一是“一化”，即现代农业产业的工业化。县域经济在国民经济现代化中发挥重大的战略作用，首先就要求作为县域经济本原的农业要建立资源节约和环境友好的大农业生产方式。这种生产方式的本质是用现代工业化生产方式改造传统农业，实现农业生产的专业化、标准化、规模化，只有达到了这三化，才能够提高农业劳动生产率，才有可能做到科学种田。然而国内外实践证明，农业的这三化不可能建立在分散生产的基础上，只有通过建立专业分工的大生产基地方能达到。所以这个“一化”实际上就是农业生产经营主体充分运用互联网＋高科技，发展专业化基地农业、工厂化制成品农业、标准化品牌农业、都市化设施农业和多功能化跨界农业，全面打通农业产业各环节，延伸农业价值链，形成现代农业全产业链。

第四个一是“一园”，即绿色消费品工业产业园。消费品工业约70%的行业、50%的产值涉及农副产品的深加工，是农业最重要的后续产业。因此发展食品加工、棉麻纺织、生物医药等带“农”字头的消费品工业最能发挥县域经济的资源优势。另外，消费品工业还是能源消耗水平较低的低碳优势产业。据有关资料，消费品工业的碳排放强度一般在

0.1吨标煤/万元GDP以内，而资本品工业产品的碳排放强度普遍都在0.5吨标煤/万元GDP以上，比消费品工业的碳排放强度至少高一倍以上。发展消费品工业符合县域作为城市群生态屏障区的要求。再从产业关联度来看，消费品工业属于最终产品，且资本有机构成又相对较低，具有强大的后向联系带动力，其就业吸纳能力也远高于资本品工业。当然，发展消费品工业不能搞小作坊式的农副产品加工，而要搞规模化精深加工，搞高科技的食品工业，以县区为单位建设现代消费品工业产业园，要突出特色，产城融合，分工配套，实现产业集群式的生产。

第五个一是“一库”，即自然生态和农业生态碳汇库。县域的生态资源和农业资源是一个巨大的碳汇库，在低碳发展中具有十分重要的地位。所谓碳汇一般是指从空气中清除二氧化碳的过程、活动和机制。它主要是指通过森林、草地、耕地和湿地植物吸收并储存二氧化碳，并将其固定在植被或土壤中，从而减少该气体在大气中的浓度。因此，森林、农地和湿地是陆地生态系统中最大的碳库，在降低大气中温室气体浓度、减缓全球气候变暖中，具有十分重要的独特作用。由此，我省森林覆盖率达到57.13%，各类湿地面积1021千公顷，全省初步形成了以南岭、雪峰、武陵和罗霄山脉为主体的生态屏障，经专业测评，全省森林储碳、放氧、蓄水、固土、保肥等主要生态效益价值达8628.17亿元，同时我省还有农业耕地面积达到3789千公顷，碳汇库的潜在经济价值巨大。所以，县域经济的发展要高度重视和运用《联合国气候变化框架公约》缔约国签订的《京都议定书》所形成的国际“碳排放权交易制度”（简称“碳汇”），在我省建立碳交易市场，发展碳汇金融，即以县域植物所取得固碳成效以抵消相关国家碳减排份额的各种金融制度安排和金融交易活动。现阶段碳金融主要指依托碳交易的金融活动，包括金融机构绿色信贷、碳排放权及其衍生品的交易和投资、低碳项目开发的投融资及其他相关的金融活动。

第六个一是“一场”，即产品营销的国际化市场。县域经济是在开放的条件下进行的，是市场经济的重要组成部分，因此要彻底打破封闭，全面改变自产自销的小生产小商品小交易的落后方式，建立相对完备的市场体系。特别是要扩大开放度，逐步建立国际化的市场，主动地进入和参与国际产业链的分工与融合，承接国际产业转移与承接国内产业转移并重，面向国际市场组织生产和经营，把县域生产的有特色的产品推向国际市场，并从国际市场引进外资、技术和项目，提高县域经济的国际化水平。同时着力发展互联网+电商，推广O2O电子商务模式，整合线上和线下市场资源，大规模拓展市场边界和运营网点的覆盖，逐步建立全球化的线上线下一体化营销系统。只有这样，湖南加快县域经济发展才有大空间、大市场、大资本、大项目、大产业，实现可持续有质量的大发展。

（作者单位：湖南师范大学）

论基于土地财产性权益及其保护的农村土地改革

吴金明　吴　双　朱　锐

一、问题的提出

首先，农村土地制度本质上是一项针对农村人口的福利制度，它以满足人的生存发展需要出发，通过让农民无偿取得土地使用权来体现。国家正是通过对农民生存发展权的维护，来实现社会的稳定发展、国家的长治久安。虽然国家以立法方式①规定农村土地属于集体所有，但在实施层面农村土地的归属并不清晰。2015 年 9 月 11—17 日，我们对湘潭县青山桥镇、宁远县水市镇、平江县南江镇的 84 名镇干部和 135 名村民进行了访问调查：在接受调查的 84 名乡镇干部中，作为乡村管理者，有 6 人对农村土地权属问题说不清；10 人回答属于国家所有；21 人回答属于农民。这表明被调查对象有多达 37 人存在不懂土地法，占被调查对象的 44.0%。虽有 47 人（占被调查对象的 56.0%）知道农村土地属于集体所有，但到底属哪一级集体所有却说法不一，回答属行政村的有 20 人，回答属自然村的 15 人，认为属村民小组的 12 人。而被调查的 135 名村民中，竟有 116 人明确地回答农村土地属于农民，其比例高达 86.0%。而对于更深层次的土地属性问题、农村土地的产权和使用权问题更是模糊不清，乡镇干部回答不清的占 60%，村民回答混淆的、不清的占到 98%。以上调查结果表明，对农村土地属性、土地权属不清晰的大有人在。所以，对于农村土地改革和土地财产性权益保护的认识也就有较大偏差，需要进一步加大研究与宣传力度，让基层干部和广大村民知情明政，主动融入改革与权益保护的行列。

其次，根据中国签署的《中国入世议定书》，中国作为发展中国家可以对民族工业实施 15 年的保护，同样，作为欧美制约中国发展的“紧箍咒”和对冲中国民族工业保护政策的举措——WTO 成员方可以在这 15 年内对来自中国的产品和企业进行市场经济地位认定审查，对不符合市场经济条件的产品和企业征收惩罚性关税。这两项对冲合约的执行期都在我国“十三五”规划执行的头一年——2016 年 12 月 11 日截止，这将从

① 从法理上，《中华人民共和国宪法》和《中华人民共和国土地管理法》明确规定：“农村和城市郊区的土地，除由法律规定属于国家所有的以外，属于集体所有”，“由本集体经济组织的成员承包经营。”这是法律以农民个人的基本权利维护为立足点，对农村土地的定位，体现着国家对农民生存发展权的尊重。

两个方面对我国工业产生重大影响：一是我国民族工业保护的两项关键举措——高额进口关税政策和国内民族工业优惠支持政策都只能执行到2016年12月11日，所有特殊经济区（高开区、经开区、工业园区、工业集中区等）优惠政策将清零。2014年我国已出台了62号文件，将全面清理和停止执行各项优惠政策，我国民族工业享受的人口红利（劳动力红利）、资源红利、政策红利都宣告结束，工业产业成本将会显著上升，不少微利或盈利行业将会转入亏损；加上国外工业产品进入中国市场将全面进入低关税和零关税时代，而且主要以直销模式进入中国，我国国内贸易国际化竞争加剧，国际贸易特别是加工贸易出口优势将大幅减弱。我国工业将面临新一轮重新洗牌与发牌，不少企业被卷入新一轮关停并转的浪潮。在这一背景下，预计在2016—2017年年底前，我国将会有1/3的实体企业关停、1/2的出口加工贸易企业转移至东南亚和非洲、半数左右的商业批发零售行业倒闭，将会导致3000万—5000万人的新增失业队伍，其中最主要的、最直接的结果是多数农民工可能出现“伤雁回飞”、回乡创业，且不少要回到土地中来，发展农村规模经营。因此，也需要对这些回乡农民工、创业者进行有关土地政策的宣传与引导。

本文正是基于上述两大背景就土地属性、土地财产性权益与农村土地改革展开研究论述，试图在土地属性、土地财产性权益与农村土地改革之间找出比较清晰的逻辑。

二、农村土地的多元属性与功能

（一）土地的权益属性与保障功能

从土地的权益属性与功能看，主要包括以下三个方面：

其一，要准确定位土地产权的归属人。明确土地产权归属人，这是在市场经济环境下，做好农村土地管理、按市场规律有序地开展土地开发的客观需要。这就需要按照法律规定的农村土地属于集体所有的原则，以实际的人与土地依存关系，建立土地管理开发经济组织（如产业协会、经济合作社、开发公司等），将农村土地产权归属人“集体”予以实体化。让农村土地产权清晰地归属到既具有农村土地产权合法代理人地位，同时又具备土地资源有效管理和开发能力的实体手中，使农村土地能在统一管理、统筹规划、合理开发过程中，既有组织保障，也能落实到与市场有效对接的合理平台上。

其二，要明晰土地所有权和使用权。《中华人民共和国宪法》和《中华人民共和国土地管理法》已明确规定了农村土地产权“属于集体所有”，土地使用权由“本集体经济组织的成员承包经营”。其中，便明确了土地所有权和使用权具有可分离的特殊属性。但事实上，农村土地在将承包经营权交与农民的同时，产权也已转移到了农户手中，出现了农村土地产权和使用权的混淆。之所以造成两者混淆，在笔者看来是没有理顺农民的生存发展权的保障该由土地产权去实现，还是要通过土地的使用来保证的问题，才导致农民为了维护生存发展权，错把委托的“承包经营”权当私有产权守护。因而出现了土地使用权被自发而无序“流转”；征地过程中本该由集体为主体与征用方协商解决的问题被演变成农民无序的自发“维权”行为；也导致即使在无力承包经营和不需要依赖土地的使用而生存的情况下，仍把土地当“命根子”死守。因此，明晰农村土地产权和使用权的关键，是要明确农民的生存发展权由土地产权的合理利用产生的收益去保证，并明确土地资源的使用权必须有偿使用。只有推行土地所有权和使用权分离，土地产权才能市场化，土地才能释放出应有的价值；只有推行土地使用权有偿使用，才能让为满足生存发展而需要使用土地的农民有地可用，让不再需要使用土地的“转行”农民能自愿放弃对土地的使用，而实现土地自然流入产权统管环节，却同样能分享因土地流转、入股、合作、联营、租赁等方式所带来的价值和成果。通过土地从实物形态变为价值形态，让农民对土地的依赖间接化；让失地农民在获得相应的利益后，能安心从土地转移从事二、三产业。这才是解决当前征地拆迁“顽症”、实现土地顺利流转、解决农业劳动力出路、牵引农村城镇化进程、推动农村社会发展的根本所在。与此同时，从保证粮食安全和促进农产业发展高度，应制定按土地资源利用的贡献率，对从事农产业的农民进行补偿；顾及到欠发达地区农民，因土地产权收益无法保证农民生存发展、需要通过土地的使用才能获得保障的情形，需采取政府专项扶助、引导外部资本参与开发、主导产业基地建立、政府专项采购等特殊农产业政策和措施。以此确保依附在土地上的农民能获得生存发展权，保证土地使用权能自然流转给真正会耕作和需要土地的人，确保农村土地资源在市场规律作用下合理而有效的利用。

其三，要明确土地收益的提取和分配制度。要让开发、利用土地资源产生的收益，既为依附在土地上的农村居民提供现实生活的保障，同时也为农村居民的现实生活和永续发展、农村区域可持续发展积累资金和搭建新的平台。必须对土地产生的收益，以兼顾个人与集体、眼前与未来为原则，出台土地收益的提取和分配制度，让土地真正发挥其持续的保障功能。

（二）土地的资源属性与价值功能

产业的发展必然以资源为基础，作为农产业发展关键资源的土地，国家是站在对农民的生存发展权益的保护高度，以立法形式规定由“本集体经济组织的成员承包经营”。但随着社会对资源选择的日益市场化，农村要发展，若不能按市场经济规律行事，便很难找到其合理的逻辑。而且，随着社会经济的非均衡发展，一方面大批农民很难靠单纯的农业生产维持生计，他们正在选择向土地之外去寻找更美好的生活，要实现社会均衡发展，部分农村土地必然用于非农产业；另一方面广大的农村土地蕴藏着丰富的可开发资源却没有很好地利用。因此，开发农村土地资源这是社会发展的必然，明确农村土地资源的分类定位、做好土地适应性规划、释放土地的价值功能，正是农村土地资源实现与市场经济对接的基础。为此，有三个思考：其一，要做好土地资源分类定位。要让土地资源得到合理利用，这就需要由政府主导，在对土地资源认真调查分析的基础上，综合考虑农村区域发展现状、不同区域的发展矛盾和诉求、市场在土地资源配置上的需求等因素，将农村区域所有土地按农产耕作区、生态保护区、经济开发区、城镇建设区等，分别作出适应性判断和分类定位。这是切实保护基本农田、有序开展农村土地资源开发的前提。其二，要做好土地适应性规划。要在土地资源分类基础上，通过农产业的适应性规划，将优等的土地建立基本农田保护区用于农业，并根据土壤特性开展适宜性种养；将劣质的土地退出农用，并赋予“闲置”土地以新的价值，开展非农经济开发、农村社会公共服务和城镇建设。让土地资源真正做到“宜农则农”“宜商则商”，以减少资源的盲目投入和无端浪费，使农村土地更加符合农村社会发展需要。其三，要提高土地的利用率。要在统一的农产业发展规划指导下，结合城镇化，将分散的村庄从宜农的土地上搬出去，整合成居民区，以便于扩大耕地；通过土地置换，将分散的小块土地进行合并，以便于大型农业机械进行耕作和管理；通过土地整理，将劣质的土地用于田间道路、排灌等设施建设，使土地更适合农业的发展，以提高土地的利用率。

（三）土地的资本属性与经济功能

明确土地的资本属性是市场经济的基础。随着我国社会主义市场经济体系的确立，农村的发展已很难置身于市场经济体系之外。为适应农村社会发展需要，党的十八届三中全会作出了深化体制改革的决定，针对农村土地，提出了“建立城乡统一的建设用地市场，在符合规划和用途管制前提下，允许农村集体经营性建设用地出让、租赁、入股，实行与国有土地同等入市、同权同价”的具体政策。同时也明确提出了“要建设统一开放、竞争有序的市场体系，使市场在资源配置中起决定性作用”。农村要在市场经济条件下发展，若决定其发展最关键因素的土地资源不能成为“资本”，“土地同等入市、同权同价”便找不到依据，农村土地资源配置的市场机制更是无法运作，市场在农村资源配置中也起不了作用。

明确土地的资本属性是农村发展的需要。土地作为农村发展的基础和命脉，土地要为农民的生存发展提供保障，这个属性是无法改变的。只有明确土地的资本属性，才有被量化的土地价值，才能保证土地的商品化交易，并通过交易确保失地农民获得合理的收益。事实上，农村的基础设施投入、产业结构调整和城镇化等，都离不开资金的介入。但引入资金要有与之相匹配的要素，农村最大的匹配要素就是土地。因此，要发展农村经济，关键是要明确土地的资本属性，通过资本市场释放土地的资产和资本功能，使农村土地增值。

明确土地的资本属性是改变农村现状的必然选择。我们在农村发展过程中，因土地资源没有获得资本的地位，导致农产品的全成本概念没有形成，土地资源因无偿使用而得不到珍惜。也正因为土地的资本属性没有确立，导致土地的市场化条件不具备，社会资源有序向广大农村扩散的通道便无法通畅。不仅谈不上合理利用农村土地资源让土地所有者获益，相反还因缺乏规划、无序开发土地，农村许多社会矛盾因土地征用而被激化。因此，要确保土地能按市场规则自然地流转，必须明确土地的价值，市场化运作土地的机制才能形成。只有量化土地价值，土地资源才能在开发、利用过程中以资本方式注入，农民才有分享开发土地资源成果的机会。只有明确土地的资本地位，才能建立城乡统一的土地市场，才能实现农村土地和社会资本的无缝对接。

（四）土地的社会属性与综合功能

农村发展的核心问题是经济、人口、资源、环境的协调发展。土地作为农村发展的关键资源，这就决定了土地所承载的是乡村社会、经济、生态等层面的社会属性。土地的合理利用和开发，对农村社会的稳定和持续发展至关重要。所以，必须做好土地整治，增强土地承载功能。土地的基本功能是要承载人的生存与发展，前面我们对农村土地问题的分析已清楚地表明：农村土地的这一基本功能正在逐渐走向衰退。必须从满足人的生存发展需要出发，重新定位和协调人地关系。通过农地合并、生产设施改善、土地开发复垦、公共设施建设和乡镇居民点的建立等的规划和措施，来拉动乡村投资和消费，促进经济平稳较快增长，以增强土地的承载功能；并通过挖掘乡村区别于城市的独特魅力，将其作为提升农村区域核心竞争力的载体，实现城乡之间生产要素的双向流动，让城市为农村提供技术、资金、人才，农村为城市提供发展空间，来保障农村具有与城市等值化发展的机会和价值。让农民通过土地同样也能获得与社会发展同步的生活品质。必须立足社会全局开展乡村空间发展规划。社会发展的根本目的是满足人更好地生存和发展需要，我们的乡村空间发展规划必须体现这一政治目标。经过多年的发展，我省的社会发展水平得到了整体提升。但随着城市的快速发展，城乡发展差距在扩大，发展较好的城市正面临发展本身带来的压力和环境恶化问题，居民越来越向往乡村的宁静和闲适；而资源较丰富的农村反而相对落后，城乡都面临变革的问题。随着我省便捷交通网的形成，“三湘四水”被整合到“城市经济圈”内。我们必须立足湖南社会均衡发展全局，以满足城乡居民的生存和发展需要为基点，顺应市民对居住环境的新期望，正视城市在无序扩张后，土地价值被人为抬高、人口要求有机分散这一发展趋势；正视大量农村人口需要从土地上有序转移，到土地外去寻找更美好生活的愿望，对城乡空间发展进行重新定位和规划。以落实地区城乡社会发展的效率与公平为原则，既体现城市集聚经济向农村乡镇合理辐射功能，形成以现有城市为主体、区域极地资源借助市场规律，能便利地向更多具有潜在发展条件的乡镇自由流动，以重建城乡之间的平衡；同时选择农村地区区位好、非宜农土地，结合地方特色和资源，开展产业布局、住宅开发、公共设施建设和城镇化发展规划。通过这种全局性的空间发展规划，以此来确保每一宗土地用途与社会经济发展相一致，保障城乡有均等发展机会和农村人口能安居乐业，确保城乡统筹和区域均衡发展。必须对农村土地配置进行政策引导。当今市场条件下的农村，已不具备站在“统一开放、竞争有序”与城市社会展开公开、公平竞争的领地。要让农村土地公平地进入市场、让市场能在农村土地资源配置中真正起决定性作用，必须有政府的适度介入。即政府必须站在对农村区域经济、人口、资源、环境协调发展的高度，在对土地进行定性、分类和规划的基础上，按照不同土类、不同地区、不同的发展矛盾和诉求，分别制定土地政策措施和指导性地价，形成由政策引导市场对参与农村发展作出选择。通过这样的介入，以此来确保生产要素在城乡之间自由流动和公共资源在城乡之间均衡配置。让城乡之间、地区之间的贫富差距保持在一个合适的范围内，从而确保区域经济发展和社会稳定。

三、农村土地改革的逻辑

（一）新中国成立初期土改逻辑：所有权与经营权的完全转移——从地主到农民再到农村集体

所有权从地主转向农民。新中国成立以后，在新解放区有三亿一千多万人口（其中农业人口为二亿六千四百万）尚未进行土地改革。根据《共同纲领》关于“有步骤地将封建半封建的土地所有制改变为农民的土地所有制”的规定，中央人民政府毛泽东主席于1950 年 6 月 30 日颁布了《中华人民共和国土地改革法》。经过充分准备，从 1950 年秋季开始，土地改革运动在新解放区分期分批地展开。土地改革的总路线和总政策是：依靠贫农、雇农，团结中农，中立富农，有步骤有分别地消灭剥削制度，发展农业生产。土地改革的基本内容是没收地主阶级的土地，分配给无地少地的农民，把封建剥削的土地所有制改变为农民土地所有制。以贫农、雇农为主的农民协会，是土地改革队伍的主要形式和执行机关，在土地改革中中农的利益得到保护，在农民协会领导成分中有1/3的中农参加，保证贫雇农与中农的团结，形成占农村人口90%以上的统一战线。新区土地改革还采取保存富农经济的政策，以利于孤立地主，保护中农，稳定民族资产阶级和早日恢复农村生产。同时还采取了保护民族工商业政策。对地主个人除极少数不杀不足以平民愤者外，一般要给予生活出路，使其在劳动中改造成为新人。在土改过程中，强调放手发动群众的方针，一般要经过发动群众，划分阶级，没收、征收土地和分配土地，以及颁发土地证庆祝翻身，动员生产等几个阶段。到1952年年底，除部分少数民族地区和尚待解放的台湾以外，土地改革工作基本完成。土地改革运动的伟大胜利，彻底摧毁了几千年来的封建剥削制度，解放了农村生产力，促进了国民经济的恢复和发展。但是，新中国的土地改革在政策实施中也表现出一些缺点：一是建立农民土地所有制后，一些系统的管理措施和管理理论的缺乏，造成土改后期大量的土地买卖，出现了土地向少数人集中，有些农民重新失去土地的不平衡现象。二是国家对农村基本建设项目和社会化服务设备与组织建设方面的投资不够，从而使小农经济抵御自然灾害的能力较低。三是在建立了农民土地所有制后各项配套措施不完善，致使新中国成立初期的农民土地所有制的生命力缺乏，最终导致必须向社会主义农业合作化新型土地制度的转化。

所有权从农民转向集体。1953年春，中国土地改革基本完成，获得土地的农民有着极大的生产积极性，但分散、脆弱的农业个体经济既不能满足工业发展对农产品的需求，又有两极分化的危险。中国共产党当时认为只有组织起来互助合作，才能发展生产，共同富裕。1953年，先后发布了《中共中央关于农业生产互助合作的决议》和《中共中央关于发展农业合作社的决议》，中国农村开始了互助合作运动。到1956年年底，基本实现了农业合作化，个体的小农经济转变为公有制的集体经济。据统计，到1956年年底，全国参加农业生产合作社的户数为11782.9万户，占总农户数的96.3%，其中参加高级社的为10742.1万户，占总农户数的87.8%；参加初级社的为1014.7万户，占总农数的8.5%（转引自苏星：《我国农业的社会主义改造》）。这就是说，到1956年年底，绝大部分农户都参加了以土地公有为特征的高级社了。

（二）1970年代末土改逻辑：所有权与经营权“两权分离”与“统分结合”双层经营

1978年的家庭联产承包责任制改革，将土地产权分为所有权和经营权。所有权仍归集体所有，经营权则由集体经济组织按户均分包给农户自主经营，集体经济组织负责承包合同履行的监督，公共设施的统一安排、使用和调度，土地调整和分配，从而形成了一套有统有分、统分结合的双层经营体制。家庭联产承包责任制的推行，纠正了长期存在的管理高度集中和经营方式过分单调的弊端，使农民在集体经济中由单纯的劳动者变成既是生产者又是经营者，从而大大调动农民的生产积极性，较好地发挥了劳动和土地的潜力。为保障农民的土地经营权，1982年12月4日，第五届全国人民代表大会第五次会议通过的《中华人民共和国宪法》规定：“农村和城市郊区的土地，除由法律规定属于国家所有的以外，属于集体所有；宅基地和自留地、自留山，也属于集体所有。”1986年6月通过的《中华人民共和国土地管理法》，使这一制度更加明确，它规定：“集体所有的土地按照法律规定属于村民集体所有，由村农业生产合作社等农业集体经济组织或村民委员会经营、管理。已经属于乡（镇）农民集体经济组织所有的，可以属于乡（镇）农民集体经济组织所有。村农民集体所有的土地已经分别属于村内两个以上农业集体经济组织所有的，可以属于各该农业集体经济组织的农民集体所有。”这种土地制度并没有从根本上改变土地的集体所有的性质，只是将土地的所有权、经营权分开了。但在当时，对调动农民的积极性、解决农民的温饱问题来说，的确取得了很大的成就。总的看，此轮改革极大地解放了农村生产力，使全国广大农村居民及全国城镇居民的温饱问题得到较好的解决，为农业持续稳定发展、工业化顺利加快乃至中国经济长期保持较快发展提供了强大的物质基础和动力源泉。但是，随着农村生产力水平的提高和农业现代化的进展，全国各地出现了农民土地承包权分散、土地经营规模偏小、农村劳动力素质不高等问题，不能适应当今土地大规模集中经营和农业现代化的客观需要，也就是农村既有的生产关系不太适应新的生产力发展的需要了。因此，需要进一步“深化农村土地制度改革”。

（三）本次土改新逻辑：所有权、承包权、经营权“三权分置”，经营权流转

2014年9月29日，中央全面深化改革领导小组审议了《关于引导农村土地承包经营权有序流转发展农业适度规模经营的意见》等文件，提出我们要在坚持农村土地集体所有的前提下，促使承包权和经营权分离，形成所有权、承包权、经营权“三权分置”，经营权流转的格局。“三权分置”改革，首先将有利于农村土地的规模化、集约化生产经营，有利于农村各种新型经营组织的发展，有利于农业现代化的发展，有利于大幅度提高农业生产效率，并强有力地保障国家粮食安全。其次，农村土地的集中经营和生产效率提高，有利于进一步转移和解放农村劳动力，使大批农村劳动力在现代农业经营组织中重新就业，与新型城镇化形成良性互动，并为城乡居民享受公平统一的社会保障创造有利条件。最后，“两权分离”、“三权分置”的改革过程中，必然伴随着农村土地价值的重估，这将大幅度增加农村居民的财产性收入。在落实农村土地集体所有权的基础上，稳定农户承包权，放活土地经营权，允许承包土地的经营权向金融机构抵押融资。目前，全国农户承包的土地有十几亿亩，如果在土地确权后其土地经营权能够向金融机构抵押融资，还将使广大农民获得巨大的信贷资金，用于生产经营，多种生产要素的市场化配置得以实现，农业规模化生产的效率将大幅度提高。当然，在实践中要避免“四种不合理现象”：一是避免改变土地用途的现象。此前在片面强调土地城镇化过程中，出现过比较严重的改变农地用途的现象，一度使耕地大量减少。对此，要加强引导，不损害农民权益，不改变土地用途，不破坏农业综合生产能力，重点支持发展粮食规模化生产，保障国家粮食安全。二是要避免强迫命令现象。当前农村土地流转进程中有一些地区出现了强迫或变相逼迫农民流转土地的现象。对此，我们要尊重农民意愿，坚持依法自愿有偿流转土地经营权，不能搞强迫命令，不能搞行政瞎指挥。三是避免片面追求快和大的现象。前两年中央允许农村土地流转试点，有个别地区就开始好大喜功，追求过快和过大地开展土地流转。针对此种现象，我们要根据各地基础和条件发展，确定合理的耕地经营规模加以引导，不能片面追求快和大，更不能忽视了经营自家承包耕地的普通农户仍占大多数的基本农情。四是避免工商资本“一窝蜂”地涌入农村的现象。在开展农村土地流转的过程中，要避免出现工商资本、城市资本“一窝蜂”地涌入农村的现象，对工商企业租赁农户承包土地要有严格的门槛，建立资格审查、项目审核、风险保障金制度，对准入和监管制度做出明确规定。

四、结论与建议

尽管农村土地有着多元属性与功能，但我国农村土地改革的逻辑基本上是围绕着土地的权益属性与功能来展开的。无论是新中国成立初期的土改所有权与经营权的完全转移——从地主到农民再到农村集体，还是改革开放初期的土改所有权与经营权“两权分离”与“统分结合”双层经营，乃至今天的土地所有权、承包权、经营权“三权分置”与经营权流转改革都是如此。只不过本次改革的最大亮点是，承包权成为一种独立的权利与经营权实现了分离，所有权依然归集体，承包权归农户，经营权可流转到农村新型经营主体。总之，土地是农民最重要的财产，也是提供社会保障的重要载体。所以，土地财产性权益及其保护十分重要，它构成了农村土地改革的关键和核心。因此，推进农村土地改革，必须以保护农村土地财产性权益为核心。所谓农村土地财产性收益，一般是指农民依靠土地这种不动产资源，从土地的保值增值中所获得的收入。增加农民土地财产性收入是增加农民收入的重要组成部分，是进一步缩小城乡贫富差距的重要手段，也是优化农村资源配置的有效途径。因此建议，在推进本轮新土改时要高度关注并抓好以下六个方面的工作：

其一，明晰农村土地产权，确保农民土地权能收益。明晰农村土地产权并赋予产权主体相应的权能。产权主体不清晰，致使土地所有权主体虚置，这是征地过程中农民土地权益流失的根本原因。要明确界定国家作为土地终极所有者的权能，各级政府要尊重农民土地产权主体的地位，把主要精力放在对土地规划的制定和执行上，主要扮演服务者、监管者和仲裁者的角色；规范集体享有对农村部分土地的所有权，使其主要扮演农民土地权益维护者的角色；明确农民土地产权的范围、国家公共利益的边界，依照国家法律、法规让农户享有农村土地使用权、继承权、收益权、流转权，使农民成为独立的产权主体。要进一步完善土地流转制度，在农民外出打工或在城市安家的情况下，允许农民对自己拥有的土地或住宅使用权进行自由流转。

其二，规范农村土地流转制度，提高承包地流转收益。各级政府要加强对农村土地的流转引导和服务功能，使得农村土地流转行为逐步规范。一是要制定政策，引导流转。土地流转要实现由过去的农户间自发流转向当前的政府和市场引导与自发并重的自主流转转变，由过去无偿代耕向按市场规律的有偿流转转变，由过去依靠口头协议的不规范流转向签订书面合同的规范流转转变等三个转变。二是要创新机制，助推流转。通过给农民发放土地使用产权证、建立农地产权交易机构和推进农村合作社建设等，在土地所有权、承包权和农地性质不变的前提下，建立农地产权交易场所，走出一条助推农村土地流转制度改革的新路子。三是要加强管理，规范流转。通过制定和完善《农村土地承包经营权流转规则》等规章办法，从流转主体、流转方式、流转程序等几个方面对农户的土地随意流转行为进行规范。同时指导农户签订转让、转包、出租、互换及流转委托书等合同，对涉及流转双方的权利、义务、违约责任等进行明确，进一步完善土地流转纠纷仲裁和调解机制，化解矛盾纠纷，维护农村大局稳定。

其三，畅通农村集体建设用地使用权，保障农民分享土地增值收益。农村集体建设用地使用权审批是各级国土资源部门依法规划、管理、保护和合理利用土地资源，实行事前控制和监督管理的一种重要手段，是国土资源管理部门履行的一项重要行政职权。改革和完善农村集体建设用地审批制度，应减少审批环节，提高行政审批效率。一方面，要科学设置审批程序，规范审批内容，适当简化工作量大且成本高的项目报批资料，创造条件实行网上报批审查。另一方面，要加快国土系统信息化、网络化建设，实现建设用地电子远程报批。另外，必须通过法律手段对行政审批机关行使行政审批权情况进行监督制约，确保公平、公正、公开、合法、合理地行使行政审批权，维护土地所有者和使用者的合法权益，加强项目用地的批后监管和跟踪服务，杜绝和减少违法违规批地占地和闲置浪费土地现象。

其四，完善农村征地补偿机制，提高土地征用补偿收入。土地征用补偿机制直接影响农民的经济收益。现行征地制度应从现有征地补偿制度着手加以完善：一方面，在现有土地征用制度规范要求内，征地范围尽可能缩小，对农民的货币补偿标准尽可能提高，征地的程序必须严格规范，对于违规征地行为处罚必须严厉。另一方面，创新现行的土地征用补偿机制，建立城乡一体化的土地市场体系。在该体系内，公益事业建设用地由国家参照土地市场价格进行征收，在对农村集体经济组织和农民个人给予相应的补偿后，集体经济组织所有的土地交由国家使用；商业性建设用地则由国家和农村集体经济组织共同供给使用。确保在城乡一体化土地市场体系内，农村集体土地与国有土地享受同样的市场地位，所有权不准买卖，但使用权可以流转，走出一条既符合市场经济发展方向又能保护农民财产利益的新道路。

其五，完善农村金融服务体系，配套服务农村土地财产收益。加快落实各项优惠扶持政策，积极引导社会资金和民间资本在农村依法设立各类新型金融组织。深化农村金融体制改革，扩展资金来源渠道，支持有条件的农民合作组织开展信用合作，规范和引导民间借贷健康发展。鼓励更多的符合条件的金融机构在经济基础较好的乡镇设立村镇支行，为广大农村居民提供便利的融资途径，也为农村居民增加金融财产性收入提供可能。加强对村镇银行、信贷公司等金融机构进行农村金融产品创新业务指导，根据农民投资金额小、金融知识有限、风险承受能力较弱等特点，积极开发符合农民理财需要的金融产品，提供更多且更安全的投资渠道，通过配套服务农村土地财产收益。

其六，推进农村集体经济组织产权制度改革，增加农民共有资产收益。完善农村集体资产管理，推进农村集体经济组织产权制度改革，使集体资产收益成为农村居民财产性收入的重要来源。加快建立健全集体资产产权界定和登记制度、资产流转和评估管理制度、年检和报告制度，健全完善农村集体资产管理体系，规范农村集体资产管理。鼓励和支持集体经济组织利用资金、资产和资源，以入股、租赁、专业承包等形式，与产业化龙头企业、技术服务机构、种养大户等进行联合和合作经营，实现集约和规模发展，不断发展壮大集体经济实力，确保集体资产的保值增值。对占用集体土地使用权的企业单位收取土地租金，确保村集体资产不流失，并增加农民从集体分取红利的份额。在有丰富资源或地域特色的乡镇和农村发展村级集体经济，成立股份公司，让农民成为股民，促进农村集体资产稳定增长。

参考文献：

[1] 刘荣材. 关于我国农村土地产权制度改革与创新的探讨 [J]. 经济体制改革，2007 (1)：85—89.

[2] 刘守英. 中国农村改革与发展30年：进程、经验及建议 [J]. 经济研究参考，2008 (31)：2—12.

[3] 许经勇. 我国农村土地产权制度改革的回顾与前瞻——形成有利于保障农民合法权益的土地产权制度 [J]. 经济学动态，2008 (7)：68—72.

[4] 阮建青. 中国农村土地制度的困境、实践与改革思路——“土地制度与发展”国际研讨会综述 [J]. 中国农村经济，2011 (7).

[5] 韩俊. 农村土地制度改革须守住三条底线 [R]. 人民日报，2015-01-29 (07).

[6] 国务院. 引导农村产权流转交易市场健康发展 [H]. 中国新闻网，2015-01-23 (00：13).

[7] 中共中央、国务院近日印发了《关于加大改革创新力度加快农业现代化建设的若干意见》，中华工商时报，2015-02-05.

[8] 陈锡文. 农村土地制度改革的重点与路径 [R]. 21世纪经济报道，2014-07-12.

[9] 农村土地制度改革试点要切实保障农民权益 [R]. 金融时报，2013-12-26.

（作者单位：吴金明，中南大学；吴双，中南大学；朱锐，长沙理工大学）

论舜帝刑德观的当代价值

陆魁宏

一、舜帝“明刑弼教”的刑德观

《史记·五帝本纪第一》记载，舜继帝位后，禹、皋陶等十几位重要官员虽自尧时“皆举用”，但“未有分职”，于是召集会议给他们明确职责。舜对皋陶说：“皋陶，蛮夷猾夏，寇贼奸宄，汝作士。”舜帝告诉皋陶，蛮夷戎狄猾乱华夏，又有强寇劫贼来破坏骚扰，为害甚大，派皋陶担任分管刑法的士官去治理。

舜帝主持制定了刑法。《虞书·舜典》记载：“象以典刑，流宥五刑，鞭作官刑，扑作教刑，金作赎刑，眚灾肆赦，怙终贼刑。”“象以典刑”，就是把犯罪、刑罚的情状用绘图的形式悬示公之于众，类似今天用图文并茂的形式进行普法宣传。“流宥五刑”，就是以流放代替死刑或肉刑，对本应施以伤残肢体的肉刑的一种宽宥。史载“流共工于幽州，放欢兜于崇山，窜三苗于三危，殛鲧于羽山”。流、放、窜、殛，都是对流刑的不同称法，流刑是牢狱的起源，监狱是从流刑的变通中逐步产生的。“鞭作官刑，扑作教刑”，古代的鞭扑是两种不同的刑责工具，鞭，作为治官事之刑，扑，作为师儒教训之刑，不勤道业则挞之。《国语·鲁语》说：“薄刑用鞭扑。”体现了使人“明耻”改过的用意。“金作赎刑”，出金（铜）以赎罪，当然其使用范围是有限制的，有些判以流放之刑的罪犯，即使出得起金、铜，也不会准许他们出金赎罪。

舜用刑非常谨慎，详其罪罚，依法用其常刑，使罪各当，刑不越法。对犯罪事实的分析，要区别偶犯和累犯、过失犯罪和故意犯罪、悔改和顽固，判决有所区别。若过误为害，原情非故者，则缓纵而赦放之。若怙奸诈，终行不改者，则贼杀而刑罪之。

舜坚持一人犯法一人当，决不连累罪犯家人。鲧因治水不力而被处以极刑之后，他的儿子禹并未受株连，仍是部落联盟的首领，而且因禹治水有功还接替舜成为最高领导人。

舜改革了上古时期不科学的触审制度。上古时期，审判属于神明裁判，靠一种独角兽去判明嫌犯是否有罪。《说文》：“廌，兽也，似牛，一角，古者决讼，令触不直者。”这种触审制度，往往导致冤假错案，罪及无辜。这种不科学的神明裁判制度，在舜时被废除了，使刑事审判由神断变为人断，为后世以证据定罪的刑审制度奠定了基础。

舜帝依法治国，是同以德化民连在一起的。《尚书·大禹谟》记载：“帝曰：皋陶！惟兹臣庶，罔或干予正。汝作士，明于五刑，以弼五教，期于予治，刑期于无刑，民协于中，时乃功，懋哉！”舜赞美皋陶分管刑法建树的功绩，说老百姓都循理率教遵守法制了，百姓之所以不犯法，是由于皋陶作士，能明五刑以弼五教的缘故。“明于五刑，以弼五教”，后人简称为明刑弼教。意思是，用刑法晓谕人民，使人们都知法、畏法而守法，以达到教化所不能收到的效果。历代统治者都知道治国安民有两个武器：一是刑罚惩处的儆戒作用，一是礼教的教化作用。这两者相辅相成，缺一不可。舜把刑与教紧紧相连，出教则入于刑，出刑则入于教，使民皆趋于五教，群黎百姓皆协于大公至正之道。有史书讲得好：刑以弼教，期于无刑，真圣人之本意也。惟士之一官，要在乎推明圣人所以明刑立法之意，使民不犯于有司，图圄空虚，天下无一人之狱，其官若为虚设者，然后为能其官。以皋陶之德所以为万世治刑狱之法也。

《尚书·大禹谟》记载：“皋陶曰：帝德罔愆，临下以简，御众以宽，罚弗及嗣，赏延于世。宥过无大，刑故无小；罪疑惟轻，功疑惟重；与其杀不辜，宁失不经。”皋陶说，舜帝之德没有过失，不以喜怒好恶而用刑赏，执法部门当然就奉公守法，无所顾望阿私以行其志。有舜之盛德，所以执法才得以成功。惟皋陶执法于下，而舜以好生之德推之于上，以忠厚之德济有司之所不及，使德与法相得益彰，所以人们有了德性之后，都自觉地不去犯法了。

舜帝与分管刑法的士官皋陶等人一起制定那么多刑法，不是单纯地为了惩罚人，其实质是通过严惩与宽大相结合的手段，引导人们趋于五教，安分守己，自我克制，通过教化民众来实现一个没有犯罪行为的和谐社会。舜很强调道德修养，他在要求夔分管典乐时指出，要教育子弟把握直、宽、刚、简的道德内涵。说：“直而温，宽而栗，刚而毋虚，简而毋傲。”意思是，正直者失于太严，故令“正直而温和”；宽宏者失于缓慢，故令“宽宏而庄栗”；刚强者失于苛虐，故令人刚而无虐；简易之失于傲慢，故令简而无傲。对此，皋陶继承发展成为“九德”，其德治内容包括：“宽而栗，柔而立，愿而恭，治而敬，扰而毅，直而温，简而廉，刚而实，强而义。”（见《史记·夏本纪第二》）意思是，宽厚而威严，柔和而有主见，老实随和而严肃庄重，有治世之才又办事认真，温顺而又坚定，耿直而又和气，行事从大处着眼又不忽视小节，刚正果断而求实，坚强有力又合乎道义。皋陶认为，具有“九德”修养之人，必能当好官员，为人民办实事，谋福祉。

二、舜帝对刑德关系的根本认识是中华法律文化之精华

“明于五刑，以弼五教”，即明刑弼教，既讲刑治，又讲德治，二者不可偏废。这就是舜帝对刑德关系的根本认识，这是中华传统法律文化之精华，是我们建设法治中国的文化根据和精神基础。

舜是中华传统道德的始祖，如司马迁在《史记·五帝本纪》中所说：“天下明德皆自虞帝始。”“百善孝为先”，舜生活的石器后期，社会文明已有相当水平，“孝”已成为当时普遍认同的社会道德和行为规范，孝不孝是评判一个人品德是否高尚的一项重要标准。舜被尧帝选择为接班人，就是因为“舜年二十以孝闻”，在“父顽、母嚚、弟傲”的恶劣家庭中，他“能和以孝，烝烝而治，不至奸”。舜以大孝享名于世，也因此被誉为天下明德之始。德孝文化的起源，一般都追溯到舜帝。

舜帝是明德之始，也是明法之始。在氏族社会到国家的形成过程中，舜帝除了抓道德

教化之外，还抓刑，搞法治化，任命皋陶专门主管刑狱，使用五刑，罚“四罪”（三苗、共工、欢兜、鲧），流“四凶”（浑敦、穷奇、梼杌、饕餮），对不同程度的犯罪行为给予不同的惩罚。从制定刑法、公正执法的许多实绩来看，中华法律文化的起源，我们也可以追溯到舜帝。

舜帝对德刑关系的根本认识，几千年传承下来，历朝历代统治者对“明刑弼教”的理解和把握，也经历了一个演变过程。春秋战国时期，儒家和法家曾就国家治理中的礼刑关系进行过激烈的争辩，两家分别强调各自的礼或者刑的作用，都有意忽略或贬低对方的作用。儒家往往更多地强调“德”，注重道德教化，把“刑”列为辅佐地位，遵循“德主刑辅”的传统立法、司法原则。法家的法律思想更多地强调“法”，突出法律的威慑作用，推行重典治国政策。法家前期人物，并不绝对排斥礼义。法家后期人物，突出“以法治国”，却完全否定礼义道德的作用。“略输文采”的秦始皇就是强调法治，忽略德治，统治时间只有短短的 15 年（公元前 221—公元前 206），一个空前庞大的帝国便土崩瓦解了。这是割裂刑德关系便不能长治久安的一个历史案例。在我们古代法律史上，宋代的著名理学大师朱熹是有过贡献的。他对“明刑弼教”作了新的阐释，在处理德与刑的关系上有所突破，主张“礼法合一”，认为礼法二者对治国同等重要，“不可偏废”。朱熹的主张对明清两代法律实施的方向和方法以及发挥的社会作用产生了深刻的影响。

关于法的起源，与国家的形成过程是密不可分的。根据恩格斯对易洛魁人的氏族的考察，在人们尚不知道国家为何物的社会里，没有军队、宪兵和警察，没有贵族、国王、总督、知事和审判官，没有监狱，没有诉讼，而一切都条理井然。一切纷争和误会，都由有关集体即氏族和部落来解决，或由各个氏族相互解决；血族复仇仅是很少运用的极端手段。氏族由于共同利益而结成共同利益体，为了维护和扩大利益，一方面要通过征战去对外扩张，一方面又要防御外族扩张的侵犯，这就需要“兵”，同时也需要“刑”，以便对内进行惩戒和慑服，维护内部稳定的秩序。兵与刑，最初只是具体的工具，后来慢慢发展为有组织的暴力系统，兵发展成为军队，刑发展成为法律，所谓“兵刑合一”的法律起源理论。在氏族向国家的漫长演化发展过程中，由于按地域标准来划分其管治下的公民，由于公共权力的建立，由于为了维护这种公共权力而需要公民缴纳捐税，由于掌握着公共权力和征税权的官吏驾于社会之上，作为拥有军队、警察、法律、监狱的镇压机器的国家就产生了。

根据马克思主义的国家理论，国家不仅仅是用来维护统治阶级地位和利益的工具、专政和镇压的机器，其产生最初是源于履行社会公共管理职能的需要，正如恩格斯在《反杜林论》中所指出：“政治统治到处都是以执行某种社会职能为基础，而且政治统治只有在它执行了它的这种社会职能时才能持续下去。”恩格斯还举例来说明这个观点，比如，不管波斯和印度兴起或衰落的专制政府有多少，它们中间每一个都十分清楚地知道自己首先是河谷灌溉的总的经营者，在那里，如果没有灌溉，农业是不可能进行的。英国人统治印度，不好好履行社会职能，听任灌溉渠道和水闸毁坏，造成饥荒，因而危及了他们的统治地位。站在马克思主义国家观的高度，来分析一下舜帝治理社会、造福人民的诸多举措，任命契为司徒，开展“五品之教”也好；任命弃主管农业、教百姓种植谷物，发展农业生产也好；任命禹治水，把水患变为水利也好；任命皋陶主管刑狱，搞法治化也好；任命夔主管音乐，教化万民陶冶性情，营造和谐氛围也好；等等，正是由于认真执行了这些社会公共管理职能，所以其政治统治才能持续下去。我们由此可以得到启发，治国理政，德治也好，法治也好，一定要认真履行社会公共管理职能，用实际行动治理社会，服务人民，政治统治才能持续下去，国家才会长治久安。或者可以说，舜帝认真履行社会公共管理职能，这种治国理政的思路，也是中华法律文化的重要组成部分，是我们今天进行治国理政、促进国家治理体系和治理能力现代化可供借鉴的历史遗产和精神养分。

三、弘扬德法结合的治国理念

舜帝“明刑弼教”的刑德观，把德治和法治相结合的治国理念，是中华传统法律文化之精华，与我们今天的“依法治国”和“以德治国”有着深刻的历史渊源。

党的十八届四中全会《决定》指出，全面推进依法治国，总目标是建设中国特色社会主义法治体系，建设社会主义法治国家。要实现这个总目标，其中就必须坚持依法治国和以德治国相结合的原则。《决定》指出：“坚持依法治国和以德治国相结合。国家和社会治理需要法律和道德共同发挥作用。必须坚持一手抓法治、一手抓德治，大力弘扬社会主义核心价值观，弘扬中华传统美德，培育社会公德、职业道德、家庭美德、个人品德，既重视发挥法律的规范作用，又重视发挥道德的教化作用，以法治体现道德理念，强化法律对道德建设的促进作用，以道德滋养法治精神，强化道德对法治文化的支撑作用，实现法律和道德相辅相成、法治和德治相得益彰。”这是实现全面推进依法治国总目标所必须坚持的一条重要原则。

舜帝“明于五刑，以弼五教”的刑德观，实行道德与法律的结合，有其合理性，符合社会历史规律，值得我们借鉴。法律和道德，都具有规范社会行为、维护社会秩序的作用。二者有一致性，违法的，也是缺德的，法律所禁止的罪行，通常是在道德上得不到辩护的严重错误。当然，并非所有不道德的行为都构成了犯罪，而只有严重到触及刑法的程度才构成犯罪。法律的规范作用具有强制性，它是上升为国家意志的，具有普遍的约束力，成为人人都必须遵守的行为规则。道德的规范作用则没有这种强制性，而是靠教化、靠社会舆论来发生作用。贪污盗窃是不道德的行为，受到社会舆论的谴责，这种缺德行为发展到了违法的程度，法律就要对它发挥强制的规范作用，从而强化法律对道德建设的促进作用。让广大社会成员认识到法中有德，认识到承认服从现行成文法是他们的道德义务，并且愿意履行这些义务，法律规范才能具有真正的有效性。如果没有服从法律的道德义务，那就没有可称为法律义务的东西，法的实行只能依靠暴力。如果执行法律规范的政府官员或公检法人员，对于维护法律规范没有内心的道德义务要求，法的作用就会严重削弱。人们既无法指望得到这种法的保护，也无法指望由于执法公正形成的社会公正。可见，提高道德素养，履行道德义务，可以用道德滋养法治精神，强化道德对法治文化的支撑作用。我们把依法治国与以德治国结合起来，就可以实现法律和道德相辅相成，法治和德治相得益彰。

依法治国，舜帝不是说说而已，而是切切实实在实行法治的。《史记·五帝本纪》记载，舜把穷凶极恶的浑敦、穷奇、梼杌、饕餮之流发配至离王城四千里的边远地区。经过打击治理，扬善去恶，社会上“无凶人”，无邪恶之徒侵扰，人民守伦常，知礼仪，过上了安定和谐的日子。今天我们坚持依法治国，就要扎扎实实用具体行动贯彻落实党领导人民治理国家的基本方略，切实发挥法治在国家治理和社会管理中的作用。要坚持科学立法，用明确的法律规范来调节社会生活、维护社会秩序。要坚持严格执法，加强宪法和法律实施，维护社会主义法制的统一、尊严、权威，形成人们不愿违法、不能违法、不敢违法的法治环境，做到有法必依、执法必严、违法必究。要坚持公正司法，努力让人民群众在每一个司法案件中都能感受到公平正义，决不能让不公正的审判伤害人民群众感情、损害人民群众权益。要坚持全民守法，任何组织或者个人都必须在宪法和法律范围内活动，任何公民、社会组织和国家机关都要以宪法和法律为行为准则，依照宪法和法律行使权利或权力、履行义务或职责。

以德治国，舜帝也不是说说而已，而是实实在在在开展“五品之教”，进行道德教化，宣扬父义、母慈、兄友、弟恭、子孝之五伦以教化万民，使国泰民安。今天我们坚持以德治国，就要扎扎实实用实际行动培育和弘扬社会主义核心价值观，突出道德价值的作用。要继承和弘扬我国人民在长期实践中培育和形成的传统美德，加强社会公德、职业道德、家庭美德、个人品德建设，激发人们形成善良的道德意愿、道德情感，培育正确的道德判断和道德责任，提高道德实践能力尤其是自觉践行能力，向往和追求讲道德、尊道德、守道德的生活。

舜帝“明刑弼教”、德法并用的治国理念，积淀着中华民族最深沉的精神追求，包含着中华民族最根本的精神基因，对其思想精华，我们要传承和弘扬，并对其进行创造性转化和创新性发展，使之成为建设社会主义法治国家的丰厚滋养。

（作者单位：湖南省舜文化研究会）

以国有资产证券化为核心
推进我省混合所有制经济发展

陈赤平

发展混合所有制经济，是坚持市场化改革方向和坚持“两个毫不动摇”的重要着力点，也是湖南实施创新驱动和转型发展的关键。混合所有制概念早在1993年党的十四届三中全会的决定中就已经出现，20多年来我国混合所有制经济已经取得了巨大发展，但在我国进入全面深化改革的新时期，发展混合所有制经济作为重大的改革方针在十八届三中全会中再次被提出，表明发展混合所有制经济的意义十分重大。十八届三中全会以后，中央和地方都对混合所有制经济发展高度重视。上海国资委公布的《关于进一步深化上海国资改革促进企业发展的意见》，被称为“上海国企改革20条”。该意见提出了“多管国资，少管国企，不管经营”的方针，积极探索混合所有制经济的发展思路，并在2014年列出了41项具体改革任务清单。2014年5月，重庆出台了《关于进一步深化国资国企改革的意见》，明确指出力争通过3—5年扎实推进，2/3国企发展成为混合所有制企业；80%以上的竞争类国企国有资本实现证券化。广东省提出到2015年全面完成国有企业公司制改造，到2020年混合所有制企业户数比重要超过80%，二级及以下竞争性国有企业基本成为混合所有制企业。除了上海、重庆、广东外，安徽、山东、浙江、江苏与北京等许多省市的地方国资委也明确了改革方向，着重推进混合所有制。可以看出，积极发展混合所有制经济，已成为坚持和完善基本经济制度的重要着力点，成为保证市场在资源配置中发挥决定性作用、充分激发一切积极因素创造社会财富和全面深化国有企业改革的关键因素。

2014年3月，湖南省委、省政府《关于进一步深化国有企业改革的意见》（湘发〔2014〕7号）将“发展混合所有制经济”作为国有企业改革的四大目标任务之首。但如何发展混合所有制经济，如何打通公有资本和非公有资本相互融合的通道，最终实现双赢的局面，仍然是一项十分艰巨的任务。

一、我省混合所有制经济发展面临的问题

近些年来，我省国有企业改革取得了显著成效，全省国有企业资产总额达到11573亿元，国有企业资产总额、营业收入、利润年均增长率分别达到20.8%、18%和10.3%。

混合所有制经济发展稳步推进，打造了一批混合所有制企业，中联重科被誉为“中国国企混合所有制改革的成功样本”。但同时我省混合所有制经济发展也面临许多深层次的矛盾和问题。

一是国有资产布局结构不太合理，传统竞争性领域占比过高。全省国有资产主要集中在社会服务业、房地产业、建筑业和制造业领域，占全省国有资产总量的 85.9%，其中制造业则主要集中在机械业、冶金业等传统竞争性产业，新能源、新材料、节能环保等战略性新兴产业比重较小。在金融服务、信息服务和科技服务等现代生产性服务业的国有资产比重不到 5%。国有资产粗放型经营发展方式没有得到根本改变，质量和效益有待提高。

二是国有企业产权结构单一，一股独大的问题比较突出。全省 2259 家各类国有企业中，国有独资、国有控股的企业达到 1950 家，占 86.3%。580 户省属监管企业（含一级、二级和三级企业）中，只有 29% 的企业实现了混合所有制，其中又有 57% 是国有资本绝对控股的，也就是说国有资本不处于绝对控股的企业仅占省属监管企业的 12.6%。在 20 家省属监管的企业集团（一级企业）中，只有 1 家是真正的混合所有制企业，其余 19 家都是国有独资或国有全资（多元化国有投资主体）。

三是国有资本证券化率不高。省、市两级国有控股、参股的上市公司达到 25 家，其中省属监管企业上市公司 9 家。省属监管企业中控股企业资本证券化率为 57%、参股企业资本证券化率为 46%，而整个省属国有企业资本证券化率仅为 30% 多。尽管部分企业集团已经或者正在准备重组主营业务设立股份公司，但无论与发达地区相比还是与未来的发展目标相比，国有资本证券化比率都偏低。

四是员工持股的企业数量少，持股比例低。员工持股的有关政策比较碎片化，缺乏系统的政策制度体系，从而导致员工持股缺乏统一的操作规范。省属监管的 580 户企业中，管理层员工持股的企业 12 家，占比仅为 2%；持股比例在 10%—20% 之间的企业只有两家，其余 10 家员工持股比例都在 10% 以下。

五是国有资产监管没有完全到位，企业间重组整合难度大。全省还有 377 家省属国有企业（一级企业）分别属于不同厅局管理，没有纳入统一监管范围，涉及资产总额达到 7162 亿。监管政策制度不统一，适用的政策措施不相同，各部门对企业的支持力度也不一样。国有企业监管条块分割，监管主体分散，导致企业间重组整合难度加大，国有资本配置和营运效率不高，也严重影响市场公平竞争。

二、我省混合所有制经济发展的思路

推进混合所有制经济发展首先必须明确：哪些类型的企业需要“混”，哪些类型的企业不能“混”，能“混”的企业“混”多大比例，这是混合所有制经济发展的基础性问题。根据不同类别制定不同的改革措施和选择不同的发展路径，对于混合所有制经济发展具有至关重要的作用。结合兄弟省份的经验和湖南国有企业改革的实际，可以把国有企业分为公益类、功能类和竞争类三个类别。

公益类企业主要是城市供水供气供电、公交营运等重要民生领域的企业，功能类企业主要是投资运营平台和重要资源开发、基础设施建设领域的企业。由于公益类企业以实现社会效益为主要目标，功能类企业以完成战略任务或重大专项为主要目标，因此这两类企业总体上应保持国有独资或国有绝对控股。但在不改变国有性质的前提下，可以引入其他国有投资主体，实现投资主体多元化。部分企业在不影响国有资本控制力的情况下，可以适当吸纳集体经济和民营经济成分。但这两类企业只占湖南国有企业的极少数，而且大部分公益类企业集中在市（州）层面。

竞争类企业是以市场为导向，以经济效益最大化为主要目标的企业。湖南国有企业的绝大多数都属于竞争类企业，集团层面的20家企业中有19家的业务基本上都处于竞争性领域。因此，发展混合所有制经济的关键在于竞争类企业，具体思路包括梯次推进的四个方面：

一是以国有企业股份化为前提。大力推进国有企业股份制改造，特别是集团层面的股份制改造，目前湖南国有企业在集团层面绝大部分都是国有独资的，不进行股份制改造就不可能引进多元化投资主体，不可能推进国有资产证券化。

二是以产权主体多元化为基础。将引进中央企业、战略型投资者和优势民营企业相结合。可以先引进中央企业和其他优势国有企业，实现投资主体多元化；再逐步放宽社会资本的投资领域，推出一批符合产业导向的项目，鼓励非公有资本通过多种形式参与国有企业重组整合，形成真正的混合所有制经济。

三是以国有资产证券化为核心。充分利用我国已经形成的多层次资本市场体系，大力推进有条件的企业整体上市或核心业务资产上市；鼓励部分条件较好的企业到海外资本市场上市；培育一批有实力的上市后备企业；对尚未达到场内交易条件的企业，指导其通过“新三板”上市。

四是以员工持股规模化为补充。积极探索并谨慎推进员工持股，先进行试点，取得经验后再稳步推进。在总结春光九汇、湘电重装、金天铝业、湘煤立达、华磊光电等员工持股经验的基础上，再选择一批业务相对稳定、有一定盈利能力的企业，逐步扩大员工持股试点范围，提高员工持股比例。

三、推进混合所有制经济发展的对策建议

一是推动国有资产监管体制改革，实现监管的集中统一全覆盖，为混合所有制经济发展创造有利的外部条件。目前，上海、重庆、山东等都已明确对经营性国有资产实行集中统一监管，但湖南还有377家省属国有企业分别归属于不同厅局管理，没有纳入统一监管范围，涉及资产总额达7162亿。由于监管主体分散、监管政策不统一、部门之间条块分割，企业间重组整合难度很大，严重制约混合所有制经济的快速发展。因此，必须由省政府分管领导牵头、有相关部门负责人共同组建强有力的领导小组，统筹协调各方关系，统一思想，达成共识，强力推进国有资产监管体制改革，实现监管的集中统一全覆盖。在此基础上，才能全面有效地推进湖南国有企业股份化、产权主体多元化改革。

二是组建一批国有资本投资运营主体，理顺湖南混合所有制经济发展的体制机制。通过组建若干国有资本投资运营平台，逐步建立“国资分类监管—资本投资运营平台—企业市场化经营”的分层管理体制。国资委以“管资本”为主履行监管职责；投资运营平台体现国有资本所有者权益；企业经营层面完全实现股权多元化。这样，通过构造中间层次，完善三层架构，实现国有资本的社会目标和经济目标之间的有效隔离，为混合所有制

经济发展提供微观体制基础。目前，可以先依托华菱、建工等大型企业集团，培育 3—5 家具有较大竞争力的国有资本投资公司，通过产业投资和资源整合，支持 8—10 家优势企业集团进入中国企业 500 强。待条件成熟，再改组或者新建 2—3 家国有资本运营公司，一方面持有和运营整体上市公司或非上市公司部分国有股权，另一方面接受、管理和处置企业整体上市过程中剥离的辅业资产，为国有资产证券化提供支持。

三是充分利用多层次资本市场体系，分层推进国有控股或参股企业上市融资，拓展混合所有制经济的发展空间。通过分层推进，力争 2020 年湖南国有资产证券化率达到 80%—90%。目前，应以华菱钢铁、湘电股份、华天酒店、辰州矿业等条件较好的上市公司为平台，大力开展重组整合，积极推进企业集团整体上市；推进湖南海利、华升股份、新五丰等与省内其他相关企业的资产重组，鼓励优势资产向上市公司集中，促进相关企业核心资产上市；对黑金时代、盐业股份、湘煤立达、路桥集团、建工集团和天心种业等符合条件的上市后备企业，支持其做好上市申报工作并尽快实现 IPO；对其他条件较好的企业，应通过资源重组整合支持其尽快进入上市后备企业资源库。同时完善湖南产权交易中心的运行机制，充分发挥其在湖南混合所有制经济发展中的作用。

四是建立各类投资主体平等的产权保护机制，为混合所有制经济发展创造公平的竞争环境。一方面，完善非公有制的产权保护，取消制约民间投资的各种歧视性规定，坚持同股同权、规范治理，保障非公有制资本的话语权，让非公有制资本在参与混合所有制经济发展过程中确实有利可图，避免出现国有资本一股独大和非公有资本被排挤的现象。另一方面，强化产权登记制度，完善资产评估体系，规范产权流转机制，建立以资产评估价格为基础、市场交易竞价为核心、相关主体协议定价为补充的国有资产价格形成机制，防范混合所有制经济发展中可能出现的国有资产流失。

五是积极推动国家出台员工持股的相关政策制度。目前员工持股的政策主要是 2005 年的《企业国有产权向管理层转让暂行规定》、2008 年《关于规范国有企业职工持股、投资的意见》以及 2009 年对实施该《意见》的通知。员工持股的政策碎片化，缺乏系统性，缺乏统一的操作规范。必须通过完善相关政策制度，进一步明确员工持股的实施范围、持股比例、持股对象、持股结构和股份转让等关键环节，从而加强对员工持股的规范指导。

（作者单位：湖南女子学院）

关于加快发展湖南新能源汽车产业的思考和建议

欧阳峣

我们在主持湖南省社会科学基金重大项目“湖南发展新能源汽车产业的现实基础、战略路径和发展前景”的过程中，到国内外开展了广泛的调查研究。先后考察了美国特斯拉电动汽车公司、日本丰田汽车公司和巴西的新能源汽车公司、武汉东风汽车公司、芜湖奇瑞汽车公司、南昌江铃汽车公司以及长沙比亚迪汽车公司、中联重科集团、湘潭江南汽车公司和株洲南车时代公司，与政府部门和企业家进行座谈，形成以下报告供省委和省政府领导参考。

目前，发展新能源汽车产业已经成为全球性趋势。2015 年年初，全国政协副主席兼科技部长万钢在中国电动汽车论坛上指出：中国新能源汽车迎来了前所未有的发展机遇期。具体来说，一是全球汽车产业在未来汽车电动化和智能化方面达成共识，二是全球石油资源的稀缺增强了发展新能源汽车的紧迫感，三是汽车电动化驱动系统和相关技术愈益成熟。顺应这种世界性趋势，我国作为新兴汽车生产大国和销售大国，在新世纪初就把新能源汽车产业提升为战略性新兴产业，制定了推进计划和扶持计划。2014 年 7 月，国务院办公厅下发《关于加快新能源汽车推广应用的指导意见》，明确提出以纯电动汽车为新能源汽车发展的主要战略取向，重点发展纯电动车汽车、插电式混合动力汽车和燃料电池汽车，更加明晰了发展新能源汽车产业的战略思路。

我国实行的中部崛起战略，主要是通过在中部地区发展制造业和战略性新兴产业，实现经济的跨越式发展。近几年来，湖南、湖北、安徽和江西都把新能源汽车产业列入重点支柱产业，并积极探索技术创新和应用推广的路径。从我省的情况看，长沙的比亚迪、湘潭的吉利和株洲的南车时代，在新能源汽车的开发和应用方面都走在全国前列。湖南新能源汽车产业的整体发展势头强劲，初步形成了整车、关键零部件和新材料构成的产业集群。特别是比亚迪的纯电动大巴和南车时代的插电式混合动力客车，在全国具有较高的知名度，新能源商用车销量占到全国总销量的 20% 以上。然而，无论从技术水平还是从商业化进程看，我国的新能源汽车产业同欧美发达国家相比还有较大差距。主要表现在：第一，核心技术上没有突破。就说技术最先进的比亚迪，插电式混合电动车最高时速已达 185 公里，但纯电动车续航里程仅 70 公里，远远低于美国特斯拉纯电动汽车的 600 公里。我们曾经说同发达国家在同一起跑线上，看来现在又拉开了距离。第二，在商业运作上效益不高。我国新能源汽车热销的关键在于补贴，中央和地方政府都出台补贴政策和措施，补贴幅度普遍高于国外，而且客车和大巴的销售主要依靠政府采购，如果真正实行商业化运作则效益较低。第三，产业组织比较分散。目前全国共有新能源汽车的批量生产企业97家，工信部推荐车型628种，新能源客车生产企业享受优惠政策的就有38家，湖南省内就有10余家新能源汽车整车生产企业。其中的长沙比亚迪、江南众泰、南车时代、中联重科和长丰汽车均有一定知名度。面临这些情况和问题，我们应该冷静地思考，湖南应该怎样从产业发展的战略高度选择发展新能源汽车的路径，怎样瞄准国际先进水平实现新能源汽车产业的技术创新，怎样通过商业运作增加新能源汽车产业的经济效益，怎样通过培植骨干企业组建国际化大企业集团。只有真正切实有效地解决这些问题，才能打造湖南新能源汽车产业的升级版，实现跨越式和可持续发展。

一、主动适应消费者需求，合理地选择战略重点

任何一个产业要实现可持续发展，都应该遵循市场经济规律，以符合消费者的需求为企业导向，以市场需求的动力为发展动力。根据我们的了解，目前我国的新能源汽车市场主要是由政府强力推进的，多数消费者是受政府减免税的政策吸引而购买新能源汽车，并非来自消费者的内生需求。从产业发展的驱动来看，政府的推动和引导应该是一种辅助作用，在新兴产业发展初期具有积极作用，而真正的可持续发展动力则在于消费者的内生需求，来自市场力量的推动。消费者的需求主要受产品性能和产品价格两种因素的影响，目前我国的新能源汽车产业并没有较好的解决性能和价格问题。一方面，国产新能源汽车特别是纯电动汽车，不仅性能没有超过而且普遍落后于传统汽车，给消费者使用带来诸多不便；另一方面，国产新能源汽车的价格偏高，如果没有政府的补贴政策，消费者是难以接受的。从湖南的推广使用情况看，城市公交是“主力军”，私人购买新能源汽车的还属少见。然而，我国汽车产业的市场潜力，重点还是在商用汽车和私人轿车，如果不能把握好这个重点，我国的新能源汽车产业发展将出现动力不足，前景堪忧。为此，我们应该积极适应消费者的需求，调整和优化新能源汽车的产品结构。第一，加快发展新能源轿车，通过改善性能、降低生产成本和价格，促进新能源汽车进入普通市场。目前我省的骨干企业长沙比亚迪和江南众泰，应该通过改善性能和提高质量，适应消费市场的需求；在生产中低档轿车的同时，适应消费者收入水平提高和消费理念升级的现实情况，逐步把重点转向生产中高档轿车。第二，稳定新能源客车，通过改善性能和降低成本，逐步从国内市场走向国际市场。目前我省的新能源客车已经达到国内先进水平，在某些方面达到了国际先进水平，如比亚迪和南车时代的新能源客车在国内占据了较大的市场份额，“比亚迪”电动大巴续航里程达到300公里，南车时代的新能源客车获得亚洲客车博览会的“最佳创新巴士大奖”，如果真正能够在国际上处于领先水平，就应该像中国高铁那样着力开拓国际市场，这样才会有光明的前景。第三，适度发展新能源特殊用车，适应某些领域的特殊用途，打造品牌和开拓市场。中联重科的纯电动环境卫生用车和梅花汽车公司的物流车、警用车和观光车等，也应该适应国内和国际市场的需求，努力改善性能和提高质量，真正形成品牌。在总体战略上，应该以发展纯电动轿车为重点，兼顾发展新能源客车和特殊用车，从而增强新能源汽车产业的竞争力。

二、加快技术引进和研发，追踪国际技术前沿

世界汽车行业普遍认为，电池技术是电动汽车的关键技术，“谁控制了电池，谁就控制了电动汽车”。美国政府安排24亿美元支持电动汽车的研发和产业化，其中15亿美元用于支持先进动力电池的研发和产业化。目前，中国的新能源汽车技术究竟达到了怎样的水平？我们考察的国内重点汽车企业，如吉林、武汉、芜湖、南昌、长沙和株洲的汽车企业，均称已经达到国内领先水平和国际先进水平。实事求是地说，我国的新能源汽车技术仍然以模仿创新为主，仅仅在某些非核心技术领域达到了国际先进水平。中国汽车工程学会理事长付玉武认为，虽然我国许多汽车企业在研制开发纯电动轿车，但是高性能的纯电动汽车产品在可靠性和工程化能力方面仍然落后于国外先进产品。国外是全新结构车型，国内则以改装车型为主；整车的基本性能参数接近国外产品，但动力电池以磷酸铁锂为主，与国外产品存在差距。整车产品的可靠性、工程化能力及传统共性技术上与国外也存在较大差距。付玉武理事长是将国内产品同日本产品相比较得到这样的结论，如果同美国特斯拉相比，我们的差距更大。将我国最先进的比亚迪电动汽车同美国特斯拉电动汽车比较，两者均采用锂离子电池，2012年上市的特斯拉MODELS的电机最大效率为310KW，最高时速为208KM，续航里程为926KM，百米加速不到4.5S；2012年上市的比亚迪E6，电机最大效率为115KW，最高时速为140KM，续航里程为322KM，百米加速为10S。我省的调查表明，消费者对新能源汽车的关键技术，特别是在续航里程、使用维修等方面存在顾虑，从而导致购买欲望不强。为此，我们建议加快技术引进和研发。第一，集中力量突破纯电动汽车的技术创新。我国新能源汽车发展的最终方向是纯电机汽车，而混合动力汽车仅仅是新能源汽车的过渡形式，即在电池的持久性技术没有取得突破之前所采用的替代形式，由于既要加油又要充电，给使用者增加许多不便，所以并不很受欢迎。目前国家已经明确了纯电动汽车的战略导向，我省也应该明确这个战略导向，不要把力量分散在混合动力汽车的研发上，而要集中力量攻克纯电动汽车的技术难关，特别是先解决电池的关键技术问题。第二，积极引进国际领先水平的新能源汽车技术。从总体上看，我国的新能源汽车综合竞争力还低于美国、德国、日本和韩国，目前较多地同日本、韩国的企业进行技术合作以实现模仿创新。然而，只有追踪国际前沿技术，才有可能真正赶超发达国家。因此，可以考虑引进美国特斯拉电动汽车的技术在湖南合作开发和制造中高档的纯电动汽车，通过学习国际领先技术实现技术创新的跨越。第三，运用政府和市场两种力量推动技术创新。近些年，国家和地方政府通过政策支持新能源汽车产业的发展，较好地调动了企业的积极性。全国建立了一批国家级工程技术实验中心，湖南也建有南车时代汽车技术实验中心和湖南大学汽车技术实验中心，全省共获得5亿元以上的资金支持；为鼓励新能源汽车的消费，国家和省市政府都实施了减免税收和补贴政策。这些政策将新能源汽车产业引入“战国时代”，即各地都争相发展。而到了这个阶段后，应该更多地运用市场的力量推动企业发展，使企业不仅仅是单纯地瞄准政府的政策和资金支持，而是在国际国内激烈的市场竞争中激发创新的活力，真正实现新能源汽车的市场化和商业化运营。

三、加大基础设施的投入，建设电动汽车充电网络

为促进新能源汽车产业的可持续发展，政府的一个重要职责就是建设良好的基础设施。从巴西的情况看，巴西生产甘蔗，乙醇成本和价格低于燃油，政府从实际出发，确立了发展燃油和乙醇两种动力混用的战略导向，因而在技术创新方面难度不大，关键在于搞好基础设施建设。巴西政府在这方面投入较大，现在几乎所有的加油站既供应燃油又供应乙醇，消费者使用很方便。目前我国的新能源汽车基础设施差距很大，消费者感到非常不便和担心。近两年我省的充电设施建设推进较慢，据省经信委提供的情况，仅有长沙市建成 3 个公交充电站，只能勉强满足混合动力公交汽车的需求。充电设施建设的严重滞后，制约了新能源汽车的推广和应用。全省从 2013 年到 2015 年在长株潭地区推广 6100 辆新能源汽车的任务，到 2014 年年底仅完成 596 辆，其中长沙市 374 辆，株洲市 77 辆，湘潭市 145 辆。在充电基础设施不健全的情况下，消费者使用电动汽车非常不便，这也是今年年初全国新能源汽车销量下降的重要原因。为此，必须在加快充电网络建设上下功夫：第一，将充电设施建设纳入城市建设的总体规划。既然发展新能源汽车已经成为世界性的趋势，发展电动汽车是我国汽车产业发展的方向，那就应该在城市建设规划中将充电设施建设作为硬指标，在城市建设中对充电站有一个数量指标要求；在办公楼、商场、居民小区和停车场，对充电桩有一个数量指标要求。第二，坚持充电设施建设的标准化。应该立足长远发展，统一充电设施建设的技术标准，与全国标准、国际标准一致，使它具有普适性和长久性。如果考虑到国家的充电设施标准还不成熟，就应该建议国家有关部门借鉴国际标准，出台一套国际化的、成熟的技术标准，供各地在充电设施建设中统一要求和执行。第三，充分发挥政府和市场的积极性。在目前电动汽车数量偏少的情况下，依靠市场力量提供电站是不现实的，这就陷入一种矛盾之中，充电设施不健全导致使用电动汽车不多，而电动汽车使用偏少又导致充电设施建设缺乏积极性。为了跳出这种矛盾循环，在初建阶段主要应该由政府承担这个责任，即主要由各级政府投入。同时，还可以考虑试行建设与管理相分离的形式，由政府统一建设，租赁给单位或个人管理，即政府将充电设施作为公共基建设施投资建设，但建成后实行市场化运营。

（作者单位：湖南师范大学）

合格智库的三个尺度

贺培育

建设高水平、堪当大任的中国特色新型智库是党中央对智库建设提出的明确要求。到底什么样的智库是符合这一要求的合格智库？我们觉得至少有三个基本的衡量尺度。

尺度一："想得起"。智库的影响力主要包括政策影响力、学术影响力、社会影响力和国际影响力。一个智库要成为合格的智库，首先就要具备必要的影响力，而影响力的直接体现就是要让党委和政府"想得起"。就是在党和政府有需要的时候要"想得起"这个智库，在社会有需要的时候要"想得起"这个智库。如果一个智库老是不温不火、不冷不热，甚至无人问津，那么，这个智库的存在价值就值得怀疑。

一个智库要让别人"想得起"绝非轻而易举，必须要有吸引别人"看过来"的东西。首先就要有学术大家。学术大家是智库影响力最好的代言人和形象大使，一个智库如果有几个学术大家，不用吆喝，别人也会主动找上门。其次要有学术品牌。学术品牌是智库最有区别力的标志、最有竞争力的资源，智库有了学术品牌，其吸引人气的气场自然就会形成。

尺度二："用得着"。智库作为专业的资政机构，必须担纲好咨政建言的"提供者"、理论创新的"先行者"、舆论引导的"参与者"、社会服务的"担当者"、公共外交的"推进者"，一个合格智库讲求的是经世致用、药到病除。一是要"应得急"。如果智库没有应急能力，任务、机会来了不能快速反应，就难以适应履职需要。二是要"用得上"。智库产生的成果、提供的服务一定是要高质量的、过得硬的、让别人心悦诚服的。如果决策者说这个东西还不如我自己弄一个，那这个智库就失职了。智库要最大程度地使自己的思考变成决策者的思想，使自己的文章变成政府的文件。

要让服务对象"用得着"。一是要有问题意识，不能无病呻吟，必须不断提高发现问题、认识问题和解决问题的能力。二是要有前瞻意识，不能低头走路。"智库就是黎明报晓的公鸡"，如果智库老是放马后炮，不仅无用，而且还浪费资源。三是要有创新意识，不能循规蹈矩。智库创新没有完成时，智库创新永远在路上。必须用创新来不断适应日新月异的发展形势，引领时代思潮并及时提供问题解决方案。

尺度三："靠得住"。资政启民是智库的核心职能，对党委和政府决策和社会舆论有很强的影响力。必须从党和国家事业发展全局的战略高度，把为人民开展智库研究作为搞好智库建设的根本要求，确保政治上"靠得住"。一方面，不能添乱。在解决好"为什么人”这个根本问题上不能出偏差，不能“吃共产党的饭，又砸共产党的锅”。另一方面，不能忽悠。要坚守学术伦理，反对假大空，更不能学术不端。智库要的是“创客”，绝不需要“剽客”。如果智库缺乏诚实负责的态度，必然导致智库的信用危机。

智库要“靠得住”，首先就必须要有坚定的信仰。要守住底线，在提倡什么、反对什么上必须旗帜鲜明，把正确的政治方向和学术导向统一起来。其次要有严谨的学风。智库研究是一项高度严肃性的智力劳动，最需要讲求科学精神，写的每一篇文章、发表的每一个观点都必须言之有物，言之客观，经得起实践和同行的检验。

（作者单位：湖南省社科院）

湖南深化县域生态农业消费体系研究

唐 琼

党的十八届三中全会提出推进中国特色农业现代化，进一步放开搞活农村经济、优化农村发展外部环境、发展现代农业，必须按照高产、优质、高效、生态、安全的要求，加快转变农业发展方式，推进农业科技进步和创新，加强农业物质技术装备，健全农业产业体系，体现了党对农业、农村、农民发展的重视。同时随着人们生产、生活方式的变化，县域农业已从传统的生产形式逐步向景观、生态、健康和观光等生态农业转型。生态农业消费也逐步成为大部分市民的追求。当前湖南县域生态农业市场消费规模及需求潜力会受到多大程度的影响？湖南县域生态农业消费市场是否仍具有巨大的增长潜力和良好发展前景？发展湖南县域生态农业消费市场应采取何种有效应对策略？这些都是当前发展县域生态农业消费体系亟待解决的问题。

一、湖南县域生态农业消费市场的发展现状

（一）生态型特色农业消费市场

所谓生态型特色农业消费市场，主要是指用现代化的科技手段来开发农业资源，立足当前，着眼长远，按照高产、优质、高效、生态、安全的要求，以市场为导向，以经济发展中生态效益和经济效益的最优化为目标，开发出以“特”“优”“名”“新”“精”为主要特点的农业消费产品。

近年来，湖南县域生态农业消费市场，将生态、特色、效益三者有机结合，坚持走“绿色环境、特色产业、国际精品、高效经济”的生态型现代农业发展道路，切实提高市场竞争力、资源利用率、生态稳定率和土地产出率，促进农业增效、农民增收，实现农业和农村经济可持续发展。

一是注重绿色消费环境。充分发挥湖南中部地区得天独厚的湿润温暖环境、一沃千里的自然优势和生态优势，坚持生态立农的原则，结合传统和现代农业技术，加强农业生产过程中对环境的保护。要发挥农业对生态的修复功能和持续平衡提升功能，坚持走以生产型为主转向以生态型为主的农业发展路径，着力提高生态农业发展的效益与质量。主要注重适应市场变化，以绿色消费需求为导向，切实体现农产品的绿色化、特色化与农业可持续发展的兼容性。要充分利用湖南县域地区农产品加工业的明显优势，在建设和保护生态

环境的基础上，大力建设全国有机食品生产基地，生产迎合国内外人们消费观念的有机、绿色农产品，提高农产品质量品味，创造湖南地区特有的农产品“绿色”品牌，将“绿色”特征贯穿延伸于农业生产的整个链条中。

二是突出特色消费产业。湖南农业基础较好，农业资源十分丰富，历史上曾有“九州粮仓”“鱼米之乡”的美誉。盛产稻米、生猪、油料、茶叶、淡水产品、麻类、棉花、烤烟、中药材等，这些农产品产量均居全国前列。湖南只占全国3%的耕地，产出了占全国6%的粮食、8%的棉花、13%的柑橘、11%的生猪、6%的油菜、8%的水产品。立足湖南县域地区特色农业资源优势，以四大粮食作物（小麦、玉米、大豆、红薯）、五大经济作物（蔬菜、花生、棉花、油菜、水果）、两大养殖产业（畜牧、水产）为依托，以农业产业化经营为重点，发展特色农业，发掘特色农产品优势。加快优质粮食基地、特色林果业基地和绿色畜牧业基地建设。依据湖南各个县域的特色优势，建立适合不同区域的生态经营和管理模式，大力发展区域特色产业。培育和建立优质专用农产品原料生产体系和绿色生态型农产品生产基地。以农产品加工业和龙头企业带动区域化布局、专业化分工、规模化生产、市场化经营，基本建成集中连片的区域化优势产品产业带，形成一批优势产业群，加快生态农业种植优势向产业优势的转化，走特色农产品产业化经营的道路。

三是追求高效农业生态消费经济。湖南不仅农产品总量大，而且科技含量高，目前农业科技在湖南农业增长中的贡献率达到45%，尤其是农业专家袁隆平院士研究的超级杂交水稻，为促进世界粮食生产作出了新的贡献。农业发展具有得天独厚的优势。自古有“湖广熟，天下足”之说。主要农副产品产量居全国比较领先的地位。水稻、苎麻、茶油、桐油产量居全国第一，生猪居全国第二，茶叶居全国第四，柑橘、烤烟、淡水鱼等产量都在全国前十位。通过知识创新、技术创新、管理创新，转变农业增长方式，加大对农业资源的有效利用，将先进技术和管理经验与生态、特色资源有机结合于湖南县域生态型现代农业发展的各个环节中。通过发展生态型现代农业和产业化、企业化、合作化经营，全面提高农业经营效益，稳定增加农民收入，将生态型现代农业的生态优势最终体现到经济效益的增长上来，走一条高效双赢农业发展的道路，最终形成和实现生态型现代农业的发展格局。

（二）休闲观光农业消费市场

休闲观光农业以其独特的视角、优美的生态环境、丰富的农业资源、浓郁的乡土气息和强烈的参与性受到广大旅游者的欢迎，成为人们在节假日期间外出休闲旅游的理想选择。搞好科学合理的规划布局，设计出满足人们需求的产品，休闲观光农业具有很大的消费发展空间。

湖南的休闲观光农业从全国来看是起步较早、发展较快的省（市）之一，近年来，涌现出一大批龙头企业和特色产业集群。目前，湖南全省规模以上休闲旅游农业企业已达4000多家，规模较小的农家乐达2万多家，直接安置以农民为主的从业人员23万人，营业收入达到38亿元，营业收入超过千万元的企业达到23家。[1]发展休闲观光农业有利于实现农民就业增收。据统计，一个年接待10万人次的休闲农庄，可实现营业收入1000万元，直接和间接安置300名农民就业，可为1000个农民家庭增收。

一是休闲观光农业带动农村产业结构调整。休闲观光农业的发展不仅带动了餐饮、休闲等服务业消费，也带动了当地农村的种养业和加工、运输制造业发展，进一步优化了农村产业结构。如长沙市千龙湖生态休闲度假村与周边农民实行订单种植，发展无公害蔬菜、西瓜、果木基地2000多亩，带动周边8家农家饭庄，新增客货运输车辆80多台，还兴办了菜油加工等企业。

二是休闲观光农业带动社会主义新农村建设。直接促进农村基础设施的建设，如长沙市黄兴镇近年累计投放资金100多万元，整修入户道路，修建高标准厕所、垃圾站、停车场，设立中英文指路牌等，极大地推动了当地农家乐示范区的发展。大明生态休闲山庄积极参与村部的基础设施建设，出资建立了村垃圾处理站、污水处理工程和自来水管道工程，显著地改善了县域周边基础设施条件，带动了当地消费。

三是休闲观光农业带动现代农业发展进程。休闲旅游农业作为产业链的关键环节，既带动了旅游休闲业的发展，也促进了当地农业、农产品加工业的发展。大部分休闲农庄，都能围绕“绿色、安全、生态”这一主题，积极发展无公害和绿色农业。长沙大明山庄通过引导周边农民开展标准化生产，建立了一批标准化种养基地，增加了农产品的附加值，农业经济效益明显提高，也带动了周边农民实施标准化生产。

二、湖南县域生态农业消费存在的主要困境

湖南县域生态农业消费有旺盛的潜在消费需求，但实际有效需求却不足，农村居民的购买力偏低致使整体消费水平偏低，影响了经济长期的稳定的发展。主要体现在湖南居民收入水平偏低，减弱了消费能力，影响县域生态农业发展。生态农业经济结构不合理，影响县域生态农业发展。农村公共支出不足，抑制居民消费欲望，影响县域生态农业发展，使广大居民消费需求的潜力未得到充分实现。

（一）湖南居民收入水平偏低影响县域生态农业发展

凯恩斯在《就业、利息和货币通论》（1936）一书中提出：消费函数理论，总消费是总收入的函数。线性函数形式表示为：$C_t = a + b \times Y_t$。C表示总消费，Y表示总收入，a、b为参数。b称为边际消费倾向，其值介于0与1之间。可见，消费是收入的函数，随着收入的增长而增长。居民的收入水平较低、收入增长缓慢是减弱消费能力的根本原因。

从收入水平来看，湖南目前仍是个中低收入地区。近10年来，湖南城镇居民人均可支配收入和农村居民纯收入增长速度均低于全国平均水平，且绝对差距越来越大。1990年，我省城镇居民人均可支配收入较全国平均水平高81元，到2013年，较全国平均水平低了3541元，农村居民纯收入低于全国平均水平524元。收入水平偏低影响了对县域生态农业的消费，影响了县域生态农业的长远发展。

（二）生态农业经济结构不合理影响县域生态农业发展

改革开放后，随着人们生活水平的提高，人们对农产品质量和品种也有了新的要求，但目前县域生态农业经济结构不完善，并未能及时适应市场需求的新变化。体现在：一是生态农产品品种不丰富。农村低档产品多，优质、含有技术的专用品种少，造成有时农产品供过于求，销售困难，产品积压，出现农民增产不增收现象，影响居民提高对生态农业的消费水平。二是生态农业产业化经营水平低。大部分农户生产都是分散和小规模的生

产，缺乏有效的中间机构提供服务，如产前生产咨询、产后产品销售包装和加工等环节。由于市场需求的约束，有时农产品丰收了，原本农户应该很高兴，却出现谷贱伤农现象，即农产品产量上升，由于需求缺乏弹性，需求量只有少量的增加，从而使农户总收益减少。可见单个农户很难解决小生产与大市场的矛盾，面对变化快速的市场需求，农户需要自发形成联合，需要政府给予一定力量的政策指导。三是现代生态农业体系还不完善。当前农村经济结构，大部分是以小农户生产为单位，高质高效农业的规模小，没有形成生态农业产业化。加上农业生产成本大，农产品价格波动较大，因而，要保持农户收入较快增加难度大，且不利于人们收入的持续增长。

（三）公共支出滞后影响县域生态农业发展

中国工业化、城镇化进程加快，经济发展也空前繁荣，县域农业公共支出不断受到政府和各界人士的重视，财政支农和公共产品供给不断得到完善，尤其是农村税费改革，取消农业税、屠宰税和各种提留、统筹的费用，上级财政重视通过转移支付来弥补基层政府财政缺口，农村义务教育在西部地区进行经费保障机制改革、新型合作医疗制度改革稳步推进等。但长期以来，受中国二元经济结构的影响，中国县域农业公共支出严重滞后的现象仍然存在，不利于农村经济稳定可持续发展，不利于人们消费水平的提高，容易形成不稳定的格局。

一是县域农业公共支出供给总量不足抑制生态农业消费需求。中国经济发展重视发展城市和重工业的策略，形成了城乡二元公共支出结构，长期对农业多取少予，形成了县域农业公共支出供给总量不足，严重抑制了农业的各项消费需求，影响了农村经济长远发展。

二是农村基础设施建设比较薄弱影响生态农业的发展。基础设施老旧、供给缺乏成为现代生态农业建设的障碍，体现在水利灌溉设施等农用固定资产年久失修，陈旧老化，减弱了农村生产能力。同时农村“靠天吃饭”的意识仍旧很强，农业基础设施的投入不足，有些地方一个村都没有一眼机井，风调雨顺时丰收，天旱天涝时坐等，农业保障基础薄弱。对保护农村环境的各项设施建设缺乏投入。在许多村、镇一级地方几乎都看不到有垃圾和污水处理设施。[2] 许多农村居民采用传统家庭养殖方式，一个小院鸡鸭满地跑，粪便随处可见。大部分农村居民的生活环境都是生活垃圾到处乱扔，房子周边的河道或池塘成了小型垃圾场，生活环境的杂乱极易滋生蚊虫等，诱发各种疾病。由于轻视环境保护，违法小作坊生产过程中，大量废水废气的排放，对生态植被造成破坏，对居民的健康造成危害。

三是农业科技方面投入严重不足。目前，县域生态农业科技贡献率为45%，远低于发达国家70%—80%的水平。科技是第一生产力，农业是第一产业，生态农业科技投入不足，严重影响了国民经济发展的根基。目前在生态农业科技方面，主要存在农产品科技含量低、农产品附加值不高等问题，科技支撑农业的能力弱。这些造成了湖南县域生态农产品始终在低端徘徊，在国际农产品竞争中也缺乏竞争实力。

三、发展湖南县域生态农业消费的政策建议

湖南发展县域生态农业，用消费刺激生产，拉动经济快速发展，需处理城乡之间经济

平衡，一方面“做大蛋糕”，另一方面“分好蛋糕”。通过提高居民收入、加大对县域生态农业的投入、创新农村消费信贷业务发展生态农业和发展农村金融租赁业务支持生态农业等方式来促进湖南县域生态农业的发展。

（一）提高居民收入，重视生态农业消费

提高居民收入，首先从加大农村扶贫力度开始。中央在2011年年底决定，将农民人均纯收入2300元作为新的国家扶贫标准。据国家统计局测算，大幅提高扶贫标准后，贫困人口大有增加。以湖南为例，2012年有908万农村贫困人口，占湖南省总人口7179.9万人的12.65%。2012年，湖南贫困人口最集中、发展相对落后的大湘西地区经济增速偏慢，分别比长株潭城市群、湘南地区、洞庭湖生态经济区的经济增速低1.4个、0.5个和0.9个百分点。由于各方面因素的影响，大湘西地区与相对发达地区的差距有继续扩大的趋势。要进一步加大武陵山区、罗霄山区等集中连片地区的扶贫开发力度，形成政府主导、社会参与的扶贫工作格局。加强贫困地区公共设施建设力度，改善贫困地区的教育、医疗、住房条件，提高贫困人口的生活水平。通过提高低收入者收入，进一步增加居民的消费能力，转变消费观念，重视生态农业消费。

（二）增加对生态农业投入性支出力度

马克思说：“每一种商品只能在流通过程中实现它的价值。它能否实现它的价值，在多大程度上实现它的价值，这取决于当时市场的状况。”[3]增加对生态农业的投入，改善消费环境，完善消费市场，才能使老百姓有钱想花，有钱敢钱，充分发挥消费对经济的拉动作用。

随着经济的发展，传统农业正向现代生态农业转变，在这个转变过程，需要政府给予农业加大投入性支出力度，才能保证和巩固农业的基础地位。

一是加大生态农业科技创新投入。实现农业持续稳定发展的关键是有效的农产品供给。加大生态农业科技创新投入是确保国家粮食安全的关键，也是解决资源缺乏困境的必然选择。生态农业科技创新重点是生态农业科技的推广，需要有生态农业科技人才的支持。由于农村基础设施差、工作环境不优、缺乏岗位编制等一系列问题，基层留不住高水平的科技技术人员。需政府下决心解决突破体制机制障碍，坚持科技兴农战略，保证生态农业科技的投入力度大于财政经常性投入力度，逐步增加生态农业科研研发投入占农业增加值的比例，推动生态农业科技从渐进发展到跨越发展，为农业增产、农民增收、农村繁荣增添新的活力。

二是加强生态农业基础设施建设。提高生态农业的综合生产能力，必须从生态农业基础设施开始抓起，关于水利设施建设方面，重点是大江大河大湖的治理，水利工程的建设、发展节水农业，推广旱作节水技术。加快实施“沃土工程”。关于土地设施建设方面，大力培肥地力、实施种子工程、更新换代农作物和畜禽水产品种。关于道路设施建设方面，重点加强农村公共公路、电网通讯和供水等基础设施建设，改善农村落后的生产生活消费环境。

三是健全完善生态农业保护体系。农业由于自身的特殊性，具有基础地位，不仅解决了中国十三亿人口的吃饭问题，而且关系着近一半农村居民的收入问题，但由于“市场失灵”的存在，市场自发调节可能会造成农业优势资源转向利润比较高的产业，导致生态农

业的停滞和落后。政府建立保护生态农业的良好外部环境，可以保护生态农业的发展和农民的利益。首先，明确中央政府的保护责任。加大对生态农业的财政投入，加强生态农业基础设施建设，承担关系国家经济发展全局的、地方无力或不适宜承担的支出，如大型生态农业保护工程、大江大河治理、重点农业科技开发项目等。其次，明确地方政府责任。地方政府重点要建立生态农业科技培训推广机制，组织生态农业科技攻关和成果转化。保障财政支农的资金稳步增加，不得挪作他用。消除地方保护主义，维护农业市场秩序，依法打击危害农民合法权益的犯罪行为，确保农民的合法收入。再次，发挥企业支持生态农业的作用。对于一些大型涉农企业，给予政策倾斜，引导金融机构给予贷款，带动当地农村经济发展。引导农业保险为生态农业提供保障机制，提高农业和农民的抗风险能力。支持企业发展农业深加工，提高农产品的附加值。最后，建立农民自我保护机制。发展农业行业组织，让生态农业经营走规模化道路。[4]

（三）创新农村消费信贷业务，发展生态农业

信贷消费市场一定程度受流动性约束影响较大，而流动性约束的根源是体制约束。不合理利率、较多的行政管制形成了交易成本加大、垄断定价明显、社会贫富分化严重。[5]要充分调动农村居民信贷消费的积极性，需用金融创新化解流动性约束。农村信贷消费市场有巨大潜力，但由于传统消费的观念影响农村居民的信贷消费需求，加上农村消费信贷业务不发达，农户的收入预期不稳定等因素，多处农村地区的消费信贷没有真正发展起来，影响了生态农业的发展。

一是加强宣传消费信贷业务，提高农村居民信贷理念。一般农村居民对新产品接受相对较慢，加大宣传农村消费信贷，让信贷消费的新理念一步一步深入农村居民的心中，改变原来“量入为出”的谨慎消费理念，让农村居民更多地了解信贷消费积极的一面，比如信贷性消费最重要的意义是放大个人的消费或投资能力，一笔100万元的私人资产可用于购买住房，也可以用于投资；一个有益的组合是，先购买住房，然后到银行抵押贷出款用于投资。对个人来说一笔钱办成了两件事。不但个人信用和私人财富得到了积累，社会经济发展也可从这种组合中获得极大的好处。从这个意义上说，信贷消费不仅是花明天的钱，办今天的事，消费的同时钱还可以再生钱。

二是健全农村金融服务体系，提高农村消费信贷供给。目前，农村的信贷金融服务并不完善，需继续完善农村金融服务体系，发挥现有金融机构的作用。如农村信用合作社可推行农户小额信用贷款、放宽信贷条件、向中国人民银行多争取支农的贷款等；发挥政策性金融机构的作用。中国地广物博，但自然灾害也较多，自然灾害给“三农”带来的损失较大，一方面减少农村居民的收入，另一方面减少农村居民的消费。建议可以建立政策性较强的国家农业保险公司，与商业性保险公司有区别，不完全受商品竞争的影响，有些经营活动可以纳入政府的农业保障项目。

三是结合当地农村居民需求，创新农村消费信贷产品。农村信贷消费潜力较大，需根据不同地区农村居民的实际需要，创新消费信贷产品。如车辆消费信贷，主要是农村居民生活需要的小汽车、摩托车，生产需要的农用车、农用机械等，这些设备投资较大，许多农村居民无力购买。近年来的惠农政策开始对农村居民购买农机具予以补贴，但许多农村居民因没有启动购买的资金而无法享受优惠政策。车辆消费信贷的开展，能推动这项惠农政策的覆盖面，促进车辆的消费，更好地服务于生态农业的建设。

（四）发展农村金融租赁业务，支持生态农业

农村金融租赁不同于银行贷款，是一种特殊的金融服务，具有手续办理相对简便、金融租赁产品形式灵活多样，同时还款方式机动灵活，符合当前农产品由于受季节性和供需关系影响需要不同的生态农业生产资料的多变形式。虽然农村融资租赁业务是一个广阔的市场，但由于农村金融租赁业务刚刚起步，市场还不完善，挑战与机遇并存，急需弥补市场不足。[6]

目前可以开展的生态农业金融租赁业务有：（1）农用机器设备租赁业务。比如播种机、脱粒机等大型机器设备，资金投入大，具有季节性的特点，一般规模生产又必须购买，一旦个人投资大型农用机器设备，占用过多资金，必然影响对农业其他方面的资金投入。（2）运输工具设备租赁业务。许多农户丰收后，大量粮谷需要输运，但购买运输车辆投入太大，不少农户希望能以租赁的形式租到运输工具，方便运输。（3）辅助农业生产资料租赁业务。如农户丰收后，粮食苦于没有存储仓库。夏收时节，突遇大雨，晒谷场上的粮食会遭受损失。金融企业或者相关部门可以开展提供闲置房屋作为仓库出租和开展防雨布租赁业务。

参考文献：

[1] 卢永军，赵长军. 湖南休闲旅游农业发展情况调研报告 [EB/OL]. (2011 - 10 - 27) http://www. crr. gov. cn/CRR/front/YHYStar/YHYStarDetails. aspx? ArticleID = 178.

[2] 张新战. 农村环境基础设施建设薄弱 改善要对症下药 [N]. 中国环境报，2012 - 3 - 27.

[3] 资本论（第3卷）[M]. 北京：人民出版社，1975：270.

[4] 完善农业保护体系 [N]. 河南日报，2003 - 12 - 23.

[5] 藏旭恒，裴春霞. 流动性约束理论与转轨时期的中国居民储蓄 [J]. 经济学动态，2002 (2)：16—18.

[6] 卓尚进，刘博媛. 中国农村金融租赁：广阔市场大有作为 [N]. 金融时报，2011 - 3 - 3.

（作者单位：湖南省经济学学会）

组建职教集团：高职院校办学模式的必然趋势

唐业仁

我国社会主义现代化建设为高等职业教育提供了良好的发展机遇和契机。随着改革开放的不断深入，我国工业化、城市化进程也不断加快，经济的快速发展急需大批高技能高素质的应用型人才充实到生产、建设、管理、服务的第一线。近年来，我国的高等职业教育发展迅速，为社会主义现代化建设培养了一批急需人才。

高等职业教育办学模式是为办好高职教育，把握高等职业教育发展的规律，并为国家和社会培养技能型应用型人才，组织高等职业教育活动，实施高等职业教育过程的模式选择。按照办学主体、投资主体的划分依据，可以把我国高等职业教育办学模式分为以下几种类型：政府办学模式、行业办学模式、企业办学模式、校企合作办学模式和中外合作办学模式。以上五种办学模式在我国高等职业教育办学的不同时期发挥着不同的作用。

一、我国高等职业教育的办学模式发展历程

办学模式是兴办和经营管理学校的机制的特定样式。通过对新中国成立以来我国职业教育的发展状况考察，我们可以将职业教育办学模式基本上分为以下三个阶段：

（一）工学结合、校企合作模式处于浅层次初级阶段

从新中国建立到2006年教育部16号文件发布以前，尽管工学结合、校企合作的办学理念受到重视，但是职业教育办学模式还处于工学结合、校企合作的浅层次阶段。职业院校对学生培养主要还是依托学校教育，毕业最后一个学期再送入企业、公司开展实习。由于出于自身的经济利益考虑，企业往往不太热衷于接受职业院校的学生实习。所以学生毕业参加工作后往往需要通过企业的再培训才能够胜任工作。随着国家职业教育法等文件制定和教育部16号文件发布之后，高职院校积极向企业靠拢，逐步取得企业、公司的支持，有限度地开展工学交替和校企合作，高职院校办学模式正在朝着合乎培养应用型、技能型人才的方向发展。

（二）高等职业教育办学模式向深层次发展

20世纪末，尤其是进入21世纪以来，随着教育部《振兴21世纪教育发展规划》《国

家中长期教育改革和发展规划纲要（2010—2020年）》和国家相关加强职业教育文件的颁布，改革开放的深入发展使大批企业兴起、发展，对于生产、建设、服务、管理一线应用型、技能型人才的需求，使职业教育办学模式出现了向深层次改革发展的大好趋势。一些企业纷纷向高职院校捐助教学设备，积极吸纳高职院校的学生进企业开展工学交替和顶岗实习。高职院校则积极引入企业生产车间、工作室，在校内建设生产性实训基地，并且根据经济社会发展与企业结构调整和转型升级的需要，调整和优化专业结构，以任务驱动、项目导向开展课程与教学改革，努力抓内涵、凝特色、创品牌，打造办学品位。教育部通过开展教育与教学改革质量工程建设、对高职院校开展办学水平工作评估、创建国家示范（骨干）高职院校等举措，有力地促进了高等职业教育深化校企合作，创建各具特色的高职教育办学模式。

（三）组建职业教育集团

进入“十一五”时期，尤其在“十二五”国家教育发展规划的实施之后，高职教育办学模式出现了本质意义的变化。经济发达地区的高职院校纷纷与企业、其他职业院校、行业和科研机构组成职业教育集团，开展校企共育，开展学生招生、培养、就业一条龙的教育活动。职业院校积极参加企业在岗员工的培训，参与企业改革研究，企业派出技师和能工巧匠到学校授课，职业教育办学模式呈现出欣欣向荣的发展态势，我国现代职业教育正朝着特色化、国际化方向有序、快速发展。

以上阐释表明，伴随着经济社会发展的需要，深化校企合作，组建职业教育集团是我国职业教育办学模式的必然发展趋势。

二、高等职业院校办学模式构建

高等职业院校办学模式的构建宏观上要着眼于为社会经济发展服务，微观上要立足于所处区域经济发展和企业结构的实际需要，本质上是为国家培养各类高素质技能型人才。既要从经济社会发展的状况出发，又要符合高职院校所处的区域特点和学校的办学条件。

第一，学校办学性质决定办学的模式。

任何学校的产生都有其办学的宗旨，为什么而办，怎样来办，这是举办学校教育必须面对的问题，而对这两个问题的解答自然涉及学校的办学性质。办学性质不同，办学的价值取向也就不同，采取的办学途径和方法也必然不同。因此，高等职业教育的办学性质必然决定其办学的模式与中等职业教育和普通高等教育有一定的差别。

国内外职业教育的发展历史表明，职业教育是伴随工业化的兴起和发展而兴起和发展的。我国高等职业教育的办学是为了适应我国改革开放逐渐成为世界“制造大国”亟需大批各类高素质技能型人才应运而生的。20世纪末以来，我国高等职业教育办学升温，是我国经济社会发展的重要基础和教育工作的战略重点，也是适应我国逐渐成为世界“制造大国”的需要。正因为如此，高等职业教育办学是一种对中等职业学校办学的提升，又有别于普通高等院校的办学机制，具有一种跨越学校与企业两者界别的属性，这是与我国传统普通高等院校有别的另一类高等教育院校。由此可以得出高等职业教育办学模式的一个显著性特征是：坚持高教性与职教性的统一，做到高教性不越位，职教性不缺位，高职教育不错位。

第二，职业院校与企业存在着共生双赢关系。

职业院校源自企业而产生，又为企业输送应用型、技能型人才，其本身便是一种相辅相成的耦合关系。从一般意义上说，职业院校为企业培训在职员工或培养未来入职的员工，为企业解决了生产者的主要来源，为企业生产与发展、结构调整与产品升级提供了人力和智力支撑，从而取得企业经济利益的最大化；而企业大量吸纳职业院校的学生入职就业，使职业院校得以存在与发展。两者之间形成了一种共生双赢的逻辑关系。但是，企业的性质决定着企业以追求市场经济利益最大化为目的，职业院校的性质决定着为企业培养应用型、技能型人才，两者之间开展校企合作乃是指职业院校与企业在人才培养领域进行的合作，属于国际上所称合作教育的范畴。因为两者之间的这种合作又是校企双方各自基于利弊权衡对各自的策略进行选择的过程，所以双方的合作又具有博弈的特征，可以从博弈的视角对这种合作进行审视。这就是为什么职业院校与企业合作办学这种办学模式存在着逻辑意义是共生双赢却产生多元形式、涉及多个方面、遇到很多难题的症结所在。

第三，企业参与职业教育是应承担的社会教育责任。

学校职业教育诞生之前，人类几千年文明的传承是依赖于口耳授受，发展到师徒相传，职业教育一直都发生在工作现场，承载着职业教育的责任和神圣使命。近现代大工业生产所催生的学校职业教育形态，使企业逐渐与职业教育从相互融合走向分离，但这种企业所具有内在本质基因是不可能随之消亡的。根据社会学的观点，企业是具有法人地位的社会组织，具有社会属性。这决定了企业在享受社会赋予财富，受到生产经营法律保护合法权利的同时，决不能仅仅以追求经济利益为唯一目的，还必须要承担一个“公民应负的社会责任、尽应的社会义务”。这其中理所当然也包括职业教育责任，企业有参与职业教育、支持职业教育事业发展的责任和义务。

根据利益相关者理论，职业院校是企业生产和获得社会效应过程中最重要的利益相关者之一，因为职业院校为企业的生产提供了必需的人才。如果没有职业院校这样一条技术工人“产品”生产线，企业就无法顺利开展生产和经营活动。所以，企业从职业教育中直接受益，是职业教育的主要服务对象，企业就理应大力支持职业教育办学模式改革，承担相应的教育责任。

第四，国家的法规政策是高等职业院校办学模式构建的依据。

我国高等职业院校兴办前后，国家陆续颁布了一系列法规文件，对高等职业教育提出了办学指导性方针。这些法规文件为高等职业院校办学模式的构建给予了方向性指导，成为了模式建构的重要依据，引领高等职业院校在构建办学模式方面积极探索，形成了多元化、各具特色的办学模式，并使之根据国家社会经济发展和企业的需求，遵循国家出台的法规文件得到提升、丰富和完善。

三、组建职业教育集团是高等职业院校办学模式的发展趋势

职业教育集团是职业学校与相关企事业单位以契约或资产为联结的办学联合体。根据成员单位的联结方式和单位性质，职教集团可划分为不同类型。

目前我国已组建的职业教育集团常见的有三种主要联结方式：一是以协议、合同、集团章程等契约形式为纽带进行联结的契约型；二是成员单位凭投入的资本产生相应的股权

或产权关系而形成的资产型；三是成员单位之间既有资产联结又有契约联结的资产和契约混合型。职业教育集团组建形式包括区域型、行业型、复合型、特色型、涉外型等。

（一）组建职业教育集团的保障机制

职业教育集团的组建是个系统工程，涉及政府、行业、企业、学校等各个方面，需要整合的资源和涉及的问题很多。就目前我国已组建的职业教育集团看，组建职业教育集团最关键是要建立政策和组织方面的保障机制。

1. 政策保障

2011 年教育部《关于推进高等职业教育改革创新引领职业教育科学发展的若干意见》（以下简称《意见》）提出："各地教育行政部门要联合相关部门，优化区域政策环境，完善促进校企合作的政策法规，明确政府、行业、企业和学校在校企合作中的职责和权益，通过地方财政支持等政策措施，调动企业参与高等职业教育的积极性，促进高等职业教育校企合作、产学研结合制度化。"《意见》明确指出了政策对调动企业参与高等职业教育的重要性，要求各地教育行政部门联合相关部门完善政策法规。企业是以赢利为生产目的的社会组织，国家需要通过法规形式确定企业参与职业教育与培训的责任，使企业将职业教育与培训的责任视作企业运营中的一个部分，但校企深度合作也不可以置自身利益不顾而去承担过多的社会责任，企业参与职业教育需要通过政府公共管理的激励政策，如通过经济补偿、精神补偿和智力补偿等方式找到一条实现企业自身利益和公共利益双赢的途径，使企业能够主动地承担起必要的社会教育责任。因此，由政府主导建立并落实相应配套的法律规范和补偿激励政策，是组建职业教育集团的重要保障。

2. 组织保障

组建职业教育集团涉及政府、行业、企业、学校等各个方面，各个方面关系如何确定，教育集团如何建构起来，如何运作？《意见》提出：要"完善校企合作运行机制，推进建立由政府部门、行业、企业、学校举办方、学校等参加的校企合作协调组织。公办高等职业学校在坚持党委领导下校长负责制的同时，鼓励建立董事会、理事会等多种形式的议事制度，形成多方参与、共同建设、多元评价的运行机制，增强办学活力。"《意见》只是从原则上提出了意见，而根据我国已组建的职业教育集团的经验，从组织结构而言，职业教育集团应该组建成政府主导、行业指导、学校和企业合作的组织形式。缺乏政府主导，缺失方向，政策得不到完善和落实；缺乏行业起"中介"和指导作用，学校和企业之间难以找到最佳搭配的对方，教育集团的运行缺乏指导、协调、监控机制。因此，这种政府主导、行业指导、学校和企业合作的形式能为职业教育集团构建提供坚实的组织保障。

（二）组建职业教育集团的运行机制

如何使组建的职业教育集团能够有效、长效良性运行是一个崭新的课题，它需要已组建和待建的各类职业教育集团通过实践不断探索积累经验。目前，从已组建的职业教育集团的运行状态来看，职业教育集团的优势已初显端倪。这种办学模式使高等职业教育从招生、培养到就业形成"一条龙"服务，校企双方的优质资源得到充分利用，也减少了学校和企业人、财、物的重复投资，这对培养高素质技能型人才提供了充足的条件，而且这种办学模式形成了稳定的组织结构，形成了较为稳固的合作形态，使校企合作形成了一种长效机制。已总结出来的经验表明，要保证组建的职业教育集团能够良性运行，必须建立教育集团董事会工作机制，加强政府和行业对教育集团的监控和评价机制。

1. 建立职业教育集团董事会工作机制

职业教育集团内部管理，要建立集团章程和职业教育集团董事会、理事会等形式议事与决策，由企业和学校分头实行的工作机制。职业教育集团董事会工作机制是指实行董事会领导下的成员单位法人代表负责制。凡自愿加入教育集团的中、高职院校，信誉较好的社会培训机构，有较大影响和较强实力的企事业单位和行业协会，科研院所既是各自独立的法人又是合作联盟的关系，都必须遵守集团章程，恪守集团宗旨，实行董事会、理事会等形式议事、决策，相关成员单位具体实行。在职业教育集团内，高职院校办学仍坚持党委领导下校长负责制，开展正常的学院管理工作。

2. 加强政府和行业对教育集团的监控和评价机制

职业教育集团是一种政府主导、行业指导、学校和企业合作的组织形式，是一个由多个法人单位组成的联合共同体，其运行过程必然会遇有复杂和很多需要解决的矛盾，其运行效果也须加以监控。因此，很有必要加强政府和行业对教育集团的监控和评价。2011年教育部将原有40多个全国职业教育专业教学指导委员会改为全国职业教育行业教学指导委员会，由行业加强对全国各类职业教育的指导，进一步体现了教育部对行业指导职业教育的关心。因此，职业教育集团的运行必须建构由政府教育机构和行业相关部门对职业教育集团运行的协调、监控、评价机制，解决并处理职业教育集团运行过程中出现的问题，调整并完善职业教育集团运行的方式与策略，指导并促进职业教育集团运行水平的提升，以确保职业教育集团运行的高效与长效，充分发挥高职办学为经济社会服务的重要作用。

参考文献：

[1] 米靖. 中国职业教育史研究［M］. 上海：上海教育出版社，2009.
[2] 张俊英. 学校与企业——校企互动双向介入的理论与实践［M］. 北京：中国人民大学出版社，2010.
[3] 高鸿，高红梅，赵昕. 职教集团化办学讨论：集团化办学怎样来判定［N］. 中国教育报，2013-2-27.
[4] 张英杰，徐涵. 校企关系嬗变历程视角下我国校企合作关系的探索［J］. 职教通讯，2010（10）.
[5] 安荣，矫爱玲，王小兰. 日、韩、新三国高职校企合作人才培养模式的特色及启示［J］. 烟台职业学院学报，2010（2）.
[6] 郭熠然. 日本职教发展及其对我国的启示［J］. 教育与职业，2010（11）.

（作者单位：湖南机电职业技术学院）

充分挖掘湖南经济增长潜力的分析与建议

唐宇文

目前，我省经济仍保持着8.5%以上的中高速增长态势，但随着经济发展进入新常态，“十三五”时期将面临增速放缓、结构优化和动力转换的严峻考验，必须深入分析未来的潜在经济增长率，把握经济发展的客观规律，充分挖掘全省在区域和产业领域的潜在经济增长点，加快培育经济发展新动力。

一、湖南省“十三五”潜在经济增长率及增长点分析

（一）定量分析表明“十三五”湖南潜在经济增长率为8.5%—9%

本研究首先采用H-P滤波法，通过将实际产出分解为趋势与周期两个部分，来测算潜在增长率。结果表明，“十三五”时期湖南GDP潜在增长率将保持在8.5%—9%左右。其次采用了生产函数法，将经济增长分解为资本、劳动及技术进步三因素，以此构建出总量生产函数，由此估算出潜在经济增长率。结果显示，“十三五”时期湖南潜在经济增长率为8.88%—9.06%。

（二）“一核三极四带”是湖南主要的经济增长区域

2011—2014年，全省生产总值年均增长10.92%，而同期年均增速高于全省平均水平的县（市、区）有83个。长株潭、大湘西、大湘南和洞庭湖区分别有20个、20个、26个和17个。其中岳阳、郴州、怀化分别有6个、11个和5个，且郴州市、岳阳市分别有6个、3个县（市、区）列年均增速全省前30强；京广高铁经济带六市有46个，洞庭湖经济区三市有17个，沪昆高铁经济带六市有37个，张吉怀经济带三市（州）有8个。剔除重复计算部分，四大经济带共有77个，占92.8%。

“十三五”时期，“一核三极四带”仍将是我省主要区域经济增长点，其中长株潭核心增长极凭借良好的发展基础，以及地处京广、沪昆高铁交汇处的有利优势，仍将引领我省区域经济发展；岳阳、郴州两大增长极作为京广高铁全省北、南出口，都有国家级战略和平台支撑，将成为推动我省区域经济增长的新兴力量；怀化增长极及其所处的沪昆高铁经济带、张吉怀旅游经济带，良好的生态优势随着高铁开通将更加有效地转化为增长动力，有望成为“十三五”全省增长潜力释放最快的区域。此外，随着平汝高速的开通和湘

东旅游经济带的打造，沿线地区有望保持较快发展势头。

（三）战略性新兴产业和新型服务业是湖南主要的产业增长点

“十三五”时期，我省产业潜在增长点将主要集中在以下方面：一是由未来科技引领的战略性新兴产业，如智能制造、新一代信息技术产业、新材料、生物医药、住宅产业化、节能环保等有特色的战略性新兴产业，以及增材制造、基因检测、生物育种、北斗导航应用等优势产业；二是由文化与科技融合而产生的新兴文化创意产业，如新闻出版、广播影视、文化艺术、数字娱乐等已具备强大竞争力的行业，湘茶、湘绣、湘瓷、烟花等“湘”字特色行业，以及“互联网 + 文化”新型文化业态；三是以构筑平台经济为主体的新型服务业，如基于大数据和云计算的地理信息、医疗健康、文化教育、养老、金融物流、旅游等领域；四是以绿色发展、循环发展、低碳发展为目标的绿色产业，如绿色农业、林业，绿色清洁生产和改造，再制造业等。

二、充分挖掘我省经济增长潜力的几点建议

（一）坚持扬长补短、创新驱动，做大增长点

“十三五”时期，一是要坚持创新发展，加快传统产业转型升级，不断夯实企业的技术创新主体地位，完善企业技术中心、工程实验室、科技重大基础设施等创新平台，提升企业创新能力，支持企业采用新技术、新工艺、新设备、新材料对现有设施和工艺条件进行改造提升，提高产品质量和企业生产效率，将各类生产要素配置到附加值更高的产业上去；二是要坚持无中生有，抓住新一轮全球科技革命和产业化发展的历史机遇，结合湖南在七大战略性新兴产业领域业已形成的特色和优势，力争实现若干领域的重大技术突破，推动新兴产业的跨越式发展；三是要坚持融合发展，推进制造业与生产型服务业的深度融合，大力实施制造强省及“互联网 +”行动计划，不断拉长产业链条，努力催生新技术、新产品、新业态、新商业模式。

（二）坚持突出重点、开放发展，做强增长极

“十三五”时期，要抓住国家“一带一路”、京津冀协同、长江经济支撑带建设三大区域发展战略机遇，继续深化实施中部崛起战略，不断提高对内对外开放水平，努力拉长开放“短腿”，在大力开放中做强湖南的经济增长极。一是要继续壮大长株潭核心增长极，依托长株潭城市群“两型社会”综合配套改革试验区、长株潭国家自主创新示范区、湘江新区等多个国家级平台，加快推进区域经济一体化，加快发展高端、新兴产业，打造长江中游城市群核心引领区；二是要举全省之力，支持发挥岳阳临江优势，带动全省全面融入长江经济带，发展临港、临水产业，建设长岳经济走廊；三是继续发挥郴州承接国内外产业转移的区位优势，加快湘粤（港澳）合作试验区建设，全面对接珠三角；四是重视发挥怀化联通大西南的综合交通枢纽和省际生态中心优势，加快发展边贸物流和生态旅游业，努力对接周边省市城市群。

（三）坚持互联互通、协调发展，做优增长带

“十三五”时期，要不断完善我省交通基础设施体系，促进区域之间互联互通，着力调整优化交通沿线的生产力布局，围绕新的交通网络打造新的经济增长带，实现区域联

动、协调发展。一是加大技术创新力度，沿京广高铁带、京珠高速公路带，建设以先进制造业为主的工业走廊、战略性新兴产业带和现代服务业示范带；二是加大招商引资力度，沿沪昆高铁带打造智能制造、现代商贸物流和生态文化旅游经济带；三是加大产业转型升级步伐，努力将洞庭湖地区打造成临水、临港、内湖经济带；四是加快布局完善湘西北高铁等基础设施体系，将张吉怀经济带打造成我省西部精品生态文化旅游带；五是加大释放民间创业活力，沿近年建成及“十三五”期间即将新建的高铁带、高速公路带等交通沿线，大力发展旅游业等富民产业，尽快形成若干充满活力、富有特色的新旅游经济增长带，推动更大范围、更广领域的大众创业、万众创新。

（作者单位：湖南省人民政府发展研究中心）

深化商事制度改革　激发湖南发展活力

梁志峰　唐宇文　彭蔓玲　戴　丹

商事制度改革是全面深化改革的重要内容，2013 年年底以来，湖南商事制度改革有力有序推进，激发了大众创业、万众创新的热情，切实发挥了改革“先手棋”和“突破口”的作用，为新常态下湖南经济持续稳定发展提供了新动力。但改革过程中存在思想认识不到位、法律法规不配套、后置审批改革未同步、协同推进机制不健全、信息共享滞后、后续监管服务亟待加强等突出问题。进一步深化改革，需加强顶层设计，加强统筹协调，加大推进力度，完善法律法规和配套制度。

一、湖南商事制度改革有力推进

（一）推行注册资本登记制度改革，市场准入放宽、登记手续简化

自 2014 年起，在全省推行注册资本登记制度改革。

一是放宽注册资本登记条件。取消了注册资本最低限额，不再限制公司股东出资方式、出资期限和货币出资比例。

二是实行注册资本认缴登记制。实现了将注册资本由过去的实缴登记制改为认缴登记制，公司登记时无需提交验资报告，实行注册资本由股东或出资人自行约定到位的期限，取消验资报告。

三是改革企业年检制度。自 2014 年 10 月 1 日起，取消企业年检制度，改为企业年度报告公示制度。

四是放宽住所（经营场所）登记条件。自 2014 年 1 月 1 日起允许符合条件的住宅登记为市场主体住所（经营场所），允许一址多照和一照多址，放宽住所权属证明限制等。

（二）推行工商登记前置审批制度改革，前置审批事项大幅精简

2014 年 1 月 1 日和 2 月 1 日长沙市、郴州市分别试点工商登记前置审批制度改革。2014 年 8 月，试点范围扩大到株洲、湘潭、衡阳、邵阳、岳阳、怀化和永州 7 个市。试点改革后，九个试点城市先后将“先证后照”登记制度改为“先照后证”，并对工商登记前置审批项目进行了清理，大幅减少了前置审批事项，如长沙市前置审批事项减少至 19 类 29 项，郴州市减少至 16 类 24 项。2015 年，省级及大多数市（州）按国务院相关文件要

求，将前置审批项目调整为34项，此外，加上法律另有规定的5项，共39项，具体见表1。

表1　湖南省14市（州）前置审批事项数量变化情况

地区		前置审批事项数		
		2013年年底（项）	2014年年底（项）	2015年5月底（项）
	全省	229	103	39（34）
试点市（州）	长沙	231	19类29项	39（34）
	郴州	231	16类24项	39（34）
	株洲	228	15类41项	39（34）
	湘潭	228	15类41项	50
	衡阳	226	22类47项	39（34）
	邵阳	226	16类41项	39（34）
	岳阳	226	15类38项	39（34）
	永州	231	15类40项	39（34）
	怀化	224	15类41项	39（34）
非试点市（州）	常德	226	226	39（34）
	张家界	226	134	39（34）
	益阳	228	228	39（34）
	娄底	226	226	39（34）
	湘西	226	226	39（34）

注：表中括号内数据为变更注销登记事项数

（三）试点“三证合一”登记制度改革，审批效率提高

2014年9月、10月和2015年4月，分别在永州、郴州和长沙实行“三证合一”登记制度改革试点。三市均实现了“一站受理、同步审批、限时办结、统一发照”，办证时间大幅缩短，三市办证时限分别为：永州4个工作日、郴州5个工作日、长沙4.5个工作日。截至2015年6月30日，三市发放“三证合一”营业执照分别为：长沙6112件、永州3350件、郴州1543件。

二、改革成效显著

（一）有效激发了市场活力

一是市场主体迅速发展。商事制度改革激发了市场主体的创业热情。2014年，全省新登记市场主体42.4万户，市场主体总数达到254.3万户，其中，新登记企业数和注册资本同比分别增长34.69%和117.6%。2015年上半年全省新登记市场主体数和注册资本又分别实现15.49%和33.97%的增长。长沙作为改革试点先行城市效果更为明显，2014年，新增市场主体10.96万户，同比增长50.4%，增速超过武汉和广州，位居中部省会城市第

一。二是民间资本投资活力有效激发。2014 年全省共创办私营企业 9.49 万户，同比增长 37.5%，私营企业户数占全部新登记注册企业总数的 96.7%，成为投资的绝对主力。2014 年，全省民间投资 14409.77 亿元，增长 21.2%。

（二）促进了产业结构良性调整

商事制度改革推动现代服务业快速发展。2014 年，全省新登记注册企业中，增幅前五的行业依次是信息软件业、教育业、文化娱乐业、农林牧渔业、建筑业，分别增长 1.91 倍、1.54 倍、1.49 倍、1.2 倍、1.09 倍，其中有三个行业属于现代服务业；新登记企业注册资本增幅前五位的行业是信息软件业、卫生社会工作、教育业、文化娱乐业、居民服务业，分别增长 7.32 倍、4.66 倍、4.1 倍、3.08、2.37 倍，全部是现代服务业。全省新发展网络经营市场主体 36.69 万户。商事制度改革促进了产业结构优化调整。

（三）带动了社会创业就业

商事制度改革除了给市场主体准入“减负”外，更重要的是创业者意识上的“松绑”，创业者的创业热情被有效激发。2014 年，全省新增市场主体带动新增就业 100 多万人，新增私营企业增长 37.5%，成为吸纳新增就业的主渠道。在长沙市，2014 年新登记私营企业和个体工商户带动全市就业人口 22 万人，同比增长 67%；6780 名大学生、退役军人、下岗人员通过“绿色通道”办理工商登记，实现自主创业，同比增长 32.8%。创业带动就业的效果显著。如湖南万睿医药有限公司，主要从事药品和医疗器械经营，该公司于 2014 年 3 月 8 日在长沙申请登记注册，3 月 10 日领取营业执照。然后边建设仓库、购买设备、招聘人员、洽谈业务，边申请许可证。4 月 17 日许可证取得后，即正式投入经营。2014 年，该公司实现销售额 1.5 亿元，吸纳就业人员 50 人。

（四）倒逼行政审批效能提升

商事制度改革将多个审批环节集中办理，企业设立登记时间全部缩短至 5 个工作日以内，同时，也对后续审批部门形成倒逼，相关部门主动简政放权、优化流程，大大提高了行政效率，各市（州）普遍反映，商事登记综合审批效能提升 70% 以上。如长沙市政府精简 58% 市本级涉企行政审批项目，市直审批部门下放涉企管理权限 72 项，19 个商改重点单位对 62 项审批流程进行再造。郴州市直审批部门下放涉企管理权限 63 项。

（五）受到企业和社会的欢迎

商事制度改革推动政府职能向公共服务和监管转变，提升了政府的透明度，改善了政府形象，提高了企业对政府的满意度。企业问卷调查结果显示，对改革实施效果满意和比较满意的企业占 96.45%。调研中，正在长沙雨花区办理“三证合一”执照的深圳某企业负责人易先生由衷地称赞：“从申请到领执照，只用了 5 天时间，长沙速度了不起，赛过深圳速度。”

三、存在的问题

（一）思想认识有待进一步提高

一是个别领导干部思想未跟进。个别领导干部对转变政府职能的认识不足，“管理本位”思维根深蒂固，不能够从全面深化经济体制改革、行政体制改革的高度，来认识和对待商事制度改革。二是相关部门改革意识需加强。商事制度改革涉及工商、质监、税务、公安、环保、文化等多个行政部门。但有些部门认为，这只是工商部门的一家之事，与其他部门关系不大。有的部门仍坚守“以证代管”的思维定势，不大胆简政，不主动监管。有的部门对“三证合一”改革的认识不到位，仍然希望保留多证。

（二）制度机制有待无缝衔接

一是法律法规不配套。前置审批制度改革将大量工商前置许可改为后置，但在法律法规层面有些未作出修改，仍然是工商登记的前置审批条件。此外，现行行政管理相关法律法规均是建立在“先证后照”“以批代管”的传统管理模式上，改革后市场准入涉及的工商法律法规已作出相应调整，但其他部门审批和监管所依据的相关法律法规还没有及时调整。如对于企业注册资本“两虚一逃”违法行为的查处，根据《刑法》第 158、159 条的解释，只适用于注册资本实缴登记制，而不适用于改革后的注册资本认缴登记制。

二是后置审批改革未同步推进。前置审批制度改革将有关前置改为后置后，相关许可的审批通过率不高，办证手续仍然复杂。如办理药品和医疗器械经营许可证标准高，对经营主体的资金、场地、设备、资质等均有具体规定，企业办理营业执照后仍很难取得许可证。工信、发改、财政、金融、教育、邮政等部门的审批权限全部在省级部门，门槛高、办证难等问题依然存在。目前法律法规设置的涉企审批事项有 231 项，其中省级以上审批的 131 项，占 56.7%，市级以下审批的 100 项，占 43.3%。审批项目过多、审批层级过高，影响了改革的成效。

三是后续监管机制有待健全。改革后，市场准入门槛大幅降低，各类市场主体大量涌现，监管难度随之增加，但大部分的基层行政资源还是按照改革前体制配置，监管力量不足，监管方式有待改进。执法过程中监管部门间执法边界也没有完全厘清，存在执法空白和职能交叉，协调难度较大。目前，只有部分监管部门制定了后续监管暂行办法。

四是信用约束机制不完善。信用信息共享度低，特别是向社会公众开放度低，“一处违法、处处受限”的市场调节和社会制约机制不能充分发挥作用；信用培育滞后，市场主体诚信经营尚未成为自觉行为，行业监管和约束力度小，企业自律机制尚未完全形成；信用约束乏力，失信经营的成本较低，惩戒措施乏力，制约效力不够。

（三）信息共享滞后问题突出

省级层面，工商、国税、地税等相关部门的业务系统与行政审批工作平台的数据共享和交换没有实现信息互通、资源共享，部门间信息共享滞后，条块分割、信息孤岛问题仍然存在。市（州）层面，信息化基础不平衡，即使是在信息化水平较高、共享交换平台建设较好的地区，部门间认领、反馈、上传、交换相关信息也存在一定滞后性，监管信息不能及时整合对接，产生监管漏洞。省本级和非前置审批改革试点地区的并联审批和监管信息共享交换机制还不完善，全社会信用体系建设推进不快，不能适应改革的需要，亟待解决。调研中，省直部门和市（州）均对此反映强烈。

（四）对市场主体的后续服务和监管需加强

商事制度改革放宽了准入门槛，但相应的服务和监管约束机制不健全，监管措施不到位，导致一方面企业成活率不高，湖南省政府门户网站企业问卷调查结果，有实际经营的企业仅占58.8%；省工商局的调查结果，新登记注册企业开业率为71.8%。另一方面钻政策空子的情况增多。如，部分市场主体注册登记的动机不正，有些为了少缴税而注册多家公司，如郴州一个企业主为了享受小微企业免税政策，新注册了6家公司；有些为了享受政策补贴而新登记注册，如湘潭市有农民合作社以上大学的子女的名义新注册合作社，享受大学生创办合作社的补助，其实还是原来的合作社；有些为了获得贷款而新注册公司，如株洲攸县曾经有人收集大学生身份证注册登记，申请无息贷款后投入到股市。还有些企业故意虚高认缴注册资本，以期在市场竞争中获取超过自身实力的资质，由此出现了注册资本上亿元、出资期限长达40年，甚至超过注册人自然寿命的情况，扰乱了市场秩序。此外，还有部分市场主体无目的随意注册登记，公司成立后长期处于休眠状态，名存实亡，导致市场主体泡沫增多。

四、政策建议

（一）深化行政审批制度改革，推动后置审批提速

建议进一步清理审批事项，加大取消、下放审批力度，将适宜下放的省级登记或审批权限下放至市县；适宜交给市场的，加快取消审批；适宜交给社会组织的，交给社会组织。科学合理确定许可审批条件，优化审批程序，提高审批效率。建立规范政府权力清单、责任清单，加强政务公开，加大全省网上政务服务和电子监察系统的应用力度，进一步简政放权，提高审批效率。加快开展后置审批事项清理，进一步压缩后置审批事项，再造后置审批流程，让企业既能轻松拿到营业执照这个“身份证”，也能方便取得许可经营项目的“通行证”，提升商事制度改革效果。

（二）加大商事制度改革力度，发挥更大效果

一是加快推进“三证合一”登记制度改革。扩大“三证合一”实施范围，按照国家要求，今年年底前要实现“三证合一”“一照一号”，建议尽早在全省推行“三证合一”登记管理。二是加快推进“电子化”进程。加快推行电子营业执照，努力实现网上申请、受理、审核、发照，推进政务办理电子化。

（三）提升信息化水平，推动信息共享

一是充分利用现有公共网络设施和平台解决商事改革中的信息交换、共享问题，加大应用全省电子政务外网、数据交换平台、网上政务与电子监察系统的力度，避免重复建设、浪费资源。二是推动商事制度改革相关部门的业务系统与公共网络平台及应用系统的有效对接，推动相关部门间信息的共建共享。三是加快建设全省统一的社会信用信息体系。

（四）强化监管职责，形成监管合力

一是严格落实部门监管职责。强化“谁审批、谁监管，谁主管、谁监管”原则，部门对监管事项承担起“一管到底”的责任。无论是否需要许可，无论是否领取营业执照，监管部门都必须按原则进行监管，并承担因监管不到位的后果，确保责任到位，实现审批与监管相统一，切实解决执法空白、职能交叉问题。二是改进监管方式。充分运用大数据等现代化、信息化监管手段，提高监管效能。三是建立联合惩戒机制。健全企业经营异常名

录，实施“黑名单”制度，强化部门联动，对经营异常名录的商事主体，在注册新公司、政府招标采购、银行开户贷款等方面进行限制或禁止，形成“一处失信、处处受限”的局面。四是积极推行社会共治。充分发挥行业协会作用，促进行业自律，拓展社会公众监管参与渠道，提高监管社会化水平。

（五）加大帮扶新登记企业力度，促进快速成长

一是切实将国家和我省对企业的减税降费政策落到实处。二是强化对企业的服务。可采取政府购买服务或事后补助等方式，支持社会服务机构对新登记小微企业提供创业辅导、管理咨询、技术推广、人才培训、营销策划、法律援助等服务。相关部门要加大对新登记企业的跟踪，有针对性地开展帮扶活动。三是切实帮助中小微企业解决融资难问题。大力发展适合中小微企业融资需求的村镇银行、租赁公司、小贷公司、中小企业风险投资公司等金融组织，创新信贷产品和融资担保方式，扩大中小微企业信贷融资规模，促进新登记企业起步成长。四是优化发展环境。规范引导民间借贷，严格查处不合理收费，切实减轻企业负担。

（六）加强统筹协调，完善协同推进机制

一是健全协调机制。建议扩大商事制度改革领导小组成员单位范围，把相关的行政审批和监管部门都纳入进来。重点协商解决部门之间、行业之间现行法律法规与商事制度改革不匹配，以及行业改革与商事制度改革不协同的问题，如税收制度改革与商事制度改革不协同问题等，尽量减少改革阻力。二是健全统筹机制。建议在充分总结前段改革试点经验的基础上，全省统筹谋划下一步推进“三证合一”“一照一号”改革相关事宜，统一技术标准，统一交换共享平台，优化并联审批流程，切实达到提高效率、节约资源的目的。三是建立健全联动响应机制。加快推动注册登记、许可审批、监管各相关部门之间的信息共享、及时推送、及时响应、及时处理、及时反馈，形成联动效应。

（作者单位：湖南省人民政府发展研究中心）

金融消费权益保护环境评估的必要性及建设的基本思路

彭建刚

一、金融消费权益保护提出的背景及国际主流做法

（一）反思金融危机：对金融消费权益保护的关注

2008年，美国次贷危机最终引发国际金融危机。自2008年3月起，短短半年时间，美国五大投资银行倒闭了3家。贝尔斯登因濒临破产被摩根大通收购，美林证券被美国银行收购，拥有158年历史的雷曼兄弟公司宣布破产保护。2009年，美国的失业率达到10.6%，刷新了26年以来的纪录。这场危机迅速波及发达国家和发展中国家，引发了世界经济的动荡，也让金融消费者付出了巨大的代价。

我们可从金融消费角度反思这次金融危机。美国银行业机构将信用评级较差的次级贷款经过证券化程序打包成次级抵押债券（CDO），出售给其他金融机构。这些金融机构为了降低风险，再次将其打包出售给本国和欧洲投资基金，最后出售给广大金融消费者。这些次级贷款在经过多次资产证券化打包后，产品结构越来越复杂，一般投资人不易识别其标的资产的高风险。随着美联储的多次加息，房地产市场降温，次贷危机爆发，标的资产的现金流断裂，投资基金所出售的次贷资产证券化产品的风险集中爆发，使得金融衍生品消费者蒙受巨大的损失。例如，2008年前9个月英国720万个私人养老基金账户平均损失两万英镑，许多人损失了毕生养老储蓄的五分之一。

由此可见，随着金融发展和大量衍生投资品的推出，金融产品高风险和高杠杆的特征越发突出；由于信息不对称和知识水平的局限，这是普通金融消费者难以驾驭的，这就要求监管机构加强对金融消费权益的保护。痛定思痛，2009年6月美国政府发布的金融监管改革白皮书《金融监管改革——新基础：重建金融监管》指出，金融危机体现出以前的监管体制在金融消费者保护方面的严重不足，游离于监管规则之外的按揭公司和其他金融机构，利用监管缺失的情况，将定价极其复杂的、风险难以管控的按揭产品和其他与投资者财务状况不相适应的金融产品出售给消费者；金融消费者权益没有得到应有的关注和保护，导致不公平和欺骗性行为得以没有任何干扰地滋生和传播，几乎拖垮整个金融体系。

（二）国际主流做法：出台金融消费权益保护的法案

危机后，各国认识到，忽视对金融消费权益的保护会破坏金融机构赖以发展的公众基础，从而危及整个金融系统的稳定。因此，各国政府和国际金融机构开始注重金融消费保护，并在金融监管体制改革的制度设计中突出了对金融消费者的保护。

美国2010年出台了《多德—弗兰克华尔街改革与消费者保护法案》（简称《多德—弗兰克法案》）。该法案把投资者保护作为一项重要内容来规定，建立一个独立的、以保护金融领域消费者为专一目标的联邦监管机构——金融消费者保护局（CFPB）；金融消费者保护局对提供金融产品服务的金融机构实施监督，主要职能包括：（1）向消费者提供及时有效的信息；（2）使消费者免受不公平、欺骗、歧视等待遇；（3）对过时、过于繁琐、不必要的规定定期处理；（4）对促进金融交易公平竞争提供法律支持；（5）提高金融市场产品和服务运作的透明度和效率，加强金融服务可及性和创新。英国财政部于2011年6月16日发布《新的金融监管措施：改革蓝图》白皮书，也建立了专门的金融行为监管局（FCA）来保护金融消费者的权益。

世界银行作为一家有影响的国际金融组织，近几年持续致力于总结、梳理和评估全球各国金融消费者保护的经验。在对欧洲、亚洲和非洲等多个国家进行测试和评估后，2011年3月，世界银行发布了《金融消费者保护的良好经验（草案）》，征询社会各界建议，2012年6月正式发布了《金融消费者保护的良好经验》。该报告在对不同国家和地区解决零售金融市场消费者保护中所取得的进展进行调查和总结的基础上，吸收了一些国家的成功做法和改革经验，为各国金融消费权益保护水平的监测评估提供了一个有用的参考标准。这一标准对全球金融消费权益保护具有借鉴作用。世界银行认为，一个功能完善的金融消费权益保护机制能够为金融消费者提供有效的保障，使其能够行使法律赋予的权利，履行法律规定的义务。《金融消费者保护的良好经验》指出金融消费保护的目的是确保消费者：（1）获得使他们作出知情选择的信息；（2）免予不公平或欺诈性行为误导；（3）获取争端解决机制的途径。

二十国集团、经合组织、金融稳定委员会、金融包容联盟等国际组织都已将金融消费权益保护作为一项重要工作推行。

二、我国金融消费权益保护的现状及问题

（一）我国金融消费权益保护现状

我国在2012年全国金融工作会议上明确提出，要“把金融消费者权益保护放在更加突出位置，加强制度和组织机构建设，加强金融消费者教育”。保护金融消费权益，对于提升金融消费者信心、维护我国金融体系稳定和可持续发展、构建社会主义和谐社会具有重要意义。

中国人民银行金融消费权益保护局于2012年12月正式挂牌运行，并在全国31个省（区、市）的分支机构设立了金融消费权益保护处。银监会的消费者权益保护局、保监会的消费者权益保护局、证监会的投资者保护局也相继成立，形成了一种分业监管下的“内双峰”保护模式，标志着我国在分业监管格局下开始探索金融消费权益保护体系。

（二）我国金融消费权益保护中存在的问题及环境评估的必要性

近年来，国内的理财产品、P2P、手机银行、电子银行等方面的业务发展非常迅速，金融服务的精细化、金融产品的复杂化，在不断满足金融消费多样化需求的同时，也出现了许多侵害金融消费权益的问题和事件，有可能破坏金融稳定，导致系统性风险，应当引起高度关注。下面举两个典型事例进行分析。

1. 场外配资引发股市暴涨暴跌

2014年11月以来，A股开始出现上扬势头，一些机构运用场外配资的高杠杆助推股市快速上涨，从中牟利。沪指从2015年2月9日的3095.12点到2015年6月12日的5166.35点，仅仅用了四个月的时间，沪指涨了2071.23点，涨幅高达40.1%。面对股市的疯狂上涨，众多中小投资者携带资金蜂拥入市，大部分投资人对场外配资不知情或不够知情，将主要由场外配资引发的股市上涨误以为是源于实体经济好转和上市公司经营业绩良好引起的，没考虑到场外配资使得股票价格估值过高，其中存在着操纵股价和过度投机的行为。市场是缺乏理性的，一旦股市发生反向异动，潜在的巨大风险就很快释放出来。在股市下跌时，场外配资公司进行强行平仓，就加速股市下挫。从6月12日的沪指收盘价5166.35点跌至8月26日收盘价2927.29点，仅仅用了两个多月的时间，跌了2239.06点，跌幅高达43.3%。这期间广大中小投资者的利益受了严重的损害。从6月12日到9月18日，沪深总市值从71.25万亿元跌至41.91万亿元，跌了29.34万亿元；按照截至9月11日的期末持仓人数5146.31万计算，这期间股民人均亏损约57.01万元。

因场外配资是不合规的，处于监管之外，广大中小投资者不能获取其投入时机和投入规模的相关信息，从而使其投资者权益遭到侵犯，在投资过程中遭受巨额损失。若不是国家金融管理机构及时采取措施救市，这一次的股市风险爆发就很可能传递至银行业、保险业，传递至实体经济，进而引发系统性风险。

2. 博沣事件

自2012年起，湖南博沣资产管理有限公司在长沙通过两家商业银行30多家网点推销信托理财产品，承诺保本保息和专款专户，利用银行工作人员进行柜台交易，以6.5%至7.8%的年收益率，吸引了大量投资者的数亿元购买。2014年12月10日，博沣公司突然关门，负责人处于失联状态，近几百人的一个多亿的资金不能按时兑付，众多投资者前往银行网点索赔，堵住网点大门使其陷入瘫痪状态。由于银行网点没有让理财产品购买者充分了解该产品的信息，且存在利用银行信誉误导消费者的行为，导致金融消费者遭遇损失，且相关银行也处于被动境地。

由于该事件涉及的银行网点较多，一定程度上影响了银行机构在人们心目中的形象。其中一些投资者采取过激的行动，又进一步扰乱了金融秩序，影响了金融机构的正常运营。博沣事件在长沙市乃至湖南省产生了较大的负面影响。如果这类事件在一个地区频发，将使得金融体系的功能受到较大的削弱，对该地区的社会秩序和实体经济就会造成大的冲击，就很有可能造成区域系统性风险。

3. 金融消费权益保护环境评估的必要性

金融体系存在合成谬误问题，对单个主体来说是合理的某种经营行为，但如果成为所有主体的一致行动，则有可能破坏整个金融体系的稳定。从行为金融理论来看，金融消费者中的“羊群行为”和“蝴蝶效应”会加剧金融市场的非理性波动。信息不对称是金融市场脆弱性的主要来源之一，处于信息弱势地位的金融消费者面对市场的不确定性往往具有一种从众心理，这种心理容易导致消费者们模仿他人的决策或者盲目听从社会舆论而作出判断。投资者之间这种相互传递并且彼此强化的行为，容易产生金融泡沫，加剧金融市场的非理性波动，影响金融体系的稳定。如果忽视对金融消费权益的保护将会严重损害金融机构赖以发展的公众基础和公众的信心，从而危及整个金融体系，爆发系统性风险。

考虑到金融消费是在一定的金融交易平台、金融管理体制与法制、社会相关条件中发生的，这些构成金融消费权益的环境，具体说来可包括金融消费交易流程、金融消费权益保护工作机制、金融消费权益保护法律基础、金融消费可及性等方面。环境的好坏，直接影响到金融消费权益的保障程度。因此，做好金融消费权益保护环境的评估工作，是保证金融机构的公信力、防范系统性风险的重要措施。

三、将金融消费权益保护纳入宏观审慎管理框架

（一）金融消费权益保护与宏观审慎管理的关系

通常以个案形式出现的金融消费权益保护问题看似相互独立，但是由于金融体系存在合成谬误问题，因金融消费者的数量众多、合力强，一旦发生重大利益问题，波及范围广且没能得到妥善处理，就有可能会引致区域系统性风险乃至影响整个金融体系的稳定。宏观审慎管理以防范系统性风险为目标。因此，金融消费权益保护工作与金融业宏观审慎管理制度的建立在目标上是完全一致的。

宏观审慎管理制度框架体系应由体现逆周期的宏观调控机制、基于系统性风险防范的金融机构监管机制和动态预警体系三个方面构成，同时还包括推行金融业宏观审慎管理制度的相关政策，其中的金融机构监管机制指的是宏、微观审慎监管相结合的协调监管机制。现有的宏观审慎管理制度和方法偏重于金融业的状态监管，是监管机构对某一时点各金融机构的状态进行的监督管理。缺乏过程监管和行为监管是现有宏观审慎管理制度的不足之处。金融消费权益保护工作涉及过程监管和行为监管，将其纳入宏观审慎管理框架有利于这项审慎制度的完善，有利于防范系统性风险。

（二）基于系统性风险防范的金融消费权益保护制度

我国“一行三会”已设立了四个金融消费权益保护机构，根据各自职能范围开展银行业、保险业、证券业及跨行业、跨部门的金融消费者保护工作。鉴于我国还没有关于金融消费权益保护工作的专门立法，在现行制度下，“一行三会”如何在各自专业领域内开展金融消费权益保护的工作，在开展金融消费权益保护工作方面如何协调关系，如何划分职权等都缺乏明确的理论依据和法律依据。这可能会导致不同的金融消费权益保护机构“各自为战”，给金融消费者维权增添了难度。

宏观审慎管理强调整体性监管，强调合成谬误的解决。对整个金融业的审慎管理，银监会、保监会和证监会都因其工作范围实现不了，其视野也有其局限性。

中国人民银行作为中央银行，承担金融业宏观审慎管理的主导和协调责任。所以，应当重视并发挥中国人民银行在金融消费权益保护工作中的综合协调作用，并将中国人民银

行主导的金融消费权益保护环境评估和建设作为重要的工作内容，这也是央行承担维护金融稳定责任的题中之意。就金融消费权益保护而言，银监会、证监会和保监会主要从事专业化的行为监管，确保金融交易的公平公正和信息畅通，确保金融交易的合规性。中国人民银行从维护金融业整体稳定和系统性风险防范这一目标出发，建立统一的金融消费权益保护制度和信息共享制度，组织统一的金融消费权益保护环境评估与建设，并可分区域、分阶段实施；协调各有关部门的金融消费权益保护工作，特别是协调交叉业务和综合化业务的金融消费权益保护工作，实现专业化监管与统一监管相结合。

鉴于以上考虑，构建我国金融消费权益保护评估与建设机制框架如下图：

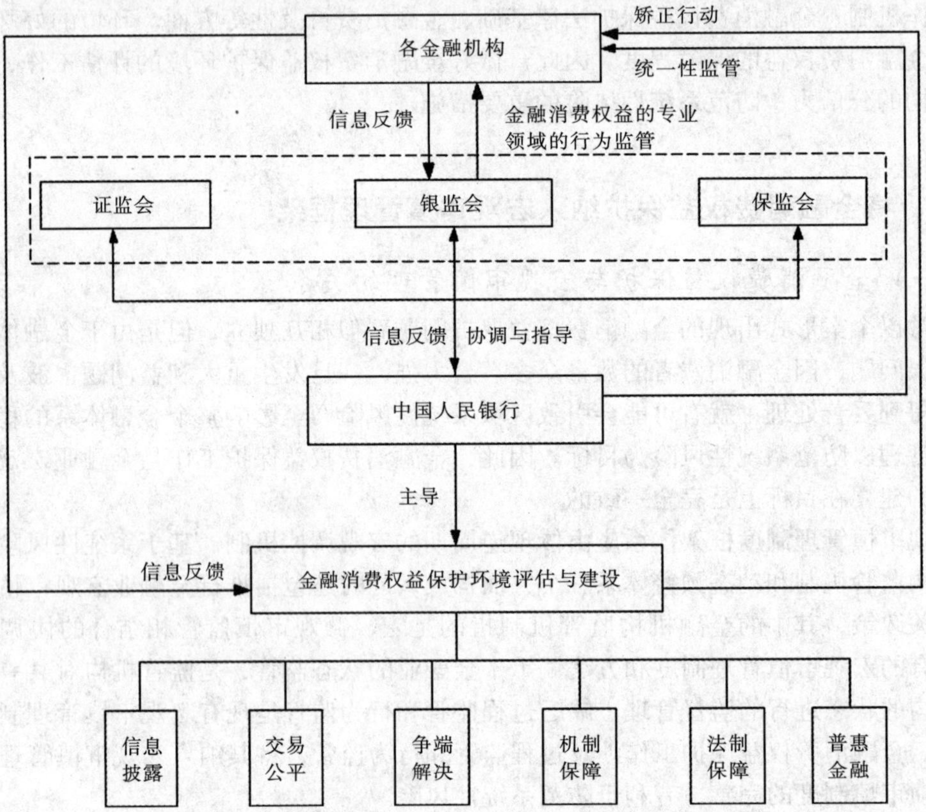

图 1　我国金融消费权益保护评估与建设机制框架

四、金融消费权益保护环境评估的基本建设思路

（一）利用评估手段推进金融消费权益保护环境的建设

金融消费权益保护环境评估工作就是借助金融系统公共资源对金融监管的结果进行检查，干预高风险活动，维护金融消费者权益，保障金融市场的公平正义。其立足于行为监管，通过对信息披露、交易公平、争端解决等方面进行检查和评价，分析金融消费权益保护的实际运行情况，发现金融消费中存在的问题，降低试错成本，为创造一个良好的金融消费权益保护环境提供现实依据。

在金融消费权益保护环境评估中，监管部门通过现场和非现场检查结果可以了解金融机构可能规避的地方以及消费者因为处于弱势地位可能遭受侵害的区域，明确今后监管的重点，特别关注交叉性金融产品交易，避免金融机构利用新型产品逃避监管规则，杜绝金融机构为追求利润最大化在不同产品和市场的套利行为，防范系统性风险的发生，维护金融市场的稳定发展。

1. 评估是披露信息的有效途径

完善的金融消费权益保护评估体系是一国或地区提高金融国际竞争力的重要因素，也是推广普惠金融、维护金融稳定的基石。金融消费权益保护环境评估的最终目标是研究消费者行为决策的特点，金融机构经营管理过程中的隐患和整个金融消费权益保护环境的现状。

目前我国金融消费权益保护制度建设还未形成一套完整的体系，因此，在完善立法和设立专业机构之前，应当对金融环境进行一个整体评估，为之后开展金融消费权益保护具体工作提供依据和方向。

金融消费权益保护环境评估首先应该向社会披露真实的金融市场信息。金融的发展必然与金融创新联系在一起，严苛不变的金融监管会使得机构为谋求利润选择避开监管，威胁金融稳定。金融环境是动态变化的，而金融消费权益保护环境评估也是一种动态的监管，它紧跟市场变化，对当前金融环境信息整体扫描，并根据评价结果向消费者提供在金融交易中其理应了解的金融信息，也披露金融机构在产品交易、售后服务和管理体制上的现实状况，便于监管部门洞悉整个金融市场的发展形势，着手解决金融市场存在的问题，为促进金融市场各主体间的行为优化提供基础。

2. 评估是优化环境的有力手段

良性竞争的金融市场可以为消费者创造更好的产品和服务，金融消费权益保护环境评估除了为监管部门的有效工作提供真实的金融环境信息外，还能根据实际的评估结果发现金融消费中存在的问题，通过调整环境中的瑕疵来引导消费者进行金融决策，保护消费者合法权益，建立公平、稳定的金融体系。

（1）纠正消费者认知偏差

金融消费者多数缺乏基本金融知识，消费者过度依赖金融机构权威人士的看法，在购买产品时高估销售者对未来收益的保证等现象在社会上普遍存在，这就增加了金融消费者犯错误的可能性。由于这些因素的影响，消费者的认知偏差并不能通过信息披露得到纠正。

而在金融消费权益保护环境评估中，监管机构可以利用评估结果分析消费者对金融消费的认知程度和行为偏好，借助金融机构和监管部门的宣传教育力量增强消费者对金融消费的了解，减少消费者可避免的损失。

（2）规范机构经营行为

无论是到银行办理存贷款业务，购买信托、理财产品，还是到证券公司进行股票、期货投资，或是在保险公司购买保险，不难发现要做出正确选择，需要大量的信息与专业知识，而金融机构在产品定价、交易操作和风险信息等方面具有天然优势，双方交易的信息不对称加上其强大的营销攻势，容易博取金融消费者的信任，导致消费者利益受损。

金融消费权益保护环境评估通过对金融机构捆绑销售、信息隐瞒等不公正的市场行为进行评价，监督其履行信息披露义务，规范金融机构经营行为，减少消费者与金融服务供给者之间的信息不对称，完善金融机构售后服务机制，维护金融市场秩序。

（3）突出环境建设的重点

金融消费权益保护环境的评估与建设是一项长期的工作，不可能一蹴而就。借鉴国际经验并根据中国的国情，我们认为以下六个方面应当是今后一段时期我国金融消费权益保护评估和建设工作的重点：①信息披露；②交易公平；③争端解决；④法制保障；⑤普惠金融；⑥机制保障。

信息不对称是造成金融消费权益不能得到保护的一个重要因素，金融市场上的信息多数靠金融机构自觉披露。金融消费者对交易对象、交易程序、售后服务、投诉渠道等依法享有知情权，因此，通过信息披露指标检查金融机构的经营规范性，减少由于信息不对称给消费者带来的权益损害。

公平交易权是金融消费者享有的主要权利之一。金融机构在与消费者进行买卖交易的过程中，往往会利用复杂化的金融产品和工具，通过金融机构的格式合同、隐含条款、不明收费等不公平做法侵害消费者的合法权利，导致金融消费者风险承受能力被放大。评估该项指标，有助于监督金融机构在交易中对消费者自主公平选择的尊重和对消费者隐私的保护，维护消费者的合法权益。

金融机构应当有受理消费者投诉的途径以及明确的投诉解决程序。争端解决是金融消费纠纷低廉高效的解决途径，能够便捷地反映金融消费者的诉求和投诉人对合理诉求的处理结果的满意度，是化解金融纠纷、维护社会稳定的重要方式。

金融消费者权利保护需要法制保障，法律依据不仅为消费者权利保护提供强有力的法律依据，同时也是依法治国方略的体现。司法是金融消费权益保护的最后手段，但也是最直接、最有效的决定金融消费权益最终能否得到有效维护的指标。

普惠金融反映了金融机构提供的可供金融消费者选择的产品和服务等给客户带来的可及性，该项指标体现了金融机构提供服务的广度和深度，普惠金融的水平越高，区域内的消费者就能更加轻松地享受到金融服务带来的便利。通过评估督促金融机构不断拓展服务渠道，完善产品体系，让更多的消费者参与金融活动，使得金融消费权益得到充分保障。

金融消费权益保护机制和制度是金融机构开展金融消费权益保护工作的基础条件，也是规范指导金融消费权益保护环境内部行为的准则，该指标通过检查金融机构关于金融消费权益保护出台制度的完备性和相关工作的执行情况，评价其金融消费权益保护工作实施的效果。

在金融消费权益保护环境评估中，监管部门通过现场和非现场检查结果可以了解金融机构可能规避的地方以及消费者因为处于弱势地位可能遭受侵害的区域，明确今后监管的重点，特别关注交叉性金融产品交易，避免金融机构利用新型产品逃避监管规则，杜绝金融机构为追求利润最大化在不同产品和市场的套利行为，防范系统性风险的发生，维护金融市场的稳定发展。

（二）通过科学方法落实评估工作

如前所述，金融消费权益保护环境评估的必要性已不言而喻，那么，如何在实践中建立金融消费权益保护环境评估体系，发现金融环境以及金融主体中存在的实际问题，从而实现对金融消费者的保护尤为重要。

首先，要构建合理的评估指标体系。在评估指标体系的设置上，在遵循科学性、系统性、相关性、可操作性以及目标导向性等基本原则的基础上，紧紧围绕交易过程、机制保障和监管机构三大主体以及社会环境这一基础来进行。为保证指标的科学性，可以采取定量指标与定性指标相结合的方法。其次，在统计数据的收集上，要遵循数据真实、可靠的基本原则，由中国人民银行各地分支机构、各地金融监管机构、各金融机构以及相关政府部门提供原始数据，并与其他可靠来源的数据进行核实，确保数据真实有效。在评估指标体系科学合理以及统计数据真实可靠的基础上，借助统计方法进行后续的评估，最终获取相应结果。最后，分析评估结果发现实际中金融消费权益保护环境中存在的问题，并采取相应措施解决处理。

（三）实施年度评估以逐步实现阶段性目标

金融消费权益保护环境评估工作不是一个静态的过程，而是一个持续的、连贯的、不断变化的动态过程。金融消费权益保护环境评估工作不是一蹴而就的，而是需要不断发展完善的。由于经济环境和金融消费环境的复杂性、多变性、现实性，其目标的实现需要逐步的分阶段实现。在进行年度金融消费权益保护环境评估发现问题时，要在接下来的评估工作中将其视为评估重点，要对其相应的评估指标体系进行相应的修正，并通过权重调整突出对问题的强调，评估指标体系作为一个完整体，一个指标发生改变，其他的评估指标也要进行相应的修正。

1. 完善法制保障措施

制定《金融消费者权益保护法》或适时修订《人民银行法》《银行业监督管理法》《商业银行法》《保险法》等相关法律，突出金融消费者合法权益特别保护的立法价值取向，增加对金融服务关系与金融消费者权益保护调整的相关规定，强化银行对金融消费者的告知、信息披露等义务。对金融机构内部建立金融消费权益保护工作机制提出监管要求和标准，督促金融机构有效落实制度规定。除此之外，还要积极弥补“三会”保护工作的区域空白，强化对基层金融消费者权益的保护。

2. 建立激励约束机制

良好的金融消费环境的构建对于维护金融消费者权益具有重要意义，它需要建立明确的激励约束机制来规范监督。对金融消费权益保护环境评估情况进行相应的等级划分，对金融消费权益保护环境评估得分处于良好以上的市（州）、县域，以及金融机构等给予相应的激励，并在年终等绩效评估与考核中得以体现。对上述金融消费权益保护工作突出的先进单位进行表彰，树立良好的形象。对金融消费权益保护工作落实不够完善或者不达标的市（州）、县域，以及金融机构进行相应的提醒或者限制某方面的业务，在业务达标后可以恢复等监督措施。

3. 强化金融消费维权意识

金融消费者教育是金融消费权益保护的重要一环，借助媒体力量，多渠道、多角度向金融消费者普及金融相关的法律知识，针对不同的消费者开展差异化的宣传策略，着重加强落后地区金融消费权益保护知识宣传，引导并培育广大金融消费者形成金融风险的防范意识和自身合法权益的保护意识。

法制建设是金融消费权益保护环境评估的基础，相关法律法规的设立有助于对金融机构以及监管机构形成有力的约束，营造法制氛围。通过建立激励约束机制，以评促建，加强行业间自律，为开展金融消费权益保护工作保驾护航。在此基础上，加大对金融消费者的宣传教育力度，最终达到消费者自发的保护自身消费权益的目的。

参考文献：

[1] 世界银行．金融消费者保护的良好经验 [M]．中国金融出版社，2013.
[2] 李江鸿．完善我国金融消费者保护制度——以英美立法改革为鉴 [J]．中国金融，2011（19）.
[3] 焦瑾璞．金融消费者保护与金融监管 [J]．征信，2013（9）.
[4] 王华庆．论行为监管与审慎监管的关系 [J]．中国银行业，2014（5）.
[5] 彭建刚．基于系统性金融风险防范的银行业监管制度改革的战略思考 [J]．财经理论与实践，2011（1）.
[6] 赵煊．认知偏误对金融消费者保护的影响 [J]．经济研究，2011（1）.
[7] 刘鹏．金融消费权益保护：危机后行为监管的发展与加强 [J]．上海金融，2014（4）.

（作者单位：湖南大学）

分析师盈利预测修正对股票价格影响的研究

丁方飞　廖　艳　孔令飞

一、引言

证券分析师在资本市场信息传递媒介中扮演着重要的角色[1]，他们能够利用其专业知识和搜集信息的相对优势，对会计信息进行解读、预测，向市场参与者提供合理反映证券内在价值的信息，这就加快了信息向资本市场输入的速度，促使股票价格更快地融合相关信息，从而提高了股票市场的信息效率。基于前人的广泛研究[2-5]，分析师能够通过其盈利预测及荐股意见向市场参与者提供有效信息，从而影响股票价格。

根据有效市场理论，任何新信息都应该迅速地反映在股票价格中。然而，盈余公告后股价漂移现象的普遍存在有力挑战了"有效市场"范式。[6]大量研究表明，分析师盈利预测修正也存在着股价漂移现象。如 Chan（1996）[7]、Gleason 和 Lee（2003）[8]以及 Yuan Zhang（2008）[9]研究发现，分析师盈利预测在修正很长一段时间后仍然能对股价产生显著影响，即股价对分析师盈利预测修正存在显著的漂移现象，这表明市场并没有及时吸收分析师盈利预测修正所包含的信息。

相较于发达国家，我国资本市场还很不成熟，证券市场仍处于成长阶段，加之由于缺乏如 I/B/E/S 等系统的分析师盈利预测数据库，目前国内关于分析师盈利预测的研究非常有限，鲜有学者考虑分析师盈利预测修正的信息含量对股票价格的影响。Graham（1999）[10]，Hong 等（2000）[11]等研究学者指出，证券分析师存在明显的"羊群行为"，即证券分析师会模仿同行，从而使其预测趋于一致。在我国，蔡庆丰等（2011）[12]也发现，我国证券分析师的评级调整行为存在着明显的"羊群行为"，这会加剧市场波动性，容易引发市场信息阻塞、定价效率低下，甚至引发资产泡沫。可见，盈利预测信息的质量与数量同样重要，然而国内外许多研究都忽视了"质"方面的信息对股价的影响。本文借鉴 Gleason 和 Lee（2003）[8]的做法，将分析师的盈利预测修正分为"富有信息"和"缺乏信息"的两类修正，从而从"质"的角度对分析师盈利预测进行分析。同时，本文采用浮动窗口期来考察分析师盈利预测修正对股价的影响，这就避免了人为选择窗口期带来的不确定性，从而使研究结论更加可信。

本文的研究可能具有以下几个方面的贡献：（1）从“量”和“质”的角度考察分析师盈利预测修正在不同窗口期对股价的影响，拓宽了分析师盈利预测对股价作用机制的研究范围，是对国内外已有研究的有益补充和发展；（2）在区分了分析师盈利预测修正的信息质量的基础上，本文发现了中国 A 股市场对分析师盈利预测修正的“质”和“量”方面的信息在短期和长期存在不同的反应模式，这能为我国今后如何提高资本市场的效率提供相关经验借鉴。

本文剩余部分结构安排如下：第二部分为分析师盈利预测修正对股价影响的相关文献回顾以及本文研究假设的提出；第三部分为本文的研究设计，包括样本的选取与数据来源、主要变量描述及模型设计、计量问题；第四部分为实证检验及其结果分析和稳健性检验；第五部分为本文的结论。

二、文献回顾和研究假设

关于分析师盈利预测修正①对股价的影响研究主要分为两个流派：第一，分析师盈利预测修正是具有即时价格信息的，即在分析师发布盈利预测消息后，市场会立即对其产生显著的反应；第二，市场对分析师盈利预测修正的即时价格信息反应是不完全的，在分析师盈利预测修正很长一段时间后，股价仍然会对此存在显著反应，即存在股价漂移现象。关于分析师盈利预测修正具有即时价格信息的研究可以追溯至 20 世纪 70 年代。早期研究[13－15]表明，市场对分析师盈利预测修正产生了反应。Elton 等（1981）[16]研究发现，分析师盈利预测修正所包含的信息比盈余公告所包含的信息对股价更具有价值相关性。上述研究均表明，分析师盈利预测修正向市场传达了新的信息。

Givoly and Lakonishok（1980）[17]采用小样本进行研究，最先发现并报告了分析师盈利预测修正存在股价漂移现象。Stickel（1991）[18]以分析师盈利预测为样本进行研究，发现分析师一致盈利预测向上修正的公司在接下来的 3 到 12 个月的异常收益要高于那些一致盈利预测向下修正的公司。Womack（1996）[19]，朱红军、何贤杰等（2008）[20]研究发现，投资者在短窗口期内对分析师盈利预测修正的反应是不完全的，即市场对分析师盈利预测修正的反应存在漂移现象。

与成熟的西方股票市场不同，我国资本市场发展较晚，市场的投机气氛浓厚，且机构投资者存在着操纵市场的行为。[21]同时我国资本市场投资者以个人投资者为主，根据中国证券业协会发布的《中国证券业发展报告（2013）》，我国 99.6% 的投资者账户为个人投资者，仅有 0.4% 为机构投资者账户。而个人投资者相较于机构投资者更不理性，“羊群行为”非常明显，其做出交易决策主要是追随其他成功的个人投资者或者机构投资者[22]，所以投资者可能不会在分析师盈利预测修正公告后立即关注分析师盈利预测修正的信息。另外，分析师盈利预测修正属于对企业长期经营业绩的预测，投资者在短期内可能并不关

① 基于前人的研究绝大部分以分析师盈利预测修正“量”为研究对象，本文中如没有特殊说明，分析师盈利预测修正即为分析师盈利预测修正的“量”。

注与企业“基本面”信息有关的盈利预测修正[23]，这使得分析师盈利预测修正对股价的影响可能存在一定的时滞性。

基于上述分析，我们提出假设1：在短期内，分析师盈利预测修正并不能对股价产生显著影响，但随着时间的延长，分析师盈利预测修正对股价的作用将逐渐显现。

分析师盈利预测修正通常是根据分析师前一次盈利预测和最近的一致盈利预测来进行的。有些分析师进行盈利预测修正是在前一次盈利预测基础上通过收集详细的信息而分析出来的，这种盈利预测修正能够向市场传递新的信息；而有些分析师出于节约成本或者规避风险等因素的考虑，会模仿其他分析师的盈利预测行为，从而使自己修正后的盈利预测与一致盈利预测趋近，即所谓的“羊群效应”，这种盈利预测修正仅仅是复制了同行的信息，故并不能向市场传达更多新的信息。Stickel（1990）[24]研究表明，出于模仿目的而进行的盈利预测修正所包含的信息量要小于基于信息收集的盈利预测修正。Hong 等（2000）[25]的研究也发现，分析师如果放弃私人信息而模仿其他分析师的盈利预测时，会披露有偏差的信息。

目前许多研究都表明，众多国家的股票市场都对分析师盈利预测修正存在显著的股价漂移现象，但都没有深入研究产生这种现象的原因。然而，由于股价漂移现象是对“有效市场”范式的一个重大挑战，一直以来，都是理论界和实务界关注的热点问题。尤其是针对盈余公告后的股价漂移现象，各国学者也已从证明这种现象的存在性发展到深入解释盈余公告后股价漂移现象的产生和持续性的原因[26-29]。如于李胜、王艳艳（2006）[30]从信息不确定性的角度出发，对盈余公告后股价漂移现象的存在性和持续性问题进行了研究，得出结论：信息质量是盈余公告后股价漂移现象产生和持续的重要原因之一，在盈余公告后，信息质量差的投资组合平均累计超额回报大于信息质量好的投资组合。但随着时间的推移，信息质量差的投资组合的超额回报下降幅度较大，会在短时间内恢复到正常收益水平，而信息质量好的股票的超额回报下降较少，能持续较长时间。同理，我们认为分析师盈利预测修正的信息质量也是造成分析师盈利预测修正后股价漂移现象的主要原因之一。相对于信息质量较差的分析师盈利预测修正来说，信息质量好的分析师盈利预测修正有较少的信息不确定性，投资者在解读信息质量好的分析师盈利预测修正时会发现其所包含的信息更加可靠，因此他们对股价的预期也会与分析师所做的盈利预测趋同，从而使得超额回报的下降幅度较小，即股价漂移现象将更加明显。

基于上述分析，我们提出假设2：相较于缺乏信息的盈利预测修正，富有信息的盈利预测修正对股价的作用更加明显，且存在更为明显的股价漂移现象。

三、研究设计

（一）样本的选取与数据来源

本文以2006—2013年沪、深A股上市公司为研究对象，并按照如下标准对各样本数据进行处理：（1）剔除金融、保险类公司及研究期间被PT、ST的公司；（2）由于本文研究涉及盈利预测修正的计算，所以剔除同一分析师对同一家公司只有一次盈利预测的记录，并且为了保证预测信息的有效性，剔除当前盈利预测和上一次盈利预测间隔超过 1 年的记录[31]；（3）剔除分析师姓名、股价、日收益率、实际每股收益、公司总资产、机构投资者持股比例等控制变量信息缺失的记录；（4）为了消除公司特殊事件，例如：IPO、配股、增发、股利分配、报表发布等对股价的影响，本文剔除事件窗口期内有上述事项发生的记录；（5）为了避免异常值对回归结果的干扰，本文对所有连续变量在 1% 以下和 99% 以上的极值进行了 Winsorize 缩尾处理。经过上述步骤的筛选后，最终得到 69816 个盈利预测样本，其中涉及 1980 支股票，4287 名分析师。本文的数据均来自国泰安（CSMAR）数据库。模型统计检验采用 Stata12. 0 完成。

（二）主要变量描述及模型设计

1. 被解释变量（*CAR*）

对股价的影响可以通过分析师盈利预测修正前后的累计超额收益率（*CAR*）来衡量。本文采用市场调整模型计算累计超额回报率，具体方法如下：

首先，在参数估计窗口利用 CAPM 模型估计出回归参数 α_i 和 β_i：

$$r_{it} = \alpha_i + \beta_i r_{mt} + \varepsilon_{it} \tag{1}$$

其中，r_{it} 表示各样本的日回报率，r_{mt} 表示市场指数对应的日回报率。

然后，将估计出的回归参数 α_i 和 β_i 代入模型（2），计算出日超额回报率：

$$AR_{it} = r_{it} - (\alpha_i + \beta_i r_{mt}) \tag{2}$$

其中，AR_{it} 表示各样本在事件窗口期内的日超额回报率。

最后，选择（-1，1）为事件窗口，由此得到的累计超额回报率为：

$$CAR_i = \sum_{t=-1}^{t=1} AR_{i,t} \tag{3}$$

2. 解释变量

（1）盈利预测修正（Forecast Revisions）。本文选择同一分析师前后两次预测来进行比较，主要是基于前人的研究[15,18]。这些文献表明，在对单个分析师的盈利预测修正进行研究时，作为一个比较基准，分析师自己之前的盈利预测要比公司层面的一致预测要好。同时我们使用本次预测发布日前一天的收盘价对盈利预测修正进行标准化处理。

（2）盈利预测修正的信息含量（Revision Innovation）。

为了区分分析师的盈利预测修正是出于模仿目的的预测修正还是基于他们获取了新的信息而进行的预测修正，本文借鉴 Gleason 和 Lee（2003）[8] 的做法，使用富有信息的盈利预测修正（High - innovation Revisions）和缺乏信息的盈利预测修正（Low - innovation Revision）来对其进行区分，并将富有信息的盈利预测修正定义为当前盈利预测同时高于（或低于）同一分析师对同一公司的上一次盈利预测及所有分析师对该公司的一致盈利预测，而将处于上一次盈利预测和一致盈利预测之间的其他分析师盈利预测修正定义为缺乏信息的盈利预测修正。更进一步，本文将富有信息的盈利预测修正区分为富有信息的向上盈利预测修正（High - up - innovation revisions）和富有信息的向下盈利预测修正（High - down - innovation revisions），其中富有信息的向上盈利预测修正是指当前盈利预测同时高于同一分析师对该公司的上一次盈利预测和所有分析师对该公司的一致盈利预测，富有信息的向下盈利预测修正是指当前盈利预测同时低于同一分析师对该公司的上一次盈利预测和所有分析师对该公司的一致盈利预测。如果分析师盈利预测修正为富有信息的向上盈利预测修正，则 High - up - innovation revisions 取值为 1，否则为 0；如果分析师盈利预测修正为富有信息的向下盈利预测修正，则 High - down - innovation revisions 取值为 1，否则为 0。同时，本文将一致盈利预测定义为截至当前盈利预测修正日前一天，所有分析师对该公司所给出的盈利预测的平均值。

3. 回归模型的构建

为了准确分析盈利预测修正自身特性及相关影响因素在短窗口期（-1，1）对股票价格的影响，本文建立了如下模型（4）：

$$
\begin{aligned}
CAR_{i,t} = {} & \alpha_0 + \alpha_1 FR_{i,t} + \alpha_2 High-up-innovation_{i,t} + \alpha_3 High-down-innovation_{i,t} + \\
& \alpha_4 ES_{i,t} + \alpha_5 Signal_{i,t} + \alpha_6 Star_{i,t-1} + \alpha_7 Team_{i,t} + \alpha_8 Interval_{i,t} + \alpha_9 COV_{i,t} + \\
& \alpha_{10} Lnsize_{i,t-1} + \alpha_{11} Inst_{i,t-1} + \alpha_{12} EM_{i,t} + \alpha_{13} Merge_{i,t} + \alpha_{14} Special_{i,t} + \\
& \sum_{k=2006}^{k=2013} \beta_k year_k + \sum_{r=1}^{r=20} \delta_r industry_r + \varepsilon_{i,t} \qquad (4)
\end{aligned}
$$

其中主要控制变量 *ES* 表示盈利预测误差，Signal 表示盈利预测误差的方向。所谓分析师盈利预测误差，即盈利意外，指分析师所做的盈利预测与实际盈利之间的差异，我们将其定义为实际每股收益（*EPS*）与分析师预测的每股收益之差的绝对值，并使用本次预测发布日前一天的收盘价对其进行标准化处理[32]。由于距离年报发布日越近，分析师得到的相关信息越充分，越有把握进行预测[33]，因此我们预期越接近年报公布日的盈利预测越准确，本文选取距离年报公布日最近的一次预测作为分析师盈利预测，来与实际每股收益进行比较。同时，我们定义当实际每股收益小于分析师盈利预测的每股收益，即盈余被高估时，Signal 取值为 1，否则为 0。Star 表示如果分析师上一年是《新财富》杂志评选出的最佳分析师，则取值为 1，否则为 0。Team 表示做出盈利预测的是否为一组分析师，如果对公司做出的盈利预测是一组分析师共同进行的，则取值为 1，否则为 0。Interval 表示同一分析师针对同一公司前后两次盈利预测的间隔天数。针对同一盈利预测修正事件，如果前后两次盈利预测的间隔时间越长，那么分析师就有越长的时间为盈利预测修正进行准备工作，这样所做出的盈利预测修正应该更加准确，市场反应也应该更好。COV 表示公司分析师覆盖率的高低。本文将在预测当年跟踪样本公司的分析师总数作为跟踪公司的分析师人数。根据 Elgers 等（2001）[34]的研究，如果跟踪样本公司的分析师人数超过所有样本公司的跟踪分析师人数的平均数，那么我们就将该公司定义为分析师覆盖率高的公司，则 *COV* 的取值为 1，否则取值为 0。Lnsize 表示被预测公司的规模，用被预测公司上一年年末总资产的自然对数来衡量。Inst 表示被预测公司上一年年末机构投资者的持股比例。*EM* 表示盈余管理动机。研究表明，资本市场中普遍存在盈余管理现象，并且该现象的存在会影响分析师盈利预测修正对股价的作用机制[3]。借鉴查灿（2013）[35]的做法，当被预测公司表现为巨亏（每股收益小于 -0.2 元）或者处于微利水平（每股收益大于 0 且小于 0.05 元）时，认为该公司有盈余管理动机，该变量取值为 1，否则取值为 0。Merge 和 Special 分别表示公司是否存在并购或违规处理情况。当公司在预测年度存在兼并或收购现象时，Merge 取值为 1，否则为 0；当公司在预测年度存在违规处理情况时，Special 取值为

1，否则为 0。

最后，为了控制年份固定效应和行业固定效应，本文加入了 7 个年份虚拟变量，并按照证监会的 21 个行业（剔除金融、保险类）分类设置了 20 个行业虚拟变量。

4. 计量问题

为了更好地研究分析师盈利预测的特性对股价的影响，本文以单个分析师盈利预测为样本进行分析。但针对同一公司的分析师盈利预测并不独立，各分析师的盈利预测之间存在正相关[24]，因此，使用普通最小二乘法（OLS）进行回归则会夸大模型的显著性。为了克服此问题，本文借鉴 Diggle 等（1994）[36]的做法，使用 Huber/White 方法来进行 OLS 回归。该方法采用最大似然估计法，在构建方差和协方差矩阵时假设针对同一公司的各分析师盈利预测存在共同的因子，从而解决了截面相关性问题。

四、实证检验及其结果分析

（一）描述性统计分析

表 1 和表 2 列示了各变量的描述性统计。从表 1 可知，*CAR* 的平均值为 0. 0050，中位数为 0. 0011，*CAR* 具有正的均值和中位数，表明分析师盈利预测修正在短窗口期内能够为投资者带来正的回报。*FR* 的均值为 - 0. 0061，表明大部分分析师会向下调整盈利预测。这种现象可能是因为，证券分析师在首次做出盈利时通常具有乐观倾向[20,37]，随着时间的推移，分析师将获得更多的有效信息来进行预测并修正，使其预测更接近实际值，所以分析师更多的是向下修正其盈利预测，这与国外成熟市场中分析师的表现是相似的。分析师两次盈利预测间隔的时间（Interval）的平均值为 95. 68 天，最小值为 1 天，最大值为 365 天，说明各分析师两次盈利预测的间隔时间差异较大，且间隔时间普遍较长。

从表 2 可知，Signal 取值为 1 的记录有 50739 条，而取值为 0 的记录只有 19077 条，这预示着分析师盈利预测的每股收益要普遍高于企业的实际每股收益，这就进一步说明分析师在进行盈利预测时具有乐观倾向。富有信息的向上盈利预测修正（High - up - innovation）只有 7638 条，而富有信息的向下盈利预测修正（High - down - innovation）有 26872 条，明显高于前者，这说明大部分分析师在获取了更多的有效信息后为了使其盈利预测更接近企业的实际盈余，会向下调整之前的盈利预测。*COV* 取值为 1 的样本量有 53029 个，即在被预测的公司中绝大部分是高分析师覆盖率的，这说明随着我国证券市场的发展，分析师行业也在逐步兴起，参与盈利预测的分析师也越来越多。

表1 各变量描述性统计1

变量	样本量	均值	中位数	标准差	最小值	最大值
CAR	69816	0.0050	0.0011	0.0503	-1.1174	0.6101
FR	69816	-0.0061	0.0000	0.0304	-2.7644	2.8739
ES	69816	0.0184	0.0093	0.0235	0.0000	0.1233
Interval	69816	95.6800	73.0000	78.4596	1.0000	365.0000
Lnsize	69816	22.4011	22.1516	1.4644	19.8671	26.6082
Inst	69816	0.0958	0.0729	0.1020	0.0000	0.6057

表2 各变量描述性统计2

变量	样本量	取值为1	取值为0
High-up-innovation	69816	7638	62178
High-down-innovation	69816	26872	42944
Signal	69816	50739	19077
Star	69816	6474	63342
Team	69816	19527	50289
COV	69816	53029	16787
EM	69816	3729	66087
Merge	69816	50188	19628
Special	69816	5012	64804

（二）相关性分析

表3列出了各变量之间的Pearson相关系数。从表中可以看出CAR与FR的相关系数为正，与ES的相关系数为负，且都在1%统计水平上显著，说明分析师盈利预测修正和盈利预测误差都能对股价产生显著影响。CAR与Signal在1%统计水平上显著负相关，说明盈利预测误差的方向能对股价产生负向影响，与预期相符。同时，如预期设想，CAR与High-up-innovation在1%统计水平上显著正相关，与High-down-innovation在1%统计水平上显著负相关，即富有信息的向上盈利预测修正能够对股价产生正向影响，而富有信息的向下盈利预测修正会对股价产生负向影响。此外，富有信息的向下盈利预测修正（High-down-innovation）与分析师盈利预测修正（FR）和富有信息的向上盈利预测修正（High-up-innovation）在1%统计水平上具有较高的负相关性（相关系数分别为-0.3629、-0.2772），分析师盈利预测修正（FR）与富有信息的向上盈利预测修正（High-up-innovation）在1%统计水平上具有较高的正相关性（相关系数为0.2014），而盈利预测误差（ES）与盈利预测误差方向（Signal）在1%统计水平上具有较高的正相关性（相关系数为0.2734）。但总体而言，本文研究的各变量之间的相关系数都没有超过0.4，因此，各变量之间不存在存在多重共线性。

表 3　各变量的相关性分析

	CAR	FR	ES	Signal	High - up - Innovation	High - down - Innovation	Star	Team	Interval	COV	Lnsize	Inst	EM	Merge	Special
CAR	1	0.0434 ***	-0.0164 ***	-0.0368 ***	0.0650 ***	-0.0919 ***	0.0024	0.0164 ***	-0.0105 ***	0.0119 ***	-0.0043	-0.0019	-0.0133 ***	0.0109 ***	0.0026
FR		1	-0.0724 ***	-0.0243 ***	0.2014 ***	-0.3629 ***	-0.0088 **	0.0210 ***	-0.1744 ***	0.0244 ***	-0.0298 ***	0.0090 **	-0.0755 ***	-0.0060	0.0011
ES			1	0.2734 ***	0.0566 ***	0.0185 ***	-0.0030	-0.0182 ***	-0.0047	-0.0703 ***	0.1112 ***	-0.0251 ***	0.3763 ***	0.0272 ***	0.0001
Signal				1	-0.0047	0.0220 ***	-0.0048	-0.0179 ***	-0.0025	-0.0613 ***	-0.0773 ***	-0.0082 **	0.1139 ***	0.0053	0.0105 ***
High - up - innovation					1	-0.2772 ***	-0.0018	-0.0074 **	0.0575 ***	0.0331 ***	0.0308 ***	0.0080 **	-0.0251 ***	-0.0130 ***	-0.0225 ***
High - down - innovation						1	0.0185 ***	-0.0489 ***	0.3206 ***	-0.0438 ***	-0.0372 ***	-0.0159 ***	0.0606 ***	-0.0049	0.0195 ***
Star							1	-0.0190 ***	0.0176 ***	0.0156 ***	0.0202 ***	0.0144 ***	-0.0013	-0.0037	0.0004
Team								1	-0.0981 ***	0.0197 ***	0.0421 ***	0.0034	-0.0143 ***	-0.0004	0.0060
Interval									1	-0.0145 ***	0.0409 ***	0.0175 ***	0.0143 ***	-0.0217 ***	-0.0108 ***
COV										1	0.2214 ***	0.1231 ***	-0.1351 ***	-0.0044	-0.0231 ***
Lnsize											1	-0.0214 ***	0.0426 ***	0.0285 ***	-0.0636 ***
Inst												1	-0.0485 ***	0.0336 ***	-0.0401 ***
EM													1	-0.0191 ***	0.0287 ***
Merge														1	0.0247 ***
Special															1

注：***、**、*分别表示在 1%、5%和 10%的统计水平上显著双尾检验(下表同)。样本量为 69816

（三）实证结果分析

1. 分析师盈利预测修正在短窗口期对股价的影响

表4列示了分析师盈利预测修正在短窗口期（-1，1）对股价影响的检验结果。其中模型1仅考虑解释变量分析师盈利预测修正（FR）、富有信息的向上盈利预测修正（High-up-innovation）、富有信息的向下盈利预测修正（High-down-innovation）和主要控制变量盈利预测误差（ES）、盈利预测误差方向（Signal）对股价的影响；模型2在模型1的基础上加入针对分析师本身特征的控制变量，明星分析师（Star）、是否为一组分析师（Team）以及分析师两次盈利预测的间隔时间（Interval）；模型3在模型2的基础上进一步考虑被预测公司的特性，加入控制变量：跟踪公司的分析师人数（COV）、被预测公司的规模（Lnsize）、机构投资者持股比例（Inst）、公司的盈余管理动机（EM）、公司是否发生兼并或收购事项（Merge）以及公司是否存在违规处理情况（Special）。另外，如前所述，为了克服针对同一公司各预测之间的正相关性问题，本文采用Huber/White方法对各模型进行OLS回归。

从表4的结果可知，解释变量中分析师盈利预测修正（FR）在3个模型中的系数都不显著，说明分析师盈利预测修正（FR）在短窗口期内并不能对股价产生显著影响。富有信息的盈利预测修正在3个模型中的回归系数都是显著的，说明相较于缺乏信息的盈利预测修正，富有信息的盈利预测修正能对股价产生更为显著的影响。同时，富有信息的向上盈利预测修正（High-up-innovation）的回归系数在3个模型中都显著为正，富有信息的向下盈利预测修正（High-down-innovation）在3个模型中的回归系数都显著为负，说明富有信息的盈利预测修正能使股价产生同向变动，即当本次盈利预测高于前次盈利预测时，股价会上涨，反之亦然。如前文所述，FR可视为分析师盈利预测修正"量"方面的信息，High-up-innovation、High-down-innovation可视为分析师盈利预测修正"质"方面的信息。从上述分析中我们可以得出结论：在（-1，1）短窗口期中，只有分析师盈利预测修正"质"方面的信息能对股价产生影响，而"量"方面的作用并不明显。并且，我们可以看出High-down-innovation的Huber/White t检验值为-18.53（模型3），且在3个模型中t检验值都是最高的，说明在"质"方面的信息中，富有信息的向卜盈利预测修正（High-down-innovation）对股价的影响最为强烈。而主要的控制变量分析师盈利预测误差（ES）在3个模型中的系数都不显著，说明同分析师盈利预测修正（FR）一样，盈利预测误差（ES）在短窗口期内也不能对股价产生显著影响。而盈利预测误差的方向（Signal）在3个模型中的回归系数都显著为负，说明盈利预测误差的方向在短窗口期内能对股价产生显著的负向影响，这与本文的预期相符。

在模型2和模型3中，Team和Interval的系数显著为正，表明随着人力的增加，分析师两次盈利预测的间隔时间越长，其所做出的盈利预测修正对股价产生的影响就越正面，这与本文的预期相符。而在模型3中，公司规模变量（Lnsize）和机构投资者持股比例（Inst）变量的系数显著为负，说明机构投资者持股比例越少，分析师盈利预测的市场反应越好，这很可能是由于当被预测公司规模较小、机构投资者持股比例较少时，其信息的披露程度较低，当分析师对其进行盈利预测修正时，市场在短期内会对这些盈利预测信息做出积极的反应。COV和Merger的系数在模型3中显著为正，说明跟踪公司的分析师人数越多或被预测公司最近发生兼并或收购情况时，分析师的盈利预测对股价的影响越大。而

Star、EM、Special 的系数虽然不显著，但是其对股价的影响方向符合本文预期。

从对表 4 的分析得出结论：在（-1，1）的短窗口期中，分析师盈利预测修正“量”方面的作用并不明显，而“质”方面却能对股价产生显著影响。为了进一步分析盈利预测修正后的股价反应，我们进一步拓展事件窗口期，研究在较长窗口期下分析师盈利预测修正对股价的影响。

表 4　分析师盈利预测修正在短窗口期对股价的影响

变量	模型 1 CAR（-1，1）	模型 2 CAR（-1，1）	模型 3 CAR（-1，1）
FR	0.0066 (0.87)	0.0088 (1.10)	0.0088 (1.10)
High - up - innovation	0.0072*** (10.50)	0.0068*** (9.75)	0.0068*** (9.75)
High - down innovation	-0.0079*** (-18.34)	-0.0084*** (-18.55)	-0.0084*** (-18.53)
ES	-0.0117 (-1.32)	-0.0102 (-1.15)	-0.0110 (-1.15)
Signal	-0.0036*** (-8.02)	-0.0036*** (-7.98)	-0.0037*** (-7.95)
Star		0.0007 (1.11)	0.0007 (1.16)
Team		0.0015*** (3.38)	0.0015*** (3.42)
Interval		0.0000*** (3.97)	0.0000*** (4.17)
COV			0.0013** (2.53)
Lnsize			-0.0003* (-1.93)
Inst			-0.0038** (-2.02)
EM			0.0008 (0.81)
Merge			0.0012*** (2.99)
Special			0.0007 (0.85)
constant	0.0169*** (5.86)	0.0157*** (5.44)	0.0211*** (4.76)
Sample size	69816	69816	69816
Adj - R^2	0.0138	0.0142	0.0145

注：① 为了克服针对同一公司各预测之间的正相关性问题，采用 Huber/White 方法进行 OLS 回归，其中括号中为 Huber/White 检验 t 值；② 在进行回归时考虑了年份固定效应和行业固定效应，由于篇幅有限，表中未列出其系数（下表同）

2. 延长窗口期后，分析师盈利预测修正对股价的影响

从表5的结果可以看出，分析师盈利预测修正“量”方面的信息（FR）在盈利预测修正后的第8个交易日开始对股价产生显著的负向影响，且随着时间的推移逐渐加强。主要控制变量盈利预测误差（ES）对股价的影响要早于分析师盈利预测修正，大约在盈利预测修正后的第5个交易日开始对股价产生显著的正向影响，且随着时间的推移逐渐加强。这表明随着时间的推移，投资者开始关注分析师盈利预测修正和盈利预测误差“量”方面的信息，这就验证了我们前文的假设1。

同时，与在短窗口期（-1，1）的结论类似，分析师盈利预测修正“质”方面的信息仍然对股价产生了显著的影响，且在各个窗口期中富有信息的向下盈利预测修正（High-down-innovation）的Huber/White t检验值都是最高的，说明在“质”方面的信息中，富有信息的向下盈利预测修正（High-down-innovation）对股价的影响最为强烈。这表明，当分析师盈利预测修正行为具有信息含量时，市场会产生强烈的反应，且市场对于坏消息的反应比对好消息的反应更加敏感。这主要是由于分析师更愿意为被预测公司做出比较有利的盈利预测[38,39]，同时投资者也乐于接受这样的好消息，故当好消息披露时，市场不会产生太剧烈的波动；而公司一般都有隐瞒坏消息的动机，当分析师向下修正被预测公司的盈利时，表明该分析师一定是获取了极为有效的信息并经过缜密的分析后得出的结果，从而对股价产生了更强烈的影响。

表5 不同事件窗口期下分析师盈利预测修正对股价的影响1

CAR	FR	High-up-innovation	High-down-innovation	ES	Signal
(-1, 1)	0.0088 (1.10)	0.0068*** (9.75)	-0.0084*** (-18.53)	-0.0110 (-1.15)	-0.0037*** (-7.95)
(-1, 2)	0.0039 (0.41)	0.0071*** (8.96)	-0.0090*** (-17.54)	-0.0140 (-1.29)	-0.0043*** (-8.29)
(-1, 3)	0.0007 (0.07)	0.0065*** (7.66)	-0.0091*** (-16.4)	-0.0018 (-0.16)	-0.0046*** (-8.18)
(-1, 4)	0.0002 (0.02)	0.0059*** (6.57)	-0.0088*** (-14.99)	0.0058 (0.46)	-0.0045*** (-7.41)
(-1, 5)	-0.0031 (-0.34)	0.0064*** (6.80)	-0.0087*** (-14.24)	0.0242* (1.85)	-0.0044*** (-6.78)
(-1, 6)	-0.0069 (-0.75)	0.0071*** (7.23)	-0.0080*** (-12.56)	0.0336** (2.44)	-0.0044*** (-6.50)
(-1, 7)	-0.0123 (-1.39)	0.0067*** (6.62)	-0.0079*** (-12.00)	0.0412*** (2.90)	-0.0043*** (-6.03)
(-1, 8)	-0.0181* (-1.96)	0.0057*** (5.52)	-0.0079*** (-11.57)	0.0555*** (3.79)	-0.0042*** (-5.53)
(-1, 9)	-0.0194** (-2.06)	0.0055*** (5.11)	-0.0076*** (-10.77)	0.0636*** (4.21)	-0.0049*** (-6.11)
(-1, 10)	-0.0219** (-2.41)	0.0049*** (4.44)	-0.0077*** (-10.51)	0.0718*** (4.54)	-0.0044*** (-5.34)

注：表中显示的各主要变量的系数是在考虑了所有控制变量的情况对模型采用Huber/White方法进行OLS回归的结果，各控制变量的回归结果与在短窗口期（-1，1）类似，故为了简便不再在此列示（下表同）

为了更进一步验证分析师盈利预测修正在未来更长的时期是否对股价产生显著影响，本文继续将事件窗口期进行扩展。从表 6 可以看出，随着窗口期的延长，干扰因素增多，各变量对股价的影响并不稳定。但我们可以看出，在更长的窗口期盈利预测修正“量”方面的信息和盈利预测误差对股价的影响越来越显著（从各变量的 Huber/White t 检验值可以看出），分析师盈利预测修正“质”方面的信息随着窗口期的进一步延长，其对股价的影响逐渐减弱，尤其是富有信息的向上盈利预测修正，在窗口期（-1，20）之后对股价的影响就不再显著。

表 6 不同事件窗口期下分析师盈利预测修正对股价的影响 2

CAR	FR	High-up-innovation	High-down-innovation	ES	Signal
(-1，20)	-0.0545***	0.0027*	-0.0049***	0.1141***	-0.0069***
	(-4.32)	(1.83)	(-5.05)	(5.58)	(-5.73)
(-1，30)	-0.0890***	0.0006	-0.0047***	0.1698***	-0.0101***
	(-6.14)	(0.34)	(-4.12)	(7.22)	(-6.67)
(-1，40)	-0.0939***	-0.0017	-0.0034***	0.1783***	-0.0137***
	(-5.58)	(-0.92)	(-2.70)	(7.00)	(-8.31)
(-1，50)	-0.1020***	-0.0018	-0.0029**	0.1971***	-0.0158***
	(-4.64)	(-0.89)	(-2.16)	(7.21)	(-9.22)
(-1，60)	-0.1268***	0.0012	-0.0024*	0.2188***	-0.0186***
	(-5.19)	(0.56)	(-1.66)	(7.49)	(-10.37)

3. 分析师盈利预测修正在股价漂移窗口期对股价的影响

从上述分析可以看出，在分析师盈利预测修正很长一段时间后分析师盈利预测修正的信息仍然对股价存在显著影响，表明市场并没有及时吸收分析师盈利预测修正所包含的信息，即股价对分析师盈利预测修正的反应存在漂移现象。为了进一步研究该现象，本文选取盈利预测修正日后 60 个交易日作为股价漂移窗口[40]来对模型（4）进行回归，观察股价对分析师盈利预测修正的反应。

从表 7 的结果可以看出，在股价漂移窗口分析师盈利预测修正在“量”和“质”方面都对股价产生了显著影响，也就进一步验证了之前的结论，即股价对分析师盈利预测修正存在漂移现象，且相较于缺乏信息的盈利预测修正，富有信息的盈利预测修正的股价漂移现象更为明显，这也与我们的假设 2 一致。

表 7　分析师盈利预测修正在股价漂移窗口对股价的影响

变量	CAR（2，61）
FR	-0.1304*** （-4.63）
High - up - innovation	0.0058*** （4.08）
High - down innovation	-0.0054*** （-2.60）
ES	0.2258*** （7.99）
Signal	-0.0148*** （-8.73）
Star	-0.0010 （-0.55）
Team	0.0023 （1.52）
Interval	0.0000 （1.34）
COV	0.0049*** （2.98）
Lnsize	0.0030*** （4.64）
Inst	0.0132** （2.37）
EM	-0.0101*** （-3.57）
Merge	0.0014 （0.96）
Special	-0.0014 （-0.63）
Constant	-0.1188*** （-6.69）
Sample size	69758
Adj - R^2	0.0080

（四）稳健性检验

1. 一致盈利预测替代变量的稳健性检验

本文重新定义一致盈利预测为截至当前盈利预测修正日前一天，所有分析师对该公司所给出的盈利预测的中位数，然后在各个窗口期对模型（4）进行回归。从回归结果发现，分析师盈利预测修正在“量”和“质”方面的信息及主要控制变量分析师盈利预测误差对股价的影响与前文的研究结论基本一致。

2. 在股价漂移窗口模型的稳健性检验

在股价漂移窗口会存在许多其他干扰因素，而在事件窗口期（-1，1）的累计超额回报（Ret）中所包含得信息能够涵盖大部分不可控或无法观察的因素[9]，因此本文将在事件窗口期（-1，1）3 天的累计超额回报纳入模型（4），构建新模型如下：

$$
\begin{aligned}
CAR_{i,t} = {} & \alpha_0 + \alpha_1 Ret_{-1,1} + \alpha_2 FR_{i,t} + \alpha_3 High - up - innovation_{i,t} + \\
& \alpha_4 High - down - innovation_{i,t} + \alpha_5 ES_{i,t} + \alpha_6 Signal_{i,t} + \alpha_7 Star_{i,t-1} + \alpha_8 Team_{i,t} + \\
& \alpha_9 Interval_{i,t} + \alpha_{10} COV_{i,t} + \alpha_{11} Lnsize_{i,t-1} + \alpha_{12} Inst_{i,t-1} + \alpha_{13} EM_{i,t} + \alpha_{14} Merge_{i,t} + \\
& \alpha_{15} Special_{i,t} + \sum_{k=2006}^{k=2013} \beta_k year_k + \sum_{r=1}^{r=20} \delta_r industry_r + \varepsilon_{i,t}
\end{aligned}
\tag{5}
$$

这里，各变量的定义同前。并且，为了控制异常值对回归结果的干扰，在对模型（5）采用 Huber/White 方法进行 OLS 回归前，对 Ret 变量在 1% 以下和 99% 以上的极值进行了 Winsorize 缩尾处理。其回归结果与前文所得结论基本保持一致，且 Ret 的回归系数显著为负，表明在分析师盈利预测修正的事件窗口期中 3 天的累计超额回报中所包含的信息与股价漂移存在显著的负相关性。

基于上述两个方面的稳健性检验，与前文的研究结论基本相符，从而进一步支持了本文的结论。

五、结论

本文基于国泰安（CSMAR）数据库中 2006—2013 年沪、深 A 股所有单个分析师盈利预测数据，在考虑了分析师自身特征以及被预测公司特性后建立实证模型，并采用 Huber/White 方法进行 OLS 回归；同时本文还考虑到证券分析师的“羊群行为”，将分析师的盈利预测修正区分为富有信息的盈利预测修正和缺乏信息的盈利预测修正，从“量”和“质”的角度对分析师盈利预测修正在不同窗口期对股价的影响进行了比较全面的分析。本文不仅拓宽了分析师盈利预测对股价作用机制的研究范围，为已有文献提供新兴市场的研究视角，还为我国今后如何提高资本市场效率提供了相关经验借鉴。

综合本文的结果可以看出，投资者对分析师盈利预测修正“量”方面的信息存在时滞性，在分析师盈利预测修正 8 日后，分析师盈利预测修正“量”方面的信息对股价的影响才不断显现；而“质”方面的信息在各个窗口期都能对股价产生显著影响。同时，盈利预测修正后存在着股价漂移现象，并且富有信息的盈利预测修正的股价漂移现象更为明显。

以上研究结论更进一步证明了分析师盈利预测修正中包含大量有用信息，但股票价格并没有对此进行完全、及时地反映，这就使得投资者利用分析师盈利预测数据来构建投资组合获取套利机会，取得超额收益成为可能；而盈利预测修正后股票独特的反应方式也反映了我国股票市场的一些独有特点，如市场不够关注盈利预测信息，且机构投资者存在着操纵市场的行为；此外，市场对于富有信息含量的好消息和坏消息的不同反应程度也说明了好消息与坏消息之间的不对称性，公司更倾向于隐藏坏消息，从而使坏消息的发布对市场产生更为剧烈的影响。另外，证券分析师的行为存在着明显的“羊群效应”，在考虑该因素后，市场能够对富有信息的盈利预测修正和缺乏信息的盈利预测修正进行区别定价。鉴于分析师在市场定价中发挥的重要作用，我国相关监管机构应该积极探索如何更好地规范和加强证券分析师队伍的建设，促进其稳步、健康发展。

参考文献：

[1] Guan Y., Lu H., and Wong M. H. F. Conflict - of - Interest Reforms and Investment Bank Analysts´Research Biases [J]. Journal of Accounting, Auditing & Finance, 2012 (27): 443—470.

[2] Vasiliki E. Athanasakou, Norman C. Strong and Martin Walker. Earnings Management or Forecast Guidance to Meet Analyst Expectations? [J]. Accounting and Business Research, 2009, 39 (1): 3—35.

[3] Brav A. And R. Lehavy. An Empirical Analysts of Analysts´Target Prices : Short - term Informativeness and Long - term Dynamics [J]. The Journal of Finance, 2003, 58 (5): 1993—1968.

[4] Francis J. and L. Soffer. The Relative Informativeness of Analysts´Stock Recommendations and Earnings Forecast Revisions [J]. Journal of Accounting Research, 1997, 35 (2): 193—211.

[5] Scott E. Stickel. The Anatomy of The Performance of Buy and Sell Recommendations [J]. Financial Analysts Journal, 1995, 51 (5): 25—39.

[6] 谭伟强. 盈余公告后价格漂移：四十年研究回顾 [J]. 金融管理研究，2013 (1): 94—111.

[7] Chan L K, N Jegadeesh and J Lakonishok. Momentum Strategies [J]. Journal of Finance, 1996 (51): 1681—1731.

[8] Cristi A. Gleason, and Charles M. C. Lee. Analyst Forecast Revisions and Market Price Discovery [J]. The Accounting Review, 2003, 78 (1): 193—225.

[9] Yuan Zhang. Analyst Responsiveness, and the Post - earnings - announcement Drift [J]. Journal of Accounting and Economics, 2008 (46): 201—215.

[10] Graham J R. Herding Among Investment Newsletters: Theory and Evidence [J]. Journal of Finance, 1999, 65 (1): 237—268.

[11] Hong H, J. D. Kubik, and A. Solomon. Security Analysts´Career Concerns and Herding of Earnings Forecasts [J]. Rand Journal of Economics, 2000, 31 (1): 124—144.

[12] 蔡庆丰，杨侃，林剑波. 羊群行为的叠加及市场影响——基于证券分析师与机构投资者行为的实证研究 [J]. 中国工业经济，2011 (12): 111—121.

[13] Griffin P. Competitive Information in the Stock Market: An Empirical Study of Earnings,

Dividends, and Analysts´Forecast [J]. Journal of Finance, 1976 (31): 631—650.
[14] Givoly D., and J. Lakonishok. The Information Content of Financial Analysts´Forecasts of Earnings [J]. Journal of Accounting and Economics, 1979 (1): 165—185.
[15] Imhoff E., and G. Lobo. Information content of Analysts´Composite Forecast Revision [J]. Journal of Accounting Research, 1984 (22): 541—554.
[16] Elton E. J., M. J. Gruber, and M. Gultekin. Expectations and Share Prices [J]. Management Scinece, 1981 (27): 975—987.
[17] Givoly D., and J. Lakonishok. Financial Ananlysts´Forecast of Earnings: The Value to Investors [J]. Journal of Banking and Finance, 1980 (4): 221—233.
[18] Stickel S. E. Common Stock Returns Surrounding Earnings Forecast Revisions: More Puzzling Evidence [J]. The Accounting Review, 1991 (66): 402—416.
[19] Womack K. Do Brokerage Analysts´Recommendations Have Investment Value? [J]. Journal of Finance, 1996 (51): 137—167.
[20] 朱红军，何贤杰，陶林. 信息源、信息搜寻与市场吸收效率——基于证券分析师盈利预测修正的经验证据 [J]. 财经研究，2008，34 (5): 63—74.
[21] 齐伟山，欧阳令南. 机构投资者与盈余公告后的股价行为——基于中国证券市场的经验分析 [J]. 管理科学，2006，19 (1): 85—90.
[22] 杨洪瑞，程素婷，万翠英. 中国股票市场中机构投资者与个人投资者的投资行为分析 [J]. 石家庄铁路职业技术学院学报，2006，5 (4): 89—93.
[23] 黄宇虹. 证券分析师预测与价格发现 [J]. 投资研究，2013 (32): 40—60.
[24] Stickel S. E. Predicting Individual Analyst Earnings Forecasts [J]. Journal of Accounting Research, 1990 (28): 409—417.
[25] Hong H., T. Lim, and J. Stein. Bad News Travels Slowly: Size, Aanlyst Coverage, and The Profitability of Momentum Strategies [J]. Journal of Finance, 2000 (55): 265—295.
[26] Bhushan R. An Informational Efficiency Perspective on the Post - Earnings - Announcement Drift [J]. Journal of Accounting and Economics, 1994 (18): 45—65.
[27] 薛爽. 预亏公告的信息含量 [J]. 中国会计与财务研究，2001，3 (3): 117—176.
[28] Richard R. Mendenhall. Arbitrage Risk and Post - Earnings - Announcement Drift [J]. The Journal of Business, 2004, 77 (4): 875—894.
[29] 孔东民. 有限套利与盈余公告后价格漂移 [J]. 中国管理科学，2008，16 (6): 16—23.
[30] 于李胜，王艳艳. 信息不确定性与盈余公告后漂移现象 (PEAD) [J]. 管理世界，2006 (3): 40—56.
[31] Ljungqvist A., C. J. Malloy, and F. C. Marston. Rewriting History [J]. Journal of Finance, 2009, 64 (4): 1935—1960.
[32] William Beaver, Bradford Cornell, Wayne R. Landsman, and Stephen R. Stubben. The Impact of Analysts´Forecast Errors and Forecast Revisions on Stock Prices [J]. Journal of Business Finance, 2008, 35 (5): 709—740.

[33] 白晓宇，钟震，宋常. 分析师盈利预测之于股价的影响研究 [J]. 审计研究，2007 (1)：91—96.

[34] Elgers P. T., M. H. Lo, and R. J. Pfeiffer Jr. Delayed Security Price Adjustments to Financial Analysts' Forecasts of Annual Earnings [J]. The Accounting Review, 2001 (76)：613—632.

[35] 查灿. 我国证券分析师盈利预测准确性的影响因素研究 [D]. 暨南大学，2013.

[36] Diggle P. J., K. Y. Liang, and S. L. Zeger. Analysis of Longitudinal Data [M]. Oxford U. K.：Clarendon Press. 1994.

[37] Fried D. and D. Givoly. Financial Analysts' Forecasts of Earnings：A Better Surrogate for Market Expectations [J]. Journal of Accounting and Economics, 1982, 4 (2)：85—107.

[38] Hirst E., L. Koonge, and P. Simko. Investor Reactions to Financial Analysts' Research Reports [J]. Journal of Accounting Research, 1995, 33 (2)：335—351.

[39] Francis J. and L. Soffer. The Relative Informativeness of Analysts' Stock Recommendations and Earnings Forecast Revisions [J]. Journal of Accounting Research, 1997, 35 (2)：193—211.

[40] Bartov E., Radhakrishnan S., and Krinsky L. Investor Sophistication and Patterns in Stock Returns After Earnings Announcements [J]. The Accounting Review, 2000 (75)：43—63.

（作者单位：湖南大学）

关于改进新媒体语境下高职院校学生信息素养教育的思考

马艳波

近年来，随着社会经济及科学技术的高速发展，现代信息每年都呈现出一种指数速度的增长趋势，这就在很大程度上造成信息的量与质均呈现出一种混乱状态。对于高职学生来说，他们正处于人生的黄金年龄，他们有很强的求知欲以及好奇心理，每天都要接触大量信息。从广袤无序的信息海洋里面分辨出科学实用的信息，同时对其进行必要的分析以及整理，使其成为系统有序的信息，已经成为高职学生的一大难题。然而，现阶段，高职学生在搜集信息、分析整理信息、传输信息及利用信息等各个环节中，能力严重不足，严重制约着他们对信息的有效利用。鉴于这个原因，笔者对新媒体语境下高职院校学生信息素养教育展开研究，在分析信息素养内涵以及特点的基础上，阐明了高职院校学生信息素养教育的重要意义，然后分析了当前高职院校信息素养教育过程中存在的主要问题，并提出针对性的改进对策，为高职院校以及高等院校学生信息素养教育提供借鉴，使高职院校信息教育持续健康发展。

一、改进新媒体语境下高职院校学生信息素养教育的重要意义

（一）高职学生信息素养的主要特点分析

现阶段，高职在校生大部分是二十世纪九十年代后出生的，属于新媒体一代，他们是与计算机及互联网的日益推广而一起成长起来的新一代年轻人。

现阶段高职学生的思维非常活跃，对新鲜事物具有较强的接受能力，大多数人能清楚信息的重要作用，他们在信息的需求方面正向着个性化、多样化以及全面性的方向发展。在高职生活学习过程中，主要涉及学习、社会实践、运动、娱乐以及人际交往等诸多方面，各个方面都需要一定的信息。然而，因受到自身素养的制约，他们在信息素养方面存在着许多不足之处，主要表现为以下几个方面的特点：

1. 对信息道德以及法律观念方面认识严重不足

一些高职学生在抵制不良信息、尊重个人隐私以及知识产权保护等方面的观念严重不足。因网络具有很大的开放性，再就是当前网络信息的发布没有严格的规范手段，这就在很大程度上使得网络信息非常混乱，一些不健康的信息不断出现，这就在很大程度上对高

职学生的认知习惯以及行为产生负面影响，因此造成许多学生发布不良信息、窃取别人知识产权等现象时有发生。

2. 信息意识不足

一些高职学生缺乏对信息需求方面的认识，他们对信息的需求非常不足，根本不了解个人需要何种信息，更谈不上怎样去获得信息。他们的求知欲一般只是停留在自己所学专业课程方面，获取课程信息的途径大部分也是通过印刷体文献资料的方式实现，没有充分利用馆藏数字化信息数据，如网络文献资料数据库、电子期刊及电子图书等相关信息资源，日常生活中根本不利用图书馆网络检索的方式针对某研究性课题进行相关信息资料的搜集。

3. 具有相对较低的获取信息能力

目前，高职学校中一些学生在获取以及利用信息方面具有相对较低的能力，虽然许多学生可以运用网络，然而真正能够将网络当做一种关键手段的学生相对较少，根本不能利用其进行信息交流以及获取相关信息，更不用说利用其解决学习、研究、开发过程中面临的难题。一些学生可以通过百度、搜狐及谷歌等搜索引擎对某些信息进行检索，对维普、万方、SPRINGER、NCBI 以及 ISIKnowledge 等诸多学术性数据库却不会熟练使用。还有些学生根本不清楚图书馆馆藏结构以及具体的信息检索手段，不会通过检索工具对信息资料进行获取。

（二）高职学校学生信息素养教育的重要意义

1. 有助于高职学生创新能力的培养

当今社会处于知识经济时代，信息具有非常重要的作用，谁能够在大量的信息中找出有用的信息，谁就能够把握住机遇。对于学生来说，要具备这一洞察力在很大程度上取决于学生的信息素养，取决于学校信息素养教育的效果。学校的高效的信息素养教育，能够使学生的信息素养得到提高，使其具有相对较强的信息收集以及处理能力和水平，使其能够在分析信息的基础上把握住有用的信息，使其能够根据从网络中把握的信息资料，不断开展研究探索，在探索的过程中最终实现不断地创新发展。所以，高职学生信息素养的状况会在很大程度上影响其进取精神以及创新能力。

2. 是培养学生综合竞争力的重要措施

二十一世纪最贵的是人才，现阶段，世界的竞争其实就是人才的竞争。目前，信息素养已发展成评价人才综合能力的一个重要参数，对于今后学生学习以及就业具有非常重要的作用。高职院校作为一种相对较新的办学方式，为社会培养出许多需求型人才。为适应社会发展的需要，高职院系一定要采取科学有效的措施，对学生进行信息素养教育。学生通过培养教育，一方面具备良好的信息素养，能够充分利用及时有效的信息技术以及信息资料开展工作，顺利实现自己的目标。另一方面能够有效提高探索精神以及创新能力，具备一定的竞争优势。

3. 信息素养是高职学校学生终身学习的需要

当今社会，信息素养属于高职学生的一个基本素养。对于高职学生来说，其在校过程中需要学习许多方面的知识，还需要进行一定的社会实践，因此他们均不可能仅仅通过三年的时间就将个人终身需要的知识学完。同时，在现代社会中，知识更新速度很快，知识以及信息已变得具有较强的时效性，学生时代学习的知识很快就会面临过时的困境。因此，通过加强信息素养的培养，高职学生能够积极主动地对知识以及信息进行获取，在学习过程中摆脱时间与空间的束缚，最终在激烈的社会竞争中处于优势地位。

二、目前高职院校学生信息素养教育存在的主要问题

尽管我国在学生信息素养教育方面的相关研究已经有近二十年的时间，也确实取得了一定的进展，但是信息素养教育过程中仍然存在着一些问题，许多高职院校仍然没有把信息素养教育纳入素质教育体系之中，严重阻碍了信息素养教育的持续健康发展。

（一）教学内容、方法、设施严重落后

信息素质教育主要涉及信息道德、信息能力及信息意识等方面教育。我国高职院校当前设置的文献检索课主要侧重于信息意识及信息能力方面的教育，尤其是在计算机检索方面的课程非常科学合理，这在很大程度上是和目前普及推广运用计算机开展信息检索的思想是相一致的。但是，在信息道德教育方面严重不足，有关网络道德、信息法律法规以及知识产权等方面的知识涉及相对较少。同时，因受到传统教育教学观念的限制，一些教师主要还是运用传统的单一的教学方法进行授课，并未通过信息技术途径实施教学工作，也未与高职学生现实特点进行结合，没有开展针对性较强的教学。当前的教材在学时分配方面不够合理，设置相对较多的理论学时，缺少实验操作学时；主要通过比较单一的教学模式进行授课，实践性教学活动非常薄弱；实践教学所需的软硬件严重缺乏，教学设备非常陈旧，检索实习所需要的场所及专业数据库缺乏，在很大程度上对信息素养教育的实效性产生负面影响，从而挫伤了学生的学习积极性。

（二）信息素养相关课程体系设置不合理

当前，大多数高职学校的信息素养教育主要是以学校图书馆为载体开展的，没有得到教学管理单位与各个院系的重视。在一些高职院校中，新生入馆课程、文献资料检索相关课程均未设置到学校教学计划里面。有一部分高职院校开设了文献检索课程，内容非常简单，对于比较先进的文献数据库检索、多媒体信息检索以及网络信息检索技术等诸多高新技术，尚未纳入课程中。有一部分高职院校把信息素养相关课程设置成学校选修课，但经常由于师资情况以及学生选课人数相对较少等原因，导致不能正常开课。该现象出现的根源就是对信息素养相关课程的教学工作缺少科学合理的定位，同时缺少相应的制度对其进行保障。图书馆属于学校的教学辅助部门，其在专业师资方面严重不足，同时在信息素养相关课程体系设置上理论课程设置所占的比重非常高，只是注重理论知识的传授，学生很少有机会开展实践活动。

（三）网络管理存在严重的资源浪费现象

高职院校的网络管理存在许多问题，一些学校的校园网没有能够充分为教育教学活动提供服务，没有实现教师以及学生充分共享网络资源。

此外，还存在其他因素影响着高职院校信息素养教育的效果，如相关资源比较缺乏、资金严重不足、教师具有相对较低的信息能力等诸多方面的因素。

三、改进高职院校学生信息素养教育的主要对策

高职院校的学生仍然处在价值观、人生观以及世界观形成的初级时期，他们对信息的

鉴别能力、抵御不健康信息的能力严重不足。针对上文中阐明的主要问题，为促进高职院校学生信息素养教育持续健康发展，各个高职院校应该积极对教学方法进行改善，切实推动信息素养教育，从而培养出具有较高信息素养的学生。

（一）抓好信息资源建设工作

高职院校应该切实做好图书馆文献资源建设工作，对各种信息教育资源进行优化整合，对新媒体信息条件进行优化，努力延伸图书馆信息服务功能，同时加强网络平台的建设。重点突出新媒体下的新型服务类型，例如实现校内图书馆资源共享、数字化文献服务以及信息资源导航服务，从而使信息服务发展为电子化模式，最终建成全方位的系统的格局。图书馆需要努力建设并及时更新本身的网络主页，可以在主页上对自身的资源进行详尽的阐明，并且还要对各种资源进行导航，为教师和学生的使用提供方便，利用丰富多彩的信息资源以及高效的管理服务为高职学生信息素养教育提供前提条件。

（二）建立健全信息素养教育体系

高职院校学生的信息素养教育，应从新生入学时开始抓。在新生报到入学之后，学校图书馆部门需要尽快根据专业安排新生分批实施入馆教育，通过这种方式使其能够充分认识图书馆的馆藏分布、馆藏信息资源、服务内容、专业信息及其检索，对学生开展信息知识以及信息意识为核心的教育。在诸多形式的教育方式里面，需要积极营造一个良好的学习环境，让学生能够在实际学习过程中通过信息技术解决问题，能够将信息技术和其他学科或者生活实践进行优化整合，最终培养学习以及利用信息技术手段的思想以及积极主动性，从而形成创新精神以及动手操作技能。

在新媒体环境下，高职院校课程存在着一个非常具有代表性的特点，即学科相互融合，信息知识的更新非常快，具有较大的信息量。所以，一定要建立完善的信息素养教育体系，该教育体系包括相关管理人员以及教育人员的有效配置，课程的设置，教育的实施过程、考核评价机制以及相应的奖惩激励机制等诸多方面，因此，应该从教育体系涉及的各个方面入手，切实完善各个环节。从制度保障、师资以及奖惩等方面加以改进。尤其是需要严格进行考核，并按照考核结果进行奖惩，具体来说考核结果可以与教师的薪酬待遇、职称评定、评奖评优以及职位变动等各方面进行有机结合。除此之外，高职院校图书馆应该开展多元化的信息素质教育，具体可以结合自助课、网络宣传以及专题讲座等诸多形式实施信息素养教育工作。

（三）改革传统的信息素养教育模式

信息素养教育的主要范畴是信息的获取能力以及有关技术知识。从前以理论为主导的教育模式已很难与新媒体时代信息环境的标准以及要求相适应。所以，一定要与当前高职学生的实际特点进行结合，实施针对性的引导式教学，尤其是根据当前学生多任务型的实际特点，对其实施必要的引导以及利用，使其具备随时随地获得收集、分析整理信息以及利用信息的意识与能力。具体来说，可以通过学生比较欢迎的手段如飞信、QQ 以及微博等，切实加强新媒体知识与技术的宣传教育，使其可以科学合理地利用新技术去解决实际问题。作为信息资源管理的主要单位，图书馆具有丰富的信息资源。在新媒体时代，相关部门一定要充分发挥图书馆在信息资源方面的优势，积极为广大学生搭建信息资源平台，使学生能够对其进行充分利用。主要应该将利用互联网对图书馆电子资源进行访问作为今后学生信息素养教育的一个重要手段和内容，通过建设以及开发图书馆电子资源服务平台，为学生提供服务，使其能够利用手机对图书馆内的资源进行有效的获取。将传统的信息素养教育与移动在线教育手段有效地结合。高职院校的图书馆一定要发挥自身信息人才以及信息资源等方面的长处，将推动新媒体语境下高职学生信息素养教育当做一项重要的教学内容及任务来看。

对于信息素养教育来说，其主要的目的是为了培养学生信息意识以及信息处理能力。除去传统的图书馆用户教育之外，在新媒体语境下主要还涉及电脑、网络应用技术以及信息资料检索技术，同时还涉及信息观念、信息意识、信息法规以及信息道德等诸多内容。所以，图书馆在开展传统文献检索理论教育过程中，应该对信息意识、观念法规、道德以及网络资料检索等相关内容进行适当增加。在教学实践中通过多媒体、计算机网络实施教学工作，学生能够熟练掌握检索的技能，形成信息意识，并且可以利用相关工具及时地获得个人所需资料进行分析。通过任务驱动方式进行教学，分配给学生各种学习任务，让他们自主选择学习的方式以及渠道，这在很大程度上可以培养学生的自主能力以及创新能力。

总而言之，在新媒体语境下，高职学校只有贯彻落实信息素养教育，才能有效提高教学质量，为社会培养需求型人才，才能使高职教育得到持续健康发展。

参考文献：

[1] 齐元俊，王永亮，周全．新媒体时代对培养高校大学生信息素养的影响［J］．中国商界：上半月，2011，11：263—263.

[2] 袁玲玲．高职导游专业学生信息素养现状与培养对策［J］．职业教育研究，2012，9：23—24.

[3] 祝智庭．现代教育技术走进信息化教育［M］．北京：科学教育出版社，2005.

[4] 程晗，杨若芳．信息时代高校艺术专业学生信息素养教育研究［J］．甘肃科技纵横，2010，39（4）：

[5] 张再丽．网络环境下高职学生信息素养现状及对策［J］．教育与信息化，2007，5.

[6] 孙玉兰．高职院校图书馆与大学生的信息素养教育研究［J］．科技情报开发与经济，2011，21（6）.

[7] 刘涛．试述高职学生信息交互行为的有效培养［J］．中国信息界，2011，3：69—70.

[8] 张世民．信息素养与高职学生可持续发展［J］．职业时空，2009，2.

[9] 周杰．高职院校学生信息素养的发展现状及提高措施［J］．价值工程，2011，9：291.

[10] 朱丹．高职院校图书馆信息素养教育研究［J］．北京高等专科学校学报，2010，11：184—185.

（作者单位：湖南大众传媒职业技术学院）

推动我省生态文明建设的问题破解、路径选择与制度创新

尹少华

党的十八大将生态文明建设纳入到“五位一体”的总体布局，十八届三中全会更是将生态文明建设纳入到全面深化改革的总体部署，体现了党中央对生态文明建设的高度重视。加快生态文明建设，既是党中央在新常态下的重大战略选择，也是各种社会经济问题倒逼而来。湖南作为全国生态建设重点地区和生态环境的脆弱区，加快生态文明建设意义十分重大。

一、破解我省生态文明建设的主要问题

目前我省的生态文明建设，存在四个方面的突出问题：

（一）生态修复任务艰巨

湖南是林业大省，也是生态脆弱省份。目前，全省“一湖四水”的生态屏障需要进一步巩固，82 万公顷无林地需要绿化，60 多万公顷坡耕地需要退耕，14 万公顷重金属污染农田需要治理，40 多万公顷矿山需要造林，因此，生态修复任务还十分艰巨。

（二）节能降耗压力巨大

目前我省正处于工业化加速推进阶段，工业投资仍是主要经济增长动力，而工业投资又以高耗能投资为主。今年前三季度，我省六大高耗能行业的增加值，仍占全省规模工业的 30% 以上；能耗占全省规模工业的 78%，均高于全国平均水平，凸显出我省经济增长对高耗能、高污染等传统工业的依赖仍然存在，节能降耗的压力依然较大。

（三）生态产业比重偏低

据全省 38 个工业行业的统计资料，目前我省传统工业（钢铁、水泥、化工等）的产值约占全省工业总产值的 75% 左右；而现代生态型产业（电子信息、生物医药、新材料等）的产值占比仅为 25%。现代生态型产业比重偏低，制约了我省的生态文明建设。

（四）生态文明制度建设亟需完善

目前一些地方，生态环境与经济发展仍然存在“两张皮”，生态文明建设的体制机制还不完善；自然资源产权制度不健全；生态补偿制度不完善；排污权与碳排放权交易制度

才刚刚起步；有利于资源节约、环境保护的价格体系尚未形成。

二、建设我省生态文明建设的路径选择

要破解目前我省生态文明建设存在的问题，关键是要做好“加减乘除”四篇大文章：

（一）做好“生态修复”的“加法”

近年来，我省通过实施天然林保护、退耕还林、退田还湖等一系列重大“生态修复”工程，生态建设初见成效。但“生态修复”是一个长期、系统的过程，“污染容易治理难”“破坏容易修复难”，因此，“生态修复”不会在短期内得到解决，必须长期坚持。下一步，我省要充分利用国家启动新一轮退耕还林、重金属污染耕地治理等政策机遇，重点实施湘江保护与治理“一号重点工程”第一个“三年行动计划”，以山更绿、水更清为重点，强力推进山体修复与“矿山复绿”，通过继续实施“绿色湖南”与“美丽湖南”建设，着力打造一批具有代表性的绿色城市、秀美村庄。

（二）做好“节能降耗”的“减法”

做好“节能降耗”的减法，就是要加快淘汰落后产能，调整优化能源结构，加大清洁能源的比例，把大力发展以核电、风电为主的清洁能源和节能环保产业作为新的经济增长点，逐步降低煤炭消费比重。要加强政策引导，运用市场机制，积极推进工业、建筑、交通运输等重点领域和重点单位的节能降耗，努力走出一条能耗排放做“减法”、经济发展做“加法”的新路子。

（三）探索“生态经济”的“乘法”

生态文明建设是五位一体的建设，生态文明与经济发展相互影响、相互制约，离开经济发展抓生态文明建设就是缘木求鱼。因此，生态文明建设，一方面要大力发展生态经济，打造绿色品牌，壮大绿色产业，实现生态效益、经济效益与社会效益的共赢；另一方面必须坚持改革创新，大力加强制度建设，如建立生态指标考核制度、生态系统生产总值（GEP）核算制度等，努力形成生态文明的生产方式、生活方式与消费方式，不断汇聚生态文明建设的巨大能量。

（四）做好“综合治理”的“除法”

做好生态“综合治理”的除法，一方面要破除传统的路径依赖，破除粗放低效的传统模式，破除政府包办的传统思维，建立多元化的生态投入机制，不断提高生态文明建设的综合治理水平和精细化程度；另一方面必须加强生态环境监管，坚决查处破坏生态环境的违法行为。

三、推进我省生态文明建设的制度创新

生态文明建设归根结底要靠制度。习近平总书记强调，只有实行最严格的制度、最严密的法治，才能为生态文明建设提供可靠保障。因此，制度建设是生态文明建设的突破口和长远大计。

（一）创新生态产业发展制度

一是加快形成促进生态产业发展的机制。通过制度激励，重点培育绿色食品、电子信息、生物医药、新材料等现代生态产业；二是形成加快淘汰落后产能的机制。严格执行重点行业排放标准，加快淘汰建材、化工、造纸等行业的落后产能，倒逼传统行业转型升级。

（二）创新生态保护市场化制度

一是加快自然资源产品价格改革。在全省范围内全面推行阶梯式水价、电价、气价制度，充分利用市场手段和经济杠杆，调控自然资源的使用；二是积极开展碳排放权交易。在石化、水泥、电力等行业率先启动碳排放权配额交易，并逐步扩大到建筑、交通等行业。同时积极开展林业碳汇抵减碳排放交易的试点。

（三）创新生态补偿制度

目前，我省生态补偿机制尚不完善，融资渠道和补偿主体单一、补偿领域窄、补偿标准低，因此，要不断完善补偿制度，扩大补偿范围，将生态补偿纳入各级政府财政预算。同时要运用碳汇交易、排污权交易、水权交易、生态产品服务标志等补偿方式，积极探索市场化补偿模式，确保各级保护区居民能够达到当地居民的平均生活水平。

（四）创新生态文化培育制度

生态文明建设作为一项造福当代、事关长远的系统工程，必须大力加强生态文明宣传和生态文化培育。一要在全社会牢固树立生态文明的生产观和消费观，坚决摒弃“重经济轻环境、重速度轻效益、重局部轻整体、重当前轻长远、重利益轻民生”的发展观和政绩观；二要引导群众牢固树立生态文明的生产方式、生活方式和消费方式，努力在全社会形成生态文明的良好氛围。

（作者单位：中南林业科技大学）

社会保障对农村居民收入消费影响效力的实证分析

——来自湖南的数据

尹华北　李肖敬

一、引言

随着市场经济建设带来的居民不确定性加剧，社会保障的“安全网”作用日益得到党和政府的重视。新农村建设开始以后，伴随着内需扩大型经济增长方式转换目标的提出，社会保障对农村居民消费支出影响的作用就日益得到我国理论研究者的关注。完善社会保障对农村居民收入水平、消费支出是否有促进作用以及不同保障项目的促进作用相对大小如何，这些问题确有研究的必要。

居民消费是一项社会性行为，除受到收入、社会保障完善程度、政策制度等因素影响外，还受消费习惯、消费环境、消费心理、示范效应等因素的影响。这些变量都是各因素的综合体，对它们的度量存在一定的困难，实证研究中，以复回归为核心的传统计量分析很难对它们之间的关系做出周延的解释。作为统计学近代三大进展之一，结构方程模型（SEM）对于解决这些含有难以度量的被研究变量的社会科学问题具有独到的优势。本文以湖南农村居民为样本对象，利用农村家庭调查数据，建立结构方程模型实证分析社会保障的具体项目以及政策、社会环境因素等对居民收入感知、消费行为的影响效力。

二、理论基础与文献回顾

影响居民消费的因素很多，其中最主要的是经济因素。但随着经济发展和居民收入水平的不断提高，收入等经济因素的影响作用日益下降，而社会保障、政策制度、消费环境等非经济因素的作用却不断加强。社会保障制度对居民消费行为具有财富替代效应，提高社会保障水平可以显著减少其预防性储蓄动机，提高私人消费水平（Melvin，2003）。西方学者对此进行了许多理论和实证研究，结论虽不完全一致，但大多数学者的研究结果倾向于支持上述结论，如 Feldstein（1974）、Wouter Zant（2005）、H. Yigit Aydede（2007）等的结论都认为，社会保障的收入调节和收入支持作用，确实有助于居民消费支出的增加。就具体项目而言，Feldstein（1996）对养老保险、Kotlikoff（1986）对医疗保险、Engen and Gruber（1995）对失业保险、Hubbard、Skinner and Zelds（1995）对医疗救助的研究也表明，居民对这些项目的满意程度越高，其消费意愿越强烈。

对我国居民而言，市场经济建设不断深化带来的风险持续增加，使居民的消费行为变得更加谨慎，造成了我国居民消费率的持续下降。朱雨可（2006）发现，我国居民的消费变化趋势与社会保障制度变迁过程有很强的相关性；陈树文（2003）认为，建立完善的社会保障体系，可以使居民形成更为稳定和理性的心理预期，提高边际消费倾向，促进消费需求增长；关于农村社会保障，尹宗成（2009）认为，农村经济发展水平低，使得我国农村居民消费支出对社会保障的依赖程度更大，建立适合农村特点的农村社会保障体系，能有效化解农民的后顾之忧，增强其消费安全感。冉净斐（2004）对农村医疗保险进行了研究，发现医疗保险确实起到了增加农村家庭消费支出的作用。谢文（2009）等认为，从总体看，我国农村社会保障体系还不完善，保障项目不全面、保障水平较低，阻碍了社会保障对农村居民消费促进作用的发挥。笔者（2011）曾就保障覆盖率对农村居民消费的影响进行了研究，认为只有以保障覆盖率的迅速提高为基础，提高保障水平，才能切实增加农村居民消费能力，促使其消费与收入同步增长。杨继生等（2011）研究了政策环境变迁对农村居民收入和消费意愿的动态变化，发现政策环境因素对农村居民收入的推动作用具有持续性，效应时滞大约为 3 年，而消费意愿的政策环境效应滞后上升和提前下降的相位差均为 1 年左右。

从已有文献看，西方学者非常关注社会保障项目对居民消费行为影响的研究，但着重于从总体研究，没有城乡之分；而国内学者的研究中，就社会保障总体对农村居民消费影响进行研究的不少，研究某一保障项目对农村居民消费影响作用的则不多，而研究当前各不同项目对农村居民消费行为影响效力相对大小的则没有。当前要实现经济增长方式的转型，农村居民消费支出的较快增长，完善农村社会保障体系就具有十分重要的意义。但当前国家财政对我国农村社会保障的投入有限，农村各保障项目的保障水平都很不足，农民对其满意程度都不高；以有限的农村社会保障财政支出，投入到对农村居民消费支出影响效力最大的保障项目上，才是当务之急。因此，研究各保障项目对农村居民消费支出影响效力的相对大小，是具有重要的现实指导意义的。

三、研究假设与模型检验

（一）研究假设与结构方程模型

基于相关学者的现有研究结论，可以假设，社会保障的完善程度不仅对居民收入的获得有正向影响，而且能够直接影响居民消费行为。考虑到与当前农村居民的相关性，我们选取社会保险项目的养老、医疗，救助项目的低保、救灾救助和作为福利的教育作为社会保障具体项目的代理变量。关于其他影响因素，我们选取（消费）基础设施、（消费）政策作为代理变量。关于收入和消费变量，我们不单纯以现期收入和消费支出为研究对象，而是还考虑了收入变化、收入预期以及消费信心、消费质量等综合性指标，因此，本研究中对收入和消费变量分别命名为收入感知、消费行为。考虑到这些变量均为综合性因素，本研究对这些变量均以多项量表项目予以测评。根据相关理论及研究，我们做出如下研究假设：

H1：农村居民对养老保险的满意度正向影响其收入感知；

H2：农村居民对医疗保险的满意度正向影响其收入感知；

H3：农村居民对低保的满意度正向影响其收入感知；

H4：农村居民对救灾救助的满意度正向影响其收入感知；

H5：农村居民对教育的满意度正向影响其收入感知；

H6：农村居民对政府政策的满意度正向影响其收入感知；

其余，H7、H8、H9、H10、H11、H12、H13 分别为农村居民对养老、医疗、低保、救灾救助、教育以及基础设施、政策的满意度正向影响其消费行为；H14 为农村居民的收入感知正向影响其消费行为。各研究假设与各变量之间的关系见图 1。

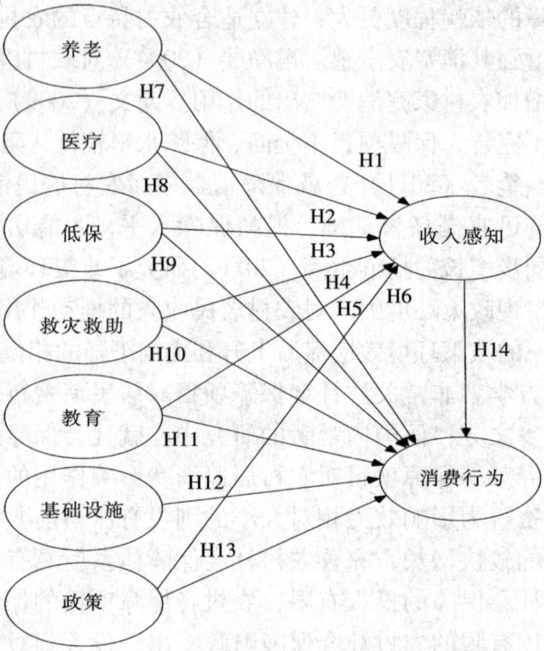

图 1　理论模型与研究假设

一个完整的结构方程模型包含两个次模型：测量模型与结构模型。测量模型描述潜在变量如何被相对应的显性指标所测量或概念化；而结构模型则描绘了潜在变量间的关系以及模型中变量无法解释的变异量部分。

由于养老（以 ξ_1 表示）、医疗(ξ_2)、低保(ξ_3)、救灾救助(ξ_4)、教育(ξ_5)、基础设施(ξ_6)、政策(ξ_7)、收入感知(η_1)、消费行为(η_2) 均为潜变量，因而图1所示的理论模型是结构模型，其反映的回归方程式可以如下表示：

$$\eta_1 = \gamma_{11}\xi_1 + \gamma_{12}\xi_2 + \gamma_{13}\xi_3 + \gamma_{14}\xi_4 + \gamma_{15}\xi_5 + \gamma_{16}\xi_7 + \zeta_1$$

$$\eta_2 = \beta_{21}\eta_1 + \gamma_{21}\xi_1 + \gamma_{22}\xi_2 + \gamma_{23}\xi_3 + \gamma_{24}\xi_4 + \gamma_{25}\xi_5 + \gamma_{26}\xi_6 + \gamma_{27}\xi_7 + \zeta_2$$

其中 γ 分别为外因变量对内因变量的影响系数，β_{21} 反映内因变量 η_1 对内因变量 η_2 的影响程度，ζ_1、ζ_2 分别是两个回归方程式的残差项。

结构方程模型中，对每个潜变量，必须依照多元指标原则，以两个以上的观测变量来测评。这些观测变量与潜在变量之间关系的回归方程被称为测量模型，每个观测变量与其对应的影响潜在变量之间都存在一个测量方程。测量模型可以表示如下：

$$X = \Lambda_X\xi + \delta$$

$$Y = \Lambda_Y\eta + \varepsilon$$

其中 X、Y 为观测变量向量，ξ、η 分别为外因和内因潜在变量向量，Λ_X、Λ_Y 为指标变量

$(X、Y)$ 的因素负荷矩阵，δ、ε 为外显变量的测量误差，ξ 与 δ、η 与 ε 不相关。

（二）量表设计

观测变量数据一般通过实地调查获得。由于研究中所涉及的都是综合、抽象性的态度变量，实地调查以态度量表方式获得相关数据。专题研究中常用的态度量表是李克特（Likert）量表法，采用5点或7点态度，由评估者以同意或不同意对某些态度、对象、个人或事件加以评估。自20世纪40年代以来，有3/4以上的论文用5点量表来测量态度等变量。在最近的相关论文中，运用5点量表也相对普遍。但在Amose中，使用变量的测量量尺最好是连续量尺。K. A. Bollen提出，当李克特量表变量的量尺超过7点以上时，即可视为连续量尺。因此，现代研究中，使用较长的7点量表有越来越频繁的趋势（荣泰生，2009）。本研究量表中，除人口统计变量外，其余均采用7分制李克特量表，根据被访者对题目的同意程度记分："完全不同意" =1，"比较不同意" =2，……，"完全同意" =7。

关于观测变量的设定，本研究对社会保障项目分别从了解相关知识、参加积极性、作用大小等方面进行测评，各自选取3个观测变量，对基础设施、政府政策、收入感知、消费行为等各选取3或4个观测变量。各潜变量及其对应的观测变量如表1。

表1　潜变量、观测变量及代码表示

养老保险		基础设施	
X1	了解新农保条款	X16	交通通讯方便
X2	积极参加新农保	X17	水电气使用方便
X3	新农保作用大	X18	消费市场发展好
医疗保险		消费政策	
X4	了解新农合条款	X19	家电下乡政策好
X5	积极参加新农合	X20	假冒伪劣商品少
X6	新农合作用大	X21	消费贷款更方便
低保		X22	对惠农政策满意
X7	低保作用大	收入感知	
X8	低保标准恰当	Y1	收入增长快
X9	低保对象确定合理	Y2	对收入总量满意
救灾救助		Y3	收入增加信心足
X10	救灾救助及时	Y4	对城乡收入差距满意
X11	救助作用大	消费行为	
X12	救助对象确定正确	Y5	消费质量提高了
教育		Y6	社会保障促进消费
X13	对义务教育满意	Y7	没有顾虑敢于消费
X14	对职业培训满意	Y8	消费方式多样化
X15	对高等教育满意		

关于人口统计变量，我们认为，随个体性别、年龄、文化程度、个人月收入、家庭人口数等的不同，社会保障满意度等对收入感知、消费行为等的影响程度可能存在差别，因而本研究从这 5 个方面进行分组研究。其中，①性别：男性 =1，女性 =2；②年龄：45 岁以下 =1，45—60 岁 =2，60 岁以上 =3；③文化程度：小学及以下 =1，初中 =2，高中（含中专）=3，大专及以上 =4；④个人月收入：1000 元以下 =1，1000—2000 元 =2，2000 元及以上 =3；⑤家庭人口数：1—2 人 =1，3 人 =2，4 人 =3，5 人及以上 =4。

（三）数据来源与说明

2012 年 7—8 月和 2013 年 7 月，笔者在湖南的新化、冷水江、洞口、新邵、南县、湘乡、湘阴、茶陵、宁乡、永兴等十县市进行了关于农村居民社会保障与消费状况的抽样调查。正式问卷之前，先利用问卷初稿进行了小范围的问卷预调查，以发现量表的问题和不足。预调查对象为 20 户农村居民，被调查者独立填写问卷后，再由调查者就问题选项了解被调查者的真实意思，以观察问卷能否真实反映被调查者的心理。通过预调查修改了不易理解或者意思表达存在偏差或误解的题项，得到正式调查表。正式调查中，每县市选取 2 个自然村，每村随机走访 30 户村民，共获得 600 份调查问卷。剔除无效问卷 34 份，得到有效问卷 566 份，问卷有效率达 92.8%。问卷人口统计变量的描述性统计结果见表 2。

表 2　人口统计变量的描述性统计

变量	变量定义	有效百分比（%）	变量	变量定义	有效百分比（%）
性别	男性	52.6	文化程度	小学及以下	18.0
	女性	47.4		初中	43.1
年龄	45 岁以下	55.9		高中（中专）	32.4
	45—60 岁	29.4		大专及以上	6.5
	60 岁以上	14.7	家庭人口数	1—2 人	11.1
个人月收入	1000 元以下	64.1		3 人	26.1
	1000—2000 元	35.9		4 人	45.8
	2000 元以上	0		5 人及以上	17.0

从表中人口统计变量数据可以看出，样本覆盖范围符合当前农村人口一般特征。说明本次调查具有较好的代表性，以此为基础进行的有关分析能够说明社会保障对湖南农村居民消费行为影响状况的一般问题。

（四）量表信度与效度检验

由于量表中分别利用 3 或 4 个观测变量来测评一个潜在变量，为了保证量表在测评上的代表性与合理性，我们先利用因子分析法对所有观测变量与对应的潜在变量之间替代关系进行分析。

信度反映了测量工具所得到的结果的一致性和稳定性，是反映被测特征真实程度的指标。信度系数是对信度进行定量化描述的指标，信度系数越大，表明测量的可信程度越大，克朗巴哈（Cronbach）α 信度系数是目前最常用的信度系数。不同研究者对信度系数的界限值有不同的看法，一般认为，当 Cronbachα 值≥0.70 时，属于高信度；0.35≤Cronbachα 值<0.70 时属于尚可；Cronbachα 值<0.35 则为低信度（荣泰生，2009）。我们利用 Spss17.0 软件对量表相关题项进行了信度分析，删除了不显著的选项 Y5 后结果见表 3。从表 3 可以看出，各潜变量与其观测变量的克朗巴哈 α 信度系数值都在 0.35 以上，养老、收入感知潜变量的信度系数达到高信度标准，表明问卷调查的结果可信度较高，所得数据可以用于进一步分析。

表 3　信度分析数值表

潜变量	观测变量	信度系数
养老	X1、X2、X3	0.802
医疗	X4、X5、X6	0.437
低保	X7、X8、X9	0.422
救灾救助	X10、X11、X12	0.494
教育	X13、X14、X15	0.563
基础设施	X16、X17、X18	0.591
政策	X19、X20、X21、X22	0.351
收入感知	Y1、Y2、Y3、Y4	0.710
消费行为	Y6、Y7、Y8	0.502

效度涉及的是测量工具的正确性问题，它包含两个条件：（1）该测量工具确实是在测量其所要探讨的观念，而非其他观念；（2）测量工具能正确地测量出该观念。学术研究中可见的效度有内容效度、效标关联效度、建构效度三种，但使用最多的常常是建构效度。建构效度是指测量工具能够测量理论的概念或特质的程度，它可以分为收敛效度和区别效度。判断收敛效度和区别效度的指标是因素负荷量，一般以对因素负荷量进行 t 检验来检视收敛效度，而以每一个潜在变量的抽取方差与该潜在变量和其他潜在变量的相关系数平方的比较来检视区别效度。我们利用 Amos7.0 对量表进行了效度检验，并同时对潜在变量的组合信度进行了检验，以判断模型的内在质量，结果见表 4 和表 5。

表4　效度、组合信度分析表

潜在变量	观测变量	因素负荷量	C. R. 值	（组合）信度	平均抽取方差
养老				0. 819	0. 611
	X1	0. 813	–		
	X2	0. 931	11. 579		
	X3	0. 552	9. 643		
医疗				0. 792	0. 561
	X4	0. 72	–		
	X5	0. 83	5. 387		
	X6	0. 69	3. 113		
低保				0. 759	0. 521
	X7	0. 522	–		
	X8	0. 714	5. 862		
	X9	0. 792	5. 466		
救灾救助				0. 750	0. 506
	X10	0. 565	–		
	X11	0. 841	3. 773		
	X12	0. 702	3. 320		
教育				0. 760	0. 522
	X13	0. 868	–		
	X14	0. 547	2. 036		
	X15	0. 716	1. 993		
基础设施				0. 740	0. 503
	X16	0. 603	–		
	X17	0. 932	2. 916		
	X18	0. 526	4. 850		
消费政策				0. 816	0. 533
	X19	0. 911	–		
	X20	0. 654	3. 889		
	X21	0. 735	10. 264		
	X22	0. 578	2. 563		
收入感知				0. 844	0. 577
	Y1	0. 856	–		
	Y2	0. 792	2. 020		
	Y3	0. 731	5. 673		
	Y4	0. 643	4. 146		
消费行为	0. 786	0. 555			
	Y6	0. 862	–		
	Y7	0. 753	2. 867		
	Y8	0. 596	2. 870		

由表 4 可以看到，所有观测变量的因素负荷量（效度值）都在 0. 50 至 0. 95 的评价标准之内，C. R. 的绝对值也都大于 1. 96，表示模型基本适配指标理想，指标变量能有效反

映其所要测量的潜在变量。所有潜变量的组合信度（也称建构信度）值介于 0.740 至 0.844 之间，大于评价标准值 0.60；抽取方差值（平均变异量抽取值）介于 0.503 至 0.611 之间，高于评价标准值 0.50。这说明测量模型具有较好的信度，也说明模型的内在质量理想。

表 5　区别效度检验结果

潜变量	1	2	3	4	5	6	7	8	9
1	0.611								
2	<0.01	0.561							
3	0.027	<0.01	0.521						
4	0.054	0.062	0.187	0.506					
5	0.213	<0.01	<0.01	0.024	0.522				
6	<0.01	0.059	0.016	<0.01	0.058	0.503			
7	0.131	<0.01	0.098	0.028	0.142	0.013	0.533		
8	0.062	0.039	0.025	0.166	0.016	<0.01	0.02	0.577	
9	0.02	0.04	<0.01	0.10	0.094	0.053	<0.01	0.082	0.555

注：1 = 养老；2 = 医疗；3 = 低保；4 = 救灾救助；5 = 教育；6 = 基础设施；7 = 消费政策；8 = 收入感知；9 = 消费行为

表 5 中，对角线上数值为每个潜变量的抽取方差，其他数值为潜变量间相关系数的平方。从表中看，所有对角线上的数值都大于非对角线上的数值，说明测量工具的区别效度较好。因此，本研究中测量工具的收敛效度和区别效度都较好，说明本研究量表具有较好的效度，可以做进一步深入分析。

四、实证检验结果与分析

（一）违反估计和多变量正态性检验

在评价模型拟合度之前，必须先检查“违反估计”，以检验模型所输出的标准化系数和测量误差值是否超过可接受的范围。模型中测量误差方差都在 1.36 到 7.74 之间，并无负的误差方差存在，标准化系数的估计值都没有超过 0.95，这表明，该模型并没有出现“违反估计”问题，可以进行整体模型拟合度检验。在检验观测变量是否呈正态分布时，要求偏度系数和峰度系数都要接近于 0。本模型中，除收入感知的偏度系数和峰度系数略大，分别为 0.71 和 1.08 外，其余潜变量的峰度系数和偏度系数基本接近于 0，说明观测变量基本呈正态分布，可以做进一步分析。

（二）模型检验结果与分析

1. 模型整体适配度检验

研究模型整体适配度检验统计量值见表 6。

表 6　整体模型适配度检验结果摘要

统计检验指标	适配标准或临界值	检验结果数据	模型适配判断
卡方值	$p>0.05$	0.792	是
卡方自由度比值	<2.00	0.07	是
RMSEA 值	<0.05	0.00	是
GFI 值	>0.90	1.00	是
CFI 值	>0.90	1.00	是
CN 值	>200	16855	是

从表中看出，卡方值的 *P* 值及卡方自由度比值都达到适配标准，表示假设模型与样本数据可以适配。再参考其他适配指标，从 RMSEA 值、GFI 值、CFI 值、CN 值的适配情况来看，整体而言，本研究提出的假设模型与实际观察数据的拟合情况良好，模型的外在质量佳。

2. 模型研究假设检验与分析

各研究假设的检验结果见表 7。

表 7　结构模型估计结果

假设	标准化系数	t 值	结论
H1：养老 → 收入感知	0.295	5.698	接受
H2：医疗 → 收入感知	0.131	3.022	接受
H3：低保 → 收入感知	0.429	8.017	接受
H4：救灾救助 → 收入感知	0.344	6.661	接受
H5：教育 → 收入感知	0.011	0.200	拒绝
H6：政策 → 收入感知	-0.156	-2.819	接受
H7：养老 → 消费行为	0.012	2.588	接受
H8：医疗 → 消费行为	0.021	0.407	拒绝
H9：低保 → 消费行为	-0.177	-2.601	接受
H10：救灾救助 → 消费行为	0.227	3.573	接受
H11：教育 → 消费行为	0.469	7.372	接受
H12：基础设施 → 消费行为	0.310	6.133	接受
H13：消费政策 → 消费行为	-0.116	-1.876	接受*
H14：收入感知 → 消费行为	0.235	3.569	接受

带 * 号表示在 10% 显著水平下接受，其余均为 5% 显著水平下接受

从表 7 可知，除了假设 H5 和 H8 以外，其他各个假设的标准化回归系数都在 0.10 或 0.05 的水平下显著，表明我国农村居民对养老、医疗、低保、救灾救助等社会保障项目以及消费政策的满意度对他们的收入感知有着显著影响。而且，养老、低保、救灾救助、教育、农村基础设施、消费政策、居民收入感知对农村居民消费行为有着显著影响。但教育对收入感知、医疗对消费行为的影响则不显著，养老对消费行为影响较小。另外，消费政

策对收入感知与消费行为的影响系数为负，低保对消费行为的影响系数也为负。

3. 直接效应、间接效应和总效应分析

模型中各潜在变量之间的直接效应、间接效应和总效应结果见表8。

表8 潜变量之间直接效应、间接效应和总效应

变量关系	直接效应	间接效应	总效应
养老 → 收入感知	0.295	–	0.295
医疗 → 收入感知	0.131	–	0.131
低保 → 收入感知	0.429	–	0.429
救灾救助 → 收入感知	0.344	–	0.344
教育 → 收入感知	0.011	–	0.011
政策 → 收入感知	-0.156	–	-0.156
养老 → 消费行为	0.012	0.069	0.081
医疗 → 消费行为	0.021	0.031	0.052
低保 → 消费行为	-0.177	0.101	-0.076
救灾救助 → 消费行为	0.227	0.081	0.308
教育 → 消费行为	0.469	0.003	0.472
基础设施 → 消费行为	0.310	–	0.310
政策 → 消费行为	-0.116	-0.037	-0.153
收入感知 → 消费行为	0.235	–	0.235

表8的结果表明，从对收入感知影响的总效应来看，最大的是对低保的满意度，其次为对救灾救助的满意度，这两者对居民收入感知的相对影响力分别达0.429和0.344。说明农村居民总体收入层次偏低，低收入人群较多，收入对社会救助项目依存度较高，完善社会救助项目、加大救助力度能大力提升居民的收入感知度。养老保险和医疗保险对收入感知的相对影响系数分别为0.295和0.131，说明社会保险项目已逐渐为农村居民所接受，开始成为影响居民收入感知的重要因素。教育对收入感知影响不显著，消费政策对收入感知影响系数为-0.156。说明教育等公共福利项目还未能起到促进农民收入增长的作用；政府对农村的消费政策在具体执行过程中还存在很多不足，农村居民对其满意度较低，对收入感知还起到消极影响作用。

从对消费行为影响的总效应来看，影响最大的是教育，影响系数为0.472；其次是基础设施和救灾救助，再次是收入感知，影响系数分别为0.310、0.308、0.235；养老对消费行为有正向影响，但影响力较小，影响系数仅为0.081；医疗对消费行为影响不显著；而低保和消费政策对消费行为影响系数都为负，分别为-0.076、-0.153。说明进一步减免农村义务教育收费、增加对农村职业教育支持以及减轻农村居民家庭接受高等教育的经济负担，能显著促进农村居民消费行为的扩张；农村消费品市场的发展、农村基础设施的完善，以及救灾救助制度的完善与有效执行，都有利于居民消费支出的增加；收入感知不是影响农村居民消费的第一因素，但也对居民消费行为影响很大。不足的是，“新农合”

制度实施，未能有效促进农村居民消费增加，“新农保”对消费行为影响很小，社会保险项目对农村居民消费的影响作用还远远没有发挥出来。农村居民对低保和消费政策满意度越高，消费行为反而越收敛。

（三）基于人口统计特征的多群组分析

多群组 SEM 分析在于评估研究者所提出的假设模型在不同样本间是否相等或参数是否具有不变性。本文多群组分析以人口统计变量为调节变量，分析各不同人口统计特征群体间各外因潜变量对内因潜变量的影响系数是否具有显著性差异。在多群组分析时，需要进行各种参数限制，以找出最适配的路径模型，基于上述目的，本文选择结构模型作为多群组分析模型。

在多群组分析中，由于本文目的在于研究各外因变量对内因变量的影响效力是否会因人口统计特征的不同而不同，因而我们对各不同人口统计变量都分为两组。其中，年龄 45 岁以下为低年龄组，以上为高年龄组；小学、初中以下为文化程度低组，高中及以上为文化程度高组；个人月收入 1000 元及以下为低收入组，以上为高收入组；家庭人口数 1—3 人为家庭成员少组，4 人及以上为多组。多群组分析估计结果见表 9。

多群组分析结果表明，社会保障项目对收入感知的影响效力随人口统计特征变化不大，但对消费行为的影响效力则与人口统计特征有较大的关联性。

从性别看，各保障项目对收入感知的影响系数随性别变化不大，但在对消费行为的影响上，女性更容易因为对社会保障政策满意度的提高而改变消费行为。或许是因为子女教育经费更多由母亲掌管，当对教育的满意度提高时，女性明显会比男性大幅增加消费支出。在收入感知对消费行为的相对影响力上，女性也比男性更容易受影响，可能与家庭经济权更多由女性掌握，女性因此对收入变化更敏感有关。

表 9　多群组分析直接效应估计结果

路径	性别		年龄		文化程度	
	男	女	低	高	低	高
H1	0.16*	0.16	0.06*	0.07	0.25*	0.31
H2	0.17*	0.18	0.12*	0.24	0.26*	0.31
H3	0.40*	0.34	0.27*	0.40	0.44*	0.49
H4	0.41*	0.42	0.43*	0.59	0.29*	0.45
H5	-0.06	-0.08	0.05	0.06	0.00	0.01
H6	0.10	0.07	0.01	0.01	-0.42	-0.06
H7	-0.12*	-0.25	-0.14*	-0.10	-0.04*	-0.26
H8	-0.06*	-0.13	0.03	0.03	-0.12**	0.05
H9	-0.10*	-0.18	-0.27*	-0.24	-0.38	-0.07
H10	0.11*	0.23	0.22*	0.18	0.38*	-0.30
H11	0.36*	0.95	0.51*	0.41	0.57*	0.52
H12	0.27*	0.42	0.24*	0.24	-0.28*	0.63
H13	-0.51*	-0.76	-0.15*	-0.14	0.09*	-0.23
H14	0.29*	0.60	0.40*	0.24	0.96*	0.47

续表

路径	个人月收入		家庭成员	
	低	高	少	多
H1	0.31*	0.15	0.24*	0.17
H2	0.10*	0.05	0.20*	0.22
H3	0.45*	0.27	0.68*	0.48
H4	0.44*	0.33	0.38*	0.25
H5	0.05	0.03	0.11	0.07
H6	-0.12*	-0.10	-0.25*	-0.17
H7	-0.20*	-0.07	-0.16*	-0.11
H8	0.20*	0.07	0.01	0.01
H9	0.22*	0.09	-0.06	-0.04
H10	-0.20*	-0.10	0.60*	0.38
H11	0.78*	0.32	0.35*	0.20
H12	0.54*	0.28	0.09	0.04
H13	-0.39*	-0.21	0.21*	0.14
H14	-0.02	-0.02	-0.21*	-0.20

表中带*、**分别表示在5%、10%水平下显著，其余为不显著

从年龄看，当对社会保障满意度提高时，年龄大者比年龄小者更容易提升对收入感知的满意度。表明我国农村老年居民对社会保障的需求更强烈，但对社会保障水平的要求也更低。然而，在对社会保障满意度提高相同情况下，年龄大者的消费行为却提升幅度更小。表明年龄大者的不确定性感受更大，预防性储蓄动机更强烈；而相对来说，年轻人的消费意愿更强。

从文化程度看，对收入感知的影响上，文化程度高者比文化程度低者受社会保障满意度影响略大。但在对消费行为的影响上，文化程度低者受收入感知影响很大，相对影响系数达0.96；其次为对教育收费和救灾救助的满意度，分别为0.57和0.38。而文化程度高者则首先受基础设施影响，其次受教育和收入感知影响，三者相对影响系数分别为0.63、0.52、0.47。说明受教育程度对消费行为存在影响。原因可能因为文化程度低者对未来收入的信心要低，收入对他们消费行为的影响更大；而文化程度高者获得收入能力更高，收入不再是影响其消费行为的第一因素，消费行为更易于受到如商品质量、消费便利性等其他因素的影响。

从收入来看，收入低者的收入感知和消费行为都更易于受社会保障项目的影响。不同收入者收入感知的最大影响因素都是低保和救灾救助，消费行为的最大影响因素都是对教育政策的满意度和消费的便利性。

从家庭成员数来看，人口多少对收入感知和消费行为都有一定程度的影响作用。增加对农村的社会保障投入，家庭人口少者更易于感觉到收入程度的提高，也更愿意增加消费支出。由此看来，低收入和人口少的家庭对社会保障的需求更强烈；拥有社会保障后，保

障水平提高对消费行为的影响力也更强。原因在于低收入者不仅现有收入更低，未来收入的期望也更低，对未来收支的担忧也更高，因而对社会保障的需求更强烈。而家庭人口少者，未来家庭保障能力更低，也具有更高的对社会保障的需求欲望。但同时，低收入和人口少的居户，对未来收入的要求更低，因而对保障水平的要求也更低，社会保障对收入感知和消费行为的影响力也更大。

五、主要研究结论与政策启示

（一）主要研究结论

第一，收入对农村居民消费行为影响作用很大，但已不是最主要因素；当前影响农村居民消费最重要的因素是对教育和消费基础设施的满意度，其次是以救助类为主的社会保障项目；当前的农村消费政策实施并没有起到有效促进居民消费增加的作用。

第二，“新农保”“新农合”项目的实现，增加了农村居民的收入信心，对农村居民的收入感知有正向影响，但实施过程中存在的问题与不足，使其对农村居民消费行为的正向促进作用发挥还很不足。

第三，当前我国农村居民的收入水平还较低，救灾救助对他们的收入和消费行为的影响都很大；对农村低收入户来说，低保能较大地影响他们的收入感知，但他们的消费行为却并不因此而敢于有较大的扩张。

第四，社会保障项目对消费行为的影响效力随个体性别、年龄、文化程度、收入、家庭人口数目的不同而表现出较大的差别，女性、年龄小者、文化程度低者、收入低者、家庭人口少者更容易对社会保障感到满意，因而这些群体的社会保障对消费行为的影响效力也越大。

（二）政策启示

考虑到湖南农村的发展状况以及湖南经济社会发展状况在全国的位置，上述结论还可以推广全国大部分地区。从结论中，可以得到如下政策启示：

第一，中国农村社会保障必须尽快从以社会救助型为主向以社会保险型为主的保障模式转变，才能切实解除农村居民后顾之忧，增加其消费支出。

第二，立意于扩大农村居民消费需求的家电下乡等政府消费政策，不仅应在一个较长的时期内持续实施，还应该以完善的配套措施保障政府财政补贴切实落在农村居民头上，否则，其促进农村居民消费支出增长的目的难以实现。

第三，政府应加大对农村老年、妇女、低收入者、贫困家庭等社会保障参与能力较弱者的财政资助力度，发动社会各界增加对因突发性事故或重大疾病而生活陷入困境者的救助频度和力度，切实保证社会保障对农村居民消费的正向影响作用得到有效发挥。

参考文献：

[1] Melvin. Job Loss Expectations, Realization, and Household Consumption Behavior [M]. NBER Working Paper, 2003: 9508.

[2] Feldstein, M. Social security, induced retirement, and aggregate capital accumulation [J]. Journal of Political Economy, 1974 (82): 905—926.

[3] Feldstein, M. Social security and saving : new time series evidence [J]. National Tax Journal, 1996 (2): 151—164.

[4] Kotolikoff. Health Expenditures and Precautionary Saving [M]. NBER Working Paper, 2008: 1986.

[5] Engen and Gruber. Unemployment Insurance and Precautionary Saving [M]. NBER Working Paper, 1995: 5252.

[6] Hubbard, Skinner and Zelds. Precautionary Saving and Social Insurance [J]. Journal of Development Economics, 1995 (66): 23—49.

[7] 朱雨可. 社会保障制度变迁对我国居民消费行为的影响 [J]. 消费经济, 2006 (1).

[8] 陈树文. 社会保障拉动需求增长的理论分析 [J]. 大连理工大学学报 (社会科学版), 2003 (4).

[9] 尹宗成, 张士云, 李冬嵬. 中国农村居民消费的影响因素 [J]. 消费经济, 2009 (2).

[10] 冉净斐, 贾小玫. 农村社会保障制度健全与消费需求增长: 一个理论框架 [J]. 社会科学辑刊, 2004 (4).

[11] 谢文, 吴庆田. 农村社会保障支出对农村居民消费的影响的实证研究 [J]. 财经理论与实践, 2009 (5).

[12] 尹华北, 张恩碧. 社会保障覆盖率对农村居民消费的影响研究 [J]. 社会科学, 2011 (7).

[13] 荣泰生. AMOS与研究方法 [M]. 重庆大学出版社, 2009.

[14] 杨继生, 司书耀. 政策环境变迁与农村居民收入和消费意愿的动态变化 [J]. 中国农村经济, 2011 (7).

(作者单位: 中南林业科技大学)

文化体制改革必须切实贯彻积极稳妥推进

毛青山

本文是我个人在文化体制改革实际工作中的一些见闻和所思所想的归纳，和大家一起交流，观点不敢代表官方，一孔之见，文责自负。内容分三个方面：一是文化体制改革的必要性；二是改革的基本内容和要求；三是如何积极稳妥推进改革。帽子大，内容多，我只是择要分述。

首先讲一讲文化体制改革的必要性。始于10年前的我国文化体制改革于业内人士早已不新鲜，但于我们部分教师和相当一部分学生可能还有些陌生，因此谈谈文化体制改革的必要性也有必要。我们说，改革不是一种时髦，它是一种内在需要。从哲学上讲，世界总是处于不断变化中，任何一种规则实际上都处于客观环境的不断变化与规则本身需要相对稳定的矛盾对立状态，也就是说，从精确性来分析，一项规则在制定时，就已经超前或过时。当然这只是本质意义上的东西，不能作为实践上的理解。套用时下一句流行的政治术语，反腐败和作风建设永远在路上，我们说，任何领域的改革创新也永远在路上。道理其实很简单，不断变化发展的环境必须同与之相适应的规则两相统一。当然，这种改革创新分为隐性和显性两种模式。马克思说过一句著名的绕口令，号称“两个绝不会”——老人家在1859年写的《〈政治经济学批判〉序言》中提出“无论哪一个社会形态，在它所能容纳的全部生产力发挥出来以前，是决不会灭亡的；而新的更高的生产关系，在它的物质存在条件在旧社会的胎胞里成熟以前，是决不会出现的”。这一重要思想既阐明了社会形态的持续变化，也告诉我们：狭义的、显性的体制改革其实是分阶段的，也是有节点的，天天在改，或者朝令夕改，大家如何适应？那规则还有什么价值和意义？

但是，我们当下面临的环境，就是一个必须积极推进显性改革的历史端口。而文化体制改革更是兼具以下前提：大环境急剧变化需要同步适应，文化作为精神的范畴，在我们这样一个社会主义国家，必须同执政党的主流意识形态、经济社会发展的现实状况、中华民族自身的文化特质相适应。经济、政治、文化、社会和生态文明建设各元素共为一体，相互影响。环境都发生了巨大变化，文化体制改革就势在必行。那么，相对于改革开放之初，环境变化具体体现在哪些方面呢？这里，我仅从一个普通人的视角来观察：1. 改革开放带来了国门外的各种文化，异彩纷呈，令人半羞半喜眼花缭乱；2. 思想解放带来了行为上的自由奔放，“随心所欲，不逾矩”的包容政治让人们可以基本不受拘束地创造、传播和消费文化；3. 教育的广泛普及和经济高速发展让人们对文化消费既更加渴求又更具备条件，不是说人均收入3000美金文化消费就会井喷吗？这种观点其实学术了一点，但也说明了仓廪实而知礼节的道理，有了一定物质基础，就有了重视精神享受的条件；4. 一系列政治经济改革的法律法规和举措也要求文化体制改革与之相适应，这个很好理解；5. 交通和科技的发展使得丰富多彩的文化消费尤其是文化选择成为可能。

第二个问题：改革的目标、内容和要求。中央和湖南省就此有专门的文件，阐述得很清楚。单单就推进文化产业发展，国务院和有关部委就出台了《关于加快文化创意产业发展的若干意见》《关于加快对外文化贸易的实施意见》《关于进一步支持经营性文化事业单位转企改制和文化企业发展的若干政策》等一系列文件。文件出台是基础，贯彻落实是关键，还有很长、很艰难的路要走。

最后一个问题，就是如何积极稳妥推进改革。刚才讲到，我国的文化体制改革早在10年前就已经有序展开，而且已经取得相当的成果，这对文化发展起到了极大的推动作用，大家其实都能明显感受得到。我个人觉得，第一阶段的改革任务已经完成，现在面临的是如何进一步完善制度、推进改革的问题。坚持问题导向才能找准突破口有的放矢，目前仍然制约我国文化发展的体制机制障碍有哪些？不需要我从理论上进行归纳，那样的资料网络上浩如烟海。在这里我只讲4点不足：第一，行政体制上，管办分离的问题并未完全解决——享誉世界的爱丁堡艺术节也只是官方出点钱委托民间举办，行政和综合执法的关系还没有得到根本理顺，这一点在市县文化部门工作的同志体会最深，深层次的原因大家可以做些分析；第二，公共文化服务体系建设任重道远，软硬件还不能充分满足老百姓的需求，政府职责的履行没有完全到位，欠账不少；对所谓的公益二类文化单位的扶助定位与标准还不十分明确更没有制度化，讨奶吃的现象还很常见；第三，国有经营性文化事业单位转企改制不彻底，一系列遗留问题仍然困扰着单位的发展，企业经营者犹如带着镣铐的舞者。这些问题在广电、出版这些曾经通过垄断经营形成了“资本原始积累”的领域体现不十分明显，有些矛盾和问题被相对宽裕的经费所掩盖了，但对传统的“小文化”领域，问题就很突出；第四，文化产业发展优惠政策的出台遭遇部门阻力和行业攀比，政策的可操作和落实方面还不尽如人意，民营文化企业的发展更大程度上仍然处于自生自灭的状态，新的业态还不够丰富和红火，一些领域缺乏有效管理——如艺术品市场之真伪、价位和股票证券式交易等问题就没有得到合理解决，动漫作品的省际财政补贴角力带来不公平竞争的现象。

事实上，党委和政府的系列文件已经对如何推进文化体制改革做出了明确、系统的安排部署。我这里仅就个人的一些学习体会，说几句“题外话”：第一，执行者要注意准确把握，切忌生搬硬套简单贯彻。文化体制改革有个范围，单就文化的概念而言，就有无数种，文化的外延谁能说清？——可以说，最大的是人类文明，最小的恐怕就是认识字。这里的文化是比较狭义的文化，还没到政治经济文化社会生态这样宽泛的范畴，是社会分类管理中的“中文化”的范畴。第二，文化体制改革要全方位推进。体制改革是行政管理体制、公共服务体系建设、文化产业发展和与之相关联的管理模式与规则的混合体。第三，制定具体措施需要反复调研和分析，切忌闭门造车。不同阶段、不同地区、不同领域都会有很大差别。即使是文化产业也处于国家鼓励发展阶段，虽然是市场行为，但还比较脆弱。第四，改革推进一定不能操之过急，时间表任务书固然要有，路线图不可以画得太简单，因为简单的要求必然隐含着矛盾，靠喊口号是不解决问题的。最后一点：要重视文化产品的特殊性，它有同物质产品一样的市场属性，但作为精神产品，又必须与精神文明的各项要求相一致，要在实践中有机统一起来，对产品提供者而言，也是一道必须认真回答的题目。那些鼓吹民族分裂、反动迷信、色情淫秽的东西万万不可。

总之，文化体制改革虽取得了阶段性成果，但仍然在探索实践中，需要集思广益，全社会共同参与、一起努力。

（作者单位：湖南省地方志编纂委员会）

校企合作视域下职业教育体制改革
高技能人才培养的问题与对策

水战红

一、校企合作是加强高技能人才培养的必然选择

一个企业要有高精尖的产品，要有核心竞争力，很重要的一点就是企业要培养一支高技能人才队伍。培养高技能人才，教育是基础，职业教育特别是高等职业教育是其主要的途径。校企合作培养高技能人才，就是要利用学校和企业两种不同的环境和资源优势，采取学校教育与企业生产实践相结合的方式，最大限度地满足企业对技能人才素质的要求，最快速度提高职业院校学生的岗位适应能力，有效缩短高技能人才培养周期，使学校培养目标和企业需求紧密对接。校企合作的核心就是解决技能人才培养与企业生产实际需求之间存在的矛盾，这是校企合作的客观基础。因为企业最了解职业岗位群的职业需求，与企业合作能够有效地促进人才培养模式的创新，能够确立适应社会需要的人才培养质量标准。企业的参与使课堂教育能够随时反馈职业技术、技能的发展变化，及时调整和更新内容，可以有效打破教育的自我封闭、脱离社会的局面，高效率、高质量地推进职业教育的发展。

国内外大量职业教育实践证实，校企合作是促进职业教育持续健康发展，培养高技能人才的有效途径。其中尤以德国的“双元制”、美国的“合作教育”、英国的“工读交替”、日本的“产学合作”和澳大利亚的 TAFE 等模式为世人所称道。以英国的“工读交替”模式为例，它要求学生在开展职业培训过程中，以工读交替的形式跟随企业师傅进行一定年限的顶岗工作。而德国的“双元制”职业教育模式在世界上享有盛誉，被誉为创造德国经济奇迹的“秘密武器”。它要求企业承担职业教育的大部分经费和负责学生职业技能方面的专门培训，学校则负责传授与职业有关的专业理论和普通文化知识。

当前，随着经济全球化趋势深入发展，经济结构调整不断加快，高技能人才的严重短缺已成为阻碍我国产业升级的瓶颈，传统的高技能人才培养工作正面临着不能适应经济社会持续发展的严重挑战。在人才市场上，普遍存在青年大学生求职难，而各行业又急需或紧缺大批与之适应的高技能人才的结构性矛盾。这种矛盾存在的主要原因就在于：职业院校的专业设置与产业发展的岗位实际需求不相匹配；企业对人才技能水平的要求与学校形

成的技能培养能力不相匹配：社会的就业、教育、产业等资源未能得到有效整合。也就是说，由于缺乏校企合作与沟通的有效机制，教学与生产相分离，学校教的不一定是生产中要的，而生产中最需要的学生又不一定学过、练过，这种“学斋式”的闭门办学模式难以实现与企业生产的“无缝对接”。要破解这一难题最有效的方法就是走校企合作之路。为此，2006年4月中共中央办公厅、国务院办公厅印发了《关于进一步加强高技能人才工作的意见》，要求加快培养高技能人才，并特别提出要“建立高技能人才校企合作培养制度”。

二、校企合作培养高技能人才的现状及问题分析

校企合作模式是我国高等职业教育改革和发展的必然方向，是高职院校实施高技能人才培养的根本之路。近年来，随着国家对职业教育的日益重视，市场经济的快速发展，职业院校在校企合作培养高技能人才方面进行了大胆的探索和改革，取得了明显的成效，但在校企深度合作上还存在不少障碍和一些亟待解决的问题。

（一）校企合作的有效机制尚未建立

政策是校企合作教育的制度保障。虽然，我国现在高度重视校企合作教育，并有宏观的政策导向，但缺乏具体可操作性的财政和政策、法规的支持，缺乏具有现实指导意义的纲领性文件以及鼓励企事业单位积极参与职业教育的具体政策法规。政府还没有出台校企合作对企业的奖励机制，对校企合作中的企业利益保障不够，没有专门的校企合作协调机构来负责监督、考核和推行校企合作工作，以致一些地方只把校企合作停留在口头上。因此，“政府呼声高、促进措施滞后”是影响推进校企合作的关键问题。如何建立科学完善的校企合作教育政策与制度体系，将是各级政府、职业院校及企业等各个层面当前乃至今后一个相当长时期内的重点工作。

（二）校企双方难以真正形成互动双赢局面

校企合作的原则是双方参与、互惠多赢。校企双方的合作就是双方利益平衡点的寻找与把握。在市场经济的条件下，企业最大的目的是追求更高的经济利润，追求经济效益的最大化，这使得企业不愿意与学校合作，因而校企合作成为许多职业院校一厢情愿的单相思。即使参与了合作办学的企业积极性也不高，内在动力不足，总想着由别的企业为自己输送优秀的高技能人才，捡现成的“宝贝”，与学校合作只限于企业招干活的工人，缺少在整个人才培养过程中的“产教融合”。在校企双方合作的过程中，由于缺乏利益驱动的机制和具体的实施细则，最终校企双方特别是企业一方无利可图，致使校企双方的深度合作难以为继。作为校企合作主体之一的企业，并没有参与到教学改革中来，企业没有对学校的人才培养过程产生实质性影响。目前的合作多是短期的、不规范的、靠感情和人脉关系维系的浅层次合作，未能形成统一协调的、自觉的整体行动。

（三）职业院校的内涵建设及教学管理现状影响合作开展的深度

合作企业对学校的信誉品牌、学生培养质量，以及教学管理体系的创新有着较高的要求。目前一些院校的专业设置、培养方式、课程建设等与企业需求不符，大众化和学科化等僵化、落后的传统教学模式影响着校企合作的培养方式，让校企合作产生隔阂。学生在

校所学知识、技能与现代企业要求相差甚远，加之学生素质的下降，使得职业院校学生进厂后不能独当一面，很难达到顶岗实习的要求，影响了企业对校企合作的积极性。另外，校企合作人才培养的评价、学分认定、教学计划制订等存在一定的难度，也是影响校企合作深化的一个重要原因。

（四）校企之间缺乏有效的沟通机制

由于我国的校企合作职业教育还处在探索的过程中，因此企业和职业院校的沟通机制还很不健全。目前，我国的校企合作在运行中主要涉及的只有学校和企业，我国政府还没有建立第三方的协调、监督与服务的机构，使得我国欠缺支持校企双方进行沟通的有效机制。职业院校对市场和企业不了解，企业对职业院校也很陌生，双方关注的都是各自内部的发展状况，与对方的沟通少，更谈不上较深的良好合作。由于没有校企合作的有效机制和相应的组织机构，校企各自为战，难以产生真正的合作效应。

三、深化教育体制改革，加强校企合作培养高技能人才的对策

市场经济条件下的校企合作要实现多赢，必须确立和遵循互利互惠机制，才能使校企合作不断有生命力和不断向前发展。企业能从学校得到什么？学校又能从企业得到什么？回答好这两个问题，才是校企每一次合作的基础。

（一）建立校企合作培养高技能人才的有效工作机制

充分发挥政府在校企合作中的主导作用。从国外校企合作的成功经验看，政府行政介入为校企合作建立制度和桥梁，促使企业主动参与职业教育，是解决校企合作共同培养高技能人才问题的关键。如德国的“双元制”，以及加拿大、美国社区学院等职业教育体系均是政府行政介入下的校企合作教育。这就要求我国政府要成立由政府主导的高技能人才校企合作培养协调指导委员会，建立政府有关部门、行业、企业、学校共同参与、协调推动的工作机制，统筹规划当地的校企合作，指导和协调校企合作的有序开展。政府应搭建校企合作对接和信息沟通的平台，使校企双方多层次、多角度进行沟通，应统筹管理各类公共实训资源，大力推动公共实训中心建设。通过政策引导挖掘企业或学校可供利用的实训资源，建立覆盖一定区域范围的实训资源协作服务平台和协作服务网络，为校企合作培养人才创建充足的实训环境提供服务，把公共实训中心建设成能承担培养高技能人才的培训基地。充分调动职业院校、企业的能动作用和积极性。各职业院校要建立由企业、行业和院校等相关人士参加的校企合作培养咨询委员会，建立各项规章制度，加强组织管理，指导校企合作各个环节的工作，协调解决各种问题，保证校企合作工作的正常运转。企业应结合对高技能人才的实际需求，把校企合作培养高技能人才纳入企业发展总体规划，积极发挥企业技术、设备、信息等资源优势，与职业院校共同做好人才培养、专业开发、专业建设、课程改革、实训基地建设、教师到企业实习锻炼等工作。

（二）建立评价体系和激励机制

制定科学的校企合作评价标准，设置严格的评价程序，对校企合作进行全方位的评估。建立校企合作激励机制，充分运用政府投入和政府激励两种措施，保护和激励校企合作培养高技能人才的积极性。设立校企合作专项基金，奖励校企合作取得优异成绩的企业

和职业院校。对积极开展校企合作，承担职业院校学生实习和教师培养成效显著的企业，给予表彰、奖励，在重大项目上给予优先支持。对积极开展校企合作，实施产教结合，并在高技能人才培养方面作出突出成绩的职业院校，给予表彰、奖励，优先推荐为全省、全国职教先进单位，并在实训基地建设方面给予重点经费支持。

（三）创新校企合作的基础管理工作

职业院校要瞄准企业对高技能人才的需求，练好内功，强化和拓展自身的服务功能，壮大办学实力，改进教学过程，提高培训成果。要关注专业领域最新技术发展，及时调整课程设置和教学内容，突出专业领域的新知识、新技术、新工艺和新方法；要创新制度建设，根据办学实际需求实行灵活的学籍管理和教学管理制度，探索与企业分段式、交叉式培养模式，能依据企业需要及时调整教学计划，或者采取弹性学制、学分制、模块式、课题式等多种方式实施培养：要创新教师教学业绩和实践能力的评价体系，注重学研产结合，采用多种方式激发教师参与企业实践的积极性，提高校企合作的效果。

（四）完善校企合作的保障机制

目前校企合作教育持续发展的动力不足，与我国缺乏可操作性的政策法规有直接关系。当务之急，一是政府要加大财政投入，重视校企合作教育研究，继续加强和规范职业教育，真正把职业教育和基础教育、普通高等教育放在同等重要的地位来培养和扶持。二是要借鉴国外的先进经验，制定相关政策法规。如明确规定企业有为职业教育服务的责任和义务，同时充分考虑企业的经济利益，对承担校企合作任务的企业予以税收减免和其他优惠；在职业院校中全面引进实施职业资格证书制度，并逐步推行就业准入制度，加强职业教育与劳动就业的联系，要求劳动者在就业前或上岗前接受必要的职业教育；政府要为职业院校和企业合作提供便利，如搭建合作平台，组织校企合作论坛等，逐步形成政府引导、市场运作、校企联动、合作共赢的校企合作机制。

实践证明，成功的合作是建立在互惠互利的基础上的，单向的援助或过分依赖往往不能稳定和持久。职业院校应不断更新校企合作理念，探索和创新校企合作模式，提高自身的教学和科研水平，形成足以吸引企业参与合作的实力和魅力，主动地全方位多层次地为企业服务。政府部门应不断完善校企合作的保障机制，从政策、法规和人力、物力、财力上给职业院校以强有力的扶持。高技能人才必将成为我国社会主义现代化建设的一支重要的生力军！

参考文献：

[1] 石丽敏．国外校企合作办学模式的分析与研究［J］．高等农业教育，2006（12）：81—84.

[2] 于长东．国外高等职业教育产学合作的典型模式及借鉴［J］．辽宁农业职业技术学院学报，2003（12）：37—43.

[3] 姜立之．职业院校校企合作存在的问题与对策探析［J］．职教论坛，2009（8）：56—57.

[4] 陈少华，张立．关于职业院校“校企合作”的若干思考［J］．江西教育科研，2007

(11)：50—51.

[5] 董焕和，蔺树亮. 加强校企合作培养高技能人才. 职业与教育 [J]. 2009 (2)：38—39.

[6] 洪贞银. 高等职业教育校企深度合作的若干问题及其思考，高等教育研究 [J]. 2010 (3)：58—63.

（作者单位：湖南机电职业技术学院）

“自学成才”的湖南答卷

王　毅

湖南文化体制改革始于2006年，至今已近10年。10年来，我省按照中央确定的时间表、路线图和任务书，积极推进各个领域的文化体制改革，全面、如期完成了阶段性改革任务。通过改革，精神文化的引领作用得以发挥，文化生产力得以释放，多层次的文化需求基本满足，体制机制障碍逐步破除，公共文化服务基本实现全覆盖，文化产业得到迅速发展。据省统计局估算，2014年全省文化产业增加值约1558亿元，较2006年增长3.6倍，占GDP比重约5.7%。2013年至2014年，上海交通大学连续两年发布中国文化产业发展指数报告，湖南均入选全国文化产业发展十强。

一、湖南文化改革发展基本情况

一是推动了机制倒逼体制的广电改革。通过自下而上的机制倒逼和自上而下的行政倒逼，完成了局台分开，接着又完成台和公司分开，通过改革解放了文化生产力。湖南广电保持了改革创新的强劲势头，推出了“我是歌手”“爸爸去哪儿”“花儿与少年”等很多“现象级”节目，让人耳目一新。在世界品牌实验室最新发布的2015“中国500最具价值品牌”排行榜中，湖南广播电视台继续保持省级广电第一，位列传媒业第4位。

二是推动了体制带动机制的出版改革。2004年，湖南出版实现政企分开，完成整体转企，实现整体上市，募集资金43亿元，中南传媒获得董事会奖、董事长奖，并成立全国文化行业首家财务公司，获文化行业首个金融牌照。全省7家需转企改制的地方和高校出版社全部完成任务。经中宣部和国家新闻出版总署批准，我省纳入第一批和第二批体制改革的非时政类报刊出版单位共64家，已全部完成改革任务。

三是推动了民营激活国有的文艺院团改革。全省90家国有文艺院团，除中央确定保留事业单位性质以外，需要体制改革的院团全面完成任务。以长沙琴岛、红太阳为代表的民营演艺团体迅速壮大，同城竞争，激活了国有院团。新机制催生新活力，国有文艺院团演职人员积极性提高、演出场次增加、职工收入增加，对比改革前后两年的数据，改革后演出场次、经营收入分别增加了1248场、1500多万元，职工月收入增加300元以上。

四是推动了以资本为纽带的网络整合改革。全省109家有线电视网络单位，已有101家完成资本整合，实现了标准、业务、管理、运营四统一，既完成了网络整合的改革任务，又进行了双向网络技术改造，进一步明晰了产权，为新业务的研发提供了人才、技术、资金支撑。

五是推动了融合应对变化的新闻网站改革。全省 6 家拥有一级新闻资质的新闻网站主动改革。华声在线积极探索新媒体与传统媒体融合，进入全国 10 家重点新闻网站改革名单。红网以股份制方式组建，以整体上市为提升，以市县分站为延伸，成为地方新闻网站改革典型。

六是推动了服务提升效益的文博改革。湖南省博物馆通过内部人事、分配和社保三项改革，把提供优质公共服务作为改革目标，实现全程服务、全员围绕服务，每年观众 160 万，在全国 83 家一级博物馆中综合排名第二。

七是推动了定位牵引转型的文化行政改革。湖南文化管理改革的重要特点是，积极推进管理方式改革，加快政府职能转变，科学把握政府与市场的定位，较好地构建了新的党、政、事、企、资多重关系。完成全省 14 个市（州）、122 个县（市、区）的文化市场综合执法改革，整合市县两级原有的文化、广电和新闻出版行政机构，成立了新的文化行政责任主体和文化市场综合执法机构。省级层面，省新闻出版广电局也已经于 2014 年 8 月正式挂牌。

二、省管国有文化资产管理体制改革情况

党的十八届三中全会召开以后，围绕中央关于文化体制机制创新的新要求，我省着力推动了省管国有文化资产管理体制改革。

一是组建“四管相统一”的国有文化资产监管机构。根据十八届三中全会关于“建立党委和政府监管国有文化资产的管理机构，实行管人管事管资产管导向相统一”的要求，湖南启动了国有文化资产监管体制改革，省委、省政府出台了《深化省管国有文化资产管理体制改革方案》，在省一级组建了省国有文化资产监督管理委员会，由省委常委、宣传部长和分管副省长任省文资委主任；省委宣传部分管副部长任副主任，省委组织部、省财政厅、省人社厅、省国资委等相关部门为成员单位。省政府授权省文资委履行出资人职责，监管省管国有文化企业。在省文资委下设办公室，按照“编随事走”的原则，将省财政厅内设的省级国有文化企业资产监督管理领导小组办公室划归省委宣传部，在省委宣传部层面实现了“四管”相统一。

二是优化国有文化资源配置。按照政府推动与市场主导相结合、壮大规模与提升效益相结合的原则，我省遵循文化产业发展规律，推动国有文化资源整合重组。以湖南广播电视台、湖南日报报业集团、湖南出版投资控股集团为企业龙头，将潇湘晨报社和长株潭报社（现属湖南出版投资控股集团有限公司）、法制周报社和金鹰报社（现属湖南广播电视台）等报刊社，划归湖南日报报业集团有限公司管理；将湖南教育音像电子出版社（现属湖南省教育厅）、湖南地图出版社（现属湖南省国土资源厅）等出版单位，划归湖南出版投资控股集团有限公司管理；整合湖南广播电视台相关可剥离经营性资产和芒果传媒有限公司，组建湖南广播影视集团有限公司。通过将国有文化资源向优势企业集中，发挥后者的品牌、资本、人才、管理、市场、技术优势，进一步放大国有文化资源的优势和规模效应，减少同质同构恶性竞争，最大化地发挥国有文化资源的能量，实现国有文化资产的保

值增值。

三是建立有文化特色的现代企业制度。一方面创新制度设计。正在推进的改革设计方案，将进一步完善管理运行体制，确保党对意识形态主阵地的领导和正确的舆论导向。湖南日报社和湖南日报报业集团有限公司、湖南广播电视台和湖南广播影视集团有限公司分别采取“一个党委、两个机构、一体化运行”的管理模式。厘清事、企单位职责：湖南日报社、湖南广播电视台为事业单位，履行党报党台的新闻宣传和舆论引导职能；湖南日报报业集团有限公司、湖南广播影视集团有限公司为企业集团，主要做好产业经营，提高企业的核心竞争力，壮大综合实力，确保国有资产的保值增值。内设机构“去行政化”：集团公司的内设机构和二级单位，由公司根据事业发展需要设置，不再确定行政级别，相关管理人员列入管理岗位和专业技术职务序列，与行政级别脱钩；社和台的内设机构、二级单位的管理则仍按事业单位管理办法执行。薪酬实行“参照执行”：湖南日报社和湖南广播电视台内设机构与集团公司内设机构重合，社、台员工和集团公司员工实行同一用工和薪酬管理制度。

四是健全国有文化资产监管制度。为确保文化企业发展的正确方向，省委、省政府下发了《关于进一步改革和完善省属国有文化企业领导人员管理方式的意见》，明确干部管理权限：董事长、党委书记和总经理由省委管理；分管内容生产和导向的经理层副职由省委委托省委宣传部管理；其他副职领导人员（含总会计师）由企业董事会和党委管理，报省委组织部、省委宣传部备案。今年还将出台国有文化资产管理办法、国有文化企业负责人经营业绩考核等制度，进一步推动省管国有文化企业加强党的建设，落实党风廉政建设党委主体责任和纪委监督责任，建立健全党委领导与法人治理结构相结合的管理体制。

五是积极对接落实中央文件政策。围绕落实文化产业有关政策，出台了《关于加快文化创意产业发展的若干意见》《关于加快对外文化贸易的实施意见》《关于进一步支持经营性文化事业单位转企改制和文化企业发展的若干政策》等。为把文化改革发展的政策落到实处，反复和相关部门对接，尽力落实财税、土地变性、投融资、社保、工商登记等方面优惠政策。

通过深化改革，有效理顺了省管国有文化资产管理体制，保证了党对国有文化企业重大事项的决策权、资产配置的控制权、宣传业务的终审权、主要领导干部的任免权，确保党对意识形态主阵地的领导。通过深度整合重组，发挥了报业、广电、出版等集团在各自领域的“先发优势”，做大做优产业版图，进一步壮大了国有文化企业规模，增强了市场竞争力。新的体制机制，赋予省管国有文化企业在资源配置、融资投资、员工聘用、薪酬分配等方面更大的自主权，进一步激发了文化企业的创造活力和内生动力。

三、湖南文化改革发展中存在的主要问题

（一）全国文化行政管理体制缺乏统一模式

文化行政管理体制改革一直在推进，但由于没有统一模式，各地在机构设置、人员编制配备上存在较大差异，不同的地区，文化单位内设机构名称不一样、职能分工也不一样。比如改革办和文产办的设置，在各地都有不同的模式。这既不利于上级统筹工作，也

不利于各地对接工作。在推进国有文化资产监管体制改革中，由于没有统一模式，增加了改革的协调难度。

（二）国有文化企业的特殊性与国有企业一般性的矛盾

在全面深化改革的大局下，国有企业领导人员的管理体制改革正在按照"国有企业领导人员专业化、去行政化"的精神有序推进。而国有文化企业因其意识形态属性，既不能完全按照一般国有企业的模式来改革，又没有文化企业管理干部怎么管、管多少的具体界定。因此，在完善国有文化企业领导人员管理方式的过程中，协调的难度很大。

（三）深化改革难度加大与涉改单位改革意识不强的矛盾

全国文化体制改革已经走过了10年历程，取得了很多成效，文化单位和外界对文化体制改革也越来越认可、越来越欢迎。但是，当改革步入"深水区"，触及利益时，部分涉改单位还是难以积极主动地接受、推动改革。面对越来越难的改革，还需要相关部门和文化单位进一步树立大局意识和责任意识。

四、湖南文化体制改革发展的对策措施

文化体制改革既涉及经济基础又涉及上层建筑，政治性、政策性强，敏感度、复杂度高。但无论任务有多重、压力有多大，我们都要牢固树立政治思维、阵地意识，坚持以人民为中心，以问题为导向，以创新为动力，坚定不移地把文化改革发展推向前进。

（一）摆上突出位置，落实工作责任

各级党委和政府要切实担负起政治责任，深刻认识到深化文化体制改革是解放发展文化生产力、满足人民日益增长的精神文化需求的必由之路，是加快建设文化强省、提升湖湘文化软实力的根本途径，是转变经济发展方式、推动经济社会持续健康发展的重要引擎，认真贯彻中央和省委关于深化文化体制改革的决策部署，加强对文化改革发展工作的组织领导、战略谋划、统筹协调，真正按照党的十八大提出的"五位一体"总布局的要求抓好文化建设。各级党委宣传部门要发挥好牵头协调作用，文化改革发展领导小组各成员单位要按照任务分工，切实履职尽责，形成各尽其能、各负其责、相互支持、相互配合的良好工作格局。在改革过程中，要充分发挥党的政治优势，做好深入细致的思想政治工作，处理好改革发展稳定的关系，发挥广大文化工作者主力军作用，为敢于改革、善于改革的人提供舞台，充分调动人民群众参与改革、支持改革的积极性，形成推进文化改革发展的正能量。

（二）健全政策措施，提供有力保障

政策法规是最好的指挥棒，能够有效激发文化改革发展的动力和活力。这些年，从中央到省里，再到各地各部门，出台了一系列推进文化改革发展的政策措施，切实用好用活用足。当前要重点跟踪经营性文化事业单位特别是国有文艺院团转企改制后的发展问题，切实兑现优惠政策，确保已有的各项政策措施落到实处。同时，要根据新的形势要求，加强与中央有关部门的对接，进一步完善文化经济政策，制定和完善改革配套政策，研究出台促进文化发展的财税、金融、社保、土地等新措施，发挥好政策的杠杆作用。要研究鼓励促进中小文化企业发展的有效办法，发挥好即将挂牌成立的湖南文化企业担保公司的作

用，加大对中小文化企业的扶持力度。

（三）增强问题意识，着力创新求解

问题是时代的声音。改革的过程，就是不断解决问题的过程。随着文化体制改革进入攻坚期和深水区，面临的矛盾和问题将更加尖锐、更加复杂。应该以逢山开路、遇河架桥的精神，大胆创新，努力加以解决，决不能因为“上面没有指令、过去没有先例”就绕着走、拖着办。要着重加强对事关文化改革发展全局性前瞻性战略性问题的研究，正确处理好政府、市场、社会的关系，处理好经济效益与社会效益的关系，处理好意识形态属性与文化产业属性的关系，不断提高推动文化改革发展的能力和水平。

（四）坚持真抓实干，狠抓任务落实

现在，中央和省委关于文化改革发展的目标任务十分明确，关键是抓好工作落实。要按照党的群众路线教育实践活动要求，坚持求真务实，反对形式主义和官僚主义，以好的作风推动各项任务的落实。要增强工作的积极性主动性，坚决防止被动应付、推一下动一下甚至推了还不动的现象，以“踏石留印、抓铁有痕”的精神，把工作往深里做、往实里做。要加强督促检查，对每一项重点工作都要有计划、有抓手、有考核，把原则要求变成实实在在的工作项目，明确责任书、时间表、路线图，采取“人盯项目”的办法，一抓到底、抓出成效。

（作者单位：湖南省社科院）

论人民民主的制度化、法律化、法治化

王文兵

改革开放以来，中国共产党深刻总结了中国社会主义建设的历史经验，认为主要有两大历史教训必须记取："一是没有集中力量发展经济，二是没有切实建设民主政治。"[1]因此，党确立了"一个中心、两个基本点"的基本路线，在大力进行经济体制改革的同时，积极推进社会主义民主政治建设的历史进程。人民民主的制度化、法律化、法治化，环环相扣，层层推进，相互支撑，不断深化，构成了中国特色社会主义民主政治建设历史进程的路线图，标志着中国特色社会主义民主政治建设和政治体制改革的纵深推进和全面拓展。

一、人民民主的制度化

改革开放以来，邓小平等中国共产党人虽然常常把民主的制度化、法律化相提并论，但实际上他们首先强调的是民主的制度化。这也符合制度化与法律化之间的逻辑关系。他们强调民主的制度化，主要是针对两个方面的问题。一是针对我们以往制度建设不足的状况以及由此造成的社会政治混乱状况。邓小平说："好多事情我们过去没有经验，已经取得的好经验也没有条理化、制度化，还有很多问题始终没有得到很好的解决，特别是文化大革命期间，林彪、'四人帮'的十年横行，把一切都搞乱了。"[2]二是针对个人专断作风。由于制度不健全，个人专断作风潜滋暗长，长期存在。与个人责任相比，制度是决定性因素，制度的好坏直接影响到个人的行为。邓小平说："我们过去发生的各种错误，固然与某些领导人的思想、作风有关，但是组织制度、工作制度方面的问题更重要。这些方面的制度好可以使坏人无法任意横行，制度不好可以使好人无法充分做好事，甚至会走向反面……不是说个人没有责任，而是说领导制度、组织制度问题更带有根本性、全局性、稳定性和长期性。"[3]

改革是社会主义制度的自我完善和自我发展。制度建设始终是改革的一个重大任务。改革开放以来，党始终把制度建设摆在突出位置，不断强调制度建设的重要性、迫切性和优先性，始终坚持把实践中已见成效的方针政策及时上升为党和国家的制度，不断强化、深化和细化各项制度建设，不断推进制度体系建设。党的十三大报告指出："应兴应革的事情，要尽可能用法律或制度的形式加以明确。这样才能形成政治、经济和社会生活的新规范，逐步做到：党、政权组织同其他社会组织的关系制度化，国家政权组织内部活动制度化，中央、地方、基层之间的关系制度化，人员的培养、选拔、使用和淘汰制度化，基层民主生活制度化，社会协商对话制度化。总之，应当通过改革，使我国社会主义民主政治一步一步走向制度化、法律化。这是防止‘文化大革命’重演，实现国家长治久安的根本保证。”[4]习近平指出：“我们要坚持以实践基础上的理论创新推动制度创新，坚持和完善现有制度，从实际出发，及时制定一些新的制度，构建系统完备、科学规范、运行有效的制度体系，使各方面制度更加成熟更加定型，为夺取中国特色社会主义新胜利提供更加有效的制度保障。”[5]十八届三中全会强调：“坚持用制度管权管事管人，让人民监督权力，让权力在阳光下运行，是把权力关进制度笼子的根本之策。”[6]

当代中国共产党人愈益深刻认识到制度建设的深远意义，经济体制改革、政治体制改革和社会管理体制改革等，其中心内容之一就是建立健全各种制度，实现民主的制度化，“从制度上保证党和国家政治生活的民主化、经济管理的民主化、整个社会生活的民主化，促进现代化建设事业的顺利发展。”[7]在当今全面深化改革的历史时期，我们尤其需要深刻把握深化改革与制度建设的互动关系。一方面以改革促进制度建设，通过深化改革，形成系统完备、科学规范、运行有效的制度体系，使各方面制度更加成熟更加定型；另一方面以制度的力量和权威凝聚改革共识，为深化改革奠定良好的制度基础和保障。正如有学者所说，制度所蕴涵的核心价值，所具有的引导、教化、激励和惩戒功能及其可预期性、可重复性、可操作性、可救济性、可持续性等优势可以凝聚转型时期的社会共识，使不同利益主体求同存异，依法追求和实现自身利益最大化。[8]我们必须善于将制度建设与改革实践有机地结合起来，使改革走上制度化轨道，使制度建设不断获得新的动力，以实践基础上的理论创新不断推动制度创新和制度优化，为民主的法律化、法治化提供坚实宽广的制度基础和保障。

二、人民民主的法律化

在强调民主的制度化的基础上，邓小平等中国共产党人更为强调的是民主的法律化，其针对的问题主要包括以下几个方面：一是基于以往“大民主”的历史教训。“文革”时期，大搞群众运动，提倡“大鸣、大放、大辩论、大字报”，以致到了“踢开党委闹革命”“砸烂公检法”的极端地步，以革命的名义破坏了正常的社会秩序，造成了严重的内乱。二是针对权大于法、以言代法和无法可依、有法不依的现实状况。由于新中国成立以来我们长期对法制建设很不重视，法制很不完备，致使在很多问题上无法可依，形成了权大于法、以言代法的社会政治局面。三是针对党政不分的政治体制。由于新中国成立以来我们建立了一种高度集中的政治体制和长期实行党的一元化领导，以致人们普遍把党和政府混同起来，形成了党政不分、以党代政的现象。邓小平强调民主的法律化，一个重要目的就是要实现党政分开。坚持党的领导不等于党要直接管理一切，干预太多，搞不好倒会削弱党的领导。坚持党的领导必须改善党的领导。党善于领导主要表现为“四个善于”：善于使党的主张通过法定程序成为国家意志，善于使党组织推荐的人选通过法定程序成为国家政权机关的领导人员，善于通过国家政权机关实施党对国家和社会的领导，善于运用民主集中制原则维护中央权威、维护全党全国团结统一。[9]

制度和法律虽然同属社会规范的形式，都是一个国家的某种公共意志的集中体现，但严格说来，制度和法律还不完全是一回事，而是有重大区别的，既有逻辑层次上的区别，又有实质内容上的区别。从逻辑上说，制度是法律的基本前提，没有制度，就不可能有法律；法律只是制度的一种表现形式，既是制度的法律形式，又是制度的法律保障。从实质内容上说，制度与法律的主要区别在于：第一，实施主体不同。实施法律的主体是立法、司法和执法等法律专门机构，而实施制度的主体则是多种多样的，原则上说，任何组织都可以成为制度实施的主体。第二，范围不同。法律的范围一般是统一确定的，而制度的范围则是灵活多变、大小不一且有显隐之别的。制度更具有多层次性、多样性，既包括适用范围很小、规定很细的工作规章制度，又包括适用范围广大、只有原则规定的社会制度等；既包括正式的制度，也包括非正式的制度。按照马克思主义的基本观点，一个社会或国家的经济制度特别是生产资料所有制决定它的政治制度和法律制度并由此决定其具体制度，法律制度介于经济制度与具体制度之间，属于社会制度的中观层面。第三，实施方式不同。制度的实施方式是多种多样的；法律的实施方式则有其专门的法律机构。第四，基本性质不同。作为制度的法律形式和法律保障，法律比制度更具有神圣性、权威性、稳定性、规范性、程序性、专业性、强制性等诸多鲜明属性。

因此，在民主制度化的基础上，再实现制度的法律化，犹如再加了一道保险，不仅是一种使制度合法化的必不可少的程序，而且使制度更加神圣化、权威化、规范化、程序化、标准化、精细化、条理化，更具有针对性、操作性和可适用性。法律制度是现代社会政治经济制度和国家制度的核心制度。一定的社会政治经济制度和国家制度必须通过法律化，才能获得其合法性和法律保障。法律化包含一系列制度化内容，赋予制度化以法律形式和法律保障，同时要求一切制度化内容都必须依法建立，具有充分的法律依据，至少不得与法律相抵触。坚持和发展人民民主，不仅需要实现民主的制度化，还必须实现民主的法律化。把党领导中国各族人民奋斗取得的历史成果及其一系列制度化成果以法律形式予以确认、确立、规范、强化、细化和保障，这是依法治国，建设社会主义法治国家的基本要求和基本前提。就坚持党的领导与民主法律化的关系而言，尤其重要的是正确把握和处理党纪与国法的关系并以一定的法律形式确定下来，形成两者衔接联动、相互保障的机制体制，形成确保党的领导、人民当家作主、依法治国有机统一的法律实践体系。

三、人民民主的法治化

如果说民主的制度化主要针对的是无章可循和个人专断等问题，民主的法律化主要针对的是无法可依、“无法无天”的混乱局面和党政不分、以言代法的政治体制和权力运作方式，那么，民主的法治化针对的问题不仅包括上述两个层面的问题，而且主要是针对法律本身及其实践问题，既包括法律理念、法律原则、法理基础以及对法律的认识、态度、信念等思想理论和价值层面的问题，也包括立法、执法、司法和用法等实践层面的问题，重点是要确立良法并有效规范和治理行使国家权力的法定主体及其活动过程，防止部门利益和地方保护主义法律化，确保立法、执法、司法和用法等都必须恪守以民为本、立法为民理念，贯彻社会主义核心价值观，严格遵守法定程序通过“立改废释”不断完善中国特色社会主义法律体系，严格按照法律规范和法定程序办事。民主的法治化是民主的制度化、法律化的深化、完善化和体系化，旨在达到良法善治，既要不断完善法律体系，更要规范和治理法律主体及其活动过程，既内含民主制度化法律化的实质内容，又要求更为完备的体系化规定和实践操作程序，是法律的价值性和功能性、实体性和程序性、社会性和政治性的内在统一。

法律化既是法治化的基本前提，又是法治化的构成要素，但还不是法治化的全部内容。就是说，法律化还不等于法治化。法律化与法治化的基本区别在于：法律化强调的是要把一个国家的各种社会政治经济关系以及一系列制度化成果以法律形式确定下来并运用法律手段解决产生的问题，突出的主要是法律的工具功能，还不能完全确保法律的内在价值及其合法实践；对待法律的工具主义态度势必产生法律的虚无主义倾向。法治化强调的是要把人民民主以法律形式确定下来并防止其受到来自内外力量的侵犯，把政党、国家、政府、社会组织、群体团体和个人的行为都纳入统一的法治化轨道，确保法律的合法实践，防止出现“不当之法”“法之不当实践”和“法外之民”，突出的是法律的内在价值及其神圣不可侵犯的独立性、统一性、普遍性、权威性以及法律的价值功能和规范功能，强调的是法律的价值合法性和实践合法性及其内在统一。让法律成为人民的共同意志和普遍信仰，坚持法律面前人人平等，普遍善于运用法治思维和法治方式去认识和解决社会问题，化解社会矛盾，维护社会和谐秩序，这是民主法治化的基本精神。法治国家与非法治国家或人治国家的区别不在于其是否有法律，法律是否完备，而在于其对待法律的态度不同，实施法律的主体和结果不同，法律实践的方式不同。法治国家在立法、执法、司法、用法和守法等法律实践的全过程及其各个环节都必须充分体现法律的内在价值和尊严，切实保障公民的民主权利和有序政治参与，实现人民当家作主，而不是仅仅把法律当作治人的手段。人治国家通常也要制定和实行法律，甚至常常是严刑峻法，试图以此限制和规范其统治体系及其成员的随意性，谋求自身统治的长治久安，并不排除法律化，但它只是把法律当作治人的手段，最高统治者总是凌驾于法律之上。就其实质而言，人治是他治，法治是自治。人治和法治的关键区别就在这里。社会主义法治实质上是人民的自我统治、自我管理，是人民自主，而非为人民作主。

概而言之，人民民主的法治化主要包括两个层面的问题。一是法律信仰和法理基础等思想价值、理论层面的问题。这主要包括培育、树立和强化人们的法律信仰、法律意识和法治思维，特别是对宪法的信仰，深刻理解法律的内在价值和尊严，深刻感受其蕴涵和体现的人民民主精神，树立宪法至上的信念；系统阐明中国特色社会主义社会政治制度和国家制度的法理基础和中国特色社会主义法治体系，夯实依法治国、依法执政、依法行政的法理基础，这是建设社会主义法治国家、法治政府、法治社会，实现国家治理体系和治理能力现代化的迫切要求。二是立法、司法、执法和守法等实践方面的问题。这主要包括完善立法体制，提高立法质量，有效防止部门利益和地方保护主义法律化；加强重点领域和新兴领域的立法工作，提高立法的科学性和时效性；查补法律漏洞和法治缺环，通过“立改废释”等法律程序，健全中国特色社会主义法律体系和法治体系，从法律体系和法治体系上实现坚持党的领导、人民当家作主、依法治国的有机统一和党规国法的无缝对接；实行合法性审查制度，剔除和废止一切违宪违法的法律法规、规范性文件；把必须始终坚持的原则和应兴应革的事情尽可能用法律形式加以确定，确保党的基本路线和基本方针的贯彻实施，确保党始终发挥总揽全局、协调各方的领导核心作用，确保改革实践在法治化轨道上全面深化；加强司法的独立性和执法的严格性；注意制度化、法律化、法治化之间的协调性，建立制度化、法律化、法治化三者之间良性互动的渠道等。

综上所述，人民民主的制度化、法律化、法治化尽管都是人民民主的实现形式和制度保障，但其具有不同的针对性、逻辑层次、思想内涵和社会政治功能。三者之间既相互促动、相互支撑，又各有其鲜明特征和关注重点；彼此之间虽多有交叉重叠之处，又不能彼此混同或取代。三者配套共同构成了中国特色社会主义民主政治的实践体系。总体而言，人民民主的制度化、法律化、法治化是一个不断递进升级的政治文明化进程，标志着中国特色社会主义民主政治建设的不断进步，也是我们把握和展示中国特色社会主义民主政治建设历史进程的思想图景。

参考文献：

[1] 中央文献研究室编. 改革开放三十年重要文献选编（上）[M]. 北京：中央文献出版社，2008：436.
[2] 邓小平文选（第2卷）[M]. 北京：人民出版社，1994：245.
[3] 邓小平文选（第2卷）[M]. 北京：人民出版社，1994：333.
[4] 中央文献研究室编. 改革开放三十年重要文献选编（上）[M]. 北京：中央文献出版社，2008：496.
[5] 习近平. 紧紧围绕坚持和发展中国特色社会主义学习宣传贯彻党的十八大精神 [J]. 求是，2012（23）.
[6] 中共中央关于全面深化改革若干重大问题的决定 [J]. 求是，2013（22）.
[7] 邓小平文选（第2卷）[M]. 北京：人民出版社，1994：336.
[8] 江必新. 制度现代化是全面推进依法治国的核心要求 [J]. 红旗文稿，2014（20）.
[9] 中共中央关于全面推进依法治国若干重大问题的决定 [N]. 团结报，2014-10-30.

（作者单位：湘潭大学）

湖南金融改革发展的战略思考

王地宁

近年来，湖南金融不断加快推进改革创新，组织机构不断完善，整体实力不断壮大，市场体系不断健全，服务产品不断丰富，新兴业态不断涌现，为地方经济发展尤其是“四化两型”建设提供了强有力的金融支持。但应该清醒地看到，湖南金融的改革发展与经济的发展并不同步，两者在全国的占比呈非对称性，在中部地区，湖南的金融改革也略显滞后。

一、湖南金融改革发展的成绩和问题

总体而言，湖南金融发展与经济社会发展轨迹基本保持一致，2014 年我省 GDP 增速前移 3 位，总量与增速均居全国第 10，当年金融机构各项存款突破 3 万亿，贷款突破 2 万亿。但就金融的贡献度而言，从全国的水平来看，湖南的贡献度是偏低的。就是与其他中部省份相比湖南的贡献度也是偏低的。具体而言：

（一）机构长足发展，但缺类别

经过近年来的快速发展，湖南形成了多层次、广覆盖的金融服务组织机构体系，包括政策性银行 3 家、国有商业银行 5 家、股份制商业银行 9 家、邮储银行 1 家、城市商业银行 2 家、农村信用社 117 家、外省在湘城商行 2 家、外省在湘农商行 1 家、外资银行 5 家、村镇银行 29 家、小贷公司 210 家、财务公司 3 家、汽车金融公司及信托公司各 1 家，金融机构体系覆盖了各领域、各形态。

但从金融机构新增的类别来看，服务薄弱领域和环节的金融机构不仅少而且发展缓慢。

一是农村新型金融机构少。截至 2015 年 8 月，湖南共有村镇银行 29 家，中部 6 省排第 5；小额贷款公司 211 家，中部地区排最后；没有一家资金互助社。

二是涉农机构离农现象突出。银行金融机构数量从 2012 年的 150 家减为 2014 年的 146 家，主要是农村信用社的合并减少与改制。据统计，农村信用社由 2010 年的 117 家减少为目前的 68 家，农村商业银行由 2010 年的 4 家猛增至目前的 47 家，其服务精力主要放在县域和非农领域，信贷业务去农化现象比较突出。

三是小微金融服务机构缺乏。中小型股份制商业银行是中小微企业发展的主要融资渠道，从全国12家中小银行进驻来看，湖南只有9家，比湖北少1家，进驻率只有75%。服务科技型、创新型的小微银行缺乏，经初步统计，在长沙麓谷有3家专门的科技银行，武汉光谷有15家金融机构设立了科技分（支）行，长沙只有武汉的1/5。

四是地方银行发展实力不强。只有长沙银行、华融湘江银行两家地方银行，竞争力在城市商业银行排名中比较靠后。截至2014年年末，长沙银行总资产2160.73亿元，资产规模比徽商银行少2666.91亿元；利润24.32亿元，只有徽商银行利润的42.85%；核心竞争力排在徽商银行和郑州银行之后。

（二）业务快速发展，但后劲不足

近年来，湖南经济跨越式发展带动了金融机构业务的快速发展。截至2015年上半年，金融机构各项贷款余额22922.65亿元，增长16.8%，创16个月新高。但就支持经济力度与中部地区横向发展比较而言，金融业务发展后劲明显不够。

一是与经济发展不协调。2014年湖南生产总值达到27048.46亿元，连续6年稳居全国前10，而贷款规模近年来一直排全国第15，在中部地区排第4。

二是从增量来看，2011—2014年新增额分别排全国第15、第16、第14、第16位，中部地区排第3、第4、第3、第4位。

三是从增速来看，2011—2014年，湖南贷款增速分别在全国排第16、15、12、20位，在中部6省分别排第2、5、3、5位，一直落后于江西。

（三）蛋糕越做越大，但分配不均

一是地区分配不均。截至2015年6月末，长株潭地区贷款余额14162.34亿元，占全省贷款总量的61.78%，新增贷款1209.17亿元，占全省新增贷款余额的56.53%。大湘西地区（怀化、吉首、张家界）贷款余额1489.97亿元，占比6.49%，新增贷款134.63亿元，占6.29%，占比分别比2014年年末下降了0.03个和1.1个百分点。二是期限分配不均。短期贷款占比有所上升，6月末，短期贷款余额6515.54亿元，占贷款余额的30.84%，比2014年年末提高了1.96个百分点。三是产业分配不均。截至2015年上半年，第一产业贷款余额304.2亿元，比2014年年末少增17.64亿元，占贷款总量的1.36%，占比比年初下降了0.22个百分点。四是企业分配不均。小微企业融资难、融资贵现象仍然比较突出。截至2015年6月末，大中型企业贷款余额9892.38亿元，占贷款余额的71%；小微企业贷款3460.19亿元，仅占贷款总规模的29%。

（四）服务品种增多，但创新不够

2009年在21个县启动农村金融产品和服务方式创新试点，2010年在全省范围内全面铺开，2014年根据新型农业经营主体发展新特点，在全省启动现代农业金融服务工程、金融支持现代农业发展示范县（市）创建、新型农业经营主体金融服务主办行制度，开发和设计出了一批符合湖南现代农业发展实际、可复制、易推广的金融服务产品。主要包括：以拓宽农村抵押物为重点的林权、住房、土地经营权“三权”抵押贷款；以强化担保为重点的农户联保、公司+基地+农户、协会+农户、专业合作社+农户、大户组团担保贷款；以降低风险为重点的信贷+保险模式；以简化手续、方便农户的“一卡通”模式。

但从三农的金融服务改善来看，创新的程度远远不够。一是创新的动力不够。目前创新工作开展主要依赖于人民银行及政府各部门的外部推动，涉农金融机构对金融创新态度谨慎，有些金融机构作秀意义大于实际意义，有的金融机构开办了相关业务，但每年只是象征性地做几笔，或开办的时候做几笔，但后来就停办了。二是创新的产品不够。产品基本上是借鉴国内其他兄弟省份的操作模式，真正契合湖南农业实际的自身原创产品少，没有形成自己的模式。三是创新还是围绕着农业经营主体的所有权、经营权、收益权等有形抵押物开展的，信用贷款还比较少。四是创新的效果不够。以产品比较成熟、开展面相对比较广的“三权”抵押贷款为例，覆盖县域仅为 20.7%，业务总量仅占全省涉农贷款余额的 2.42%。

（五）主要指标好看，但存有隐忧

6 月末，全省金融机构实现盈利 310.47 亿元，不良贷款率 2.53%，比年初下降 0.01 个百分点，拨备覆盖率 98.22%，比年初提升 1.78 个百分点，全省法人银行业金融机构核心一级资本充足率 8.31%，资本充足率 9.24%，分别比年初提升 0.34 和 0.73 个百分点。但指标背后存有一定发展隐忧。一是盈利下降严重。盈利增长出现拐点，2015 年上半年，全省银行业金融机构实现经营利润 298.72 亿元，同比少增 16.76 亿元，增速由 5 年前平均增速的两位数下降为负增长。二是不良资产符合要求但反弹压力大。从全省银行业层面来看，6 月末，全省银行业机构不良贷款余额 579.84 亿元，较年初增加 50.4 亿元。分机构看，全省八成银行不良贷款上升，25 家主要机构中 18 家不良贷款双升；分区域看，全省 60% 地区不良贷款上升：分行业看，主要集中在批发零售和制造业。三是资本充足率高但补充困难。6 月末，全省 68 家农信社中，核心一级资本充足率低于 4% 的有 43 家，占总数的 63.24%；资本充足率为负数的有 32 家；资本充足率低于 8% 的有 57 家，占 83.23%；拨备覆盖率低于 50% 的有 32 家。

（六）体量长得快，但体质不强

一是主要依靠规模扩张的盈利模式，利差收入占比过高，中间业务创新及收入占比过低。6 月末，全省金融机构利息收入比率高达 84.09%，比去年同期提高了 2.89 个百分点；中间业务收入比率仅为 14.32%，比去年同期下降了 1.13 个百分点，净利差达到 2.95%。二是垒大户、贷款集中度高。6 月末，长沙银行单一客户贷款集中度高达 9.21%，接近监管红线 10%，汽车金融公司集团客户授信集中度高达 96.97%。三是利率定价能力低。尽管各金融机构均建立了贷款业务的定价制度，包括基准利率加点定价、分类差别浮动利率、成本加成定价等，但都很少参考 shibor 浮动定价，风险溢价主要靠经验判断。四是金融贡献度低。2012 年湖南金融业增加值占湖南生产总值的比重仅为 2.62%，排中部 6 省末位；全省金融机构从业人员 110860 人，排中部地区第 4 位。

（七）社会融资规模增大，但对信贷的依赖不减

6 月末，全省社会融资规模 2663.98 亿元，其中间接融资 2195.08 亿元，占融资总规模的 82.4%，比 2014 年年末提高了 10.5 个百分点；直接融资 404.1 亿元，占融资总规模的 15.17%，比 2014 年下降了 9.5 个百分点，是有统计口径以来最低值。另外，保险发展程度也比较低，截至 2014 年年末，湖南省共有保险机构 50 家，比湖北少 19 家，保险密度为 818 元/人，保险深度 2.2%，在中部 6 省中均排在最后一位。

二、未来若干年湖南金融改革发展面临的大环境

从宏观层面而言，我国经济已进入了一个速度“下台阶”、质量“上台阶”的新阶段，金融机构依靠规模扩张的盈利模式将不可再现：从改革领域来看，金融市场将逐步放开，金融管制将逐步取消，金融机构依靠制度垄断的盈利模式将不复存在；从发展趋势而言，金融领域新的业态将不断涌现，金融机构传统同质化的经营模式将受到挑战；从实际情况来看，我省面临全面小康建设、新型城镇化、区域发展战略、民生金融改善等新的发展阶段，这些因素都将对下阶段金融改革发展产生一定的影响。

（一）经济新常态的影响

银行业属于亲周期的行业，实体经济步入“新常态”，意味着银行业也不可避免地步入“新常态”，必须要面对与过去近30年完全不同的趋势与挑战。

一是规模扩张动力减弱。经济增速放缓，会对银行信贷需求的总量、结构产生深远的变化，传统的规模扩张的空间将受到越来越大的制约。银行业增速也将从原来年均10%甚至20%以上的高速增长，逐步下降到10%以下甚至是5%以下的增长区间。增长放缓会抑制贷款需求，信贷增速的下降就意味着银行盈利增长的放缓。业内预测，未来银行业的利润增幅较此前的年均30%会大幅度回落。

二是资产质量风险增加。新常态带给银行业最大的挑战就是资产质量。银监会公布数据显示，截至6月末，银行业金融机构不良贷款余额1.8万亿元，同比增长35.7%，比年初增加3222亿元，已达去年全年增量的1.25倍；不良贷款率1.82%，较年初上升0.22个百分点，不良贷款已经连续反弹14个季度。

三是盈利模式难以为继。商业银行规模增长与盈利增长之间的线性关系将不复存在，单纯依赖规模扩张获取利差收入的粗放式发展方式不可持续，躺着和闭着眼睛赚钱的时代已经过去。

（二）市场准入放宽的影响

截至目前，民间资本进入银行业的渠道和机构类型基本放开，主要有四种方式：一是由民营企业自主发起设立中小型银行业金融机构，已试点设立5家民营银行、5家民营金融租赁公司和2家民营消费金融公司。二是由民间资本与主发起银行共同设立村镇银行，已新设1263家村镇银行，其中93%的村镇银行引进了民间资本，民间资本占比73.4%。三是民间资本参与现有银行业金融机构的重组改制，参与组建农村商业银行758家，民间资本占比达85%；参股城市商业银行134家，民间资本占比达56%；重组信托公司33家，民间资本占比达45%以上。四是民间资本向银行业金融机构投资入股，20家境内外上市银行中，境内外民间资本持有股份价值约2.2万亿元，约占上市银行总市值的25%。

民营资本进入金融业，将对现有的金融体系和金融市场带来挑战：一是打破市场垄断，增加金融供给，丰富金融组织机构体系，有限的市场“蛋糕”争夺将更加激烈；二是增强市场活力，倒逼现有银行机构特别是国有商业银行摈弃垒大户、同质化的经营策略，面对“大众创业、万众创新”的个性化、多元化社会融资需求，走差异化、特色化的营销道路，重心下摆，既要深耕县域、三农、中小微企业等传统薄弱领域，又要细耕服务好互

联网企业、科技型企业、创新型企业等新兴经济业态。

（三）资金自由流动的影响

一是利率市场化提速的影响。利率市场化改革加快，2013年放开金融机构贷款利率下限；2015年存款利率浮动上限扩大至基准利率的1.5倍，6月推出大额存单，8月放开一年期以上定期存款利率浮动上限。利率市场化改革的提速，一方面将对银行金融产品的定价能力、利率风险计量技术提出更高的要求。另一方面，无论是企业存款、机构客户存款，还是居民储蓄存款，理财化趋势将凸显，资金成本持续攀升，银行利差逐步收窄，商业银行存款的持续增长将面临严峻挑战。

二是汇率市场化改革的影响。新一轮人民币汇率形成机制改革正在启动，2012年，人民币兑美元交易价浮动幅度由5‰扩大至1%，2014年浮动幅度由1%扩大至2%，2015年放开人民币中间价。汇率市场化步伐的加快使人民币汇率波幅进一步扩大，汇率趋势更加难以预测，这就要求商业银行要有较强的外汇市场研判能力，要不断创新外汇产品，规避汇率风险。

三是资本项目放开加快的影响。实现人民币资本项目可兑换，是“十二五”规划设定的目标之一，资本项目的加快放开，将影响一部分有实力的企业到境外上市或银行体系融资，减少对国内银行体系信贷资金的依赖程度。同时，境外金融机构注重人性化的经营服务、多样化、个性化的金融产品体系，也必将分流国内部分储蓄存款，倒逼国内金融机构经营理念、产品和服务的创新改革。

（四）互联网金融的影响

互联网金融包括第三方支付、P2P网贷、众筹融资、电商小贷、互联网理财、虚拟货币。截至2014年年末，互联网金融规模达到10万亿，P2P网贷平台数量达到1500家，成交额超过3000亿元，从业人员达到39万人，服务的企业超过200万家。互联网金融以抢客户为切入点，以更便捷为服务模式，以门槛低为卖点将给传统金融业带来巨大冲击。

一是中介角色将弱化。互联网金融模式下，资金融通双方不再需要银行或交易所等中介机构撮合，可以通过网络平台自行完成信息甄别、匹配、定价和交易，绕开银行直接办理金融业务将会变得更普及。

二是客户基础将动摇。截至2015年上半年，我国网民数量已达6.68亿人，手机网民达5.94亿人，由于不受资本充足率、杠杆率等存款类金融机构的监管约束，加之低门槛、风险分散、高收益等特点，互联网金融将吸引大部分网民投资者，削弱商业银行的吸储能力。

三是管理方式将受到影响。主要是僵化而复杂的内部流程和对物理网点的高度依赖。以阿里信贷为例，其淘宝商户贷款流程仅包括：3分钟网上申请、没有人工审批、1秒贷款到账，既不用去跑银行，又没有复杂繁琐的审批环节。

四是竞争地位将得到强化。2015年7月，连续出台了《关于促进互联网金融健康发展的意见》《非银行支付机构网络支付管理办法》等一系列监管文件，互联网金融将得到进一步规范，有利于增强社会公众对互联网金融的信心，也有利于互联网金融龙头企业做大做强甚至上市，增强与传统商业银行竞争的实力。

（五）民间金融活跃的影响

需求旺、供给足和监管弱三方面原因导致近年来我省民间融资比较活跃。从2014年省金融办对全省民间融资全面摸排情况来看，我省民间融资总规模约为4200万元，占全省生产总值的17.1%，约为全省贷款余额的23.1%。从部分民间融资风险已经暴露的地区看，规模可能更大，约占贷款的1/3以上。民间金融在一定程度上满足小微企业资金需求的同时，更多的是将扰乱金融秩序、传递金融风险和弱化调控效果。

一是违法违规现象突出。如非法吸收存款，不少公司打着“有钱来投资，没钱来借款”的旗号，开展影子银行业务，或明或暗地吸收公众存款，分流储蓄资源，抬高市场实际利润。再如违规提供过桥资金，帮助企业套取银行贷款等。

二是信贷资金安全受到影响。当前社会资金整体偏紧，企业融资呈现出复发化、多途径化的特征，银行信贷和民间借贷交织渗透现象较为常见。银行信贷资金流入民间借贷，极易使企业偏离主营业务，资金回收难以预测，增加了银行信贷资金回收风险，加大了贷后管理难度，使银行信贷资产风险控制变得更为困难。

三是信贷资金变相流向调控领域。在国家经济转型和调结构的背景下，正规金融体系对于“两高一剩”行业贷款有着严格的限制。但通过各种企业、信用担保、典当、投资管理等中介组织转借的信贷资金，或者以个人消费贷款、住房按揭贷款、住房公积金贷款、小额担保贷款等名义从银行取得的贷款转化成的民间融资，是这些调控行业的主要资金渠道。据调查，民间借贷最活跃的行业均为房地产业，其通过民间借贷融入的资金占当地民间融资总量的50%—60%。

（六）地方政府对金融的新期待

一是全面小康建设的需求。2014年湖南省小康实现程度为88%，到2020年全面建成小康社会难度还比较大。一方面区域不平衡，四大区域中总实现程度最高的长株潭地区与最低的大湘西地区相差17.2个百分点。另一方面是结构不平衡，在经济发展、民主法治、文化建设、人民生活、资源环境五大指标中，经济发展实现程度最低仅为71.1%。缩小地区差距、实现经济稳增长，都离不开金融的支持。

二是新型城镇化建设的需求。《湖南省推进新型城镇化实施纲要（2014—2020）》指出，到2020年，全省城镇化率将达到58%左右，新增城镇户籍人口850万左右。按照中国社会科学院发布《中国城市发展报告（2012）》估算，农民工在就业、住房、社会保障、生活等方面全面实现市民化，需要人均10万元成本，仅此一项，就至少需要8500亿元的银行资金需求。

三是产业转型升级的需求。一方面，战略性新兴产业的培育和壮大需要金融支持。2014年全省三次产业结构为11.6:46.2:42.2，第二产业对经济增长的贡献率达到47.5%。但战略性新兴产业对经济增长的贡献在下降，增速由两年前的30%左右下降至2014年的13%，增加值3000亿元，比湖北少1000亿元；占GDP比重仅为11.4%，比湖北低5个百分点。另一方面，产业技术改造、科技创新需要金融支持。2014年全省技改投资增长9.3%，比湖北低15.8个百分点，全省研发经费占GDP比重为1.33%，低于全国平均水平0.75个百分点，排中部地区第3，区域创新能力不及进入全国前十的安徽和湖北。

四是区域发展战略的需求。未来3年，国家级新区湘江新区将重点建设20个重大项目，资金需求近1200亿；武陵山片区、罗霄山片区扶贫开发规划要求现有金融机构空白乡镇金融服务全覆盖，加大产业化扶贫贷款投放力度；湘南承接产业转移示范区未来5年将引进项目3000个，要求加大信贷投放力度，以及中小企业集合票据、短期融资券等金融工具支持力度；长株潭“两型社会”建设、环洞庭湖生态经济区的推进以及长江经济带战略的实施，都需要大量的配套资金支持。

五是薄弱环节改善的需求。一方面三农金融服务有待改善。既有老问题包括网点的撤并减少、金融基础设施的缺乏、县域资金的外流、农业保险的低覆盖、“最后一公里”等，又面临新问题包括新型农业经营主体金融服务和产品的不足，“三权”抵押贷款推广金融中介机构的不足，涉农企业发行企业债、公司债、中小企业集合票据、短期融资券等非金融企业债务融资工具的不足等。另一方面小微企业金融服务有待改善。全省共有小微企业法人单位 24.88 万个，占全部企业法人单位的 95%，小微企业获贷率只有 40% 左右，融资缺口在 80% 左右。

六是民生金融的需求。我省 2015 年至 2017 年计划开工各类棚户区改造 107.32 万套，解决 596 万贫困人口的存量。助学贷款、妇女创业、农民工返乡创业等民生工程都离不开普惠金融的支持。

三、下一步湖南金融改革发展的思路建议

（一）引入机构、丰富主体

首先，优化存量。一是用好农村信用社。在当前农业弱质性、农村金融市场没有放开的前提下，有限的几家新型金融机构引进的作用非常有限，解决农村金融服务问题最主要的出路还是改革发展好农村信用社。要对农村信用社前一轮的改革进行回顾和梳理，明确下一步发展思路和方向，要改革现有农村信用社管理考核体制，把服务三农的效果与农村信用社高管的任免直接挂钩，使其不敢偏离服务三农的主阵地。二是壮大地方银行。支持地方银行引进民间资本和境内外合格战略投资者，增强资本实力；坚持差异化、特色化发展，强化内控机制建设，提高风险管理水平，增强盈利能力；支持地方商业银行稳步跨区域发展，支持有条件的地方商业银行上市。

其次，搞活增量。一是积极争取各大银行总行、证券和保险等总公司的金融资源配置，争取信贷资源、资产处置、股权直投、金融租赁、资产管理、保险资金等资源，支持我省经济社会发展，打造“资金洼地”“资本高地”。二是吸引各类金融机构区域总部及业务总部入驻，推进设立中小企业专营机构或中小企业金融管理总部、财富管理或私人银行总部、消费金融中心、离岸金融中心、后台服务中心等。三是支持村镇银行、小额贷款公司持续健康发展，形成一支扎根基层、服务草根的“支农支小”力量；探索发展一批农村资金互助组织，积极发展由龙头骨干企业和专业资产管理机构发起设立的民间资本管理公司，引导更多民间资金通过股权、债权等方式有序服务实体经济。四是大力引进和培育金融中介服务机构。积极引进信用评级、资产评估、融资担保、投资咨询、会计审计和法律服务等与金融相关的中介服务机构来湘设立法人机构、区域总部和分支机构。

（二）扩大直接融资，发展保险

一是推动企业上市融资。抓住资本市场发展的机遇，利用沪市、深市等证券市场，通过主板、中小板、创业板以及地方的 Q/E 板等多种形式，积极争取企业在资本市场上进行上市融资。

二是大力发展企业债务融资工具，鼓励大型企业集团通过公司债、中期票据、短期融资券、定向债务融资筹集资金，鼓励中小企业通过发行中小企业集合债券、区域集优票据、资产支持票据、中小企业私募债等创新产品获得资金支持。密切跟踪交易商协会在地方企业超短期融资券、市政债等方面试点的动态，积极争取先行先试。各主承销金融机构要进一步明确目标、把握重点、完善措施，努力为我省债务融资工具发展多作贡献。

三是积极运用表外融资渠道，扩大社会融资规模。信托贷款、委托贷款不在贷款调控范围，是扩大社会融资规模的重要渠道，应鼓励这两种方式规范有序发展，在风险可控的前提下，支持银行本身的资产证券化项目或者信托公司合作推出的信托计划，置换出贷款或支持一些新的项目发展。

四是加快发展保险服务。完善农业保险经办机构准入、退出机制，优化条款费率形成机制，加强基层服务网点体系建设，落实农业保险大灾风险准备金制度；丰富农业保险产品体系，大力发展种植业、养殖业特色农产品保险，鼓励保险机构适应新型农业经营主体需求，开发多档次保障水平、可组合保险责任的保险产品；支持保险机构开展涉农小额信贷保证保险等新兴产品和服务，拓宽“三农”保险广度和深度。

（三）促进内涵式增长

一是促进经济内涵式增长。利用好“一带一部”的区位优势（东部沿海地区和中西部地区过渡带、长江开放经济带和沿海开放经济带接合部），承接沿海产业转移，“引进来”瞄准世界500强，做强新能源汽车、工业机器人、3D打印、北斗导航、超级稻等高新技术产业；促进移动互联网、大数据、云计算、新一代信息技术与传统产业跨界融合，引导传统优势产业加快向中高端迈进。对接“一带一路”，推动湖南工程机械、轨道交通、输变电设备等优势产业抢占先机，实现由设计、制造到服务的全产业链输出；大力发展现代农业、现代服务业，加大研发经费投入。

二是促进金融业内涵式增长。强化资本约束，建立健全以资本管理为核心的资本规模约束业务发展的经营模式，制定资本管理的目标，并拟定实施计划，将银行的经营结构转向资本管理为前提、资本效率并重的经营结构；提高资本使用效率，大力发展低资本消耗业务。加快中间业务发展，开拓直接服务实体经济的新型金融产品，通过发展保函、保理、信用证等表外业务满足实体经济多元化金融服务需求；提高资金周转率，大力推进信贷资产证券化。实施差异化经营战略，做到市场、业务、客户、产品定位差异化；利用信息网络技术，降低经营成本，优化内部流程。

（四）加大金融创新

一是创新金融管理体制。在强化涉农业务全面风险管理的基础上，鼓励银行业金融机构单列涉农信贷计划，对“三农”贷款情况实行单独统计、单独管理、单独考核；加大贷款审批权限下放力度，对信贷总量大、管理规范的县域支行，探索开展省分行直管试点；大力推进“阳光信贷工程”，实行办贷过程阳光化、透明化，简化信贷审批手续，提高信贷服务效率；优化绩效考核机制，实施差别化管理和绩效激励，推行尽职免责制度，切实调动金融机构及从业人员“三农”信贷投放的内在积极性。

二是创新金融服务产品。建议将新型农业经营主体的大型农机具、土地附属设施、土地承包经营权、存货、现金流、应收账款、大额订单等纳入抵押或质押范围，鼓励金融机构开展直接补贴资金担保、土地流转收益保证贷款、规模经营主体营销贷款等金融产品创新；对资信状况良好且符合相应条件的新型农业经营主体以信用方式发放贷款，在试点基础上，全面推广主办行制度。

三是创新服务担保方式。鼓励金融机构发展农民合作社成员联保和风险基金担保等信贷担保模式，探索合作社内封闭式成员联保、合作社信用担保、合作社“信用＋联保”等担保方式，在新型农业经营主体之间开展互助担保业务。

（五）加强金融人才培养

一是加强中高端金融人才引进。着力引进境内外金融创新领军人才、拔尖人才、紧缺人才和创新团队，制定完善中高端急需金融人才引进、培养、使用的优惠政策；对于海外熟悉资本运作、拥有行业背景、精通现代管理的创业投资人才到湖南注册设立创投机构或管理机构者，符合相关条件的，可适当给予省对高层次创新创业人才的有关激励政策和各市、县对高级金融人才的优惠政策。

二是强化金融人才队伍的再教育。充分利用湖南在金融教育资源上的优势，设立金融教育与职业再培训基地，定期实行人才队伍知识更新计划。

三是优化金融人才的管理使用。畅通金融机构与党政机关的人才双向交流机制，完善引进高层次金融人才的中介服务体系，规范金融人才流动市场，完善金融人才评价体系、考核激励机制和监督约束机制。

四是打造湖南新型地方金融智库。制定出台智库发展战略规划，建立湖南金融人才资源库，完善智库运行机制。

（作者单位：湖南省金融学会）

城乡统筹商贸流通产业发展中的政府作用研究
——以湖南省醴陵市商贸流通产业为例

王茹辉

党的十八大政府工作报告指出："解决好农业农村农民问题是全党工作重中之重，城乡发展一体化是解决'三农'问题的根本途径。"国内外的研究与实践已表明，商贸流通业在连接生产和消费方面起到关键性的作用，其重要性不仅体现在主导生产、引导市场、促进消费上面，更重要的是在推动城乡要素流动、增强城乡产业互动、加大城乡文化交流与融合、增加农民收入等方面也具有重要作用。因此，大力发展商贸流通业，是加快城乡发展一体化进程的重要抓手。而实现城乡之间各自分割和封闭的单向商贸流通体系向城乡之间互动融合的双向流通体系转变，关键在于正确处理政府与市场的关系，充分发挥政府在规划、调控、监督、服务方面的积极作用，建立城乡双向流通的商贸服务体系，实现城乡流通组织的创新，从城乡分割的市场体系走向城乡一体化的市场体系。城乡商贸统筹一般有两大动力：政府与市场由于动力不同而形成了统筹城乡的两类模式：一是由市场利益而诱发的诱致性统筹模式，二是由政府通过制定政策而形成的强制性统筹模式。诱致性统筹模式的内在动力在于获得获利机会的最大化，这种模式难以适应中国农业经济发展的需要。强制性统筹模式可以通过行政命令来实施，但是这种模式不适应市场经济条件下政府职能的转换。因此，真正实现城乡商贸统筹就需要把政府与市场的力量结合起来，采取政府间接调控下的诱致性统筹模式。

醴陵，1985 年撤县设市，现辖 26 个乡镇、4 个街道办事处、1 个经济开发区、1 个示范区，总面积 2157 平方公里，人口 105 万。目前，醴陵县域经济位列全国百强、中部十强、全省四强，是湖南省县域经济发展的一支重要力量。醴陵市县域经济活跃，是全省开放型经济发展强县，在全省县域开放型经济发展中起到了带头示范作用，商贸流通产业呈现出良好的发展态势，但是与先进地区相比，仍然存在着巨大的发展空间。本文力求使政府管理者和政策研究者充分认识到商贸流通业在城乡发展一体化中的重要作用，通过转变政府职能，充分发挥政府在实现醴陵城乡商贸统筹中的作用，并试图在如何促进、引导、规划好醴陵市商贸流通业发展给出相关建议。

一、醴陵市商贸流通产业发展现状

（一）醴陵市商贸流通产业发展基本情况

商贸流通业是指商品流通和为商品流通提供服务的产业，主要包括批发和零售贸易业、餐饮业、仓储业，并涉及交通运输业等。商贸流通业及商品市场是连接生产与消费的中间环节，是工农、城乡和地区之间经济联系的桥梁和纽带，是社会化大生产的重要环节，是决定经济运行速度效益的引导性力量，是反映经济发展和社会繁荣程度的窗口，是衡量综合国力和居民生活水平的晴雨表，是市场经济成熟程度的反映。

据最新统计数据显示，2013年醴陵市已有各类商贸流通企业近千家（不包括个体经营户），从业人数约11.5万人（含个体从业人员），全年商贸流通服务业实现增加值37.5亿元，占第三产业增加值的34.9%，占GDP的8.5%；全年实现批零贸易销售额223.7亿元。

（二）醴陵市商贸流通主体发展情况

近年来除关系到国计民生的食盐、成品油和国家实行专卖的烟草等特殊行业外，涌现出了一批民营商贸流通经济主体。一是商贸批零龙头企业增加。包括联华超市、来龙门超市、步步高超市、喜事多超市、好润多超市、嘉茂银座、现代电器城、旺亿国际家居建材城以及湖南华道商业管理有限公司等民营企业先后入醴并稳步发展；二是互联网商贸主体兴起。仅淘宝网涉醴网络店铺就达到255家，其中亿嘉陶瓷网上专营形成气候；三是实体物流公司涌现。顺丰、申通、圆通、韵达、中通、汇通、天天、速尔快递及安迅物流、德邦物流等交通运输、仓储和邮政业企业及分支机构先后在醴注册，机构总数达41家，其中安迅物流公司成为业内龙头。

（三）醴陵市商贸流通交易场地分布情况

按照区域划分，可将醴陵主要商贸区域划分为城市和农村板块。其中城市板块以来龙门瓷城大道商业圈（都汇城步行街、中央商业广场、解放老街），阳三泉湖路商业圈为核心；农村板块呈点阵式小规模分布，包括白兔潭商圈、黄獭嘴商圈、均石商圈、泗汾商圈、船湾商圈、东富商圈。其中主要行业种类分布如下：

1. 农产品交易场地：醴陵的农产品物流场地主要是农贸市场和超市，分布在城区和各乡镇

城区有影响的农贸市场9个，大型超市7个，主要集中在来龙门辖区。包括农产品批零兼营的太一市场、金塔水果批发大市场、金塔集贸市场、城东市场、五里牌农贸市场及各大超市等。

农村农产品交易场地是各中心镇的集贸市场和各村级圩场，共计157个。另有季节性特色农产品交易场地包括孙家湾—泗汾106国道边季节性瓜果水果交易路边市场，王仙清潭106国道边季节性瓜果交易路边市场。

2. 工业品交易场地：与醴陵传统产业发展配套，全市形成了以陶瓷、鞭炮烟花产品和建材产品、原材料批零为主的交易商贸圈

城区工业品交易场地主要有陶瓷花炮市场、经济开发区陶瓷产销基地、阳三石建材市

场、旺亿国际家居建材城等。

农村工业品交易场地集中分布在各中心镇，与鞭炮烟花和陶瓷产业的生产分布区域基本相配套。

3. 外贸流通关口及出口地情况：醴陵地处交通枢纽，拥有商检、海关、危爆物品铁路口岸，具有得天独厚的商贸流通发展资源优势，为醴陵打造“湘东赣西物流中心”奠定了良好基础

醴陵外贸流通商品主要涉及陶瓷、花炮、箱包等。日用陶瓷出口国家和地区有美国、欧盟、日韩俄等，电瓷主要出口到美国、瑞典、德国、法国、巴西、土耳其、印度、印尼、南非等地；花炮主要出口欧洲、美洲、东南亚等60多个国家和地区；箱包主要出口到南美、欧美、加拿大、意大利等30个国家和地区。2013年全市海关进出口总额达到3.2亿美元。

二、醴陵市商贸流通产业面临的机遇和存在的问题

（一）醴陵市商贸流通产业发展面临的机遇

1. 县域经济持续发展，为商贸流通产业发展奠定基础

商贸流通产业是连接生产与消费的桥梁，生产端与消费端的发展态势决定了商贸流通产业的发展态势，因此商贸流通产业的发展受到宏观经济运行情况的深刻影响。持续快速发展的县域经济将会为商贸流通产业发展奠定必要的经济基础，从而推动商贸物流产业的发展。近年来，醴陵县域经济持续快速健康发展，县域经济实力不断增强，2014年位列全国第84位。同年，实现地区生产总值488.2亿元，增长10.3%。分产业看：第一产业实现增加值45.1亿元，增长4.5%；第二产业实现增加值320.6亿元，增长10.7%；第三产业实现增加值122.5亿元，增长11.3%。三次产业结构上年的9.4:66.3:24.3调整为9.2:65.7:25.1。三次产业对经济增长的贡献率依次为8%、59.3%和32.7%，分别拉动经济增长0.8个百分点、6.1个百分点和3.4个百分点。按常住人口计算，人均地区生产总值50474元。由此可见，醴陵县域经济发展态势良好，其发展规模不断扩大，发展水平持续提高，发展速度逐年加快，第一、二、三产业的持续发展为商贸流通产业创造了需求、提供了动力、奠定了基础。在可预见的未来，其商贸流通产业必然会随着县域经济的发展而发展。

2. 新型城镇化建设步伐加快，为商贸流通产业发展提供助力

党的十八大提出要牢牢把握扩大内需这一战略基点，培育一批拉动力强的消费增长点，增强消费对经济增长的促进作用。其中，特别强调加快城镇化发展战略。未来一段时间推进城镇化将是醴陵市经济增长方式转变的重要方面，主要体现在：一是在商贸流通业发展结构发生变化。生产和生活服务业的增长率将会高于商品销售的增长率，特别是社区服务、各种细分的家庭服务；有利于提高管理效率，降低流通成本的电子商务、专业化的信息服务平台、增值服务等也会有很大的发展。此外，大众化品牌餐饮、经济型住宿、美发美容、沐浴、洗染、快递收派等服务行业的便利化、标准化、连锁化水平，以及服务质量都会有明显提高。信用评估、经纪代理、市场调查、服务外包、创意设计等商业服务业发展空间也会很大。典当、拍卖及融资租赁、设备租赁等生产性服务业则会有更大的市场

需求。二是适应经济全球化发展趋势，流通业改革开放的步伐会进一步加快。除了提高流通业利用外资的质量和水平，引进新业态、新技术外，还将鼓励商贸流通企业走出去，建立国际采购和营销网络。

3. 区位交通条件优越，为商贸流通产业提供广阔空间

醴陵是湖南呼应赣浙沪、沟通大西南的交通要冲，距江南最大的货运编组站株洲车站仅 40 公里，距长沙黄花国际机场仅 90 公里，交通区位优越。按照“十二五”交通运输发展规划，醴陵市将着力打造“三铁四高一港一航”的立体对外交通通道。“三铁”，即浙赣电气化铁路、杭长客运专用线、醴茶铁路：“四高”，即沪昆高速、岳汝高速、醴韶高速、莲易高等级公路：“一港”，即长沙黄花国际机场航空港：“一航”，即渌江 500 吨级航道。特别是沪昆高铁在醴陵设站，拉近了醴陵与长株潭、长三角核心城市群的时空距离，使醴陵顺利融入“长沙半小时经济圈”“广州两小时经济圈”“上海四小时经济圈”。优越的区位交通条件为醴陵商贸流通业的发展奠定坚实基础，有利于拓展商贸流通业发展空间，提高产业发展效益。

（二）醴陵市商贸流通产业发展存在的问题

1. 区域发展不平衡，网点布局不合理

一是主城区商贸圈过于集中。如农产品交易市场、大小超市、日用小商品市场、电器市场等商业网点主要集中在来龙门辖区内胜利路、瓷城大道等传统的老城区和老商圈，增大了中心城区人流、物流、车流量，造成道路拥挤、秩序混乱。二是新建居民小区商贸配套不足。五环国际都会、醴泉小区、珊田开发片区、工业园区等 20 余个新开发的居民小区、社区、片区未能严格落实新建社区商业和综合服务设施占社区总建筑面积的比例政策规定，导致商业网点数量少、规模小、门类单一。三是乡镇商贸流通网点零星分布。26 个乡镇的商贸流通网点、集市处于放任自流的无序发展状态，先天不足，后天乏力。

2. 整体发展水平偏低，落后于生产生活需求

一是生产服务商贸流通体系发展不足，成为工农业生产发展瓶颈。作为陶瓷和烟花行业主产区竟无一个原材料供应市场及其配套市场。同时各类商贸流通主体既不上规模，也未成体系，更谈不上专业，导致当前工农业的生产资料和产品的输入输出缺乏有力的专业型商贸流通体系支撑，浑然天成的“湘东赣西物流中心”区位优势和潜能没有完全得到挖掘、发挥。二是生活服务商贸流通体系不健全，与居民生活需求不相适应。已有的城区大型综合市场功能不齐全，居民一站式购物需求无法满足；陶瓷烟花等专业性市场发展不成熟、不专业，无法有效满足群众专门性需求；镇村、社区市场和商务服务起点低、品质差、门类杂、网点少，不能满足群众的家门口消费需求。三是交易场地配套设施不完备，落后于城市发展速度。大型零售网点大多集中在瓷城大道等闹市，密度高、档次低，停车场地不足，几乎没有绿化和休闲设施，拥挤不堪、秩序混乱；农产品、小商品交易市场普遍存在着档次低、设施差、管理落后、购物环境差的情况。

3. 行业先导地位未确立，规范管理仍然欠缺

一是宏观调控不足。国家、省、市连续出台相关指导意见和政策，但醴陵对规范、引导商贸流通业发展升级方面仍有所欠缺。截至当前，全市尚无一个关于商贸流通业发展的专门性规划、意见，没有像支持农业、工业一样支持商贸流通业发展，造成该行业发展思

路不清，发展路径不明，发展步伐不稳，发展布局随意，政策落实较难。二是引导扶持不够。欠缺行业指导，全市生产及服务产业分工不明、不细，生产性服务业没有走上系统化、规模化、专业化发展道路，大量生产企业只能产、供、销、运自负其责，营运成本过高；缺乏政策扶持，商贸流通领域未能培育出一批专、精、尖、大的先导者，缺乏龙头企业、规模企业、专营企业的带动；发展定位模糊，行业标准、消费档次、商贸品牌欠缺，导致商圈发展混乱、片区开发过度、业内恶性竞争。

三、醴陵市商贸流通产业发展中政府作用现状分析

（一）醴陵市商贸流通产业发展中的政府作用体现

1. 转变思路，扩大内需，促进市场繁荣，持续发展商贸流通产业

市场的繁荣程度反映地方的经济活跃水平。近年来，在繁荣市场，活跃消费经济方面，醴陵市积极开拓新领域。一是积极引导龙头瓷业开拓国内市场。例如：组织华联、红官窑等企业参加省商务厅举办的“湘品走天下”北京推广会及“沪洽周”活动，帮助传统支柱产业拓展国内市场。大力支持大型商贸综合体投入使用。二是打造专业的商贸综合体。例如：总投资3.2亿元的旺亿国际家居建材城于2013年12月15日正式营业，目前入驻商户300家；醴陵赛格数码城总投资四千万元，2014年5月31日隆重开业，目前入驻商户50家。三是大力扶持消费新模式的发展。大力发展网络购物等新型消费模式，推进汽车、家具等用品类消费，培养新的消费热点。例如：引导联华、步步高等商贸流通龙头企业开展各类节假日促销活动；加大限上企业培育力度，将42家前景好、潜力大的批发零售住宿餐饮企业列为限上重点培育对象。

2. 城乡并举，服务民生，办好惠民实事，逐步完善城乡市场体系

一是努力争取省为民办实事农贸市场改造项目。为努力改善群众消费环境，服务民生，醴陵市积极向省厅、株洲市局争取建设项目。例如：2014年株洲四区五县的农贸市场标准化改造指标20个，醴陵市争取了5个指标，枫林市五石市场、板杉七里山市场、浦口李州市场、嘉树乌石市场、大障盐山等5个农贸市场被列为省为民办实事农贸市场标准化改造项目。二是积极推进“两改六化”城区农贸市场提质改造工作。聘请杭州光影设计专家进行室内专业设计，已完成太一市场、石坝市场和江源市场的全套设计资料；烈士塔市场、南门市场和丁家坊市场的全套设计方案；太坪市场、醴泉市场、黄沙市场和经开区凤凰路市场等4个新建市场的室内设计方案。三是推进商业网点布局规划修编工作。商业网点布局规划是指导地区商贸流通业科学、有序发展的规范性和指导性文件，醴陵市提出商业网点布局规划格局要建立在“二核、五带、五圈、五组团”基础上，按照“紧抓湖南东大门，建设湘东地区优势现代服务业，打造湘东商贸物流之都”的定位来修订。同时，配合北京创景天下规划设计院多次召开商业网点布局规划修编征求意见会，力争醴陵市商业网点布局规划更科学、更具操作性和严肃性。

3. 抓住重点，力求突破，服务外贸企业，巩固对外贸易基础工作

一是积极组织企业参加广交会。例如：组织50家陶瓷出口企业165个摊位亮相115届春季广交会，分别占全省陶瓷参展企业数量的70%和展位数量的76%。此次广交会实际成交5350万美元，比去年同期增长11.7%，高于全省成交增长水平近5个百分点。二是促进醴陵

陶瓷“内外贸融合”。在省商务厅的帮助下，组织华联亿嘉、红官窑、港鹏、陶润、金煌等 11 家品牌陶瓷企业“抱团”亮相第 22 届中国（深圳）国际礼品及家居用品展览会，展出面积达 450 平方米，策划组织了“醴传四海，瓷满天下”醴陵专场新品发布会。会议现场，红官窑与广州三分陶瓷有限公司，华联亿嘉与北京永旺公司、日本城（香港）有限公司签下战略合作协议，取得良好成效。三是鼓励企业“破零倍增”。为确保全年进出口任务顺利完成，深入企业摸底调研，建立重点企业跟踪服务制度，深挖企业潜力，不断增强外贸可持续发展的能力。截至目前，醴陵市新增 6 家有出口实绩的企业，分别是旗滨玻璃、荟萃瓷业、华洋烟花、方舟陶瓷、蓝思华联以及三达电子。同时，积极争资引项。例如：2014 年，醴陵市港鹏和裕丰被认定为 2013—2014 年度国家文化出口重点企业，组织企业申报了 2014 年文化服务出口奖励资金和“湖南省国际知名品牌”等项目。

4. 强化监管，严格执法，整顿市场秩序，商务执法常态化、规范化

一是推进市场监管公共服务体系建设。2013 年醴陵市被确定为全省市场监管公共服务体系建设项目重点推进县。近年来，醴陵市整合资源，加大投入，完善商务执法场地和设备，畅通“12312”举报投诉渠道，健全执法协作机制，强化商贸流通领域市场监管，加快推进市场监管公共服务体系建设步伐。二是加大商务综合执法力度，开展专项整治行动。例如：2014 年，对成品油市场进行集中整治，对全市 70 家成品油企业逐一摸底排查，进行了年检年审，对不符合要求的加油站点下达了限期整改通知。对酒类流通市场开展专项整治行动依法查处无证经营等违法行为，推动创建“放心酒”示范店，保障了酒类消费安全。开展肉类专项整治联合行动，整治私屠滥宰，确保全市人民吃上“放心肉”，营造了安全放心的消费环境。

（二）醴陵市商贸流通产业发展中政府作用失效的具体表现

1. 商业网点规划混乱

20 世纪 90 年代以后，随着新的商贸流通体制的形成和流通主体多元化的快速发展，醴陵商贸流通领域在获得前所未有的繁荣发展的同时，也出现了部分失控的现象。如网点规划问题，网点规划本应是地方政府职能部门的职责所在，但是地方政府往往只关注了地方经济发展的速度，求多求大的思想严重，通常更为关注流通企业数量的增加，并没有认识到严格监管的重要性，企业受短期高额利润的诱惑，盲目跟风，纷纷介入到商贸流通领域，造成网点建设失控、布局失衡的现象。

2. 行业基本资料管理缺失

“大商业”观念形成后，政府对商贸流通业的发展疏于引导和管理，并且对于商贸流通业的范畴界定不明显，致使统计数据资料收集不完整。目前醴陵对于诸如商贸流通业的网点布局、营业面积、社会消费品零售额等基本资料也都缺乏必要的数据整理，家底不清必然导致引导不力。自 20 世纪 80 年代中期以后的相当长一段时间，醴陵商贸业管理目标不明，基本上处于任其自由发展的态势，各政府主管部门对商业的重视程度不够，尤其缺乏科学的产业管理指标体系，商业的范围、统计口径混乱。政府部门只重视地区经济发展面上的指标（如 GDP、工业总产值等等），对商业发展情况的掌握仅限于社会消费品零售总额，忽视对诸如商业营业面积发展、商业网点数、从业人员数等一些地区商贸流通业发展指标的掌握与控制，这一情况已经给醴陵未来的商业发展规模、格局等的合理规划造成了极大的困难。不重视对本地现有商业力量的摸底、调查与整合，缺少商业发展规划，带

来的直接后果就是盲目建设，不断引进大型商业设施，给城市的布局、人口的转移、交通等方面造成了严重不利的影响。事实上，政府对于商业网点的分布、业态的设置等有关现代商业规划的制定与引导需要在对现有及以往商业发展历史做充分调查的基础上进行。同时由于主管部门（商务局等）和统计部门之间缺乏统一的数据交换共享平台，部门之间经济指标相互交叠，口径不一，造成数据使用者无法进行对数据的选择和使用。

3. 发展评价指标体系滞后

目前醴陵商贸流通业发展水平的评价指标体系在很长时期内未能随着现代流通方式的引进与发展而及时地调整，致使醴陵商贸流通业发展思路与现实要求产生偏差。一直以来，政府与业界都习惯于以传统的各地商业网点绝对数增加值来评价地区商贸流通业的发展程度。政府普遍以社会消费品零售总额等简单的指标来衡量本地商贸流通业的发展状况，也习惯于把本地商贸流通业网点数、绝对量指标的增加作为成绩及各类考核的标准。这种评价指标体系，在改革开放初期市场经济刚刚起步阶段有其客观存在的必然性与必要性。但随着社会经济的不断发展，收入水平提高和市场化水平加快，市场发展发生了深刻的变化，市场中的消费者的消费能力、消费倾向也产生质的变化，发达国家早已走上了以更加复杂科学的指标体系评价发展好坏的道路。随着现代商业业态的引进与发展，醴陵与世界商业发展的轨迹也大致相符，零售业态的变化也在不同程度上重复着发达资本主义国家和地区的曾经的变化过程，从单一型、分散性向集团化、规模化不断转变，新的流通业态不断出现，商业业态越来越多地从传统分散化“夫妻店”、小卖部，走向大超市、大商场、购物中心等综合性的购物综合体，具有中国特色的大专业市场、集贸市场等。综合性的网点相当于过去的几个、几十个甚至上百个营业网点，若仍然沿用过去的数量评价指标，不仅不能起到科学的引导与示范作用，反而会进一步助长盲目的低效率扩张。原来只针对“狭义商业”“传统商业”的管理体制必然不能适应“大商业”“现代商业”管理与发展的需要。缺乏科学的发展评价体系等一系列问题已成为制约商业发展的巨大障碍。

（三）政府作用失效的原因分析

1. 对商贸流通业调控监管的理论认识不足

第一，认识上的惯性。改革开放之前国内尚处于计划经济时代，当时国内还处于经济不发达、物质资料也极度缺乏的状态。商业网点以及各类生产资料、生活消费品的种类都较少，按人口、分年龄的计划购物、凭票购买是那个时代的特点。1978 年，改革开放的展开拉动了全国经济的高速发展，生产资料、生活消费品也逐渐从稀缺到极大地丰富，很长时间内为了刺激经济的发展，各种鼓励和扶持政策大量出台，不仅解决了很多人员的就业问题，也对经济带来利好。但与此同时，对商贸流通业经营规模和数量的控制被放在了次要的位置，并且对控制其规模和数量的必要性认识上也稍显不足，这也间接导致进入商贸流通业的门槛相对较低，入门相对容易，秩序较为混乱，一味地只进不出、求大求多的思想还占据主流。

第二，国有资本退出流通产业与对流通产业的管理对应起来。由于国有资本要逐步退出流通产业，这对于那些长期习惯于为国有资产增值保值负责的流通产业的主管部门而言，就面临着职能的重新定位和管理方式的变革。但是一些主管部门却无法及时适应这种转变，造成把国有资本退出流通产业与流通产业的管理对应起来，认为只要国有资本退出流通产业，就可以把流通产业放任给市场自行调节，这种状态既对流通产业改革产生负面影响，也对流通产业实施管制产生阻碍作用。

2. 市场进入管制政策体系不完善

市场经济发展到如今，商贸流通业发展中出现的种种问题都说明，市场经济越发展，政府这双“有形的手”越是要发挥其重要功能，不仅要起到推动发展的作用，更加要实行其对市场进入的管制作用。改革开放以后，商贸流通的体制也经历了一场彻底的变革，所有制结构不断调整变化，在新形势下政府做承担的职能也发生较大转变，企业拥有了独立自主的经营权。在改革中，为了使市场运行更加灵活，企业经营更加自主，政府适当放松了对商贸市场的管制，一方面确实给市场带来了活力，促进了市场的繁荣发展，另一方面也产生了负面效应。比如在网点的分布方面，在国务院国发〔1981〕103 号文件中，设计了 8 个大方面的原则来规范城市商业网点的规划建设。1991 年 5 月，根据国务院的有关规定原国家商业部又出台了《城市商业网点建设管理暂行规定》，分别针对商业网点分布的原则、管理职能的归属、具体规划的制订、投资资金的出资问题以及涉及的相关法律责任等方面给出了详细的规定。但是网点分布建设最后主要还是各地政府在具体操作。由于多数地方政府并没有认识到严格管制的重要性，因此造成网点建设失控。许多企业受短期高额利润的诱惑盲目跟风，纷纷介入商业领域，造成总量规模的过剩。先后建起各种各样的市场，造成许多市场“有场无市”。2001 年，原国家经贸委发布了《关于商业网点规划的实施指导意见》。但是这一系列的政策和意见都是属于一般性指导，操作性并不强，并且缺乏一定的法律效力。这些政策和意见究竟能发挥多大的作用完全依靠各级地方政府及职能部门的执行力。

3. 市场管制的主客体重复

财政包干制改革进一步增大了留给各级地方财政收入的比例，同时也从根本上刺激了各部门追逐更多的经济利益的动机。各个部门为了更多地得到经济利益，扩充自己的经济实力，只能利用自己所拥有的财政收入，以及部门优势如各种行政权力和手段来尽可能地使用自己能支配的各种有形和无形的资源，通过投资建设一些运行方便、见利较快的小项目来获利，而开办商贸流通企业就非常符合这一要求。所以，不管是出于政府政绩提升的需要，还是为了自己获得更大的经济利益，地方政府部门对小型商贸业项目的投资特别有动力。造成的结果就是，一方面在努力拉动民间资本、外资的投资，另一方面自身也积极组织资源自行进入。20 世纪 90 年代末这种势头逐渐加剧，地方政府部门投资建设了各式各样的商贸流通企业，造成了企业过度进入、竞争无序、经营不善的状况，不仅浪费了大量的资源，而且造成了商品流通市场的无序。一时间造成了管制的客体与主体重复，这也是商贸流通业过度进入的重要原因。

四、醴陵市商贸流通产业发展中政府作用有效发挥的对策

要真正实现统筹城乡商贸流通业的发展，政府职能需要转变，要从直接管理转向间接管理，从部门管理转向行业管理，从城乡分制管理转向城乡协调管理，从微观管理转向宏观管理，充分发挥政府在规划、调控、监督、服务方面的积极作用，具体建议如下：

（一）深入调研科学谋划，出台商贸流通业“大规划”

政府规范、宏观调控商业布局和整体发展规划，抑制流通领域投资和建设中的盲目

性、重复性及低效率问题是市场经济发展的必然，也是建立统一开放、竞争有序的市场经济制度，有效地引导商业布局的调整、业态的整合，提升城市商业现代化水平和综合竞争力的要求。一要重视基础数据的调查与分析，确保规划的科学性。商贸流通业的发展涉及社会发展、城市变迁、民生优化、人们的消费习惯等多方面的因素，涉及的数据指标也显得复杂多面，在收集整理数据资料的时候一定要从多方面尽可能多地取得各类资料。同时，要做好地区商贸流通业发展承载力分析，尤其是地区购买力预测、地区商贸流通业发展用地指标的确定以及商贸流通业网点分布和数量的规划。二要重视政府各部门间的沟通与协作，确保规划的严肃性。规划的编制是整个城市的一项综合性、复杂性项目，是用地、建筑等硬件与业态设置、结构布局等软件组成的项目，从制定到实施，是一项系统性、战略性工程，单靠某个主管部门的力量是难以完成的，需要各相关部门密切配合，通力合作。在编制工作过程中，各部门还需要经常性地沟通、交流进展情况，与地区（城市）发展规划部门充分协调，争取各方面的支持与协作，杜绝由于政府各部门之间缺乏良好的沟通协作，信息传导不畅，各部门各持己见、各有一套发展思路而难以形成统一意见的现象。因此，在涉及各个部门职能时，应该由各主管部门如规划、建设、商务、工商、发改部门联合成立共同的规划小组。城市规划主要由规划、建设部门主管，网点规划由工商部门主管，各种业态布置由发改部门主管。这样一旦遇到具体问题就可以协调解决而不是人为地分割开各个环节之间的联系。另外在规划中，尤其是网点规划过程中还应充分听取现有经营者的广泛意见，唯有如此，才能在规划编制完成后确保其严肃性，具有充分切实贯彻实施的环境保障。三要把握产业结构发展与升级的趋势，确保规划的可持续性。醴陵市在经济发展中正面临着产业结构调整、升级的迫切需要，因此在规划编制过程中应充分把握跟随产业结构转型升级的趋势。根据产业结构转型升级的基本规律，随着工业化的推进，第一产业增加值及就业人口将不断下降，第二产业增加值及就业人口将趋于稳定，而第三产业对经济增长的贡献率及就业人口将不断上升。这一产业结构演进规律已经在中国城市化推进过程中表现得越来越明显。城市的形成历史已经证明，“城”是壳，“市”是核。“市”就是商业、贸易、服务业，中国传统经济建设只重生产，轻视流通，这种观点随着经济的发展、供求结构的转变及人民生活水平的提高，必须得到改变。因此，要立足醴陵实际，充分利用政策，发挥自身口岸、区位特色与优势，科学制定三产发展规划，避免商贸流通业重复建设和无序发展。同时要在新型城镇化建设规划的大框架下，分项设计物流发展规划、商业网点发展规划、旅游产业发展规划、商贸市场发展规划等，整合资源，均衡区域，突出重点，打造品牌，走产业化、集群化、专业化的商贸流通发展道路。要彻底改变商贸流通业弱、小、散、差的局面，做到核心分区、小区做优、龙头做大，最终实现商贸流通业的“一城三片区”“一心六组团”模块化发展。

（二）完善城乡市场体系，构筑点面结合式“大商贸”

一是加快城区商业中心建设。加大投入提质改造基础设施，提升老城区商业中心层次，打造现代服务的集聚地；完善新城区商业网点布局，分流老城区商贸，“高标准、高起点”建设多行业、多业态、多功能的现代商业街区。二是发展特色商贸做大各类市场。要加大综合市场的服务功能建设，提升信息一体化水平，打造生产生活服务聚集平台；充分发挥资源优势，做好陶瓷国际商贸城等一批专业商贸市场。三是促进社区服务发展。严格落实新建社区商业和综合服务设施面积占社区总建筑面积比例不得低于10%的政策规定，强力推进社区商业服务网点建设。四是大力推进乡村市场体系建设。将农产品批发市场、农贸市场（菜市场）、商业街、农产品直销店、百货店、专卖店、餐饮店、镇办区商贸中心、影院和电子商务、集中建设的社区商业中心、社区便利店、物流配送中心、农产品冷链设施、再生资源回收设施等多种业态，纳入政府鼓励的商贸流通设施目录，培育一批面向农村市场的规模化、连锁化、品牌化经营的骨干企业，引导社会资本投入建设。

（三）突出重点创新方法，建设现代专业型“大流通”

一要加快构建物流配送体系。支持企业联合加强物流配送中心建设，合理布局物流结点，优化运输配送线路，完善连锁配送体系，打造以陶瓷、烟花、服饰及原材料为重点的区域性物流集散地，将湘东国际物流园、花炮商贸物流园建设推进。二要大力培育发展第三方物流。培育打造一批拥有著名品牌、主业突出、辐射范围广、核心竞争力强的大型专业商贸流通龙头企业，提升企业经营能力，增强外部市场竞争力，降低流通成本。三要加快发展电子商务。促进电子商务网站、网络服务公司和商品交易市场网站的发展，支持有条件的购物中心、百货商场和连锁超市建设网上商城。加快流通企业信息化建设步伐，鼓励流通企业以店铺为依托，发展网购及配送业务，建立面向城乡及市外消费者的电子商务平台。

（四）规范行业管理服务，优化商贸流通“大环境”

一要以数字化建设为着力点，打造商务公共服务平台，加强商贸流通领域监管，完善举报投诉受理、便民服务指导、政策业务咨询、交办反馈监督等功能，建设覆盖全市范围、全天候服务、快速反应和应急处置的商务公共服务平台；二要完善优惠与扶持政策，制定鼓励发展现代商贸流通业的工商、信贷、财税支持和优惠政策；三要建立健全各类商贸流通行业协会，积极引导行业协会充分发挥桥梁、平台作用，当好职能部门的参谋和助手，规范行业自律行为；四要进一步加强诚信体系建设，加强行业综合治理，倡导诚信经营，树立醴陵经济诚信形象，提升行业服务质量，建立有序的市场秩序。

（五）积极促进改善民生，培育优质消费“大主体”

大力提高城乡居民收入水平，是培育优质消费主体，扩大消费的基础性工作。一要提高城镇居民收入。建立健全职工工资的正常增长机制和支付保障机制，增加居民工资性收入。坚持实施更加积极的就业政策，创造更多的就业机会，并鼓励和支持城乡居民创业，增加其经营性收入。鼓励民间投资，促进城乡资源资产化、资产资本化，较大幅度增加居民的财产性收入。提高城市低保标准和退休人员工资，加大对低收入家庭的补贴和救助力度。二要提高农村居民收入。要千方百计促进农民持续增收，统筹城乡发展，不断缩小城乡收入的差距。进一步加大财政对农业的支持力度，提高农产品收购价格，增加农产品出口补贴。切实减轻农民负担，加大农村人口转移力度，实施更加积极的就业政策提高进城务工人员的收入。加快农村城镇化建设，通过“万村千乡”“农超对接”等措施带动消费商品化，加大农村公共基础建设并增加农村就业，推广“新型农业”，建设“新农村”，大量减少依赖土地收入的消费人口，从根本上增加农民收入。

参考文献：

[1] 陆大道，姚士谋. 中国城镇化的科学思辨 [J]. 人文地理，2007.

［2］魏后凯．多角度聚焦“走新型城镇化道路”［N］．社会科学报，2013.
［3］盛广耀．新型城镇化理论初探［J］．学习与实践，2013.
［4］吴江．重庆新型城镇化推进路径研究［D］．西南大学，2010.
［5］谷艳平．巴中市商贸流通业发展问题研究［D］．西南交通大学，2012.
［6］黄国雄，刘玉奇，王强．中国商贸流通业60年发展与瞻望［J］．财贸经济，2009.
［7］洪涛．我国将全面推进流通产业现代化［N］．中国改革报，2012.
［8］晏维龙．城市化与商品流通的关系研究：理论与实证［J］．经济研究，2004.
［9］张华芹．农村商品流通发展对策研究［J］．中国流通经济，2005.
［10］王祥利．长沙市商业网点布局研究［D］．湖南大学，2010.
［11］醴陵市统计局．醴陵市统计年鉴，2013.

（作者单位：中共醴陵市委党校）

论政府对农民工就业服务能力的现代化取向[①]

王雪珍

在2008年以前的若干年中，在经济高速增长和劳动力供给速度减缓的双重影响下，我国就业形势良好，农村剩余劳动力大幅度减少，甚至许多地方遭遇了劳动力短缺。但是，当美国次贷危机演变为全球金融危机并对我国实体经济产生影响以后，我国的就业局面就发生了变化，其主要表现为：就业增长减速，失业率有所提高。随着农民工的出现，并随着其规模的迅速扩大，作为一个特殊群体，农民工成为中国经济社会持续发展进步的一个非常重要的标志，它表明了中国的农村劳动者从缺乏自由的封闭状态下获得解放。然而，相对于城镇居民所享有的就业服务、就业机会和就业待遇，农民工在就业方面的弱势地位仍然十分明显。

一、农民工在就业中的弱势地位及其原因

农民工在就业过程中的弱势地位表现为多个方面，首当其冲的就是收入方面的弱势。在农村劳动力向城镇转移的过程中，劳动力也从农业转向了非农产业，通常会产生降低或抑制非农产业劳动的边际生产率和报酬水平，提高农业劳动的边际生产率和报酬水平的效果，从而缩小农村和城市之间的收入差距。因此，劳动力流动是缩小城乡收入差距的一种重要机制。从理论上说，劳动力流动之所以具有缩小城乡之间和地区之间收入差距的作用，主要是通过这种流动改变城市和农村原本不同的劳动力市场均衡达到的。劳动力流动的情形意味着农村劳动力供给曲线向左上方移动，与此同时，城市的劳动力需求曲线向左下方移动，从而达到新的均衡。

然而，在中国的改革过程中，出现了劳动力流动和城乡收入差距同时扩大的现象。目前城乡收入差距扩大的原因一方面是因为农村和农业发展相对滞后，就业机会不足，妨碍了农民收入的增长。在农民转移不充分，且外出打工收入不足以使他们的收入赶上城市居民收入的情况下，城乡收入差距就不能缩小。另一方面，经济改革在经历一段时间对重工

① 本成果系湖南省科技厅软科学一般项目《新生代农民工就业问题研究——以湖南省为研究对象》(2012ZK3153)、湖南省社科规划课题一般项目《新型城镇化视阈下湖南小城镇发展研究》(13YBB215)阶段性成果。

业优先的发展战略矫正之后，由于市场极不完善，垄断现象难以消除，客观上使得重化工业拥有一定的垄断优势，甚至出现“领先增长”现象。由此导致投资方向不利于那些吸收较多就业的产业，从而经济增长具有了排斥就业的倾向，造成就业促进效果不明显的经济增长。此外，在几乎城市所有的公共服务、公共政策，甚至企业行为，都处在与户籍制度本身的排他性质相关的制度环境下，农民工被全面地排斥在城市经济和社会生活的主流之外。而一旦他们的子女在受教育机会上也受到歧视性待遇，这种身份的边缘化还会在代际之间保留，形成经济地位和人文发展的制度性隔绝。这种状况与“以人为本”的发展观和和谐社会理念是格格不入的，长期维持下去会造成社会不稳定，进而严重影响中国经济的可持续增长。

二、政府基于农民工就业服务的责任

农民工的就业服务问题具有强烈的公共属性，属于公共服务和公共产品的范畴。公共服务分为“基本公共服务”和“非基本公共服务”两类。对于基本公共服务所包含的内容，简单来说，是指建立在一定社会共识基础上，根据一国经济社会发展阶段和总体水平，为维护本国经济社会的稳定、基本的社会正义和凝聚力，保护个人最基本的生存权和发展权，所必须提供的公共服务，其规定的是一定阶段内公共服务应该覆盖的最小范围和边界。正因如此，不少学者都强调“基本公共服务”的内容不是绝对的，它会因时间、地点的变化而变化，不同的地区，政府确定和提供的基本公共服务的内容不尽相同。这种差异性，决定了地方政府在基本公共服务供给方面占据着重要角色。按照学界的一般意见，农民工的就业服务按其性质划分属于基本公共服务范畴，而与此同时，就业服务由于其服务对象的分散性以及需求的多样性，其直接提供者应当是地方政府。加之我国财政支出结构方面的原因，此一般公共服务的主要责任承担者也只能是地方政府，中央政府只是从制度层面上负主要责任，通过制度（如户籍、社会保障等制度）的制定对农民工就业服务起到一个统筹规划的作用。目前我国较多付诸实践的是地方层级的就业政策创新，其范围包括城乡二元结构的整合、统一劳动力市场的建立、地方金融制度的革新以及农民工就业培训机制的建设等内容。地方层面的就业政策具有地方特色，能基于本地农村劳动力就业的特殊情况，更有效地利用地方现有资源，更直接地针对地方农民工就业的薄弱环节。

三、当前政府对农民工就业服务能力不足的主要表现

改革开放以来，我国政府在农民工就业信息服务、空间拓展、技能培训、制度支持等方面进行了重大调整，有力地推动了农民工就业。然而，在当前形势下，政府在促进农民工就业中的能力还没有得到充分发挥，主要体现在以下三个方面：

（一）政府职能错位，就业服务效率低

根据现代政府治理理论，政府在促进农民工的就业问题上应发挥政策供给、统筹协调、监管仲裁等职能。尽管改革开放三十年来我国政府对宏观职能进行了修正调整，微观职能也随之转变，但是由于受长期计划经济的影响，特别是我国城乡二元结构的影响，政府在农民工就业上仍然处于中心控制地位，未给予市场以更大空间，其结果必然是制定的

政策难以符合市场经济的要求，无法按市场规律进行调解，使农民工进城就业呈现盲目性和波动性。农民工是我国特定条件下社会发展的产物，就业问题是生产力水平提高过程中必然要出现的社会矛盾，但当前，由于政府在农民工问题上基本制度的建立严重滞后，行政干预太多，政策引导太少，扶持与保障更少，职能作用本末倒置，就业服务效率低下，进一步加重了农民工就业难的现象。

（二）缺少长效的综合统筹协调机制，就业服务效果欠佳

统筹协调也应是政府对农民工就业进行管理的一项核心职能。政府通过行使经济、法律、行政等手段，对农村人力资源进行统一配置或整合，使其发挥最大效能。当前存在的问题：一是没有统筹协调农民工就业管理的综合性机构，农民工的就业服务、教育培训、权益维护、子女就学、社会保障等方面的问题分别由政府的相关各部门实行多头管理，而部门之间却缺乏相互联系、协调、合作的机制；二是缺少各参与主体的协调机制。农民工在城镇就业的责任主体是政府、企业和农民工，在这些责任主体中，目前政府仍然发挥着主导作用。政府职能的充分发挥必须有其他主体的积极回应和参与，由此对各主体的共同利益达成共识。但是就目前看，政府与其他参与主体的沟通协调机制还没有建立起来，这导致农民工不能及时享受政府为他们所提供的优惠政策和公共服务，政策的实际效果还比较低，同时政府了解农民工现状及需求的渠道不够畅通。

（三）社会保障制度缺失，就业权益难以保障

从土地上解放出来的农民进入城镇，成为非真正意义上的农民，但他们又没有城镇户口，社会关系都在农村，从这个角度上看，他们成为了夹在城镇和农村之间的边缘人。这种边缘人的身份使他们既不能享受城镇居民的社会福利，同时在农村本应享有的社会保障也丧失了。就目前而言，面向农民工群体的社会保障制度的建立仍然近似空白，部分地区虽然出台了与农民工有关的一些政策措施，但由于农民工得不到基本的身份认同，政策的可操作性受到诸多限制，初步效果仍不理想，农民工难以得到公平的就业权益。从社会保障最核心的失业保险来看，城镇居民有失业补助，但农民工却没有；由于没有医疗保险，昂贵的医药费使很多农民工生病后却看不起，身心健康每况愈下，遇到不得不看的病，用人单位为其支付的费用又微乎其微；从住房上看，农民工无缘享受福利分房或在政府提供补贴情况下购买商品房，一般都租住于城乡结合部或工棚里。从劳动强度上看，他们大都从事技术含量较低的重体力劳动，而且劳动时间也较长。另外，像养老保险、工伤保险、最低生活保障等制度的建立都滞后于形势的发展。社会保障制度缺失，农民工就业权益得不到相应的保障，就业公平难以体现，造成农民工边缘化。

四、政府对农民工就业服务能力现代化取向

推进政府对农民工就业服务能力现代化，解决好农民工就业问题是统筹城乡发展、解决“三农”问题的迫切需要，也是维护社会公平正义、保持社会和谐稳定的必然要求，对于推进我国经济社会持续协调健康发展具有十分重要的意义。

（一）创新相关制度，破除农民工就业流动障碍

要促进农民工就业，中央政府应积极推进各项制度改革，不断完善自身职能，消除对

农民工的就业歧视，解决劳动力市场的城乡隔离问题，促使农民工就业合理流动。一要进行户籍制度改革，打破二元劳动力市场格局，消除劳动力城乡转移的人为障碍，建立一种自由竞争的、平等的劳动力供求市场，保障农民工拥有与城市居民完全同等的合法权益。二要创新土地制度，维护农民的合理资本权益，推动农民工就业合理流动。我国在制度设计上实行的是农村与城市、农业与工业用地分别治理，没有形成城乡统一协调的土地市场。土地是农民赖以生存的根本，在城镇化和工业化的过程中，土地征用应有利于使农民致富，而不是使农民因失地而贫困。农民集体所有的土地不能进入工业和城市土地市场，这严重侵犯了农民土地利益。因此制定符合市场经济一般要求的《土地公平交易法》，从法律上支持农民集体所有的土地按照市场效益原则自由流动。对于国家重点工程、公益性事业建设用地，可以通过国家征用耕地的途径获得土地使用权，但要大幅度提高土地补偿费、安置费标准，以保障失地农民的生活问题。这样，农民工外出就业，就没有土地权益之虑。三要建立统一完善的医疗保险、失业保险、养老保险等制度，建立和健全适应市场经济发展的社会保障体制。四要通过规范职业名称和工作内容，建立和完善职业分类制度。通过划分职业技能等级，确定任职资格，创造公平的劳动力市场竞争机制。

（二）建立统一的劳动力市场，维护农民工和外来务工人员的合法权益

要培育一个城乡通开、能使劳动力要素自由流动的劳动力市场，一要积极培育劳动力市场中介组织，提供信息服务，增强市场透明度，降低供需双方的交易成本，依靠竞争性的市场调节劳动力在城乡之间的供求状况，实现劳动力资源有效配置。通过实行进城务工人员自主择业的市场就业机制，实行适用于城乡用人单位和劳动者统一的劳动管理办法，建立统一、开放、竞争、有序的劳动力市场体系，使进城务工人员和城镇劳动力再就业身份、岗位安排、福利待遇、社会保障等方面具有平等地位，促进劳动力的自由流动。二要加大劳动保障监察力度，加强对劳动力市场和劳务中介组织的监管，认真清理整顿劳动力市场，依法严惩侵害农民工权益的行为。同时，加大劳动监察部门的执法力度，加强对企业的劳动监察，督促用工单位与农民工依法签订并严格履行劳动合同，改善他们的工作环境和生活待遇，为他们解决各种劳资纠纷，追讨拖欠的工资。三要强化政府的宣传、组织、引导和管理的服务功能。地方各级劳动部门要积极与用工单位联系，组织劳务输出，引导农民外出就业，对用工单位的工资福利、劳动保护措施、居住生活等实行全面的用工考察，确保外出人员的劳动、生活安全。

（三）加强职业培训，提高农民工就业能力

劳动者的就业能力是制约劳动者就业的最主要因素，加强对农村劳动力的职业培训，提高其就业能力，是决定其就业的根本前提。因而要根据产业和劳动力本身发展的需要，建立开放式可持续发展的技能培训体系，包括对年青劳动力的培训和教育及适合成人的可持续的培训和教育。在具体实施方面，培训可以通过信息网、成人教育等多种形式进行，培训的费用可以由政府、企业、个人共同分担。通过有组织有计划地开展多种类型的培训，进城务工人员掌握一定的劳动技能，从而在劳动力市场上具有相应的竞争力。

（四）拓宽就业渠道，引导剩余劳动力合理流动

一是建立与完善城乡统一的就业信息网络，及时为农民转移就业提供全面的信息引导，为城乡就业者提供完善的就业服务，是统筹城乡就业的基础性工作。通过逐步建立城

乡联网的劳动力市场框架体系，使用人单位招用工和劳动者求职能够得到就地就近的服务。加强劳动力市场信息分析和预测发布，构建城乡统一的劳动用工信息体系，建立劳动力需求预测制度，发布劳动力需求信息，引导劳动力有序输入，减少农民工进城就业的盲目性。二是建立上下联动、区域互动的劳动力交流制度，以推荐会、招聘会、洽谈会等有效方式，鼓励企业吸纳更多的农村剩余劳动力。三是加快城镇化进程，通过城市规模的扩大建设，创造大量适合农民就业的岗位，增强吸纳农民进城的能力；加快小城镇的发展，实现农民就近转移，重点是发展乡镇企业，引导乡镇企业转型升级，增强乡镇企业进一步吸纳农村劳动力的能力。

（五）建立地方政府间就业服务协调机制，促进就业服务均等化

地方政府间的相互合作与协调，能有效促进就业服务供给的均等化。特别是针对流动性很强的农民工群体，这一协调机制的建立，不仅将提升农民工就业服务的质和量，也将在很大程度上改善某些地方政府对其提供均衡就业服务的漠视现状。一方面，地方政府间要建立相应的利益协调机制，实现资源的优化配置。例如在农民工培训方面，各个地方政府可以选择有本地资源优势的培训项目，形成专业化培训，以满足周围城市这一技能务工人员的需求。这不仅将降低地方政府的培训成本，同时也将提高地方政府培训工作的质量。此外，还可以选择创新地方政府间的补贴政策，在本地经受培训后的务工人员去异地从事与培训内容有关的工作，异地政府需返回相应的培训补偿费用。这一政策规定解决了培训地地方政府的后顾之忧，从而也将促使就业服务的均衡化发展。另一方面，地方政府应利用现代化的手段促进地方政府间关系的协调发展。目前，以电子计算机技术和信息技术、交流技术为基础的互联网的发展给政府管理中的关系处理带来深刻的和重大的影响，也是地方政府关系协调出现新的特点。地方政府之间利用现代化的技术通讯手段，交往更加广泛，合作领域也更加宽广。在就业服务供给方面，通过互联网功能，各地地方政府可以通过信息的交流和沟通，实现就业信息的共享。每个地区的用工需求以及每类岗位的供需状况都可以通过互联网及时传达到每个地方政府，一方面可以促使地方政府根据劳动力供需情况及时调整培训项目，另一方面也可以更好地引导劳动力就业。通过就业信息体系掌握不同区域农村劳动力就业状况、外出意向、迁移数量和流向，以及了解沿海地区和城市对农村劳动力的用人需求，可以把不同区域和城乡之间的劳动力供求状况进行有效衔接，根据社会经济发展状况和经济形势，对劳动力市场及时做出相应调整，保持劳动力市场的供求相对稳定。

五、结束语

农民工是我国工业化、城镇化和现代化进程中的必然产物。随着我国工业化和城镇化进程的加快，越来越多的农村劳动力到城镇就业，他们已成为我国产业大军的主体。他们普遍年纪较轻、素质偏低、流动性较大，劳动权益常得不到全面有效的保护。推进政府对农民工就业服务能力现代化，有利于做好农民工的就业服务工作，对于帮助农民工稳定就业、提高农民工就业质量、促进改革发展稳定大局都具有重大意义。

（作者单位：中共湖南省委党校）

试论社会主义民主政治法治化

王新生

社会主义民主政治法治化是中国社会主义民主政治建设、法治建设的重大现实问题。改革开放以来，我国加快了民主与法制建设，党的十七大更是明确提出了民主政治法治化的课题，党的十八大继续延续了这个课题，十八届四中全会也再次肯定了这个课题。决议指出："制度化、规范化、程序化是社会主义民主政治的根本保障。以保障人民当家作主为核心，坚持和完善人民代表大会制度，坚持和完善中国共产党领导的多党合作和政治协商制度、民族区域自治制度以及基层群众自治制度，推进社会主义民主政治法治化。加强社会主义协商民主制度建设，推进协商民主广泛多层制度化发展，构建程序合理、环节完整的协商民主体系。完善和发展基层民主制度，依法推进基层民主和行业自律，实行自我管理、自我服务、自我教育、自我监督。完善国家机构组织法，完善选举制度和工作机制。"建设法治中国，必须重视社会主义民主政治法治化这一重要议题。

一、社会主义民主政治法治化的时代意义

中国的社会主义民主政治法治化是一个新的课题，面临着许多实践与理论问题，这就需要我国的学者将中国特色社会主义理论、政治学与法学研究结合起来开展研究，解决民主政治法治化过程中遇到的新问题，从理论高度对这些进行思考和阐述，并寻找民主政治法治化的途径和方法。

民主与法治的价值理念受到当今世界各国的推崇，实现民主与法治也是当今世界各国追求的目标。最近几十年来，西方各国开始出现"民主政治宪法化"的现象，引起了学界的关注。民主政治宪法化实际上就是民主政治法治化的重要体现。这说明民主政治法治化的进程加速，并成为一种全球发展趋势。民主政治制度是由内含一系列制度、机构、程序和功能的政治运行法治化来体现和保障的。当代民主政治的运作基本上是代议制民主，是一种间接民主、一种程序民主，是一种自由的、平等的、参与的、整合的政治。所以，这种民主政治只能是法治的政治，因此，民主政治必须法治化。最近几十年来，几乎所有的民主国家都在进行民主政治法治化的努力。民主政治不再表现为轰轰烈烈的街头政治或武装斗争，而是表现在议会选举、国家领导人选举的选举事务中，表现在议会的法案争吵

中，体现在法庭的攻防之中。总的来看，体现在宪法的实施与法治的实施之中。

相对中国社会主义民主政治发展的历史文化条件、现实条件及国际政治环境而言，通过法治迈向民主是中国民主政治建设的一项可行之路。中国的社会主义民主政治法治化有其独特的发展历程，它开始于新中国成立之时。1954 年，中华人民共和国第一部宪法颁布，确立了社会主义宪政的发展方向，社会主义民主政治与法制建设迅速发展起来。但在 1957 年以后的 20 余年里，特别是十年“文革”期间，社会主义民主政治遭受重大挫折，社会主义法制也遭到毁灭性的破坏，民主政治法治化趋于停滞。历史的经验教训充分证明，“为了保障人民民主，必须加强法制。必须使民主制度化、法律化，使这种制度和法律不因领导人的改变而改变，不因领导人的看法和注意力的改变而改变”。因此，民主政治法治化是中国民主政治发展的必由之路。

民主政治法治化对中国的民主政治发展而言，有若干重要的功能。

其一，有助于增强民主政治的合法性。民主政治的合法性包含了程序的合法律性，以及实质意义上的合理性或正当性。韦伯所言的法理型统治更大的意义上是指民主政治必须符合法律的规定要求。当今关于合法性的话语则更多地倾向于合理性或正当性，其原因在于西方社会的法治已经比较健全，民主活动已经基于法治状态而展开，可以说，法治化已成为政治的基础，无需再议，相反，追求实质意义上的正当性、合理性更为重要。与此相反，我国民主政治的合理性、正当性基于历史的选择，人民的选择，正当性问题基本上解决，但政治的合法律性却有待改进。前不久，王岐山提到，中国共产党领导的合法性是历史的选择，人民的选择。同时，每五年一次的人大代表选举实质上就是对共产党领导的一次又一次的确认。话语的语境不同，当今状态下，追求民主政治的合法律性对于促进民主政治的发展更有现实意义。

其二，利用法治的保障功能以保障公民的政治权利与政治自由，利用法治的促进功能推进民主政治的有序发展。

其三，利用法治的规范功能防止民主实践的失范。

其四，利用法治独有的、和平解决争端的功能解决民主政治中的矛盾与冲突。

二、中国社会主义民主政治法治化必须坚持的原则

（一）必须坚持党的领导、人民当家作主、依法治国的有机统一

党的领导是中国特色社会主义最本质的特征，是社会主义法治最根本的保证。把党的领导贯彻到依法治国全过程和各方面，是我国社会主义法治建设的一条基本经验。我国宪法确立了中国共产党的领导地位。坚持党的领导，是社会主义法治的根本要求，是党和国家的根本所在、命脉所在，是全国各族人民的利益所系、幸福所系，是全面推进依法治国的题中应有之义。党的领导和社会主义法治是一致的，社会主义法治必须坚持党的领导，党的领导必须依靠社会主义法治。只有在党的领导下依法治国、厉行法治，人民当家作主才能充分实现，国家和社会生活法治化才能有序推进。依法执政，既要求党依据宪法法律治国理政，也要求党依据党内法规管党治党。要求党要依法执政，领导方式必须实现法治化。

（二）必须以现行宪法制度为基础

我国宪法明确规定了党的领导、人民代表大会制度、依法治国方略。现行宪法是我们研究和讨论民主政治法治化的法律起点。离开宪法来谈民主政治的法治化，便没有基础。现在西方理论界的话语体系的主干是自由主义的民主话语体系，与我国社会主义的人民民主话语体系有着重大差别。最容易出现的混乱就是用西方发达国家的自由主义民主政治的目标要求来衡量中国的民主政治，以多党制、三权分立理论来否定中国共产党的领导，否定人民代表大会制度。站在法律的角度来看，实际上是用西方国家的宪法来衡量中国的事情，显然难以找对答案。这中间存在着明确的方法论的问题。否定中国社会主义民主政治的一方站在西方发达国家宪法立场上来批评中国的宪法及民主政治，往往言必称美国、法国的民主政治，认为中国应当要学西方搞多党制。那么，出于同样的论证方法，赞成派就会举出相反的例子来证明，如阿拉伯之春把国家搞乱了，民主全面倒退，据此得出结论：中国不能搞西方的民主。双方陷入无解的骂战。那么，如果我们确立以现行宪法制度为民主政治的基础，由此促进和优化民主政治的运作与程序，完全可以预期，中国的民主政治法治化将会取得重大成就。

三、民主政治法治化的基本内容

民主政治法治化的内容比较丰富，总的来看，包括如下几个方面：一是民主政治关系的法律化；二是民主政治运行过程的法律化和程序化；三是运用法律机制解决民主政治争端。

（一）民主政治关系的法律化

1. 从“人民”到“公民”的身份转换

民主政治关系的法律化过程中，民主政治主体的身份转变至关重要。可以说，“身份转换”是理解民主政治向法治化转型的关键问题。在从封建社会向资本主义社会转变的过程中，普通民众从封建社会中的“臣民”转变到民主国家中的“公民”，这种身份转变具有革命性的意义。这种转变，在法律意义上看，实际上就是“从身份到契约”的转变。只有具有了公民身份，人才具有真正意义上的独立的政治人格，享有宪法规定的公民政治权利，能够独立从事民主政治活动。在政治民主法治化过程中，同样存在着一种身份转换，即“政治身份”转换为“法律身份”。从政治团体的成员、阶级的一分子转变为法律意义上的个体，并在法律个体身份的基础上从事民主政治活动。当然，在民主政治下，公民也可以依法组成社团或政党，结成利益团体，从事政治活动。

从政治主体到法律主体的身份转换是民主政治法治化的起点。这一转换包含了一系列思想观念、权利观念的转换。以中国自身为例，在革命年代，政治身份无疑具有巨大的能量，中国共产党以阶级为号召，把广大的工人、农民群众发动和组织起来，并把小资产阶级和民族资产阶级团结到一起来，形成一股无法阻挡的政治力量，打垮了一切中外反动势力，建立了属于人民的新中国。这时候，人民，无疑是一种政治身份。但新中国成立后，特别是当1954年中国第一部社会主义性质的宪法颁布以后，这种政治身份就应当转化为法律身份，即作为人民这一集合体的一分子转化为中华人民共和国的公民个体。这个转换中，平等是个关键词。在政治话语里，人民的内涵是不同的：工人阶级是领导力量，农民是同盟军，属于人民的范畴；小资产阶级和民族资产阶级是争取与团结的对象，属于统一战线对象，在不同的时期有不同的政治认定，在民主革命时期可划归人民这一大的范畴，但社会主义革命时期则是被消灭的对象，社会主义改造完成之后，作为阶级已被消灭。总的来看，在革命年代，是否属于人民的一分子，主要是按照某人所占有的生产资料的性质、数量的多少及该人的政治立场、政治行为的性质来划分的。而这一标准是政治集团的政治领袖们根据当时的革命性质与阶段性任务来确定的。也就是说，在人民这一范畴里，各个不同的社会成员的政治地位是不平等的，自然享有的权利也就不一样了。当中国宣布剥削阶级作为阶级已经消灭之后，在政治关系上，几乎所有的中国人，包括工人、农民和知识分子已经具备了基本平等的地位，先前的剥削分子在被剥夺生产资料并自食其力之后，也成为劳动者的一员。这种政治的基本平等为法律的平等奠定了基础。当宪法颁布后，这种基本平等（但还有不平等的因素）的政治关系则被平等的法律关系所取代，在法律面前，所有公民一律平等。平等是法律关系的根本。这就是说，只要具有中华人民共和国国籍的人，都是中国公民，都拥有平等的法律权利。公民身份的转换及法律面前人人平等原则的确立是民主政治法治化的起点，也是民主政治法治化的基础。只有在此基础上，公民的政治行为才能转化为法律行为，依法律规范和法律程序开展，并根据法律争端解决机制解决政治争端。

2. 将政治利益转化为法律上的权利与义务

民主政治法治化，意味着要将公民的利益分配转化为法律上的权利分配。法律并不直接决定利益分配的多少，但法律可以规定谁能获得利益，通过何种方式获得利益。法律的这种功能是通过对权利的确认与分配来实现的。政治权利是社会成员实现利益分配的政治资格，是社会成员实现政治利益的手段，包括自由权、平等权、参政权等。法律把政治权利规范化，保证政治权利落到实处，同时规定剥夺危害国家安全及其他严重刑事犯罪人的政治权利，对于他们作出政治上否定性的评价。由于政治权利实际上反映着公民同国家的关系，法律确保政治权利的实现有利于国家政治生活的良性运行。

民主政治的根本就是要实现“人民的统治”，民主政治法治化的根本点就在于运用法治方式使“人民主权”得以实现。当代民主政治体制是以代议制为基础的，在代议制度下，人民主权是通过间接方式来实现的。这就有两个方面的问题：一是人民选举产生政府并通过一定方式监督政府，这就需要建立宪政制度，即通过制定宪法规定国家机构的组成、运行方式及职责等事宜，这也就是通常所讲的建立宪政制度；二是确认人民的基本权利，特别是政治权利和自由，以使人民的权利和自由得到充分的保障。所以，在宪政制度下，民主政治法治化的根据就在于通过宪法规范将人民主权转化为公民的基本权利，包括政治权利与政治自由，并以法律的形式将公民的政治权利转化为具体的权利与义务，并设置法定程序规范公民行使政治权利的行为、方式，明确各种条件下公民政治行为的责任及后果，保障公民充分行使法定的政治权利。

在宪法制度下，人民作为一个整体，是国家的主人，也就是我们通常所讲的“人民当家作主”。但作为人民这个整体中的个人来说，即人民当中的一分子来说，某个个人并不是公共权力的实际握有者，只能是公民权利的享有者。公民既有权利通过合法的方式参与和影响动作过程，又必须履行接受由自己的代表组成的政府的管理和领导的义务。在这里，从公民个人的视角来看，人民的权力实际上已经转换成公民权利。这种转换的意义在于由普遍的公民权利代替作为集体人格的人民的权力。普遍的公民权利首先表现在，对权利的确认和保障成为一个普遍的法律原则，即所有公民皆为法定的权利主体，没有因为性别、种族、肤色、语言、信仰等方面的差异而被剥夺权利主体的资格，而且在享有最基本的权利和承担最基本的义务方面具有同等性，不应承担的社会角色的不同而受到差别的对待。这就是法律平等原则所包含的基本内容。同时，由普遍的公民权利代替集体人格的人民权力，原来的难以实施的价值理想转变为可操作的规则，人民当家作主的权力通过法律制度设计而落到实处。

十八届四中全会决议提出：要“依法保障公民权利，加快完善体现权利公平、机会公平、规则公平的法律制度，保障公民人身权、财产权、基本政治权利等各项权利不受侵犯，保障公民经济、文化、社会等各方面权利得到落实，实现公民权利保障法治化。增强全社会尊重和保障人权意识，健全公民权利救济渠道和方式”。在很大程度上，公民的民主诉求可以在权利话语中得到反映，并在立法中体现出来。

3. 将国家机关的政治职能和责任转化为法律上的权力与责任

民主政治法治化意味着在宪法框架内，将国家机构的政治职能和责任转化为法律上的权力与责任，用法律形式明确国家机关的权力与责任，明确国家机构之间的权力职责范围、中央权力与地方权力的划分的法律化，通过法律规范明确国家机构之间的权力与责任，实现法律规制。

运用法律规范来明确国家机关的职能与责任，是政治发展的一种必然趋势。在国家政治生活中，公民作为个人在庞大的国家行政机构面前显得相当渺小，因此，在法律手段规制国家行政权力显得越来越重要。当代世界已出现“行政国”的趋势，行政权扩张十分明显，已深入到国家与社会的各个角落，并对公民的生活形成相当程序的干预。为了保护公民的权利与自由，保护公民的私权利不受侵犯，明确公权力的边界，限制国家机关对公民生活的过分干预，有着十分重要的意义。

法律制度的改革是国家机关职能用法律手段进行制度发展途径。最近推出的政府权力清单措施就是这种法治化的体现。比如，我国税法征收制度的一项重要改革，就是实行分税制。而分税制从政治功能角度来看，乃是走向制度化、规范化与科学化的中央与地方权力关系模式的制度选择。它在宏观意义上规定的中央与地方关系新格局，对中国的现代化发展是一种政治资源。

（二）民主政治运作过程的法律化和程序化

当代民主及法治的一个重要的发展趋势就是强调程序化，民主政治逐渐趋向在法定程序中展开，以满足民主政治规范化的要求，并且维持政治秩序的稳定，在稳定的状态下寻求政治的改变。民主政治运作过程的内容丰富、繁多，其法治化的内容包括政治行为运作方式的法律化及政治行为的程序化。

1. 将政治利益主张及政治行为转变为立法主张与立法行为

政治行为运作方式的法律化简单地说就是民主政治运行主要是围绕立法与修改法律方式来开展，将主张和争取政治利益的行为转变为立法行为，在立法或修法行为中表达和反映自己的政治诉求。当抽象的政治主体“人民”转变为法律意义上的“公民”后，由于公民的政治利益转化为法律意义上的权利与义务关系，公民的政治行为方式不再是传统意义上的纯粹的政治行为，而是围绕着立法、修法等活动来开展。公民的利益主张应当通过确认或修改这种权利与义务关系来进行，应当通过向立法机关提出立法或修法要求或通过公共讨论反映自身利益，以期立法机关通过或修改相关的法律、法规，从而达到自己的政治目的，实现自己的利益要求与政治主张。纵观历史与现实中的许多政治体制改革，在很大程度上是围绕着“变法”而展开的，即对法律进行的立、改、废活动来实现政治体制的改革。在法治社会里，通过立法与修法来实现政治利益，是一种最为现实的选择。

当前中国许多正反两方面的事例都可以说明这一点。在 2004 年著名的“孙志刚案”的处理过程中，即可见到利益要求转化为立法行为的重要性。当大学毕业生在广州的收容所被殴打致死后，引起了全国的轰动。其时，有三个法学博士即上书国务院和全国人大常委会，指出原有的“收容条例”严重损害了城市流浪、乞讨人员的权益，应该予以废止。这一“上书”得到国务院的高度重视。不久，国务院宣布废止原“收容条例”，颁布并实行新的“城市流浪、乞讨人员救助办法”。新的救助办法改变了原有的歧视城市流浪、乞讨人员并损害其权益的做法，充分关注其合法权益，并以国家力量予以救济。这一事例即反映出权益救济的最好的办法即是围绕立法展开。

十八届四中全会决议对科学立法、民主立法作了进一步的强调，提出要健全立法机关主导、社会各方有序参与立法的途径和方式。探索委托第三方起草法律法规草案。那么可以预期，未来的立法活动将会有更多的民主参与的机会。如果公民有相关利益诉求，最佳的办法就是在参与立法过程，将自己的利益诉求直接反映到法律规范当中去。

2. 将民主政治行为基于法定程序展开

将民主政治行为基于法定程序展开，具体来说，民主选举活动依选举程序进行，民主参与活动依相关的参与程序开展，立法活动均应依立法程序开展，政治决策均依相应的决策程序作出。现代汉语中，程序一词的含义多种多样，可以指机器的操作规程、事项的展开过程和先后顺序、诉讼中的法律过程等，在法学角度上来看，程序是从事法律行为、作出某种决定的过程、方式和关系。过程是时间概念，方式和关系是空间概念，程序就是由这样的时空三要素所构成的一个统一体。程序主要表现为“按照一定的顺序、方式和手续来作出决定的相互关系”。法律程序有明确的法律依据，即程序法规范。它可能集中在一个程序性的法典中，也可能散布于各种实体法文件。程序法的调整也是规范性法律调整，因而法律程序不像民俗习惯、宗教典礼、社团仪式那样任意、松散。它与法的实体规定一样具有国家意志性、强制性和规范性。

民主政治行为的程序化也是民主政治法治化的重要内容。程序的普遍形态是：按照某种标准和条件整理争议点，公平地听取各方意见，在使当事人可以理解或认可的情况下作出决定。民主政治行为的程序化，可以起到限制恣意、促进理性选择的作用，避免政治行为人因一时的认识错误或一时的激情使然，仓促地作出决定，可以保证各方政治行为人能够理性地进行意见交流、沟通与辩论，作出各方都能接受的现实的、理性的选择。民主政治行为程序化可以使民主政治行为有序化发展。建立和维护民主社会的正常秩序，保障政治稳定。行为主体依据程序开展自己的政治行为，在程序中主张与表达自己的利益与主张，在程序中作出决定。

（三）运用法律争端解决机制解决民主政治争端

民主政治法治化就是在民主政治发生争端的情况下，要用法治的方法来解决，而不是诉诸民主冲突与更激烈的民主斗争。“法治一旦成为政治秩序的基础，就会指导人民通过法律规则而非诉诸暴力来解决价值观或者利益的冲突。”1945 年的纽伦堡审判就是希望用法治的方式来解决战争这种最极端的政治斗争，在实践层面上用法律来驯服政治，试图用法律来奠定现代政治秩序的格局，凸显了法律在现代政治中具有的特别的地位，意味着现代性法律秩序已经确立起来。而《联合国宪章》更是基于全球宪法的理念，而且二战后兴起的国家无论采取何种政治制度，都必须依赖宪法来确立政治统治的正当性。

当把民主政治问题转化为法律问题之后，政治矛盾冲突便成为法律冲突，应当适用法律程序解决。民主政治法治化的重要功能就是为解决政治争端提供和平的、公正的法律解决机制。民主政治的开展必须是依法进行的，依法定的程序展开，如果发生矛盾冲突，必须以和平的、法定的方式予以解决，也就是说，当矛盾冲突的双方或各方在政治方式无法通过投票表决、协商、谈判解决的情况下，应当交由司法机关裁决，并接受和执行司法裁决，不得以诉诸街头暴力的方式或其他非和平方式来解决争端。

民主政治争端大致可以划分为两大类型：一是政治主体的权利不能行使或受到侵害；二是未能遵循法定的民主程序而导致程序不公。与之相应，应当从权利的法律保障与程序公正的法律保障两个方面解决民主政治争端。1948 年 12 月联合国通过的《世界人权宣言》第八条就宣称：“任何人当宪法或法律所赋予他的基本权利遭受侵害时，有权由合格的国家法庭对这种侵害行为作有效的补救。”也就是说，如果公民的政治权利受到侵害，有权诉诸法院寻求司法方式进行补救，保障公民的基本权利，这是基本人权的体现。所以，在民主政治法治化过程中出现权利争议，应当诉诸法院以司法途径解决。同时，在法治状态下，程序正义有着至关重要的意义。违反法定程序，违背程序正义，就会导致行为的合法性受损，导致权利的受损，导致结果不公正。因此，民主政治在其展开过程中如果违背程序规定，应当重新审视结果的公正性、合法性，可以启动司法程序予以救济。

在民主政治法治化过程中，应当通过宪法与法律规范实现由政治意义上的“人民”到法律意义上的“公民”的身份转换，将公民的政治利益要求转换为法律意义上的权利与义务，将国家机构的权力与职能转化为法律意义上的权力与责任，将民主政治行为转化为法律行为，把对政治利益的追求行为转化为立法行为，使民主政治行为能够在法定程序中展开，用法律争端解决机制解决民主政治冲突与争端。

四、中国社会主义民主政治法治化的制度建构

中国社会主义民主的实现形式主要有票决民主、协商民主、谈判民主等三种，与此相对应，民主政治法治化可以划分为票决民主的法治化、协商民主的法治化、谈判民主的法治化。

票决民主法治化的制度建构的关键在于：构建完善的普选制度，充分保护公民的选举权与被选举权，实现公民权利的平等保护和充分的政治自由；构建完善的选举提名程序，在不涉及政党竞争的原则下，扩大选举差额，促进候选人的充分竞争，切实发挥竞选机制的作用与效能；构建完善的民主选举程序，确保选举程序公平、公开、公正。对于选举过程中所出现的选举权受到侵犯、选举程序纠纷等问题，尽可能地运用法律手段解决。

协商民主法治化基于中国共产党领导下的多党合作与政治协商制度而展开，因此，除

了进一步构建完备的“硬法”规则外，还应当构建完备的“软法”体系，以完善政治协商制度及协商程序。与此同时，应当充分扩展社会公共领域的政治协商，完善公共协商程序与机制，扩大协商民主范围。

谈判民主在中国民主政治实践中有着特殊的作用和意义。中国的社会发展极不平衡，部分群体与地区的政治利益与国家整体或其他部分有所不同，有时存在严重的冲突。在这种情况下，如果一味地坚持实行少数服从原则而追求全国高度一致的政策与法律安排，可能会对少数人的利益造成损害。因此，运用谈判民主方式灵活、妥善地处理中央与地方、整体与个体的差异与冲突，具有独特的作用和意义。我国中央政府在处理西藏和平解放问题、港澳台问题时均运用了谈判民主手段，取得了很好的成效。在经济全球化的情况下，国际政治、经济合作越来越密切，国际事务的治理也越来越需要中国参与其中，谈判民主运用于国际合作过程已成为常态。当然，在处理国内的一些有利益冲突的经济事务与社会事务的过程中，也会运用到谈判民主，如集体劳动合同的签订、行政与司法调解等事务，虽然这些事务并不全然属于民主政治范畴，但因有公权力介入其中，与政治民主产生一定程序的关联，因此也存在法治化的问题。谈判民主的法治化应当注意厘清或建构谈判民主的法律制度，完善谈判民主程序，及时、有效地运用法律方式巩固谈判成果，保障谈判协议的效力。对于谈判中的冲突与争端，应尽可能地运用谈判手段解决，而对于那些已具效力的谈判协议产生争议或冲突的，应当适用法律方式解决。

（作者单位：长沙理工大学）

促进湖南农民收入增长的农村金融发展改革对策分析

邓　恩

湖南农民的收入水平长期以来在全国各省份的比较排名中处于中等偏后的位置，主要原因是湖南属于内陆地区，经济欠发达。农业为湖南的传统产业，但农民从务农中得到的收入偏低，且在非农领域增收也困难。

对于要采取什么政策来改进农村金融业的发展、促进农民增收，则应根据湖南的省情对农村金融业发展的制度、政策以及体制进行改善，这既是湖南农村金融业自身发展的内在需要，也是金融业促进农民收入增长的外在要求。

通过对湖南农村金融业发展理论、农民收入理论以及对农民增收影响的理论研究文献进行分析，本文认为促进湖南农民收入增长的农村金融发展政策建议有以下几个方面：

一、深化农村正规金融业的改革

目前，湖南农村金融虽然在农村地区发挥了重要作用，是启动和增加农民收入的有效动力，但从市场不断发展的要求来看，要保持农村经济的持续不断发展，推动农民收入持续、稳定增长，靠湖南目前的金融业组织体系来运转显然还是不够的[1]。

（一）处理好农村国有商业银行业的商业诉求

在湖南农村地区，大型的国有商业银行业主要以农业银行、邮政储蓄银行为主，这两大银行的分支机构多、资金实力较为雄厚，发挥着向农村的县城、小城镇、个体工商户提供资金融通的生产要素作用，以进一步充分利用各类资源和要素，来满足农民农业生产、生活对资金的需求，帮助农民扩大收入来源，推动农民消费信贷业务，拉动农村消费需求，促进农村经济快速稳步发展，从而提高农民收入。目前，我国国有商业银行以逐步完成股份制改造，要充分发挥农村地区国有商业银行支农增收的作用，就必须注意处理好商业银行在支持新农村建设的历史重任和追求商业利润的诉求，商业银行在农村地区分布了较为广泛的吸储网点机构，大量的资金应考虑到支持当地农村经济发展，而不是以追逐高利润将资金仅仅投放到远离农村的县城甚至城市的高回报领域。

国有商业银行应肩负起支持湖南农村经济发展，承当起当前工业反哺农业的融资、推动城乡均衡发展、提高农民收入的历史重任。农村地区的国有商业银行分支机构经营业务的重点应向小城镇和乡镇村转移；将资金投向重点向农村生产生活一线，以及县城、小城镇的乡镇企业、农民经营的二、三产业倾斜；将信贷政策重点向农村重点项目、新型龙头企业倾斜，在确保资金风险控制安全的前提下采取简化信贷手续，甚至适当降低信贷门槛等多种灵活政策，积极支持农村经济发展。

（二）进一步发挥农村信用合作社在农村金融中的重要作用

农村信用合作机构是在我国特有的国情和历史条件背景下发展起来的农村商业金融机构，成立 20 多年来几经变革，目前已成长为农村金融业的主力军，其在农村金融体系中具有典型的中国特色，地位举足轻重、作用重大、不可或缺。

农村地区的农民在进行农业、非农产业生产时，常常很难获取农村金融信贷的支持，为解决此问题，湖南各地通常采取的方式是通过农村信用社以合作制的方式增加对农民贷款的供应[2]。农村储蓄贷款比率和农村金融机构信贷比率的提高，有利于加快金融资金运转效率，因此农村信用社应进一步明确其农村定位，聚焦以农业和农民为主体的服务对象，起到农村金融主力军和紧密联系农民的金融纽带作用。具体来说，应当以根据当地农民的金融需求，不断调整改革方向，增强综合竞争力为原则，按照合作制原则逐步规范农村信用社的业务范围和管理体制，改造为服务地方农村经济的新型农村合作金融组织，更好地发挥农村金融主力军的作用[3]。近几年来，湖南农信社启动了建设为新型合作银行的体制改造，湖南各地农村依托各级信用社分别改制成立了乡镇合作银行、村镇合作银行等新型合作银行。实践表明，新型农村合作银行立足农村，不断深化改革，紧扣自己的农村金融体系中的行业定位，积极开拓创新，不断推出满足市场需求的金融产品，在为农民提供小额信贷支持方面起到了主体作用，有效地缓解了农民贷款难的问题，大大促进了湖南农民收入的增长。

二、发挥农村保险业对农民增收的支持作用

我国农业的一大显著特征就是农业的弱质性，即农业生产并不是完全按市场机制进行自发调节的，这将会出现经济学上的“市场失灵”现象。一个典型的情况就是湖南农业对自然灾害的防范问题。由于湖南所辖区域为内陆，远离海洋，受副热带高压影响明显，使得四季气候变化剧烈，加上省域辽阔，区域的地质差异较大，因而农业遭受灾害的种类、频率和周期均具有很大的不确定性。建立健全的农业保险机制是缓解农业生产不确定性、分散风险和事后补偿的有效保障。

因此，目前湖南应该从以下几个方面进一步完善农业保险机制，发挥农村保险业对农民增收的支持作用。

（一）深化农业保险市场改革

农业保险是由政策性农业保险和商业性农业保险一起互补形成的有机整体。根据湖南的省情，我们认为应当适应当前农村农业保险市场的发展需要，在以政策性保险为主导的前提下，大力改革和发展商业性农业保险，在借鉴其他发达国家的成功经验的基础上，逐步出台并完善农业保险法和相关制度规定，健全农业保险的法律体系，推动农业保险向规范、有序、深入的方向发展，充分发挥农村保险业对农民增收保收的作用。

（二）提高对农业保险的财政支持力度

几乎所有的农村金融研究学者的研究结论都表明，农村保险业的发展对于增加农民收入具有积极影响，可见政府增加对农业保险的财政支持力度、提高补贴水平，最终将传导并体现（甚至存在乘数效应）到提高农村居民收入水平、促进农村经济发展中去。湖南对于农业保险的财政补助可以参考并借鉴中央财政的做法，例如2012年1月30日财政部发出通知，2012年起中央财政在现有的水稻、玉米、小麦等14个补贴险种的基础上，将糖料作物纳入中央财政农业保险保费补贴的范围，并鼓励各省结合实际自行开展特色农业保险[4]。湖南可以根据本省特点，参照财政部对全国农业保险补贴的做法，按照湖南的相关规定，提高农业保险保障水平，覆盖农业生产直接物化成本，并采取以市场化规律与保险公司商定保额、保费等保险条款的方式提高财政支出力度，从而加强农业生产的风险控制和保障，提高农民收入水平。

（三）高度重视农业保险的积极作用

农业保险的防灾作用显著、发展潜力巨大，但湖南不少地方的农民对其认识还不够，参保率不高。对此，我们应当充分宣传，帮助农民树立以下观念：一方面农业保险可以分散农业风险，缓解和补偿灾后损失，提高农村经济运行的平稳性；另一方面，农业保险也能提高农民收入的稳定性，防范农业金融风险，起到对农民财产增值保值的作用。也就是说，要通过加大宣传力度，让农民认识到购买保险不是一个简单的支出行为，而是一种投资行为，具有收入保障效应，从而提高农民对农业保险的参保率，提高农民收入。

三、强化政策性银行业的支农功能

政策性银行是对农业和农业生产者进行保护的一种金融制度安排，是发达国家特别是许多发展中国家均普遍推行的金融政策，在支持农村经济发展的信贷方面发挥着重要作用。

目前湖南农村地区的政策性银行主要是湖南农业发展银行，虽然已经有十多年的运作历史，但现阶段仍存在一定的经营问题，例如资金来源渠道单一、不良资产比例高，服务农业的政策性功能弱化。政策性银行存在的目的就是为了弥补市场自发调节的不足，而当前我国农业发展银行业务范围不够宽广，难以满足农业经济社会发展的需要[5]。因此，按照现代金融制度的要求，创新湖南农业发展银行及湖南国家开发银行的运行机制，充分发挥其服务“三农”促进农户增收的政策性职能作用已刻不容缓。

湖南农业发展银行作为湖南农村地区唯一的农业政策性金融服务机构，应加快改革步伐，主动承担起支农增收的政策性金融服务重任：

（一）进一步明确政策性银行在湖南农村金融体系中的职能

对于商业银行所不愿承担而有时农村经济社会发展所不可或缺的融资项目，农业发展银行要主动承担起来，以填补商业性金融机构未能有效满足的农村金融融资需求缺口，并严格区分政策性金融和商业性金融的业务范围，防止出现交叉竞争的情况。

（二）拓宽和创新政策性金融业务

农业发展银行以及国家开发银行现阶段应该统管农村地区的政策性金融业务，除了办理粮、棉、油等主要农副产品的国家专项储备和收购贷款及国务院规定的国家扶贫专项储备和收购贷款外，还应办理农业综合开发，小型农、林、水利建设和技术改造等贷款业务；要逐步开展信贷以外的咨询、项目融资、企业并购等中间和表外金融业务，以增强其盈利水平，确保农业发展银行的资产保值增值，以便更好地服务当地农村经济。根据湖南的有关政策规定，创新业务品种，拓宽业务范围，将农业发展银行转变为真正意义上的综合型政策性银行。

四、规范发展农村非正规金融业

一方面，农村非正规金融业的发展能够有效提高农民收入水平，是正规金融业的一种有益补充；另一方面，我们也应当认识到非正规金融有其不规范，容易引起金融风险、社会不稳定因素等对经济社会发展产生负面影响的一面。与正规金融业相对应，非正规金融业属于另一种不同的金融制度安排，他们两者在资金的吸收和借贷方面既相互竞争又相互补充，可以预见随着正规金融业的不断发展，非正规金融业的规模和作用将逐渐弱化。当前，在湖南农村和世界上其他发展中国家的农村一样，非正规金融业还扮演着很重要的角色。据中国人民银行估计，我国关闭农村合作基金会导致我国农村地区出现近 3100 亿资金的缺口[6]。在浙江温州农村，非正规金融业发展迅速，他们发展的经验显示，非正规金融业在一定程度上弥补了正规金融业的资金供给不足，对于农村经济的发展，特别是农村小企业的发展起到了很大的促进作用[7]。

对于湖南农村地区的非正规金融业可以借鉴浙江温州等其他较为发达的地区的做法。例如浙江省政府已经出台了合法化的有关政策，促进非正规金融组织从“地下金融”转变为“地上金融”。此外，湖南还可以在农村地区建立信用中介机构，引入信用管理师职业制度，为农村非正规金融提供个人征信、法律咨询、信用担保等中介服务，从制度和实体层面保障非正规金融的规范化运行。

完善非正规金融的相关法规，进一步明确其合法地位。非正规金融业长期以来没有一个明确的法律地位，但由于市场又存在对其的巨大需求，面对相关的法律真空，官方监管机构对其往往也只能采取睁一只眼闭一只的态度，在这种环境之下，非正规金融便一直游走在合法和非法之间的灰色地带。湖南乃至中央的有关管理部门应当根据湖南农村经济社会发展特点，尽快出台相关法律法规，明确农村民营金融机构的准入、民间合作金融机构运营法规等，以便监管机构有法可依。

监管当局应采取宽松灵活的非审慎监管模式。农村非正规金融机构的存在弥补了农村非生产性资金的供给缺口，有利于农户资金的流动性和稳定性。非正规金融机构要发挥自身作用就需要一个宽松的监管环境，监管机构应认识到非正规金融机构是构建一个具有更强缓冲机制和稳定机制的农村金融体系所必需的有益组成部分，应是在规范和引导的前提下，对其采取并实施非审慎的监管模式，以利于非正规金融业的繁荣和整个农村金融体系的健全与稳定。要求这些非正规金融机构进行自愿注册或强制性注册接受监管和指导，实施定期的信息披露制度，并指导和鼓励其建立基于风险的内部自律监管体系，而不能采取简单的取缔或放任的极端监管方式。

我国浙江温州等地非正规金融业的发展情况已经证明，依靠行政手段是完全不可能消除民间金融活动的，除了对其加以规范和正确引导使之更好地服务农村经济发展之外没有更有效的解决办法。与其进行“堵”不如进行“导和疏”，当农村非正规金融业通过发展逐步争取到自己的金融机构和合法地位之后，“地下金融”活动自然也就因丧失市场而被抑制直至消亡。

参考文献：

[1] Levine, Ross. Financial Structures and Economic Development [J]. Revisits de Analysis Economic, 1993, 8 (1): 113—129.

[2] 王玉芝，袁世伟. 重塑农村金融体制的思考 [J]. 金融理论与实践，2006 (6).

[3] 杨晓英. 改革农村金融体制，服务新农村建设 [J]. 安徽农学通报，2007 (12).

[4] 王涛. 中央财政加大对农业保险支持力度 [J]. 经济参考报，2012 (3).

[5] 周小川. 防止商业银行在改革后继续出现大量不良贷款的若干议题 [J]. 中国金融，2004，(13).

[6] 郑颖. 浙江省农村金融发展影响农民收入增长的实证研究 [D]. 中南大学，2008，10.

[7] 冯兴元. 温州市苍南县农村中小企业融资调查报告 [J]. 管理世界，2004 (9): 53—55.

（作者单位：湖南广播电视大学）

湖南省农村扶贫工作的现状与对策研究

邓文飞

扶贫工作——让困难地区和困难群众一起走上幸福富裕的金光大道，既是三农工作的重中之重，更是全面建成小康社会的重要内容。到2020年596万贫困人口整体脱贫，51个扶贫工作重点县全部摘帽，这是湖南省明确的脱贫目标。

2014年9月至2015年6月，笔者深入湖南省株洲市茶陵县、炎陵县等多个贫困程度较深的农村地区，发放调查问卷，对村民、村干部进行走访座谈，向扶贫有关工作部门收集了大量资料，旨在摸清湖南省农村扶贫工作的现状与困惑，积极探寻更加有效的扶贫路径与空间，为湖南省当前农村扶贫工作建言献策。

一、湖南省农村贫困的基本情况

（一）贫困人口数量大，贫困程度较深

经国家统计局监测确认，截至2014年年底，湖南省造册登记的农村贫困人口减少至596万人，中国农村贫困人口总数为7017万人，湖南省占到全国农村贫困人口的8.5%，是中部地区贫困程度较深的省份。2015年6月，习近平总书记在贵州召开7省区市扶贫攻坚座谈会，湖南便是7省区市之一。

（二）发展环境脆弱，贫困源头较多

除了一小部分贫困人口是因为因病致贫、丧失劳动能力致贫外，湖南省绝大部分地区的贫困根源是因为生活于条件严峻的地区，区位条件不利，人均资源不足，发展与生态保护矛盾尖锐，产业结构调整受环境制约大，收入来源单一，劳动力素质偏低。如株洲市的茶陵县、炎陵县，都是地质灾害频发地区、水土流失严重地区，还有相当多贫困群众生活在深山区、库区、地质灾害频发地区，因灾致贫等现象较为突出。这些客观条件决定了扶贫难度加大且极易返贫。贫困群众在政府、社会的帮助下暂时脱贫而下一年返贫是这些地区的一种普遍现象，且返贫周期短、次数多，这种反复给返贫群众带来了极大的心理打击。一些农户在经历多次脱贫—返贫后，逐渐对脱贫丧失了信心，有些甚至陷入宿命论中，这无疑给扶贫增加了难度。

二、湖南省农村扶贫工作存在的困惑

（一）贫困主体理念不对，配合不理想

一方面，目前绝大部分的贫困村民对国家的扶贫开发政策的理解仍然停留在“等、靠、要”的层面上。在笔者针对湖南省株洲市300个村支部书记进行的调研中，对于“您认为当前农村扶贫工作存在最大的问题是什么？”这一问题（多项选择题），有85%的村支部书记都选择了“群众观念滞后，只想争夺国家扶贫资金”。由于贫困村民文化素质较低，在湖南省，90%以上的贫困村民都是初中、小学及以下文化程度，他们接受新知识、新技术的能力有限。大多数贫困户不懂科学种田，只是依赖原有的经验进行农业生产。虽然开展了相关的农民培训，但是由于农民文化水平低、底子薄，很难在短时间内提高其整体素质。所以，即使这些贫困村民有脱贫致富的愿望，但是苦于没有致富的门路，缺少致富的能力。而有一部分贫困村民在主观上已经形成懒惰的习惯，好逸恶劳，不愿意勤劳致富。贫困村民只是被动参与扶贫开发，缺少主动参与的积极性，导致扶贫效果不明显。

另一方面，许多贫困村的村级组织往往也是将工作重心放在向上面要钱、要项目上，而不是潜心研究、寻找、带动村民勤劳致富。部分村支部班子软弱，集体经济薄弱，缺乏发展后劲。部分村支部经常更换骨干人员，村干部文化素质不高，导致决策不够科学，加上缺乏有效的监督渠道，容易产生村干部的徇私舞弊行为，这也直接导致上面好的扶贫政策、措施落到农村却走了样，实现不了设定的扶贫目标。在笔者的调研中，500名来自株洲市不同地区的村民对于“您认为当前农村扶贫工作存在最大的问题是什么？”这一问题（多项选择题），90%的村民都选择了“村委会扶贫工作力度不够，能力不强，甚至存在徇私舞弊行为”。

（二）扶贫政策精准度不够，各级政府落实容易出现偏差

作为国家级政策，《中国农村扶贫开发纲要（2011—2020年）》因为要覆盖、引导全国的扶贫开发工作，因此较为笼统抽象，只能是方向性的要求，无法对各地提出具体的指导意见。近几年，各个地方政府的扶贫工作意识到以往“大水漫灌式”扶贫的缺陷，因此扶贫政策越来越倾向于精准/瞄准，也已经取得了一定的成绩。但是，客观地说，扶贫政策的精准度仍然远远不够。在笔者的调研中，针对“您认为当前农村帮扶工作中急需解决的问题是什么？”（多项选择题），有85%的村支部书记选择了“精准帮扶做得不够”。

受扶贫工作相关部门人员有限、资金有限、急于出成绩等各方面的主客观原因的影响，目前湖南省扶贫开发的主流政策仍然是区域开发式扶贫。很大程度上，开发式扶贫战略将“贫困人口集中连片”的问题归因于缺少“经济增长”所必需的自然条件和物质基础设施，认为只要从改善贫困地区的基础设施出发，促进以当地资源为基础的经济开发和经济发展便能逐步解决区域贫困问题，因而将扶贫重点集中于帮助贫困地区改善“经济增长”条件，将扶贫措施集中于区域物质资本的开发和建设（如基础设施建设、基本粮田建设、利用当地自然资源的生产性项目开发等）。形成的自然也是物质资本，并没有触及贫

困群体自身的知识、技能和观念、行为上的缺陷，结果是贫困地区与全国经济发展速度上的差距缩小了，但是人力资源领域更深刻的差距及生计脆弱性状况没有改善。

（三）扶贫措施效果不佳，特色资源开发利用不足

湖南省生物资源、旅游资源、矿产资源等十分丰富，具有发展特色产业和红色旅游业资源优势。尤其是贫困人口相对集中的库区、山区，在工业时期显得没有优势，但在当今后工业时期，这些库区、山区则具有生态环境优美、空气质量好、土壤肥沃等独特优势，目前的扶贫开发对这一点仍认识不足、开发不够，导致这些地区仍停留于比较封闭的自给自足的自然经济状态；甚至，一些地方政府为了形成一定的产业规模，完成政绩报告，不按市场规律引导这些地区的发展，强调用自上而下的行政手段推动一些不成熟、不合适的产业项目，结果进一步加大了农民的经济损失，挫伤了农民发展产业、自强自立的积极性。

三、湖南省农村扶贫工作的未来空间

（一）加强文化扶贫

通过强化基础教育，大力发展农村文化事业、互联网传播等方式，帮助农民克服对扶贫工作“等、靠、要”的偏见和“短视”行为，结合社会主义市场经济知识进行宣传教育，培育农民克服“重农轻商”“重产轻销”的思想观念，确立起市场导向意识，加强市场经济中的诚信教育，同时树立可持续发展思想理念，合理开发利用资源，维护生态环境，发展可持续农业，促进农村经济发展。

要坚持大力发展先进文化，支持健康有益文化，改造落后文化，抵制腐朽文化。要切实提高农村公共文化服务的能力，丰富农民群众精神文化生活；要加强文化信息资源共享工程的建设，推动数字化文化服务进乡村；要加强对农村优秀民族民间文化资源的系统发掘、整理和保护；积极鼓励农民自办文化；建设专兼职的农村文化队伍。

（二）重视长远扶贫

1. 立足能力提升，着力引导贫困群众自主脱贫

应当将扶贫开发重点由过去单纯重视物质资本开发建设转向更加重视人力资本投资开发，实质上是瞄准贫困户劳动力资源实施智能开发，重点改变有劳动能力的贫困人口及其家庭的知识、技能存量和就业资本存量状况，促成有劳动能力的贫困者形成自我发展的可行能力，从根本上解决自然地理环境条件恶劣区域贫困人口的生计问题，减轻这些地区生态环境压力。贫困人口自我发展能力的提高或加强就意味着他们对自然环境的反抗力增强，依附性减弱，意味着在市场经济环境中劳动力流动的能力、参与劳动力市场的竞争能力、对市场上获利机会的反应和把握能力的加强，进而意味着贫困人口生计空间、生计资源的扩展和抗风险能力的改善，这才是扶贫工作最佳效果。

2. 立足资源禀赋，全力打造能长远发展的特色支柱扶贫产业

立足湖南自然条件和要素禀赋，扶贫产业发展要着眼于资源，大力发展特色农业和农产品加工业及红色旅游产业，并扶持一批影响大、辐射带动能力强的龙头企业，作为当地扶贫开发的载体。

如株洲地区的茶陵县、炎陵县，属于罗霄山扶贫片区，当地的红色资源类型和数量丰富，资源质量和品质优越。因此，该地区应该在保护红色历史资源的同时，进一步加大红色旅游开发的支持力度。一是把区域内红色文化旅游与生态文化旅游结合起来。支持茶陵、炎陵两县真正融入罗霄山片区的整体开发，将其建成全国有名、世界有影响的旅游目的地、休闲养生度假胜地，促进文化与旅游深度融合。将当地红色旅游重点景区纳入全国红色旅游发展重点开发项目中，得到原中央苏区重点红色旅游资源开发享受到的国家的政策支持和优惠；二是该地区应该整合红色、绿色、古色等旅游资源，深入开发红色体验、客家文化、自然生态、休闲度假等复合型旅游产品。

（三）加大精准扶贫

1. 精准识别贫困人口

扶贫要精准，必须要弄清谁是真正的贫困户，哪些人需要真扶贫。不进百村、不访千户，对象就摸不准，扶贫就可能“水土不服”。解决这一问题的核心是摸清家底。要确保精准扶贫到人，必须同时采取自上而下测算贫困人口制度和自下而上的贫困群体识别参与制度，修正和确定贫困人口的规模，让所有贫困人口都能被识别和确定。只有在贫困户识别环节推行自下而上的参与式贫困群体识别方法，让村民代表和贫困户（申请者）直接参与到贫困群体识别过程，才能确保贫困识别过程的公开、公正、透明。

对真实的贫困人口进行了精确的识别之后，必须进行建档立卡工作，做到“户有卡、村有簿、乡有册、县有档”，逐户、逐村、逐县登记造册，录入电脑，建立起贫困户、贫困村、贫困县、贫困区域信息网络系统。

建档立卡之后，还要进行动态管理原则。每年根据扶贫对象、扶贫地区的发展实际，有进有出，扶贫信息做到真实可靠，扶贫工作的资金才能用到刀刃上，做到应扶尽扶，不漏扶不错扶。

2. 精准推进扶贫措施

利用因户施策的办法，通过“走百村、访千户、解万难”活动，逐县、逐村、逐户确立帮扶措施、帮扶责任人、帮扶项目和帮扶资金，一村一策、一户一法，确保实现水、电、路、气、房和环境改造“六到农家”工程；确保每个贫困户至少有一个就业人员，切实增强脱贫造血能力，分类推进，实事求是，因地制宜。对因病因灾丧失劳动能力的，实行政府救助兜底扶贫；对自然环境优美的地区，实行农业生态旅游扶贫；对文化程度低的，实行教育、技术培训智力扶贫；对生产条件好的，推行特色产业扶贫，“宜农则农、宜工则工、宜商则商、宜游则游”，分类指导，分类扶贫。

凡是扶贫部门主管、相关部门实施的扶贫项目，必须强调扶贫到户，确保其扶贫项目的属性，不能当成单一的产业发展项目来实施。所有产业扶贫项目不能只有生产发展规划，必须强调市场营销方面的技术设计，以实现增产增收，提质提效。加入推行公司＋农户、大户带动贫困户等产业扶贫模式的同时，必须要明确提出贫困户的盈利模式，不能把贫困户沦为简单的原材料提供者。

3. 精准管理扶贫资金

要敢于公示农村扶贫资金的管理、使用情况，建立过失追责制，建立公众监督举报制度，确保扶贫资金管理和使用情况的公开透明和公正。

建立健全农村财政扶贫资金的使用制度。地方政府扶贫部门应当制定更加细致严格的财政扶贫资金使用制度。在具体的财政扶贫资金使用过程中，要建立由专业人士组建的财政扶贫资金管理委员会，这样可以极大改变目前财政扶贫资金使用效率低下的问题，让有限的财政扶贫资金在专业人士的管理和监督下得到最大程度的使用。同时还要引入地方农村居民参与财政扶贫资金的管理与使用，让他们能够对财政扶贫资金的使用方向、用途等获得充足的了解，并积极吸收和借鉴他们对扶贫资金的使用建议。要建立地方财政扶贫资金网络公开监督制度，借助现代信息网络技术，建立地方财政扶贫资金使用情况网络披露平台，要在平台上晒出每一笔资金的使用方向，要主动积极邀请社会人员的监督。

4. 精准培养扶贫人才

要充分发挥贫困地区基层党组织的战斗堡垒作用，选好配强村级领导班子，村委会干部选举中应倾向于政治思想端正、致富能力强的人才。鼓励和选派思想好、作风正、能力强、愿意为群众服务的优秀年轻干部、退伍军人、高校毕业生到贫困村工作，帮助建班子、带队伍、抓发展。带领贫困群众脱贫致富有突出成绩的村干部，可按有关规定和条件优先考录为公务员。

对村干部和驻村干部要提供能力建设服务，根据精准扶贫政策要求提供针对性培训，使他们在协助精准扶贫工作中发挥更大作用。

（四）发展科技扶贫

1. 积极推广农村急需的良种良法

围绕特色产业发展，加大科技攻关和科技成果转化力度，推动产业升级和结构优化。培育一批科技型扶贫龙头企业。建立完善符合贫困地区实际的新型科技服务体系，加快科技扶贫示范村和示范户建设。

2. 创新扶贫工作新思路，引入互联网+扶贫模式

2015年3月5日，在第十二届全国人民代表大会第三次会议的政府工作报告中，李克强总理提出制定“互联网+”行动计划。

“互联网+”战略就是利用互联网的平台，利用信息通信技术，把互联网和包括传统行业在内的各行各业结合起来，在新的领域创造一种新的生态。

在农村扶贫工作中，也应该与时俱进，创新引入互联网+扶贫模式。互联网+扶贫模式应该包含两个方面的内涵：一是在扶贫过程中要利用新一代信息技术和互联网平台去改造提升优化扶贫开发过程，例如贫困户的申报和审核、建档立卡及其动态管理、资金使用及管理、项目申报和审批、群众参与和监督、扶贫部门工作动态和工作人员联系方式等，都应该通过互联网公布信息，做到透明公正，便捷有效；二是用互联网的理论、理念和思维在扶贫项目中创造新的业态和新的方式，并谋划产业未来。比如以往交通不便、信息不畅的地区的种植业经常遭遇丰收却滞销的难题，如今却可以通过互联网进行销售，不但便捷，还可以省去中间环节的成本，可以让农户取得利润最大化；贫困地区在选择、规划、设计和发展扶贫产业的过程中，更要充分利用互联网及时搜索信息、利用有效资源，做到准确定位、及时调整、科学发展。

参考文献：

[1] 周丕东，崔嵬，詹瑜，孙秋．贵州乌蒙山区农村扶贫开发对策研究［J］．贵州民族

研究，2012（2）.
[2] 张笑芸，唐燕. 创新扶贫方式，实现精准扶贫［J］. 资源开发与市场，2014（9）.
[3] 熊理然，成卓. 中国贫困地区的功能定位与反贫困战略调整研究［J］. 农业经济问题，2008（2）.
[4] 韩嘉玲，孙若梅. 社会发展视角下的中国农村扶贫政策改革30年［J］. 贵州社会科学，2009（2）.

（作者单位：中共株洲市委党校）

把保护和开发建筑文化瑰宝作为侗族行使自治权利的重要内容

——侗族村寨、风雨桥、鼓楼现状调查报告

石佳能　田光辉

由于侗族独特的地理生态环境和历史因素的差异性，造就了侗族的民族地位以及别具特色的民族景观。侗族历史文化积淀丰厚，而且民族风情古朴浓郁，民族文化资源非常丰富，侗族的村寨、风雨桥、鼓楼独具民族韵味，侗族村寨、风雨桥、鼓楼以优美的自然风景、精湛的建筑艺术以及古朴的自然崇拜吸引着世人的目光。

一、侗族村寨、风雨桥和鼓楼是侗族的建筑文化瑰宝

（一）侗族村寨、风雨桥和鼓楼的价值

1. 侗族村寨的价值

侗族村寨通常坐落在群山怀抱的平旷地中，寨前有蜿蜒曲折的流水，寨旁是层层叠叠的梯田，寨后有连绵起伏的群山，这是典型的侗族人们居住的大地自然景观。隔河相望，侗族的村寨总是隐映在葱葱郁郁的绿树之间，成片的竹林，点缀着巨大的樟树、枫树；走近侗寨，给人的第一印象便是浓密的树林，侗家人充分利用房屋前后空地种植一些果木树，最常见的有桃树、杨梅树等；侗寨内建筑密集、街巷狭小，所以青石板路边并没有刻意地种植树木，倒是一些零零散散的乡土植被覆盖路边空地，但也留下了满目新绿的感觉；寨后有青山做靠背，侗民们称之为“龙脉”。青山、绿水、田地构成侗寨生存的最基本元素，侗族所居之地自然生态环境都非常的好。侗寨内的人工景观突出表现在侗寨的建筑艺术上。走进侗寨，先是经过如虹飞架的风雨桥，桥边有历经风雨的木制水车。跨过风雨桥连接的是通往村寨蜿蜒曲折的青石板路，远远地就能看见村子中的鼓楼。鼓楼是侗寨的核心，侗族有村寨必有鼓楼，而且鼓楼先于村寨而建，一寨一座或数座，突出了侗族聚族而居的特点。围绕着鼓楼的是人烟密集的居住区，居住区由鳞次栉比的吊脚楼组成，吊脚楼的水池、鱼塘组成了村落中水体组团空间；寨子的边缘处有寨门、凉亭、水井、禾晾之类的小型公共空间。整个侗寨呈现出自然有序的以鼓楼为中心的向心型特性，鲜明的公共建筑形成了侗寨独特的景观特色。几千年来，侗族祖先在社会生活、生产中创造了灿烂的侗族文化，侗族良好的民族历史继承性使得很多珍贵的民俗文化得到延续，古朴的信仰观促使侗族主要信奉万物有灵的多神崇拜和祖先崇拜。在一些侗族村寨中这一类的非物质文化遗

产并未受到现代文化太多冲击而相对保存完好。侗族村寨以水为源点，青山怀抱，碧水长流，避风向阳，巧妙利用山势，因地制宜，将人工环境与自然环境结合得恰当、完整。

2. 风雨桥的价值

风雨桥作为侗族文化的标志之一，有其深厚的文化底蕴。风雨桥在建筑史上称为廊桥或楼桥，俗称花桥，又称福桥。风雨桥是侗族建筑中最具特色的民族建筑之一。整个桥身不用一钉一铆以及其他铁件，皆以质地耐力的杉木凿榫衔接而成，集桥、廊、亭、塔、楼、阁的建筑特色于一体。侗族风雨桥一般用大青石作桥墩，桥身为杉木结构，由桥梁、桥廊、桥亭组成，风雨桥一般长五六十米，宽四五米。桥台上为长廊，长廊中绘有以神话传说、历史故事、奇花异草为题材的五彩绘画，既增加了桥的美感，又增加了桥的艺术价值。侗族风雨桥另外还有对联、匾额和题词等，侗乡的风雨桥不仅可让人过桥、休息、避风雨，还可让人欣赏到侗家艺术。风雨桥多建在村头寨尾，起着“保风水，护村寨”的作用，桥的中间阁楼往往设立神龛，神龛边必须背靠下游，面朝上游，这样神灵才能镇桥护寨。在中国的侗族地区，传说人的生命中有一座桥，连着阴间和阳间，每一个人都有属于自己的桥，或许属于宏大而壮美的风雨桥，或许属于某个独木桥，或许属于桥梆的一根完整的小条木。侗族人认为，每个人来到世界都要走过风雨桥，所以侗乡处处建有造型美丽、气韵非凡的风雨桥。风雨桥是侗族人民勤劳智慧的结晶，更是侗族人民艰苦创业、勤劳爱家的民族独特的人文景观。风雨桥已不仅仅是实用意义上的桥，更是侗族人民追求现实的完美、追求灵魂超越的象征。

3. 鼓楼的价值

鼓楼是侗族建筑的集中代表，因其作为侗族地区的传统文化标志而具有重要的研究价值。长久存在于侗族村寨中的鼓楼，虽鲜为人知，但其高风雅韵犹存。在我国民族建筑中独树一帜，成为侗族特有的标志。鼓楼是侗族人民智慧的集中体现，更是我国民族建筑遗产宝贵的财富。

鼓楼从形体上看，千楼有别，互相竞秀。美的事物，首先是具有自己独特的形象，它的物质材料按照一定的规律组合，形成独具审美特性的形式。从鼓楼来说，既有湘桂无劲类宫殿型鼓楼，也有黔式有劲类型鼓楼，无论层多或层少，都既非盒子式、方块式，亦非上下一体的宝塔式、碉楼式。既非纯然的四面流水，又非一味的圆筒伞型。侗族鼓楼建筑艺术集优荟萃，偏重于小弧度线的大弧度使用，各种各样的鼓楼，都近似直线形密檐。鼓楼上的图案和形象内容十分丰富，有以现实生活为题材，反映侗族人民的生活态度和表现他们积极乐观、昂扬向上的意境，如“斗牛”。每年农历二月和八月的“亥”日，是侗家的斗牛日。侗家用于斗架的牛特别贵重，由专人饲养，被优待为“牛王”。在有的侗寨的鼓楼封檐板上，有不少反映斗牛场面的绘画，“牛王”的勇猛神态和搏斗的激烈场面，活灵活现地呈现在人们面前。也有本民族和汉族历史上的传说人物和英雄人物，一方面反映侗族人民的历史观念和历史传统，另一方面则反映汉族文化对侗族文化的影响。侗族鼓楼艺术审美价值内容除了在其装饰绘画上生动地表现出来之外，还注重整体的美感。侗族鼓楼注重总体布局，尤其是注重鼓楼与外界环境的关系。这种审美意识，显然来源于整个民族的向心力倾向和整体观念。鼓楼与当地的山川地势，村寨的民居以及林木、田野的环境都融为一体，结合得非常好。总体设计上尽可能要求错落有致，鼓楼坪、水塘形成自然间隔，各楼间距不一，高矮有别，彼此呼应。侗族鼓楼的艺术审美价值不仅在于集合形体美、线条美、色彩美的艺术形式，更重要的是它集合了吉祥、团结、丰裕、幸福、欢乐的艺术内涵。所以侗家人才不惜代价建造鼓楼，鼓楼所体现的民族文化精神，永远启迪着侗族人民的智慧和创造力。

（二）侗族村寨、风雨桥和鼓楼的功能

1. 侗族村寨的功能

（1）适于生存、便于防御

侗寨世代相沿依山而寨、择险而居的选址原则，选址背靠大山，正面开阔；地势险要，四周兼有耕地；水源方便，同时可避山洪；还受风水禁忌的影响，讲求环境方位的选择与配置。这是矛盾两方面的统一：既要求险以御外敌，又要求安以利生产生活，在苛刻恶劣的自然环境中尽可能选择适于生存，具有良好生态条件的地方。事实证明，充分利用这一原则选址而建的村寨大多兴旺发展。侗寨建筑群落生长都对自然环境表现出一种顺应、认同、崇敬之感，群落不会肆意地改变自然环境，而是采取一种融入自然环境的做法。侗寨以鼓楼为中心，顺应山形地貌而生长，建筑群大多采用吊脚楼的形式顺应地形蜿蜒起伏、曲折有致，绝少开山辟地。有的依山顺势，层叠而上；有的绕弯溜脊，错落有致。这种规划设计，是侗民们代代相袭的自然观在建筑上的反映。侗民们所规定的一切都是为了保持自然水土，都是为了维护生态环境的平衡和持续发展。

（2）凝聚人心

侗族村寨与周边其他民族村寨在外观上最大的区别就是其村寨建筑的向心性。高耸的鼓楼、宽阔的鼓楼坪是村寨的绝对中心，这是侗族与该地区的其他少数民族村寨风貌上最大的不同之处，村寨中其他民居建筑必须恪守不得高于鼓楼的规定，这样可使人们从各处都可看见鼓楼，寨内民居多围绕鼓楼布置。侗寨布局之所以这么强调向心性，是同其村落家族文化特点有关的，资源总量的缺乏是村落家族文化得以存在的理由，人们需要依靠宗族、家族这种血缘组织来为自己生存取得必要的资源，这种依靠反过来强化了人们对宗族、家族，对血缘的认定与依附；相对落后的生产力不能向人们提供必要的物质，人们自然也不会、也无力冲破结构紧密的血缘网络，这是生产力发展水平较低的社会中唯一的选择，所以民居围绕等于是宗族化身的鼓楼而建。并把鼓楼扩大为整个村寨的绝对中心的现象，正是人们对血缘、宗族的依附情感的外在表现。

（3）民族认同

侗民们生于大山，长于大山，在这块土地上，他们首先是大山的儿子，其次才是大山的主人，一方面，他们把山林环境看作是养育自己的摇篮和崇拜对象，另一方面又把自己当作所在环境的监护人，在对待“人—建筑—自然”的关系上，其表现出来的首先是共栖共荣，然后才是开发利用。尽管从表面现象来看，侗寨现今的格局是自发形成的，但这种自发中包含着观念自觉的必然，它是把适应环境、顺其自然作为聚落拓展的基本出发点，这种潜意识的民族心理折射出侗寨建筑文化朴素的自然观。

（4）领域界定

领域性有两个层次，先是与外族的领域界定，侗族先民避战乱到达黔湘桂交界山区后，曾与苗、布依等族发生过矛盾与冲突，为提高自身的防卫能力各侗寨按地缘结成“款”组织，由“款”组织的形成，从地理范围上界定了侗族社区与其他少数民族社区的界限，是“款”一级层次的领域；其次是与其他宗族的领域界定，在“款”内各寨也会存在矛盾和冲突，由“款规”来约束各寨，界定各寨的领域范围。两种领域界定本质都是在

一种自然资源短缺的情况下，保证和平相处而做出的约定。在建筑上就表现为各寨都有“寨门”“寨墙”等界定领域的建筑物，寨门成了向外人炫耀该领域繁荣兴旺的外在表征之一，寨门不仅是供人出入的场所，还是村寨领域的象征，所以，侗民们常说：“看见了鼓楼，就看见了侗家；走进了寨门，就走进了侗家。”

（5）排他求安

领域界定了私有，领域也造成了排他。侗族最初是由血缘关系组成的社会组织，同姓同族而聚居是一个原则，外姓的加入必须经过改众人姓的仪式，对外活动时必须采用众人姓，这一规定强化了族姓团结与统一，强化族内团结的同时也就强化了对外族的排斥。侗族素有“拦寨”习俗，即在村寨的路口或鼓楼坪前设置路障，不让外人通过，这种习俗现在演化成一种娱乐活动，主人唱拦路歌，客人唱开路歌，然后宾主联欢。这种习俗的文化内涵是族姓禁忌的一种外在形式，即：在族姓内举行宗教、文化活动是不准外族人参加的。从这一习俗可看出，即使是在侗族这个大的文化系统中，各族姓之间的文化内容是不尽相同的，它们是平行的子系统的关系，系统与系统之间形成排斥，这是不可避免的“侗寨的寨门”。寨墙也是作为侗族社会排斥外界干扰的遗存，虽然现今它们的原始作用已不复存在，但仍然可以从侗民们热心修建、装饰寨墙中看出它的历史地位。

2. 侗族风雨桥的功能

风雨桥构思精巧，造型独特，融美和实用为一体，它远看似伫立水中的楼亭，近看为重瓴联阁的花桥，这种美完全由人工精心设计，制作而成，因此它闪耀着理性美的光芒。风雨桥与自然美：风雨桥是伫立在侗乡优美自然环境中的桥体，青山绿水映衬着它，当这座结构精巧、飞檐层出的桥体与大自然融为一体时，仿佛已成为大自然中的一部分，焕发着自然美的魅力。作为侗族标志的风雨桥让其他民族朋友充满了向往，桥后面的侗族文化更充满了不可言喻的魅力。风雨桥作为侗族村寨与外界沟通的桥梁，所起作用不可小视。到了侗族地区，没进寨就先看到风雨桥，在桥上你能见到许多侗族的民俗，同时，侗族人民也通过游客了解外面的世界。风雨桥也是民族沟通的工具，在一些多民族杂居侗族地区，风雨桥的建设过程促进了民族团结，促进了民族内部以及民族与民族之间的交流。在当代，其沟通作用不会减弱，只会加强。风雨桥不仅沟通了当地各族人民的关系，也沟通了现代与传统。风雨桥是侗族人民的文化载体。侗族风雨桥是侗族文明的标志，它们历经数百年风雨的磨炼而屹然不倒。它们是为行人遮风避雨的桥，是民族精神和信仰的桥，也是民族文化交流的桥。它们是侗族先辈留给侗族后代一笔宝贵的财富，也是留给中华民族乃至全人类的珍贵的文化遗产。

3. 侗寨鼓楼的功能

（1）传达信息或报警

侗语称鼓楼，至今没有统一的名称，“楼”“百”“堂瓦”“堂卡”，均没有鼓的含义，早期的“鼓楼”是否已立楼悬鼓，不能妄言。明万历三年本《尝民册示》中，始有“鼓”与“楼”一齐出现。而将“鼓”“楼”并称的时间见诸文献的就更晚了，大多于清代至民国年间，如清乾隆年间《玉屏县志》和清嘉庆李宗昉《黔记》中的“鼓楼”，和《沅州厅志·艺文志》张扶翼《鼓楼记》所述：“邑治旧有鼓楼，创自弘治年间，规模宏壮，巍然为一，现多久倾颓。”那么，“楼”中置鼓，即在“罗汉楼”“聚堂”的基础上，增设“长鼓”，就演变成现在的鼓楼。鼓楼是侗寨中传达信息或报警的工具。

（2）集会议事

鼓楼是侗寨政治生活的中心。许多集会在这里举行，中小型会议在楼内召开，大型群众集会在楼前石板铺成的鼓楼坪进行。鼓楼是侗族村寨集会议事的场所，因为楼中悬有大鼓，故称鼓楼。鼓楼是侗寨的行政、宗法中心，它的型制最高、装饰最华丽、位置也最显眼。鼓楼是族姓的徽章和标志，侗族人民把鼓楼看成是族姓神的物化物，族姓以鼓楼为精神支柱紧紧团结在一起。鼓楼起到稳定和凝聚侗族人民心态、强化侗族人民家族认同感的作用。

（3）仪礼休闲场所

鼓楼作为村寨的文化活动中心，其功能表现为以下几个方面：

①社会娱乐的中心。每逢佳节，侗民们都会聚集鼓楼进行大型的欢庆活动。吹芦笙、踩歌堂、唱侗族"大歌"、迎宾送客都在鼓楼和鼓楼前的鼓楼坪进行。每年的春节，从初一到初八，侗族各村寨相互拜访，鼓楼便成了幸福和快乐的海洋。

②重大仪式举行的场所。如祭祖、葬礼仪式等多在鼓楼举行。

③具有公益功能。村民们如果捡到失物，不知主人是谁，就会将物品放在鼓楼，以便于失者认领。村民们还会在鼓楼柱上挂上草鞋，供过路需要之人使用。

④村民们平日休闲的场所。闲暇之时，村民们便会聚在鼓楼，夏天休憩纳凉，冬天烤火取暖，聊天解闷。

（4）家族的标志

以前，一个侗寨一般是由一个家族的人居住，往往建有一座鼓楼，鼓楼就成了该家族的标志。如果一个村寨建造一座鼓楼，可以推断这个寨子里生活的人都是同一姓氏的或者同一姓氏的人占了绝大多数。但这也不是绝对的，有时候，同一姓氏又分为不同的祖，每祖的人也建有本祖的鼓楼。同时，鼓楼的建构情况，直接反映出家族的兴旺或衰微，因此，人们只需观看鼓楼的建造情况就可了解某个家族的大致状况。这样就促使各个家族竭力去建造自己的鼓楼，并以之作为集体荣誉感的象征。因此，当寨子里有不同的姓氏共同生活时，各个家族都要建造本家族的鼓楼以示区别。而各个家族之间的主次关系，也会通过鼓楼高度上的差异表现出来。如像贵州从江县高增村，寨子对外作为一个整体出现，寨内则分为三个小寨，各自建有作为家族标志的鼓楼。

（5）侗族人民的精神支柱和情感纽带

鼓楼的主要木材是杉木，鼓楼都是经过寨老们共同商议建造的。鼓楼建成后，私人住房是不准超过鼓楼的。在侗族人们的心中，鼓楼是一株神树，是整个寨子的守护神；鼓楼是一根天柱，保留着侗族对祖先的记忆和对龙蛇图腾的崇敬。鼓楼作为侗族人的精髓栖息之所，反映着侗族人的整个精神面貌，激励和鞭策着人们奋发向上。总之，鼓楼是侗族人内心深处相依相偎不相离的精神支柱。从居住情况来看，虽然侗寨的自然环境较为封闭，但这并没有成为能歌善舞的侗家人寨内与寨际交往的障碍。并且这种交往一般都是全寨出动，数百人乃至上千人参加，场面宏大，全情投入，令人赞叹。

（6）鼓文化教育和文化传播的场所

侗族鼓楼的装饰内容十分丰富，鼓楼梁枋上的雕饰、彩画，多是反映侗族历史、人物以及表现侗族人民生产生活的内容。这些装饰彩画直观形象，栩栩如生，在现实生活中起到了直观教具的作用，通过潜移默化，将侗族文化传承给后代人。在装饰鼓楼的过程中，本民族历史上的传说人物、英雄人物、图腾标记和民族吉祥物为鼓楼装饰艺术的重要题材。通过这些图画，观赏者能从中接受生产生活及社会生活习俗等方面的教育。农闲时或晚饭以后，青年人都喜欢聚集在鼓楼里，听老人摆古，听唱古歌，学唱大歌。老人们有些时候吟唱着侗族祖先的业绩，有时传授生产知识，或者讲述做人的道理。就这样，侗族的历史和文化在鼓楼里，通过口传心授，一代代传承下来。在侗寨大多数鼓楼外都有鼓楼坪，很多大型的集会、丰富多彩的传统活动和娱乐活动都在鼓楼坪举行，如讲"款"① "多耶"② 等。可见，鼓楼是村寨文化教育和文化传播的场所。

（7）社会法律活动中心

20世纪中期以来，虽然侗族传统社会组织的功能大大萎缩，但是款约文化在侗族民间生活中仍然扮演着一定的角色，法律规范（款条）的很多社会功能依然被保留下来了。"款"的重要活动也常在鼓楼进行，在有外部战事时款首也作为本寨代表与对方交涉。"约法款"在侗乡是具有法典性质的东西。一般在款首主持下，在鼓楼之中或鼓楼坪上召开款民大会，成年男子听到聚众的鼓声都必须参加，要求全体成员共同遵守。鼓楼议事通过的习惯法规范，也就是在鼓楼议会中制定出的一种乡规民约，它是维护侗族社会秩序的准绳，对保护侗寨，维护社会治安，强化道德观念，打击邪恶习气等起到了积极的作用。鼓楼还是侗族寨老们调节民事纠纷之所。诸如家庭婚姻纠葛、邻里之争、家庭内部矛盾等，在鼓楼内当众调节。近年来，刑事案件多交由国家司法部门处理，但仍有一些由寨老们在鼓楼裁断。当然，民事纠纷仍多由寨老们调节。

（三）侗族村寨、风雨桥和鼓楼等传统建筑面临的危机

进入现代以来，城市化和现代化在加速推进，并逐渐渗透到乡村。传统文明和现代文明发生了有史以来最严峻的碰撞。经过改革开放三十多年的发展，我国城市已基本实现了现代化，但农村经济基本上还处于封闭的、落后的自然经济，人们要求改变现状的愿望比任何时候都强烈，经济的杠杆作用和追求现代生活的愿望，将逐步改变他们的生产和生活。在这种时代背景下，侗族人民生活主要组成部分的传统建筑面临重大危机。

1. 同化变异危机

事物的运动都和它的周围其他事物相互联系着和相互影响着。现代文化对传统文化的冲击是渐进的，有其特有的历史条件和时代背景。改革开放前，新晃的城镇2万人，如同乡村，城市化率10%还不到。许多乡还没有升格为建制镇，城乡差别相对较小。加之交通闭塞，现代材料难以运进，所以，城市化和现代化对乡村尤其是落后的民族村的穿透力较小。那时的民族村寨基本保持原始风貌，传统民居建筑基本保持传统特色。改革开放以后，交通基础设施建设大力推进，尤其是近几年通达通畅公路的修建，拉近了城市与乡村的距离，外来文化不断涌入乡村的各个领域。为了追逐现代生活，许多民族村寨新修了砖混结构住房，用砖混结构改造了部分住房和附属设施，并在建筑立面用墙面砖贴面，打工富裕起来的侗乡人民回到家乡建起了"江浙式小洋楼"。一些人错误地认为"'洋'东西一定是先进的，'土'的东西就是落后的"。在这种错误的认识影响下，于是我们的侗族民居被大量的破"旧"立"新"，而不是按民族风格来维修和改造。"天人合一"、富有传

---

① "款"是侗族村寨与村寨之间的联盟组织，也是一种侗族民间自治和自卫的地缘性组织。"款"有款约，款约是一种归纳和发布款组织内部规章约法的款词。"款"的重要活动一般在鼓楼里举行。

② "多耶"（即踩歌堂）流行于南部侗族地区，是一种以多对多的集体参与的教育形式。

承文化功能的原生态民居变成了砖木杂混、土洋结构的“火柴盒”。一个乡党委书记深深地叹息：“我修了一条路，却毁了一个（民族）村。”伴随着现代文化的逐步渗透，传统民居面临被同化的危机，其产生的变异将使民族传统民居黯然失色，令人望村兴叹。例如，波洲镇长塘坪村在2004年未通公路前，全是木房，公路一通，几乎看不到一栋侗族木房。李树乡枫木村一个古老的侗族村寨现在已看不到几栋侗族民居。大量转混结构的“现代”建筑充斥街巷、村寨空间，大有被“现代”同化的趋势。

2. 灭绝消亡危机

如果说同化变异是事物的渐变，多少带有原来物质的话，那灭绝消亡则是已经把原来的物质去掉了，是事物的突变即飞跃。新晃侗族传统民居濒临消亡危机是由多个方面促成的：一是城镇化的快速推进。乡镇政府所在地以前基本上是传统民族村寨，如原来的步头降乡公所就是侗苗风格的木楼。但随着政府办公楼、学校、医院、市场等“现代”公建和民居的建设，原有民族村寨的传统格局已被破坏，民居建筑特色已荡然无存，一个省级侗族民族团结示范乡镇的办公大楼也被“现代”改造。二是重点项目的建设。国家、省、市重点项目工程建设与传统民族村寨发生碰撞，为支持国家建设，只能牺牲传统民族村寨而换上了让世人看腻了的水泥洋房，而我们很多人还井底之蛙地认为这就是我们的新农村、新面貌。近年来，高速、高铁、经适房、安置房等建设基本没有考虑侗族民居的文化符号。有人担心：终有一天国务院会撤销“侗族自治县”称谓，这种担心不是没有道理。三是民族歧视的现象依然存在。新晃为湘黔古道，受大汉强势文化影响很深，特别是明清以来，新晃多为屯兵之地，特别是清朝中晚期，清军在晃县、玉屏、凉伞屯兵百年之久，直接针对贵州的少数民族地区的起事，对苗侗人民进行镇压。乾隆元年（1736）始，在凉伞设通判官，至1816年改晃州直隶厅，才将厅址移至老晃城。凉伞设通判80年，22任，直隶厅94年（1817—1911），17任，前后39任，全部为汉满人担任，没有一位地方官。清廷为防止与苗民交流，限制侗民不准使用少数民族语言，直到民国时期的县长还两次下令，不准侗民穿戴本民族服饰，不准使用本民族语言。强势推行汉族地区祠堂（徽派建筑）代替侗族的鼓楼。四是本土官员民族觉醒迟滞。本土人才对民族地区发展思路不清晰，盲目学“洋”，对发展民族事业，弘扬民族文化，崇尚民族精神的重要性认识不足。

3. 生存和发展危机

就侗族传统民居而言，生存就是使现有的传统民族民居得以维持，而发展则是在民族传统民居长期处于被保护状态的基础上，适度扩张。现实条件下，诸多内外因素，给侗族传统民居带来生存和发展危机。（1）大量农民工进城，部分民族传统民居人走楼空，长期无人居住使房屋面临腐朽和坍塌的危机。（2）木料短缺，价格昂贵，青砖青瓦生产基本停止，木结构和青砖青瓦结构的民族传统民居逐渐失去生命之源。（3）民族地区生育政策放宽，人口增多，要求建房分户的压力加大。（4）传统民族民居住户追求时尚，要求改变贫穷落后现状的决心。（5）部分人家境贫寒，无力对破旧的世居传统老宅进行保护性维修。（6）政府部门对新农村建设认识错位，指导民族传统村寨破“旧”立“新”。（7）传统民族村内部电力保护、抗震防灾、消防等基础设施奇缺，隐患无穷等。

随着时代的变迁，侗族村寨、风雨桥和鼓楼等传统建筑所面临的很多问题渐渐显露出来。新技术、新功能冲击着侗族村寨、风雨桥和鼓楼等传统建筑，从民族文化保护的角度看，侗族村寨、风雨桥和鼓楼等传统建筑所面临的问题值得人们重视。

二、充分利用民族区域自治权，促进侗族村寨、风雨桥、鼓楼的保护

（一）保护范畴

侗族村寨、风雨桥、鼓楼是一种蕴藏着巨大的开发潜力和经济价值的文化资源。作为一种资源，在市场经济的格局下，在经济日益全球化、一体化的背景下，对其资源进行整体性的、法律层面上的保护，是应该的，也是必须的。侗族村寨、风雨桥、鼓楼是侗族特有的建筑，侗族有对这种建筑形式的唯一的署名权。以鼓楼为例，任何地区修建这种形式的建筑，都只能署名为侗族鼓楼，而不能命名为其他形式的建筑。法律应该保护侗族对这种建筑形式的唯一拥有权。侗族鼓楼是一种体现了高度艺术性的古建筑，它的美学形式，是侗族人民在长期的社会实践中创造的，它的犹如一棵挺拔杉树的造型，是与侗家人的生活、生产方式，与侗族的历史传说有密切联系的，有着丰富的文化象征意义。既是世世代代侗族匠人的智慧结晶，更是侗族文化发展的现实。它的独特的美学形式，已成为侗族的独特标志和侗族文化的象征，不允许对它的美学形式进行任何形式的更改和歪曲，法律应该保护侗族对鼓楼造型和外观设计的唯一专有权。只有侗族拥有鼓楼，也只有侗族人最会修建鼓楼，鼓楼修建技术，是一代又一代的侗族匠人摸索实践的结果。迄今为止，所有在侗族地区之外修建的鼓楼，都是侗族鼓楼师傅修建的。侗族对鼓楼修建技术拥有专利权，法律应该保护侗族的这种权利，只有侗族鼓楼建筑协会或侗族鼓楼师傅才具有将鼓楼修建技术申请专利或商业秘密的权利。侗族鼓楼的装饰是与侗族人民的生活、历史、文化密切联系在一起的，既体现了侗家人的独特的审美观，反映了侗族人的丰富的想象和卓越的艺术创造精神，同时，也蕴含着侗族历史与文化的丰富寓意，是侗族文化的重要方面。法律应该保护鼓楼的独特的装饰艺术，任何对鼓楼装饰艺术的篡改、仿照、临摹，都是对侗族文化资源的侵权。侗族鼓楼模型是由鼓楼衍生的，是其资源的一个方面，法律应该保护侗族对鼓楼模型的唯一拥有权。

（二）保护现状

从法律层面上来看，侗族村寨、风雨桥、鼓楼基本上处于一种无保护的状态，还没有任何一级机构、组织、团体通过任何形式对它的精神权益进行法律上的界定和诠释。以鼓楼为例，侗族鼓楼的独特的美学形式，是侗族文化的一种外在化表现，但其造型和模型，还从来没有得到过任何层面上的法律保护。从现实来看，侗族鼓楼的建筑形式几乎成了一种纯粹的社会公有资源，任何自然人，任何组织、机构、企业都可以任意修建而不需要任何允许。也正是鼓楼建筑形式的无保护状态，才导致在非侗族地区修建的鼓楼越来越多，非侗族组织、机构利用鼓楼进行商业营利现象越来越泛滥，而作为建筑形式拥有者的侗族却不能从中享受任何利益，得到任何补偿。鼓楼修建技术是世世代代的鼓楼师傅的智慧创造，一直是在民间传承和习得的，没有得到任何形式的保护，没有纳入任何专利法和商业秘密的保护范畴。近年来，随着对侗族文化的不断宣传，侗族鼓楼已经成为一种品牌，一种有着巨大经济潜力的文化品牌，但一直没有得到保护，任何自然人，任何组织、机构、企业都可以不需要任何允许而无偿使用，用侗族鼓楼作徽章、商标或者进行商业注册。

（三）保护措施

侗族村寨、风雨桥、鼓楼建筑蕴含了侗族独特的精神价值和民族文化，其价值不可估

量。可是，随着社会经济的发展和进步，侗族地区传统社会也发生了巨大的变化，侗族地区的年轻一代中外出打工甚至在外发展的人逐渐增多，再加上侗族地区民间老艺人的相继去世，像侗族村寨、风雨桥、鼓楼这样价值巨大的民族传统文化面临着失传的危险。因此，保护和传承像侗族村寨、风雨桥、鼓楼这样价值巨大的民族传统文化迫在眉睫。

1. 发展经济、转变观念

当前侗族地区的经济还不太好，农村有大量的剩余劳动力，侗族地区生产生活条件较差。无（危）房户和泥房户还有一定数量。尤其是地处高山坡上自然村，生产生活环境恶劣，出行和生活饮水都很困难。经济是文化的基础，要保护和传承好民族传统文化，就必须转变观念，大力发展民族经济。比如，可依据侗族地区农村农产品丰富这一优势，以现代统计学为基础，结合系统动力学等方法，尤其利用现代统计学强大的统计分析功能，与我国产业数据处理和分析能力进行有效集成，在侗族地区农村发展低碳经济的农产品物流产业，探索侗族地区农村经济发展的新路子，提高侗族地区的经济收入水平，加强农村基础设施建设，提高侗族地区的生活质量，为民族传统文化的保护和传承奠定坚实的经济基础。

2. 加强科学研究工作

丰富精神文化生活，提高国家文化软实力是时代的要求。侗族村寨、风雨桥、鼓楼的传承与保护需要学术界的关注。通过学术的力量来推动侗族村寨、风雨桥、鼓楼的传承与保护，符合侗族村寨、风雨桥、鼓楼作为一种物质文化遗产的本质。侗族村寨、风雨桥、鼓楼无论是深层的文化内涵还是外在的表现形式都是对本民族内在气质、精神动力的折射。通过学术界对侗族村寨、风雨桥、鼓楼的介绍与描述，可引起全社会高度重视，激发民众了解侗族村寨、风雨桥、鼓楼的兴趣和保护这些物质文化的自觉。学术界也应当不断弘扬民族传统文化特色，深化侗族村寨、风雨桥、鼓楼这些传统民族文化艺术。将侗族村寨、风雨桥、鼓楼内容丰富的民族文化艺术传承发展下去，使原生态的侗族村寨、风雨桥、鼓楼更加灿烂、辉煌。

3. 群策群力与政府参与相结合

首先，侗族村寨、风雨桥、鼓楼的保护是系统工程，必须群策群力来进行。要转变民众对侗族村寨、风雨桥、鼓楼的认识，改变年轻一代对侗族村寨、风雨桥、鼓楼的漠视，扭转包括年轻一代在内的大众轻视和远离侗族村寨、风雨桥、鼓楼文化艺术的现实状况，改变他们对侗族村寨、风雨桥、鼓楼文化艺术的认识，并积极投身开发侗族村寨、风雨桥、鼓楼文化艺术的实践，在开发中不断保护侗族村寨、风雨桥、鼓楼文化艺术。

其次，侗族村寨、风雨桥、鼓楼的保护需要各级政府的广泛参与。政府作为社会文化的组织者和管理者，在侗族村寨、风雨桥、鼓楼的保护中必须承担起以下义务：其一要制定相关的法律法规及实施细则，把侗族村寨、风雨桥、鼓楼的保护纳入法制化和经常化的轨道，为保护行为提供法律保障。其二要加大资金投入，在合理规划中予以经费支持，奠定保护侗族村寨、风雨桥、鼓楼的资金基础。其三要转变传承方式，在抓好侗族村寨、风雨桥、鼓楼文化艺术现有民间传承和学校教学的基础上，重点培养年轻传承人，逐步形成结构合理的传承队伍。其四要建立健全机构，搭建保护侗族村寨、风雨桥、鼓楼的良好平台，形成行政牵头、专家实施、民众参与的保护体系，在保护中不断开发侗族村寨、风雨桥、鼓楼文化艺术。

三、充分利用民族区域自治权，促进侗族村寨、风雨桥、鼓楼的开发

（一）侗族村寨的可持续开发

欲使侗族传统建筑艺术保持永久的艺术活力，在村寨的改造更新中，应将建筑保护与居民的生活形态重塑结合，才能使物质老化、功能衰退的侗族传统民居重新焕发光彩。

1. 村寨改造要分期规划、分步实施

侗族村寨的改造更新应编制总体的规划，并编制可分步实施的经济投入和公共设施改造规划，确立每个改造阶段的具体目标。选择一到两个点作为侗族村寨的保护和改造示范区，让居民看到改造后良好的建筑、村寨风貌、防火效果和经济效益，使改造计划变被动的政府行政手段为当地村民的主动参与；组织村民参与改造工作，一方面能集思广益，满足居民的物质和精神需求；另一方面又调动了居民的积极性，充分利用当地的人力、物力和建造中的集体互助而节约投资，只有这样，才能保障传统侗族民居保护和更新的持久性、经济性和完整性。同时，传统村寨的改造涉及文化、经济、村寨建设等各个方面，不可能一蹴而就。分步实施不仅能起到示范作用、减轻资金投入的压力，而且，还可以及时地对前期改造过程中出现的问题加以分析研究，提出解决方式，以避免今后工作中走弯路，并使得修正的计划切实可行。

2. 防火改造因地制宜，保护村寨的原生环境

为珍惜自然资源和保护村寨的原生环境，村寨的防火改造应当根据当地经济发展状况和消防安全实际需要，正确处理民族习俗、历史传统与消防安全的关系，结合村寨规模、建筑物性质、地理环境等因素，从实际出发，因地制宜，采取相应的消防安全措施，做到安全适用、经济合理、有利生产、方便生活。村寨改造要注意保护原有村寨的社会网络和空间格局，尽量不破坏当地建筑的形式和特色，重视挖掘、保护和利用历史文化资源和原生环境，突出地方特色；加强村寨绿化和环境建设，加强基础设施和公共服务设施配套建设，提高村寨居住环境质量。村寨扩建要与原有村寨的社会网络、空间形态、道路系统等方面保持良好衔接，在建筑风格、景观环境等方面有机协调。

3. 借鉴国内外木建筑防火经验，研究应用本土地域适宜性技术

古民居采用对房屋自身结构的科学处理，达到预防火灾和阻止火灾蔓延的目的，是古民居建筑防火思想的精髓。从春秋时代的“火所未至，撤小屋，涂大屋”，元代王祯的“法制长生屋”，到明朝何歆倡建的封火墙和石窟门窗，无不体现了古人的防火意识和智慧。在西方国家，现代木结构住宅的工业化、标准化和配套安装技术都非常成熟，美国在对木结构的研究和应用领域中处于世界领先地位，研究者对木结构防火进行了大量研究。研究认为：木结构的防火首先应采取构造措施，防止各种情况下的木构件表面温度升高而着火。众多研究成果表明，只要经过合理的设计，木结构在防火性能上并不亚于钢结构和水泥结构。加拿大对木构建筑的“耐火极限”的消防设计理念值得借鉴，它对建筑构件的燃烧性能要求不高，而强调建筑构件的耐火极限，使木结构得以广泛应用。通过借鉴徽州古民居的消防措施，引入国外关于木构建筑的先进消防理念和技术措施，结合广西桂西北少数民族聚居村寨的情况，研究并应用本土地域适宜性建筑防火技术，必能在保护侗族建筑特色的前提下，达到预防火灾和阻止火灾蔓延的目的。

4. 继承传统建筑风格，建立生态木建筑示范点

经济和社会在发展，侗族人民的生活方式在变化，建筑科技也有很大的进步，这些发展为传统的侗族建筑的传承发展提供了经济与技术基础。而且从长远来看，为防火而把木建筑改建为全砖混结构也不是根本出路，既影响了村寨的历史文脉特色，也不利于当地资源的开发和利用。在当前发展低碳建筑的国际主流趋势下，侗族民居未来的发展方向仍将是木建筑，而不应该是今天城市建筑的简单翻版。可结合当前的社会主义新农村建设热潮，建立新型生态木建筑示范点，充分利用当地丰富的杉木资源，由政府牵头组织相关科技人员、施工队伍和当地村民，运用现代科学技术改善木建筑的保温、隔热、隔音、卫生条件和防火等问题，设计科学合理的村民居家功能模式，推广农村建筑节能使用技术和产品，应用太阳能和沼气等生物质能等新能源技术来改善居住环境条件。通过示范点引导村民重新认识新型木建筑的优势，提高村民的民族优越感，从而主动地保护和发展传统建筑文化。

5. 加强侗族村寨旅游资源开发利用研究和规划管理

侗族村寨旅游资源开发利用是一项长期任务，有关部门应制订出一个切实可行的侗族村寨旅游资源开发利用的战略，加强宏观管理和规划，以景观的可持续发展为目标，对资源布局、构成特征、生态环境等进行分析评价，从经济、社会、环境效益的角度提出战略对策。在侗族村寨景观资源开发利用上，侧重新的侗族村寨景观资源的开发，同时对已开发的侗族村寨进行深度和精细开发。此外，为了侗族村寨旅游资源开发的系统性和可实施性，各级政府应对侗族村寨旅游资源进行调查研究，尽可能减少不当开发对景观资源美学环境的破坏，将合理开发、可持续发展纳入总体规划的范围。

6. 保护已开发的侗族村寨，并对其周围景观资源进行优化组合

侗族村寨作为一种景观资源是不断发展变化的，只有保护好已开发的村寨，并对其周围景观进行优化组合，才可以使景观有机的生长。因此，通过各级政府和有关部门加大对侗族景观资源历史意义、文化内涵、景观价值等进行广泛的科普宣传和教育，形成良好的保护资源的环境和氛围，以及制订保护和合理开发建设侗族村寨资源的政策法规，使侗族村寨保护更加法律化、规范化，是对已开发的侗族村寨可持续发展的重要措施。在对已开发景区周围临近景观，进行优化组合与配置，以点、线、面等方式的组合，形成有特色的旅游线路。在组合中要注意景观构成新颖、搭配合理，并适当增加新的景观，包括与跨地区的民族景观的组合，以产生更好的开发利用效果。

7. 总结规划设计方案，推动新的村寨建设

依据评价体系中各个方面影响因子及评价结果，分析并总结达到优异村寨景观效果的村寨的景观规划设计，利用原有的村寨建造的经验指导新的村寨建设，发展侗族村寨旅游资源生态环境保护系统。在利用原有经验对新村寨景观规划设计的思路上，可分为微观和宏观两方面：微观方面包括村寨建筑的造型、用材、色彩等；宏观方面包括村寨的整体规划、生态系统、历史文化系统等方面。两者不能孤立考虑，不能顾此失彼，需要系统规划。

（二）侗族风雨桥的可持续开发

1. 大力宣传风雨桥的文化元素

在侗寨，置身风雨桥上，人们可以切身感受建筑技术、艺术、信仰、民俗以及与环境相融合的风雨桥文化。风雨桥的选址通常依河流流向而定，桥被架设在村头或寨尾，侗族

人希望它能给村寨带来祥和，使村寨蒙福受祉、人丁兴旺。整个桥梁由亭、廊、桥、墩四部分组成，河中立有石墩，桥上为木质结构，整座桥没有用到一根铁钉，而采用凿孔眼与榫衔接，直穿斜套，桥廊两侧设有通桥长凳，廊上加有顶棚，相互勾结形成严密的整体。建风雨桥运用的材料就取材于当地的原生态材料，根据地势环境而建。干栏式建筑风格的风雨桥将空间分割成桥内、桥外，人在桥内可以观赏周围的美景，桥外与周围的自然环境互相依存、互相映衬，形成一个有机整体。

2. 充分发挥侗族风雨桥在民族文化传承上的重要作用

侗族风雨桥在民族文化传承上的具有重要作用。侗族风雨桥建造者通过口传心授一代代把建桥经验和高超的技艺传承下来。除此之外，风雨桥在侗族人心目中已远远超越了作为桥本身的功能，它代表了侗族的民族价值观和信仰。

3. 充分发挥侗族风雨桥的公共作用

风雨桥不仅是方便村寨之间联系、让过往路人通行的交通建筑，而且其有顶棚、长凳、栏杆，便于行人临时休憩、遮风挡雨、观赏景致。此外，风雨桥还是侗族重要的交往空间，平日里男女老少可以在桥上进行商品交易、闲谈聊天，待到重要节日时，风雨桥便成为活动场所。综合侗族风雨桥文化的方方面面，它是民族文化不断交流融合的产物，是侗族先祖留给后人的宝贵财富，也是其他民族人民认识侗族、感受侗族文化的重要物质载体。

4. 多角度设计开发风雨桥纪念品

从游客的角度出发，设计师需要考虑游客在旅途中的流动转移，使旅游纪念品设计具有便携性、安全性，在保护产品的同时减少游客携带纪念品的麻烦。风雨桥旅游纪念品的设计应突出民族文化元素，但不能完全脱离现代生活。功能性与艺术性的融合可以增强纪念品的功能，节约资源、美化生活。侗寨中保留至今的传统风雨桥，生动地描述着侗族的民族精神、民族信仰、民族风俗，记录着一代代侗族人的团结与智慧，是民族文化传承的瑰宝。开发风雨桥旅游纪念品要从其独特的桥文化出发，深入理解侗族的民族文化精髓，提炼民族特色元素，以提升旅游地形象、丰富游客物质精神需求、优化产业模式为目标，以人性化、功能性等现代设计观念为指导，在促进旅游地和游客双方文化交流的同时促进传统与现代的融合。

（二）侗族鼓楼的可持续开发

1. 大力发展鼓楼民俗旅游

在现代旅游过程中，人们对当地的历史文化、风土人情更感兴趣，追求精神的享受和满足。据有关调查数据表明：30% 的外国旅游者认为旅游的第一吸引物是风景名胜和文化古迹。而认为旅游吸引物是少数民族风情的则占 70% 。早在 20 世纪 90 年代，独特的民俗风情就逐步成为国内旅游的新的吸引点。1995 年中国民俗风情旅游年的到来，标志着我国民俗风情进入黄金季节。俗语有云：“越是民俗的，就越是世界的。”一方面，侗族的民俗历史悠久，内容丰富多彩，在我国是少有的，只要好好开发利用，必定会取得良好的社会效益和经济效益，成为侗族旅游发展的又一亮点。另一方面，鼓楼民俗旅游是一种投资少、见效快的旅游开发项目。只要合理开发利用从实际出发，利用本身所特有的优势如：鼓楼建筑和附加的服饰、风味食品、民族歌舞，只要稍加整理、修饰就能保持古朴的民风、特有的风情，就可以招揽游客。而且通过旅游，可以有效带动当地的经济，可以帮助这些地区摘掉贫困的帽子，一定程度上达到旅游扶贫的目的。中国的扶贫工作始于 1979 年，自 1986 年开始，扶贫工作向经济开发型转变，二十几年来也取得了巨大的成就。旅游扶贫投资是一种投资少、见效快的方式，同时也是无烟工业，对环境保护非常有好处。

2. 传承与创新相结合

鼓楼旅游开发是将文化资源转化为产品乃至商品的过程，既是技术的、经济的过程，更是一种文化过程。侗族鼓楼文化有着十分丰富的内涵，其中不乏优秀的、先进的文化特质。像肇兴侗寨五座鼓楼以“仁、义、礼、智、信”命名所蕴含的中国传统文化精髓，体现了侗族文化的博大精深，而“杉木文化”“树木崇拜”所体现的“人地和谐”“天人合一”的自然观和生态伦理观念，正与现代国际生态旅游主题理念相一致。传承与创新相结合，不仅可使侗族鼓楼原生态民俗旅游与国际旅游接轨，也能为各族人民提供一个发展本民族文化的正确方向。鼓楼的复古再现是对现已消失的民俗文化通过信息搜集、整理、建设、再现，让游客了解过去的民俗文化。如美国的“活人博物馆”中，员工身着十七世纪美国劳动人民的服饰，向游客表演用方形的扁担挑水，用原始农具耕作，用独轮车运输等古老的传统习俗以及各种民间舞蹈，吸引了大量的国内外游客。优点是可以令时光“倒流”，满足游客原本不能实现的愿望，但也存在着缺点。所以，在复古的同时，增加新的开发创造是必不可少的，鼓楼的特殊结构是很好的创新基础。

四、结语

侗族村寨、风雨桥、鼓楼建筑作为一种地方的传统建筑风格，其深含的传统民族文化不容置疑具有继承性，同时也具有可创性。继承性在于它的经济合理性和文化传承性，侗族村寨、风雨桥、鼓楼建筑的和谐自然之美，保持原有地貌、因地制宜的建造思想及其环保、节能、健康、经济的生态建筑特质，既有美学、历史和经济价值，更有生态意义。其可创性则在于它服务于普通民众的本质。只要在充分了解和认识侗族村寨、风雨桥、鼓楼建筑特色的基础上，用科学发展的思维、宽容而谨慎的态度，对侗族村寨、风雨桥、鼓楼建筑进行有效和合理的开发，走可持续发展的道路，必能使侗族村寨、风雨桥、鼓楼建筑持久地散发出它的独特魅力。在经济迅速发展的今天，现代文化开始袭击世界每一个角落，古老的侗族村寨、风雨桥、鼓楼景观也因此受到了极大的冲击。为了使这些特殊景观继续保持旺盛的生命力存活下去，合理的资源评估、适当的开发是有必要的。因此，侗族村寨、风雨桥、鼓楼景观资源的保护与开发应作为一项战略性课题提升到足够高度来认识，以达到合理开发利用，推进侗族村寨、风雨桥、鼓楼景观资源的可持续发展。

参考文献：

[1] 冼光位. 侗族通览 [M]. 南宁：广西人民出版社，1995.

[2] 石佳能. 建立湘黔桂三省侗族文化生态保护实验区的若干思考 [J]. 文史博览（理论），2008（07）.

[3] 汪兴. 侗族风雨桥的文化内涵 [J]. 中共铜仁地委党校学报，2011（4）.

[4] 崔广彬. 旅游文化视阈中的旅游纪念品开发 [J]. 文化学刊，2010（1）.

[3] 沈祖祥. 旅游文化学. 海峡出版发行集团 [M]. 福建人民出版社，2011.

[5] 王俊. 侗族鼓楼的社会功能和美学内涵 [J]. 云梦学刊，2007（11）.

[6] 刘宝明. 侗族鼓楼文化的分析 [J]. 民族论坛, 1989 (1).

[7] 冰河. 侗族鼓楼与风雨桥特征浅论 [J]. 西南民族学院学报, 2001 (6).

[8] 罗廷华, 王胜先主编. 侗族历史文化习俗 [M]. 贵州人民出版社, 1989.

[9]《侗族简史》编写组. 侗族简史 [M]. 贵州民族出版社, 1985.

[10] 李德洙主编. 中国少数民族文化史 [M]. 辽宁人民出版社, 1991.

[11] 冯祖贻. 侗族文化研究 [M]. 贵州人民出版社, 1999.

[12] 廖君湘. 南部侗族传统文化特点研究 [M]. 北京: 民族出版社, 2007.

[13] 石开忠. 侗族鼓楼 [M]. 贵阳: 华夏文艺出版社, 2001.

[14] 三江侗族自治县民族事务委员会编. 三江侗族自治县民族志 [M]. 南宁: 广西人民出版社, 1989.

[15] 陈波. 木结构建筑防火初探 [J]. 大众科技, 2006 (7).

[16] 吴仕民. 原生态文化摭谈——兼谈少数民族传统文化的保护与发展 [J]. 西南民族大学学报, 2006 (11).

[17] 杨秀绿. 侗族鼓楼美学探幽 [J]. 贵州民族研究, 1989 (3).

[18] 冯祖贻, 朱俊明. 侗族文化研究 [M]. 贵阳: 贵州人民出版社, 1999.

[19] 刘锋, 龙耀宏 [侗族]. 贵州黎平县九龙村调查 [M]. 昆明: 云南大学出版社, 2004.

[20] 杨春凤. 广西侗族民族建筑及色彩文化研究 [J]. 小城镇建设, 2001 (11).

[21] Harada T, Uesugi S, Masuda H. Fire resistance of thick wood - baseboards [J]. The Japan Wood Research Society, 2006 (52).

[22] Hasemi Y J, Yasui N, Akizuki M. Fire safety performance of Japanese traditional wood / soil walls and implications for the restoration of historic buildings in urban districts [J]. Fire Technology, 2002 (38).

[23] Sultan M A, Kodur V R. Light - eight frame wall assemblies: parameters for consideration in fire resistance performance - based design [J]. Fire Technology, 2000, 36 (2).

(作者单位: 湖南省侗学会)

论“艺芳模式”与曾宝荪的女子教育实践

石潇纯　阳　骁

十九世纪末的中华民族面临亡国灭种的深渊，一批先进的知识分子从教育入手，图谋救国的良方。梁启超比较了西方与东亚各国的教育后得出：“女学最盛者，其国最强，不战而屈人之兵，美是也；女学次盛者，其国次强，英、法、德、日本是也；女学弱，母教失，无业众，智民少，国之所存者幸矣，印度、波斯、土耳其是也。”[1]进而在《时务报》撰文（1897年《论女学》）指出：“治天下之本二：曰正人心，广人才，而二者之本必自蒙养始，蒙养之本，必自妇学始，故妇学实天下存亡强弱之大原也。”康有为从天赋人权、人人生而平等的进步观点出发，强调：女子“求独立，非学不成，无专门之学，何以自营而养生，无普通之学，何以成名誉而合大群，何以充职业而任师长，故为人类自立计，女子不可无学；为人类改良计，女子尤不可不学”[2]。在维新派的鼓噪下，全国各地女学风起云涌。光绪三十三年（1907）清政府颁布女子学堂章程，正式将女子教育纳入学校教育系统。自此，女学合法化。辛亥革命后，湖南作为开风气之先的内陆省份，女学尤其发达。以周南女校为例，其为中国革命培养的女杰即有：杨开慧、向警予、蔡畅等人物。与此同时，坐落在曾文正公祠堂后花园浩园的艺芳女校在当时可谓名噪一时，虽规模不大，但办学特色鲜明，办学效果明显。目前，见诸公开刊物的关于艺芳女校的研究很少，本文以《曾宝荪回忆录》（岳麓书院1986年版本）中关于艺芳女校的回忆为线索，以对艺芳校友的采访为补充，在还原艺芳女校历史的前提下对其特点及曾宝荪的女子教育实践加以总结和阐述。

一、艺芳女校：曾宝荪理想中的中国学校

曾宝荪（1893—1978），字平芳，别号浩如。父亲曾广钧系曾国藩长子曾纪鸿之子。作为曾文正公曾孙女的曾宝荪，可谓曾家的一个另类，她在这个“不孝有三无后为大”的传统儒家家庭率先放弃了婚姻，以终身不婚来全力投身女子教育，在她之后曾家又有多位女性受她影响选择了独身。她同时还是一位虔诚的基督徒，其受洗的时间是辛亥革命当年的圣诞节。“曾家为耕读之家，其子嗣教育多受益于家塾、私塾，其所设私塾馆，先有‘利见斋’、‘锡麟斋’，后有‘前门义塾’、富厚堂私塾”[3]。曾宝荪的早期教育便来自祖母郭筠主持的富厚堂私塾，在有了扎实的传统文化根基后，又在祖母和父亲支持下留学英

伦钟情西学，成为我国第一个在伦敦大学获得理学学士学位的女性。1917 年回国筹办艺芳女校，自 1918 年招收首批学生到 1949 年离开长沙去香港，曾宝荪在艰难的三毁三复中坚持办学 32 年，艺芳女校育有弟子千人，家族中大多女性曾在此校学习或施教。可以说艺芳女校是曾家家教的转型，也是湖南近代女教的缩影，它承载曾国藩家族女性西学东用、独立自强、造福桑梓的鸿鹄之志，形成了特色鲜明的办学模式，本文称其为“艺芳模式”。以其办学效果观之，“艺芳模式”于今天的素质教育依旧有许多值得借鉴和学习的地方。

1918 年 7 月，长沙西园北里晚清名臣龙翰林家的宅子，这座曾经作为华兴会驻地，后为美国领事馆占用的私家宅院再次易主，这回它的主人是曾国藩的曾孙女，刚从英国留学归来的曾宝荪女士。时年 25 岁的曾宝荪与她的英国导师巴义路女士、堂弟曾约农一道在西园龙宅开始了艺芳女校的筹办和首届招生。9 月 12 日，艺芳女校正式开学，首批招收英算专修生 5 人、大学预科 4 人，教师除曾宝荪、曾约农、巴义路外，尚有教国文的曾广中、李慧芳，教音乐的费雅，教体育的何小姐，教手工的黄国厚女士。首届学生 9 人，教师达 8 人。

西园虽小，却是曾宝荪“理想中的中国学校”。她在回忆录中说“西园规模当然远不如上海、杭州，但是正合我们意想的中国学校”[4]。曾宝荪先生意想的中国学校，当然与其在家乡富厚堂家教馆一致，规模不甚大，师生关系和谐，家一般的感觉。

曾宝荪幼年时在祖母郭筠身边接受家庭教育，对老家富厚堂的私塾生活印象深刻。富厚堂又称“毅勇侯第”，位于双峰县荷叶镇（古湘乡属地），建于同治四年（1865），当时曾国藩被封一等毅勇侯。其弟在家乡为之择地建侯府，其式样仿“绊宫”（绊宫为周代诸侯之学宫），占地 4 万平方米，建筑面积近 1 万平方米，其中的精华部分为工记、朴记、芳记 3 栋藏书楼，合为富厚堂藏书楼，是中南地区最大私家藏书楼。这座在百姓眼里的侯府大院其实是曾氏家族后代的书院和学府，曾国藩之子曾纪鸿之妻郭筠主持曾家家政期间，两次携子孙居富厚堂设家教馆对家族子弟进行教育，曾宝荪是其中第一批学生。乡居生活的无忧无虑，翻越高墙偷看杂书的乐趣，弟兄姊妹共读《三字经》的往事让曾宝荪对家塾生活充满感情和留念。故她理想中的学校是家庭式的，师生之间有父母亲情之爱。后来留学英国，伦敦大学西田学院优雅的校园环境和贵族式的教育方式对她影响亦是深刻。我猜测她办学校的潜在目的也许在复现自己幼年时的生活场景和留学生活经历，所以她推却了上海及杭州一些大的教会学校的聘请，选择了回湖南“办一所中国人自己的教会学校”。学校取名“艺芳”二字来自祖母郭筠的馆名。

学校自 1918 年创办到 1949 年，32 年间因时局和战事，三次停办、三次复校。第一次停办系学校为农民运动讲习所让出地盘。1919 年，曾宝荪借助湘绅的力量，使占领曾文正公祠堂的北洋军退出，艺芳女校从西园龙宅迁入曾家祖屋后花园——浩园。1926 年秋，湖南农民运动蓬勃发展。农协考虑到艺芳与农民自修大学（设船山学社）毗邻，来往方便，利于开展农运工作，便商借了校址。在此情况下，学校于 1927 年上半年暂时停办。马日事变后，大革命失败，学校成为国民党军队驻扎营地。1928 年，学校开始恢复，校董会考虑时局的艰难，经费有限，决定将艺芳办成六年一贯制的中学。1930 年春，长沙战争频繁。8 月，学校被桂系军队占据，学校再度被迫停办。1931 年经多方奔走，才把军队撵走，学校再次复校。1937 年抗日战争爆发，长沙的形势日趋紧张，日寇飞机常来轰炸。在 1938 年 8 月 17 日上午 9 时的轰炸中，艺芳一共中了 15 枚炸弹，校舍被毁严重，幸喜师生平安。在这种情况下，学校决定将学生寄读迁往沅陵的福湘女子中学。此后长沙沦陷，校址被占，学校三度停办。1945 年 8 月 15 日日寇宣布投降。1946 年春，曾宝荪来长沙重开学校，这时学校房屋严重被毁，财产设备洗劫一空，复学上课，困难甚多。但在许多老校友努力下，1946 年秋天学校又正式开学，这是第三次复校。1949 年长沙解放，曾宝荪、曾约农去香港后去台湾。艺芳女校成为长沙第三女中由政府接管[5]。

二、"艺芳模式"之中西合璧、诸教合一

曾宝荪留学前经历了人生的低潮。她尽管生于侯府，衣食无忧，同时得祖母垂重、父叔关爱，但生逢乱世，危如累卵，家国命运的堪舆和个人前途的未卜使少年曾宝荪深感"人生的短促，到底人生在世有何意义"？悲观、失望、彷徨、徘徊，曾宝荪与同时代的青年一样患上了时代病。直到在导师巴义路女士的引导下接受基督教才渐渐走出低谷，此后对基督教义的阐释研究和实践成为曾宝荪生活的重要内容。在年轻的曾宝荪看来，基督的博爱与儒教的仁爱是一致的，而西方的科学主义运用得当更可成为救国之法宝。曾宝荪以为在中国"办一所中国人主持的基督教学校"，借着基督教的中国化，可以向国民普及科学文化，实现教育救国。而回国后正赶上维新派力倡女学救国，于是有了在长沙办艺芳女校的想法。曾家长辈非常支持曾宝荪的计划，他们无偿拿出曾文正公祠房地作为校址，她的父亲、二叔、七叔出面邀请社会名流米菊尊、汪颂年、王莘田、龙萸溪、胡子靖等组成第一届董事会。[6]由此，曾国藩家族办学传统由私塾而发展扩展为私学（私立现代学堂），此后，曾约农先生还担任台湾地区第一所私立大学——东海大学的首任校长，东海大学校园主道命名为约农路。

从一定意义上可以说，艺芳女校是曾国藩家族后人所办的结合了东西文化因素，又兼容了儒家和基督教教义的新式学堂。关于这一点，我们从由曾宝荪作词的艺芳女校的校歌可以明显感受到：

"衡岳高兮云溟，洞庭阔兮波澄，毓秀钟灵，恩光来兮西极，教化兴兮南服，始滥觞兮楚泽，溢洋中国。

伏女学传遗经，班姑才续汉青，往范堪钦。文兼佉梵沮仓，术崇儒墨管庄，裁成南国琳琅，粤唯艺芳。"

校歌将西方文化视为"恩光"，但也只是以其为用，其终极目的还在培养传统文化推崇的有社会担当的才女，体现了对中西文化兼容并包的方针。

在教学实践中，曾宝荪用中国文化"和而不同"的观念来消解基督教的排他性，她不要求学生做礼拜，更注重以人伦之爱来感化和关心学生。她在回答为什么独生时说过一段话："如出嫁，仅能教养子女数人而已。不嫁，则可教育千百子女以造福社会。我若结婚，可得儿女数人，我办学校则可有儿女数千人。"[7]在其内心深处家庭义务、社会责任已为一体两用。对于女子教育，曾宝荪可谓用心良苦，针对女孩身心发育特点，她施以伦理的教育方法，让学生深处学校却无时不体验着家庭的温暖，无时不感受着来自师长父母般的关爱。对于生病的学生，曾宝荪亲自配药送水，病重的还能享受在校长家疗养的特权。淘气的有心理毛病的学生会被校长约谈直到解开心结。2013 年我采访 90 岁的尹纪新校友，她说，学校当年最调皮的一个女生被校长约谈两次后，奇迹般变成了好学生。曾宝荪自己也

曾例举过一调皮女生，她父亲是名校的教务主任，拿自己的女儿没辙，送到艺芳女校时跟曾宝荪说：“只要曾先生能让她在贵校毕业，我就感激不尽了。”在艺芳三年间，曾宝荪与她两次推心置腹长谈，站在学生的角度与她分析家庭、经济，或与婚姻有关的问题，解开了她的心结，此后学生安心学习直到毕业并视校长为亲人。按曾宝荪自己的说法：假如我们用家人父子的感情待学生，她们也会用同样的感情待我们[8]。在这里，中国传统的亲情伦理升华为师生之爱。

三、“艺芳模式”之小班制和六年一贯完全中学

1918年9月，艺芳女校首次招生仅学生9人，教师8人。后来随着规模的扩大，有更多师资充实进来。艺芳有当时长沙女校最好的师资，其中多人留学归来，其学历和水平足以开出大学课程。例如教育家李剑农、刘洪度、熊菊如、陈天倪、李肖聃、徐绍舟、席鲁斯等先后来校任教。由艺芳女校出钱保送至英国牛津、剑桥大学学习的左景馨（左宗棠后代）、陈昭炳、徐少英三同学，毕业后均回母校服务。湖南省名教师袁鹤皋（全国人大代表）、曹赞华（新中国成立后任湖大师大数学系主任）、曾宪楷（新中国成立后任中国人民大学教授）等都曾在艺芳任教。学校还聘请了多名英籍教师教授英语，如巴路义女士及英国伦敦大学博士生顾罗兰等。

随着办学影响的扩大，当时长沙有钱人家都想把女孩送艺芳女校就读。为了保证教学质量，特别是保持学校“家”的特征，曾宝荪严格限制班级数量和规模。学校招生按一年级六个班，每班30人以下的人数，一年级招生，不超过30人，等到4年级，即使因为有离校学生而补入插班生，也决不超过30人。因此到六年高中毕业，人数很少，最多不过二十四五人，甚至少到只有九人。学生一律住校，每日三餐，师生同在一个食堂，有如家庭父母子女。据艺芳校友回忆，校长和学生同吃同寝，校长熟悉每个学生的个性，甚至能凭学生的咳嗽声叫出名字。

1928年，经湖南省教育厅许可，艺芳女校办成六年一贯制完全中学，初升高可直升。按曾宝荪的意图，学生初中毕业不用经过会考直升高中，既有利于学生掌握系统的知识和学习方法，也有利于教师熟悉了解学生而因材施教。

艺芳的教学模式也很个性化，当然这里的先决条件是小班制和宽裕的师资。艺芳很多课都没有统一的教材，都是教师自编讲义，老师们都很负责，各自有一套深入浅出、叫学生记忆深刻的招数。如教地理的左景馨老师，给每个学生一本地图，讲一个国家绘一个国家的地形、地貌、位置、特产，学生亦依葫芦画瓢，一门课结束就有了自己绘制的地图册。曾宝荪教英语也不用统一教材而是读英语短篇小说或名人传记。先预习，上课时即叫学生朗读或用英语答问题。上课不一定在教室里。天热则各搬椅子坐在树荫下上课；天冷有太阳，则围坐一圆圈坐在太阳下上课。[9]

优秀的师资和小班授课六年一贯制使教学质量得到保障，1935年湖南省举办第二届中学毕业会考，（第一届为选优考试）全省不及格的学校30余所，艺芳不但全及格，而且半数成绩在80分以上。以后每年会考，均无不及格学生。[10]

四、“艺芳模式”之“三不管理”和学生民主自治

艺芳女校对学生相当尊重和信任，其“不斥责、不退学、不监考”的三不管理深得人心。所谓不管不是放任，而是管理的重心前置。学校训育工作由师生分任，各班举班长一人，每寝室举室长一人，分任指导与劝化的责任。如有一同学不能听从，可以告知训导主任，再不听从，则训导主任告知校长，校长亲自与她个别谈话。艺芳对学生从不记过或开除。功课不好的学生，各科教员亲自为她们补习，甚至校长也亲自补教，而不收补习费。训育的结果是使得学生行为修养和自我约束能力增强，夜间学生自习，不用派人监察，考试不用派人监场，而决无夹带、枪替，或私相传授的举动。学生寝室抽屉不用上锁，园中花果无人攀摘，别人的东西决不擅用。[11]

艺芳的学生自治很有特色。学生有自己的自治组织——“艺芳学友会”。其组织法相当于艺芳的宪法，艺芳中学全体师生都是学友会成员，所有议案均为一人一票，按票数通过。因此，在决定该校更换教员、征收费用、学校财务等重大事务时，学生起到决定性作用，“而且学友会的会长、书记、干事等职务，都由学生担任。对于学生有最好的民主训练。艺芳女校学生对于学校财政可以过问，每两个礼拜，可以查学校的伙食账一次，每学期也可查学校财务账一次，出入对照，可以看出学校收入的学费、膳费、杂费，远不够学校的开支。曾宝荪、曾约农均不在学校领酬，其聘请的外来教员薪水由国外友人支持，也不支艺芳薪水，这才保证了收支基本平衡。办学经费尽管紧张，学校却不在学生的杂费中多取分文，有多余的均退回与学生（学生每人每学期缴学费二十五元，膳费二十元，杂费十元，均光洋计算。杂费包括电灯、炭、文具等，多退少补，中途退学，只退膳杂费，学费不退）。这样，学生对于学校财政，很清楚，也很信任。[12]

纵观艺芳女校办学历程，无论其办学理念还是办学模式，在当时的女学界都是先进的。其教育观念的开放和兼容，其中学六年一贯的办学体制和办学规模的控制对今天的基础教育仍有借鉴意义。今天的中国我们很难见到如艺芳女校那样小而精致，家庭一样的学校，学生也不能像艺芳的学生一样在太阳下围成一圈听课，在校园里开游园会，跟校长同寝、同桌子吃饭。

今天的校长要忙着征地、忙着争项目，忙着给教师涨工资，忙着处理校地矛盾……学生三年或六年中学读下来，连校长姓甚名谁都不知道，更不用说同桌子吃饭了。学校结构高度行政化，官僚层级越来越多，学校机关办事推诿、权责不明，教师无所适从，学生学无所获。我们有限的教育资源已远远不能满足无限的教育需求。教育究竟该走向何处？我们希望有更多的有识之士来研究和解答。

参考文献：

[1] 梁启超. 饮冰室合集（文集第二册）[M]. 武汉：华中师范大学出版社，1998：43.
[2] 康有为. 大同书 [M]. 上海：古籍出版社，1956：133.
[3] 石潇纯. 曾国藩家族女性对曾氏家风的发扬和传承 [J]. 船山学刊，2012 (4)：69—74.

[4] [8] [10] [11] [12] 曾宝荪. 曾宝荪回忆录 [M]. 长沙: 岳麓书社, 1986: 70, 203, 185, 72, 80.
[5] 熊再之. 值得继承和发扬的艺芳精神·下 [J]. 艺芳晚晴, 2009: 6—10.
[6] 熊再之. 值得继承和发扬的艺芳精神·上 [J]. 艺芳晚晴, 2008: 5—8.
[7] [9] 唐新媛. 浩园往事 [J]. 艺芳晚晴, 2008: 12—13.

(作者单位: 石潇纯, 湖南人文科技学院; 阳骁, 泰国博仁大学)

湖南省养老保险替代率的实证研究

——基于不同收入群体的比较

乔　萍　欧阳资生

绪论

（一）研究背景和意义

随着我国经济飞快的增长，生活水平的不断提高，人们对于自己以后的养老问题也越发的关注。我国老年人的比例呈现出了上升的趋势，老龄化的问题也在全国引起了广泛的关注。同时，湖南省老龄化的问题也变得越来越严重，正在面临着极其严峻的挑战。湖南第六次的人口普查显示，从2000年至2010年的十年时间中，整个湖南省的总人口数只增加了3.84%，但是60岁及以上的人口数却增加了34.79%。增加速度是总人口增长的9倍多。2010年，全省60岁至69岁低龄、70岁至79岁中龄和80岁及以上高龄的老人占老年人口的比例分别是54.85%、33.34%和11.81%，从1990年到2000年的数据相比较，低龄的老年人所占的比例在不断下降，其他年龄老人的比例在不断上涨，人口老龄化的趋向越发呈现出来。其中，高龄老人的人口数为112.87万人，高龄老人的增加幅度是低龄老人的3.68倍，这将是湖南省人民都尤为关注的问题。因此，由于老年人的赡养问题从而引发的社会养老保险制度也成了人们关注的焦点。面对人口老龄化的严峻形势，建立符合湖南省实际的养老保险制度是十分必要的。其中养老保险的替代率是养老保险制度中的一个重要衡量因素。养老保险替代率也称之为替代率水平，是表示退休人员在领取养老保险时的生活水平对于领取前生活水平的替代程度，替代率水平较高就表明要存在较高的缴费率和较多的财政补贴，也会给居民和政府都带来了巨大的压力，因此，适度的养老保险替代率是非常重要的。

（二）文献综述

在养老保险发展的过程中，有很多的学者对于养老保险有着很多的见解，也从不同的角度对该保险进行了深刻地阐述，更有学者从不同的角度和方面对养老保险的替代率进行了深入的研究，从国内的研究来看，主要包括以下几个方面：

第一，我国养老保险替代率应保持稳定的水平。如：李珍，王海东（2012）提出养老保险应采用社会平均工资替代率，认为替代率应为60%是合理的，可以为基本的需求提供保障。郝勇等（2012）依据个人账户养老金与基础养老金，得到了基础养老保险替代率，进而确定了60%的养老保险替代率水平。

第二，养老保险替代率是保障农民基本生活的关键。如阿里木江，李全胜（2010）通过保险精算的知识，构建了新型农村社会养老保险替代率的精算模型，结合新疆的实际情况进行了实证分析并提出了相应的建议，为完善该省的养老保险制度的建设提供有效的借鉴。王翠琴，薛惠元（2010）利用保险精算学的知识，建立了新农保替代率的精算模型，并通过模型对替代率进行了分析。

第三，养老保险替代率与缴费率之间的研究。史武威（2010）通过研究我国企业年金缴费确定了合适的替代率水平的方法，即可以延迟法定退休年龄，或通过降低企业年金缴费率来得出适合的替代率水平。吴孟兆（2007）通过比较很多国家的养老保险缴费率和替代率之后，发现我国养老保险制度是一个高的缴费率和替代率的双高的结果，提出了应确定一个适合的替代率，同时要改进缴费的方式，加强养老保险的缴费管理的办法。

第四，养老保险替代率与收益率之间的研究。杨伟明，李巍（2012）对个人账户收入替代率与收益率的关系曲线进行观察，得到了收益率对替代率的影响。钱敏（2010）通过精算模型比较了基础养老金和个人账户在收益率波动下，对居民经济的影响差异，并对我国基本养老保险替代率进行了分析。

第五，养老保险的替代率应分情况制定不同的方案。王晓军等（2009）测算了不同就业类型、不同收入、不同性别、不同缴费年限以及不同寿命的人在现行社会养老保险制度安排下的待遇差距。米红，邱晓蕾（2005）通过对LES模型进行修正，构建了以我国基本生活消费需求为基础的社会养老保险替代率的计算模型，并依据我国不同收入人群的消费结构差异进行评估，并得出了最低的替代率。

综上所述，很多的学者对于养老保险替代率进行了较为深入的研究，对于我们分析湖南省养老保险问题具有重要的指导意义。本文则在对湖南省养老保险替代率进行实证分析的基础上提出一些相关建议。

一、养老保险替代率的现状与存在的问题

养老金替代率是表示养老金收入和工资收入的比例。养老保险替代率是为了来保证居民退休之后可以有基本的生活保证。我国历年的替代率变化很大。在1999年以前，我国的养老保险替代率基本保持在75%以上，但是随着时间的推移，替代率就出现了不断下降的情况。

2002年之前我国养老保险的替代率都是在60%以上的，但是到了最近几年，我国的替代率出现了快速下降的趋势，尤其是到了2004年之后，替代率已经降到了50%以下了。然而在我国养老保险制度的建立之初，希望能够达到的替代率为60%，现在这样的情况显然是违背了制度的最初考虑。其存在的主要问题包括：

第一，调整机制的缺失导致养老金不能稳定提高。养老金的调整机制存在着明显的缺失，主要是由于职工工资的增长率远远高于养老金的提高幅度。虽然说养老金每一年都在增长，但是相比较于社会平均工资的增长率而言，是远远不够的，这样就会导致养老保险替代率的下降。甚至有一些企业在为员工缴费时就按最低标准，最少时间缴费，导致缴费

基数低，这就更加导致了养老保险替代率的下降。

第二，双轨制运行是替代率出现分化的重要原因。双轨制的形成是养老保险替代率下降的一个重要原因。养老保险替代率在双轨制的运行下有着明显的差距。形成这一差距主要是因为城镇企业部门与机关事业部门所采取的是两个完全不相同的制度。企业单位的替代率远远低于机关事业单位，企业单位的替代率维持在 40%—75%，而机关事业单位的则保持在 80%—105%，这就是由于不同的单位采用不同的制度导致的，所以，双轨制的运行会导致替代率存在差别。

第三，养老金来源的单一化使保障水平明显下滑。从湖南省，甚至是从我国来看，养老金的来源是单一的，主要来源于基本社会养老保险，企业年金和个人养老金在体系中所占的作用是很少的，所以说基本养老保险替代率的降低越发地突出了养老保障的严重不足，使得退休人员的养老生活的水平明显地下降，保障退休后的基本生活的目标就更加难以实现。

我国的养老金主要来源于基本养老保险，企业年金的比例只占据 10% 左右，而个人账户几乎没有。而美国的体系，主要是来自于企业年金，和我国的情况正好相反。可以看出，我国的体系是不太合理的，想要维持我国的替代率水平，就需要养老金的来源多元化。

二、湖南省养老保险替代率的实证分析——以不同收入群体为例

（一）理论模型的构建

1. 湖南省不同收入群体的概述

想要研究湖南省养老保险替代率的水平，首先要知道退休人员的基本生活需求，让老年人通过领取养老金可以过上基本水平的退休生活。然而想让他们过上基本的退休生活，不仅需要满足退休人员的基本消费需求，也应该包含一定的享受生活的需求。所以，本文假定湖南省养老金水平应该与湖南省居民家庭中的不同收入家庭的消费支出的程度相近，以此标准来计算满足湖南省养老保险需求的替代率水平。

根据规定，可以将不同收入的群体分为七个等级，在本文中只选取了其中的五个等级，分别为低收入、中等偏下、中等收入、中等偏上和高收入家庭。不同收入的群体，他们的可支配收入、消费支出都是不同的。在五个收入的群体中，高收入户家庭的可支配收入、消费性支出所占的比重都是比较大的，而低收入家庭与高收入家庭之间的差距是比较大的，高收入家庭的可支配收入、消费支出是低收入家庭的 3 倍左右。所以，在下面的分析过程中，将会对不同收入群体进行分析。

在这五个收入的群体中，可支配收入都是高于消费支出需求的，而且高收入家庭的可支配收入与消费支出都是高于其他居民的。然而从消费支出占支配收入的比重来看，低收入家庭的消费支出占可支配收入比重是最大的，高达 76.95%，而高收入家庭的比重却是最小为 65.14%。说明低收入家庭消费的支出还是很大的。

通过上述不同收入家庭的可支配收入、消费支出情况还是不能真正的知道湖南省居民的消费结构，还需要深入地研究各个消费类别的结构。居民家庭的生活消费开支是家庭的日常开支，是指食品，衣着，家庭设备、用品及服务，医疗保健，交通和通讯，娱乐、教育、文化，居住，杂项商品和服务等八大类开支。其中食品、衣服还是居民家庭生活中最

主要的消费支出项目，所占的比例在居民消费支出中达50%以上，其他消费支出比例比较少。如果在此基础上测算湖南省养老保险替代率的需求水平，相信会得出比较准确的结论，同时也会满足退休人员的基本消费支出。

2. 模型的建立与说明

英国计量经济学家斯通（R. Stone）构建了线性支出系统（LES）的需求函数模型，主要区分了居民的基本消费开支与不必要的开支。

（1）LES模型的介绍

$$P_iX_i = P_iX_0 + \alpha_i\left(Y - \sum P_iX_i^0\right) \quad i = 1,2,3,\cdots,n \tag{1}$$

根据《湖南省统计年鉴》的消费支出的数据来看,居民家庭的消费支出可以划分为食品,衣着,家庭设备、用品及服务,医疗保健,交通和通讯,娱乐、教育、文化,居住,杂项商品和服务等八项。所以,假设 $n = 8$。

其它相关参数定义如下：

α_i—— 消费者对第 i 类商品或服务支出的边际消费倾向

P_iX_i—— 消费者对第 i 类商品或服务的支出

P_i—— 第 i 类商品或服务的价格

X_i—— 相应的需求量

$P_iX_i^0$—— 消费者对第 i 类商品或服务的基本支出额

$\sum_{i=1}^{8} P_iX_i^0$—— 消费者基本生活支出

$\sum_{i=1}^{8} P_iX_i$—— 总消费支出

$$\text{总消费} = \sum_{i=1}^{n} P_iX_i = \sum P_iX_i^0 + \sum \alpha_i\left(Y - \sum P_iX_i^0\right) \tag{2}$$

（2）模型的改进

在公式(2)中表示了收入、基本生活费用与总消费开支的相关性,一般均用该模型分析消费需求的支出,在第 i 类支出 X 中,将基本支出 X_i^0 分开来是 LES 模型最为重要的部分,但是模型是有缺陷的,将第 i 类支出的全部价格合并为 P_i,没有把基础 X_i^0 的价格区分出来。所以,假设第 i 类支出中分为 m_i 类支出,而食品是第一类开支,那么就一共有 m_1 类支出。在 m_i 类支出中,第 $1,2,3,\cdots,k_i$ 为基本支出。即

$$\sum_{t=1}^{k_i} X_i^t = X_i^0$$

$$\text{总消费} = \sum_{i=1}^{n} P_iX_i = \sum_{i=1}^{n}\sum_{j=1}^{m_i} P_{ij}X_{ij} = \sum_{i=1}^{n}\sum_{j=1}^{k_i} P_{ij}X_{ij}^0 + \sum \alpha_i\left(Y - \sum_{i=1}^{n}\sum_{j=1}^{k_i} P_{ij}X_{ij}^0\right) \tag{3}$$

令 V_i 是第 i 类费用,B_i 是第 i 类的基本费用,Y 是总收入。式(1) 可简化为：

$$V_i = B_i + \alpha_i(Y - B) \tag{4}$$

V 是总消费费用,B 是总基本费用,α 是总边际消费倾向。式(3) 可简化为

$$V = B + \alpha(Y - B) \tag{5}$$

或者

$$V = (1 - \alpha)B + \alpha \times Y \tag{6}$$

且

$$Y = \frac{V - (1 - \alpha)B}{\alpha} \tag{7}$$

(3) 替代率的计算

式(5) 可以解释为:假设退休人员的唯一收入是来自于养老金。则 $Y = B$,消费开支 V 等于基本生活开支 B,表示为退休人员的全部开支都是基本消费开支;另一方面表示退休人员的全部消费只是基本消费开支,即 $V = B$,则收入 Y 即是基本消费开支 B,表示了退休人员的收入只需满足基本消费便可。

按照替代率的定义,如果用收入来解释替代率所指的"基本生活水平不变",即只需将领取时的收入 $Y_{领取}$ 与领取前的收入 $Y_{前}$ 进行比较。然而从公式(5) 的两种诠释来看,$Y_{领取}$ 可以等于基本生活开支 B,所以,收入替代 $Y_{领取}$ 与 $Y_{前}$ 的比值可以用基本生活开展 B 与目前总收入 Y 的比值来表示。

$$替代率 R = Y_{领取}/Y_{前} = \frac{B}{Y} = \frac{B}{\dfrac{V-(1-\alpha)B}{\alpha}} \tag{8}$$

则

$$\frac{1}{R} = \frac{V-(1-\alpha)B}{\alpha \times B} = \frac{1}{\alpha} \times \frac{V}{B} + \left(1 - \frac{1}{\alpha}\right) \tag{9}$$

(4) 模型参数的确定

公式(9) 的基本消费开支详细化,则:

$$\frac{1}{R} = \frac{1}{\alpha} \times \frac{V}{\sum_{i=1}^{n}\sum_{j=1}^{k_i} P_{ij}X_{ij}} + \left(1 - \frac{1}{\alpha}\right) \tag{10}$$

把 n 类中的第 i 类中的基本开支区分出来,则有 $1,2,3,\cdots,k_i$ 类支出。通货膨胀率表示在物价指数的变动上,每一项的物价指数变动大小是有差别的。然而基本需求量能够以物价指数调整过的收入、消费值计算得到:

$$实际消费量 = \frac{收入 / 平均物价指数}{第 K_i 类商品的消费额 / 第 K_i 类商品的物价指数} \tag{11}$$

需求收入弹性的计算公式为:

$$需求收入弹性 = 需求量变动百分比 / 收入变动百分比 \tag{12}$$

由公式(11) 得到每一种商品或服务的实际需求,代入公式(12) 得到收入弹性,弹性 < 1 属于必要支出,弹性 > 2 属于奢侈性开支。

(二) 实证分析

首先,通过运用湖南省统计年鉴 1990—2012 的数据,利用上面的公式(5),通过 SPSS 软件做回归模型,得出了不同收入家庭的边际消费倾向 α 的值。得到的详细结果可见表 1:

表 1 不同收入群体的边际消费倾向和边际储蓄倾向

收入等级	低收入户	中等偏下户	中等收入户	中等偏上户	高收入户
边际消费倾向 α	0.753	0.717	0.699	0.667	0.651
边际储蓄倾向 1 - α	0.247	0.283	0.301	0.333	0.349

从表 1 的结果中可以得出，各个群体的边际储蓄倾向和边际消费倾向的数据。其中低收入户的边际消费倾向是最大的，说明低收入户家庭的数量比较大，而且低收入户的收入增长缓慢，这使得消费支出在其有限的收入中所占的比重较大，所以，对于低收入户到时候的养老问题应该更加关注。另外，从中可以看出边际消费倾向会随着收入的增加而减弱，而边际储蓄倾向会增强，收入不断增加，储蓄也会不断地增加。现在最主要的储蓄来自高收入阶层，对于这部分群体来说，其个人的养老需求可以通过其年轻时的储蓄来进行一定的辅助，不一定全都是通过养老保险来实现，可以对于不同的群体设置更好的制度，来让所有人都老有所依，来满足他们的需求。

同样运用 SPSS 软件得出，将 1990—2012 的人均可支配收入，每类商品和服务的消费支出建立回归，得出每类商品的边际消费倾向，详情请参见表 2：

表 2　不同收入群体的各项支出的边际消费倾向

边际消费倾向	低收入户	中等偏下户	中等收入户	中等偏上户	高收入户
食品	0. 309	0. 28	0. 256	0. 227	0. 204
衣着	0. 082	0. 081	0. 077	0. 071	0. 066
家庭设备、用品及服务	0. 043	0. 042	0. 042	0. 041	0. 04
医疗保健	0. 062	0. 057	0. 055	0. 049	0. 046
交通和通讯	0. 086	0. 091	0. 099	0. 107	0. 121
娱乐、教育、文化服务	0. 077	0. 079	0. 082	0. 085	0. 088
居住	0. 088	0. 079	0. 071	0. 065	0. 082
杂项商品和服务	0. 018	0. 02	0. 022	0. 024	0. 026

从表 2 中得出不同收入群体的各项消费支出的边际消费倾向，再通过公式（12）得出需求收入弹性，详细结果可见表 3：

表 3　不同收入群体的各项支出的需求收入弹性

项目	低收入户	中等偏下户	中等收入户	中等偏上户	高收入户
食品	0. 276	0. 255	0. 232	0. 213	0. 193
衣着	0. 077	0. 080	0. 081	0. 078	0. 075
家庭设备、用品及服务	0. 043	0. 047	0. 049	0. 051	0. 055
医疗保健	0. 049	0. 047	0. 045	0. 042	0. 041
交通和通讯	0. 061	0. 065	0. 068	0. 074	0. 083
娱乐、教育、文化服务	0. 088	0. 087	0. 087	0. 089	0. 089
居住	0. 072	0. 068	0. 063	0. 062	0. 059
杂项商品和服务	0. 025	0. 026	0. 027	0. 029	0. 032

从表 3 中，可以得出不同收入家庭对各项支出的需求收入弹性。从上表中我们可以得出，低收入家庭与高收入家庭的消费支出结构还是存在较大差别的，尽管收入不是完全能等于支出的，但是两者还是有很大的相关性的。表明用消费开支结构来计算替代率，和以往计算替代率用工资的基本思想是相类似的，应该是更加准确的。

根据表 3 的结果所示，从最基本消费需求来看，不同群体的差异还是不大的。表示不论收入水平怎么样，基本生活需求量还是相类似的。主要的差别可能是在商品的质量上。从表中也可以看出高收入户在年轻时已经对于居住等方面有了较大的投入，这样可以减少其在老年时的支出。所以，若是全部用收入来假定替代率，这一部分人群的养老金比必要开支的需求额高出很多。而这一部分中低收入户的弹性相对比较高，表明在年轻的时候，他们可能没有购买这些需求的能力，年老的时候应该也需要进行一定的投入。因此，对低收入家庭来讲，他们的养老保险替代率起码要高于高收入家庭。然而养老保险保护的是退休人员的益处，因而特别要关注一下这一人群的特点。老人与青年人最大的差别是身体状况较差，所以在除食品、衣着等生活必要的开支以外，医疗保健将会是老年时期的主要消费开支。养老金起码要使居民保持在青年时的医疗开支的程度，这一部分又是老年人需要支出的一大部分。通过上面的计算，各类商品的需求弹性都是小于 1 的，说明这些商品的支出都是必要的消费支出，所以在接下来计算湖南省不同收入家庭的替代率时，都应该将其计算在内。

采用 1990—2012 年的基本生活支出 B 与目收入 Y 的数据，通过公式（8）得出不同收入家庭的养老保险替代率，结果可见表 4：

表 4　1990—2012 年不同收入家庭的养老保险替代率

	低收入户	中等偏下户	中等收入户	中等偏上户	高收入户	平均
1990	42.61%	48.85%	56.25%	67.07%	75.58%	64.29%
1991	45.53%	53.15%	59.93%	71.15%	80.10%	67.17%
1992	53.09%	60.12%	68.27%	78.30%	88.51%	65.47%
1993	50.43%	57.31%	68.34%	80.08%	89.45%	66.42%
1994	55.40%	61.30%	75.79%	85.21%	104.71%	76.47%
1995	56.04%	63.48%	75.40%	86.69%	102.67%	81.00%
1996	58.78%	68.88%	76.54%	87.92%	114.16%	80.36%
1997	57.00%	67.42%	76.55%	93.27%	115.65%	81.06%
1998	54.88%	62.96%	75.69%	90.15%	114.89%	79.86%
1999	61.88%	67.54%	81.42%	102.91%	123.26%	87.47%
2000	51.46%	63.68%	85.61%	108.03%	129.91%	83.37%
2001	46.63%	60.00%	75.06%	98.86%	117.44%	80.66%
2002	39.83%	50.56%	65.75%	87.37%	98.82%	72.36%
2003	41.56%	53.32%	67.96%	89.19%	117.80%	71.17%

续表

	低收入户	中等偏下户	中等收入户	中等偏上户	高收入户	平均
2004	42.05%	53.80%	67.11%	82.07%	98.75%	69.49%
2005	34.93%	49.22%	62.12%	83.39%	114.98%	65.00%
2006	36.99%	47.41%	61.36%	79.32%	102.23%	63.41%
2007	35.06%	44.33%	56.61%	72.00%	95.19%	55.94%
2008	33.94%	43.79%	56.66%	72.94%	97.99%	54.48%
2009	34.25%	44.39%	57.45%	76.02%	97.86%	55.00%
2010	25.14%	32.96%	43.07%	55.13%	71.73%	40.39%
2011	23.96%	30.61%	39.49%	51.13%	67.30%	37.73%
2012	24.01%	30.68%	39.27%	49.54%	64.45%	36.50%

表4是根据基本需求支出计算的不同收入家庭的替代率。不同收入家庭的养老保险替代率的变化还是比较大的。从1990至2012年，每个家庭的替代率差不多都出现了下降的趋势。这是由于生活水平在不断提高，必要的开支在总消费需求中的比例呈现出下降的趋势。但是基本上还是保持在一定的水平，表明基本的需求类型和需求量是较为稳定的。也可以看到低收入家庭为了保持退休之前的基本的生活消费需求，替代率应该要维持在比较高的程度。而对高收入户而言，其在某些年中的替代率高达100%以上，说明高收入户完全能满足自己退休后的消费支出，生活比较宽裕。而他们消费的倾向又是比较弱的，说明这部分人的储蓄倾向比较强大，年轻时积累的财富比较多。但随着时间的不断推移，还是出现了下降的趋势。所以，当这些人退休后，领取养老金时，他们年轻时的储蓄可以满足一些非必需品的消费需求，因此，在设计养老保险的制度时，替代率不应过高，反而应该提高低收入家庭的养老保险替代率。中等收入家庭的替代率正好位于两者之间，不管是消费结构，还是边际消费倾向也位于两者之间，接近社会整个平均水平。针对这部分人群，比最低生活需求略高的替代率就可以维持养老生活需求。高收入家庭的收入是比较稳定的，是现在养老保险制度中最为牢固的参保群体，但实际上这类收入人群所享有的替代率，是远远超过其实际的需求，相反造成他们需要支付更高的保护费，相比较而言抑制了青年时的消费。而低收入群体大部分是下岗工人、没有固定的收入来源和稳定职业的人，一般情况下都是没有在养老保险之内的或只是偶尔支付，因此，他们的替代率水平是很低的，也不会享受到领取很好的养老金水平，得到很高的替代率水平。利用模型和数据得到这五组不同家庭的替代率，还是不能全部达到国际上规定的55%的养老保险替代率水平。对于湖南省的退休居民来说，养老保险替代率至少要达到平均水平。所以根据平均替代率得出合意替代率的上限、下限［36.50%，87.47%］，但还是有很多人没有达到，所以要根据人群的不同特点来区分。对于高收入家庭来讲，可以进行低替代率、高缴费率，当前的缴费率与高收入相比而言是较低的，但是可以通过高于其他群体的缴费率来转移一定的收入到低收入群体；对于低收入家庭，希望通过低缴费率，但得到较高替代率来实现社会对这一部分群体的帮助。中等收入家庭，则可以选取均衡缴费率来维持平均的替代率。

三、完善湖南省养老保险替代率的建议

依据前面部分对不同收入人群的养老保险替代率的分析，我们发现，湖南省的养老保险工作确实还有很多工作要做，为此，我们提出以下建议：

（一）加强和扩大供给面的覆盖范围

我国在社会养老保险制度上还没有完全实行统一的养老保险替代率制度，就像在湖南省，养老保险的覆盖范围有了很大的进步，但还是有些人员没有参加养老保险，这些人员的平均年龄都比较年轻，如果可以把这些人全部纳入到养老保险制度的范围之内，就能明显地降低工作者的赡养率，增加养老保险基金收入，减少养老保险基金的压力问题。

在设计养老保险制度的统筹性时，是表示养老保险的覆盖范围最好能达到最高，城市和农村的养老保险制度得到一致的发展。所以，湖南省可以加快推行新型农村养老保险，使得城市和农村的制度达到统一。为了解决地区之间的差异，可以通过用全国统一的账户来实行，形成城乡一致的养老保险制度，最后使养老保险实现全国统筹。

（二）有计划地延长湖南省职工的退休年龄

职工的退休年龄会影响到养老金的缴费和支付情况，因此，延长退休时间能够减少社会的养老负担。况且退休年龄的延长，能够减少人口老龄化给湖南省的养老保险增加的缴费压力，同时也可以让他们的工作时间变长，那么退休养老的时间就会相应的减少，劳动力需求的压力也会减轻不少。所以，在针对湖南省老龄化越发严重的趋势下，想要维持养老基金持久的收支平衡，同时也想让湖南省养老保险的替代率保持稳定的状态，延长退休的年龄是一项有效的措施。

（三）适当地调整基本养老保险的缴费比例

养老保险缴费率越高才有可能实现较高的替代率。由于湖南省现在老龄化人口的加剧，在一定的缴费率水平下，养老保险的替代率可能出现下降的趋势，也就是说若是保持缴费率长时间的不变，替代率也会由于一些因素而产生变化，不可能高于目标替代率。所以，一定要适时对养老保险缴费率进行调整。但是在现实生活中，缴费率的变动有可能受到很多的阻碍。如果降低缴费率，就会增加参加保险的数额，但是缴费率提高后，人们也会产生抗拒的情绪，也就影响参保的积极性。因此，在保证替代率稳定甚至是增加的情形下，要适当地调整养老保险的缴费率。

（四）养老基金收益率的有效提高

经过研究的发现，当工资的增长率确定时，养老保险金的收益率与个人账户养老保险的替代率会出现正比的相关性。也就是说，当工资增长率确定时，收益率的提高会使得养老保险替代率增加。所以有效地提高收益率是一个比较实际的选择，最后能够提高养老保险的收益率，从而来保障湖南省能够得到充足的养老保险资金。

（五）多层次养老保险结构的建立

在目前的人口老龄化日趋严重的形式下，只通过单一的养老保险制度来解决居民的养老问题是不太可能的，养老问题已不单单只是国家、政府的责任，社会中的每一个人都应

该为之考虑。创建多层次、多形式的养老保险结构是极其重要的。由于经济的飞快发展，通过扩大企业资本、增加职工工资，为养老保险的创建和实行提供了可能性。因此，需要建立多层次、多形式的养老保险制度，来保障养老保险的替代率水平，来保证退休人员的生活水平。

（六）养老金的调整机制的合理完善

对养老金进行调整是我国按照经济发展的程度与市场价格上升的情况，为退休员工适当增加养老金的一种方法，使退休人员的生活不会因为通货膨胀的影响而降低。因此，在完善养老金调整机制时，应建立统一的固定的调整指标。养老金的调整应与物价上涨、工资增加具有相关性，也会受到养老保险基金收入与支出的影响和政府财政支持的影响。因此，有效地完善养老金的调整机制对于保障退休人员的生活水平是非常重要的。

参考文献：

[1] 李珍，王海东. 基本养老保险目标替代率研究［J］. 保险研究，2012（2）.
[2] 郝勇，周敏，郭丽娜. 适度的养老保险保障水平：基于弹性的养老金替代率的确定［J］. 数量经济技术经济研究，2012（8）.
[3] 孙博，雍岚. 城镇职工基本养老保险替代率预测及比较研究——以陕西为例［J］. 西北人口，2009（1）.
[4] 王翠琴，薛惠元. 新型农村社会养老保险替代率的实证研究［J］. 西北人口，2010（5）.
[5] 钱敏. 收益率波动与基本养老保险替代率结构调整［J］. 人口与经济，2010（1）.
[6] 王晓军，王燕，康博威. 我国社会养老保险不同类型人群养老金替代率的测算［J］. 统计与决策，2009（10）.
[7] 米红，邱晓蕾. 中国城镇社会养老保险替代率评估方法与实证研究——兼论不同收入群体替代率的比较［J］. 数量经济技术经济研究，2005（2）.
[8] 薛惠元，王翠琴. 现收现付制与基金制的养老保险制度成本比较——基于养老保险收支平衡数理模型［J］. 保险研究，2009（11）.
[9] 邓大松，薛惠元. 新型农村社会养老保险替代率精算模型及其实证分析［J］. 经济管理，2010（5）.

（作者单位：湖南商学院）

论建立国家公共农业政策体系

——我国农村财政体制改革的设想

刘励敏　刘茂松

在工业化高速发展的阶段，农业对人类发展和国计民生具有经济的、发展的、生活的、安全的、社会的和生态的等多种功能，产生了巨大的外部经济性，提供了诸多满足人类社会健康发展所必需的且其他部门无法提供的公共产品。国际经验表明，只有对农业实施程度较高的保护政策，才能较好地实现国民经济结构的高度化，并保持经济社会的可持续发展。根据经合组织测算，2003 年反映农业保护水平的 PSE 值（生产者补贴等值）美国为 15%、欧盟为 36%、日本为 59%、韩国为 60%，而我国只达到 8%，其保护水平远远低于上述国家或组织，甚至还大大低于发展中国家土耳其的 29%、墨西哥的 19%。（OECD，2005）应该说，这也是造成中国农业长期低水平运行的一个重要原因。因此，农业小部门化时期应充分尊重农民的主权地位，建立国家公共农业体系，即国家农业保护与现代农业推进的政策体系，这是建设我国和谐社会的根本大计。

一、农业小部门化时期农业多功能化性质

农业产值份额下降，农产品供给出现相对剩余，这是不是就意味着农业已不再是人类安身之命的基础，农业对国民经济的增长已不再具有战略地位呢？我们认为，不能因农业产值比重的下降就断定农业地位的下降，因为农业并没有萎缩，农业产出还在增长，所谓农业产值比重下降，只是相对比其增长更快的社会总产值而言的。我国目前的情况正是如此。当然，在这个新时期，农业对整个国民经济的基础地位作用，已经由以往农业对经济发展的产品贡献、市场贡献、要素贡献和外汇贡献有新的重大发展，变成了多功能化的特点。农业的多功能化性质与前述的多功能农业是既有区别又有联系的概念，是指农业本身具有多种外在功能的产业特性，深刻揭示了现代农业与国民经济各大部类及社会各方面的关系：

（一）保障粮食有效供给，更加直接地体现在人类发展的保证性上

“民以食为天”，古今中外任何一个国家的兴亡与变迁大都直接或间接地与人口、粮食供给有密切关系。尽管和平与发展已成为当今世界的两大主题，但农业特别是粮食的不安全，仍然是制约这两大主题顺利展开的障碍。1996 年 11 月世界粮食高峰会议期间，FAO

公布的数字表明，全世界发展中国家中有8亿人仍受到严重营养不良的折磨。粮食对人类生存和发展的这种保证性表明，农业是不可替代的。只要有人的存在和人口的增长，农业就会存在，而且还必须不断发展。这是因为农业是社会中唯一生产食品的源头部门，没有农业部门提供粮食或其他可供食用的生物产品，人类或者说人的生命体的生存将受到严重威胁。工业部门虽然可以替代农业部门的主导地位，但都无法全面取代农业部门的基础性地位。不仅如此，在工业化时期农业的基础地位即生存保证反而越来越强化了。正是从这个意义上说，农业又具有很强的安全功能。无数事例表明，一旦粮食缺乏，粮价便会暴涨，就必然导致通货膨胀，从而引发社会不安全以至造成社会动乱，更有甚者，还会引发国家和地区之间的战争冲突。所以，保障粮食有效供给，已成为国家安全的重要支柱，并越来越受到各国政府和国际社会的高度重视。我国是一个有近14亿人口的大国，粮食和食品的供给在任何时候都是不可忽视的，否则，就会严重威胁社会安定和国家安全，甚至还会间接影响世界的稳定。

（二）提供食品平衡消费方式，更加直接体现在满足健康人体发展需要上

这里且不说农业经济结构的调整和升级，对整个国民经济结构优化和提升的直接作用，单就“基础”来看，它对当前国民经济结构特别是产业结构的战略性调整，提高现代化水平也具有重要的支撑作用。首先，农业部门提供的食品质量直接影响现代生产力条件下劳动力素质的提高。从营养学的角度来分析，食品消费方式已经不只是营养供给的数量问题了，而是营养供给的结构合理搭配以及营养品的质量问题。因此，目前世界上已出现了向动植物类食品平衡消费方式演变的趋势。然而，能否顺利实现这种演变，完全取决于农业或者说现代农业的发展。它既与农业生产的结构有关，又与农产品的质量有关，要处理好种植业、畜牧业和农产品加工工业的关系，要处理好数量农业与质量农业的关系，还要处理好农业生产与生态环境保护的关系，等等。由此可见，转型时期农业的基础作用，已不是一般地提供维持人体生命繁衍所需要的食品，而是要适应知识经济以及社会全面进步的需求，满足全社会健康人体发展的需要，例如优质的、精细的、无公害的植物蛋白产品和动物蛋白产品及其农业工业加工制品，为劳动者智力、体力和心理素质的提高提供一个合理的营养基础。应该说，这是农业基础作用的一个重大发展。

（三）实现生产要素转移，更加直接体现在产业结构高度化支撑性上

在工业化快速推进时期，农业的基础作用还有一个新的变化，这就是既包括农民花钱所培养的高文化素质的劳动者直接向城市部门以及工业等非农产业的转移，成为现代产业生产力的主体，同时，也包括一部分农业耕地的直接转移，成为工业产业和现代经济基础设施的立足之地，支撑着我国产业结构的高度化。就我国的情况来看，非农产业发展占地指数（即非农产业创造亿元国民生产总值占用耕地数量）按50%计算，目前全国已有2000多万亩农业耕地直接转移到了非农产业，影响了60多亿公斤粮食的生产能力。可见，如果农业不发展，农业不规模化，农业劳动生产率和农业经济效益不提高，农民的收入不增加，我国现代工业化和城镇化便不可能实现。

（四）缓冲经济系统波动，更加直接体现在对市场经济运行平抑性上

已有的实践表明，市场经济条件下，对于那些农业薄弱的国家，往往抗御市场波动及其风险的能力也比较薄弱。因为在工业化程度发展到较高的水平后，农业增长虽然较缓

慢，但波动却不是太大，而且在整个经济系统出现较大波动时，农业增长往往能保持相对的稳定性，对整个国民经济的发展具有缓冲作用。例如当经济疲软，非农产业的失业者增加时，农业则可吸纳相当部分失业劳动力就业，就业的弹性较大。而且农业土地开发成本低，目前我国每个人土地经营成本约2000元左右，只相当每个人经营第三产业的20%，因此，能够较为容易获得人体生存所需的基本食物，这实际上也为整个经济系统提供了一种成本最低的社会保障。不仅如此，农业产值的增长速度还对社会商品零售物价指数的上涨有着很大的平抑作用。国家农业部通过对我国1979年至1996年宏观数据研究，工业产值增长波动对当年国民生产总值的影响系数是0.48，而农业只0.24，只及工业影响的50%；工业产值增长速度对社会商品零售价格指数的影响系数是+0.5，而农业则是-0.46，即农业产值每增长1%，物价指数会下降约0.5个百分点。这表明在整个改革开放期间，农业产值的增长对我国社会经济的健康发展起着巨大的稳定作用，支持了社会主义市场经济体制的建立和发展。更何况农业的发展，农民购买力水平的提高，为我国非农产业提供了广阔的市场，也极大地促进了市场经济的良性循环。

（五）提高科学种田水平，更加直接体现在生态环境保护和生态文明建设上

农业是自然再生产与经济再生产的结合，因而农业生产的过程一方面为人们直接提供生活资料即农副产品，另一方面其生产行为又会直接或间接地影响大气、水源、土地的存在状态，如化学肥料和化学农药的使用、耕地的开垦、牲畜的放牧等，都与生态的运行有十分紧密的关系。以往不科学地使用化肥、农药，造成水土污染和农产品高毒农药残留超标，而且由于需求的驱动导致化肥农药厂生产的废弃物大量向大气层和江河排放，严重污染生态环境，破坏了生态平衡。此外传统农业生产耕地平面扩张，大量开山平湖填海，造成水土流失和沙漠化，以致自然灾害频发，危害社会生产和人民生活。据统计，围湖造田使我国长江中下游地区的湖泊总面积由3500多万公顷减少到2400万公顷，尤其是洞庭湖的水面已由全盛时期的6000公顷下降低到目前的3714公顷，净减38.1%；毁林开荒造成黄河流域荒漠化和水土流失，使得黄河年平均流量不断减少，由1956年的每秒677立方米下降到1996年后的527立方米，年断流时间长达200多天。总之，随着人口不断膨胀，人类对自然界的“赤字财政”严重制约着人类自身的可持续发展。根据雷明（1995）的计算，1992年中国经济运行的环境成本（包括自然资源的耗减、生态破坏和污染损失）约为1297.01亿元，相当于GDP的4.87%，他得到的绿色GDP为25176亿元，是GDP的95%。另外，根据刘昌明（2004）的测算，中国由缺水导致的工业生产的损失每年高达2000亿元。总体上，中国经济发展的环境成本相当于GDP的比重应该在5%以上。面对环境污染、生态退化、资源耗竭，发展农业已从过去单纯注重其经济意义向经济意义和生态意义并重的方向转变。特别是农业现代化的推进，发展生态农业、有机农业、精准农业、设施农业和农业标准化生产，提高科学种田的水平，就能大量减少有毒化学物质的排放和水土流失，实现和保持生态平衡，为人们提供优质安全的农产品和洁净的空气与水源，为形成生态良好的国家作出重大贡献。

二、公共农业体系的政治经济学含义

农业是人类生存和发展的基础，过去是这样，现在是这样，今后也依然是这样。一方

面人类生活的基本必需品要靠农业提供，另一方面人类生活的质量的提升也要靠农业提供条件。无论是农产品和农业制成品，还是空气、水源、生态以及土地，都直接涉及人类生活质量的改善和提升，也涉及人类生存发展的安全。正是从这个根本性质上说，农业小部门化时期农业部门生产的农产品具有公共产品的属性。既然是公共产品，那么国家就负有提供这种公共产品的责任，因此必须建立国家公共农业体系。其实质是彻底消除传统的二元经济体制，把以往农民和农业通过提供工农产品价格剪刀差和农用地转为非农用的土地价差为工业化和城市化无偿提供资本积累，转化为工业反哺农业和农民，城市支持新农村建设。而对于农业小部门化时期的"三农"工作而言，这个问题的要害又在于农民与市民、农业与工业、农村与城市的利益关系必须建立在平等、自主、有效的基础上，使农民和农民工能够真正平等地做人、有尊严地生活。总之，对于社会主义的中国来说，建立国家公共农业体系其政治经济学的含义在于国家的基本制度层面要全面确立中国农民的产权主权地位。

我们认为，在社会主义市场经济条件下，农民农户主权地位制度既包括农户作为农业生产活动中劳动力的供给者和农地使用权的所有者的双重身份，通过参与工业化的农业生产，须获得有效率的收益分配；还包括农村人口在非农业领域，其社会地位和获益机会须与非农村人口均等，即在城乡之间形成劳动力的完全竞争市场和人文意义上同等的国民待遇。农业工业化的发展过程是农村经济结构急剧变动的时期，也是城乡利益结构进行重大调整的时期。必须看到，这场带有战略性的经济社会大变革中，农民是这场变革的利益主体和行为主体，因此，制度变迁的方式的内容要实现重大转变即由以土地为中心的制度安排转变到以市场为中心的制度安排上来，充分体现和肯定农民（农户）作为市场主体的经济和政治主权地位。在这里，农民主权地位是同市场经济主体地位相一致的。农民（农户）作为独立的利益主体，在法律规定的范围内具有完全独立自主权，对包括土地在内的生产要素的配置、对房地产包括宅基地在内的自有财产的自主支配、对产品的生产以及收入的分配和使用，应该做到在没有任何外力的干涉之下完全由自己独立决定，并对自己的决定负责。在结构调整中，建立这样一个制度规范是十分必要的，其实质是确立市场机制的主体结构，以真正实现市场机制对农业资源的配置。

此外，农民的主权地位还涉及城乡户籍制度的改革问题，应全面废除按城乡户籍身份划线进而排斥农业剩余劳动力向城市转移的户籍制度，建立城乡通开的、尊重农民公民权且又有利于劳动力流动的身份管理制度和政策。从促进农业的工业化发展角度，农村人口与户籍制度创新的重点包括以下两个方面：第一，取消城乡之间的户籍差别。要从政策上消除对农村劳动力的身份歧视，取消农民进入城镇发展的种种限制和各种不公平待遇。其中最直接最彻底的政策选择就是以居民的长期居住地来作为人口管理的信息基础，而取消传统的户籍制度以及附加在城市户口上的种种不合理的福利政策包括住房、教育、医疗和就业等方面的城乡差别，缩小直至抹平城乡居民的人身等级。不可否认，取消户籍制度后人口向大中城市拥挤会在一段时期带来较多的社会问题，但在市场机制作用下，生活成本和就业成本的变化会使人口流动在城乡之间实现均衡。不经历这一阶段，就无法真正实现农村和农业的发展。第二，推进全民共享的社会保障体系建设。对于城市而言，医疗、养老、失业等社会保障已从企事业单位转向了社会化，使其不再纯粹由本单位的经济效益决定。但在农村，必须通过加大政府转移支付和设立公共基金的力度，构建城乡均等化的社会保障体系，包括医疗、养老、失业、伤残等社会保险和儿童保护、抚恤救济、困难补助等，将土地的失业保障和生活保障功能从它们的生产要素功能中抽离出来，使得农业剩余劳动力的流动不受任何障碍，能够顺畅而充分地流动，实现劳动力资源的合理配置。

三、建立国家公共农业的财政政策体系

由于农产品具有公共产品性质，且又是经济效益弱质性的产业，在工业化发展的过程中，农业比较利益呈不断下降趋势。农业内资源受比较利益机制的驱动不断向非农部门转移，而农业外部资源却很难依靠市场的力量进入农业领域。特别是中国特色的农业发展还面临人口增长、土地（特别是耕地）减少、农产品（粮食）需求增长等三个“不可逆”，极大地加剧了农业发展的矛盾。这就决定了工业必须“反哺”农业，从而建立国家公共农业财政政策体系，以确保农业生产经营者至少获取社会平均利润，为农业工业化的发展提供足够的动力。

（一）改革原始的“土地保障”，实行城乡平等的公共财政政策

长期以来，我国的公共财政政策对农村是极不公平的。农村的社会保障体系至今未全面建立起来，还得依靠最原始的“土地保障”，且这又影响了土地的流转，制约了现代农业的发展。此外，农村的公共卫生问题也极为严重，1991—2000年全国政府财政农村的卫生支出总共为692亿元，只占同期政府财政卫生支出的15.9%，也就是说近10亿农民所享受的公共卫生财政只及3亿城镇居民所享受量的18.9%。所以，农村经常发生公共卫生事件。总之，我国建设社会主义和谐社会，首先得解决好农村问题，农村兴，则全国兴。而解决农村问题，首要的政策就是农村要享受同全国城镇水平一致的公共产品供给。建议中央财政加大对农村的转移支付，以农村社会保障体系和公共卫生体系为重点，建立公平的农村公共财政政策体系。如增加对农村的公共卫生投入、社会保障投入、科技研发与推广投入、教育投入和扶贫投入，豁免农业主产地区公益性国债项目和贫困地区国债项目的转贷资金等。

（二）根据WTO《农业协议》，建立工业反哺农业财税政策体系

由于农业具有某些公共产品性质，且又是经济效益弱质性的产业，农业比较利益呈下降趋势。农业内资源受比较利益机制的驱动不断向非农部门转移，而农业外部资源却很难依靠市场的力量进入农业领域。特别是中国特色的农业发展还面临人口增长、土地（特别是耕地）减少、农产品（粮食）需求增长等三个“不可逆”，极大地加剧了农业发展的矛盾。这就决定了工业社会国家必须建立工业反哺农业的公共农业财税政策体系，这就是要根据WTO《农业协议》的规定，用足“黄箱政策”，建立国家对现代农业发展和创建新型农业生产经营主体的补贴政策和奖励机制。根据我们的调查研究，建议当前重点解决好以下几大问题：

第一，按照增加总量、稳定存量、用好增量原则完善农业补贴政策。

首先，对于关系国家粮食安全的粮食补贴政策的完善可考虑两种方案：第一种是改革性方案，即把项目庞杂的粮食补贴整合为“粮食生产补贴”和“粮食服务补贴”，同时增

加“售粮补贴”专项。“粮食生产补贴”由种粮直补、良种补贴、租地补贴、农资综合补贴、农业保险补贴的整合而成，直接面向种粮农户；“粮食服务补贴”由育供秧补贴、病虫害统防统治作业补贴、农机购置补贴等整合而成，直接面向粮食服务主体；增加“售粮补贴”，弥补粮价偏低的问题，同时改进粮食收购政策，提升粮食产品的商品率。第二种是调整性方案，即原来对农户的直接补贴政策稳定不变，可看作是对农户的收入补贴，而将每年良种补贴、农资综合补贴和农机具购置补贴的增量主要用于补贴农民专业合作组织、家庭农场和专业大户等新型经营主体规模种粮。鼓励良种补贴、农资综合补贴的实物补贴方式，探索向种粮的新型经营主体免费供应良种、优惠价格直供农资，并优先提供农机具购置补贴，其补贴比例可高于普通农户购机补贴的20%以上；加强地区之间农机补贴名录的衔接，让农民在异地购置名录内农机可以在家乡所在地获得补贴，对我国南方地区要增加对小型农业机械的补贴，同时还应增设农业机械用油的直接补贴。以上两种方案，近期以调整方案为主，并逐步朝着改革性方案发展；其次，农业“四大补贴”新增资金重点向农业新型生产主体倾斜。加大对粮食以外新型规模经营主体的补贴力度。将畜禽良种补贴、能繁母猪饲养补贴、动物防疫补助、测土配方施肥补助等政策，向专业大户、养殖场、合作社、中小型农业企业等适度规模经营主体倾斜，加大补贴补助力度；最后，为缓解“黄箱补贴” 8.5%限额的压力，应制定农产品目标价格，在农产品市场交易价格低于目标价格时，国家根据目标价格与交易价格间的差价和农作物种植面积或养殖量等因素，对生产者直接给予收入补贴。

第二，以财政手段为主创新农村贷款担保抵押方式和农业保险体制。

目前承包地经营权和流转地使用权都不能抵押贷款，种粮大户的机械设备大多也不能抵押贷款，严重制约了新型农业经营主体发展规模农业，这里的直接原因是缺乏法定有效的抵押担保，因为《物权法》《担保法》明确规定家庭承包的土地承包经营权不能抵押。当前，承包地还具有农民最可靠生活保障的功能，全面放开的条件也还不成熟。为了解决好这个问题，我们建议在目前农户承包土地仍具有生活保障功能的情况下，应建立财政出资的农业担保公司，为农民专业合作社、家庭农场和种粮大户提供银行贷款担保，促进规模农业发展；少数农村社会保障制度健全、土地生活保障功能较弱的地方，可以依法审批开展农村土地抵押贷款试点，鼓励金融机构针对规模经营的新型农业经营主体，开展权属清晰、风险可控的大型农业机械设备、大宗农副产品、林权和土地经营权等抵押贷款，适当提高抵押率。同时，还可鼓励有实力的农业龙头企业为订单专业大户和家庭农场生产性贷款提供担保，或由企业承贷，专业大户和家庭农场使用。此外，财政还可支持和引导产业基础好、经营规模大、带动能力强、信用记录好的农民专业合作社开展信用合作。另外，要完善农业保险体制，建议实行差异化的农业保险扶持政策，把流转土地规模农业、规模化设施农业以及大型农机具等纳入中央财政保险补贴覆盖范围，并加大补贴力度，特别是应增加粮食种植保险金额，建议国家财政设立种粮大户和家庭农场专项政策性保险，合理设定保费，提高保险额度，政府对种粮大户和家庭农场进行保费补贴，凡参加种粮大户、家庭农场专项保险的，国家不仅承担按照政策规定应由政府承担保费的部分，还对种粮大户、家庭农场应承担的保费进行补贴，建议补贴标准为10元/亩/季以上。同时，建议提高中央财政对农业大县的农业保险保费补贴比例，探索建立政府支持的农业巨灾风险补偿基金，健全完善相关权益机制，逐步建立农业巨灾风险分散机制。

第三，在新型农业经营主体农业基础设施上加大投入和扶持力度。

我国农业基础设施现在比较薄弱，尤其是在小农分散经营情况下，农户往往没有积极性和能力投入基础设施建设。而在农业适度规模经营情况下，新型经营主体基于规模化和标准化生产的需要必然去改善农业基础设施，另外由于多数农业基础设施外部性强，也需要政府加大投入力度，改善农业生产条件。这里一是建议在农业综合开发、土地整理、高标准农田建设、中低产田改造、农田水利设施建设等项目安排上，要向农民专业合作社、家庭农场、专业大户和农业企业等规模经营主体倾斜，特别是要重点支持在新型农业经营组织范围内基本农田上实施灌溉排水、土壤改良、道路整治、机耕道、电力配套等工程建设，使其具备规模生产条件，尤其要鼓励和扶持新型农业经营主体开展山丘区小水窖、小水池、小塘坝、小泵站、小水渠等“五小水利”工程建设，以增强抗防灾能力；二是建议在农民自愿基础上，鼓励和支持发展土地股份合作社，通过“定权不定地、定量不定位”的方式，既充分保障农民土地承包权财产收益，又便于大规模开展土地整理，消除田埂增加土地产出率，进行农业基础设施建设，推广大规模机械化作业。

第四，设立农民专业合作社、家庭农场、专业大户发展专项资金。

建议整合政府各级各部门各类项目资金，统筹建立新型农业经营主体发展专项资金，建立长效工作机制，出台专项资金管理办法，明确农民专业合作社、专业大户、家庭农场扶持条件、扶持内容、扶持资金安排程序。目前要通过贴息、补助、奖励等形式，支持新型农业生产经营主体兴建生产服务设施、建设原料生产基地、推进技术改造升级、建立科技研发机构、打造名牌农产品等。同时，建议把人才强农作为重大战略，加强新型职业农民培训，建立新型农村人才培养工程专项基金，针对返乡第一代农民工和专业大户、家庭农场主、农民专业合作社理事长和科技示范户等，制定中长期培养规划，确定不同的培训目标、培训方式和培训内容，完善培训机制和机构，着力培养农村适用专业人才。并且与农业扶持政策挂钩，完善绿色证书制度，探索把绿色证书作为认定职业农民的重要依据。另外，建议从政府补贴、社会保障、项目扶持、金融服务、土地流转、职称评定等方面创新制度和政策，吸引富有创新精神、专业知识较强的大中专毕业生和专业技术人员在现代农业领域大显身手。

第五，认真落实支持新型农业生产经营主体发展的税收优惠政策。

这里主要是对农民专业合作社、家庭农场、专业大户等新型主体直接用于农、林、牧、渔业的生产用地免缴城镇土地使用税；对从事农产品初加工的所得按规定免征企业所得税；对从事农业机耕、排灌、病虫害防治、植保、农牧保险以及相关技术培训业务，家禽、牲畜、水生动物的配种和疾病防治所取得的收入免征营业税。落实鲜活农产品运输“绿色通道”政策，对整车合法运输鲜活农产品的车辆免收通行费等。

（三）拓展支农政策空间，建立多工具组合的农业财政投资体系

传统财政政策主要是财政收入（税收）、财政投资（含国债投资）以及转移性支付等，现在看来这对促进现代农业的政策空间是有限的。因此，还需要进行财政创新，建立多工具组合的农业财政投资体系包括政府信贷、政府担保、政府参股和政府基金等，多渠道筹措资金，增加对现代农业建设的投入，这是一个具有广阔空间的财政渠道，也符合市场经济的规则。目前最为现实的就是，国家通过建立现代农业和新农村建设的贴息贷款、项目配套补助等扶助和激励政策，鼓励多元化的投资主体增加对农业生产、加工、销售环

节，对农业科学技术研发和技术推广，对农业和农村基础设施以及生态环境等方面的投入。另外要通过明晰产权关系，调动各方面对农业和农村投入的积极性，各行各业制定发展规划、安排项目、增加投资要主动向农业和农村倾斜，特别对非农业主投资和开发农业及农村基础设施，政府财政应给予必要的扶持和补助，尤其要引导国有企业参与和支持农业农村发展，以带动非农资本和技术多渠道进入农业，推动农业工业化又好又快发展。

参考文献：

[1] 刘易斯. 无限劳动供给下的经济发展［J］. 曼彻特学报，1954.

[2] 舒尔茨. 改造传统农业［M］. 商务印书馆，1987.

[3] 诺斯. 经济史中的结构与变迁［M］. 上海三联书店，1994.

[4] 张培刚. 农业国工业化问题［M］. 湖南出版社，1991.

[5] 何增科，周凡. 农业的政治经济学分析［M］. 重庆出版社，2008.

[6] 孙中才. 理论农业经济学［M］. 中国人民大学出版社，1998.

[7] 李正东. 世界农业问题研究［M］. 中国农业出版社，2005.

[8] 柯炳生. 工业反哺农业的理论与实践研究［M］. 人民出版社，2008.

[9] 周立群. 中国“工业反哺农业”税收政策建议［J］. 经济学家，2007（2）.

[10] 徐小青，郭建军. 中国农村公共服务改革与发展［M］. 人民出版社，2008.

[11] 曾福生，李燕凌，匡远配. 农村公共产品供求均衡论［M］. 中国农业出版社，2006.

[12] OECD. 中国农业政策回顾与评价［M］. 中国经济出版社，2005.

[13] 刘茂松，等. 农业产业发展的制度分析［M］. 中国财政经济出版社，2002.

（作者单位：刘励敏，浙江师范大学；刘茂松，湖南师范大学）

基于厚尾分布的保险资金运用风险的实证研究

刘凌懿　甘　柳

一、我国保险资金运用概述

（一）当下我国保险资金运用现状

从行业外部环境上看，自2001年中国加入WTO后，投资收益逐渐占据了整个保险业收益的绝大部分。保险资金不是完全闲置的资产，它需要在必要的时刻履行保险金补偿和给付的智能，所以通常只能以货币的形式在市场上流通。如果保险资金不能正常运用起来为保险公司取得投资收益，就可能会导致保险的基本职能丧失，从而保险也就不再“保险”了。近5年来，以中国人寿保险集团有限公司为代表的大型保险公司的承保利润正表现出下降趋势，业绩萎缩；而保险资金投资业绩却占比颇高，这使保险资金运用成为保险行业的核心任务。

从国家出台的政策上看，保险资金的运用渠道逐步拓宽。1999年，《保险公司投资证券投资基金管理暂行办法》出台，保险公司获得证券投资领域的许可；2002年，保险公司获准投资开放式基金；2003年，保监会特别批准保险公司可以投资包含中央铁路建设债券、三峡建设债券等在内的企业债券市场；2004年，保监会批准保险资金可以无条件直接流入股市；2010年8月，《保险资金运用管理暂行办法》出台，更大程度放宽保险资金运用的渠道，使保险公司可对不动产、未上市股权投资；2012年6月之后，保监会连续颁布了一系列，共计10多条有关保险资金运用新主张、新政策，更大限度地扩大投资范围和比例，这使得保险机构的资金成为金融机构中充满前途与具有活力的一股强大资产。可以说，有了政策保障，保险资金的多样化投资充满了无限可能。

从2000年到2013年，我国的保费收入逐年递增，保险业巨额的保费收入为保险资金运用在中长期投资提供了有力保证。在此期间，我国保费收入从1598亿元上升到1.72万亿元，增速较快。根据《中国保险年鉴》提供的数据，保险总资产规模由2000年的3374亿元跃至2013年的82886.95亿元。同时，保险资产占金融资产比重逐年提升。截至2013年12月31日，我国保险资金运用余额为76873.41亿元，与此同时，保险机构将更多的资金运用到了股票投资，使得股票投资比例扩大，这意味着，保险资金在股市取得高额利润的时候，也相应地承担了更高的风险。

（二）我国保险资金运用存在的风险

中国的保险资金运用渠道，现阶段主要集中在银行存款、国债、证券投资基金和股票。因此，由以上投资渠道收益率变动所带来的风险是我国保险资金运用产生风险根源。根据国家统计年鉴上的数据显示，我国保险资金在中长期证券组合收益率维持在每年3.5%左右的水平，远低于有着成熟保险市场国家——如西欧和北美的发达国家近10%—20%的水平。

1. 银行存款风险

银行是我国保险资金投资的最主要渠道，超过30%的保险资金是以银行存款的形式而存在的。银行存款的风险主要是信用风险和利率风险这两类，但以利率风险为主。银行存款利率是实现经济宏观调控的强制性手段，而利息是保险资金收益的主要来源。例如20世纪90年代的中国保险业“吊死”在银行存款这棵树上是因为没了20世纪90年代初期高利息的回报，保险资金收益损失惨重，而保险金的给付却要固定支付以原来高利率水平来执行，保险公司面临巨大亏损。央行从1999年开始逐渐加息，直至恢复到目前的年存款利率3.5%，这无疑杯水车薪。以目前银行利率变动的现状来看，其利率提升至8%的高水平（可以弥补保险公司利差亏损的水平）的可能性几乎微乎其微。

2. 债券投资的风险

债券投资风险低，收益稳定，这样的特性符合保险公司资金运用低风险、有一定收益的要求，因而成为各国保险公司投资的宠儿，在除银行存款外的其他投资结构中占比颇高，尤其在国债投资领域。债券这么受欢迎是因为具有如下的优良特性：即较低的违约风险、较高的流动性。因此债券投资非本文讨论的重点。债券投资风险在理论上来说是极低的，但它的风险还是源于利率风险。虽然在中国，由于宏观调控的干预能力很强，有着尚未完全市场化的利率，但国债投资渠道在中国已算是初具规模，市场能影响债券的价格——如债券对利率的各种因素的合理反映，这表明债券投资的风险已经开始显现。债券投资指数月度回报率只有数月呈现出非常剧烈的波动，整体稳定，投资风险小，收益稳健。

3. 基金投资风险

目前，保险公司已然成为整个金融领域中推动基金发展的最大行业投资者。截至2012年12月末，保险行业总资产为3.38万亿元，保险资金运用余额为3.06万亿元，投入基金市场的资金大约占运用余额的5.3%。目前，卖空这一行为并不被我国法律所认可，且证券投资基金的主要投资对象是股票，因此一旦股票市场价格发生剧烈的波动，证券投资基金就不得不承担巨大的威胁和风险。与国债投资相比，证券投资风险明显更大。尤其在2008—2011年之间，由于2008年刚好处于国际经济危机的巨潮中，中国证券市场也随之发生了幅度较大的收益波动，收益率在最高时达到了10.01%，而最低收益率竟低至-8.17%。保险公司身为证券投资基金的最大机构投资者，因而也承担着证券投资基金市场价格波动而产生损失的风险。总而言之，对保险资金运用所面临的风险市场进行评估和风险量化是势在必行的，必须对证券投资基金组合在一天、一周甚至更长的时间进行这一量化，以便能提前预知可能发生的损失和危害。

4. 股票投资风险

2004 年 10 月 25 日，在国家政策指导下的《保险机构投资者股票投资管理暂行办法》开始实施，保险公司将有权自由支配 5% 的保险资金用于股票投资这个渠道上，保险资金首次在国家的认可下被允许直接投资股票市场。然而一家公司经营状况和股票价格的未来趋势的不确定因素太多了，因此股票是高收益高风险并存的投资。相比于欧洲、北美等发达国家，我国的股票市场略显稚嫩，问题也明显存在。它包含了所有股市（包括体系成熟的股市）共有的系统性风险，也包含了代表中国股市特有的非系统性风险。系统性风险的主要是我国股票市场的发展还是一个新兴市场，各项规章制度依旧很不完善，具有一股“政策市场”的味道。我国经济运行状况和股市运行状况是相矛盾的，即是说股市运作不符合经济运作的规律；非系统性的主要内容就是中国大部分上市公司是由国有企业转变而来的，这些公司特别重视上市与否，忽略公司本身是否已经完成转型或改制，也鲜考虑现行公司制度是否与上市相匹配。这就造成了股市的非系统性风险相对较高。由于政策逐步开放，对于保险资金直接投入股市的限制越来越宽松，各保险公司也逐年加大在股票市场投资的比例。以中国人寿保险公司为代表，2006 年国寿在股市投入资金 501. 85 亿元，2009 年就升至 822. 21 亿元，投资比例也有所提高，由 2006 年的 7. 31% 提升至 2009 年的 7. 88%。保险资金源源不断地流入股票市场，给保险公司带来巨大利润的同时却也积攒了很大的风险。为保险资金的安全作好周全的考虑，应谨慎入市。

二、保险资金运用风险 VaR 衡量

（一）VaR 模型的定义与计算

1. 定义与特点

VaR（Value at risk）称为风险价值模型，就是指市场处于正常波动的状态下，对应于给定的置信度水平，投资或资产组合在未来特定的一段时间内所遭受的最大可能损失。通俗地讲，是指以一定的概率条件下，某保险资产组合的最大可能损失。它可以用来描述数学语言表达：

$$\mathrm{Prob}(\Delta P \le VaR) = 1 - c \tag{1}$$

其中，Prob 表示概率测度；$\Delta P = P(t + \Delta t) - P(t)$ 表示组合在未来持有期 Δt 内的损失；$P(t)$ 表示组合在当前时刻 t 的价值；c 为置信度；VaR 为置信水平 c 下组合的在险价值。

在一般的情况之下，VaR 给定后，未来的损失的概率不超过这个 VaR 的值的置信水平。举个例子，某保险公司未来 10 天内持有一笔证券资产组合，假设此时该保险公司的置信度为95%，当证券市场处于正常波动周期中，所得 VaR 值有 1000 万元。这句话在实际中的含义就是，这家保险公司的证券组合在未来 10 天内，有 5% 的可能性会因为市场价格变动，而造成的最大损失超过1000 万元。换言之，有 95% 的把握认为该保险公司在未来 10 天内的损失在 1000 万元之下。

其主要特点如下：

(1) 在正常的市场波动状况下计算的值才有效。并不能准确地测度极端情况下的风险。

(2) 在组合投资中(非单一结构投资)，在既定的条件下(置信度和持有期会影响 VaR 值的大小)，VaR 值越大就表示组合面临的风险就越大，反之则说明组合面临的风险越小。

(3) VaR 是度量风险的指标，具有可比性。

(4) 在市场处于正常波动状态下，时间跨度短越短，收益率就越接近于正态分布。

2. 参数方法 VaR 值的计算

本文采取的计算方法为参数法。一般步骤是：建立映射关系，建模，再给出估值模型。若某组合在未来持有期内的损益服从概率密度函数为的连续分布，则能由(1) 式得到如下式子：

$$1 - c = \mathrm{Prob}(\Delta P \leq VaR) = \int_{-\infty}^{-VaR} f(r)\,dr \tag{2}$$

由(2) 式，可以通过收益率来考察 ΔP 分布的方法，即收益率映射估计法。由于在金融领域中，各种资产价格序列、股价、基金价、债券价等数据几乎没有平稳性，所以研究者一般会用收益率(收益率序列平稳性好) 的概率分布来考察投资的未来损益变化。

考察一个初始价值为 P_0、在持有期 Δt 内投资收益率为 R 的组合，假设的概率分布已知，其期望收益率(记作 $E(R)$) 与波动率分别为 μ 和 σ，于是该组合期末价值为 $P = P_0(1 + R)$，P 的预期价值(记作 $E(R)$) 为：

$$E(P) = P_0(1 + E(R)) = P_0(1 + \mu)$$

在确定组合价值的两种主要方式，一是以组合的初始值为基点考察持有期内组合的价值变化，即：$\Delta P_A = P - P_0 = P_0 R$，此时利用式(1) 求得的 VaR 值称为绝对 VaR；二是以持有期内组合的预期收益为基点考察持有期内组合的价值变化，即：$\Delta P_R = P - E(P) = P_0(R - \mu)$，此时利用式(1) 求得的 VaR 值称为相对 VaR。

3. 历史模拟法 VaR 值的计算

历史模拟法一般使用在保险投资渠道不易取得完整历史交易资料时的一种计算 VaR 的手段。它可以借由搜集风险因子计算过去一段时间内的资产组合风险收益的频率分布，若已知收益率，然后搭配目前持有资产的投资组合部位，则可重新建构资产价值的历史损益分配，历史模拟法不必假设风险因子的收益率必须符合常态分布。历史模拟法可以勾勒出金融资产分配常见的尖峰、厚尾或偏态等现象，因此计算历史收益率的时间(通常与收集资料的多寡有关) 是影响风险值的一个重点。

其具体的计算方法是：首先假设现在的时间为 $t = 0$，$Si(t)$ 为某项资产在时间 t 的收益率，选取过去 $N + 1$ 天该项资产的收益率作为模拟资料，将收益率数据按降序排列，并依照不同的置信水平找出相对应分位数的临界收益率，此时得到的 $Si(0)$ 得到就是使用历史模拟法所估计得到的 VaR 值。

三、基于厚尾分布的保险资金运用的实证分析

（一）数据的选择

本文假定保险公司资金运用仅限于银行存款、国债投资、证券投资基金和股票，对于各渠道的投资金额及比例以 2010 年保监会公布的结果作为依据。

本文选取 1991 年 2 月至 2012 年 3 月剔除通货膨胀后的银行月利率变化来衡量银行存款的风险，共有数据 254 个；2007 年 1 月 5 日至 2012 年 3 月 2 日 10 年期国债和两年期国债收益率指数日变化来衡量国债投资风险，两者共有数据 3054 个；2008 年 1 月 2 日至 2012 年 7 月 19 日基金指数（考虑现金红利）日变化情况来衡量基金投资风险，共有数据 864 个；2011 年 8 月 9 日至 2013 年 5 月 8 日上证综合指数（取对数后）日变化情况取对数后来衡量股票投资风险，共有数据 420 个。以上数据均来源于国泰安数据库，分析软件是 EasyFit5. 5 和 Excel2013。

（二）使用参数法计算 *VaR*

1. 银行存款及股票投资风险的分布函数及 *VaR* 的计算

根据上文提到的银行存款月利率变化数据及股票上证指数日变动数据，通过分析软件的拟合模型可以得到银行存款投资风险及股票投资风险的分布函数均为 4 参数的 *Burr* 分布。从分析软件拟合的两个图形上看，均具有尖峰、厚尾的特点。

银行存款风险分布函数代入参数后得：$F(x) = 1 - \left(1 + \left(\frac{x + 1813}{1839.1}\right)^{562.4}\right)^{-1774.8}$，股票投资风险的分布函数与银行存款风险分布函数一致，代入参数可得：$F(x) = 1 - \left(1 + \left(\frac{x + 0.32794}{0.32586}\right)^{63.146}\right)^{-0.75568}$，在置信度为 γ 下的 *Burr* 分布的 *VaR* 值为：

$$VaR = \beta\left((1 - \gamma)^{\frac{1}{k}} - 1\right)^{\frac{1}{\alpha}} + \gamma \tag{3}$$

两个 *Burr* 分布分布函数直方图如下：

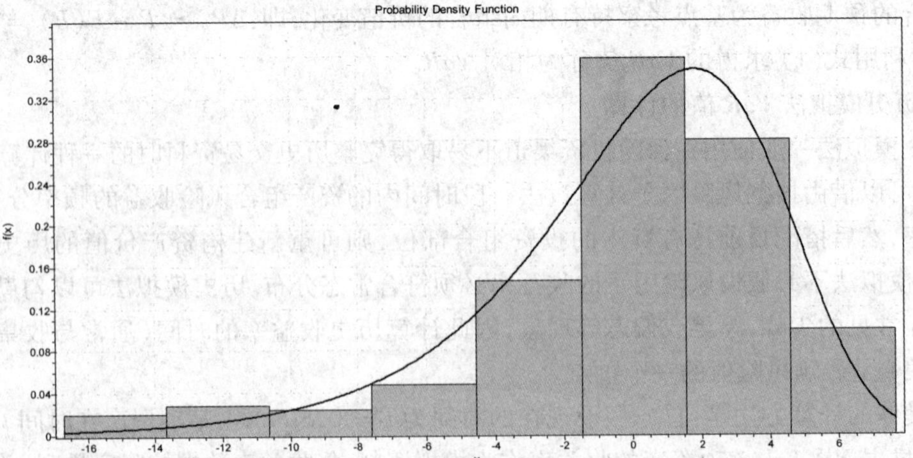

图 1

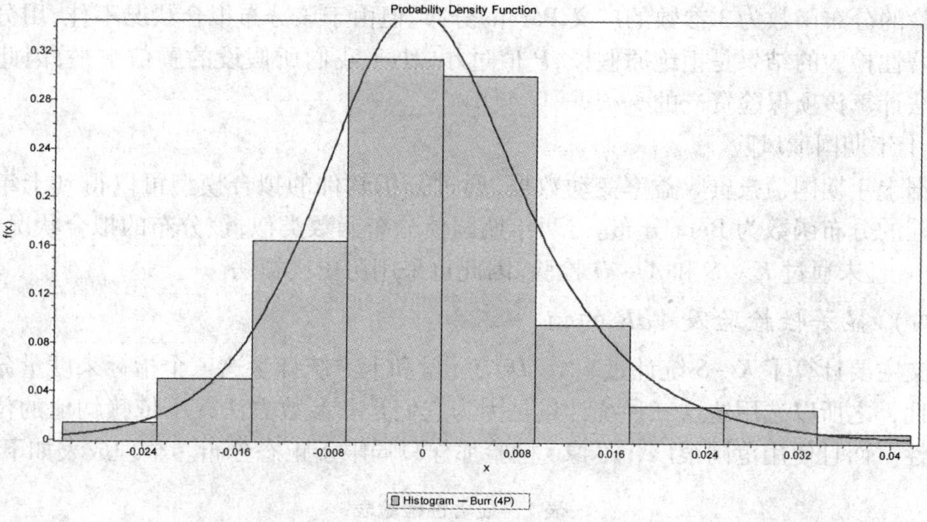

图 2

2. 基金投资风险分布函数及 *VaR* 的计算

根据软件拟合的模型以及基金投资收益率变动数据，得出 Laplace 分布。其分布函数为：

$$F(x) = \begin{cases} \frac{1}{2}\exp(-0.81912(0.0287-x)) \\ 1-\frac{1}{2}\exp(-0.81912(x-0.0287)) \end{cases}$$

在置信度为 γ 下的 Laplace 分布的 *VaR* 值为：$VaR = \mu + \frac{\lambda}{\sqrt{2}}\ln(1-\gamma)$ (4)

Laplace 分布函数直方图：

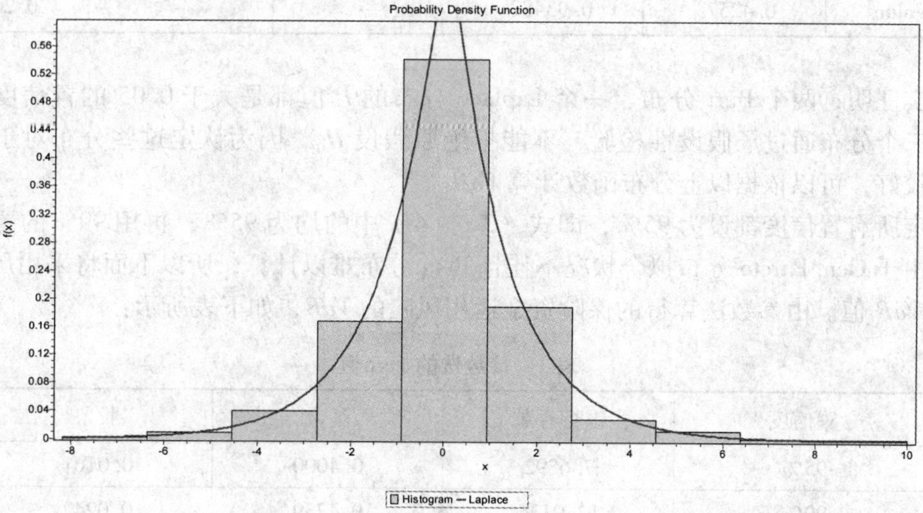

图 3

(三) 使用历史模拟法计算 *VaR*

1. 两年期国债风险

根据两年期国债投资收益率变动数据，通过分析软件的拟合模型可以得到两年期国债投资风险的分布函数为 3 参数的广义 Pareto 分布。但由于该分布拟合状况不佳，用分析软件进行显著性检验的结果是拒绝原假设，*P* 值过小，小于我们所假设的置信水平，因此选用历史模拟法计算该项保险资产的 *VaR*。

2. 十年期国债风险

根据十年期国债投资收益率变动数据，通过分析软件的拟合模型可以得到十年期国债投资风险的分布函数为 Beta 分布。与两年期国债分布函数类似，该分布的拟合状况也不好，*P* 值过小，且未通过 *K* – *S* 和 *A* – *D* 检验。因此也采用历史模拟法。

（四）显著性检验及 *VaR* 的值

本文主要计算了 *K* – *S* 统计量、*A* – *D* 统计量和卡方统计量这三个指标来度量分布函数的显著性，之所以选用这这三种统计量是因为它们是非参数方法，不依赖均值的位置，具有稳定性。而且使用范围很广，不像 t 检验那样只局限于正态分布。整理成表如下：

表 1　显著性检验表

	Burr 分布①	Burr 分布②	Gen. Pareto 分布	Beta 分布	Laplace 分布
K – S 检验	0. 05436	0. 02584	–	–	0. 03592
A – D 检验	1. 3845	0. 33358	–	–	1. 0276
卡方检验	8. 0519	5. 4579	N/A	N/A	9. 5081

以上各分布函数通过计算得到 *K* – *S* 统计量的 P 值（P >0. 05 为佳）如下表所示：

表 2　各分布函数 *K* – *S* 统计量值

	Burr 分布	Burr 分布	Gen. Pareto 分布	Beta 分布	Laplace 分布
P – Value	0. 42573	0. 93487	–	–	0. 20971

事实证明，两个 Burr 分布、一个 Laplace 分布的 *P* 值都是大于 0. 05 的置信度的，因此，这三个分布通过了假设性检验，不能拒绝原假设 H_0，因为认定这些分布对于数据的拟合度较好，可以依据以上分布函数计算 *VaR*。

假定所有置信度都设为 95%，即式（3）（4）中的均为 95%，再用 99% 的置信度求一次。由于 Gen. Pareto 分布拟合状况不佳且 Beta 分布难以计算，所以下面将采用历史模拟法算得 *VaR* 值。由参数法算得的保险资金运用风险的 *VaR*，如下表所示：

表 3　参数法的 *VaR* 值

置信度	银行存款	基金	股票
95%	7. 6892	0. 4000	0. 0161
99%	12. 9136	0. 4239	0. 0242

---

① 该 Burr 分布是以银行存款利率数据为样本。

② 该 Burr 分布是以股票上证指数取对数后的数据为样本。

表4 历史模拟法的 *VaR* 值

2 年期国债	10 年期国债
0.8470	0.6249
1.1550	0.7136

以上是实证分析两个分布密度函数的直方图，与上章第一节所陈列的标准分布密度函数相比，都具有厚尾性质，Burr 分布和 Laplace 分布均有此性质。接下来就阐述一下实证分析后的结论。

通过对每一风险个体的值的计算，不难得出如下结果：首先，近几年的银行存款利率变动结合通货膨胀率的上升，指示着银行存款正在受到通货膨胀风险的侵蚀，这主要是利率增长与通货膨胀率不匹配而造成的。其次，股票投资具有最大的风险，这与股票的高收益是一致的。国债投资收益稳定，风险最小，所以大多数国家把债券（包括国债、企业债券、金融债券等）作为重要的投资渠道。最后，伴随着置信度的上升，保险资金运用面临风险的额度也相应上升。

保险资金运用的收益关系到众多投保人的资金安全，作为保险公司，最好以高置信度来衡量保险资金运用的风险，根据这样计算出来的数据才可以更准确的估计最大损失，让保险公司提前做好风险防范的准备，使损失控制在最小的范围内。

四、结论与对策

本文研究的关键是采用最合理 *VaR* 的模型，对我国保险资金运用风险进行实证分析，探讨了金融数据的尖峰厚尾特征，根据算出来的 *VaR*，主要有如下的结论和对策：

1. 通货膨胀风险将会是银行存款的隐患

由于国家对于保险资金的运用渠道进行了严格的限制，我国资金运用渠道仍较单一，银行存款在整个资金运用中占有较大的比例。银行存款目前仍是安全稳妥的投资方式，我国的银行是有国家信用保障的，但是在中长期通货膨胀的大环境中，银行存款风险归根结底就是通货膨胀风险，这是由于银行利率增长与通货膨胀增长不相匹配造成的局面。根据 *VaR* 的风险度量，通货膨胀风险是整个保险资金运用中的隐患，需加强对其的规避和管理。

2. 国债投资依然是整个资产运用中风险最低、安全性最好的资产

尽管对于国债（包括企业债券和金融债券，单纯国债只占到 10% 左右）的投资占到整个保险资金运用的一半以上，但是风险仅为总体风险的五分之一左右，收益最为安全稳定，收益率比之银行也相对高出一点。今后对于国债的投资依然是我国保险业资金运用的主要方向。

3. 基金投资和股票投资是整个资金运用中风险最大的资产

尽管国内保险公司对于基金和股票的投资一直持谨慎的态度，对于二者的投资仅占有较小的比重，但是二者的在险价值却占整个资金运用在险价值的绝大比例，风险最高。国内资金运用监管机构需要重点加强对于基金投资和股票投资的风险管理。

4. 正确应用投资组合可以显著降低资金运用风险

根据投资组合 *VaR* 计算得出结论，进行风险资产的投资组合可以更好地降低风险，保证收益，保证保险资金运用的安全。

5. 置信度的选择对于 *VaR* 值具有显著影响

随着置信度水平的提高，*VaR* 值是不断增大的，即公司估计的损失会逐渐增大。不同性质的投资者应根据自身的需要选择合适的置信度。风险偏好者可选用较小的置信度，对于风险中性或者风险厌恶者则需要选择较高的置信度，以充分估量损失。保险资金有其来源的特殊性，因此，保险公司必须选择较高的置信度，以保证资金运用的安全性。

参考文献：

[1] Jorion P. Value at Risk：The New Benchmark for Controlling Market Risk [M]. New York：The McGraw－Hill Companies，Inc.，1997.

[2] Swiss Re. Asset and Liability Management for Insurers [J]. Sigma，2000，(6).

[3] 王绪瑾. 保险投资比较研究：保险论文集 [M]. 上海：复旦大学出版社，1999.

[4] 张洪涛，王国良. 保险资金管理 [M]. 北京：中国人民大学出版社，2003.

[5] 叶永刚，彭枫红. 保险资金投资风险的度量与管理 [J]. 保险研究，2005，(4).

[6] 胡伟益. 风险价值在保险资金运用中的应用研究 [J]. 保险研究，2005，(12).

[7] 韩军朝. 非对称 Laplace 分布下的 VaR 研究 [D]. 重庆：重庆大学研究生院，2009.

[8] 潘承毅，盛骤，谢式千. 概率论与数理统计 [M]. 浙江：高等教育出版社，2008：45—62，90—114.

[9] 夏媛媛. 保险资金运用风险管理问题研究——基于 VaR 的一种分析 [D]. 山东：山东大学研究生院，2011.

[10] 徐元铖. 国外风险价值模型研究现状 [J]. 外国经济与管理，2005，(6)：45－51.

[11] 张彩平. 三参数 Burr 分布的信息阵 [J]. 集体经济·学术探讨，2009，(12)：68—69.

[12] 张金清. 金融风险与管理（第二版）[M]. 上海：复旦大学出版社，2011：34—50.

（作者单位：湖南商学院）

关于长株潭城市群水价改革的战略思考

匡跃辉

水存在于自然界中，既是一种资源，也是一种商品。既然水是商品，就应该像其他普通商品一样存在价格，就需要在市场上流通。与此同时，水商品又不同于其他一般商品，它的定价不仅仅要体现公平、促进效率和鼓励保护，同时必须保证供水部门稳定的收入和利润。说到底，水是一种商品，又不全是。它与纯商品不同，有着自身与生俱来的独特性，它的自然属性、社会特性和经济性质决定了水资源开发利用的困难性和水资源市场运行的复杂性。

价格是商品同货币交换比例的指数，是价值的货币表现。党的十八大报告提出深化资源性产品价格改革，十八届三中全会进一步提出完善主要由市场决定价格的机制，这就是我国水价改革的精神实质和根本要求。

长株潭率先在全国实行城市水价改革和居民生活用水阶梯价格，但用水价格仍然比较低。目前，由自来水费、水资源费、污水处理费和生活垃圾处理费组成的居民生活用水基准价格，长沙（2015 年 8 月听证会拟调价格）、株洲（2014 年 11 月）、湘潭（2014 年 11 月）分别为 3.27 元、2.94 元、3.05 元。如按每户 4 人计算，第一阶梯水价每月不超过 15 立方米，则长沙、株洲、湘潭每户每年水费支出分别为 588.6 元、529.2 元、549 元。对比住建部《城市缺水问题研究报告》中认为我国城市居民生活用水水费支出占家庭收入的合理水平在 2.5% ~3%、世界银行和国际贷款机构的研究成果显示家庭或个人水费支出占家庭收入的 3% ~5% 是可行的[1]，可知长株潭水费支出占家庭收入比率远低于上述标准。

本文分析长株潭现有水价存在的问题，探讨水价改革的基本思路。

一、水价改革要反映水资源的稀缺性

自然资源的稀缺性是指相对于人类无限增长的需求而言。在一定时间与空间范围内自然资源总是有限的，相对不足的自然资源与人类绝对增长的需求相比造成了自然资源的稀缺性。

水既可以是社会物品，也可以是经济物品。既然水是一种商品，就应该符合一般商品的发展流程，也要符合市场经济的发展规律。水作为一种不可或缺的基础资源，已成为制约经济社会发展不可忽视的主要因素之一，它的稀缺性日益凸显。越稀缺的东西越贵，这就是市场的特点。资源性产品需要公众支付体现其稀缺性，而只有通过价格机制进行调节才能使这一资源属性实现真正意义上的资源高效利用，体现受益者支付原则。

按国际上公认标准，人均水资源低于 3000m^3 为轻度缺水；人均水资源低于 2000m^3 为中度缺水；人均水资源低于 1000m^3 为严重缺水；人均水资源低于 500m^3 为极度缺水。长株潭目前人均资源占有量为 1676.55m^3，属于中度缺水，并且长株潭水资源与地区经济、地区用水需求分布极不匹配。

2013 年，长沙、株洲、湘潭用水量分别为 38.31 亿 m^3、23.16 亿 m^3、19.83 亿 m^3[2]，均已逼近 2015 年水量控制红线（长株潭分别为 39.2 亿 m^3、23.8 亿 m^3、19.9 亿 m^3[3]）。

水价本应能够反映不同时空条件下水资源的稀缺程度，而目前长株潭现行的水价对水资源本身的稀缺性考虑不多。

价格水平的变动起着改变消费者需求量、需求结构以及需求方向的作用。水资源价格是反映水资源稀缺性最直接、最灵敏的信号，是优化配置水资源最有效的手段。如果把水资源总量、人均水资源量、人口增加情况看作是不变量和已知条件，一般水价越高，消费者对其消耗量就越少，压力指数越低。反之，水价越低，水资源的消耗量就越大，压力指数越高。因此，作为中度缺水的长株潭城市群应通过提高水价反映其稀缺性。

二、水价改革要反映环保成本及修复效益

在我国自然资源及其产品的价格总体上偏低，没有体现资源开发中对生态环境保护成本及修复效益。

水资源具有流域性、时空分布不均性、水量水质整体性以及资源环境承载能力的有限性。长株潭的地理形态及水资源的来源决定了跨区域、跨流域的生态保护与治理不可避免。因而，如何平衡上下游、左右岸及周边地区发展与环境的关系，如何协调各地的生态、经济等利益，是必须正视和解决的问题。

（一）适当提高水资源费

湘江流域（特别是长株潭之上的湘江中上游地区）以及其他水源地（如浏阳株树桥水库库区）是保障长株潭足量优质水资源的重要生态功能区，这些地区生产的不是工业产品，却是对下游地区非常重要的生态产品。他们提供的足量优质的水，应通过商品流通的方式平等交换。因为生态产品具有外部性和公共性，不易分清、不易分隔受益者，所以，要完善长株潭水资源重点生态功能区的生态补偿机制，对水资源受益十分明确者，应按照谁受益、谁补偿原则付费。

目前，长株潭城市群水资源费所占比重比较小。长株潭 2015 年 1 月 1 日起水资源费为 0.12 元，虽然这是按照国家发改委、财政部、水利部《关于水资源费征收标准》实行的，实际上并不是全部用于水资源的生态补偿。根据《水资源费征收使用管理办法》（财综〔2008〕79 号）的规定：水资源费使用范围包括：①水资源调查评价、规划、分配及相关标准制定；②取水许可的监督实施和水资源调度；③江河湖库及水源地保护和管理；

④水资源管理信息系统建设和水资源信息采集与发布；⑤节约用水的政策法规、标准体系建设以及科研、新技术和产品开发推广；⑥节水示范项目和推广应用试点工程的拨款补助和贷款贴息；⑦水资源应急事件处置工作补助；⑧节约、保护水资源的宣传和奖励；⑨水资源的合理开发[4]。可知，水资源费用途广泛，水源地保护和管理只是其中之一。

要补偿长株潭水资源环境保护成本及生态修复效益，必须做好两方面的工作：

第一，加大政府纵向生态补偿力度。政府纵向补偿是中央政府和省级政府代表较大范围的水资源受益人通过财政转移支付方式购买生态产品。如《水污染防治法》规定通过财政转移支付建立生态补偿机制，《森林法》等法律中提出建立森林生态效益资金等。目前我省生态补偿的力度仍然比较小，集体和个人所有的国家公益林补偿标准为 17 元/亩、省级公益林补偿标准为 12 元/亩，不能反映林农保护修复公益林的成本和效益[5]。

第二，完善区域横向生态补偿机制。横向生态补偿制度是协调在环境保护中各相关区域（包括流域、地域、行业）之间经济利益关系的一项制度。如 2014 年年底出台的《湘江流域生态补偿（水质水量奖罚）暂行办法》适用范围：包括永州、衡阳、株洲、湘潭、长沙、郴州、邵阳、娄底等 8 个市，是以省级层面为“中介”，通过划拨奖金、统筹分配罚金的方式，让各地合力推动湘江治理。这种补偿方式仍然不是很具体，不能促进水资源保护区域的积极性。

（二）适当提高污水处理费和垃圾处理费

水务服务源于自然资源，且与水环境保护紧密关联。污水处理费和垃圾处理费是按照“污染者付费”原则，由排污单位和个人缴纳随水缴纳，污水处理费专项用于城镇污水处理设施建设、运行和污泥处理处置的资金[6]，垃圾处理费按一定比例上缴中央国库或收入地方国库。象征性地收取污水处理费根本无法发挥其在减轻或消除用水负外部性影响的杠杆作用。长沙市在 2015 年 8 月 21 日的听证会上，水污水处理费仍为 0.75 元/立方米，垃圾处理费仍为 0.3 元/立方米，其标准低于《湖南省关于加快城市供水价格改革有关问题的通知》要求：长株潭三市污水处理费不低于 1.2 元/吨（含污泥处置费 0.15 元/吨）；垃圾处理费标准不低于 0.45 元/吨。

三、水价改革要体现供水成本

（一）正确认识供水成本对水价的影响

成本是价格制定的基础，从这个角度出发可知供水成本是影响水价的最主要的因素。

从水文循环的角度来说，水资源具有随机性和流动性，注定了水的时空分布的不平衡，由此加大了水生产部门的工作难度，通常需要建立基础水利设施，涉及面广且投资巨大。

从生产者的角度来说，只有收回成本才能保证产业链的正常运行，只有获得利润才能激发生产者的劳动热情。国家于 2007 年发布的国标将原来水质标准由 35 项提高到 106 项，提标规定很大程度上引发运营成本的上涨。随着城镇化的进一步的发展，城镇用水越来越多，而供水越来越远，所以供水的成本不断上升。

长沙市现行水价是以长沙供水公司2009年数据为测算依据。6年间，原材料成本、固定资产折旧，以及财务费用大幅上升，导致供水企业运营成本逐年增加。加之株树桥引水工程的建设支出较大，同时，随着城市不断扩容，城市用水需求也在不断提升，需要投入大量人力、物力、财力进行水务项目建设。未来三年，供水企业在增量提质方面的建设投入将达到20.6亿元。长沙目前户表改造要在三到五年内全面完成任务，总体资金需求约20亿元。根据《湖南省城市供水价格管理办法》，尚未实现装表到户、直接抄表到户的城市可在一段时期内，结合水价调整设立不超过0.2元/立方米的户表改造专项资金进入水价[7]。

（二）健全供水成本核算制度

目前，城市供水定价成本包括制水成本、输配成本、期间费用。制水成本是指城市供水经营者将地表水、地下水进行必要的汲取、净化、消毒、加压等处理后，使水质符合国家标准净水的过程中所发生的费用；输配成本是指城市供水经营者将净水输送到用户过程中所发生的费用；期间费用是指城市供水经营者为组织和管理供水生产经营所发生的管理费用、销售费用和财务费用。

目前，长株潭水价成本监审的主要依据有：《政府制定价格行为规则》（2006年国家发改委第44号令）、《政府制定价格成本监审办法》（2006年国家发改委第42号令）、《定价成本监审一般技术规范（试行）》（国家发改价格〔2007〕1219号）、《城市供水定价成本监审办法（试行）》（国家发改价格〔2010〕2613号）、《湖南省政府制定价格成本监审实施细则》（湘价成〔2006〕74号）、《湖南省城市供水价格管理办法》（湘价服〔2013〕12号）及《湖南省城市供水企业人员上限成本监审核定标准（试行）》（湘发改价〔2014〕980号）等文件。虽然相关文件对供水成本的每项费用指标核算方法作出了规定，并没有规定指标的参考指导标准。为了更好地推进长株潭水价改革，应建立成本指标的参考标准。也就是说，建立一个相对有说服力的平均服务成本作为参考标准。可本着循序渐进的原则先就关键性的几个成本指标制定一定的参考指导标准，以规范和激励企业高效经营，体现成本价格的合理性。

当前长株潭水务服务市场化运营主要是通过特许经营方式实现，这种由专业化服务企业报价、按照以往成本加成的定价机制容易导致成本“虚高”，简单的行政性成本监审又难以对运营成本进行实质性监管。水价改革应强调由价格管理部门会同第三方独立组织督促企业进行成本核算，完善行业基础数据库建设，进而测算整个行业的平均成本，把握行业平均绩效变化规律，形成行业统一的绩效考评体系，以帮助政府识别平均服务成本。

（三）完善供水成本监管及信息公开制度

供水成本是水价调整的重要依据，其真实性直接影响到水价调整的合理性。因此，要建立供水企业的成本信息定期公开制度，明确供水成本公开的指标清单及公布频率。价格主管部门和供水企业要联合设立对供水成本公开信息的咨询、反映意见、投诉等专门的应对反应平台，通过建立网络互动交流平台、电话热线等公众参与方式，提升公众参与成本监审的程度，并在价格听证会时对意见反馈的情况作出说明。

四、水价改革要完善水权交易制度

水权是指一个区域内各级用户对水资源的使用权，称之为区域水权[8]。区域水权属于资格水权（或称长期水权），顾名思义就是获得水资源使用权资格的权利。通过初始水量分配所形成的资格水权赋予了用水户在一段时期内、在特定来水情况及工程条件下，取（用）水或开发水资源的最高额度[9]。

我国《宪法》《水法》及《物权法》均在强调水资源所有权属于国家的同时，规定单位和个人可以利用水资源，且国家保护合理利用。也就是说，我国在坚持水资源所有权属于国家、不可交易的前提下，允许单位和个人可以取得水资源使用权。

在计划经济体制之下，产权价值没有在价格中得以体现，低质低价的水务服务在很大程度上背离水资源价值规律。

水权交易是通过市场机制，使拥有水资源使用权者进行水权买卖。由此，水权成为一项具有市场价值的流动性资源，水权使用者通过考虑机会成本而节约用水，并把部分水权转让给用水需求量大的用水人，从而更好地提高水资源的边际效益和提升社会用水总效率。

水权交易首先必须对水资源初始产权进行公平分配。解决水资源产权归属问题，就可为市场主体进行水权交易及生态补偿奠定基础。国务院出台的《实行最严格水资源管理制度考核办法》已经将2015年、2020年和2030年的用水总量分解到各个省区，湖南省《湘江流域水量分配方案》也已将相关各地市的水资源进行了初始分配。

在水权初始配置的基础上，建立水权二级市场交易制度是水权交易顺利进行、降低成本的关键。近年来，水利部在4个省尝试了不同的水权交易类型：河南的跨流域交易、甘肃的用水户之间的交易、内蒙古的工农业间的交易、广东的流域内上下游的交易。按照时间表，有关方面将在2~3年内完成水权交易和确权试点工作，尽快制定取用水权转让暂行办法，组建中国水权交易所，加快推进水权改革[10]。长株潭可借鉴其成功经验，建立水权交易所，对水权的转让方不设限制，无论各级水务公司或各用水户组织、用水人，只要其合法取得的水量出现节余，任何机构或个人均有权将多余的水量转让获利。

参考文献：

[1] 居民水费支出低于合理水平［N］. 南方都市报，2012-02-17.

[2] 水利厅. 2013年水资源统计公报［EB/OL］. http://www.hnwr.gov.cn/szyc/gbtb/201501/t20150126_80960.htm.

[3] 湖南将首次对市（州）实行最严格水资源管理制度考核［N］. 潇湘晨报，2015-03-20.

[4] 水资源费征收使用管理办法（财综〔2008〕79号）［EB/OL］. http://baike.baidu.com/link?url=bjVniWDgKdvzS2OydPSqG1aaxEYW7OdKxj-EAS6IAaWzv-1yGhTncv3nO6w3J3iDxivgwcHOZ2exlVQkFguIP_.

[5] 蓝成云，左光辉，李锡良．生态公益林等级补偿的思考［J］．湖南林业科技，2011 (05)．

[6] 财政部、国家发展改革委、住房城乡建设部．污水处理费征收使用管理办法（财税〔2014〕151 号）［EB/OL］．http：//baike. baidu. com/link？url = Kt10k3_ DditUbnTF0M1vHVvanULdnlXHh7fCGDQ6AuuDrmcbDJAfAl5rIOYOcO - R6xPpWoNFIK57Cta4A - QKAqLYLx2G - Iej_ DFZOddgEDnpmNv6nbG1Jp0utffIhSCIX7S5i2 - bpeMsr99wt9mTiltvTYE5Q8 - FBcTVIT - WonvZryn4z242 _ fwt7qG4wL8jEYMRX3BXUqUKmF3l8xic6CXnNnff - hiC6Nx61ca8O4u.

[7] 长沙供水价格拟再次调整．调价听证方案 8 月 5 日公布［N］．长沙晚报，2015 - 07 - 21.

[8] [9] 湖南省水利厅．湘江流域水量分配方案［EB/OL］．红网，2011 - 06 - 27.

[10] 水权改革：试点水权交易 将组建水权交易所［EB/OL］．http：//www. guancha. cn/society/2015_ 03_ 22_ 313159. shtml.

（作者单位：中共湖南省委党校）

集团化办学是职业教育发展的必然选择

成立平

随着职业教育改革的进一步深入，集团化办学成为加快职业教育办学体制改革、促进优质资源开放共享的重大举措，也是提升职业教育规模化发展、提升职业教育质量的重要途径。教育部专门出台了《关于深入推进职业教育集团化办学的意见》，明确把集团化办学作为加快现代职业教育发展的重要方向和战略任务。大力推进职业教育集团化办学，激发职业教育办学活力，系统培养技术技能人才，成为现代职业教育转型发展的必然趋势。

一、职业教育集团化办学的意义

职业教育集团化办学，是校企深度合作的一种有效方式，能够将教育资源与产业资源紧密联系起来，充分发挥各自的优势，按照行业发展和企业需求培养适应性强的技术技能人才。集团化办学符合职业教育的人才培养规律和发展特征，对职业教育的改革与发展具有积极的推进作用。

（一）有利于职业教育办学体制机制创新

多年来，职业教育的发展逐步从院校封闭式人才培养向校企合作培养转型，对行业企业和社会开放办学的程度越来越高，在资源共享、优势互补、合作育人、合作发展上的优势日益显现。但是，在实际办学过程中，行业企业参与积极性还不高，行业企业和社会力量尚未全面参与到职业教育当中来，教育链和产业链基本上还是两股道，尚未得到有机融合。推进集团化办学，能够有效解决分散经营、势单力薄的现有职业教育办学模式，通过共建、联合、重组等方式，建立内部产权制度和治理结构，大力推进学校与学校之间、学校与企业之间、学校与行业机构之间合作办学，实现纵向层级沟通、横向紧密联合，对于打破单一的办学模式及其所产生出来的惰性和封闭性等弊端具有关键作用，为切实推进现代职业教育改革和发展提供良好的条件。

（二）有利于适应区域产业结构调整和经济发展

立足和服务于区域产业发展和经济发展是职业教育的基本使命。产业结构的转型升级需要劳动力人才结构的相应升级，而劳动力人才结构的升级又需要职业教育模式、内容、设施等发生相应的变化，与产业结构紧密相关的专业结构、课程设置、教学手段、技术知识、技能结构等都发生相应的变化。这对职业教育是一个严峻的挑战，单凭职业教育本身，不足以应对这个挑战。应对这一挑战的根本现实途径，就是通过集团化办学，整合职教资源、企业资源、社会资源，实现人才培养与行业产业对接、校企协同创新与区域技术创新对接、社会服务与区域发展对接，形成职业教育与区域经济的良性“互动”，促进区域产业升级和经济发展。

（三）有利于职业教育优质资源共享互补

职业教育集团化办学，就是要把学校、行业、企业、科研院所等各方面的资源进行有机整合，合理配置和使用优势资源，从而降低教育成本，提高办学效益，并充分发挥职业教育引领产业、服务产业的作用。集团化办学，成员学校可以学分互认、交叉培养，有效利用和共享校内资源，既可以改善办学条件，又可以避免重复建设。集团内的行业企业可以为学校在生产技术、设备设施、工艺流程、师资实践、订单培养、课程开发、员工培训等方面进行全方位的合作。职业院校为行业企业输送合格的技术技能人才，为企业员工进行应用技术能力培训提供服务，并联合进行技术研发和成果推广，减少企业的风险和成本。

（四）有利于培养高素质技术技能人才

随着科技不断发展，产业技术升级换代速度加快，对技术技能人才的需求表现出层次性，对其素质要求也越来越高。通过集团化办学，可以构建技术技能人才培养的立交桥，打通人才培养的纵向培养通道和横向培训通道。依托职业教育集团中的中职（技校）、高职、应用本科高校等，集团成员学校学生可以接受不同层次职业教育，拓宽适应产业发展的技术技能人才成长的纵向发展渠道，为学生多路径成才搭建“立交桥”。同时，为集团成员教师和企业员工进行应用技术能力培训提供条件，满足不同层次、不同岗位技术技能员工和教师的知识更新、技术提升和技能提高的需要，为职业教育与企业人才需求的开放衔接提供重要载体。

二、职业教育集团化办学的发展方向

职业教育集团化办学是职业教育发展到一定程度与经济发展相适应的产物，在教育资源高效利用和效率提升的需求的基础上，为了推动职业教育的校企合作和提高职业教育的办学质量，通过反复实践形成的办学方式。职业教育集团化办学本质是构建学校、行业、企业、科研机构之间的横向联合，中职（技校）、高职、应用本科之间的纵向联结，有效整合各类职业教育资源，形成多方利益共同体，促进人才培养链、产业发展链、主体利益链的有效融和，从根本上实现培养方式与社会需求的高度契合。

（一）国外职业教育集团化办学的启示

国外职教集团化办学的主体及模式呈现多元化，表现形式有多种，目前国外典型的有政府主导型、行业（企业）主导型、院校主导型等多种模式。如美国主要有政府主导、院校主导和企业主导三种模式，英国主要有校校模式、校企模式和综合模式，德国则是以校企合作培养、分工明确、各司其职为特征的“双元制”模式为高职教育集团化办学的主要模式。

尽管世界各国及地区职业教育集团化办学的模式各不相同，但其效果总体上都表现为人才培养的高质量、低成本以及集团各方的利益共赢，其基本动力无外乎制度动力和经济动力。制度动力是指集团成员必须遵循制度要求的动力，在职业教育中必须承担相应责任，主要针对行业企业在政策制度规范下的必须反应。经济动力是指集团成员履行职业教育责任所带来的直接或间接的收益。这两种动力根据自身不同强度，相互交叉组合作用，形成企业参与职业教育集团化办学的复杂的动力机制。可以说，国外职业教育集团化办学成功的关键，即在于政府制度设计和经济利益驱动。

（二）国内职业教育集团化办学发展的现状

近年来，职业教育集团化办学在各地得到快速发展，但是基础还比较薄弱，行业企业参与积极性不高、成员合作关系不紧密，集团化办学还处于松散型的初级联合阶段，在促进教育链和产业链有机融合中的重要作用还没有得到充分发挥。

当前职业教育集团化办学在组织形式上，主要是组建职教集团理事会，学校、企业、协会自愿参加，形成一种联盟形式，没有隶属关系和产权关系，缺乏资本动力和严格约束，表现得松散，在办学发展上难以统一规划管理。从实践探索来看，缺乏资本纽带的集团化办学，大都只能是松散的、浅层次的，难以实现真正意义上的集团化办学。

（三）职业教育集团化办学发展的方向

要实现真正意义上的集团化办学，以制度动力和经济动力驱动是关键，其中经济动力是根本。以资本为纽带结成利益共同体是经济动力实现的基本形式。职业教育集团各组成单位以土地、资金、设备、设施、人才等要素投入资本产生股权和产权关系，在人、财、物上形成紧密关联，可以克服以协议、合同等契约形式组建的松散型职业教育集团化的不足。以资本为纽带的职业教育集团化办学应是主要的发展方向。

在现有体制下，职业教育集团化办学的主要特征，一是隶属关系一致，同属一个主体；二是集团内办学层次立交，中高衔接、高本衔接，形成纵向的人才培养链；三是企业科研机构和培训机构融入，将员工培训机构设施、应用型研究机构置入职业院校，在人才培养资源上形成横向的培养服务链，强化人才的对应供求、资源的互补利用；四是行业性和区域性，这是职业教育服务地方、服务行业办学特点所决定的，立足和服务区域和行业经济发展是职业教育的基本使命。

区域性集团化办学是把一定区域范围内或区域之间具有相关性的职业教育资源进行整合，在办学活动空间和服务上指向区域性。如长沙经开区，以某学院牵头，采取收购兼并扩张和托管方式形成集团化，实现对区域经济的有效服务。行业性集团化办学是指以专业为基础，利用和集中行业内所有的职业教育资源，形成职教产业链。如经信委隶属学校，联合行业内企业组建成人财物一体化的职教集团。

按照集团化办学主体的作用，可以有政府主导型和学校主导型。政府主导型，经当地政府牵头成立，整合有隶属关系的学校、企业组成，如经信委牵头组建职业集团。院校主导型是以学校为主重组扩张发展，由优势应用型本科或者优势高职学院投资、收购、入股重组其他中职（技校）、高职。

三、职业教育集团化办学的对策建议

职业教育集团化办学，已经有过诸多的探索与实践，在国内开展较为普遍，但在具体的运行中许多实际问题尚未得到有效解决。职业教育集团化办学深入发展，真正发挥作用，还需要营造良好的政策环境和完善的内部运行机制。

（一）强化政府主导作用，细化相关政策措施

职业教育集团化办学离不开政府行之有效的政策指导和扶持，目前国家出台的相关政策只是从宏观上提出方向和要求，操作性不强。要想职业教育集团化办学持续发展，各级政府应该充分发挥主导作用，在国家政策的框架内进一步细化各项支持政策和具体措施，营造良好的政策环境，吸引和促进行业企业积极参与职业教育。要以立法的形式出台行业企业参与职业教育的政策，在产权明晰的基础上，允许成员单位获得适度的利益回报。建立评价和监督机制。对于参与职业教育发挥了积极作用的成员单位，给予税收奖励、费用减免、金融支持、工伤保险、成本列支、企业资质等方面的扶持。根据职业教育集团化办学的发展情况，针对性的出台专门文件在集团发展规划、统筹协调、资源整合、氛围营造、信息服务等方面给予积极的指导和保障。通过对政策环境的营造，引导行业企业及其他社会力量积极参与职业教育，增强集团化办学的社会吸引力。

（二）优化职业教育集团化办学的治理结构

随着现代职业教育的改革和发展，建立一个权责对等、决策科学、执行通畅、监督有力的内部组织结构，对于做好合作办学、实现办学效益具有重要作用。首先，要在理事会的层面上，在产权清晰的基础上，明确每一个办学主体及其所承担的办学任务，赋予同等的责任与权利，职、责、权、利的边界应清楚。其次，在执行机构的层面上，要细分权利与责任，进行层级划分。根据办学主体所承担的办学任务进行责任大小的划分和具体事情与责任的相关性确定，做到事权清楚，责利对等，管理有规范，办事有程序，避免“越位”“错位”“缺位”的现象发生。只有通过优化组织结构，理顺集团内部关系，才能确保集团化办学的正常运行和可持续发展。

（三）完善职业教育集团化办学的运行机制

职业教育集团化办学的实质是以利益链、产业链、教学链“三链融合”为主线来推进职业教育的集约化管理和开放式发展。集团化办学要想实现高效率的良性运行，必须建立与市场接轨的治理机制，主要包括利益协调机制、内部激励机制、评价监督机制等。利益协调机制在于保障参与办学主体获得正当合理的办学效益，在分析办学利益构成要素的基础上，最大限度地满足各办学主体的不同利益需求。内部激励机制是指集团内部寻求成员单位的利益交叉点，通过建立激励制度和政策来鼓励成员积极参与集团化办学。评价监督机制是对集团化办学过程中的各个环节做出明确的相关规定和监督评价机制，使集团运作环环紧密相扣，最终达到高效目的。

参考文献：

[1] 石伟平，匡瑛. 境外职业教育集团化的办学经验及启示 [J]. 中国职业技术教育，2009（15）.

[2] 王晓静. 职业教育集团化办学的运行机制研究 [D]. 山东师范大学，2013.

[3] 鲁雁飞，张文，刘信波. 国内外高职教育集团化办学的比较研究 [J]. 国家教育行政学院学报，2014（1）.

[4] 陶书中，等. 职业教育集团化办学探索实践与趋势分析 [J]. 中国职业技术教育，2015（17）.

（作者单位：湖南生物机电职业技术学院）

慕课视野下成人教育网上教学改革初探

——基于“农民大学生培养计划”的教学实施

朱翠娥

一、研究背景及问题提出

（一）“农民大学生培养计划”的实施

为满足广大农村党员干部接受高等教育的愿望，夯实农村人才队伍基础，加快推进社会主义新农村建设和农村基层服务型党组织建设，2014 年 9 月湖南省委组织部、教育厅、财政厅与人力资源和社会保障厅联合发布了《关于实施“农民大学生培养计划”的通知》，并委托 XXX 大学承担农村行政管理、农业经济管理等相关综合管理类专业的培养。该项目启动后，2015 年春就有 1018 名农村党员干部报名就读，据调查，各县、乡镇的村干部、村级后备干部等学习热情很高，迫切希望接受高等教育，以适应新农村发展。

（二）农民大学生学习现状分析

农民大学生的学习心理十分复杂，为什么学习，学习什么以及怎样学习，这些问题的答案即他们的学习动机，表现为学习的意向、愿望和兴趣等。“农民大学生培养计划”实施之前，8 个调研组先后深入湖南 30 多个村镇，从村官和村级后备干部的学习需求、学习愿望、学习条件等方面开展调研，共发放问卷 200 份，收回 185 份。调研结果显示：82% 以上的农村党员干部学习愿望强烈，学习目的是“为了学新理论、新技术”的学生占 95% 以上；60% 左右村干部家庭拥有电脑，83% 的学员知道如何上网查询资料，对利用网络进行自主学习拥有“很大和较大”兴趣的村干部占 73%；但同时有 90% 的村干部表示在学习规划、学习资源、学习时间、学习自我调控能力和学习效果等方面比较担心。

（三）慕课的学习特点

慕课的发展根植于“开放教育”的理念，认为知识应该被自由地共享，无论学习者自身的人口学特征、经济条件和所处地域如何，其学习需求都应该被满足。慕课一般具有如下特征：（1）课程教学资源“小”而精。课程视频被切分成 15 分钟左右的微课程，利于有效集中学习者注意力，适应学习者碎片化随时随地的学习需求。（2）方便学生自我管理。视频播放同时穿插小测试，学习过程犹如环环相扣的游戏闯关过程，这种进阶式学习方便学生自己掌握学习进度，实现课程理论性和趣味性的统一。（3）互动性强。设计一些师生之间、生生之间交流沟通的环节，学生遇到疑难问题随时在平台上提出，5 分钟左右有师生解答，便于维持学习激情，消除远程学习的孤独感。慕课体现了一切从学生的学习出发，促使了学习行为的真实发生，这正是成人教育教学质量的核心问题。

（四）慕课视野下网上教学资源建设与应用是确保“农民大学生培养计划”教学质量的关键

“网络教育取得发展并得到社会认可的关键在于课程和学习资源建设”。慕课可以将最优质的教育资源传播到最偏远的农村。因此，根据农民大学生学习动机和学习现状，基于慕课视野的网上教学资源的丰富性、针对性、适用性和应用的有效性在很大程度上决定着“农民大学生培养计划”实施的成效，探索适合湖南农民大学生的网上教学改革正是本文要研究的问题所在。

二、慕课视野下成人教育网上教学改革探索

根据湖南农村经济社会发展需要和农民自身学习需求，农民大学生的网上教学资源建设和应用要体现本土特色，为培养留得住、用得上、有文化、懂技术、会经营的农村基层党员干部和新型农村实用人才，我们搭建了“农民大学生培养计划”教学平台（http：//nmdxs.hnrtu. edu. cn/），组建了专业与课程网络教学团队，专门负责课程教学资源建设和线上学习支持服务，并以此平台为载体，积极实践探索慕课视野下网上教学资源的建设与应用。

（一）建设、整合适应农民大学生学习需求的优质网上教学资源

课程网络教学团队建设、整合优质网上教学资源的总体要求是：摒弃过时的不适合农村、农业生产实际的教学内容；结合农民大学生学习实际，注重课程教学设计；根据教授对象不同适时调整教学内容，实行个性化学习指导。

充分考虑到农民大学生学习特点，建设的网上教学资源主要包括章节文本辅导、系统授课的微视频、平时作业三类。具体要求：（1）文本辅导包括章节辅导、课程学习指南、模拟试卷、期末复习辅导等，采用图文讲解式、图表归纳式、问题导学式、内容导图式、PPT 教案式等多种形式，每章 1 篇辅导文本，每篇设计 1 个测验题（客观题），并提供题目答案。（2）系统授课的微视频要求每个微视频时长约 15 分钟，中间设计 1—2 个简单易答的测验题（客观题），并提供题目答案。（3）平时作业包括题干、选项、答案、解析等内容，每门课程 3 套平时作业，对应课程教材前中后三部分，每套平时作业有 30 道左右的客观题，即每门课程约 90 道客观题。

（二）充分利用教学平台，提供线上、线下学习支持服务

如果说教学资源解决了学员学什么的问题，那么学习支持服务则是解决学员怎样学的问题，两者缺一不可。我们设计的线上学习支持服务主要包括：（1）非实时的学习支持。课程网络教学团队安排教师采取轮流值班制，通过学员 QQ 群、课程论坛、电话和邮件反馈等手段实时与非实时在线解答学生提出的问题，为学生提供课业类和非课业类的实时支持服务，所有问题都要求在 24 小时内回复。（2）实时的学习支持。根据课程教学实施规则和当前农村实际需要，围绕某个鲜明的主题，每学期至少组织 2 次网上实时教学辅导活动。（3）线上学习督促。每月发布详细的课程教学日志和监控情况总结，包括教学点名

称，教师人数、教师登陆次数，学生人数、学生登录次数、线上学习完成情况，各次作业完成人数和各次作业的批改人数等。

现阶段，线上和线下相互补充的混合式教学模式是网络教育的最佳状态。线下学习支持服务主要有：(1) 平台使用的培训。开学初，教学点负责所有新学员进行教学平台操作的集中培训，让学员熟悉学习空间的学习功能、学习流程和学习要求，制定个人学习计划。(2) 学习班级的组建。以县（市、区）教学点为单位，协助组建班委会，建立学员学习档案，包括报名登记表、入学测试成绩、入学协议书、个人学习计划、学业成绩、奖惩情况等，并以乡镇为单位，指导学员根据地域远近、兴趣、爱好成立学习小组。(3) 线下教学活动的组织开展。组织学员到实践教学基地开展实践教学活动，根据当地农村产业发展、就业创业与农村致富的具体需求，开设2—3门农村实用技能培训课程。(4) 学习督促和学习效果评价。开展线下解难答疑，督导网上学习、小组学习和自主学习，帮助“消化”网上学习内容，引导学员学用结合；按月开展小组活动，每次活动有记录和效果评价；安排专人担任班主任，负责联系学员、管理学员的网上学习行为，及时评价、反馈学员学习动态和效果，对没有按要求上网学习的学员进行提醒和督促。

（三）采用线上考核为主、线下考核为辅的课程考核评价方式

加强教学管理、严格执行培养标准和考核程序是“农民大学生培养计划”项目对委托培养单位的硬性要求。基于慕课视野，主要采用线上考核为主、线下考核为辅的课程考核评价方式。专业统设课程采用形成性考核和终结性考核相结合的方式，各占课程综合成绩的50%；省开课程的考核全部采用100%形成性考核的方式，形成性考核成绩包括线上学习成绩和线下学习成绩两部分，线上学习成绩共90分，其中文本学习20分、视频学习20分、平时作业每套15分（共三套，45分）、交互学习5分，由平台完整记录学员在线学习行为，自动生成线上形考成绩；线下学习成绩共10分，其中学习辅导4分、实践活动4分、小组学习2分，由教学点根据学员线下学习过程情况进行考评，并将考核结果于学期末上传到平台。

三、慕课视野下成人教育网上教学改革策略研究

“农民大学生培养计划”实施近一年，实践证明：怎样才能建设农民大学生真正需要的教学资源，如何将教学资源应用真正落实到教学全过程，这仍是我们今后努力的方向，同时也促使我们做了相关的改革策略探讨。

（一）制定科学的管理考核机制

科学的管理考核机制是“农民大学生培养计划”教学实施的有力保障。深入农村基层了解农民大学生学习需求，查阅慕课相关文献和慕课网站，制定了《XXX大学“农民大学生培养计划”专业与课程资源建设管理细则》，明确课程资源建设实行项目申报制，严格申报程序，坚持以“质量与效益”定价和“分步发放”原则，经教学指导委员会评审、验收，达到合格以上等级的专业与课程资源，根据课程选课人数、资源点击率、学生对资源的评价情况等按照一定的比例发放酬金；视频资源除了自建还可以按照要求购买或者编辑社会已有的课程微视频；制定了《XXX大学“农民大学生培养计划”教学实施方案》明确各教学环节及教学职责分工，以切实落实教学过程与支持服务，确保“农民大学生培

养计划”教学质量。

（二）加强对课程网上教学团队的培训

课程网上教学团队教学理念的转变是“农民大学生培养计划”教学创新的前提，采取“送出去和请进来”相结合的培训方式，加强对教学团队在慕课教学设计、微课制作、教学策略、学习支持服务和网络教学管理等方面的培训，这对保证农民大学生网上教学资源建设质量和应用的有效性起到了积极作用。

（三）采取必要的行政手段

由于成人学生缺乏自我管理能力，除了常规的课程考核评价，采取必要的行政手段能帮助学员克服学习困难，促进学习行为的发生。我们要求教学点利用政府对学员学费的补助，为每名学员购买PAD终端设备，弥补部分学员学习条件的不足；设立各级农民大学生奖学金制度，建议地方政府实行优秀学员在入党、推荐、创业、评优等方面优先考虑；同时定期统计、公布学员课程学习情况，对不坚持学习、达不到规定要求的学员，经多次教育无效后予以退学，并报告当地组织、教育部门，共同帮助学生学有所获。

四、总结

“农民大学生培养计划”是湖南省加快推进社会主义新农村建设和农村基层服务型党组织建设的重要决策，慕课以其人性化设计理念，随时随地的学习特点，资源的开放性和丰富性，学习过程的可调控性等优势，极大地满足了农民大学生的学习需要。基于慕课视野，我们将建设一批具有地方特色的农民大学生网上教学资源，这对推进农民共享优质教育资源具有十分重要的意义，也为开放教育的教学改革积累实践经验。

参考文献

[1] 张蛰远．“慕课”（MOOCs）发展对我国高等教育的影响及其对策［J］．河北师范大学学报，2014（3）：116—119.
[2] 陈冰冰．MOOCs课程模式：贡献和困境［J］．外语电化教学，2014（5）：157—159.
[3] 曹继军，颜维琦．“慕课”来了，中国大学怎么办？［N］．光明日报，2013（7）．
[4] 李金艳．“慕课”视野下成人自主学习能力的培养［J］．河北工程大学学报（社会科学版），2014（12）：107—110.
[5] 殷丙山，李玉．慕课发展及其对开放大学的启示［J］．北京广播电视大学学报，2013（5）：29—33.
[6] 史承军，陈海建．远程开放教育学习支持服务体系的构建［J］．开放教育研究，2013（10）：112—120.
[7] 胡党生．长沙市“一村一大”项目实施现状及发展探讨［J］．湖南广播电视大学学报，2009（12）：17—20.

（作者单位：湖南广播电视大学）

上市公司税收管理的现状和改进策略分析

何正华

自1993年湖南投资（000548）成为我省本土第一家A股上市公司以来，我省A股上市公司发展迅速。截至2015年3月底，我省共有A股上市公司78家，其中沪市主板22家，深市主板22家，中小板20家，创业板14家，通过发行新股、配股、增发共募集到资金1384.29亿元①。2014年全年共入库税收58.31亿元，同比下降2.26%，占全省入库税收的2.01%；其中增值税入库29.27亿元，同比增加3.57%，占全省增值税入库税收的4.17%；所得税入库16.76亿元，同比下降11.6%，占全省所得税入库税收的4.3%。上市公司在迅速发展的同时，也因为其自身经营范围、经营形式的复杂性，蕴含了较大的税收风险。加之资本市场有强制的信息披露的要求，较小的税收风险可能影响其股价并破坏其信誉度，从而引发重大的经营隐患。因此通过分析目前上市公司的税负水平，以反映上市公司税收管理情况，发现制约其管理水平提高的瓶颈，并提出针对性的改进策略，从而完善税收管理制度。

一、湖南省A股上市公司税负情况分析

税负是衡量上市公司税收遵从度、反映上市公司税收风险、体现税务机关税收管理水平的一个硬性的、全面的指标。为了科学全面的衡量我省A股上市公司的税收管理的现状，本文从增值税税负率和企业所得税贡献率两个维度，对我省A股上市公司税负年度变动情况及其与全省同行业的税负的对比情况进行分析。

（一）增值税税负情况分析

我们从2013—2014年A股上市公司增值税税负率②变动情况、2014年上市公司增值税税负率与全省同行业增值税税负率水平③的比较等两个方面对增值税税负展开分析。

---

① 上市公司筹资的相关数据来源于国泰安数据库。相关的税收数据来源于国、地税税收征管系统。且税收数据仅包含税收，不包括各项费用。

② 增值税税负率=应纳税额合计/（按使用税率计税销售额+按简易办法征收销售额+免抵退办法出口销售额+免税销售额），数据来源于年度增值税申报表。

③ 行业的分类按照证监会的行业分类标准进行划分。行业增值税税负率及所得税贡献率为对国税系统内同行业的相关指标进行统计后，按照本文增值税税负率及所得税贡献率（见后文）计算公式计算而成。

1. A 股上市公司增值税税负率年度变动情况分析

从湖南省 A 股上市公司增值税税负率变动表可以看出，2013—2014 年，全省 A 股上市公司中增值税税负率下降①的有 25 家，不变的有 5 家，上升的有 26 家，增值税税负率变动基本稳定。其中大部分通用设备制造业、医药制造业、有色金属冶炼及压延加工业、农副食品加工业上市公司税负率出现上升。大部分零售业、化学原料及化学制品制造业及其他行业上市公司增值税税负率出现下降。

表 1　湖南省 A 股上市公司增值税税负率变动表（2013—2014 年）

行业	上升	持平	降低	税负降低上市公司数量占比
通用设备制造业	2	1	0	0.00%
有色金属冶炼和压延加工业	2	0	0	0.00%
医药制造业	4	0	1	20.00%
农副食品加工业	3	0	1	25.00%
专用设备制造业	4	0	4	50.00%
电气机械和器材制造业	1	0	1	50.00%
计算机、通信和其他电子设备制造业	1	0	1	50.00%
黑色金属冶炼及压延加工业	0	1	1	50.00%
零售业	1	0	2	66.67%
化学原料及化学制品制造业	0	0	3	100.00%
其他行业	8	3	11	50.00%
上市公司合计	26	5	25	44.64%

2. A 股上市公司增值税税负率与全省同行业税负率比较分析

从 2014 年上市公司增值税税负率与行业税负水平的比较情况看，可比范围内的 56 家上市公司中，25 家上市公司高于行业税负，31 家上市公司低于行业税负，低于行业税负的上市公司占比 55.36%。其中，大部分化学原料及化学制品制造业、零售业、黑色金属冶炼及压延加工业、有色金属冶炼和压延加工业、计算机、通信和其他电子设备制造业上市公司增值税税负率低于行业税负水平。可能原因是这些行业有些产品属于最终消费品，存在着销售时不开增值税专用发票的情况，而公司在采购原材料的时候的增值税进项又可以进行抵扣，从而存在着一定的增值税税收漏洞，而 A 股上市公司拥有较强的税收筹划能力正好抓住了这个空白。另外大部分的医药制造业、通用设备制造业、专用设备制造业 A 股上市公司的增值税税负率高于行业税负水平。

① 增值税税负率及所得税贡献率变动情况，在剔除 2013—2014 年未能进行比较的上市公司后进行比较，因此各表中可能会出现对应数量不一致的情况。

表 2　湖南省 A 股上市公司与行业增值税税负对比表（2014 年）

行业	低于行业税负	高于行业税负	低于行业税负上市公司占比
医药制造业	1	3	25.00%
通用设备制造业	1	2	33.33%
专用设备制造业	3	5	37.50%
农副食品加工业	2	2	50.00%
电气机械和器材制造业	1	1	50.00%
化学原料及化学制品制造业	2	1	66.67%
零售业	2	1	66.67%
计算机、通信和其他电子设备制造业	2	0	100.00%
黑色金属冶炼及压延加工业	2	0	100.00%
有色金属冶炼和压延加工业	2	0	100.00%
其他行业	13	10	56.52%
上市公司合计	31	25	55.36%

综上所述，从 2013—2014 年上市公司增值税税负变动情况看，增值税税负率变动基本稳定。从 2014 年 A 股上市公司增值税税负率与全省同行业增值税税负率的比较情况看，大部分上市公司增值税税负率低于行业税负水平，增值税税收管理有待加强。

（二）所得税税负水平分析

本文从 2013—2014 年 A 股上市公司所得税贡献率的变动情况、2014 年 A 股上市公司所得税贡献率[①]与全省同行业所得税贡献率水平等两个角度展开分析。

1. A 股上市公司所得税贡献率年度变动情况分析

从 2013—2014 年 A 股上市公司所得税贡献率的变动情况来看，43.28% 的上市公司所得税贡献率出现下降，只有 29.85% 的上市公司所得税贡献率上升。其中大部分专用设备制造业、医药制造业、零售业等行业上市公司所得税贡献率出现下降。大部分通用设备制造业上市公司所得税贡献率出现上升。其他行业所得税贡献率变动基本稳定。大部分上市公司所得税贡献率下降，一方面与整体的经营形式不良、企业的利润下降、成本上升有关；另一方面按照征纳双方博弈的规则，上市公司的利益最大化目标可能提高其避税潜在动机，税收潜在的风险提高。

① 所得税贡献率 = 入库所得税/（营业收入 + 营业外收入），税额来源于所得税申报表，收入数据来源于国地税纳税人的年度利润表。

表3 湖南省A股上市公司所得税贡献率变动表（2013—2014年）

行业	上升	持平	降低	税负降低上市公司数量占比
通用设备制造业	2	1	0	0.00%
医药制造业	1	0	4	80.00%
有色金属冶炼和压延加工业	1	0	1	50.00%
农副食品加工业	1	2	2	40.00%
专用设备制造业	2	1	5	62.50%
电气机械和器材制造业	1	0	1	50.00%
计算机、通信和其他电子设备制造业	0	2	0	0.00%
黑色金属冶炼及压延加工业	0	1	1	50.00%
零售业	0	1	2	66.67%
化学原料及化学制品制造业	0	2	1	33.33%
其他行业	12	8	12	37.50%
上市公司合计	20	18	29	43.28%

2. A股上市公司所得贡献率与全省同行业贡献率比较分析

从2014年上市公司所得税贡献率与行业税负水平的比较情况看，64.18%的上市公司所得税贡献率低于行业税负水平。其中，全部的化学原料及化学制品制造业、计算机、通信和其他电子设备制造业、有色金属冶炼和压延加工业上市公司低于行业税负水平。大部分通用设备制造业、专用设备制造业、医药制造业等行业上市公司的所得税贡献率高于行业税负水平。所有零售业、黑色金属冶炼及压延加工业上市公司的所得税贡献率高于行业税负水平。上市公司的所得税管理不容乐观，且管理水平低于增值税管理水平，可能原因是增值税的税收链条比较紧密，可抵扣的环节和事项比较固定。但上市公司交易复杂，所得税可抵扣的事项及所得税优惠较多，成本与费用环节控制不够紧密。加之上市公司母子公司众多，可以通过关联交易、股权转让等手段方便地进行所得税避税。因此所得税税收管理存在较多的漏洞，税收管理水平急需提升。

表4 湖南省A股上市公司与行业所得税贡献率对比表（2014年）

行业	低于行业税负	高于行业税负	低于行业贡献率上市公司占比
零售业	0	3	0.00%
黑色金属冶炼及压延加工业	0	2	0.00%
通用设备制造业	1	2	33.33%
专用设备制造业	3	5	37.50%
医药制造业	2	3	40.00%
电气机械和器材制造业	1	1	50.00%
农副食品加工业	3	2	60.00%
化学原料及化学制品制造业	3	0	100.00%
计算机、通信和其他电子设备制造业	2	0	100.00%
有色金属冶炼和压延加工业	2	0	100.00%
其他行业	26	6	81.25%
上市公司合计	43	24	64.18%

综上所述，从 2013—2014 年上市公司所得税历年税负变动情况看，多数上市公司所得税贡献率出现下降。从 2014 年 A 股上市公司所得税贡献率与全省同行业所得税贡献率对比情况看，64.18% 的 A 股上市公司中所得税贡献率低于全省同行业水平，所得税税收管理方面存在着较大的风险。

二、影响上市公司税收管理水平提升的因素分析

税务机关历年来比较重视对以上市公司为主的大企业的税收管理，2009 年 5 月，国家税务总局发布了《大企业税务风险管理指引》（国税发〔2009〕90 号）；2011 年 7 月，正式发布《国家税务总局大企业税收服务和管理规程（试行）》（国税发〔2011〕71 号）。“指引”和“规程”借鉴了国外先进的大企业税收管理的经验和做法，以税收风险管理的机构和岗位、税收风险识别和评估、税收风险的内部控制、税收专业化管理为主要的脉络探索建立我国的大企业税收管理机制。但是从上文的分析来看，上市公司的税收管理水平仍然有待提高，尤其是所得税税收管理方面存在着较大的风险。55.36% 的 A 股上市公司增值税税负低于全省同行业增值税税负水平，64.18% 的 A 股上市公司中所得税贡献率低于全省同行业所得税贡献率水平。笔者认为制约我省 A 股上市公司税收管理水平提高的主要因素有以下几个方面：

（一）税收管理的信息化手段急需加强

上市公司一般具有较广的经营范围和复杂的经营方式，避税手段多样，如在资产重组的过程中随意使用特殊性处理原则、筹划高附加值的境内关联劳务对利润进行跨区域转移、重复利用特许权使用费进行避税等。因此需要较为丰富的税收信息数据才能够清楚地辨别上市公司交易的本质和发现可能存在的税收风险。而目前税务机关的信息化水平不高，征纳双方间存在着严重的信息不对称，主要表现在：

1. 外部信息孤岛严重

上市公司经营复杂，涉税事项牵涉到较多的行政部门和社会机构，但是这些涉税的第三方协税护税的主动性和积极性有待加强，未有与税务机关建立起常态化的税收数据的交换机制，外部信息孤岛严重，税收数据共享较为困难。

2. 税务机关内部的信息共享水平不高

主要是一方面国税与地税系统的信息化系统不一致，信息化水平高低有别，未能形成涉税信息的协同效应。另一方面国税机关的现行的税收征管系统 ctais 是以各省为数据集中的平台，导致省与省之间的税收数据共享较为困难，面对跨区域经营的纳税人时税收数据综合利用的成本较高。

3. 各单位和机构之间数据的标准和格式不一，数据的兼容性差

数据使用是税收数据发挥自身效用的关键环节，数据的兼容性不高致使收集的税收数据不能够有效地挖掘提炼，制约着上市公司税收管理水平的提升。

4. 数据处理能力有待提高

目前税务系统适应大数据时代的能力还不够，大多数的数据分析仅停留在初步的描述性统计上面，比较缺乏对海量的数据分析利用的计量建模能力和数据挖掘技术。

（二）税务干部的人力配置有待改善

税收干部的人力配置有待改善主要表现在以下两个方面：一是上市公司拥有较强的税收管理团队和专门的税收筹划部门，而税务机关采取单兵作战的方式，这种以一人对团队的人员配置制度已经不能适应上市公司管理的新要求。另一方面税务机关的人才专业结构主要以适应传统时代的税收管理的要求为目标。而互联网时代对税务部门的税收管理带来了新的要求，给税务机关的干部队伍提出了新的挑战，也倒逼着税务机关进行人才专业结构的调整，完善人才结构。

（三）地方政府财政的补贴制度有待规范

A 股上市公司因为其自身经营的复杂性和特殊性，母子公司众多，利润转移较为方便。有些地方政府为了招商引资，做大本地区的税收规模，往往依据缴纳的税款对企业进行财政补贴，而不规范的财政补贴制度引起了地方政府为了争夺税源进行恶性的竞争。上市公司的趋利性会驱使其通过关联交易等形式将自身的利润进行转移，在财政返还比例高的地方多缴税以获得更多的财政补贴。利润转移是我省上市公司所得税税收管理水平不高，且低于增值税税收管理水平的原因之一。而且从全国的整体层面来看，这种恶性的财政补贴不存在帕累托改进，经济效率低下。

（四）地方政府的“服务型政府”的观念须待加强

A 股上市公司的总部经济的特征明显，现行的税制允许所得税在母公司进行汇总缴纳，且所得税在上市公司缴纳的税收占有较高的比重，上市公司总部的迁移对原所在地地方的税收影响较大。如果地方政府在日常的管理中“管理者”的角色突出，而“服务者”的观念淡薄，过多的通过行政命令对市场进行干预，出现既有“越位”又有“缺位”情况，未能给上市公司提供一个公平、公正、有利的竞争环境，很有可能导致上市公司为了获得更为公平的竞争环境，将自己母公司进行跨区域转移，从而不利于原地区上市公司税收的健康发展。

三、相关政策建议

上市公司潜在的涉税风险多，且税收风险的影响大。因此加强上市公司税收管理的制度建设，提高税务机关对上市公司的税收管理水平意义重大。笔者认为上市公司税收管理制度的建设，应该从以下几个方面着手：

（一）树立风险管理的理念，帮助其一开始就做对

现阶段理想的途径是税务机关通过税收风险管理理念，将“风险前置，管理后置”，帮助上市公司“一开始就做对”，提高其纳税遵从度，与其一道合理管控税收风险。一是帮助其建立完善的内部控制制度，设置相应的风险管理的岗位，提高税收风险的防范能力。尤其是帮助其加强在股权转让、研发费支出、内部关联交易等税收风险较高环节的风险控制，降低税收风险。二是建立上市公司重大事项的预先裁定制度，为上市公司未来的重大事项所适用的税收政策进行预先裁定，提高上市公司履行纳税义务的预期能力，助其合理规避税收风险。三是税务机关应该提高风险识别、风险分析、风险应对的能力，及时发现上市公司的涉税风险，尽早地向纳税人提示涉税风险，助其提前管控潜在的税收风险，帮助其一开始就做对。

（二）运用“互联网＋”思维，提高信息管税水平

信息管税水平对税收风险管理的提高有较大的影响，税务机关应牢牢抓住“互联网＋”的机遇，提高信息管税的水平。一是建立互联网信息情报收集平台，通过互联网搜索引擎实现外部涉税信息情报常态化、智能化的收集，提高对互联网信息资源的整合力度，为风险管理提供数据支撑。二是发挥互联网的平台优势，通过税务系统内部合作及与外部门的跨界合作，建立常态化、多频次的税收信息共享机制，实现税收数据资源的高效整合。三是加强“大数据”处理能力，通过运用统计分析方法和计量分析技术，增强税务机关挖掘历史数据以发现上市公司税收变化的内在规律及预测未来变化趋势的本领，以此增强税务机关的风险识别和风险分析的能力。

（三）提供差别化的税收管理和服务，促进其合作遵从

改变以往的同质化的税收管理和服务，普遍的配置税收资源的管理方式。通过差别化的税收管理和服务，优化税收管理资源的配置，一是通过风险管理对上市公司按照风险高低进行聚类，加大对风险较高上市公司类群进行税收管理资源的配置，加强对其的税收评估、稽查、审计，强制其合作遵从。二是对纳税遵从意愿较高的上市公司，逐步与其签订税收遵从协议，构建依法、互信、合作、和谐的税企关系，畅通税企沟通渠道，帮助其建立全流程的税收风险内控机制。为其提供涉税咨询、风险提示、风险防控建议等全方位的、个性化的税收服务，树立税收合作遵从的典范，引导其他上市公司遵从，提高税收管理水平。

（四）与政府形成联动机制，防范税收转移

扶持本地企业上市，促进上市公司发展倾注了地方政府大量心血，假如本地上市公司通过各种渠道将税收转移到其他地区，则违背地方政府扶持上市公司的初衷。为防范上市公司进行税收转移，一是地方政府应该提高服务意识，依法行政，做到“既不越位，又不缺位”，为本地上市公司提供合适其生长的政策环境、社会土壤，避免其进行总部的变迁，减少总部转移造成的税收损失。二是地方政府应牵头建立综合治税平台，保证税务机关第三方涉税信息的获取。三是与证监部门加强合作。首先，应该对上市公司加强股权转让信息的监控，完善上市公司股东披露制度，规范股权投资成本的审核，避免其通过资产重组逃避税款。其次，完善对关联交易的监控手段，要求其披露内部交易的细则，强化对公允价值的考量机制，促使其内部交易的公平、公正、独立，切断其利润转移的渠道。四是建议在全国范围内对地方政府为了争夺税源进行恶意补贴的行为进行规范，加大对财政补贴等转移支付的刚性化建设。

（五）合理充实人才队伍，进行专业化的团队管理

完善人才的结构，合理的人力资源配置制度是应对上市公司管理新挑战、新要求的根本。一是为了应对上市公司税务部门专业化团队化的趋势，税务机关应该进行扁平化和专业化的团队管理，以省局为基础集合会计、法律、统计、软件等专业化的人才队伍，破解以往的征纳双方力量不对称的局面。二是为了迎合现阶段大数据管税的趋势，强化税务机关大数据处理和挖掘的能力，税务机关应该注重吸纳掌握统计分析技术和计量分析方法的新血液以充实干部队伍，完善税务机关的人才结构，提高大数据处理的能力。

（作者单位：湖南省税务学会）

怀化新型城镇化与农行发展新机遇

吴承铭　熊丕荣　杨遵军　张祖安

2013年12月14日，中央城镇化工作会议明确指出，城镇化是现代化的必由之路。推进城镇化是解决农业、农村、农民问题的重要途径，是推动区域协调发展的有力支撑，是扩大内需和促进产业升级的重要抓手，有利于释放内需的巨大潜力，有利于提高劳动生产率，有利于破解城乡二元结构，有利于促进社会公平和共同富裕，对全面建成小康社会、加快推进社会主义现代化具有重大现实意义和深远历史意义。怀化市推进城镇化建设，必然会依托现有的自然条件、区位优势、历史成因，推进农业转移人口市民化，统筹解决好户籍、就业、住房、教育、医疗、基础设施、社会保障等体制、政策和利益问题。而解决这些问题需要大量资金投入。作为区域内四大行之一，特别是以"面向三农"为崇高使命的中国农业银行怀化分行（以下简称怀化农行），如何抓住机遇、把握服务重点、创新服务方式，为持续推进怀化市城镇化建设发挥主流银行作用，需要认真研究。

一、把握新型城镇化的本质特征

把握城镇化的本质特征，有助于找准金融服务切入点，提高服务城镇化的针对性。

城镇化是指由乡村转变为城市的过程，主要指城镇数量增加、城镇规模扩大、城镇人口比例提高带来的人的城市化、经济活动趋于集中等。城镇化重在"化"，是生产方式、产业结构、就业方式、生存状态等由乡到城的转化。新型城镇化的最终目的应该是实现经济社会和人的全面自由发展，它的本质特征按照内在的逻辑演进包含三个方面：

（一）新型城镇化本质是农业人口市民化

"坚持走中国特色新型城镇化道路，推进以人为核心的城镇化，推动大中小城市和小城镇协调发展、产业和城镇融合发展，促进城镇化和新农村建设协调推进。""推进农业转移人口市民化，逐步把符合条件的农业转移人口转为城镇居民。创新人口管理，加快户籍制度改革，全面放开建制镇和小城市落户限制……稳步推进城镇基本公共服务常住人口全覆盖，把进城落户农民完全纳入城镇住房和社会保障体系，在农村参加的养老保险和医疗保险规范接入城镇社保体系。"（《中共中央关于全面深化改革若干重大问题的决定》）因此，新型城镇化的本质应是农业人口的市民化，是经济社会和人的全面自由发展。长期以来，农民工群体无法享受到与城市居民等同的教育、医疗、住房等公共保障服务。传统的城镇化片面注重城镇数量和规模扩张，忽视“城市最终要服务于人”的城市本质。新型城镇化则要求从“人的需要”出发，着力提升公共服务水平，不断提高城镇的文化品质。积极稳妥地推进以进城农民工市民化为核心的新型城镇化，是新形势下坚持以人为本，全面贯彻、落实科学发展观的切实需要。在农业人口的市民化过程中，尤为注重的应是农民的转移就业问题，就业是前提，市民化是结果。我们认为，“人的城市化”的最重要体现就是“意在使流动人口及其家庭可以享受与城市户籍居民身份统一、权利一致、地位平等的公共服务和权益保护，尤其是包括子女教育、住房保障、医疗保障及社会保障等”在内的公共服务均等化。

（二）新型城镇化的最大特征是交易成本节约的服务便利化

城市与社会分工相伴而生，因交易成本节约的需要推动了人口、资源向城市空间的日益集聚，并最终因这种交易集聚而形成城市秩序。城镇化的演进过程就是交易成本不断降低并上升为制度化的过程。因此，与降低交易成本的技术、结构和制度安排相适应的城市秩序便应运而生。洪江区由明清年间沅水上游的繁华商埠、抗战时代的“小南京”、计划经济时期的工业重镇，到如今“资本主义萌芽的活化石”、吸引游人眼球的“古商城”、“湘商寻根地”；安江镇由全区政治中心、黔阳县城到今天仍然保持 6 万人口的中心集镇规模；怀化主城区由当年沈从文笔下土匪出没的榆树湾到今天五省通商的战略要地、开放繁华的商贸之城、绿色低碳的宜居家园、充满活力的创业热土，无不体现了这种演变过程。我们认为，未来致力于交易成本降低的新型城镇化，应该是强调城镇化、工业化、信息化和农业现代化协同发展，走城镇化引导、工业化主导、农业现代化筑基、信息化深度渗透的“四化并举”“产城融合”之路。

（三）新型城镇化是绿色环保的生态化

传统的城镇化以牺牲生态环境为代价，高消耗、高污染，模式粗放，客观上具有不可持续性。生态文明建设强调从技术、经济、社会、法制和文化各个方面对传统工业文明进行变革，实现经济、社会、自然环境的可持续发展。城市是生态文明的重要载体，建设低碳城市是推进生态文明发展的良好契机。未来的新型城镇化就是创新驱动下的集约、环保、低碳化的城市建设。党的十一届三中全会通过的《中共中央关于全面深化改革若干重大问题的决定》明确指出，“紧紧围绕建设美丽中国深化生态文明体制改革，加快建立生态文明制度，健全国土空间开发、资源节约利用、生态环境保护的体制机制，推动形成人与自然和谐发展现代化建设新格局”。怀化从严格的意义上说没有经历工业文明的过程，但我们可以通过坚持工业化、城镇化、信息化和农业现代化的“四化”联动，积极大力发展现代服务业，以节能减排作为结构调整和创新转型的重要突破口，加快发展循环经济、节能环保和绿色低碳产业，切实推动经济结构的战略性调整，建设生态绿色城市。

二、抓住怀化城镇化建设对怀化农行带来的新机遇

按照怀化市“十二五”规划描绘的蓝图，怀化市将始终把城镇化摆在发展全局的突出

位置，加快中心城市扩容提质，推进县城和建制镇建设，尽快形成中心城市、县城、小城镇相结合的新型城市化网络，全市城镇化率要达到46.5%以上。农业银行积极支持怀化新型城镇化建设，既是服务城乡两大市场、履行国有资本意志的根本要求，也是推进自身可持续发展的难得机遇。

（一）怀化农行信贷业务有望实现跨越式增长

怀化市计划"十二五"全社会固定资产投资累计完成4100亿元，年均增长25%以上，基础设施建设、产业升级、住房、社保、消费和农业现代化等均会衍生金融需求。

1. 城镇化将刺激怀化农行对公贷款快速增长

未来几年，怀化市为了实现跻身全省第二方阵的经济发展目标，提出了在城镇化带动下，坚持生态立市、绿色发展、科技引领、基础先行、产业支撑的可持续发展之路，突出抓好交通、城建、能源、水利、信息、生态、民生等一批重点基础设施建设。从目前的投融资体制上看，这些领域的多数项目都需要商业金融介入。目前已开始实施以加快发展战略性新兴产业，做大做强支柱产业，改造提升传统产业，着力构建具有山区特色现代产业体系的"三百工程"（到2015年，工业实现增加值640亿元，年均增长19%以上；培育产值过百亿元产业6个，技工贸收入过百亿元工业园区5个，产值过百亿元企业3家），有8个项目进入了农行与市政府战略框架协议项目库。在战略性新兴产业培育上，其中生物医药中的中药材种植基地建设，符合农行的农业产业化信贷政策，农行大有可为。靖州、通道松茯苓基地、新晃龙脑樟基地、通道侗族药材等50万亩中药材规模化基地建设已纳入怀化农行"公司+基地+农户"信贷笼子。对新能源中的会同石煤综合开发、湖南润华10万伏太阳能电池板生产线、洪江市雪峰山、溆浦县紫荆山、芷江县西晃山等项目，怀化农行正积极跟进。

2. 城镇化将刺激怀化农行个人生产经营贷款快速增长

新型城镇化涉及户籍、土地、社会保障、收入分配等多项重大制度改革，需要解决好"人往哪里去""钱从哪里来"等诸多问题，是一项投入巨大的复杂系统工程，离不开社会各界，尤其是金融的大力支持。"十二五"规划5年新增城镇就业15万人，农村劳动力转移就业规模稳定在100万人左右。在"人的城镇化"推进过程中，金融发挥着提供资金支持、引导资源配置的重要作用。考虑现代服务业在吸纳就业人口方面具有更高的弹性，因此，未来民营和个体创业的小、微型服务业将具有极大的发展空间。2011年以来的3年间，怀化农行个人信贷业务异军突起，2014年6月末，余额达30.83亿元，占全部贷款余额的36.3%，年增长高达35%以上。未来受益于服务业进一步发展所衍生的大量小额信贷需求，怀化农行个人经营性信贷业务增长潜力巨大。

3. 城镇化将刺激怀化农行个人消费贷款业务强劲增长

未来随着农业人口市民化身份的认同，市民化后所带来的定居型消费需求的释放，将极大地提升这些城镇新增人口在医疗保健、交通通讯、教育文化娱乐及餐饮食品等大消费行业的购买需求；同时，新型城镇化改革将有力地推动中等收入群体的崛起，从而刺激城乡消费居民更多的金融需求。2012年以来，怀化农行根据城乡居民需求推出一系列金融品种，车贷分期、装修分期、房抵贷、随薪贷和助学贷等引领消费时尚的业务不断扩大，成为该行新的效益增长点。怀化农行在编制 2013—2015 年发展规划时，预测未来 3 年怀化农行消费信贷余额的增速有望达到 35% 以上。

（二）怀化农行中间业务收入有望实现跨越式增长

受益于新型城镇化过程中居民财富增长和企业发展对金融产品和服务的日益增长的需求，泛资产财富管理业务的崛起将推动银行中间业务实现跨越式增长。2014 年前 6 个月，怀化农行仅针对个人推广的银行理财产品数量就接近 76 款，自主理财产品销量突破 100 亿元，创造中间业务收入 2880 万元，其中代销基金、贵金属、对私理财三项业务销售规模、价值创造和计划完成率均居全省第一，呈现出了“小产品”销售量效齐升、中间业务收入多点开花的喜人发展态势。未来随着新型城镇化进程中“中等收入群体”的壮大、崛起，泛资产管理类创新业务将迎来跨越式增长。

（三）怀化农行将迎来新一轮网点布局优化的机遇

2011 年开始，怀化农行对营业网点建设进行了一场称之为“网点转型”的大手术。在规划布局上，下决心将老城区密集分布的网点撤并外迁，发展重心向资金流量大、金融资源丰富的新社区、新商圈、新中心转移，力求与城市快速扩张同步，与城市功能调整相适应。随着新型城镇化过程中怀化主城区功能布局调整和中小城镇的进一步发展，怀化农行未来将在内涵升级网点服务能力和外延优化空间布局上着力；在人工网点向中心集镇延伸和电子渠道向社区、乡村延伸上着力。计划在主城区、县城和中心集镇建设全能型服务网点和在社区、集镇乃至乡村布设 ATM 机、自助电话银行、存取款一体机、POS 和转账电话等形式的自助银行，形成人工网点、自助银行、网上银行等多种服务方式的立体金融服务体系，尽最大的可能为城乡居民提供最方便、最快捷、最安全的金融服务。

（四）怀化农行金融服务创新步伐将进一步加快

随着新型城镇化过程中多元直接融资方式以及利率市场化改革的有序推进，金融市场趋于活跃，将为各类机构协调发展打开空间。在新型城镇化的进程中，虽然券商、保险公司、基金公司、信托公司纷纷跻身资产管理队伍，与银行一起“五龙治水”，但总的看，其他非银机构更多扮演“通道”角色，银行的主角地位短期内难以撼动。发展趋势将促使怀化农行通过更多创新产品、更优服务质量、更新管理机制，充分发挥多元经营、综合营销的协同效应，推动自身的转型与跨越。

当然，任何事物都存在两面性，有机遇必然就有挑战。城镇化对银行来说，同样是一把“双刃剑”。一是城镇化过程中随着交易成本节约的服务便利化和深入推进的利率市场化，将面临净息差收窄、净利增速放缓的压力。二是资金脱媒可能愈演愈烈，将面临传统客户流失的负面冲击。三是新型城镇化过程中将面临前所未有的创新、转型压力。城镇化过程中，由于信息化的普及，城市功能、城市管理将越来越智能化，需要智能金融应对，形成对银行存、贷、支付业务等传统金融模式革命性的冲击和挑战；伴随着新型城镇化过程中普惠制金融变革，各类资本加速进入银行业从而倒逼商业银行主动向“差异化、特色化经营”转型求变，这种变化将推动银行业加快创新转型的步伐。四是城镇化过程中银行的风险管理压力加大。城镇化过程中，与地方政府基础设施建设相挂钩的融资平台及房地产贷款风险压力持续存在；为适应城镇化中“高科技含量、低有形抵押”新产业、新业态的融资需要，银行势必将开发担保方式更为灵活的科技金融产品，产品创新的金融风险也在加大。

三、明确怀化农行支持城镇化建设的优势条件

（一）有“面向三农”的政策禀赋

农业银行是中国传统四大行之一。2009 年 1 月 15 日，农业银行由国有独资商业银行整体改制为股份制商业银行，更名为“中国农业银行股份有限公司”，并在 2010 年完成“A + H”两地上市，正式成为大型上市银行。与其他国有银行相比，农业银行的特色主要在于其农村网点广泛遍布全国。由于历史定位，农业银行是农村金融市场的主导者，也是未来农村金融深化的最大参与银行，在县域金融业务上具备绝对优势，中短期内难以被同业取代。近年来，农业银行紧抓城镇化和新农村建设的历史机遇，不断完善制度建设，加大信贷投放，探索运作模式，创建服务品牌，有力地推动了农村城镇化的进程。据统计，截至 2014 年 6 月底，仅怀化农行农村城镇化贷款余额就达到 52 亿元，业务累计覆盖率为 60. 1%，服务优势与新型城镇化方向高度契合。目前，怀化农行具有 3000 万元的小微企业贷款审批权、500 万元个人贷款审批权、100 万元信用卡透支额度审批权，以及 8 亿元银企合作协议审批权，这是同业所不具备的政策条件。

（二）有连通城乡的网点网络优势

怀化农行是怀化本土最早设立的国有商业银行之一，目前共设 14 个一级支行（其中县域 10 个，占 71%），对外营业物理网点 61 个（其中城区 20 个、县城 27 个、乡镇 14 个，县以下占 77%），在职员工 1200 人（其中县域 734 人，占 61%），电子化服务网络有离行式自助银行 16 个、ATM 机 309 台、POS 刷卡机 3240 台、智付通 8023 台，各项存款余额 192. 91 亿元，各项贷款余额 84. 89 亿元，是怀化区域内国有四大行中机构及人员最多、服务功能完善、网络覆盖面积最广，唯一一家在所有县市设有分支机构的大型国有控股商业银行。高度契合的战略定位、丰富深厚的业务基础、联动城乡的经营布局、长期积淀的资金品牌、日益完备的技术产品，成为农业银行支持城镇化建设的独特优势和可靠依托。

（三）在支持城镇化建设中积累了丰富经验

历史上，怀化农行在支持城镇化建设方面作过长期探索，积累了丰富经验。2000 年以来，为满足城镇化建设方面的金融需求，怀化农行率先推出了“绿色家园”贷款产品。股改上市以来，怀化农行坚持按市场化原则支持城镇化和社会主义新农村建设，推出了“农村城镇化贷款”“新农村住房建设贷款”等一批新产品，探索出了多种金融服务城镇化的新模式。2012 年 8 月，省农行与市政府签订战略合作框架协议，承诺未来三年给怀化授信 100 亿元，涉及全市能源、加工、房地产、商贸流通、基础设施、民生工程、农业产业化等七大重点投资领域的优质项目和客户 45 个，到 2015 年 6 月底，累计履约 62. 4 亿，履约率达到 62. 4%。2015 年 6 月 12 日，省农行与怀化市政府再次牵手，召开了深化合作项目对接会。这次对接会签订的一揽子协议涉及“三农”、产业转型升级、基础设施、城乡建

设、生态建设、民生保障、文化产业、中小企业等领域的 32 家企业共 39 个项目。协议规定，未来三年，农行湖南省分行向怀化市提供总额不少于 100 亿元人民币意向信用额度，与城镇化建设的关联度高达 75% 以上。

四、探索支持怀化城镇化建设的基本路径

怀化农行支持城镇化建设必须以科学发展观为指导，以全面建成小康社会为目标，以城镇产业发展、基础提升、民生改善为重点，以制度创新、产品创新、服务创新为支撑，以加强风险控制、实现互惠共赢为前提，以强化配套措施为保障，按照突出重点、因地制宜、积极稳妥的推进方式，抢抓历史机遇，积极面对挑战，为怀化城镇化建设作出积极贡献。

（一）支持城镇化建设应遵循的基本原则

依法合规。支持城镇化建设必须符合国家和地方政府城镇化建设规划要求，合法性手续齐备；城镇化建设贷款必须符合国家政策、监管要求以及我行相关信贷政策制度，依法合规经营。

产业支撑。支持城镇化建设必须坚持产业转型和产业发展，与农业现代化互动，依靠工业化支撑，与产业园区建设，产业集群发展，物流、服务等第三产业发展和转移农村居民就业结合起来，实现工业化、信息化和农业现代化同步发展。

绿色环保。城镇建设要有利于资源节约和环境保护，支持发展可持续的优势产业，不介入破坏历史传承、损害生态环境的城镇大拆大建和资源过度开发。

分类指导。支持城镇化建设必须根据区域经济发展水平、实体经济产业发展成熟程度、区域金融生态环境、各行自身经营管理能力的差异，区别对待，创新驱动，分类指导，分别制订和实施支持城镇化建设的金融服务政策措施，适应城镇化建设多层次、多元化的金融需求，推动业务健康发展。

风险可控。支持新型城镇化建设必须遵循商业银行经营管理基本要求，充分挖掘城镇化发展进程中的商业机遇，建立健全配套的激励约束机制和风险控制体系，实现支持有力、风险可控、互利共赢、发展可持续。

合作共赢。加强与地方党委及政府主管部门的合作，充分发挥政银企各自的优势，不断强化制度创新、产品创新、服务创新，为新型城镇化建设提供高效优质的金融服务。

（二）支持城镇化建设应明确的业务范围

支持城镇化建设应包括一系列与城镇化建设相关的现有金融服务产品和正在研发的新产品组合以及相关综合金融服务方案。

怀化农行应该而且有能力至少在以下方面为城镇化建设提供金融支持和服务：完善城市功能和改善公共服务能力的基础设施建设、“城中村”改造、房地产开发、公共设施和服务业建设、产业结构调整升级的金融需求；城市辐射郊区及周边卫星城镇建设的“城乡一体化”建设的金融需求；农业现代化、工业化、信息化过程中的实体经济发展及园区基础设施建设的金融需求；县域土地整理、新农村建设、小城镇综合开发、农村基础设施建

设的金融需求；市民（特别是“新市民”）安居乐业的经营性和消费性金融需求。

以下16类产品应纳入城镇化专属信贷产品系列：城市基础设施建设贷款、农村基础设施建设贷款、园区基础设施建设贷款、县域土地整理贷款、“城中村”改造贷款（含旧城改造、旧厂区改造、“城乡一体化”建设贷款）、小城镇综合开发建设贷款（含新农村建设贷款）、土地开发贷款、商品房开发贷款、保障性住房贷款、经营性物业贷款、与城镇化高度相关的产业和公共服务业贷款、个人安居乐业贷款、农户小额贷款、农业产业链农户贷款、县域商品流通市场贷款、专业大户（家庭农场）贷款等。

综合金融服务大部分与其他金融服务对象同质，城镇化专属的综合金融方案指的是针对旅游开发型的城镇化、商品流通市场型的城镇化、特有矿产等资源开发型的城镇化、工业聚集型的城镇化、大型农业产业化龙头企业带动的城镇化等，通过组合现有的城镇化建设项目法人和个人信贷产品以及其他金融产品，量身定做“一揽子”的综合性金融服务方案。

（三）支持城镇化建设应选择的主要路径

1. 突出服务重点

新型城镇化对应的金融市场跨度广、纵深大、层次多，服务好这个市场，需要把支持城镇化发展与支持新农村建设有机结合起来，抓住农民市民化和城乡一体化这根主线，突出重点区域、重点领域、重点客户，为农民市民化和城乡一体化提供全方位的金融服务。

重点区域。按照怀化市委、市政府加快中心城市扩容提质，推进鹤中洪芷一体化，推进县城和建制镇建设，尽快形成中心城市、县城、小城镇相结合的新型城市化网络的总体部署，怀化农行应优先支持主城区功能布局优化和城市基础设施完善；支持鹤中洪芷一体化城镇群建设，使之尽快成为怀化新型工业先导区、商贸物流样板区、现代农业示范区、新型城市化引领区、文化旅游精品区，特别是加速中方县融城步伐。重点支持县城扩容提质，抓好县城道路、市场建设、污水处理和垃圾无害化处理，推进县城生态建设，扩大县城公共绿地，改善人居环境，提升县城整体形象。支持劳动密集型和资源密集型产业向县城和工业园区聚集，发展县域特色产业，加快培育优势企业、优势产品，提升县域产业支撑能力，着力构建以县城、中心镇和工业园为重点的县域经济发展格局。在重点支持省政府确定的安江、官庄、低庄等9个特色镇的基础上，支持重要交通要道的沿线城镇和沿河集镇，扶持其加强基础设施建设，完善城镇功能，发展特色经济，引导一批生态良好、文化底蕴深厚的小城镇发展成旅游城镇和绿色城镇，一批资源独特、交通便利的工矿、商贸、农产品加工等城镇发展生产类城镇，逐渐建成一批沿路、沿河、沿边的农村区域性示范城镇，不断增强吸纳农村人口的能力。

重点领域。支持新型城镇化建设的水、电、路、气等重大基础设施和城市功能提升项目，充分发挥重大基础设施项目的辐射作用和产业吸纳能力。围绕打造我国大西南的交通枢纽，重点支持怀邵衡铁路建设，沅辰、益溆等高速怀化段建设，支持芷江机场改扩建工程。围绕清洁能源供应，重点支持发展石煤综合利用，水电、风电开发，促进水电、火电、风电、生物质能发电等多形式并存的能源格局的形成。围绕宽带通信网、数字电视网和下一代互联网“三网融合”，重点支持信息化和工业化深度融合，加快信息基础设施建设和信息产业发展，全面提高信息化水平。积极支持主城区扩容过程中的旧城改造、棚户区改造、城中村、城郊村改造、新社区建设、安置房建设项目。支持各县根据经济水平和资源环境承载能力，规划和建设城乡一体的基础设施网络。增加对农村饮水安全、垃圾处理、电网改造升级等新农村建设基础性重大工程的信贷投入。支持城镇化建设的产业转型和产业发展项目，充分发挥产业对城市的支撑作用和对周边的辐射作用。重点支持与城镇化建设配套的产业园区、创业园区、物流园区等建设项目，提高城镇要素资源聚集能力；大力支持城镇化进程中的支柱产业发展，增强产业对城镇的支撑能力和吸纳就业能力；积极支持旅游、矿产、水电、商贸等优势资源开发，推动特色小城镇发展。支持政府在公共服务领域发挥主导作用。积极提供资金和金融渠道支撑，重点支持城镇教育、医疗、交通等公共服务体系，扩张服务网络，扩大服务规模，提升服务标准，让更多进城农民及其家庭能享有公共服务；积极支持县级重点医院、重点高中改善县域就医办学条件，让农民能够就近接受高水平的医疗教育服务；大力推进“惠农通”工程，健全农村基础金融服务网络，为“新农保”“新农合”参保农民提供安全便捷的缴存支取服务。

重点客户。瞄准进入武陵山片区扶贫开发的项目，主动介入，积极跟踪；继续加快湖南省农行与怀化市政府《战略合作框架协议》所确定的意向项目营销进度，争取早投入，早见效；积极支持参与城镇化建设的商业化公司，特别是具有城镇化建设职能的优质投资主体；优选层级较高、商业化运作、现金流全覆盖、还款有保障、承接城镇化建设项目的优质平台客户；积极支持市委、市政府确定的交通建设、城市基础设施建设、水利水电投资建设、工业项目、商贸物流项目和民生项目等重点项目客户；积极支持有利于转移城乡居民就业的省级、市级产业化龙头企业和大型公司，以及承担城镇化建设职能且符合监管规定的集体经济组织；积极支持产业园区内外产品有市场、经营有盈利、管理规范、信用良好的创新型、配套型、创汇型小微企业发展；积极支持信用良好、风险可控的优质个人生产经营和消费升级的客户。

2. 坚持创新发展

一是优化客户准入政策。对有政府背景的参与新型城镇化建设的商业化公司，可以考虑执行一般公司类贷款准入政策。适度支持符合人民银行、银监会监管规定的市级政府投融资平台。对主城区、重点县房地产开发贷款，承贷主体可适度放宽核心客户准入的限制。二是优化项目准入标准。对以项目整体的经营收益、借款人自身的综合收益及其他合法有效的还款资金为现金流的，符合国家产行业政策规定、各项合法性手续齐备的城镇基础设施建设项目，应择优支持。三是优化业务流程。在坚持现行信贷授权和审批体制主体架构的前提下，优化城镇化贷款业务流程，提高信贷审批效率。在市级分行设立贷款审查中心和放款中心，对城镇化建设中的优势客户和重点项目，采取“直接上报、平行作业、优先审批”方式，并严格落实限时办结制度。四是优化转授权管理。明晰市级分行信贷决策类会议的事权范围，提高审批信贷事项效率。适度扩大派驻独立审批人法人客户增量授信、落实足额房地产抵押的一般固定资产贷款转授权，以及辖内支行授信项下用信审批权限，适应城镇化建设需要。五是创新担保方式。在以房地产抵押担保为主的基础上，积极拓宽担保方式。对市场化运作、有稳定收益、还款有保障的城镇化建设基础设施和公共设施项目，在合法合规、风险可控的前提下，积极探索混合担保、阶段性担保、置换担保、在建工程抵押和林权、采矿权、知识产权等担保方式。在集体建设用地使用权流转试点地区，在权证齐备、国土部门可以办理抵押登记、当地司法环境良好的前提下，试点探索办理集体建设用地使用权、农村土地承包经营权及宅基地抵押融资。对落户省级以上各类园区的AA级以上客户，在证件齐备的前提下，国土部门承诺或协议明确该项目土地颁证后只能抵押放贷行的，可尝试采取股东或第三方阶段性担保，待土地证取得后再办理抵押的过渡担保方式。六是推出特色产品。在整合推广农行现有产品的基础上，围绕市场竞争和客户需求，加大产品创新力度，形成服务城镇化建设的专属系列产品，进一步扩大银行产品覆盖面。如对高端个人客户推出网上申报、系统自动审批、贷款自动到账的“网贷通”，对额度小、要求急、周转快的小微企业推出“快速贷”等新产品；根据城镇化建设融资需求特点，提高现有金融产品的针对性和适用性，加快研发“旧城改造”贷款、园区基础设施贷款、订单农业贷款等产品，丰富城镇化产品体系；以城镇综合建设、园区开发、特色城镇建设、流通市场建设等城镇化项目为平台，以地方政府为纽带，连接参与城镇化建设的各类企业和个人，探索制订有针对性的特色金融服务方案，为城镇化建设提供产业链式的贷款、理财、资金结算等一揽子综合金融服务。

3. 优化资源配置

资源配置是保证支持城镇化各项政策措施落实的重要环节。要加大资源投入。将新型城镇化发展作为专项计划，每年单独匡算，集中一定比例的信贷规模、经济资本和财务费用，优先满足城镇化业务发展，确保新型城镇化贷款增速高于贷款平均增速。对城乡一体化水平较高的县（市、区），统筹考虑“三农”与城市板块的资源配置，发挥城乡资源合力，提高资源使用效率。优先配置重点城镇农行网点完善和功能提升所需的财务资源，统筹安排重点城镇新建农行网点的财务资源，增强农行网点对城镇化建设的服务功能。优化网点布局。按照城镇化对金融服务网络建设的新要求，加强在中心城市及城乡结合部、强县强镇的网点配置，调整优化县城以下传统农村地区的网点布局，增强服务对接能力。特别关注鹤中洪芷一体化推进过程中的网点布局优化。顺应信息化与城镇化协同发展的新趋势，加快电子渠道建设，建立多层次、差异化的网点梯队和物理网点与手机银行、网上银行、电话银行等网络银行相互补充、相得益彰的金融服务网络格局。

4. 严格风险管控

风险管控能力是商业银行的核心竞争力。在支持和服务新型城镇化建设的全过程中必须高度重视风险防控，对城镇化衍生出的新领域、新主体、新业务，开展潜在风险研究，采取有效应对措施，控制好实施范围和节奏。加快构建适应城镇化业务特点的风险管理体系，稳健经营，全流程防控。一是要严格客户准入。严格产业信贷政策导向，落实信用评级和客户名单制管理，优先支持信用等级高、现金流充足、风险可管控的项目和客户；从严控制“两高一剩”及信用等级低、主体不合规、主业不突出、现金流不足、风险不可控的项目和客户，防止低水平规模扩张下的信用风险。二是要加强资金监管。落实银监会“三办法一指引”规定，做好信贷资金监管工作，防止信贷资金被挪作他用。对于还款资金来源于土地出让收益的城镇化建设项目，应要求借款人开立项目资金专户，并与财政局、国土局、借款人签订资金管理协议，明确包括项目资金、信贷资金及用于项目还款的土地拍卖收入等归集与支付均通过专户核算，接受贷款行监督，以确保项目资金的来源与运用明晰可查，土地出让收入能够优先偿还贷款本息。三是要强化贷后管理。落实贷后管理责任人制度和巡防制度，加强现场检查和非现场监测，不折不扣地做好贷后管理工作，确保贷款本息按约定收回。

5. 深化银政合作

地方政府在新型城镇化推进过程处于主导地位。加强与地方政府的联系与合作，不但有利于促进农行财政代理、社保、投行等相关中间业务的发展，而且有利于及时准确地掌握地方城镇化项目和企业信息，抢占市场先机。怀化农行应成立高规格的支持新型城镇化业务发展的协调机构，统筹业务发展规划，强化与市委市政府的工作汇报，协调相关配套政策。可以考虑积极与各级政府签署更为务实和深入的战略合作协议，并以此为契机，开展全面深入合作；发挥怀化农行内部的上下联动优势，积极为政府提供一揽子城镇化金融服务方案；发挥怀化农行连接“城乡”两大市场的联动优势，在客户、产品、信息等资源上建立实时共享与无缝对接机制，把握城镇化进程中城乡一体化趋势和产业转移的商机，为跨越城乡的大中型企业以及产业转移中落户县域的优质项目提供全方位金融服务，在支持新型城镇化建设中实现互利共赢；积极拓宽合作渠道，创新合作方式，参与区域规划，提前介入客户和项目营销，提升金融服务的前瞻性、针对性和有效性，充分发挥怀化农行服务新型城镇化建设的主渠道作用。

（作者单位：湖南省农村金融学会）

深化湖南省金融体制改革的思路与对策

张 强

改革开放以来，中国金融改革与发展成就显著。然而，作为支撑经济增长的重要杠杆和助推器，当前金融业的发展状况与经济发展水平之间仍然存在一定的距离。并且，以往的金融改革更多地关注经济体系的资金筹集、总量增长、低成本扩张等问题上，而忽视了经济体系中资源的优化配置、经济结构的协调转变、经济发展的创新技术能力等方面的问题。因此，深化金融改革、加快金融业发展在以后较长的一段时期内仍然会是我国经济改革发展的关注重点。

湖南省作为中部经济发展的重点省，经济发展速度较快，但金融对经济的支持力度不够，与中部省份、金融较发达地区的平均水平仍然存在较大的差距。随着“两型社会”“中部崛起”等战略相继出台，政策空前利好，大批的重大项目等待建设，一方面形成的巨大的金融需求对湖南省金融发展起到了短期的推动作用，另一方面也对湖南省金融业的稳定性、发展性提出了更高的要求。因此，深化体制改革、加快金融业发展是湖南省实行“四化两型”战略，保证经济高速、稳定增长的必由之路。

一、湖南省金融体制改革与地方金融业发展的现实考察

近年来为了把金融业发展成为转变经济发展方式的“助推器”和推动经济发展的“发动机”，湖南省对包括金融机构、金融监管、金融制度与政策、金融生态环境在内的经济体制进行改革，取得了一系列积极成果。

（一）金融机构治理更加规范，金融组织架构日渐合理

1. 国有商业银行网点数量稳中有升，股份制商业银行发展迅速

商业银行股份制改革取得明显进展，国有商业银行网点数量稳中有升，2008 年至 2014 年 7 年间，国有商业银行网点数从 2376 个增加到 2440 个，年均增长 9. 1 个；股份制商业银行以年均增长 36 个网点的速度迅猛增长，到 2014 年已经达到 323 家，尤其在 2014 年增加 120 个，为历年最高增幅；城商行网点的数量也增长较快，在 2014 年已经达到 306 家。而以农村商业银行、农村信用社、农村合作银行为代表的小型农村金融机构近几年则保持稳中有降的趋势，维持在 4000 家左右。随着湖南省经济的发展，也吸引了不少外资银行来湘开展业务，外资银行机构已经由 2008 年的 1 家增加到 2014 年的 5 家。

2. 证券业、保险业机构稳步发展

截至 2014 年，总部在湖南省辖内的证券公司法人机构已经达到 3 家，期货公司法人机构已经达到 3 家，近 7 年来一直维持恒定数量。2014 年国内上市公司已达到 75 家，证券企业在促进企业融资方面取得了比较显著的成果；截至 2014 年，保险公司的分支机构已经达到 49 家，其中产险机构 22 家、寿险机构 27 家，均为近 7 年的最高水平，寿险机构增长数高于产险机构，成为了保险机构数量增长的主力。

3. 农村信用社改革取得阶段性成果

2006 年 6 月，根据《国务院关于印发深化农村信用社改革试点方案的通知》（国发〔2003〕15 号）和《国务院办公厅关于进一步深化农村信用社改革试点的意见》（国办发〔2004〕66 号）精神，经省委、省人民政府研究，同意成立湖南省农村信用社联合社。湖南省农村信用社联合社由省内农村信用合作社市（州）级联合社、县（市、区）联合社、县（市、区）农村信用合作联社、农村合作银行自愿入股组成，实行民主管理。并以产权制度改革为契机，按照建立现代企业制度的要求，规范、完善内控机制。建立完善农村信用社行业管理、金融监管部门监管和有关职能部门监督、检查、协调的监督管理机制，充分发挥内外部监督的作用。

农村金融机构改革取得新进展。2014 年，湖南省实施或启动改制的农合机构 54 家，占年初 91 家未改制农信社的 59.34%。年末累计实施或启动改制的农合机构已达 84 家，占 121 家县级法人机构的 69.42%。村镇银行筹建 1 家，浏阳农商行在湖南和江西发起设立 4 家村镇银行获银监会备案同意。湘西长行村镇银行延伸机构，实现了自治州各县（市）全覆盖。截至 2014 年年末，全省累计组建村镇银行 29 家，覆盖 36 个县（市）。

4. 融资性担保公司公司治理日趋规范

2010 年 12 月，为建立健全融资性担保公司公司治理机制，防范融资性担保业务风险，促进融资性担保行业稳定健康发展，根据《中华人民共和国公司法》《融资性担保公司管理暂行办法》等有关规定，制定融资性担保公司公司治理指引。公司治理包括建立以股东（大）会、董事会、监事会、高级管理层为主体的组织架构，并对各主体之间相互制衡的责、权、利关系作出制度安排，保障融资性担保公司建立明晰的治理结构、科学的决策机制、合理的激励机制和有效的约束机制。

5. 新型金融机构和融资中介机构数量规模不断扩充

2014 年，湖南省新型金融机构创建步伐加快，辖内三一集团申请开办民营银行，湖南出版集团财务公司开业，中联重科财务公司获准筹建。截至 2014 年年底，全省已批准设立 210 家小额贷款公司，注册资本 169.31 亿元，贷款余额 180.18 亿元；已批准设立融资性担保公司 217 家，注册资本 254.7 亿元，累计为 94408 户中小企业和个人提供担保 2333.45 亿元；已批设典当行 254 家，注册资本 41.39 亿元，从业人员 2497 人，年末资产总计 44.92 亿元。

（二）金融业务规模日益扩大

1. 银行业务规模稳健提升

2014 年湖南省银行业存、贷款余额的总量缓慢上升。截至 2014 年年末，湖南省银行业存、贷款余额分别达到 30255.6 亿元和 20783.1 万亿元；而相比 2013 年的同期增长率，存款同比增长在 2 月和 6 月增长率最高，为 15.3%。贷款同比增长在 1 月份达到最高，达到15.9%。

2. 证券交易日趋活跃

湖南省证券业交易日趋活跃，多项交易额呈现逐年上升态势。从2008年到2014年，湖南省上市公司的家数从49家增加到75家（国内）；从A股市场募集到的资金呈现“N”型路径，2014年A股筹集资金313亿元，为历年最高。而债券融资券的发行额近年来持续增长，到了2014年年底已经达到721.6亿元，是2008年的6倍。其中短期融资券达到了129.1亿元，达到了2008年发行额的2.2倍；中期票据发行额2014年达到238.5亿元左右，已经成为了债券筹资市场中的重要力量。

3. 保险业稳步发展，业绩逐年攀升

截至2014年年末，全省实现保费收入587.7亿元，其中财产保险收入211.3亿元，人身保险收入376.5亿元，各项收入均为近7年来的新高；保险总收入和财产保险的收入平均每年增加额分别达到39.31亿、21.4亿，而人身保险收入近两年增长较为缓慢，保费收入的主要贡献来源于财产险；各类赔款给付在2014年达到最高，为226.3亿元，是2008年赔款给付额的2.4倍，社会保障功能不断加强。

（三）金融服务经济能力不断加强

1. 融资规模适度增长，结构更趋合理

2014年，湖南省加快建设多层次金融市场体系，融资结构不断优化。湖南省全年社会融资规模3945亿元，同比少增223.4亿元。表内贷款融资占比64.0%，高于上年同期5.0个百分点；表外融资占比由上年同期的22.1%下降至7.9%；新增直接融资973.3亿元，同比多增320.6亿元，占比由上年同期的15.7%上升至24.7%，高于全国平均水平7.3个百分点，其中企业债券融资新增864.9亿元，同比多增338.5亿元。

2. 金融信息化水平不断提高

金融业信息化服务体系已经初步形成。电子化营业网点覆盖率已达到95%以上，多数金融机构已完成本系统内的联网建设，提高了全市金融业的信息服务水平。金融信息服务中心建设形势喜人。1999年开始探索的“政府统一领导、人行牵头推动、地方不建独立数据库”的社会信用体系建设新路，建成了以“三库一网一平台”为依托的信用信息系统，实现了21个部门信息共享，为企业和自然人建立了信用档案，并积极发展专业信用信息服务公司，优化湖南金融环境，不断提高湖南省金融信息服务水平。

3. 湖南省农业保险制度日渐规范

为了切实增强农业、农村和农民抵御自然灾害和意外事故风险的能力，建立农业保险长效发展机制，统筹城乡发展，2010年，湖南省实行农业保险财政保费补贴的险种包括水稻、棉花、油菜种植保险和能繁母猪、奶牛、育肥猪养殖保险以及森林保险。鼓励承保机构开发新产品，在全省统一产品的基础上，根据各地实际，开发设计有针对性的保险产品，通过个性化、差异化的产品来满足不同层次的保险需求。进一步丰富湖南省农业保险内容，拓宽农业保险领域，鼓励保险经办机构开展其他种植、养殖保险。

4. 湖南省区域性股权交易市场正式启动

湖南股权交易所自2010年12月6日成立以来，在交易制度建设、交易系统开发和挂牌资源培育方面做了大量的细致、充分的准备。湖南股权交易所与省资本营运服务中心共同设立了湖南省股权登记管理中心，新成立的湖南省股权登记管理中心将收购现有的省股权登记托管公司与登记托管相关的业务和资产，整合形成全省唯一的股权登记托管平台。具省政府金融办披露，目前共有 416 家企业在湖南股权交易所挂牌。

5. 湖南省互联网金融业务模式不断创新

互联网金融自 2000 年年初萌芽，经 2013 年迅猛发展，互联网金融的业务模式主要包括互联网支付、P2P 网络信贷（peer to peer lending）、非 P2P 网络小额贷款、众筹融资（crowdfunding）、金融机构创新型互联网平台和基于互联网的基金销售。省内诞生了一批较具规模、品牌效应的互联网 P2P 网络信贷，比如满满贷、开心贷等。湖南省首个国有互联网金融服务平台“国金所”上线运营，国金所由湖南高新创业投资集团有限公司和湖南担保有限责任公司联合发起设立。高新创投和湖南担保参与投资国金所互联网金融平台，旨在聚合多种金融业态，为企业量身定制多层次金融产品，引导和推动互联网金融与科技项目密切结合。2015 年 7 月，湖南省互联网金融研究会成立，并成功召开了“湖南省第二届互联网金融峰会”。

（四）金融生态环境不断优化

1. 信用环境不断完善

征信系统覆盖面逐步拓宽，服务社会能力不断加强，防风险作用日渐增强。2014 年年末，金融信用信息基础数据库累计已收录湖南省 4319. 52 万自然人、31. 34 万户企业及其他经济组织信息；全省银行业金融机构全年共查询个人信用报告 577 万次、企业信用信息 63. 5 万次，有力辅助了授信决策、防范了信贷风险。全省已有 52. 39 万家机构拥有机构信用代码证，代码在信贷、反洗钱、征信等多个领域的桥梁、索引作用得以强化。

2. 金融安全区逐步设立

2002 年以来，湖南省按照“政府主导、央行推动、部门参与”的思路，在全省范围内开展以增强信用意识为着力点、以清收银行欠款为突破口、以维护金融稳定为落脚点的金融创安活动。截至 2014 年第四季度，全省有 27 个县（市）获得“湖南省金融安全区创建工作达标单位”称号，30 个县（市）获得市级“金融安全区创建工作达标单位”。

二、湖南省金融体制改革与金融发展中存在的问题

（一）金融发展不均衡，竞争能力有待提高

近年来，金融业发挥着“现代经济核心”的重要作用，政府加快推进改革创新，不断壮大整体实力，为湖南“四化两型”建设提供了强有力的金融支持，与地方经济实现了共兴共荣。但是，经济快速发展为湖南省金融产业发展奠定了坚实基础的同时，也为湖南金融业带来了前所未有的挑战：经济下行、利率市场化和互联网金融等，在挑战面前，湖南省金融业发展暴露出以下突出问题：

1. 行业整体绩效不佳，横向对比差距明显

湖南省财政金融竞争力一直处于靠后的水平。2008 年，湖南省财政金融竞争力全国排名第 31 位，2012 年排名第 26 位，到 2014 年排名第 24 位，尽管金融行业处于稳步发展的态势，但是行业整理的绩效和实力与其他地区金融产业发展的差距仍然十分巨大。

从省会城市的发展与竞争力来看，长沙市金融业产值远低于其他省会城市金融产值。

2014年在全国26个省会城市中，长沙经济总量居第6位，但金融业增加值总量（321.8亿元）则排第11位，金融业增加值占GDP比重（4.1%）居第25位；金融业增加值占第三产业增加值比重（9.9%）居第24位；在中部省会城市中，长沙金融业增加值总量居第3位，金融业增加值占GDP比重和占第三产业增加值比重均居第6位。

2. 机构服务能力不足，金融企业同业竞争力较弱

从银行业金融机构来看，虽然湖南省银行机构营业网店多，但机构法人稀缺。截至2014年年底，全省银行类金融机构的法人个数为167个，但大型商业银行、国家开发银行和政策性银行、股份制商业银行、城市信用社、邮政储蓄、外资银行的法人个数均为0。仅有城市商业银行企业法人2家，财务公司5家，信托公司1家，其余的法人机构均为小型或新型的农村金融机构。整个行业内部来看，金融企业机构的融资以及信用中介能力不强，整个行业金融机构新增的本外币存款额为3376.5亿元，同比少增349.1亿元，仅占全国新增存款额的3.3%。

从证券业金融机构来看，湖南省缺乏本土证券公司。目前没有总部设在湖南省内的基金公司，仅有3家证券公司与3家期货公司将总部设在湖南。同业内部相比，机构融资能力和融资规模均有所欠缺。2014年，全省新增社会融资规模3945.0亿元，同比少增223.4亿元，仅占全国融资量的2.39%。

从保险业金融机构来看，湖南省保险业起步较晚，发展力度不够。湖南省本土的第一家保险公司在2012年才正式挂牌成立，总部设在湖南省内的保险公司也仅此1家，其余48家保险机构均为保险公司的分支机构。整个保险业的服务水平来看，机构的服务能力较不足，竞争力较弱。2014年实现保费收入587.7亿元，仅占全国保费收入的2.90%，其中财产保费占比为2.93%，人身保费占比2.89%，实现的各类赔付占全国各类赔款总量的3.14%。整个保险业发育程度较低，企业同业竞争力不强。

3. 地方金融发展失衡，区域金融发展态势差异明显

与金融业在全国发展不平衡类似，湖南省也存在较为严重的金融资源地域分布不均、金融服务能力地域差异大等金融发展不平衡的情况。

从各市国有经济金融行业从业人员分布来看，金融人才分布很不平衡。截至2014年年底，省会长沙的国有经济金融从业人员多达10719名，占了全省金融从业人员总数的三分之一，而湘西州、益阳、常德、张家界、湘潭，金融业从业人员数分别为658、540、529、844、700，占比仅为1.98%、1.63%、1.59%、2.5%、2.1%。全省的金融行业从地域层面来看，发展失衡，差异明显。

从各市金融机构的人民币贷款发放量来看，金融资源的配置失衡。2014年年末，省会长沙实现人民币贷款10712.82亿元，占全省人民币贷款额的52.3%，其余地方市级中，占比最大的为衡阳，但其占比也仅为6.03%。张家界市和吉首的金融机构人民币贷款量占比仅占1.65%和0.56%。业务规模发展情况，在地域层面也存在很大差异。

4. 民间资本吸收不够，民间金融机构发展滞后

湖南省民间金融机构有所发展，但民营金融机构数量依然较少，发展也较为滞后，民间资本进入金融领域仍然存在困难。民营金融机构发展滞后、数量不足，民间金融资产占比较低，仍是湖南省经济发展和金融体制改革的一个突出的结构性矛盾。村镇银行筹建1家，浏阳农商行在湖南和江西发起设立4家村镇银行获银监会备案同意。湘西长行村镇银

行延伸机构，实现了自治州各县（市）全覆盖。截至2014年年末，全省累计组建村镇银行29家，覆盖36个县（市）。但相对全国，尤其是浙江、广东两省的地方金融发展态势而言，数量和规模都明显不足。

（二）金融改革不深入，发展潜力有待挖掘

改革开放为湖南省金融产业发展提供了强大动力；国际金融危机以后，湖南省金融产业进入新的发展阶段。经济快速发展为湖南省金融产业发展奠定了坚实基础，也对金融产业发展提出了更高的要求。在金融体制改革取得重大成就的同时也暴露出不少问题：

1. 支持实体经济乏力，惠农效果并不明显

目前来看，湖南省仍然存在资金供求不平衡的状况，金融体系服务实体经济的能力并没有得到充分的发挥。支持实体经济的现代金融体系有待完善。金融支持产业力度不够。对“三农”和小微企业支持力度明显不够，尤其缺乏基于农村产权的抵押融资体系。

从所获新增贷款量及占比来看，中小微企业所获支持力度明显不够。纵观近三年新增的中小微企业贷款增量以及全省的贷款增量，不难发现2011年到2013年中小微企业的新增贷款的占比增长缓慢，虽然2014年占比上升至32.7%，但与中小微企业数量相比而言，中小微企业所得到的新增贷款是不够的，更多的资源被大型企业以及中央及地方政府扩大投资领域取得。

农村金融发展模式的建设不够理想，惠农、助农功能不强。商业性金融机构不愿涉足农村建设，同时，政策性金融功能缺位。如支持农业开发、农业产业化、农村基础设施建设等项目并没有开展起来，极大地制约了农业生产条件的改善、农村产业结构的调整和农民收入的增加。另外，农村信用社支农乏力。土生土长的农信社具有经济使农村信用社在与其他金融机构的竞争中处于明显劣势，农民贷款难等问题很难从根本上得到解决。

2. 金融产品创新不足，服务功能有待提高

湖南省金融产业虽然在增加值的量上实现稳步增长，但金融机构的创新能力不足。一方面，推出的特色金融产品不够，金融资源聚集能力不强，金融机构聚集能力弱化。另一方面，随着互联网金融的发展，适应潮流和市场需要的产品创新与服务能力也有待提高。

近几年，我国互联网金融领域发展迅速，新兴互联网金融机构及传统金融机构动作频频，各种创新产品和服务层出不穷，但湖南省的互联网金融创新力度较小。截至2015年第二季度末，余额宝规模已超过6000亿元，对应的天弘增利宝已超过了全球闻名的富达反向基金等著名基金产品，跻身全球前二大基金行列。紧随其后，以腾讯、京东、百度为代表的互联网巨头以及传统的银行、基金公司也陆续进入该领域，互联网金融队伍迅速壮大。互联网P2P借贷平台湖南省目前有30多家，运行的有十多家，同时期全国互联网P2P借贷平台有3000多家。但是随着P2P平台“跑路”案例频发，省内借贷平台的发展还有待检验。

3. 金融市场发育滞后，多层次资本结构尚未形成

近年来，湖南省金融体制改革初见成效，但是目前市场发育程度不高，货币市场规模总量较小，资本市场发展滞后，多层次的资本市场结构并未形成。银行类金融机构的数量和资本主导了整个金融系统，证券化率、保险深度均为中部六省省会城市中最低。

近年来保险类金融机构虽然经历了从无到有的飞跃，但是机构的资产总量在金融资产中的占比不高。湖南省保险类金融机构从2008年的36家保险机构发展到2014年的49家，

外资银行也从1家发展到5家，但是银行类的金融机构从6735家飞升至2014年的7115家，7年之内增加了380家。在近五年金融机构数量中占据了99%以上的份额。

三、深化湖南省金融体制改革的总体思路

（一）集思广益，开发创新型金融产品市场

随着技术条件与基础设施的更新升级，湖南省的金融产品与金融服务能够满足经济主体的基本金融需求，但仍存在很大的创新发展空间，有必要也有能力通过产品的革新自下而上地推动整体金融服务的升级。金融产品市场的创新应该以湖南省经济发展的现实情况为基础，充分借鉴国外金融机构以及国内金融改革先导区的先进经验，充分倾听湖南省企业发展与居民消费的真实需求，充分考虑装备制造业、文化创意产业等支柱型产业，充分利用湖南省“两型社会”示范区、武陵山扶贫开发合作区、洞庭湖经济开发区等地域特色，以期通过创新服务与创新产品服务于湖南省农村经济发展，服务于小微企业，服务于居民消费，服务于绿色经济、科技经济发展。

（二）汇聚特色，打造多样化金融机构体系

湖南省深化金融体制改革重点要保持省内金融机构的多样性，提升金融体系的整体活力，以区域特色融资中心为载体，形成大型龙头金融机构为支柱，农村金融机构和民间金融机构共同发展的多样化金融机构体系。

在长株潭等经济发达地区主要以发展金融总部机构、龙头金融企业为主，实现金融总部聚集和金融资源聚集。在湘西等经济欠发达地区及广大农村地区，重点发展以湖南省农村商业银行为主的农村金融体系，深化农村金融改革，组建湖南省统一的农村商业银行，提高其内部控制与风险控制能力，使其与邮政储蓄、村镇银行一道服务于“三农”，解决农村信贷瓶颈问题，盘活本省农村内部金融资源。

（三）明确定位，构建分段式金融服务形态

为最人化金融对经济的支持效率，湖南省金融改革与金融发展应该构建大型金融机构主要服务于大型企业、民间金融机构支持小微企业、农村金融机构帮扶农户的分段式金融服务体系。

对于大型金融机构而言，利用其机构优势与品牌效应进行大力的金融创新与前沿式发展，通过金融与产业的强强联合创造经济增长的拉动力。对于小微企业而言，应该降低民间资本的进入门槛，利用民间资本发展点多面广，具有信息、成本、管理等优势，发展与小微企业更加“门当户对”的小微金融机构。对于农户与涉农企业而言，大力整顿现有的农村信用社、农村商业银行等农村金融机构，鼓励和引导各金融机构向县域、乡镇延伸服务网点，大力发展新型农村金融机构，逐步建立多层次、广覆盖、可持续的农村金融服务体系。

（四）突出重点，形成错位化金融发展路径

通过突出湖南省科技人才优势及特色产业在中部地区乃至全国金融改革发展的重要作用，突出长株潭城市群以及省内重点农业发展区在湖南省金融改革发展中的定位差异，突出本土金融机构与全国性金融机构的发展特色，确保不同类型金融机构业务既交叉重叠又

重点突出，继而明确错位化的发展理念。

省内金融机构之间，形成本土金融机构、区域性金融机构、全国性金融机构和外资金融机构“百家争鸣”的竞争格局，坚持共性发展与个性发展并重，定位自身目标市场，探寻差异化发展路径。在吸引各类金融机构来湘发展的同时，集中资源推动本土金融机构的发展，打造本土金融旗舰，树立“一信一保两银三证四期”的本土金融机构品牌效应。

四、深化湖南省金融体制改革的对策建议

（一）创新金融产品，打造多元化金融市场

1. 适时推进互联网金融产品的开发

互联网金融产品是以P2P网贷和众筹融资等为代表的创新型金融产品。在湖南省内，个人创业者以及小微企业是网贷行业借款方的主力军，因此互联网金融产品的推出能够缓解省内中小企业融资困难的现状。为了更好地促进湖南省互联网金融产品的交易，首先，需要加强债务标准的制定，完善湖南省内企业征信体系的建设，使交易者能够更好地了解产品的风险状况。其次，要积极推进产品的资产证券化，加快资金流通速度，促进借贷双方交易的达成。最后，各种资源的整合必不可少，采用大协作的思路，以客户为中心建立湖南省内共享型互联网金融产品数据库，并通过数据库对互联网金融产品进行归类整理分析和业务流程的监控。

2. 鼓励省内优质小微企业发行中小企业集合票据

中小企业集合票据具有融资门槛低、审批流程快、融资规模适中等优点，是非常适合优质小微企业的融资渠道。通过发行集合票据，小微企业不仅扩大了自身融资渠道，降低融资成本，而且还提升了自身形象，有助于企业进一步吸引民间资本，实现了资本市场、金融机构、小微企业和民间资本的各方共赢。因此应该考虑鼓励省内优质小微企业发行中小企业集合票据，并可由政府给予一定资金和政策支持。

3. 打造以农业贷款为核心的农村金融产品

新的湖南省农村商业银行应在金融产品上进行创新，以服务“三农”为主要目标，放弃信用卡、理财产品等在农村基本没有市场的金融产品，主要发展以农业小额贷款为中心的一系列金融服务项目，如农业个人小额信用贷款、个人自助质押贷款、农户抵押循环贷款、农业经营循环贷款等业务，确立“专业化经营、近距离设点、多方式服务”的农户服务方针，逐步推出农业贷款的资产证券化产品，实现银行主动负债。

（二）引进优质金融企业，带动湖南经济发展

1. 吸引金融机构总部，提升金融服务质量

首要的是争取金融总部或大型金融机构重要部门入驻湖南，考虑到全省金融业发展区位差异明显，在金融业发展相对较快的长株潭地区要积极争取金融总部机构入驻，提供优惠政策如给予一次性奖励、给予租金补贴等方式，吸引大区级以上的金融机构总部入驻、还应注重引入大型金融机构的专业部门，如大型银行的数据中心或信用卡中心等，借鉴其管理模式和成功经验。此外，重点发展湖南本省名牌金融企业，如华融湘江银行和吉祥人寿保险股份有限公司等，借助总部金融中心的影响力和号召力，吸进优质金融资源，形成

总部经济的聚集效应。

2. 引进国际知名企业，推进民间金融发展

为促进湖南省民间金融的发展，还应积极引进国外知名金融企业进驻湖南，如西班牙淡马锡公司、法国美兴小额贷款公司、新加坡富登金融控股私人有限公司等。这些国际知名金融机构不仅可以为湖南省中小企业融资带了极大的便利，还能给省内民间金融机构提供良好的学习和交流的机会，以国际企业带动省内民间金融企业的发展。

（三）完善融资渠道，优化金融服务形态

1. 建立三大区域特色融资中心

借力国家区域发展融资规划，建立三大区域特色融资中心。建立长株潭“两型”发展融资中心，以该中心为平台积极争取碳排放权交易试点，组建碳汇银行，设立低碳发展基金，为“两型”产业、产品提供金融支持。设立武陵山片区扶贫开发融资中心，争取国家财政支持，用财政资金撬动金融资本、民间资本，建立武陵山片区生态补偿机制，将片区纳入“国家生态补偿试点地区”和“国家生态功能区转移支付范围”，对贫困地区具有水土保持和碳汇生态效益的生态林进行生态补偿。同时，建立洞庭湖湖区经济开发融资中心，在湖南省《洞庭湖生态经济区规划》的基础上加强呼吁力度，争取国家层面的经济开发规划。

2. 构建湖南省中小企业“一揽子”贴身融资服务体系

构建湖南省中小企业信用担保服务体系，由湖南省金融办牵头，联合湖南省担保行业协会、湖南省小贷协会、各商业银行等，成立湖南省中小企业“一揽子”贴身融资服务体系，为中小企业提供互助增信、集中担保等一体化担保服务项目，拓宽中小企业融资渠道。设置湖南省本土的中小企业创业投资基金，注重省内创业投资基金的设立，可以分区域、分领域设立专业化的投资基金，为省内低碳环保企业、高新技术企业、特色农业企业等发展前景良好的企业提供创业资金支持。考虑建立中小企业信用担保及贷款风险补偿基金，探索建立财政有限补偿机制，补偿政策性担保机构赔付造成的担保基金损失。

3. 发展湖南本土民间金融机构

加快发展民营金融机构是支持和鼓励非公有制经济发展，进一步完善社会主义市场经济体制的一项重要政策。国务院办公厅发布的《关于金融支持经济结构调整和转型升级的指导意见》（“金十条”）指出，扩大民间资本进入金融业。湖南省应抓住“金十条”发布的契机，发挥民间金融机构灵活性强、覆盖面广的优势，鼓励民间资本投资入股金融机构和参与金融机构重组改造，允许发展成熟、经营稳健的村镇银行在最低股比要求内，调整主发起行与其他股东持股比例。同时，湖南省应尽快建立本土的民间金融机构——民营银行。

4. 深化农村金融改革

首先，对现有农村金融机构设置进行调整，针对经济欠发达的农村地区，由湖南省政府牵头将全省分散的农信社和区域性农村商业银行整合起来，改造为统一的农村商业银行，使湖南省内农信社、农商行以及农合行组建为一家地方法人银行。其次，湖南省目前的村镇银行还远不能满足农村金融发展需求，为此，需要大力推动现有村镇银行增设网点，向乡镇延伸金融服务，支持老少边穷特别是武陵山片区设立市（州）级村镇银行。同时，吸引更多股份制商业银行在湖南设立村镇银行，如湖南资兴浦发村镇银行，借助这些

股份制商业银行成熟的运作机制和管理模式，使其充分发挥村镇银行的职能，更好地服务地方经济、服务“三农”、服务社区、服务中小企业和个体私营经济，不断提升金融服务水平，为社会主义新农村建设提供有力的金融支持。

（四）提高金融监管效率，维护金融业健康发展

1. 完善风险识别和监控体系

湖南金融业的和谐发展需要不断加强对风险的监管，建立健全金融监管协调机制。根据定性和定量指标确定风险水平或级别，根据风险水平或级别及时进行预警。同时，要建立对高风险金融机构的判断和救助体系，还要建立对支付危机的处置体系。此外，健全金融企业内控机制，健全金融监管法规，严格监管制度，建立对违规者的追究机制，依法规范金融行为也极为重要。特别要注意的是，针对省内已经存在并且会不断发展的民间金融机构，有必要积极探索优化银行业分类监管机制，对不同类型银行业金融机构在经营地域和业务范围上实行差异化准入管理，建立相应的考核和评估体系，为实体经济发展提供广覆盖、差异化、高效率的金融服务。

2. 加强监管机构和队伍建设

加强地方金融监管工作机构和队伍建设，理顺职能，强化责任；转变地方政府金融工作职能，按照“属地管理、权责统一”的原则，加强地方政府金融监管能力建设，建立责任追究制度，推动地方金融工作职能由当前以服务协调为主，加快向服务和监管并重转变；明确地方金融监管职责，对中央驻湘金融监管部门法定监管范围之外的新型金融组织和金融活动实现监管；鼓励和支持市县政府进一步整合地方金融监管职能，统筹金融各业态协调发展，建立规范统一的金融组织与金融活动监管制度和监管标准，全面提高地方金融监管水平和风险防范能力。

（作者单位：湖南大学）

湖南省直管县（市）体制改革探索

张友良　吕灵华

党的十八大、十八届三中全会明确指出，有条件的地方要探索推进省直接管理县（市）体制改革。2005年以来，以浙江省为代表的一些省区陆续推行以“强县扩权”“扩权强县”“县财省管”等为主要内容的“省直县（市）”体制改革试点工作。2010年中央编办确定安徽、河北、河南、湖北、江苏、黑龙江、宁夏、云南等八省区30个县（市）进行省直县（市）体制改革试点，正式启动行政省直县（市）体制改革试点工作。其中，河南试点县（市）最多，有10个，改革更彻底。经过三年改革试点后，河南从2014年1月1日起，对巩义市等10个县（市）实行“省直接管理县”的体制。此外，除北京、天津、上海、重庆等四个直辖市和海南省一步到位实行了省直县（市）的行政管理体制之外，还有广东省2009年开始省直管佛山市顺德区，2011年推至全省21个地级市，每个市设立一个省直管试点县（市）。贵州省2013年省直管县（市）5个，江西省2014年省直管县（市）6个，辽宁省省直管县2个，吉林省省直管县（市）2个。从2010年到2015年，河南、江苏、安徽、江西、贵州省等10多个省政府先后出台了关于推进省直接管理县（市）体制改革试点工作的意见，标志着我国省直接管理县（市）体制改革进入了实施推进的关键时期。

为贯彻落实党的十八大和十八届三中全会精神，依法探索省直管县（市）体制改革，结合外省的试点经验和湖南省直管县（市）的改革实际，现就我省实行省直管县（市）体制改革提出如下建议：

一、湖南推行省直管县（市）改革的背景

湖南的省直管县改革是在借鉴浙江等省强县扩权等经验的情况下，从2004年开始起步。2010年，湖南省委、省政府下发了《关于完善财政体制推行“省直管县”改革的通知》，除了湘西自治州几个少数民族县以及长沙、望城两县之外，在79个县全面推进财政直管体制改革。2010年11月，湖南省政府下发了《关于扩大县（市）部分经济管理权限的决定》，对县级扩权260项。2012年10月，省委、省政府在《关于进一步加快县域经济发展的决定》中，选择浏阳市、耒阳市、澧县、沅陵县为扩大经济管理权限试点县

（市）。2014年，在省政府工作报告中明确提出要继续推进扩权强县试点工作。2015年，省直管县经济体制改革纳入省委确定的15项先行先试的改革试点之一，省委办公厅、省政府办公厅发布了《关于开展省直管县体制改革试点工作的意见》。2015年6月5日，召开省直管县经济体制改革试点工作动员大会，正式发布了我省纳入改革试点的13个县（市）名单，分别是：浏阳市、耒阳市、茶陵县、湘乡市、武冈市、平江县、石门县、慈利县、安化县、宜章县、蓝山县、溆浦县、新化县。这次改革是按湖南十三个市（湘西自治州除外），每个市选一个县（市）作为省直管县经济体制改革试点，开展省直管县改革，旨在探索建立事权、财权、行政权三统一的省直管县管理体制，培育新的经济增长点，促进县域经济持续快速健康发展。

湖南省总人口为7180万，居全国第7位，辖14个市（州），共122个县（市、区），其中，35个市辖区，16个县级市，71个县，平均每个地级市（州）辖2.5个市辖区、6.2个县（市）。与江苏相比较，江苏总人口为7866万，居全国第5位，辖13个地级市，共100个县（市、区），其中，55个市辖区，23个县级市，22个县，平均每个地级市辖4.2个市辖区、3.4个县（市）。湖南与江苏的总人口人较为接近，但湖南比江苏的市辖区少20个，县级市少7个，而县多49个，说明湖南的县多且规模小，“市弱县弱”问题突出。而且越是经济欠发达地区，地级市的辖县（市）数量反而越多，使得湖南“小马拉多架车”的问题尤为突出，辖县（市）量较多的地级市依次有：怀化（11个）、邵阳（9个）、永州（9个）、郴州（9个）、湘西（8个）。以中心城区总人口和地区生产总值占地级市总人口和地区生产总值的比重作为衡量城市首位度的指标，怀化中心城区总人口比重为7.7%，中心城区生产总值比重为21.9%；邵阳中心城区总人口比重为9.6%，中心城区生产总值比重为20%；相对较强的长沙和湘潭辖县（市）数量均是3个，长沙中心城区总人口比重为41.7%，中心城区生产总值比重为63%；湘潭中心城区总人口比重为31.9%，中心城区生产总值比重为60%。

由于湖南多数地级市辖县数量较多，自身经济不发达，在“市管县”体制下不仅没有足够的财政实力和辐射能力支持和带动周边辖县的发展，成为地区经济发展的增长极，反而经常出现“市（州）刮县”“市（州）压县”“市（州）吃县”等问题，制约了县域经济的壮大和发展。同时，由于市本身的经济实力较弱，市府和州府所在地的中心区与管辖范围内的各个县之间在地理距离、经济发展、文化认同等方面的关联度普遍不高，地级市很难对辖县（市）发挥有效的经济辐射和带动作用。也就是说，在“市管县”体制下，对于湖南多数地区而言，不仅县域经济很难得到发展壮大，而且，由于地级市的发展包袱普遍较大，市域经济也很难大有作为，客观上不利于“以城促乡”“城乡一体化发展”等制度预期的实现。在这种背景下，适时启动“省直管县（市）”体制改革试点工作很有必要。因此，实行市县分治会更有利于区域经济的发展。一是通过推行“省直管县（市）”体制，可以增强县域经济活力，同时也可以使城市专注于自身发展；二是可以充分发挥省级政府在地区发展中的统筹规划作用，避免重复建设和恶性竞争，积极促成市县之间的优势互补，进而实现市县双赢的区域发展目标；三是市场经济发展的客观规律决定了市场要素必须跨越行政区划的限制，在更广阔的地域范围内自由流动才能实现资源要素的最优配置，“市管县”体制已经在很大程度上成为制约区域经济进一步发展的阻碍因素，区域经济的长远发展，需要从市场经济发展的客观规律出发，打破行政区划的地域限制，实现资源要素的自由流动。“省直管县（市）”体制改革，有助于在客观上尽快突破地级市之间的行政区划限制，使资源要素在更为广阔的地域空间范围内自由、合理地得到最优配置。

二、湖南推进省直管县（市）改革的着力点

要紧紧围绕十八大和十八届三中全会的精神，根据中央深化行政体制改革以及推进国家治理体系和治理能力现代化的总目标，按照权利与责任相统一、财力与事权相匹配和创新社会治理等要求，用3年左右的时间，省直管试点县（市）在全省率先建立权责一致、分工合理、决策科学、执行顺畅、公正透明、廉洁高效、治理创新的县级行政管理体制和运行机制，加快政府职能转变，理顺条块关系，减少行政层级，降低行政成本，提高行政效率，科学划分省和县级政府职责，依法探索省直管县（市）的体制机制，扩大县级政府社会管理和经济管理权限，进一步激发县域经济社会发展的内生动力，充分发挥县级决策自主权和要素资源优化配置的优势，培育新的经济增长极，加快推进我省全面小康进程。

（一）调整管理体制

省直管县（市）的改革涉及多方利益的调整和兼顾，为兼顾地级市的利益，我国省直管县（市）改革的模式主要是采取维持试点县（市）行政区划、统计口径隶属关系和干部管理体制不变的情况下，由省政府直接领导试点县（市）的政府工作，试点县（市）享受地级市一级的经济社会管理权限，如江苏的改革方案就是在政府层面由省直管，党委、人大、政协、司法以及干部管理体制维持不变，这样客观上形成省和地级市对试点县（市）的双重领导，造成试点县（市）负担加重、行政效率不高、干部交流受阻等问题突出。相对而言，河南的改革更为彻底，党委、人大、政协、群团组织、司法及条条管理体制都实施了省直管。建议我省采取河南全面行政省直管的管理体制。

（二）转变政府职能

省直管县（市）改革是对省、地级市、县（市）之间的政府职责进行重新划分，县级自主权扩大，所行使的职能要适应新的变化。一是试点县（市）要以简政放权为核心，充分发挥县级决策自主权和以市场为主体优化资源配置的优势，按照推进国家治理体系和治理能力现代化的要求，实行政企分开、政资分开、政事分开、政社分开，简政放权，要零门槛、无壁垒，激发县域经济社会发展的内生动力，大力发展民营经济，培育新的经济增长极。二是政府要进一步完善社会服务体系，强化政府公共管理能力、政府改革政策执行能力，提高政府服务的水平和效率，增强政府的公信力和执行力。重点发展县域特色经济、优势产业；积极发展现代农业，提高农业综合生产能力；加强农村制度建设，推进和保障农村改革发展；做好面向农村基层和群众的服务与管理，推进城乡基本公共服务均等化，保障和改善民生；强化执行和执法监管，增强处理突发公共事件和社会治安综合治理能力，维护市场秩序和社会安定，促进经济和社会事业协调发展。三是推进城乡行政管理体制一体化，大力推进扩权强镇改革。加快推进乡镇职能转变，依法探索将部分行政管理职能和社会管理权限向乡镇延伸，行政执法中心下移。

（三）确保扩权直管到位

省直管县（市）体制改革能否取得预期成效，关键在地市级政府能否将下放的各项经济社会管理权限落实到县（市），以及如何有效实现省直部门与直管县（市）职能部门之间的直接业务完全对接上。一是省里要出台试点县（市）与原隶属地级市合作规范意见。强化试点县（市）与原隶属的地级市之间的协调配合，重点加强土地利用和城乡规划、产业布局、基础设施建设、公共服务等方面的统筹协调，防止重复建设，自觉保护资源环境，促进市场要素的合理配置和自由流动，实现重大公共基础设施共建共享，优势互补，共同发展，构建互利共赢的新型市县关系。二是试点县（市）与原隶属地级市可尝试建立跨行政区划、跨行政层级的公共服务体系，为深化省直管县（市）改革，提供一些新思路。

（四）打造新的区域经济增长极

省直管县（市）体制改革是为了释放县域经济活力，培育更多的区域经济增长极。浏阳市作为强市（长沙市）管强县的代表，是湖南第一人口大县（市），第二县域经济强县（市），有条件成为湖南东部、湘赣边境的区域中心城市，长沙市的副中心城市。从当年的花炮产业一枝独秀，转型升级到如今电子信息、生物医药、机械制造、生态旅游、文化创意等花开满园。2014 年，浏阳首次进入全国 30 强，位列第 28 名，3 年跃升 32 位，成为中国百强县中进位最快的县（市）。有条件成为区域经济新的经济增长极。耒阳市是湖南第三大人口县（市），GDP 总量排第五，区位条件较好，聚集辐射能力强，可发展成为拥有 50 万城市人口的区域中心城市。新化县是我省第一批旅游特色县域经济强县，旅游产业发展空间和潜力大，辐射带动能力强，通过省政府三年 3 个亿的特色县域经济强县扶持，旅游产业将成为拉动县域经济的新增长极。茶陵县、湘乡市、武冈市、平江县、石门县、慈利县、安化县、宜章县、蓝山县和溆浦县均为弱县及贫困县，是各市省管县体制改革的试点，要采取因地制宜、分类改革和分类指导，探索省管县体制的合适模式和路径。

（五）促进区域协调发展

省直管县（市）体制改革在解放县域经济的同时，也要充分考虑地级市的未来发展问题。一是省级政府可以出台专门针对地级市政府的补偿性政策和扶植性政策，对地级市的未来发展问题全面规划，切实保障地级市在省直管县（市）体制改革中的发展利益，尽量降低改革对地级市发展利益的负面影响；二是为缓解试点县（市）给原隶属的地级市带来城市发展的空间约束，可将市县关联度大，离中心城市近的县（市）改区，如江苏将苏州市的昆山实施省直管的同时，将紧邻苏州中心城区、县域经济发达的吴江市改为苏州市的吴江区；也可探索将一些中心城市的卫星镇调整为市直管，如东莞市是市直管镇体制。

（六）推进新型城镇化

省直管县（市）体制改革有利于将一批大县、强县、特色县培育成区域中心城市。要通过撤乡并镇，强镇扩权，做大做强镇域经济；通过合并村改社区、统建居民集中区，做大县城，做强中心镇，打造特色城镇；通过土地流转，园区开发，产业集中，促进产城融合，实施城乡统筹，加快推进我省新型城镇化进程。

参考文献：

[1] 张占斌. 中国省直管县改革研究［M］. 北京：国家行政学院出版社，2012.

[2] 马斌. 政府间关系：权力配置与地方治理——基于省、市、县政府间关系的研究［M］. 浙江大学出版社，2009.

[3] 沈荣华. 中国政府改革：重点难点问题攻坚报告［M］. 北京：中国社会出版社，2012.

[4] 庞明礼. 对“省直管县”改革问题的理性反思［J］. 武汉科技大学学报（社会科学版），2009（3）.

[5] 夏锋等. “省直管县”改革应置于城市化的大背景下［J］. 财会研究，2010（1）.

[6] 王雪丽. 目标、条件与路径：“省直管县”体制改革研究［N］. 优秀博士论文，南开大学，2013 年 5 月.

（作者单位：中共湖南省委党校）

新阶段湖南经济增长动力研究

张世平　张　正　朱继无　李跃辉　周颖江　邓海龙

经过改革开放以来30多年的高速发展，湖南经济已进入一个新的发展阶段，经济发展呈现新常态，面临诸多新挑战和新机遇。本文旨在深入分析改革开放以来全省经济增长的动力机制，深刻把握未来经济社会发展阶段性特征及动力源泉，为全省适应新常态，抓住新机遇，谋求新发展，促进经济持续健康发展，加快全面建成小康社会提供决策参考。

一、改革开放以来湖南经济增长动力分析

改革开放30多年来，湖南综合实力不断增强，经济建设取得辉煌成就。1978—2013年，湖南GDP由147亿元增加到24501.67亿元，年均增长10%；人均GDP由286元增加到36763元，年均增长9.1%。经济快速发展的主要支撑，除了制度红利外，主要来自供给和需求两大动力源。

（一）从供给层面看支撑经济增长的动力

要素供给是指各种生产要素的投入，主要包括资本、劳动和技术。从社会总供给的角度看，经济增长主要取决于劳动、资本投入和技术进步带动的生产效率的提高。改革开放以来，湖南逐步加大生产要素投入规模，促进了经济快速发展。

1. 资金投入力度较大

一是金融支持力度加大。金融机构人民币贷款余额由1978年年末的64.46亿元增加到2013年年末的17774.99亿元。上市公司从无到有，2013年年末上市公司达87家。其中，境内上市公司72家，境外上市公司15家。直接融资总额达1420.5亿元，比上年增长19.5%。二是财力提供重要支撑。公共财政收入由1978年的27.98亿元增加到2013年的3307.3亿元；公共财政支出由1978年的24.46亿元增加到2013年的4635.5亿元，财政实力的显著提升为满足经济发展需要发挥着重要作用。三是招商引资注入活力。湖南实际利用外商直接投资规模迅速扩大，由1983年的26万美元扩大到2013年的87亿美元，年均增长33.5%。2013年年末，在湖南投资的世界500强企业131家。内联引资成果明显，2002—2013年，累计实际引进境内省外资金154870亿元，其中，2013年实际引进境内省外资金2883.9亿元，同比增长17.0%。

2. 人力资源投入较多

一是劳动力资源充足。第六次人口普查（2010 年）显示，湖南劳动适龄人口 4770. 49 万人，比第三次人口普查劳动适龄人口增加 1471. 06 万人；劳动适龄人口占全省总人口的比重从 1982 年的 61. 09% 提高到 2010 年的 72. 61%。二是就业增加较多。2013 年，湖南从业人员 4036. 45 万人，比 1978 年增加 1756. 40 万人。从业人员占全部人口的比重由 1978 年的 44. 1% 上升到 56. 5%。2013 年，全省城镇新增就业 80. 09 万人，就业形势保持稳定。三是受教育水平提高。2013 年，湖南普通本专科和普通中等学校在校学生为 110. 08 万人和 65. 07 万人，分别比 1978 年增加 106. 51 万人和 61. 57 万人；每万人口在校大学生人数为 210. 6 人，比 1978 年增加 203. 6 人。

3. 科技创新后劲增强

一是科技投入明显增加。2013 年，各级财政科技拨款 55. 46 亿元，是 1990 年的 50. 4 倍。R&D 投入强度明显上升。2013 年，全社会 R&D 投入总量 327. 03 亿元，比 1996 年增加 40. 9 倍；R&D 投入强度为 1. 33%，比 1996 年提高 1. 02 个百分点。二是科技人才规模扩大。2013 年，全省各类专业技术人员 101. 21 万人，比 1988 年增加 20. 98 万人。其中，自然科学专业技术人员 11. 52 万人，社会及人文科学专业技术人员 89. 68 万人。从事 R&D 活动人员折合全时人员为 10. 34 万人。三是高新技术产业快速发展。高新技术产业快速发展，成为经济增长的新亮点。2013 年，全省高新技术产业增加值 3989. 27 亿元，对 GDP 增长的贡献率达到 28. 6%。高新技术产业增加值占 GDP 的比重为 16. 3%，比 1999 年提高 12. 9 个百分点。

（二）从需求层面看支撑湖南经济增长动力

湖南经济增长主要依靠消费和投资，内需是湖南经济增长的主导力量。2013 年，湖南实现地区生产总值 24501. 67 亿元，按支出法核算，内需合计为 25282. 65 亿元，其中最终消费 11281. 02 亿元、资本形成总额 14001. 63 亿元，外需对经济增长的拉动是负效应，货物和服务净流出 -780. 98 亿元。

1. 投资是经济增长的主要动力

湖南固定资产投资由 1978 年的 20. 15 亿元增加到 2013 年的 18381. 44 亿元，年均增长 21. 5%。一是投资增长与经济增长具有趋同性。湖南固定资产投资增速与 GDP 增速的波动几乎是同向的，投资增长率的变动先于 GDP 增长率的变动，二者的变化趋势和波动周期基本相同。2004—2013 年，湖南 GDP 连续 10 年保持两位数的快速增长，得益于投资的拉动。2004—2013 年，湖南投资年均增速 28%，同期 GDP 年均增速 12. 8%。在资源数量以及技术水平既定的前提下，经济增长的快慢在很大程度上取决于投资总量的大小以及投资增长幅度，投资对经济增长有很强的拉动作用。二是投资对经济增长的贡献较大。湖南投资率由 1978 年的 28. 9% 上升到 2013 年的 57. 1%，提高 28. 2 个百分点，年均提高 0. 8 个百分点。1978—2000 年，湖南投资率在 28%—31% 之间小幅波动；2001—2013 年，湖南投资率快速上升，由 31. 1% 上升到 57. 1%，提高 26 个百分点，年均提高 2 个百分点。随着湖南投资率的逐步提高，投资对经济增长的贡献率节节攀升。2000—2013 年，资本形成总额对经济增长的贡献率由 23. 1% 提高到 63%，对经济增长的年均贡献率达 54. 3%，成为拉动湖南经济增长的主力军。

2. 消费是经济增长的稳定器

一是消费需求显著扩大。2013年，湖南最终消费为由1978年的100.83亿元增加到11281.02亿元，年均增长7.7%；消费市场稳中趋旺，社会消费品零售总额由1978年的54.84亿元增加到8940.64亿元，年均增长15.4%，比同期GDP年均增速快5.4个百分点。二是消费是经济增长的主要力量。2013年，湖南最终消费率为46%，对经济增长贡献率为39.6%，拉动经济增长4个百分点。2000—2013年，湖南经济处于发展最快阶段，GDP年均增长11.8%，最终消费对经济增长平均贡献率为47.2%，平均每年拉动经济增长5.5个百分点。三是消费需求是缓解经济剧烈波动的稳定力量。消费需求的波动小于投资需求，且滞后于投资需求波动，所以消费需求的相对稳定是经济周期性波动的重要制约因素。在投资需求迅速上升时，由于消费需求上升相对缓慢，从而限制投资需求增长的空间，以致减缓投资需求的增长速度；而在投资需求迅速下降时，由于消费需求下降缓慢，在投资需求下降初期消费需求下降很少甚至维持不变，因而具有一种自发的对经济衰退的遏制作用。1978—2013年，湖南最终消费拉动经济增长的速度基本稳定在5个百分点左右，在经济发展过程发挥了稳定器的重要作用。

（三）从制度层面看支撑经济发展的动力

经济制度的变迁（包括经济体制革新、市场制度的变化、经营管理方式的创新、产权制度的变革等），对资源配置效率和经济效率的提高会产生重大影响，是影响经济增长的一个重要因素。伴随着中国改革开放的历程，湖南深入贯彻落实中央一系列改革措施，坚持从实际出发，坚持科学发展，加快富民强省。1978—1984年，改革重点在农村，湖南逐步放宽农村政策，推行家庭联产承包责任制，对农产品收购体制进行改革，极大地调动了农民生产积极性，农村经济取得长足发展。第一产业增加值由1978年的59.83亿元增加到1984年的128.28亿元；农村居民家庭人均纯收入由1978年的143元增加到348元。1985—1991年，改革的重心由农村转到城市，湖南稳步推进企业改革、价格改革、财税体制改革和住房制度改革，不断释放经济发展活力。GDP由1985年的349.95亿元增加到1991年的833.3亿元，年均增长7.6%；工业增加值由110.05亿元增加到242.96亿元，年均增长9.4%。1992—2002年，党的十四大提出建设社会主义市场经济体制，湖南按照中央统一部署，加快制度创新，进一步扩大和发展市场经济，初步建立社会主义市场经济体系，极大解放了生产力，综合实力不断增强。1992—2002年，GDP由986.98亿元增加到4151.54亿元，年均增长10.1%。2003—2013年，自党的十六大提出全面建设小康社会奋斗目标，到十七大深入贯彻落实科学发展观，再到十八届三中全会全面深化改革，湖南与中央保持高度一致，大胆探索符合湖南实际的发展道路，把改革创新贯穿于经济发展各个领域，以分类指导全面建成小康社会为总揽，实施“一化三基”战略，促进“三量齐升”，推进“四化两型”建设，经济发展取得显著成就，GDP由2003年的4659.99亿元增加到2013年的24501.67亿元，年均增长12.5%，是改革开放35年来经济增长最快时期。

二、未来湖南经济社会发展阶段性特征及动力预判

随着经济社会发展进入新常态，湖南潜在经济增长率下滑，依靠廉价生产要素投入和大规模投资拉动的传统增长模式已难以为继，传统的发展路径和动力已经发生深刻变化。

要正确认识和把握阶段性特征，寻求新的增长动力，促进全省经济持续健康发展。

（一）经济增长进入换挡期

目前，湖南经济增长进入换挡期，即由前期的高增长区间转变为次高增长区间。次高增长区间，一般指GDP增速在7%—9%之间，比高增长区间低一个层次。一是增速回落符合经济发展规律。长期以来，湖南经济依靠大量廉价劳动力、土地供给和巨大的资源消耗，主要依靠投资，特别是基础设施建设和工业产能累积带动经济增长。随着经济总量变大，以及发展方式的不可持续性，高速增长的势头将会趋缓。从近几年湖南经济运行特征分析，转型升级十分紧迫、人口红利逐步减弱、投资率持续下降、消费需求增长困难、产能过剩等问题将在今后一段时期更加突出，由高速转为次高速增长将成为一种必然现象。二是潜在经济增长率下降苗头显现。从近年经济增长趋势看，我国经济呈现逐步回落趋势，湖南也不能独善其身。我国2010年GDP增长率为10.3%、2011年为9.2%、2012年为7.8%、2013年为7.7%、2014年前三季度为7.4%；湖南经济增长放缓也出现了一系列端倪，已进入调整阶段。近三年GDP增速分别为12.8%、11.3%和10.1%，2014年增速延续了近三年的下行态势，由2011年一季度的13.9%缓慢回落到2014年前三季度的9.2%。三是次高增长本质上仍属于较高增长。经济潜在增长率适度下降、增长阶段转换，反映了经济增长的客观规律。同时，次高增长是一个相对的概念，今后一段时期甚至更长时间，湖南经济增速保持在8%—9%的水平，须在稳增长的基础上更加重视经济发展的质量和效益。

（二）经济发展进入转型升级关键期

转型升级是使经济在结构优化基础上，增强经济发展长期动力的根本途径。今后一段时期，加快经济结构调整，全面提升湖南经济整体素质和抗风险能力尤为关键。一是产业结构加快升级。湖南工业化将进入中后期阶段，根据国际经验，这一时期最大的特征是第一产业比重下降到10%以下，第二产业比重上升到最高水平后开始下降，第三产业比重逐步加大。近年来，湖南大力推进转方式调结构，从最近三年三次产业结构变动情况看，产业结构加快升级的特征已开始显露。2013年，湖南第一产业比重为12.2%，比2010年下降2.3个百分点；第二产业比重为47%，比2010年上升1.2个百分点，但比2011年和2012年下降0.6个和0.4个百分点；第三产业比重为40.8%，比2010年上升1.1个百分点。然而，湖南对第二产业依赖程度过高，第三产业比重偏小，并且三次产业内部结构失衡，如第一产业中高科技农业占比、工业中战略性新兴产业占比，第三产业中现代服务业占比均偏低。湖南应抢抓机遇，做大做强现代农业，加快发展高新技术产业和战略性新兴产业，着力发展文化创意、金融服务、现代物流等现代服务业，努力使第三产业成为拉动经济增长的主要力量。二是消费对经济增长的贡献将出现回升。随着经济增长方式的加快转变，今后一段时期，投资由前期的高速增长转变为合理增长，消费对经济增长的贡献率将出现回升态势。一方面，长期以来投资拉动的粗放型发展模式，导致环境污染大、资源消耗多、部分行业产能过剩，经济发展质量和效益不高，这种发展模式是不可持久的。另一方面，经济持续稳定发展、人口规模不断扩大和城镇化进程加快都为消费需求提供了巨大的发展空间。据测算，湖南城镇化率每提高1个百分点，就会吸纳70多万人农村人口转移到城市，由于湖南城镇人口消费是农村消费的3.6倍左右，拉动最终消费增长潜力大。此外，国际经验表明，工业化中后期也是居民收入和消费快速提升的阶段，主要特征是居民消费需求不断扩张，居民消费结构快速升级，对文化、教育等精神文化产品需求快速增长，这都为湖南扩大消费提供了广阔的空间。三是经济发展由投资推动向创新推动过渡。经济学中的竞争优势理论，把经济发展划分为四个阶段，即生产要素导向、投资导向、创新导向和富裕导向阶段。根据湖南经济发展实际判断，今后一段时期，经济增长将处在投资推动向创新推动过渡阶段。当前，湖南产业结构层次偏低、产品附加值不高、综合竞争力不强等，在很大程度上都与创新不够有关。今后一段时期，要获得更强的增长引擎，增强竞争优势，实现可持续发展，关键就要摆脱对投资、资源等的过度依赖，而转向主要依靠高新技术、高素质人力资本和知识产权等创新要素驱动的轨道上来。

（三）经济发展进入“四化”融合发展期

工业化、信息化、城镇化和农业现代化在互动中实现同步、协调发展，才能实现经济持续健康发展。今后一段时期，湖南“四化”融合发展将进入新阶段。一是信息化和工业化深度融合。新型工业化与信息化的紧密结合，是工业化中后期的一个显著特点。国内外的工业化实践证明，新型工业化摒弃传统的先工业化、后信息化的发展模式，强调以计算机、通信、软件、电子商务为核心的信息产业与传统工业相结合，是在新的技术起点上实现高层次工业化的捷径。从今后一段时期湖南工业发展趋势来看，面临资源、环境压力加大，迫切需要发挥和利用信息技术的作用，丰富工业化的内涵，提高传统工业的技术水平，降低资源能源消耗，转变工业发展模式，实现信息化与工业化的融合发展，加快推进新型工业化步伐。二是工业化和城镇化良性互动。在经济社会发展的一定阶段，城镇化的发展与工业化进程存在着互为联系、相互促进的关系。国际经验表明，城镇化与工业化之间呈现明显的正相关性。一方面，工业化是城镇化的基本动力。工业化主要是通过产业和就业转换效应、人口集聚效应和财富积累效应带动城镇化发展。另一方面，城镇化是工业化的重要促进力量。城镇化能够通过成本节约效应、市场扩展效应推动工业化向广度和深度发展。当前，湖南已经进入城镇化和工业化快速发展阶段，从一般规律看，在这个时期城镇化和工业化互动特征较为明显。湖南城镇化滞后工业化，还有很大发展潜力。三是城乡一体化协调发展。城乡一体化是城镇化与农业现代化协同发展的重要体现。当前，湖南城乡结构不优主要表现为农业产业化、现代化水平低，农村基础设施建设明显滞后于城市基础设施建设，城乡居民收入差距进一步扩大，城乡社会事业、公共服务和社会保障发展不平衡。国内外经验表明，城镇化是推进城乡结构调整的根本出路。凡是城镇化水平高的地方，农村发展水平和农业现代化水平高，城乡一体化水平也高。湖南城镇化率在未来较长一段时期将保持每年提高 1 个百分点左右的增速，在 2015 年有望超过 50%，城市社会将逐步占据主导地位，这将为城乡结构转换创造十分有利的条件。因此，今后一段时期，湖南要抓住城镇化快速发展的契机，加快解决当前农村发展缓慢，基础设施和基本公共服务落后的城乡二元结构问题，进一步缩小城乡差距。

（四）经济发展进入“三量齐升”攻坚期

今后一段时期，进一步做大总量、优化质量、提升均量，解决湖南发展不充分、不全面、不持续的问题，是确保全面建成小康社会的关键。一是做大经济总量。无论是追赶全国平均水平，增强地区竞争实力，还是加快全面小康进程，都必须保持合理增速，加快做大总量规模。今后一段时期湖南的重要任务之一就是稳增长，防止经济过快下行风险，确保平稳渡过增长阶段的转换期，为转方式、调结构赢得时间和有利环境，力争经济实力再上新台阶。二是增强发展质量。经济健康发展必须是有质量、有效益、可持续的发展。当经济增长进入新阶段，支撑经济增长的主要因素已由生产能力的大规模扩张转向提高全要素生产率和科技进步对经济增长的贡献率。从当前评价经济发展质量的主要指标看，湖南经济质量在全国以及中部六省中均处于偏低水平，提升质量和效益的任务尤为艰巨。如2013年，湖南经济增长稳定性（经济波动率）-10.6%、工业化率40.8%、全员劳动生产率60723元/人、R&D经费投入强度1.33%、单位GDP能耗为0.8吨标准煤/万元，这些指标在中部排名靠后。要紧紧围绕以提高经济发展质量和效益为中心，加快形成新的发展方式，强化创新驱动，提高资源利用效率，增强经济增长与资源环境的协调性，努力提高GDP的含金量。三是提升人均均量。总体上看，湖南人民生活水平还不太高，人均主要经济指标都低于全国平均水平。例如2013年，人均GDP比全国平均水平低5145元，居全国19位、中部第2位；城镇居民人均可支配收入比全国平均水平低3541元，居全国12位、中部第4位；农村居民人均纯收入比全国平均水平低524元，居全国17位、中部第4位；人均固定资产投资比全国平均水平低5922元，居全国25位、中部第6位；人均进出口总额为378美元，比全国平均水平低2688美元，居全国29位、中部第6位。因此，湖南要努力缩小人均GDP、人均财政收入、居民收入等均量指标与全国的差距，特别是要围绕全面小康目标，稳步实施居民收入倍增计划，力争到2020年人均GDP达到全国水平，城乡居民收入比2010年翻一番。

（五）社会事业进入全面建设期

从发达国家经验来看，一个国家在经济较快发展的时期，往往也是社会各种矛盾较快显现的时期，比如公共产品和公共服务滞后于人民群众日益增长的需求；农村发展落后于城市发展、城乡收入差距呈现扩大趋势等城乡二元结构矛盾较为突出；就业压力增大、劳资关系紧张、收入分配不公等问题日显紧迫，这些问题如果解决不好，会影响经济发展，给社会稳定造成极大危害。因此，今后一段时期，湖南社会建设将面临一系列新的挑战，必须以改善民生和创新管理为突破口，全面推动社会主义和谐社会建设。

综合预判，今后一段时期，湖南经济增长动力将发生较大改变，从供给方面看，要素投入受到制约，创新将成为新动力；从需求方面看，投资动力出现减弱，消费动力将提升；从产业方面看，工业贡献率下降，服务业支撑作用加强；从制度方面看，改革开放释放经济社会发展活力，继续成为推动经济增长的强劲动力；从社会建设方面看，由于居民的消费倾向与医疗、社保等民生改善密切相关，教育、科技发展直接影响经济发展的质量和竞争力。社会事业的快速发展，将成为拉动经济持续增长的新动力。

三、促进湖南经济持续健康发展的对策建议

（一）努力强化创新驱动

一是加快完善创新机制。当前，产业升级与技术创新越来越融合为一体，要推进企业主导、市场导向的技术创新，完善产业技术研发创新机制。鼓励创新资源向企业流动，引

导资金、人才、技术等创新要素向企业集聚，支持有条件的企业加强研发平台建设，加大对中小企业、微型企业技术创新的扶持力度，加快建立高校、科研院所技术成果向企业转化机制，推进传统制造向以研发为基础的制造转型。二是加大创新投入。2013年，湖南综合科技进步水平指数为44.7%，比全国平均水平低15.6个百分点，居全国第17位、中部第3位；研究与试验发展经费支出占地区生产总值的比重比全国平均水平低0.75个百分点。要加大对重大科技基础设施和战略性新兴产业关键共性技术投入，引导企业逐步提高企业研发投入占销售收入的比重；鼓励金融机构探索设立科技支行，发展私人风险投资，鼓励开展知识产权质押贷款和科技保险，完善有效服务科技创新的专业化融资体系。三是加快成果转化。2013年，全省规模工业企业中，新产品产值比重仅为13.1%；全省应用科技成果的本土转化率不到70%，一些重大科技成果难以就地转化。要进一步完善科技中介服务体系和产学研合作体系建设，鼓励企业、投资机构和高校、科研院所组建合作实体，推进科技成果转化；大力培育创新型领军企业，集中力量打造一批规模超千亿、具有国际竞争力、引领产业发展的创新型领军企业。

（二）继续扩大社会需求

一是保持投资合理较快增长。根据湖南“一带一部”的新定位，积极争取国家支持，增加与城镇化、区域发展等相关的利长远、增后劲的农业、水利、交通、能源、环保、市政等基础设施和民生工程项目储备；推进投资主体多元化，加大招商引资力度，鼓励社会资本参与非竞争领域投资，强化项目资金保障；健全项目推进机制，改善投资环境；突出抓好重大项目特别是产业项目建设，加大战略性新兴产业投资力度，增强经济发展后劲；加强土地供应和房地产业的分类管理，促进房地产市场健康发展。二是着力扩大居民消费。2013年，湖南最终消费对经济增长的贡献率比全国平均水平低10.4个百分点，增长潜力较大。要不断完善消费设施，优化消费环境，增强消费信心，改善消费预期；加大消费信贷支持力度，鼓励金融机构在有效防控风险的前提下，开发多样化消费信贷产品；加快发展移动通信，鼓励电子商务创新发展，积极培育网络购物等新型消费业态；扩大餐饮、住宿、日用品等传统消费规模，多层次培育信息、医疗、养老、文化、汽车、家政等新的消费热点，增强消费的拉动作用。

（三）着力构建现代产业体系

积极寻找新的产业支撑点，加快推动产业向高端引领、创新驱动、绿色发展转变。一是加快推动现代服务业发展。按照国际经验，每1元现代制造业增加值相应需要1元以上的生产性服务业提供配套服务，2013年全省工业增加值与生产性服务业增加值的比例仅为1∶0.433，生产性服务业发展严重滞缓。要坚持市场化、产业化、社会化方向，努力消除限制服务业发展的体制障碍，鼓励服务创新，优先发展现代物流业、金融服务业、信息服务业等生产性服务业，促进现代服务业与现代制造业良性互动发展。二是大力推进新型工业化。与国内其他省份相比，湖南工业仍有很大的发展空间。要坚持走新型工业化道路，以技术高端化、产业集群化、资源集约化推动制造业结构调整，依托大产业、大项目和大基地建设，着力提升产业链长的汽车、石化、工程机械等优势产业的核心竞争力，打造全国先进制造业基地，增强湖南的经济实力。加快发展战略性新兴产业，选择具有相对优势的产业实行重点突破，对规模尚小的电子信息、新材料、新能源等产业要加大扶持力度。

三是做大做强现代农业。要创新农业发展模式，发展农业产业化经营；着力调整农业产业结构，加快培育休闲农业、旅游农业等新型业态；加强对农业产业化龙头企业的培育扶持，不断完善农业服务体系，规范土地流转市场，发展适度规模经营。加强农民工职业培训力度，加大农业基础设施建设力度，为现代农业发展提供有力的支撑。

（四）加快推进新型城镇化

2013 年，湖南城镇化率比全国平均水平低 5.77 个百分点，未来城镇化率有 20 个百分点以上的增长空间。一是构建现代城镇体系。按照主体功能区规划要求，根据各地人口规模、区位条件、资源禀赋、产业结构等特点，强化全省中心城市的辐射带动作用，做大省域次中心城市和市（州）中心城市，努力破解制约县城和中心镇发展的制度瓶颈问题，构建以特大城市为依托，大中小城市和小城镇协调发展的新型城镇体系。二是加强城镇设施建设。加快城市道路、桥梁建设改造，加大供水、污水、雨水、燃气、供热、通信等市政地下管网，排水防涝和防洪设施以及电网的维护改造力度，提高污水和垃圾处理能力，扩大城市公园、绿地面积，走集约、智能、绿色、低碳的城镇建设道路。三是推进城乡一体发展。按照全面放开建制镇和小城市落户限制、有序放开中等城市落户限制、合理确定大城市落户条件的要求，制定适合湖南省情的城镇户籍政策；加强农业转移劳动力市民化保障体系，确保随迁子女平等教育权利，促进就业创业，逐步实现社会保障、医疗卫生、住房保障等公共服务的均等化；统筹推进城乡规划、产业发展、基础设施、公共服务和环境治理，改善农村生产生活条件，增强农村发展活力，促进城乡共同繁荣。

（五）不断深化改革开放

一是加快推进简政放权。不断完善国有资产管理体制，理顺混合所有制经济发展机制，鼓励非公有制企业参与特许领域经营，完善公平公正开放透明的市场规则；深入推进财税体制改革，完善事权、支出责任适应制度，构建多层次投融资体系；进一步放宽金融市场准入条件，推动利率市场化，完善金融监管，激发金融市场活力。二是加快发展开放型经济。努力扩大外贸规模，优化出口结构；鼓励企业“走出去”，将研发、人才等高端市场要素与湖南产业链有机衔接起来，提高湖南产品在价值链中的位置。三是加快完善社会保障体系。通过实施积极的就业战略、调整收入分配格局、完善社会保障制度，健全有利于内需潜力不断释放、投资消费协调发展的长效机制。

（作者单位：湖南省统计学会）

农产品供应链合作联盟的蜈蚣博弈分析

李风琦

发展现代农业，实现城乡一体化的关键是提高农业科技化、市场化、组织化程度。当前，我国农业的现状是人多地少的农户分散式经营为主的“小农经济模式”，以现代企业模式大规模、高机械化程度、标准化生产的现代工业化的农业所占比重很小。在这种情况下，要发展现代农业，提高农民收入，确保农产品质量，缩小城乡差距，建设好社会主义新农村，就应以农企为领导、市场为主导、政府为向导，通过发展农产品供应链联盟等模式，引导农户走上现代农业之路。

但是，因气候、地理、风俗等不同，我国农业的情况比较复杂，还有很多农户没有参与到供应链系统中来，就是参与到农产品供应链系统的农户，也存在着稳定性不高、效率不高、质量难以保证等问题。为此，本文用博弈理论和蜈蚣博弈，以农产品供应链中农户与农产品加工生产的核心企业的运行关系为代表分析农产品供应链的现状和存在的问题，在此基础上探讨如何加强稳定性、提高效率、保证质量等问题，预期为供应链的健康发展提供有益的对策建议。

一、农产品供应链现状的博弈分析

在我国现代农业发展模式中，农户与农业核心企业合作是发展比较早的，也是比较成熟的一种供应链运作模式。常用的运作模式有生产企业主导、生鲜超市主导、农合组织主导等，其中以生产企业为主导的模式情况最普遍、发展规模最大、受益农户最多，形成最主要的一种农产品供应链体系。如 1993 年年初，山东潍坊等地发展出将农业核心企业与农产品生产基地或农户捆绑在一起的农产品供应链原料采购阶段的一体化模式。广东温氏食品集团与农户形成的养殖业供应链体系等，都是以生产企业为主导的农产品供应链体系。这些供应链模式，都是利用农产品加工的核心企业为龙头，从农产品种子、辅助资料、技术服务、市场销售等方面，将分散的农户“集中”起来，形成合力，促进发展。

这种供应链模式大都能发挥好核心企业在人才、技术、质量、信息和品牌等方面的优势，实现农户与核心企业的双赢效果。一是核心企业可以为农户提供人才优势。核心企业可以定期派出技术人员到广大农户家中，加强培训，加强指导，逐步将农户训练成具有一定专业素质的人才。二是核心企业可以为广大农户提供相关的最新技术。比如，以牛奶业为例，核心企业可以将奶牛饲料成分的配制、奶牛病疫防治、鲜奶保质等方面的知识和技能传授给与其合作关系紧密的农户，培养一批供应链条稳定的鲜奶来源。三是加强质量控制。核心企业可以深入到农户的农业生产中，做好产前、产中和产后的质量指导和把关作用，控制好农产品的质量源头。四是加强信息沟通，减少信息不对称。有利于指导农户适应市场的变化去调整自己的农业产业生产结构。五是为核心企业确保自己的产品品牌提供可靠的原材料来源。

从博弈论知识来看，可以用智猪博弈来分析：假设猪圈里有一头大猪、一头小猪。猪圈很长，一头有一踏板，另一头是饲料的出口和食槽。猪每踩一下踏板，另一边就会有相当于10份的猪食进槽，但是踩踏板以后跑到食槽所需要付出的“劳动”，加起来要消耗相当于2份的猪食。具体博弈见图1：

		大猪：触动开关	大猪：不触动开关
小猪	触动开关	(1, 5)	(-1, 9)
	不触动开关	(4, 4)	(0, 0)

图1　智猪博弈矩阵

若我们将核心企业比作“大猪”，广大农户比作“小猪”。从图1的博弈矩阵可知，“小猪”没有动力去触动食槽开关，“大猪”若不触动食槽开关则大小猪都得不到食料，大猪只好先触动食槽开关再来吃食料。因此，大猪触动食槽开关，小猪不触动食槽开关的策略形成一个博弈均衡解，此处小猪产生了搭便车行为。类比到以核心企业为主导的农产品供应链体系中，就是核心企业主动做好市场价格、市场销售、农产品收购和技术服务等方面的工作，农户只是管好农产品生产，保证产品质量即可，体现在农产品供应链看核心企业服务和带动农户致富的主导性作用。在这种农产品供应链合作机理下，在核心企业提供的机遇与发展平台上，广大农户借助核心企业形成一个农产品供需的稳定体系。

但是，在我国农产品供应链模式的发展过程中，因为核心企业的垄断性力量、双方信息不对称、各自趋向利益最大化的动机等，都会导致供应链体系中的某一方利益受损，大多数情况下农户是利益受损方。仍以广东温氏食品集团为例，在发展过程也产生了不少问题，如合作农户与温氏集团交易时始终处于弱势地位，温氏集团在合作中将剩余利润分配时向己方倾斜。另一方面，农户经营养殖业风险较高，温氏集团没有很好地进行分担，影响农户的生产积极性等[1]。导致供应链双方陷入“囚徒的困境”陷阱。本文认为农产品供应链中农户与核心企业的博弈关系类似于蜈蚣博弈的情况，并从分析解决蜈蚣博弈悖论的方法来优化农产品供应链合作机理，实现供应链模式更好的发展。

二、蜈蚣博弈简介

（一）蜈蚣博弈

“蜈蚣博弈”（centipede game）是由罗森塞尔（Rosenthal）在1981年提出的一个动态博弈问题。由于这个博弈的扩展形很像一条蜈蚣，因此被称为“蜈蚣博弈”。

“蜈蚣博弈”是指这样一个博弈：两个博弈方 A、B 轮流进行策略选择，可供选择的策略有“合作”和“不合作”两种。他们的博弈展开式如图 2：

A —— B —— A —— …… A —— B —— A —— B ——（10， 10）

| * * * * | * * * | * * * * * * | * * * * | * * * * | * * * |

(1,1) * (0,3) * (2,2) * * * * (8,8) * (7,10) * (9,9) * (8,11)

图 2　蜈蚣博弈

在图 2 中，博弈从左到右进行，横向连杆代表合作策略，向下的连杆代表不合作策略。每个人下面对应的括号代表相应的人采取不合作策略，博弈结束后，各自的收益，括号内左边的数字代表 A 的收益，右边代表 B 的收益。如果一开始 A 就选择了不合作，则两人各得 1 的收益，而 A 如果选择合作，则轮到 B 选择，B 如果选择不合作，则 A 收益为 0，B 的收益为 3，如果 B 选择合作，则博弈继续进行下去。可以看到每次合作后总收益在不断增加，合作每继续一次总收益增加 1，如第一个括号中总收益为 1 + 1 = 2，第二个括号为 0 + 3 = 3，第二个括号则为 2 + 2 = 4。这样一直下去，直到最后两人都得到 10 的收益，总体效益最大。遗憾的是这个圆满结局很难达到。

（二）蜈蚣博弈悖论

注意在上图中最后一步由 B 选择时，B 选择合作的收益为 10，选择不合作的收益为 11。根据理性人假设，B 将选择不合作，而这时 A 的收益仅为 8。A 考虑到 B 在最后一步将选择不合作，因此他在前一步将选择不合作，因为这样他的收益为 9，比 8 高。B 也考虑到了这一点，所以他也要抢先 A 一步采取不合作策略……如此推论下去，最后的结论是：在第一步 A 将选择不合作，此时各自的收益为 1。这个结论是令人悲伤的。

不难看出，在该博弈的推理过程中，运用的是逆推法。从逻辑推理来看，逆推法是严密的，但结论是不合理的。因为一开始就停止的策略 A、B 均只能获取 1，而采取合作性策略有可能均获取 10，当然 A 一开始采取合作性策略有可能获得 0，但 1 或者 0 与 10 相比实在是很小。直觉告诉我们采取“合作”策略是好的。而从逻辑的角度看，A 一开始应选择“不合作”的策略。人们在博弈中的真实行动“偏离”了运用逆推法关于博弈的理论预测，造成二者间的矛盾和不一致，这就是蜈蚣博弈的悖论。

三、农产品供应链合作机理的博弈分析

在农产品供应链中，农户与核心企业之间的合作类似于蜈蚣博弈的 A、B 双方，农户与核心企业双方在合作中，轮流拥有主动权，可以选择合作的积极应对态度，也可以选择不合作的消极应对态度。如果是积极应对，则表明该方有预期到下一阶段仍参与合作，如果是消极应对则暗示到此阶段就结束双方的合作模式。

为了分析的方便，不妨设 A 方表示农户，B 方表示农产品核心企业。双方博弈的每一阶段可以是每一次农产品交易，也可以是每一个合同周期，等等。以图 2 博弈为例，起始阶段，农户参与到以核心企业为领导的农产品供应链体系中，如果只有合作这一次就结束，A、B 双方收益均为 1；如果参与合作到第 2 期，是否合作的主动权在 B 方，如果 B 选择以后不再合作，A、B 的总收益分别为 0、3；如果参与合作到第 3 期，是否合作的主动权回到 A 方，如果 A 选择以后不再合作，A、B 的总收益分别为 2、2；如果参与合作到

第 4 期，是否合作的轮回到 B 方，如果 B 选择以后不再合作，A、B 的总收益分别为 1、4。以后各期以此类推。就是说 A、B 双方的合作以连续的方式分期进行，双方轮流拥有终止合作的主动权，每方在触动终止合作的“按键”时，都会比对方多获得一点收益。按照这种模式博弈下去，依照 A、B 双方理性经济人的特性，合作应只能进行一次，即第一次合作。但我们从整个博弈图示来看，第 1 期就结束的博弈虽是 Nash 均衡，但并不是最优解。博弈中除了第 2 期，任何一期都优于第 1 期。这就是前面提到的蜈蚣博弈悖论。

本文参考学者们对蜈蚣博弈悖论的探讨，结合我国农产品供应链实际，从以下几个角度分析如何化解这种类似“囚徒困境”的蜈蚣博弈悖论，思考如何更好地促进农产品供应链体系的建立，更好地发挥农产品供应链的作用，促进农户与市场更好、更顺畅的对接，实现农户与农产品生产、加工等核心企业的双赢。

（一）预期心理的合作模式

在供应链体系的互动多阶段博弈中，理性的农户和核心企业都可以看到，只要能坚持两期的合作，双方的收益都会增加，过早的触动“按钮”只会使双方都受损。但是关键的问题是选择何时结束博弈，即结束合作。（如果博弈在自己选择的阶段结束，那么结果就称为可控收益。如果博弈是在对方选择阶段结束，那么结果就称为不可控收益）。一般地，各方的可控收益大于前一期的不可控收益。每一方都要考虑如何才能引导对方继续加强合作，最大化地促进整个博弈收益，当然博弈方也会增大收益。此时，可以利用预期心理的方法来选择最佳的结束阶段，就是分析找 A、B 双方的最大可控收益，最佳的博弈结束点就是这两者的任何一个。不管是哪种结果，都会高于 Nash 均衡解。以四阶段蜈蚣博弈为例，如图 3：

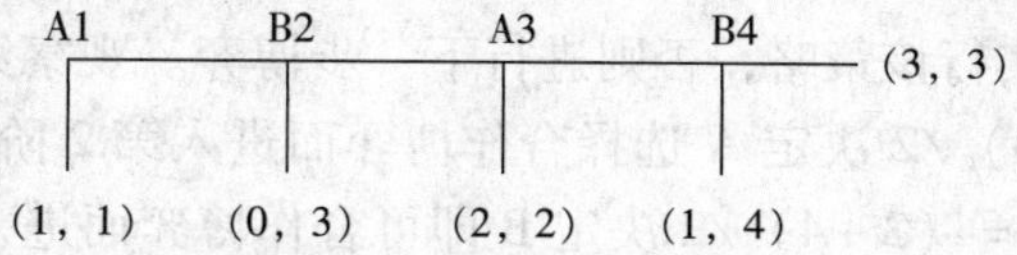

图 3　四阶段蜈蚣博弈图

A 的最大可控收益是第 3 阶段的 2，B 最人的可控收益是第 4 阶段的 4。因而由预期心理法分析，A 在第 3 阶段或 B 在第 4 阶段终止博弈的可能性最大。而不会是 A 的第一阶段就结束博弈。从图 2 来看，可能性最大的博弈解应是第 3 阶段，此时 A、B 方的收益都是 2。

在实际的农产品供应链体系中，农户有自己的未来预期，当他觉得参与多期后，其收入没有达到预期目标，或是有更好的非农就业机会会提供更高的收入时，他就会触动“按钮”结束为核心企业提供农产品原材料。同样的，对于农产品核心企业，当他感觉农户为其提供的农产品质量有问题或是农户要价过高时，也会结束合作，重新寻找更有好的合作农户，或是开辟新的供货渠道等。当然，我们举例是以有限阶段的蜈蚣博弈为例，若是无限期的博弈链，也不代表双方就一定会无限期的合作下去。很有可能是在博弈的某一阶段，某方发现有更好的获利机会，那么他就会考虑机会成本和收益等问题，也会结束合作。

（二）利益补偿的合作模式

在供应链合作模式中，一旦某方发现其在此供应链合作中短期没有得益，长期也没有得益的空间，他就会退出此合作。此时，供应链获利大的一方如果给予对方合理的利益补偿，就可以促使合作继续进行下去，最终也是双方共同受益。潘天群[2]分析了博弈双方合作在讨价还价利益补偿来达到合作的目的，可使双方利益均最大化。

仍以图 2 的四阶段蜈蚣为例分析。假设没有协商成本和收入的时间价值，B 与 A 协商在第 2 阶段 B 选择不合作结束博弈，但通过给予 A 补偿 x，让 A 在第一阶段选择“合作”策略。只要满足 $0+x>1$ 且 $3-x>1$ 即可，因此当 $1<x<2$ 时双方就会达到博弈第 2 阶段。同理若使博弈继续进行，A、B 之间可以不断地协商，最终达到博弈的合作性均衡。同时，就此博弈来看，也要注意到 A 方一直处于相对劣势状态下，因此在博弈的任何环节 A 方都没有补偿 B 方的可能性，A 方唯一的优势就是可在自己方作决定时触动“按钮”来结束合作。这就很类似于供应链合作中的农户，农户一般是处于被动、劣势的一方。因此，核心企业要给予一定程度的让利行为，激发农户的积极性，同时也可能促进双方共同获益。

（三）灰势分析的合作模式

方志耕等[3]提出了利用“区间灰数”和灰势判定规则来求解蜈蚣博弈的均衡解，也称为“灰数规整”顺推法求解方法。本文以仍以图 2 四阶段蜈蚣博弈说明灰数规整顺推法的基本求解思想（灰势分析）。首先从最底层的子博弈开始寻找博弈双方的区间灰数，最底层子博弈是 B 决策的第 4 阶段，此时 A 区间灰数在该博弈下其收益的最小值到收益最大值的闭区间，由图可知 A 的区间灰数为 [1, 3]。同理 B 的区间灰数 [3, 4]。然后再上推到上一层子博弈为 A 决策的第 3 阶段。A 的区间灰数 [1, 3]，B 的区间灰数 [2, 4]。第 2 阶段博弈 A 的区间灰数 [0, 3]，B 的区间灰数 [2, 4]。第 1 阶段博弈 A 的区间灰数 [0, 3]，B 的区间灰数 [1, 4]。每阶段的灰势是当时区间灰数的中点值，若当时不合作收益大于等于灰势就实行该策略，否则进行下一步博弈。观察第 1 阶段博弈，A 的不合作收益 1，由 $1<(0+3)/2$ 决定 A 选择合作博弈而进入第 2 阶段博弈。第 2 阶段博弈，B 的不合作收益 3，由 $3=(2+4)/2$ 决定 B 即可合作博弈而进入第 3 阶段博弈，也可终止博弈。若终止博弈则 A 收益 0，B 收益 3。若进入第 3 阶段博弈，A 的不合作收益 2，由 $2=(1+3)/2$ 决定 A 即可合作博弈而进入第 4 阶段博弈，也可终止博弈。

灰势分析的方法其实就是一种向前看的分析，以未来到博弈的某个阶段为止，博弈方的收益区间情况，然后以收益区间的中位数作为参考值来作为当下阶段的判定标准。这就突破了博弈双方以博弈前后一期为标准来作决定的短见的目光。因此，在农产品供应链体系中，农户和农产品核心企业方都要将目光放长远，以整个行业的未来价值链发展趋势为目标，共同努力做好。尽量不出现三鹿奶粉事件，这是因为农户提供给企业有三聚氰胺的鲜奶导致奶粉产品质量出现问题而危害消费者，这同时也将使以三鹿公司为核心企业及为其提供奶源的广大农户的供应链体系完全破坏殆尽。

（四）沉没成本投入的合作模式

在供应链中，供需双方合作不稳定，主要是双方的合作基础不牢固，当某方感觉到自身在供应链体系中没有达到预期收益目标，或是觉得利益被剥夺时，一旦有更好的机会，就会退出现有供应链体系。因此，为供应链体系的长远发展、健康发展，供应链中的供需方可以在合作之初共同投入一定的沉没成本，不完成一定的合作任务或期限不能将此成本收回，这样就能增大双方合作的基础。比如在图 2 的博弈图中，A、B 双方在博弈前 A、B

双方各投入成本 2，并约定从第 2 阶段起每一阶段博弈中双方分别回收成本一个单位。若按此规则博弈则双方在博弈第 3 阶段就已经回收了全部成本，则 A、B 双方的博弈心态又会发生怎样的变化？整个博弈见图 4，此时的蜈蚣博弈均衡解到第 2 阶段或第 3 阶段就结束。

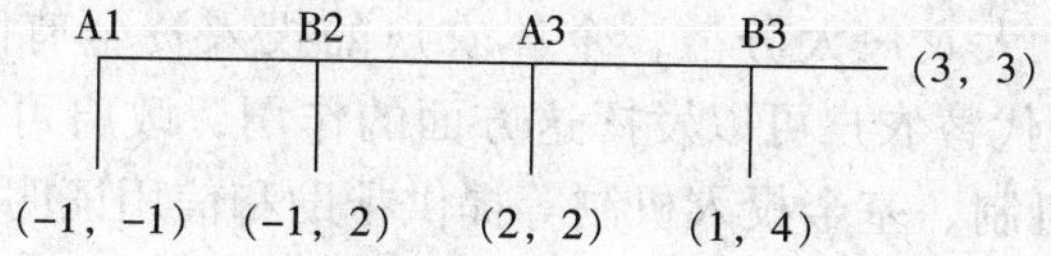

图 4　四阶段蜈蚣博弈图

四、结论与建议

（一）结论

通过对蜈蚣博弈进行分析，以化解蜈蚣博弈悖论为手段，可以看到在农户和农产品核心企业者为理性的前提下，还是能实现多期的合作博弈，双方能达到一定程度的收益最大化。解决这个问题方法有多种，可以加强相互沟通与交流，最大化各自的心理预期目标；可以采用获利多的一方给予利益补偿，促进双方继续合作；可以向前看的心态加强对合作模式发展的信心，促进合作共赢；可以约定共担风险，投入一定程度的沉没成本，增进双方合作的基础，不断推动合作向前发展，等等。

（二）建议

农产品供应链体系中很少有如工业化、信息化产业般强强联合模式，因此，本文主要针对供应链体系中强势方核心企业与弱势方农户间如何加强合作，通过供应链合作模式促进双赢，从解决蜈蚣博弈悖论的几个主要方法出发，谈几点建议：

一是加强供应链合作的心理预期，杜绝短视行为。农业及与农业相关的产业风险性较大，农户很容易在没有得到显著效应或利益时退出供应链体系。因此，作为供应链的供需双方都要有为长期打算的心理准备，不断促进供应链合理健康发展。

二是建立合理补偿机制，促进公平分配。在农户与核心企业的供需模式中，农户一般处于弱势地位，他们对市场变化反应慢、学习新技能慢、更新新农产品品种慢，这些都要核心企业为他们提供全方位、多层次的指导与服务。同时，核心企业以现代企业动作方式，面对市场，拥有资金、信息、技术和市场等优势，很容易会导致“杀鸡取卵”式的发展模式，过度掠夺农户的利益，导致供应链的畸形发展。这从长远来看也是不利于核心企业的发展的。因此，作为有长远眼光的核心企业，应主动建立合理补偿机制，使农户在供应链中受损的部分利益得到一定的补偿，实现较为公平的利益分配机制，促进供应链体系健康发展。

三是建立阶段性目标调整机制，注重发展效益。分析灰势分析的合作模式，在任何一个博弈阶段，双方都要重新评估今后发展下各自的效益均值是否会强于目前状态，若是有增长机会就持续合作下去，若没有增长空间，则就在当下结束合作。这就要求供应链体系中供需双方根据当前的形势预估今后的发展变化，进行新的目标调整，以发展的眼光看问题，这样可能更有利于建立稳定性供应链体系。

四是夯实互信的合作基础，实现合作双赢。当供应链管理中双方有了坚实的合作基础，就会减少一些交易成本，促进信息交流，携手共进，共同发展，实现双赢。具体方法可以是双方在合作之初就建立合作基金（类似沉没成本），没有达到一定的合作期限时，违约一方的“沉没成本”就无法收回，这就建立起双方合作的硬约束，共同做好供应链体系建设。同时，考虑到广大农户太分散，个体农户的投入资金有限，很难拿出一定量的“沉没成本”出来，政府代替农户可以发挥这方面的作用，政府可以召集核心企业和农户双方，就如何建议互信机制、基金投入机制等提供帮助和信用证明等。

参考文献：

[1] 胡浩民，黄泽文，向安强．农户弃养：温氏集团“公司＋农户”模式或可遭遇的困境及对策［J］．古今农业，2012（2）：15—24.

[2] 潘天群．交流理性与逆向归纳法悖论的消解［J］．自然辩证法研究，2005（12）：25—28.

[3] 方志耕，刘思峰，施红星，徐正栋．破解“蜈蚣博弈”悖论：“灰数规整”顺推法研究［J］．中国管理科学，2008（2）：180—186.

（作者单位：湖南省社会科学界联合会）

中国税收安排对城乡收入差距的影响
——基于空间计量模型的实证分析

李佳佳　罗富政　彭　郁

一、引言

改革开放以来，我国经济持续快速发展，城乡居民的收入水平得到较大提高，生活水平也得到了有效改善。但是，伴随着经济的快速增长，传统经济发展方式对收入分配领域中许多不合理因素产生支撑，导致收入分配差距呈现日益扩大趋势，城乡收入分配不公问题日益突出。这不仅降低了人们生产劳动的积极性，导致社会经济效率下降，而且还可能会激化社会矛盾，影响社会安定。造成我国城乡收入差距扩大的原因有很多，其中税收的调节功能没有充分发挥作用是重要的原因之一。那么，我国各区域城乡收入差距的基本状况是怎样的？税收安排是如何影响城乡收入差距的？影响城乡收入差距的因素有哪些？怎样缩小城乡收入差距？本文拟就这些问题进行深入研究。

近年来，国内外学者对税收和城乡收入差距进行了较为深入的研究。Meade 和 James（1992）[1]认为首先要课征累进所得税同时给予劳动所得更多的优惠，其次要征收遗产税和赠予税，最后要对教育和医疗服务进行支出，这样通过扩大社会福利才能减少收入分配差距；Wang 和 Zhai（1998）[2]在贸易自由化和关税减少背景下，利用 CGE 模型研究发现征收等额的累进家庭所得税可以提高经济效率，降低基尼系数；Engel 等（1999）[3]通过量化税收对收入分配的影响，估计税制结构的变化，发现在智利税收体制对收入分配基本没有直接影响，税收前和税收后的收入分配基本一致；Bird 和 Zolt（2004）[4]研究发现发达国家累进所得税制是减少收入不平等的重要工具，而对于发展中国家由于市场的相对落后和政府的无效监管，导致累进所得税在减少收入分配不平等方面作用较小；Hyun 和 Lim（2005）[5]分析了韩国在金融危机前后收入分配的变化，发现收入不平等在金融危机后变得更加严重，基尼系数从 1996 年的 0.337 上升到了 2000 年的 0.401；Mahon（2011）[6]通过对拉丁美洲税制改革和收入分配的关系进行研究，发现税制改革恶化了收入分配，但程度并不是很大。国内也有学者对城乡收入差距与税收关系进行了研究，刘怡、聂海峰（2004）[7]研究表明，低收入家庭收入中负担增值税和消费税的比例大于高收入家庭，但高收入家庭收入中负担营业税的比例大于低收入家庭，间接税恶化了收入分配，但并不显著；张文春（2005）[8]认为我国个人所得税调节收入分配的效果甚微，应该采取以低收入者为目标的财政支出计划和其他政策措施；王乔、汪柱旺（2008）[9]认为在我国现行税制结构中，增值税和消费税扩大了居民的收入差距，个人所得税对缩小居民收入差距有良好的促进作用；陈建东、赵艾凤（2013）[10]通过研究个人所得税对城镇居民的收入差距和社会福利的影响，发现个税能够缩小省际收入差距，但调节作用有限。

近年来，我国城乡收入差距问题日益突出，影响和制约着经济社会协调发展，税收政策作为调节收入分配的重要手段，应该在缩小城乡收入差距上发挥应有的作用。基于此，本文以我国 2003—2012 年 31 个省市为研究对象，在测度区域城乡收入差距的基础上，通过空间计量模型，实证研究了税收安排对区域城乡收入差距的影响，为各地区运用税收手段调节收入差距提供可供参考的政策建议。

二、我国区域城乡居民收入差距的测度与分析

现阶段我国收入差距主要是在社会收入的初次分配中形成。面对我国日益扩大的收入差距，政府如果不采取有效的调控措施，将会妨碍我国经济社会的发展，影响社会的稳定。如果想要长久缩小收入差距，需要有效运用税收经济杠杆来调节收入分配。在研究税收安排对我国收入差距的影响之前，有必要对城乡收入差距进行测度和空间探索性分析。

（一）城乡居民收入差距的测度

改革开放以来，我国收入差距不断扩大，很多学者开始研究收入差距及其影响因素。目前，国内外学者主要用极差、标准差、基尼系数、泰尔指数等指标来表示。由于泰尔指数不仅可以考虑到城乡居民绝对收入变化，而且还可以反映城乡人口结构的变化，所以本文选取泰尔指数来衡量中国区域间的城乡收入差距。泰尔指数是 Theil（1967）利用熵概念计算收入不平等而提出的，泰尔指数越大，差距越大。泰尔指数的计算公式如下[11]：

$$T_{it,u} = \frac{P_{it,u}}{P_{it}} \times \ln \frac{P_{it,u}/P_{it}}{I_{it,u}/I_{it}} \tag{1}$$

$$T_{it,r} = \frac{P_{it,r}}{P_{it}} \times \ln \frac{P_{it,r}/P_{it}}{I_{it,r}/I_{it}} \tag{2}$$

$$T_{it} = T_{it,u} + T_{it,r} \tag{3}$$

式中，T_{it} 是指第 t 年第 i 个省市的泰尔指数，$T_{it,u}$ 表示第 t 年第 i 个省市的城市内部差距，$T_{it,r}$ 表示第 t 年第 i 个省市的农村内部差距，$P_{it,u}$ 表示城镇人口数，$P_{it,r}$ 表示农村人口数，P_{it} 表示总人口数，$I_{it,u}$ 表示城镇人均可支配收入，$I_{it,r}$ 表示农村人均纯收入，I_{it} 表示城市和农村总收入之和。根据以上公式，将中国 2003—2012 年 31 个省市的数据进行逐年测算得到各省市 10 年的泰尔指数值，测算结果如表 1 所示。

表 1　城乡收入差距的测度结果

地　区	城乡收入差距泰尔指数									
	2003	2004	2005	2006	2007	2008	2009	2010	2011	2012
北京	0.0171	0.0173	0.0524	0.0587	0.0587	0.0627	0.0659	0.0859	0.0966	0.0985
天津	0.0051	0.0031	0.0084	0.0096	0.0104	0.0102	0.0128	0.0221	0.0398	0.0536
河北	0.3039	0.2625	0.2471	0.2416	0.2221	0.2078	0.1894	0.1691	0.1427	0.1280
山西	0.2748	0.2629	0.2303	0.2239	0.2107	0.2006	0.1969	0.1727	0.1500	0.1321
内蒙古	0.1982	0.1868	0.1647	0.1519	0.1382	0.1206	0.1115	0.0925	0.0768	0.0670
辽宁	0.1231	0.1126	0.0334	0.0350	0.0358	0.0316	0.0327	0.0215	0.0113	0.0071
吉林	0.0986	0.0839	0.0853	0.0831	0.0821	0.0759	0.0787	0.0852	0.0597	0.0564
黑龙江	0.0846	0.0715	0.0746	0.0726	0.0631	0.0477	0.0487	0.0376	0.0249	0.0230
上海	0.1354	0.1226	0.1431	0.1353	0.1277	0.1255	0.1279	0.1454	0.1479	0.1479
江苏	0.0968	0.0866	0.0784	0.0740	0.0692	0.0640	0.0568	0.0264	0.0179	0.0137
浙江	0.0674	0.0605	0.0474	0.0468	0.0427	0.0387	0.0372	0.0184	0.0142	0.0114
安徽	0.4096	0.3605	0.3453	0.3256	0.2934	0.2537	0.2342	0.2099	0.1872	0.1633
福建	0.1598	0.1550	0.1203	0.1162	0.1064	0.0963	0.0810	0.0661	0.0545	0.0442
江西	0.3285	0.2909	0.2729	0.2482	0.2392	0.2088	0.1878	0.1693	0.1390	0.1205
山东	0.1934	0.1829	0.1655	0.1562	0.1547	0.1477	0.1416	0.1235	0.1033	0.0902
河南	0.5060	0.4561	0.4184	0.3804	0.3423	0.3119	0.2866	0.2635	0.2209	0.1929
湖北	0.2111	0.1963	0.1941	0.1895	0.1839	0.1691	0.1624	0.1163	0.0910	0.0770
湖南	0.3632	0.3279	0.3044	0.2814	0.2596	0.2280	0.2148	0.2027	0.1741	0.1561
广东	0.0562	0.0534	0.0519	0.0382	0.0372	0.0338	0.0350	0.0191	0.0138	0.0108
广西	0.5302	0.4532	0.4297	0.3961	0.3843	0.3537	0.3395	0.3167	0.2770	0.2469
海南	0.1812	0.1741	0.1589	0.1639	0.1528	0.1421	0.1324	0.1296	0.1156	0.1037
重庆	0.2794	0.2573	0.2318	0.2362	0.2083	0.1819	0.1655	0.1383	0.0924	0.0760
四川	0.4531	0.4099	0.3684	0.3575	0.3357	0.2989	0.2818	0.2536	0.2196	0.1958
贵州	0.6923	0.6533	0.6447	0.6493	0.6206	0.5737	0.5608	0.4557	0.4247	0.3933
云南	0.6660	0.6446	0.5912	0.5616	0.5271	0.4885	0.4679	0.4368	0.3860	0.3384
西藏	0.9664	0.9295	0.8548	0.7533	0.7769	0.7565	0.7327	0.6961	0.6555	0.6341
陕西	0.4167	0.3961	0.3855	0.3569	0.3295	0.3077	0.2869	0.2361	0.2035	0.1692
甘肃	0.5979	0.5665	0.5411	0.5240	0.5072	0.4571	0.4280	0.3920	0.3717	0.3415
青海	0.3475	0.3399	0.3282	0.3336	0.3211	0.3064	0.2895	0.2342	0.2004	0.1777
宁夏	0.3194	0.2543	0.2400	0.2381	0.2310	0.2254	0.2074	0.1729	0.1494	0.1379
新疆	0.3852	0.3649	0.3180	0.3069	0.2875	0.2820	0.2692	0.2057	0.1913	0.1817

根据以上测度结果可以发现，北京、天津、内蒙古、辽宁、吉林、黑龙江、上海、江苏、浙江、福建、山东、湖北、广东、海南、重庆的城乡收入差距最低，每年的值均低于 0.2；河北、山西、安徽、江西、河南、湖南、广西、四川、陕西、青海、宁夏、新疆等 12 个省份的城乡收入差距次低，每年的值均低于 0.4；贵州、云南、甘肃 3 个省份较高，每年的值均低于 0.6；西藏最高，每年均值超过了 0.7。城乡收入差距基本呈现出“东部沿海地区最低，中部较低，西部最高”的空间分布格局。

根据以上测度结果，为了研究居民收入差距的省际差异，本文通过 GeoDa 软件制作了 2003 年、2007 年、2012 年城乡收入差距泰尔指数的四分位图。可以发现，近十年来，我国各省市城乡收入差距泰尔指数的空间分布变化较小，整体上呈现出了“东部沿海地区最低，中部地区较低，西部地区最高”的分布特点，说明相邻的省份之间城乡收入差距泰尔指数可能存在空间溢出效应。具体而言，东部沿海地区江苏和辽宁的城乡收入差距泰尔指数从较低变为最低，城乡收入差距在逐渐缩小；中部地区陕西和重庆下降了一个等级，城乡收入差距也在缩小；而西部地区的新疆却从较高上升为最高，城乡收入差距呈现逐渐拉大的趋势。

（二）城乡居民收入差距的空间探索性分析

为了测度省际城乡收入差距泰尔指数在空间的集聚程度，本文采用探索性空间数据分析方法（Exploratory Spatial Data Analysis，ESDA），运用空间自相关 Moran 指数散点图及其 LISA 图来探索城乡居民收入差距泰尔指数的空间集群情况。空间自相关分析是用一系列空间统计量来检验空间单元之间是否存在显著的空间依赖或空间异质性的方法，包括全局空间自相关分析和局部空间自相关分析[2]。

1. 全局空间自相关分析

全局自相关分析是一种可以衡量各区域间整体上的空间差异程度和空间关联程度的分析方法。一般用 Global Moran's I 指数来测度，Moran's I 指数其实就是标准化的空间自协方差。如果假设向量 $x = [x_1, x_2, \cdots, x_n]$，那么 Moran's I 指数可表示为：

$$I = \frac{\sum_{i=1}^{n}\sum_{j=1}^{n}\omega_{ij}(x_i - \bar{x})(x_j - \bar{x})}{\sum_{i=1}^{n}\sum_{j=1}^{n}\omega_{ij}\sum_{i=1}^{n}(x_i - \bar{x})^2} = \frac{\sum_{i=1}^{n}\sum_{j\neq i}^{n}\omega_{ij}(x_i - \bar{x})(x_j - \bar{x})}{S^2\sum_{i=1}^{n}\sum_{j=1}^{n}\omega_{ij}} \tag{4}$$

其中，n 是研究的区域总数，ω_{ij} 是空间权重；x_i 和 x_j 表示区域 i 和区域 j 的属性，属性的平均值为：$\bar{x} = \frac{1}{n}\sum_{i=1}^{n}x_i$，属性的方差为：$S^2 = \frac{1}{n}\sum_{i=1}^{n}(x_i - \bar{x})^2$。一般情况下，Moran's I 指数的取值区间在 -1 和 1 之间，如果 $I > 0$，表示正相关，当 I 趋近于 1 时，表明相似的属性集聚在一起，取值为 1 为完全正相关；如果 I 趋近于 0，表示不存在空间自相关性；如果 $I < 0$，表示负相关，当 I 趋近于 -1 时，表明相异的属性集聚在一起，取值为 -1 为完全负相关。而对于 Moran's I 指数的显著性检验，一般用标准化的 Z 统计量来检验，表示如下：

$$Z(I) = \frac{I - E(I)}{\sqrt{V(I)}} \tag{5}$$

其中，$E(I)$ 是理论均值，$V(I)$ 是理论标准差，$Z(I)$ 为标准化的 Moran's I 值，如果 Moran's I 指数符合 $0<I<1$ 而且显著时，说明存在空间正负相关，相邻地区类似的特征值出现集群；反之，如果 $-1<I<0$ 而且显著时，说明存在空间负自相关，相邻地区特征值有显著差异。

本文利用 GeoDa 软件测度了 2003—2012 年我国 31 个省市的城乡收入差距泰尔指数的 Moran's I 指数，同时绘制了 Moran's I 指数散点图（见图 1），从图中可以发现，2003、2007、2012 年区域收入差距泰尔指数的 Moran's I 指数为 0.487369、0.49087、0.389106，均为正值且在 5% 显著性水平下通过了检验，这表明我国 31 个省市城乡收入差距泰尔指数在空间分布上具有空间依赖性，即一个地区的城乡收入差距泰尔指数不仅会影响到其邻近区域，而且还会受到其邻近区域的影响，某些省份城乡收入差距在空间上表现出集聚特征。

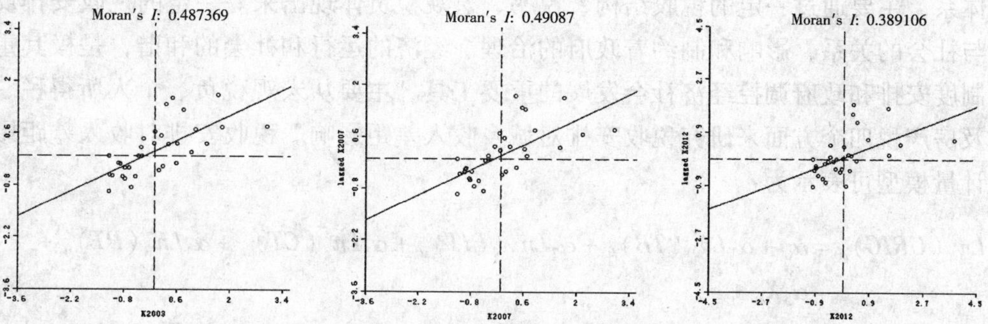

图 1 泰尔指数 2003、2007、2012 年的 Moran's I 统计值

2. 局部空间自相关分析

局部空间自相关分析揭示了现象或事物在各自局部空间的位置上的分布格局以及相互关联程度，具体表现形式为空间集聚区、非典型的局部区域等，Anselin（1995）提出用局部空间自相关统计量 Local Moran's I 指数，即 LISA（Local indicators of spatial association）来检验局部地区是否存在相似或者相异的观测值聚集在一起[13]。具体可表示为：

$$I_i = \frac{n^2}{\sum_i \sum_j w_{ij}} \times \frac{(x_i - \bar{x}) \sum_j (x_j - \bar{x})}{\sum_j (x_j - \bar{x})^2} \tag{6}$$

其中，i 表示区域，w_{ij} 是空间权重，x_i，x_j 是标准化的观察值，其余变量与式（4）中表示含义相同。

将 Moran's I 散点图与 LISA 显著性相结合，可以得到 LISA 集聚地图，该图不仅可以表明各区域在 Moran's I 散点图中所处的现象，还可以表示 LISA 指标的显著性。我国区域城乡收入差距虽然显示出了较强的全局自相关性，但是大多数地区仍然不存在显著的局部自相关。近年来，我国城乡居民收入差距的空间格局变化较小，高值集聚主要在我国的西部地区，低值集聚先发生在东北地区，随着时间推移，长三角地区也现了城乡收入差距的低值集聚，另外两种集聚形态并不显著。总体而言，我国城乡收入差距泰尔指数呈现出“东北及东部沿海地区最低，中部地区较低，西部地区最高”的分布特征；从局域来看，西部地区的高值集聚较为显著，东部地区与中部地区内部的集聚现象并不明显。从我国城乡收入差距泰尔指数存在显著的空间自相关，意味着我们要把空间变量引入到实证分析。

三、实证模型

（一）模型设定

税收安排是指税收作为一种政府合法获取财政收入、调节社会资源配置和经济运行的制度安排的基本规定，主要包括收什么税、如何收税的设定和安排。税收作为国家治理系统中的一个重要子系统，主要由税收规则体系和征税组织体系构成，税收安排就是其中的规则体系，主要通过一定的税收结构、税率、宏观税负体现出来。一定的税收安排反映着政府与社会的关系，影响和制约着政府的治理、经济的运行和社会的和谐，是极其重要的社会制度安排和政府调控经济社会发展的重要工具。主要从宏观税负、个人所得税、消费税以及房产税四个方面来研究税收安排对城乡收入差距影响。税收安排对收入差距影响的一般计量模型可表示为：

$$Ln(URIG)_{it} = \alpha_0 + \alpha_1 Ln(TB)_{it} + \alpha_2 Ln(PIT)_{it} + \alpha_3 Ln(CT)_{it} + \alpha_4 Ln(PT)_{it} + \alpha_5 X_{it} + \varepsilon_{it} \tag{7}$$

式中，i 代表地区，t 代表年份，∂_1、∂_2、∂_3、∂_4、∂_5 为估计参数，ε_{it} 为随机扰动项，其中 i、t 分别表示第 i（$i=1, 2, \cdots, 31$）个省和第 t（$t=1, 2, \cdots, 10$）年，$URIG$ 表示城乡收入差距，用泰尔指数来表示，TB 表示税负，PIT 表示个人所得税，CT 表示消费税，PT 表示房产税，X_{it} 表示影响城乡收入差距的其他控制变量。

一个地区的收入差距不仅会受到自身发展的影响，而且还会受到周边地区收入差距的影响，而经济发展水平、城市化率、财政支出、通货膨胀、基础设施建设和教育程度都对收入差距有不同程度的影响。根据空间自相关检验结果，可以发现，我国区域收入差距存在显著的空间自相关性，而空间计量可以将区域间的相互关系引入模型，所以本文将通过空间计量实证模型来研究我国区域税收安排对收入差距的影响。

在空间计量模型中，根据观测值空间相关性的不同冲击方式，空间计量模型分为两种：空间滞后模型（Spatial Lag Model，SLM）和空间误差模型（Spatial Error Model，SEM），本文将利用这两个模型来全面考察我国省域税收安排对收入差距的影响。

空间滞后模型主要用于研究相邻机构或地区的行为，对整个系统内其他机构或地区的行为的影响。其表达式为：

$$Ln(URIG) = \alpha + \rho WLn(URIG) + \beta_1 Ln(TB) + \beta_2 Ln(PIT) + \beta_3 Ln(CT) + \beta_4 Ln(PT) + \beta_5 X + \varepsilon \tag{8}$$

式中，ρ 是空间自回归系数，如果 ρ 通过显著性检验，即 $\rho \neq 0$，则表示区域之间确实存在着相互影响关系。W 是空间权重矩阵，ε 是随机干扰项向量，满足条件 $E(\varepsilon)=0Cov(\varepsilon)=\sigma^2 I$。$Wy$ 即 $WLn(URIG)$ 可以估计模型中空间相关的程度，同时调整其他解释变量的影响。

在空间面板误差模型中，区域之间的相互关系是通过干扰项来体现的，其表达式可以表示为：

$$Ln(URIG)=\alpha+\lambda W\varepsilon+\beta_1 Ln(_T+\beta_2 Ln(PIT)+\beta_3 Ln(CT)+\beta_4 Ln(PT)+\beta_5 X+u \quad (9)$$

式中，λ 是空间相关误差的参数，W 是空间权重矩阵，ε 是随机干扰项向量，误差项 u 满足条件 $E(u)=Cov(u)=\sigma^2 I$，即方差固定且误差项是不相关的。

由于本文研究的是空间面板数据，而以上模型近适用横截面数据，所以用分块对角矩阵 $I_T\otimes W_N$ 代替上式中的空间权重矩阵 W，其中 W_N 是 $n\times n$ 阶的空间权重矩阵，也就是 n 个机构或地区之间相互关系网络结构的矩阵，I_T 为 $T\times T$ 阶单位时间矩阵，$\otimes$为克罗内克积，可以用于两个任意大小的矩阵间的运算。那么在面板数据空间计量经济模型中，空间滞后因变量可表示为：$Wy=W_{NT}y=(I_T\otimes W_N)y$，空间滞后随机干扰项可表示为：$W\varepsilon=W_{NT}\varepsilon=(I_T\otimes W_N)\varepsilon$，其中面板数据空间权重矩阵形式为：$W_{NT}=diag(w_N, w_N, \cdots, w_N)_{NT*NT}=I_T\otimes W_N$。

因此，空间面板滞后模型可以表示为：

$$Ln(URIG)_{it}=\alpha_{it}+\rho(I_T\otimes W_N)Ln(URIG)_{it}+\beta_1 Ln(TB)_{it}+\beta_2 Ln(PIT)_{it}+\beta_3 Ln(CT)_{it}+\beta_4 Ln(PT)_{it}+\beta_5 X_{it}+\varepsilon_{it} \quad (10)$$

空间面板误差模型可以表示：

$$Ln(URIG)_{it}=\alpha_{it}+\beta_1 Ln(TB)_{it}+\beta_2 Ln(PIT)_{it}+\beta_3 Ln(CT)_{it}+\beta_4 Ln(PT)_{it}+\beta_5 X_{it}+(I_{NT}-\lambda * I_T\otimes W_N)-1\varepsilon_{it} \quad (11)$$

其中，ε 是随机干扰项向量，$\varepsilon\sim N(0, \sigma^2 I)$。由于面板数据可以分为固定效应和随机效应两种，由于本文样本研究局限于特定个体（中国省级区划单位），所以利用空间面板数据进行实证分析时，采用固定效应模型效果较好。

（二）指标选取与数据来源

本文选取 2003—2012 年全国 31 个省市的数据为研究对象来实证分析税收安排对收入差距的影响。指标选取主要根据以上实证模型得来，主要包括核心变量和控制变量，具体如表 2 所示：

表 2　解释变量的指标选取

解释变量		指标设计	数据来源
核心变量	宏观税负（MTB）	总税收（亿元）/GDP（亿元）	该指标反映了整个经济运行所承担的税收负担，数据来源于 2004—2013 年《中国统计年鉴》
	个人所得税（PIT）	个人所得税（万元）	该指标反映了劳动力要素的税收负担，数据来源于 2004—2013 年《中国统计年鉴》和《中国税务年鉴》
	消费税（CT）	消费税（万元）	该指标是指生产、委托加工和进口应税消费品的单位和个人所承担的税收负担，数据来源于 2004—2013 年《中国税务年鉴》
	房产税（PT）	房产税（万元）	该指标反映产权所有人所承担的税收负担，征收范围限于城镇的经营性房屋。数据来源于 2004—2013 年《中国统计年鉴》
控制变量	经济发展水平（$PGDP$）	人均 GDP（万元）	该指标反映各区域的经济发展水平。数据来源于 2004—2013 年《中国统计年鉴》
	城市化率（UR）	城镇人口（万人）/总人口（万人）	该指标反映各区域的城镇化进程。数据来源于 2004—2013 年《中国统计年鉴》
	财政支出（AEP）	财政支出（亿元）/GDP（亿元）	该指标阐释了政府支出比重对城乡收入差距的影响。数据来源于 2004—2013 年《中国统计年鉴》
	通货膨胀（IR）	$IR=\frac{P_t-P_{t-1}}{P_{t-1}}$	该指标用消费价格指数（CPI）来衡量通货膨胀公式中的价格水平，那么通货膨胀率就表示不同时期的消费价格指数变动的百分比。数据来源于 2004—2013 年《中国统计年鉴》
	基础设施建设（PRA）	人均城市道路面积（平方米）	该指标反映城市的基础设施水平。数据来源于 2004—2013 年《中国统计年鉴》
	教育程度（EDU）	每十万人拥有的大专以上人口（人）	该指标反映各地区的教育水平。数据来源于 2004—2013 年《中国统计年鉴》

（三）实证分析

在对模型进行回归分析之前，首先要检验我国区域城乡收入差距与其影响因素是否存在空间自相关。为了保证结果的稳健性和有效性，本文分别采用 Moran、Walds、Lratios、Lmsar、Lmerr 五种方法进行空间自相关检验，检验结果如表 3 所示：

表 3　空间相关性检验结果

Moran	0. 30666805	Marginal Probability	0. 00000000
Lmsar	481. 38019780	Marginal Probability	0. 00000000
Lmerror	79. 37258883	Marginal Probability	0. 00000000
Lratios	153. 44201499	Marginal Probability	0. 00000000
Walds	1305. 82683871	Marginal Probability	0. 00000000

从检验结果来看，所有的检验都在 1% 的显著性水平下拒绝原假设，说明我国区域城乡收入差距及其影响因素均存在显著的空间自相关。通常情况下，当回归分析局限于一些

特定的个体时，固定效应模型是更好的选择。因此，本文采用空间滞后固定效应模型和空间误差固定效应模型，以税收安排、经济发展水平、城市化率、财政支出、通货膨胀、基础设施建设和教育程度为自变量进行回归，由于税收安排对于城乡收入差距的影响不同，所以本文从宏观税负、个人所得税、消费税、房产税四个方面来研究税收安排对城乡收入差距的影响，运用 MATLAB R2009b 软件对实证模型进行回归，估计结果如表 4 所示：

表 4 区域城乡收入差距与税收安排的空间计量实证结果

解释变量	指标	模型	
		SLM	SEM
常数	constant	0.620488 *** (14.276532)	0.640879 *** (15.371174)
税收安排	宏观税负 (*MTB*)	1.569226 *** (5.659915)	1.300943 *** (4.840640)
	个人所得税 (*PIT*)	0.112825 *** (4.735271)	0.056189 *** (2.675115)
	消费税 (*CT*)	0.002513 (0.595345)	0.016471 *** (4.534378)
	房产税 (*PT*)	−0.218859 *** (−3.823002)	−0.21185 *** (−4.384103)
控制变量	经济发展水平 (*PGDP*)	0.025378 *** (3.829158)	0.038258 *** (5.484585)
	城市化率 (*UR*)	−0.012028 *** (−16.339390)	−0.012340 *** (−16.691118)
	财政支出 (*AEP*)	0.001843 *** (5.148887)	0.003562 *** (10.602508)
	通货膨胀 (*IR*)	0.005766 *** (−2.796647)	0.012083 *** (−3.349186)
	基础设施建设 (*PRA*)	−0.004423 *** (−2.874273)	−0.006545 *** (−4.409486)
	教育程度 (*EDU*)	−0.007949 ** (−1.746679)	0.001228 (0.281849)
W * Y (β)	–	0.217996 *** (5.503120)	0.670984 *** (14.729868)
R^2	–	0.8399	0.7588
Adjust R^2	–	0.8259	0.7588

注：***、**、* 分别代表在 1%、5%、10% 统计水平上显著

1. 不同税收对城乡收入差距的影响分析

根据以上实证结果可以发现，空间滞后因子的估计值显著为正，相似的观测值在空间上表现出集聚现象，解释了我国城乡收入差距泰尔指数整体上呈现出“东北及东部沿海地区最低，中部地区较低，西部地区最高”的分布特征，同时也说明区域城乡收入差距存在显著的空间依赖性，也就是说邻近区域的收入差距较大，本区域的收入差距也较大。通过收入差距与各类税收的回归结果可以看出：（1）宏观税负与收入差距呈现出显著的正相关（1.569226），且通过了1%的显著性检验，这表示宏观税负每上升1个百分点，收入差距将会增加1.57个百分点。当地方政府采取降低税率的策略时，收入差距会有所下降；当税率降低时，居民和企业的负担减轻，收入差距就会相应有所降低。（2）个人所得税与收入差距正相关（0.112825），且通过了1%的显著性检验，这说明随着个人所得税的增加不仅没有缩小收入差距，反而加大了差距。由于我国实行单一的分类所得税制对于收入来源多、综合收入高的阶层，由于费用的多次扣除，实际承担的税负较轻，收入高却没有多纳税；而低收入群体获得所得的种类比较单一，又比较集中，因此整体税负较重。由此可见，我国实行的分类所得税制对高收入群体的征税力度不足，没有增强个人所得税的收入差距调节功能。所以政府在提高个人所得税起征点的同时，应该调整所得税种类，制定较为合理的税率，达到既减轻了低收入群体的个税负担，又缩小了不同收入群体之间的收入差距的目的。（3）消费税与收入差距呈现正相关的关系，SEM显著而SLM却不显著，即随着消费税的不断增加，收入差距在扩大。这是因为很多原来征收消费税的商品，现在已经转变成普通商品，比如化妆品、护肤品等，应该将这些普通的消费品从消费税税目中剔除，同时加大对奢侈品、珠宝等高档品税的征收。在科目、税率等方面对消费税的适度调整，对解决日益加大的收入差距问题、平衡社会各阶层利益，具有积极和决定性作用。（4）房产税与收入差距呈负相关关系（-0.218859），这说明随着房产税的增加，收入差距在缩小。通过对面积大、价值高、套数多的个人住房征收房产税，可以一定程度上促使收入和财产的合理分配，缩小贫富差距。

2. 控制变量对城乡收入差距的影响分析

在影响城乡收入差距的其他因素中，经济发展水平、财政支出和通货膨胀与收入差距正相关，城市化率、基础设施建设和教育程度与收入差距负相关。（1）经济发展水平与收入差距正相关（0.025378），说明我国目前正处于随着人均GDP的提高而收入差距不断拉大的阶段。这说明经济增长给城镇居民带来的社会福利远大于农村居民，经济发展在城乡之间处于失衡状况。（2）城市化率与收入差距负相关（-0.012028），这说明随着城市化水平的提高，城乡居民收入的差距在不断缩小，可能是因为城市化进程减少了农村剩余劳动力，提高了农业生产率：农村人口流向城市，加剧了城市劳动力市场的竞争，有利于降低城市劳动力的工资水平。（3）财政支出与收入差距正相关（0.001843）。这说明在我国财政分权的背景下，即使财政支出增加了，城乡收入差距也不一定会缩小，甚至可能会扩大，只有倾向于农业以及科教文卫支出的政府支出增加才能有效缩小城乡收入差距。（4）通货膨胀率与收入差距呈现正相关（0.005766），即通货膨胀在一定程度上扩大了城乡收入差距。通货膨胀对于不同收入层次的群体影响差别较大，对高收入者而言，消费在其全部收入中所占比重较小，边际消费倾向较小而边际投资倾向较大，再加上收入和财富为消费提供了强有力的支撑，通货膨胀对他们的影响较小。此外，高收入者还可以通过资产的保值增值来弥补消费支出方面的损失，例如，在通货膨胀与资产价格上升过程中，高收入者可以通过购买股票和房地产来抵消通货膨胀的负面影响。我国长期的二元经济和社会结构，造成了城乡之间的割裂，城镇与农村之间在经济发展、金融发展、教育等方面差距巨大。我国最穷的人群集中在农村，相对于城镇居民而言，农村居民整体上属于低收入群体，由于通货膨胀“劫贫济富”的收入和财富分配效应，农村居民是通货膨胀的最大受伤害者。通货膨胀伤害农村居民的福利，因而对城乡居民之间的收入差距具有正效应。（5）基础设施与城乡收入差距负相关（-0.004423），且在1%水平上显著，这合理地提示交通条件的提高有助于缩小城乡收入差距。（6）受教育程度与收入差距负相关（0.007949），说明受教育程度越高，收入差距越小，反之，收入就较低。人力资源的差异即劳动者受教育程度以及素质的差异，表现为资源分配能力上的差异。正是这种差异直接导致了劳动者工资的差异，所以随着受教育的人数越多，收入差距越小。

四、结论与政策建议

本文在城乡收入差距测度的基础上，运用空间计量方法对税收安排对城乡收入差距的影响进行了实证分析，得出如下结论：（1）2003—2012年中国区域城乡收入差距基本呈现出“东部沿海地区最低，中部较低，西部最高”的空间分布格局，而且区域城乡收入差距存在显著的空间依赖性；（2）宏观税负、个人所得税以及消费税与收入差距呈现出显著的正相关关系，说明随着这三种税收的不断增加，收入差距在扩大。而房产税与收入差距呈现负相关，说明通过对面积大、价值高、套数多的个人住房征收房产税，可以一定程度上缩小贫富差距；（3）经济发展水平、财政支出以及通货膨胀的增加一定程度上扩大了城乡收入差距，而城市化率、基础设施建设和教育程度的发展相对而言缩小了城乡收入差距。

基于上述结论，根据本文分析研究提出以下政策建议：（1）完善个人所得税制度。一方面要调整我国个人所得税模式，将现行的分类税制改为综合与分类相结合的税制，同时应进一步规范征税范围，缩减减免税优惠，适当扩大税基；另一方面要优化税率结构，在累进税基础上简化税种，减少税率级次，对于低收入者实行免税或减税，对中高收入者实行适度重税，以体现合理税负，缩小收入差距。（2）扩大消费税征收范围。我国要适时调整消费税的税目和税率，不仅要变现在的间接消费税为直接消费税，针对个人各种高消费行为直接征税，加强消费税的调节功能，也要适当提高奢侈消费品的消费税率，进而相对缩小收入差距；（3）改革房产税，可以起到调节收入差距的作用，但也不能一概而论，要区别对待。对于那些只拥有一套住房的家庭应免征房产税，对于拥有两套住房及以上的家庭应适当征收一定数额的房产税，而对于那些带有鲜明投机动机的拥有数套房产的炒房者的住房要大大提高其房产税税率。（4）在区域经济发展过程中，政府要加大宏观调控力度，制定有效调节收入分配的政策。首先要加大社会保障等转移性支出以及支农资金占财政支出的比重，发挥公共财政的作用；其次要采取相应的宏观政策抑制通胀，防止收入差距进一步扩大；最后在城镇化进程中，政府不仅需要加大对城市基础设施建设的投资，也要重视农村劳动者人力资本的提高，加大对农村教育的投入，促进农村人口和劳动力素质的全面提高，进而从本质上缩小城乡收入差距。

参考文献：

[1] [英] 米德．效率、公平与产权仁 [M]．施仁，译．北京：北京经济学院出版社，1992.

[2] Wang Z, Zhai F. Tariff reduction, tax replacement, and implications for income distribution in China [J]. Journal of Comparative Economics, 1998, 26 (2): 358—387.

[3] Engel E M R A, Galetovic A, Raddatz C E. Taxes and income distribution in Chile: some unpleasant redistributive arithmetic [J]. Journal of Development Economics, 1999, 59 (1): 155—192.

[4] Bird R M, Zolt E M. Redistribution via taxation: the limited role of the personal income tax in developing countries [J]. UCLA L. Rev., 2004, 52: 1627.

[5] Hyun J K, Lim B I. The financial crisis and income distribution in Korea: The role of income tax policy [J]. The Journal of the Korean Economy, 2005, 6 (1): 51—65.

[6] Mahon Jr J E. Tax reforms and income distribution in Latin America [J]. The Great Gap: Inequality and the Politics of Redistribution in Latin America, 2011: 313.

[7] 刘怡，聂海峰．间接税负担对收入分配的影响分析 [J]．经济研究，2004，5：22—30.

[8] 张文春．个人所得税与收入再分配 [J]．税务研究，2005 (11)：46—49.

[9] 王乔，汪柱旺．我国现行税制结构影响居民收入分配差距的实证分析 [J]．当代财经，2008 (2)：37—38.

[10] 陈建东，赵艾凤．个人所得税对省际间城镇居民收入差距和社会福利的影响 [J]．财政研究，2013 (7)：63—66.

[11] 唐平．农村居民收入差距的变动及影响因素分析 [J]．管理世界，2006 (5)：69—75.

[12] 沈体雁，等．空间计量经济学 [M]．北京大学出版社，2010.

[13] Anselin L. Local indicators of spatial association——LISA [J]. Geographical analysis, 1995, 27 (2): 93—115.

（作者单位：湖南大学）

湖南动漫产业创新发展的思考

李若梅

动漫产业是文化产业的一个重要组成部分，2009 年国务院出台了《文化产业振兴规划》，将动漫产业列入了国家重点发展的八大文化产业门类。在“文化强国”“文化强省”的战略背景下，我国从中央到地方的各级政府都非常重视发展动漫产业，国办发〔2006〕32 号文件明确提出，力争用 5—10 年时间跻身世界动漫大国和动漫强国行列。据统计，近五年我国动漫产值年均增长率超过 30%，2014 年我国动漫产业市场规模已经超过 1000 亿元。经过十年的产业扶植和快速发展，已经形成了多个能与国外优秀动漫相抗衡的一线品牌，一大批动漫精品和二线品牌，以及众多较有一定影响的知名动漫产业。动漫产业作为基于产业融合形成的战略性新兴产业，具有先导性、成长性和辐射性等典型特征，在经济社会发展和文化建设中发挥着越来越重要的引领作用。[1]

一、湖南动漫产业的历史与发展

20 世纪 90 年代以前，中国的动漫生产主要集中在上海美术电影制片厂和中央电视台动画部，每年生产的动画作品只有寥寥几部，远远不能满足市场需求。

湖南人拿出敢为天下先的勇气，首先创立了大型民营动漫企业，开始大规模生产电视动画片。湖南三辰公司的《蓝猫淘气 3000 问》，“开中国原创动漫产业化之先河，湖南动漫产业率先崛起”[2]。从 1999 年起，在 1000 多家电视台播出，成为当时最具影响力的国产动画形象。衍生产品市场开发取得成功。到 2004 年年底，三辰影库音像出版社推出蓝猫图书 400 种，音像制品 300 个系列。蓝猫网络专卖店，成了蓝猫衍生品市场成功的强大基础，产品包括图书、音像、玩具、文具、童鞋、服装、钟表、食品、饮料、医药、电子用品等十几个行业在内的数千种产品。实践的成功来自于正确理论的指导，早在策划初的 1998 年，营销人员就研究形成了整合迪斯尼（形象授权）、沃尔玛（连锁）、耐克（采购）等的优势，形成蓝猫卡通连锁经营体系。2011 年 5 月，由中国文化产业品牌研究中心、《光明日报》联合发布的《2011：中国文化品牌报告》暨“中国文化品牌排行榜”中，“蓝猫”以品牌总价值 33.207 亿元位列文化品牌排行总榜第 82 位，领先于全国其他动漫企业，成为中国最具价值的卡通品牌。[2]

湖南另一家大型动漫企业——宏梦卡通公司则以虹猫、蓝兔品牌为主，生产和创作了

《七侠传》《光明剑》《仗剑走天涯》及电影《虹猫蓝兔火凤凰》等动画作品。主打品牌虹猫蓝兔被评选为国产动画最具影响力品牌，并获得了中国文化艺术政府奖首届动漫奖最佳动漫品牌奖。

至 2009 年，湖南本土动漫以长沙为主体，以宏梦、三辰两个大型动漫企业为代表，拥有上百家动漫相关企业，打造了“蓝猫”“虹猫”等一批知名动漫品牌，年产原创动漫生产能力 10 万分钟，产值过百亿，形成了“动漫湘军”，在全国动漫生产和创作中处于领先水平。

二、湖南动漫产业的现状与问题

自 2010 年以后，湖南动漫产业发展进入了一个瓶颈期，年产动漫作品分钟数、产值均下降明显，曾经的动漫湘军辉煌不再。

呈现在表面上的原因是，随着沿海地区加大对动漫产业的扶持力度，不少湖南动漫企业出走，导致产量下滑，人才流失。

但更深层次的原因是，内容创新不够，产品形式单一，缺乏盈利模式，回收成本难。

湖南动漫一直主打低龄化卡通片，主要动漫品牌“蓝猫”“虹猫”、“山猫”被外界戏称为湖南的“三只猫”，“此猫彼猫傻傻分不清”。品牌形象如此接近，同质化严重，在如今“全民卡通”“全龄卡通”的发展趋势下，成了影响湖南动漫全面发展的桎梏。

湖南动漫崛起于 20 世纪 90 年代，走的是一条以数量换质量，大批量生产电视动画片的路子。根据经济学理论，动漫书刊和音像出版物属于私人产品，动画电影属于准公共产品，电视动画节目则属于典型的公共产品，具有消费的非竞争性和受益的非排他性等特点，内容提供商和电视传媒企业难以从观众身上直接收费。[3]

湖南动漫企业自 2009 年的《虹猫蓝兔火凤凰》大电影票房失利后，在动画电影的创作生产上一直是缺位的。像“蓝猫”这样的知名品牌，现在基本上不生产原创作品，坐视品牌流失，这是非常可惜的。像日本的很多老牌动漫产品，历经三四十年仍然在推出新的作品（主要是推出剧场版），如 2014 年日本电影票房前十位的电影中，有两部《哆啦 A 梦》（其中 3D 版《STAND BY ME》位列第三，2D 版《大雄的魔境》位列第十），还有两部《名侦探柯南》（位列第八、第九）。

湖南动漫曾经是中国动漫的领头羊，湖南动漫的困境在中国动漫产业的发展中同样也具有代表性。但自 2010 年以来，随着互联网新业态的崛起、资本市场运作的风起云涌，中国动漫产业发展也从单一的电视传媒转向电影传媒、手机、网络等新传媒、多传媒联动发展的方向，一大批非传统文化产业、高新产业纷纷投身动漫产业。具体表现在两大变化：一是国产动画电影市场持续走高。伴随影院建设的快速增长和银幕数量的快速扩张，动画电影票房收入也在随着整体电影市场的快速崛起而持续攀升，国产动画电影无论是票房收入还是市场份额都在大幅提升。一批根植于电视动画品牌的影片开始被推上银幕，在投资制作方面开始采取系列化和品牌化的发展路线，涌现出《喜羊羊与灰太狼》《熊出没》《赛尔号》《摩尔庄园》《洛克王国》等国产动画品牌系列。[3] 同时，IP 动漫、合家欢动漫、科幻特效动漫也发展迅猛，获得了巨大的票房成功。刚刚过去的 2015 年暑假，中国影迷就不小心被“动漫撞了下腰”，真人合拍动画片《捉妖记》、3D 动画片《大圣归来》持续霸占大屏幕，其中《捉妖记》以24.38亿的票房打败了《速度与激情7》《变形金刚4》，位列中国电影票房总榜冠军。二是“互联网+”助推动漫产业发展。新媒体动漫借力移动互联网创造高速增长，三网融合催生的多屏互动模式扩充动画视频需求。以腾讯、阿里为代表的大型互联网企业大举进军在线漫画阅读业务，动漫也已经成为国内各大视频网站继电视剧、电影和综艺节目之后的第四大内容板块。互联网企业探索出的多元化营收模式，将内容、电视、游戏机和广告一起卖的一体化商业模式，将关注度转化为购买力，进而创造更多的利润空间。互联网+动漫产业的融合发展将使动漫产业的未来格局发生根本性变化。在这股迅猛的变化浪潮中，湖南动漫企业基本是缺席的。

三、湖南动漫产业如何创新

大浪淘沙，动漫企业优胜劣汰是符合市场规律的。但政府部门应通过加大政策扶持、补贴奖励、采购公共文化服务等方式对动漫内容创作者和传播者进行成本补偿，并通过加大投入保障力度来保障广大人民群众特别是未成年人的基本文化权益和基本文化需求得到满足。同时，动漫企业也要通过提供基本内容产品和增值产品服务的业务捆绑策略和多元产品组令套餐模式，用以增强整体动漫产品的商业性，提高行业整体盈利能力和利润水平。

（一）平台推广创新，营造湖南动漫产业发展的良好生态环境

动漫传播需要推广媒介，推广效果直接关系到经济效益。动漫良好的传播媒介的整合，能够提升动漫品牌的知名度和接受度。出版（期刊、图书）、电影、电视、网络、手机等新媒体，是目前主要的传播媒介。一是要创新传播渠道，广泛利用新媒体领域的快速、便捷、成本低的优势，改变传统动漫发行渠道单一的窘境。二是要整合媒介资源，变单一推广营销模式为全景化的复合推广营销模式。[4]

当前，国家机构进入了大部制改革，新闻出版和广播电视合二为一，这也为动漫品牌推广的媒体渠道提供了便利。国家层面的政府在动漫产业问题上，形成了文化部、财政部、广电总局等部委的部际联席，以扶持动漫发展。在省级政府层面上，也需要相关各厅的厅际联席。在动漫政策制定上，一厅主导、各厅会同，共同发文。通过政策扶持，营造湖南动漫品牌发展的良好生态。[5]

（二）人才培养创新，提高湖南动漫产业发展的核心竞争力

人才是产业的关键。动漫人才的质量如何，决定着动漫产业发展。现阶段，需要大批合格的动漫人才来推动动漫产业的发展关键。完善动漫人才培养机制，促进培养模式有效创新，并多元化发展，突出创意型与制作型的高素质人才的发展。具体而言，动漫作品的质量的提升，需要导演、编剧、高级编辑等创作型人才；动漫产品的市场投放和收益管理，需要管理、销售、市场、广告等现代企业型人才。[5]

2007年湖南省委、省政府《关于扶持我省动漫产业发展的意见》提出，重点培养动漫原创、制片、经营、管理的实用型人才。积极引进具有本科以上学历、中级以上技术职称并获得省部级以上荣誉称号或省部级以上专业作品奖、科技成果奖的动漫主要制作和研发人员，引进具有突出贡献的中青年专家和技术带头人。

另外，还要推进动漫人才认定工作，从制度层面提高动漫产业人才的积极性和创造性。2009 年湖南省《关于我省动漫行业技术人员纳入艺术系列专业技术职务任职资格评审有关问题的通知》出台，在国内第一个将动漫人员纳入职称评审范畴，具有领先意义和示范作用。2013 年湖南省又组织专家拟订了动漫人才认定标准，为动漫人才职称评审工作的实践开展，进行了顺利推动。这为作为动漫产业中最积极因素的动漫人才，提供了良好的发展氛围，是提高湖南动漫品牌核心竞争力的重要举措。[5]

（三）作品内容创新，促进湖南动漫产业的又好又快发展

加强动画作品是动画产业链的中心的环节，是实现动漫品牌化的首要条件。研究者提出发展动漫产业的战略模式首先是“以原创为核心”，“动漫产品本身不具有生命力的话，再怎么做品牌都没有用。”[6]54,93 在实践中，动漫企业“重制作，轻创作”，作品难以满足多层次观众的审美需求。作品不好，谈不上衍生产品的可持续开发，动画作品是实现、维持和加快动漫产业发展的根本。

推进湖湘文化在动漫中的运用，增强动漫品牌的含金量。美日韩的动漫产业品牌运营的经验之一是：“根植于现代消费，注重惯例与创新，演绎动漫品牌形象与内容的丰满个性。”[7] 结合民族传统文化与现代时尚文明的动漫品牌，才能为受众接受。“从根本上说，动漫产业与民族文化的结合是由动漫产业的文化产业性质决定的。”[8] 中国动漫产业发展的战略转型中，有识之士提出了动漫民族品牌战略。湖湘文化历史悠久、内容精深，怎样与动漫艺术结合，需要引起创作、研究方面的重视，引起导向性决策的重视，这是形成动漫湘军的核心要素，也是整个动漫产业持续健康发展的基本要求。

大赛、评奖、基金等扶持常态化，促进动漫作品创作。可设置优秀年度作品，以及倡导主旋律动画、生态文明动画、先进文化的专题动漫大赛，配合一定的奖金奖励。设立动漫创作基金，联系政府、银行、社会组织、个人等资金，实行申请无门槛、专家鉴定制结项，扶持湖南境内的中小企业、院校及社会团体个人的动漫创作。对优秀作品，由政府及大赛、基金组织等促进出版、播映展等多媒体推广。韩国的动画游戏产业发展迅猛一个重要原因，韩国文化产业发展基金、游戏产业发展基金会等支持。

结语

在新一轮文化体制改革的浪潮中，湖南动漫产业发展应注重创新，以整合创新品牌传播媒介为基础，融合湖湘文化元素，创建出具有湖南本土特色的动漫作品及产业发展模式，构建以动漫为核心内容的数字影视、数字图书、网络出版、动漫原创及衍生产品、网络游戏等动漫产业集群联动。相信，湖南动漫产业终将迎来真正的春天。

参考文献：

[1] 动漫蓝皮书：动漫产业在文化建设中发挥重要引领作用［OB/OL］. http://blog. sina. com. cn/s/blog_ 696bba0e0102vueb. html.

[2]“动漫湘军”商海竞渡打造“动漫王国”［OB/OL］. http://creativity. 022china. com/2012/03 -07/633636_ 1. html.

[3]《动漫蓝皮书：中国动漫产业发展报告2014》发布［OB/OL］. http：//www. cnaci. com. cn/html/dhzx/gnyw/14995. html.
[4] 李若梅. 整合与创新：中国动漫品牌的塑造及推广研究［J］. 艺海，2013（10）.
[5] 李若梅. 湖南动漫品牌推广保障机制建设的研究［J］. 家具与室内装饰，2013（11）.
[6] 潘瑞芳. 动漫产业模式研究与实践［M］. 北京：中国广播电视出版社，2010.
[7] 刘纯. 美日韩动漫产业品牌营运经验启示［J］. 特区经济，2012（2）：110.
[8] 谭玲，殷俊. 动漫产业［M］. 成都：四川大学出版社，2006：157.

（作者单位：长沙师范学院）

社会保障体制改革中的国家、社会与市场

陈明文

改革开放以来，我国的社会保障不论是从制度层面还是从实践层面都取得了举世瞩目的成就，当然也存在一些不足，面临许多具体问题需要解决。从宏观来说，我认为在进一步深化我国社会保障体制改革中，正确处理好国家、社会与市场的关系，让它们各归其位，共同推动我国社会保障事业的发展是至关重要的。

一、国家—社会、国家干预主义与经济自由主义的基本观点

运用国家—社会分析模式、国家干预主义与经济自由主义理论对我们从理论上搞清国家、社会与市场的关系是很有帮助的。

（一）国家—社会分析模式

关于“国家与社会”关系模式的认识和理论，经过古希腊、罗马时代的酝酿发展、中世纪的转型、文艺复兴的推动及西方国家政治的具体实践，在近代逐渐发展成熟，形成“国家主义”与“市民社会主义”两种模式。并成为众多境外学者的一个独特理论视角。1990年以后，“国家与社会”关系理论模式由于海外中国研究学者的运用，渐次传入中国学界，在中国问题研究中得到广泛运用。

1. 国家中心论与社会中心论

在“国家与社会”关系模式的建构过程中，不同派别的学者都发挥了他们的心智能力，共同构建了不同类型的国家与社会的关系模式体系。并形成了两个基本流派：一派主张以国家为中心，主张强国家、弱社会模式，即“国家路线”，强调国家的作用与价值；另一派则强调以社会为中心，主张强社会、弱国家模式，即“社会路线”，强调社会的作用与价值。[1]

2. 国家在社会中或社会中的国家

20世纪90年代中后期以来，区别于“国家中心”论和“社会中心”论的第三种国家—社会分析取向引起人们的关注。1994年，由米格代尔、克奇利和许惠文主编的《国家权力和社会力量：在第三世界中的支配和转型》一书以低收入国家为案例，讨论了“国家中心”论作为这一区域分析框架的局限，提出从国家和社会的相互冲突、适应及创造方面理解双方的变化，取代以任何一方“独立”解释社会转型的做法。研究者将这一方法称为

“国家在社会中”或“社会中的国家”。[2]

（二）国家干预主义与经济自由主义

关于国家与市场的关系，在理论上则体现在国家干预主义与经济自由主义的理论中。

1. 经济自由主义

经济自由主义认为市场机制具有完美的自动均衡能力，一切生产要素及其价格都可以通过市场机制的自我调节完成均衡。任何外在的人为的影响，尤其是政府的各类调节企图不仅不会使情况变得更好，而是变得更坏。因此坚持以“市场”为第一性，排除政府行为的影响就成了经济活动的前提条件，政府唯一要做的就是充当经济的“守夜人”。经济自由主义可分为古典自由主义和新自由主义。古典自由主义主张自由竞争，强调国家不应干预经济。新自由主义，进一步倡导市场经济及自由竞争，反对国家对经济和社会的干预，认为自由是人的不可侵犯的权利。

2. 国家干预主义

国家干预主义是指一种主张削弱私人经济活动的范围，由国家干预和参与社会经济活动，在一定程度上，承担多种生产、交换、分配、消费等经济职能的思想和政策。它主要强调自由市场机制的缺陷必须通过国家干预来弥补，表现在社会政策方面，国家必须负起“文明和福利”的职责，肯定政府在社会财富再分配中占有的重要地位。

3. 中间道路

中间道路学派是介于国家干预主义和经济自由主义之间的一种理论。作为一种学说或思潮产生于20世纪20年代。1938年英国前首相麦克米兰出版了《中间道路》一书，在该书中他提出，走中间道路就是要对资本主义进行调节，这种受到调节的资本主义不仅使经济得到发展，还将为人民提供一定的社会福利。中间道路学派认为资本主义是导致经济高速增长的最有效机制，但也存在许多自身难以克服的缺陷和问题，导致了贫困、不平等和失业现象，而政府的行为恰好可以弥补市场的不足，来最大限度地解决这些问题，因此，自由市场和政府的联合可以使效率和平等达到最大化。中间道路学派的基本观点有三个方面：第一，强调市场自由与国家干预之间以及经济政策与社会政策之间的平衡。第二，从维护社会稳定出发支持再分配。第三，倡导政府参与下的福利经济的多样化。[3]

（三）在社会保障问题上的几点启示

国家—社会分析模式、经济自由主义与国家干预主义理论的基本观点，对我们在社会保障建设上有以下几个启示：

1. 国家与社会作为社会结构的两个基本要素，社会是基础，国家是在社会利益无法调和的情况下产生的，它可以凌驾于社会之上，但绝不能离开社会这个基础。市场作为资源配置的基础，是推动经济发展的根本动力。但是，市场不是万能的，市场的失灵，就需要国家的干预。

2. 国家、社会、市场是一个有机的整体，在社会保障体系中，国家、社会、市场都不可或缺。社会是基础、国家是主导、市场是动力。可以说，它们是推动社会保障事业这架马车前行的三匹骏马。

3. 国家、社会、市场通过国家权力运行机制、社会运行机制（传统习俗、道德良心等）、市场运行机制（利润—资源流向）分别在社会保障体系中发挥自己的作用。

二、社会保障建设中重国家、轻社会、弱市场的现象不可忽视

这些年来，我国社会保障事业的发展得益于国家的强力推进，而在这个过程中，我们的社会保障工作也出现了重国家、轻社会、弱市场的现象。

（一）责任边界不清，片面强调国家责任

主要表现在：第一，在思想上，片面认为社会保障就是国家的责任。忽视了社会和市场的作用。第二，在经费来源上，缴费型与非缴费型制度边界和功能定位不清，都要国家财政"兜底"。第三，在职责划分上，国家、社会、市场边界不清，对于当前社会保障中存在的具体问题，以及出现的失误或缺位，最后都归因于国家，归责于政府，"政府去哪儿了"成为一种追责常态。

（二）社会保障服务性组织建设滞后，现有社会组织保障服务性功能缺失

现行制度安排一直表现出重经济保障轻服务保障的取向，它使公众对保障金的增长抱有不切实际的过高期望，而在保障金持续增长过程中却又缺乏必要的公共服务，目前养老服务、儿童服务、残疾人服务、妇女服务等均需要大量的社会组织来承接。但是，专门的社会互助、福利服务等方面的社会组织建设滞后，而现行各类社会组织的保障服务性功能缺失。实际上，服务保障更能够体现社会公平与共享原则，也是化解公众焦虑的良药。[4]

（三）重基本保障、轻其他层次保障的制度安排，使基本保障层次压力持续扩张

我们建立的是多层次的社会保障：第一层次：国家基本保障；第二层次：企业补充保障；第三层次：商业补充保障。另外还有：公益慈善组织的补充保障，社会互助组织的补充保障，其他社会组织的服务保障以及个人的储蓄保障，等等。美国等发达国家也是如此。但是，目前我们重基本保障、轻其他层次保障的制度安排，使基本保障层次压力持续扩张，也挤压了补充保障层次的发展空间。例如，政府对灾后重建包办过多，就直接抑制了市场机制（商业保险）与社会机制（如慈善公益）发挥作用；养老保险补贴太多则直接影响了老年服务体系的建设及其对市场与社会资源的撬动；等等。[5]

三、构建以国家为主导、社会为基础、市场为动力的社会保障体系

在全面深化改革的今天，我们要推进社会保障体制改革，仅仅依靠国家的力量是不够的，必须调动一切积极因素，充分发挥社会和市场的作用。构建一个国家、社会、市场共同发力，充满生机和活力的社会保障体系。

（一）充分发挥国家的主导作用

主要是从以下几个方面入手：

1. 做好顶层设计

要着力于构建一个完整的社会保障体系，并明确各项社会保障制度的功能定位，而不能只有单项制度安排（如养老保险、社会救助等）的顶层设计。要正确划分国家、社会、市场的责任边界，对三者的职责应有清晰的规范。对社会保障制度与经济发展、收入分

配、财政体制乃至人口政策等的关系及其处理有清晰的规划。要寻求各项社会保障制度深化改革的方向与具体方案，这是服从并服务于社保体系长远发展与国家全局的必要举措。

2. 加强法制建设

国外社会保障制度发展实践的一个共同特征，就是必须立法先行，由法律来确立制度，依照法律来实施制度，人们对这一制度的信任完全建立在法律的稳定与权威，以及法律对参与主体的权利与义务的明确规范上。当前，我国还没有统一的《社会保障法》，但是，社会保障的单项法律法规及规章制度正在抓紧制定中，2011 年出台了《中华人民共和国社会保险法》，2012 年国务院出台了《关于进一步加强和改进最低生活保障工作的意见》，2013 年有关部门印发《城乡医疗救助基金管理办法》，2014 年国务院颁布了《社会救助暂行办法》。同时，在法制建设中，人民群众要能有序参与到社会保障政策的制定，国家立法机关要逐渐主导社会保障政策的制定并对其运行进行密切监督。之所以这样，是因为这一制度涉及各级政府、企业、社会、个人等多元主体的利益分配与责任分配，如果只由作为利益主体之一的行政部门来主导，就可能形成利益与责任失衡的格局，也会降低制度的公信力，还会在无形中造成行政部门的巨大压力；而由立法机关主导则可以更好地兼顾不同主体之间的利益分配，同时更好地均衡主体各方的责任分担，并使政府处于一个较为超脱的位置来推进制度建设。[6]

3. 搞好宏观管理

中国社会保障进入了全面深化改革时期，搞好宏观管理就是要对过去那种条块分割、各自为政的管理体制进行根本性的改革，当前面临的核心任务，就是：(1) 解决好社会保障制度的碎片化问题，增强公平性；(2) 解决好社会保险个人账户的空账问题，确保资金安全与可持续；(3) 提高统筹层次，解决好便携性。同时，在管理体制上，将社会保障领域中的重大改革事项从完全由行政部门主导交由国家立法机关进行决策，不再滥用试点权。

4. 提供基本保障

为民众提供基本的社会保障这是国家的责任。2011 年出台的《中华人民共和国社会保险法》，确定了“广覆盖、保基本、多层次、可持续的方针”。这也是我们社会保障建设的基本方针。同时，通过多年努力，我们初步构建了以社会救助、社会保险、社会福利为基础，以养老保险、医疗保险、最低生活保障等为骨架的新型社会保障体系基本框架。

（二）夯实社会保障的社会基础

政府部门不是万能的，有该管的和必须管好的事，也有一时之间管不好的事。正因如此，化解社会保障难题，需要各方勠力同心。除了政府主导、民众互帮，践行孟子提出的“出入相友，守望相助，疾病相扶持，则百姓亲睦”的互助观，更离不了社会力量参与。政府力有不逮的地方，就是民间组织大有可为的舞台；政府偶有失灵的空当，正是社会力量迅速填空的时机。

1. 运用社会动员机制，使更多的人参与到社会保障工作中来

社会组织有广泛的群众基础，它将成为凝聚社会力量介入社会保障事业的有效机制。社会组织的日益发达，将成为承担社会保障服务特别是社会福利服务供给责任等的重要主体。

2. 利用社会组织，为社会保障筹措更多资金

将政府的公共福利投入与民间公益慈善资源有机融合，将使老年人、残疾人、儿童福

利事业得到大发展。当前民办公益慈善组织的筹资能力不可小视，同时，通过制度来激励捐献与扩大福利彩票发行规模等，将能够筹集更多的财力用于社会保障。

3. 适时感知社会保障需求，及时提供社会保障产品

每个人都在社会中生活，其保障需求社会是最能感知到的，各类社会组织根据民众的社会保障需求及时提供各种社会保障产品，如公益慈善组织、志愿者组织及其他社会组织为社会救助、社会福利服务提供了丰富的产品供应。在老年服务体系建设中，立足居家养老、立足社区养老服务，弘扬传统孝道、亲友与邻里互助等优良传统。这样就能满足民众丰富多彩的社会保障需求，促进社会保障事业的发展。

4. 动员社会力量，为广大民众提供多种多样的服务保障

当前我国在老年、儿童、残疾人士等方面的服务保障严重缺失，导致老人自杀率升高、因无人陪伴死在家中无人知晓，以及“最悲伤作文”的出现，等等。这些都需要动员各种社会力量，特别是促进各类提供福利服务保障的社会组织的发展，可以提供包括养老服务、儿童服务、残疾人服务、妇女服务等公共服务。同时，建立规范的注册志愿者制度，并将社会保障投入与家庭政策等有机地结合起来，将有利于调动社会力量参与进来，亦可以继续维护家庭保障与邻里或社区互助的优良传统。

同时，在推进社会体制改革中，需要尽快取消社会组织要有主管部门的限制性规定，通过降低门槛、放松管制、严格自律并辅之以政策促进措施来激活社会各界参与社会保障事务的活力，以达到壮大社会保障支撑力量的目的。

（三）激活市场的推动力

市场主要可以从资源配置、优化结构、提升质量、拓展范围、保值增值等方面推动社会保障制度和实践的发展。激活市场的推动力，主要应该从以下几个方面做好工作：

1. 通过市场资源配置，引导民间资源投向社会保障领域

发挥市场在资源配置中的决定性作用，对社会保障的直接影响，就是通过市场机制的作用，鼓励丰厚的市场或民间资源投向社会保障领域特别是社会福利服务领域，如投向具有福利性质的养老服务、儿童服务、残疾人服务、妇女服务等领域。

2. 利用市场机制，优化社会保障结构，提升运行效率

引入市场机制，可以使我国的福利机构实现由单纯的官办—官民结合—民办一体化，替代官民分割的单一结构。在社会保障业务经办中适度引入市场机制，可以达到提升社会保障制度运行效率的目的。

3. 借助商业保险技术，规范服务行为，提升服务质量

借助商业保险技术可以促使各种社会保险经办机制更加成熟。商业化的福利保障服务规范也可以促使社会福利机构服务更加规范，服务质量得到提升。

4. 根据市场需求，拓展社会保障范围

市场可以根据社会需要提供相应的公共福利服务项目和商业性的社会保险。大力发挥市场作用，借助税收优惠的杠杆，鼓励企业举办各种补充性制度和福利计划，引导个人购买各种个性化金融产品，这些都是社会基本保障的必要补充。

5. 利用资本市场，实现社会保障基金保值增值

实现社会保障基金保值增值是社会保障体制改革的一个重要方面。自 1990 年美国将养老保险缴费率提高到 12.4% 以来，建立资金池和提高收益率的做法越来越多，目前在美

国2.8万亿美元的养老基金余额中，大约2/3来自购买国债的收益；紧随美国之后，加拿大于1997年、日本和韩国于2000年相继建立起市场化、多元化和国际化的社会保险基金投资机构，投资收益率十分可观。[7]我国全国社会保障基金理事会2000年8月成立。2014年年末，基金资产总额15356.39亿元。2014年，基金权益投资收益额1424.60亿元，投资收益率11.69%。基金自成立以来的年均投资收益率8.38%，累计投资收益额5611.95亿元。[8]

需要我们特别注意的是，在推进市场化改革，利用相应的财政税收政策杠杆来撬动市场资源投向社会保障领域特别是社会福利服务领域的同时，对市场机制可能损害社会保障制度公平性的冲动进行必要的规制，以确保市场机制在社会保障领域发挥积极、有效的作用。

总之，我们在社会保障体制改革中，一定要充分发挥国家、社会、市场的不同作用，在保持财政性社会保障投入不断增长的同时，应当高度重视对市场资源与社会资源的激励与吸引。要吸取希腊的教训，希腊的例子表明，国家举办的单一层次或一支独大的制度结构不可能满足所有人，其结果是事倍功半：财政不堪重负，国家承受较大压力；福利层次越单一，就越依赖国家，由此陷入恶性循环。多层次制度下，福利来源渠道是多元的，总体福利水平并不差，且每个阶层都可找到与之对应的制度层次，他们各得其所，各有其位。[9]

参考文献：

[1]“国家与社会”理论及其演进［EB/OL］. 天行健－新浪博客，http://blog.sina.com.cn/s/blog_70ad11c00100s47x.html.

[2] 郁建兴，吴宇. 中国民间组织的兴起与国家—社会关系理论的转型［J］. 人文杂志，2003（4）.

[3] 徐丙奎. 西方社会保障三大理论流派述评［J］. 华东理工大学学报（社会科学版），2006（3）.

[4] 郑功成. 中国社会保障改革机遇、挑战与取向［J］. 国家行政学院学报，2015（1）.

[5] 郑功成. 中国社会保障改革机遇、挑战与取向［J］. 国家行政学院学报，2015（1）.

[6] 郑功成. 中国社会保障改革机遇、挑战与取向［J］. 国家行政学院学报，2015（1）.

[7] 郑秉文. 社会保障制度改革的国际经验与教训［J］. 求是，2015（07）.

[8] 全国社会保障基金理事会基金年度报告（2014年度）［R］.

[9] 郑秉文. 社会保障制度改革的国际经验与教训［J］. 求是，2015（07）.

（作者单位：湖南广播电视大学）

日本房地产泡沫破裂前后的房地产税改革研究

陈懿赟

一、前言

日本作为曾经的世界第二经济强国，在20世纪80年代中后期经历了很长时间的泡沫经济。时至今日，这场历时数年的泡沫经济仍深刻地影响着日本的政治、经济和社会生活，日本尚未完全走出泡沫经济带来的巨大阴影。自21世纪以来，我国房地产市场快速发展，房地产投资比重增长快。对照日本二十世纪七八十年代的房地产市场环境，我国当前房地产市场环境与之有较多相似点。借鉴日本过去的经验教训，警惕出现类似于日本20世纪80年代的经济泡沫，从土地、金融、财税等政策调控入手，防范我国房地产业过热发展，对我国有着现实而紧迫的意义。

二、日本房地产泡沫的形成概述

（一）泡沫经济及房地产泡沫的定义

关于泡沫经济，美国经济学家金德尔伯格给出一个从产生到破产的直观定义。他认为："泡沫状态就是资产或者资产组合在一段时间区域内连续上涨，同时价格上的这种上涨，让人们对这种资产组合连续上涨的语气非常强烈，接着又有新的投资者参与资产投资，但新进入的投资者对投资对象的使用情况和盈利能力不关心。随着价格上涨到一定程度，人们的语气也发生改变，预期价格下降，资产价格随之迅速下跌，最终导致金融危机的发生。"基于对这一定义的理解，在多数情况下，投机可被认为是促成泡沫经济形成的主要原因。

关于房地产泡沫，有的学者[1]认为是由于房地产投机引起的房地产价格与使用价值严重背离，市场价格脱离了实际使用者支撑的情况。也有的学者[2]认为，房地产泡沫是指因房地产投机引起的房地产价格脱离市场基础持续急剧地上涨，因投机成本的持续增加，使一定范围内房地产价格远高于与之对应的实体价值。

由于房地产行业是资金密集型投入的行业，对社会经济的资源配置起到相当大的影响。当房地产行形成泡沫，过多资金流入导致实体经济融资不足等情况下，将对国民经济、社会收入分配和社会公平产生重要的不良影响，也会鼓励更多的投资者参与房地产投机进而制造更大的泡沫，最终形成更大的风险和金融危机。

（二）日本房地产泡沫的形成过程

20世纪70年代以后，第一次石油危机使主要资本主义国家陷入经济滞胀，日本也步入了相对低速的稳定增长时期，随着交通运输、城市建设以及住宅等建设蓬勃兴起，日本财政支出猛增。同时，在宽松的货币和财政政策共同刺激下，日本设备投资快速增长，生产能力盲目扩张，拉动了生产消费价格普遍的上涨。由于日本政府向信息技术为主导的产业结构的调整和转变迟缓，企业将大笔的资金用于金融资产和土地投资，股票和房地产价格因之暴涨，一时间土地投机席卷全国，逐步形成了泡沫经济。在美日1985年签订广场协议后，随着日元的大幅升值，日本经济增长率明显放缓，对外贸易特别是制造业出口受到较大冲击，企业经营状况普遍恶化。为应对广场协议以后的日元急剧升值，补贴因日元升值而受到打击的出口产业，日本货币供应量增长率从1986年开始连续保持高位增长，1986年至1987年货币供应量增长率超过GDP增长率两倍多，1992年房地产抵押贷款在全国银行贷款余额的比重达到了35.5%。

充足货币供应的货币扩张和扩张性的财政政策，让日本经济呈现出一片表面繁荣的景象。大量投机资本涌入到日本的房地产、股票等非生产性领域，带动了日本房地产价格的快速上涨。在日本土地价格的高峰时期，甚至出现了“卖掉日本列岛能买四个美国”的说法。由于资产价格的急剧膨胀被稳定的物价水平所掩盖，日本政府未及时察觉并给予充分重视，最终导致了日本泡沫经济的崩溃，于1991年4月从繁荣的顶端跌入了危机的深渊。自陷入萧条以来，日本经济便一蹶不振，一直处于长期停滞状态。1990年至1999年，日本实际国内GDP总共才增长了12.1%，年均增长1.21%。对日本而言，20世纪90年代是“失去的10年”。

在1991年泡沫经济崩溃以后，由于日本政府对形势判断和出台措施的失误，日本经济的萧条时期被延长。经济低迷的程度和持续时间之长超乎日本经济决策者的预想，到1999年日本政府在《经济白皮书》中，才坦承日本经济正面临前所未有的严峻考验。日本政府为应对这次危机相继出台了各项刺激性措施，而且刺激力度之大为战后日本经济史上所仅见。从1991年7月1日起，日本下调利率，经过连续9次下调，1995年9月商业票据贴现利率降到接近于零的0.50%水平。1999年，日本银行正式出台“零利率政策”。2002年9月决定由中央银行收购私营银行持有的上市公司股票，在世界上开中央银行收购企业股票的先河。但银行仍然背着大量不良债权的沉重包袱，信贷机制十分脆弱。由于消费低迷，企业投资意愿萎缩，利率杠杆的刺激功能失灵，政府不得不将政策重点转向财政政策。以“紧急经济对策”或“补充预算”等方式，围绕公共投资，多次扩张财政支出和实施减税政策。为替财政支出融资，从1994年开始发行赤字国债，加大建设国债发行额。突出财政投融资对经济增长的刺激作用，动用公共资金为日本金融机构的坏账买单，将银行坏账转为公共基金。可以说，为拯救经济，日本政府几乎用尽了各种财政金融手段。但由于形势判断和政策操作上的失误，这些措施并没有从根本上克服危机，并一步一步将日本经济拖入漫长的萧条时期。

（三）日本房地产泡沫的形成原因

1. 产业调整迟缓，经济结构矛盾凸显是日本萧条的主要根源

日本战后长期奉行“吸收型”技术发展战略，节省了大量的时间和研究经费，但也造成日本在自主技术开发和基础科学研究方面的薄弱。当日本利用技术引进等办法推进产业结构发展受阻，以及受到来自美国等其他发达国家的竞争和限制时，这一战略的矛盾就凸显了。尽管 20 世纪 70 年代后期日本就提出“科技立国”战略，但是由于重视不够、措施不力，在作为新兴的投资重点和经济发展推动力的信息产业方面，日本大大落后于美国。过去每次经济萧条中带动恢复的出口也由于现有产业部门市场的成熟、外来竞争的加剧以及进口的抵消作用，难以发挥拉动经济的火车头作用。产业结构调整的迟缓影响了外需和内需的扩张，造成日本 20 世纪 90 年代的经济增长主要靠公共投资带动。而一旦公共投资减少，日本经济增长率也就随之下降。

2. 金融体制僵化且改革迟缓，导致银行资产恶化和信用创造功能严重弱化

日本商业银行在泡沫经济中发放了大量以土地为担保的贷款，同时通过交叉持股拥有大量关系企业的股票，并将所持股票的隐含收益算作自有资金。当泡沫经济崩溃引发股价、地价大跌，商业银行形成大量坏账。据估计，20 世纪 90 年代初日本银行的不良债权高达 100 万亿日元。日本政府对此一直没有给予足够的重视，仍对经济增长抱有不切实际的幻想，企图采取拖延战术，通过经济自我恢复带动股价、地价的上升来解决坏账问题。直到亚洲金融危机爆发，日本经济萧条越来越严重，日本政府才开始进行迟到的金融体制改革。其结果是导致金融体制改革的滞后，银行资产的迅速恶化和信用创造功能的严重弱化，产生了银行惜贷和企业告贷无门等现象的发生，严重影响经济恢复进度。不仅如此，政府为了解决泡沫破灭之后大型城市商业银行的经营问题，还向它们注入了大量的公共资金，将数十万亿日元的银行不良债权转化为公共资金，进而转为全体国民的负担。同时，银行信贷的收缩沉重打击了广大企业，特别是中小企业，法人破产案数和负债额在 20 世纪 90 年代中后期大幅度上升，企业对未来景气的信心恶化，导致企业利润和投资收益率降低，投资意愿严重不足。

3. 国债发行过度，财政状况恶化

在经济泡沫破灭的情况下，日本政府依旧采取了扩张支出与减税并举的措施，企图通过发行国债来弥补财政收支缺口。其结果是刺激经济的作用并不明显，但日本政府的财政状况却因国债的大量发行而极度恶化。2000 年，日本政府国债总额升至 24.01%，创历史新低。公共投资是日本政府刺激经济的惯用手段。在经济高速增长时期，公共投资对基础设施落后于其他发达国家的日本确实起到了积极作用。但公共投资并不是越多越好，在日本基础设施基本完善的情况下依然加大投资，导致公共投资乘数效应下降。

4. 税收调控目标不明，刺激消费不力

在长期的经济停滞动摇了日本企业的终身雇佣制之后，日本迎来了战后首个大规模解雇时代，影响到日本家庭收入和居民消费。由于个人消费在日本国内需求中占有很大比重，日本政府采取了一些刺激消费的临时性减税措施，增加社会保障支出。但由于财政紧张，同时又采取了一些不利于鼓励个人消费的措施，如将消费税税率由 3% 提高到 5%，医疗费的个人负担比例从 10% 提高到 20%，停止执行每年 2 万亿日元的个人所得税减免，削减对养老保险补贴等，这些政策显然与增加个人消费能力的努力是背道而驰的。

三、日本房地产泡沫破裂前后的房地产税改革

（一）日本房地产税制的基本结构

日本是中央集权国家，与房地产相关的税收包括不动产取得类、不动产保有类和不动产转让类三种，房地产税是地方的主体税种之一，房地产的税基十分宽泛。既有国税局征收的地价税，也有地税局征收的其他财产税，税种划分细致具体。日本立法权相对集中于中央，法律由国会制定，内阁实施并发布政令。同时，各级地方政府有权根据中央政府规定制定税法实施条例，有权调整税率，决定开征、停征财产税，确定税收减免。中央对地方有严格的监督指导，有权依据宪法等法律授权否决地方政府制定的各项条例。中央固定资产评估委员会是日本房地产税基评估机构，由公共事务大臣、内政大臣和财政大臣共同决定评估标准和公式，全国统一执行。地方政府依据公式评估应税固定资产价值并计算应纳税额，将记载有各地区标准地价格的地价图供公众阅览。日本对土地和建筑物实行分开评估的原则，分别制定了详细的评估方法和程序。对于税收登记册记载的土地、房屋或建筑物的评估值每 3 年根据土地市场价格和房屋的重置成本更新一次。

现行的涉及日本房地产的税收分国税和地方税两个层次，涉及土地的持有、转让和取得等各个环节，建立了一套较为完善的税制。有关税种分布具体见图 1。

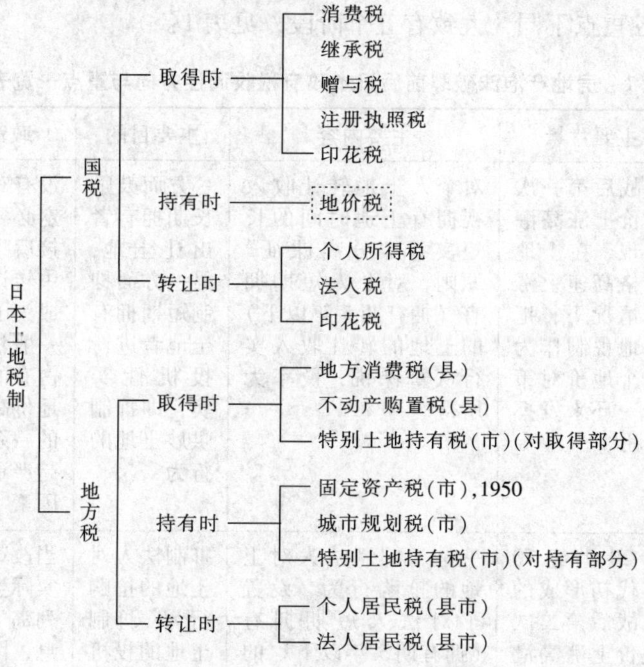

图 1　日本的土地税制体系

资料来源：1998 年《日本的土税税制》，樱井良治，税务会计学会

（二）日本房地产泡沫发展的不同阶段

根据调控方向和调控重点的不同，以城市土地价格的变动趋势为基础，可以将日本房地产泡沫的发展划分为三个阶段。

1. 1985年以前：形成阶段

这一阶段是日本经济的上升时期，虽然也发生了两次房地产暴涨，但都得到了很好的控制，没有蔓延成经济危机。虽然这一时期也存在一定的房地产泡沫，但是从主体来看，拉动房地产价格上涨的仍然主要是被称为“实体性经济”的发展。从调控方向和调控重点来看，这一阶段的财税政策并未对潜在的泡沫给予足够的重视，采取了放任的态度，甚至在某些方面还鼓励不动产投资规模的扩大。

2. 1985至1991年：破裂阶段

这一阶段是日本房地产泡沫快速膨胀的时期，但由于日本政府并没有意识到房地产泡沫会破裂，采取的政策也都比较保守。虽然1987年以后制定了一些针对降低地价的财税政策，并没有充分发挥其作用，有的甚至发挥了相反的作用。

3. 1991年以后：调整阶段

日本的房地产泡沫破裂以后，直到1990年为止一直处于高价持续上涨状态的东京圈地价开始迅速下跌，1991年这一年的地价下跌，成了日本经济发展史上的首次经历。于是，针对土地市场的日本财税政策也开始转变方向，将其调控重点放在了消化不良房地产债权，提高土地的流动性，促进土地的有效利用。

（三）日本房地产税制的历次调整

日本土地管理与税收政策以土地价格的变动为基础。在日本房地产泡沫破裂的前后，根据调控方向和调控重点不同，大致有五个阶段，见表1：

表1　房地产泡沫破裂前后日本政府税收调控方向与重点一览表

年代、机构、文件	主要背景	主要内容	主要目的	政策效果评价及缺陷
“土地税制部会”提出《关于土地税制应有状态的报告》，以此报告为基础，形成了1969年的土地税制改革	二战后第一次地价上涨高潮出现，在土地价格高速上涨的情况下，把土地税制作为整个地价对策的一环来发挥作用	对个人土地转让收入视拥有土地时间的长短实行“分离课征”原则，对个人短期拥有（拥有期5年以下）的土地的转让收入实行从重课税，税率为所得的40%	一方面鼓励长期拥有者出让土地，另一方面抑制短期拥有土地者进行投机性买卖，即抑制哄炒土地的行为	没有对法人的土地转让规定必要的课征制度。其直接后果之一是，从个人手中转让出去的土地，很快成为了不动产经营者乃至一般法人企业争相购买、占有的对象，也成了后来地价高速上涨及由此而来的一系列社会经济问题日趋严重的一个重要的制度因素
税制调查会于1973年提出《关于今后土地税制应有状态的报告》，形成了1973年土地税制改革	以20世纪70年代初形成的二战后第二次地价上涨高潮为背景	一是为抑制法人对土地的抢购行为，设置了对法人短期拥有（拥有期5年以下）的土地转让收入从重课征法人税的制度；二是为抑制土地的投机性交易，促进土地的有效利用，设置了特别土地保有税制度	抑制法人对土地的抢购行为：抑制土地的投机性交易，促进土地的有效使用	当改革后的土地税制开始实际生效时，“购买日本列岛”的高潮已基本平息，因而1973年的土地税制到底发挥了多大的实际作用，很是令人怀疑

续表

年代、机构、文件	主要背景	主要内容	主要目的	政策效果评价及缺陷
1981 年日本政府的税制调查会提出的土地税制改革方案	20 世纪 70 年代中期以后，受整体经济萧条的影响，地价上涨问题明显缓和，70 年代末 80 年代初曾略有回升，之后又趋于平稳，经济环境要求放宽土地税制	对于个人长期拥有土地的转账收入，实施 20% 的低税率的征收范围由 2000 万日元提高为 4000 万日元；原来对超过 2000 日元以上部分一律按 75% 的高税率综合课税，现改为 4000 万日元至 8000 万日元部分按 50% 的税率综合课税，而对超过 8000 万日元以上部分才实行按 75% 的税率综合课税	在土地制方面采取了一些宽松措施，并使有关土地的纳税负担有了相当程度的减轻	普遍认为，这一时期土地税制方面的一系列宽松措施，是导致 20 世纪 80 年代以后日本地价上涨问题再度激化的重要原因之一
1991 年税制调查会土地税制小委员会向内阁总理大臣正式提交了题为《关于土地税制应有状态的基本报告》	从 1983 年起，东京都市中心的商业用地价格开始攀升，之后逐渐波及其他用途土地和其他地区的土地，到 20 世纪 80 年代中期以后即形成二战后第三次地价上涨高潮	在土地保有税制方面，创设新的地价税，同时强化已有的固定资产税和特别土地保有税；强化土地转让课税；在土地取得税制方面，主要是把继承税的课税对象——土地评价额提高；开创旅游地征税制度	增加土地取得、持有和转让环节的税负，抑制房地产投机需求	从控制地价的角度来说，1991 年土地税制的设计是没有错误的，但由于实施 1991 年税制时房地产泡沫已经破灭了，宏观经济环境变化了，这种政策已经失去了其既定的意义，只能起到雪上加霜的作用
1998 年日本税制调查会	房地产市场泡沫破灭，持续的经济低迷，长期低价下降和房地产市场萧条	停征地价税：个人长期持有土地的转让所得，起征点从 4000 万日元提高至 6000 万日元，适用税率 25%；个人短期持有土地的转让所得不适用 40% 或税额 110% 的追加税。对法人超短期（2 年以内）持有土地转让所得按 15% 征收的追加税自 1997 年 12 月 31 日起废止	减轻土地取得、持有和转让环节的税负，意在使房地产市场摆脱泡沫破灭之后的长期低迷状态	作为通货紧缩对策，冻结地价税（1998 年）、减轻土地转让收益税负担等修正措施虽然很快执行，但并没有阻止通货紧缩（资产缩水）现象的发生

资料来源：顾红《日本税收制度》，经济科学出版社 2003 年版；江瑞平《日本现代土地税制》1994 年第 2 期

（四）日本房地产税收调控的影响作用

众所周知，日本当前是一个非常重视土地税收在土地宏观调控中作用的国家之一，但是，日本的这种态度转变是在吸取残酷教训的基础上实现的。20 世纪 80 年代后期，日本

房地产价格快速上涨，出现了严重泡沫。由于日本政府对宏观经济和房地产市场发展形势的误判，致使房地产税收政策调控上出现较大失误，加剧了日本宏观经济发展的长期低迷和房地产市场泡沫的破裂。

在房地产市场价格快速上涨初期，由于判断不准，日本政府主要侧重于直接的行政手段干预，轻视了税制手段的运用，错过了运用财税等政策调控的最佳时机。根据 1996 年出版的《大藏省改造计划》中揭露的事实，在房地产泡沫破裂之前，日本政府一直比较轻视土地税收在调控土地市场中的作用，他们认为：土地政策应当以价格管制或交易管制为主要手段，税制或融资管制只是一种辅助手段；在泡沫出现破裂后，又采取了不合时宜的房地产税收改革政策，加剧了泡沫的破裂，影响到经济的平稳着陆。随着日本房地产市场泡沫的快速破裂，日本政府的土地税收政策转变方向，将调控重点转为消化不良房地产贷款，提高土地流动性，促进土地的有效利用等方面；最终，为了摆脱资产通缩的束缚，日本再次构思了土地政策的框架，以“实现合理的土地使用”和“形成透明、高效的土地市场”作为土地政策的基本目标，在 2009 年出台了《土地政策的中长期展望》。

下面是经济泡沫破裂时期前后，日本房地产税收政策的调整变动情况[3]：

1. 第一阶段（1985 年以前），是日本经济的上升时期，原有的房地产税收政策在一定程度上成为促进经济成长与拉升房地产价格的激励因素

虽然这一时期也存在一定的房地产泡沫，但拉动房地产价格上涨的主因是实体经济的发展。从调控方向和调控重点看，这一阶段的税收政策并未对潜在的泡沫给予足够的重视，不仅采取了放任的态度，而且在某些方面还鼓励了不动产投资规模的扩大。创设于 1952 年的“居住用财产置换更新特别优惠措施”规定，家庭利用出售居住 10 年以上的住宅和宅基地而获得的全部金额购入新住宅、新宅基地时，不对原房地产的转让与收益征税（即延期征税），但是如果购入金额小于出售所得的金额，那么对超出部分的金额（超出部分收益减去必要经费）需要征税。该措施的目的是促进居民家庭改善居住条件，但后来却是造成城市周边地价上涨的重要原因之一，该政策到 1988 年房地产价格大幅上涨时基本上停止。

2. 第二阶段（1985—1991 年），是日本房地产泡沫快速膨胀的时期，房地产市场的调控从行政管制失效转向谋划土地税收制度的改革

为应对 1985 年开始出现的地价异常飙升，日本政府于 1987 年制定了“土地交易区域监视制度”，在管制区域内，土地交易要获得都道府县知事许可。在管制区域外，只要土地交易达到一定的规模，也需要申报。然而，通过管制来抑制地价上涨，只是治标不治本，并未能从根本上解决问题。1989 年日美经济谈判，美方批评了日本土地交易监视区制度，认为税制改革才是土地政策的根本所在，提出了至少必须通过资产保有税来减少土地作为资产保有的有利性的具体政策建议，促使日本在同年制定的《土地基本法》对这一政策有明确的体现，确立了税收调控土地价格的法律地位。

《土地基本法》实施后，为了打破“土地神话”，抑制土地价格泡沫，1991 年 1 月，日本制定并通过了《综合土地政策推进要纲》，提出了加强土地税收和加强对土地的合理评估。1991 年 4 月，日本税制调查会总结提交了题为《土地税制改革的基本课题》的咨询报告，提出“土地税制是解决土地问题的极为重要的手段之一”。后来出台的一系列政策都与日本政府的这种态度转换密切相关。

3. 第三阶段（1991—1993 年），房地产市场泡沫出现破裂阶段

1991 年实施的土地税制改革核心是以增加土地税负来抑制土地价格（见表2），日本政府为抑制房地产市场泡沫破裂的加剧打出税收组合拳。开征地价税、特别土地持有税被视为强有力的调控手段，其他税收政策对抑制房地产价格效果则表现不一。

表2　1991 年日本增加土地税负的内容

增加税负	具体内容
（1）开征地价税	a. 土地的计税依据是土地价值评估； b. 地价税的税率是 0.3%（其中第一年是 0.2%）； c. 居民的自主宅地免税（有两处以上住宅的话，只能有一处免税；即使只有一处住宅，超过了 1000 平方米以上的部分也必须交税）。
（2）强化特别土地保有税	a. 降低了三大都市圈（东京圈、大阪圈、名古屋圈）的特定都市的免税点； b. 将保有时间超过 10 年的城市区域内的具有一定规模土地也列入征税对象范围； c. 制定了加强课税的特列措施。
（3）改革遗产税	a. 遗产税的计税依据由原先市价的 50% 提高到 80%； b. 对于小规模的宅地，提高其免税扣除的限额。
（4）改革农地征税	a. 城市化区域范围之内的农地，在 1993 年之前被划分为“必须保护的农地”和“必须宅地化的农地”，前者按农地征税，后者从 1993 年开始与宅基地一样征税； b. 取消了农地连续经营 20 年农业免争遗产税的规定。
（5）强化转让所得税	对土地转让收益征收转让税的同时加征法人税（除法人的营业收益之外）。
（6）下调物业税	将保持了 40 年（1950 年创设调整）的税率从 1.6% 下调到 1.4%。

（1）开征地价税。日本政府开征地价税的本意在于增大土地的持有成本，从而起到抑制土地需求的作用。尽管地价税由于税率低、非征税范围大，对土地保有者的实际影响比较小。但在税制改革方案付诸实施之时，日本的房地产泡沫已经破裂，地价税还是加重了土地所有者的税负，使土地所有者急于将土地脱手，从而进一步加速了地价的下跌。这种滞后效应是由税制改革从立案到实施的时间差造成的。这种长期的地价下跌一直持续到现在，造成了严重的经济问题。

而且，由于地价税造成税源过分集中于大城市的商业密集地区，因此这些地区的土地评估额远远超出地价税按的基础扣除额，造成企业的土地持有成本增加，抑制了企业本来可以在城市中心部获得高额利润的机会，阻碍了企业在大城市中心部的投资与经营活动，扭曲了应由市场主导的产业资源配置。地价税的征收被认为是导致日本产业空心化，以及城市周边地区地价上涨的重要原因之一。

（2）强化特别土地保有税。特别土地保有税创设于 1973 年，对一定规模以上的土地分别在取得和在土地取得后 10 年内等两个阶段课税，开征的目的是抑制土地投机及促进

土地供给。1991 年日本税改加强了特别土地保有税的调控力度，降低了三大都市圈（东京圈、大阪圈、名古屋圈）的特定都市的免税点，将保有时间超过 10 年的城市区域内具有一定规模的土地也列入征税对象范围。对之前属于免征的停车场、仓库等利用土地本身的特定设施也制定了加强课税措施。由于特别土地保有税税率偏高，征税对象集中在土地价格泡沫较为严重的中心城市，起到了很好的调控作用，对中心城市土地价格的下跌起到了很好的推动作用。

（3）改革遗产税对抑制地价上涨起到了一定作用。遗产税的计税依据由原先市价的 50% 提高到 80%，但对于小规模宅地，则提高了免税抵扣的限额。

（4）强化对城市区域的农地征税，以促进土地转让与供给的增加，从而降低土地价格。日本在 1991 年之前曾长期实施对长期经营农业的城市农地免税政策，抑制了农业用地的转让，限制了城市区域的土地供应，推动了地价上升。1991 年税改规定，对在 1993 年之前划分为“必须宅地化”的城区农地，自 1993 年起与宅基地同样征税，取消了连续 20 年经营农地免征遗产税的规定。

（5）强化土地转让所得税在推动地价上涨的同时，也加大了地价波动的幅度。加重转让环节的税负不利于土地交易的正常开展，对大规模宅地保有的影响也并不明确。同时，转让环节的税负比较容易转嫁。在房地产价格上涨阶段，卖方可以将转让环节的税负全部转嫁给买方，从而进一步推动房地产市场价格的上升。

（6）由于日本对固定资产课税的实际税率非常低，仅为 0.17%，物业税对地价变动的实际影响十分有限。而且，由于日本政府对于物业税课税标准的修改迟于地价的变化，造成物业税实际税率在地价下滑阶段反而上升的结果。

从控制地价来说，日本政府 1991 年土地税制的设计是没有错误的，但是由于实施 1991 年税制颁布的时候房地产泡沫已经破裂了，宏观经济环境变化了，实施的这种政策实际上已失去了既定意义，整体上造成了雪上加霜的作用。日本政府随即实施了反方向的税收调控政策，希望以此促进房地产市场价格的稳定。

4. 第四阶段（1994—2005 年），进入房地产泡沫破裂之后的萧条期，税收政策调控的核心是减税

伴随着日本房地产市场泡沫的破裂，日本政府税收政策的重心也开始从以针对土地市场为主，转移到消化不良房地产贷款，提高土地流动性，促进土地有效利用等重点上来。1994 年开始，为了减轻住宅用地的税收负担，采取了系列降低课税标准额和调整课税标准额的特别扣除措施。另外，对一定的新建住宅、长期优良住宅、既有住宅的耐震改造、既有住宅的残疾设施改造以及节能改造等实施了减税措施。

在房地产泡沫崩溃后，日本国内长期面临地价下滑、土地闲置、个人及企业资产负债状况恶化、金融机构不良债权处理停滞等问题。为应对资产通缩，日本政府于 1997 年出台了《新综合土地政策推进要纲》，将土地理念由所有改为利用，提出土地政策目标由抑制地价转为促进土地的有效使用。在这一理念及政策目标的指导下，日本政府于 1998 年停止征收地价税，在 2003 年大幅减轻土地流通环节课税，停止了特别土地保有税。至此，作为抑制房地产泡沫强力措施手段的地价税和特别土地保有税都被彻底停止。

5. 第五阶段（2005 年至今），在地价下滑渐趋停止的情况下，为了摆脱资产通缩的束缚，日本政府再次构思了土地政策的框架，并以“实现合理的土地使用”和“形成透明、

高效的土地市场”作为土地政策的基本理念

2009 年，为了应对以土地使用价值为中心的房地产市场的形成和少子高龄化等与土地相关的社会情况变化，日本以提高国民生活为目标，制定了《土地政策的中长期展望》。该报告中提出今后的土地政策将以提高国民生活为目标，以房地产的使用价值为根本，综合且战略性地制定促进房地产业发展的中长期政策。其中，再次提及完善房地产市场的税制、法制和地价公开发布制度，加强对房地产市场和宏观经济关联性的研究分析，确保适度的房地产金融发展以及合理运用《国土利用计划法》等促进日本房地产市场的中长期发展。

四、日本房地产税制调控对我国的启示

日本在其经济成长的道路上，积累了大量的房地产税收管理经验，留下来深刻的历史教训。目前，我国房地产市场发展面临的环境与日本二十世纪七八十年代有颇多相似之处，加强房地产调控，防止房地产市场泡沫扩大乃至破灭是我们值得关注的重要事情。借鉴日本房地产税收调控的经验教训，有以下几点意义：

（一）对税收调控房地产市场的作用条件要有清醒的认识

日本经验表明，房地产市场泡沫的存在受诸于货币、财政、市场周期，乃至人们预期等复杂因素的影响。因此，开征房地产税如以抑制房价作为主要目的，其作用的有限性是可见的。对于税收调控的作用条件，需要从以下方面有清醒的认识：第一，税收调控需要财政、货币、产业等政策的协调配合，各种政策手段要共同构成一个完整的房地产市场宏观调控政策体系，才能实现比较理想的政策效果。日本的经验教训深刻地说明了这一点；第二，运用税收调控房地产市场，仍要以保障税收收入的稳定性作为基础。组织财政收入是税收作用的基础，这是日本房地产税收体系的演变规律，反映了成熟市场体系下地方财政收入模式的基本特点。我国着手完善房地产税收的努力，其基本着眼点也应该放到为地方筹措稳定可持续的收入上，而不宜定位于干预房地产市场的工具手段；第三，完整的房地产税收体系是税收调控的基础，借鉴日本经验，我们需要从房地产的保有、流转、地区等方面把握好税负的平衡，掌握好开征的尺度。

（二）对税收调控房地产市场的前提基础要有充分的准备

日本房地产税收开征的显著特点，在于日本房地产税收制度的形成酝酿了一个相当长的历史过程，日本房地产市场及开征税收的准备工作十分扎实。早在日本明治时期，日本政府就开始丈量国内土地并建立完整档案，为后续土地开发和可征房地产税收奠定了可靠的数据基础。而且，日本有专门的房地产税基评估机构——中央固定资产评估委员会，由中央政府的公共事务大臣、内政大臣和财政大臣共同决定评估标准和评估公式，全国统一执行。各市町村政府依据公式评估应税固定资产的价值并计算应纳税额。各市町村政府将记载有各地区标准地价格的地价图供公众阅览。日本对土地和建筑物实行分开评估的原则，分别制定了详细的评估方法和程序。对于税收登记册记载的土地、房屋或建筑物的评估值要每 3 年根据土地市场价格和房屋的重置成本更新一次。有形的经营资产评估值每年更新。这些举措，不仅有利于监控房地产市场，也为课税提供了相对可靠的依据。

（三）对税收调控房地产市场的背景趋势要有准确的预见

我国当前正面临着与20世纪70年代日本所经历的类似经济环境，某些方面甚至比较日本更为复杂，诸如人民币升值、劳动生产率提高、地价上涨、剩余资本找不到投资方向、储蓄存款利率偏低、通货膨胀等问题，都孕育着滋生房地产泡沫的可能。由于我国的房地产市场化还很不完善，税收政策发挥作用的条件还不完全具备，需要准确把握税收政策实施的时机和力度，不断增强税收调控方式和时间的灵活性，避免政策失误对经济下滑的雪上加霜。而且，税收政策调控应与货币、财政、产业等政策相互配合，避免时间超前或滞后影响调控作用的发挥。

参考文献：

［1］刘洪玉．中国房地产市场中的泡沫与过热问题分析［J］．建筑经济，2003．

［2］刘琳，郑思齐，黄英．房地产泡沫测度系数的编制方法［J］．中国房地产，2003（6）．

［3］董裕平，宣晓影．日本的房地产税收制度与调控效应及其启示［J］．金融评论，2011（3）．

（作者单位：湖南省税务学会）

“五化”视角下的粮食安全问题研究

——以湖南省为例

周　丽　匡远配

一、引言

2015 年中央“一号文件”《关于加大改革创新力度加快农业现代化建设的若干意见》中再次提出粮食安全问题。文件中提出只要粮食生产能力稳住了、上去了，就能“任凭风浪起，稳坐钓鱼台”，始终把中国人的饭碗牢牢端在自己手上，可见粮食安全问题是人民生产生活的重点问题。2015 年 3 月 24 日的中央政治局会议首次提出了“绿色化”，将“新四化”全面提升为“新五化”。即农业现代化、城镇化、信息化、新型工业化和绿色化。绿色化在经济领域，它是一种科技含量高、资源消耗低、环境污染少的产业结构和生产方式，能够带动绿色产业，形成经济社会发展新的增长点。同时，它也是一种向勤俭节约、绿色低碳、文明健康的方向转变的生活方式。它还把生态文明纳入社会主义核心价值体系，有利于形成崇尚生态文明的社会新风。

目前粮食安全的问题已成了国内外农业经济研究的热点和焦点。粮食安全包含三层含义：一是保障粮食供给的数量与质量，即不仅要供应足够的粮食，还要保证所供应的粮食安全、卫生，满足人们生存和健康的基本需要；二是保障粮食供应的稳定性与长期性，即保障粮食供应在任何时候都是充足、卫生的，满足人们的长期需要；三是保障人们的购买力，即人们不仅能够买得到而且买得起其生存和健康所需的基本食品。现有的研究只限于“四化”中某些因素对粮食安全问题作研究。姜松（2012）[1]、曹文献（2012）[2]、赵苹（2014）[3]等研究信息化、科技进步、农业投入、播种面积、成灾面积等方面对粮食生产的影响。这些研究都只是考虑了影响粮食生产的某个或某几个因素，研究具有片面性。事实上，湖南省作为粮食生产的主产区，对国家的粮食安全也承担了很大的责任，目前“五化”的提出对粮食安全问题提出了新的挑战。本文以湖南省为例，将“五化”结合起来，综合分析湖南的粮食安全存在的问题，并从“五化”视角提出保障粮食安全的政策建议。

二、理论框架、指标体系的构建

（一）理论框架

我国的“五化”主要体现在农业现代化、城镇化、信息化、新型工业化、绿色化。其对粮食生产的影响主要体现如下：

1. 农业现代化对粮食产量的影响

农业现代化是指从传统农业向现代农业转化的过程和手段，其基本特点是农业劳动生产率的极大提高。当农业生产力由落后的传统农业日益转化为当代世界先进水平的农业，这就是农业现代化。因此，农业现代化对粮食的影响应该是正向的。

2. 城镇化对粮食产量的影响

城镇化是经济社会发展的客观趋势，也是一个国家工业化和现代化的重要标志，因此它对粮食产量的影响是正向的；同时城镇化使农用土地急剧下降，而农用土地的投入又是粮食增产的一个重要因素，因此其对粮食产量的影响是负向的。基于以上两点，城镇化对粮食产量的影响是双向的。

3. 信息化对粮食产量的影响

现代信息技术能促进农业和农村经济结构调整，增强农业的市场竞争力，发展农村经济，建设现代农业，增加农民收入，加速农业现代化进程，对粮食产量的影响是正向的；若信息化过程中，农民的种粮积极性受到影响时，信息化将对粮食产量将呈现出负面影响。

4. 新型工业化对粮食产量的影响

新型工业化对粮食产量有正负两方面的影响[4]：一方面工业化建设也促进了农业现代化建设，从农业机械等现代化要素投入和“工业反哺农业”等方面，增强了农业和粮食生产能力；另一方面从占用水、土资源（特别是占用耕地资源），使粮农收入相对降低，扩大城乡居民收入差距，影响了农民的种粮积极性，从而影响了粮食生产和粮食安全。

5. 绿色化对粮食产量的影响

其影响主要体现在质量上，绿色化对粮食产量的影响具有条件性和阶段性，在转变农业发展方式之前，主要体现在大量使用化学肥料、化学农药、动植物助长剂为标志的高化学、高投入、高能耗、低效益农业；转变农业发展方式之后，主要以使用有机肥、生物农药和利用自然生态系统提供的免费服务为主的有机化、生态化、低投入、低能耗、高效益农业，从而使得粮食产量提高，有正面影响。

（二）指标体系构建

本文考虑指标的完备性，数据的可得性、代表性，根据已有的研究，确定了粮食安全和“五化”的评价指标体系。

1. 农业现代化的综合指标

根据辛岭（2010）给出的我国农业现代化发展水平评价指标体系，将我国的农业现代化分为农业投入水平、农业产出水平、农业发展水平和农业可持续发展水平[5]，本文选择了农机总动力、农业用电量、农业财政支出、有效灌溉面积等四个指标反应湖南的农业现代化水平。

2. 城镇化的综合指标

根据王博宇（2014）给出的新型城镇化评价指标体系的构建[6]，文中将城镇化体系指标分为经济动力、人口转移、基础设施、人居环境四个子体系，再加上城镇化的进程速度比较快，直接会导致耕地面积的减少、农村人口市民化，因此本文选取耕地面积减少数（农地流转问题）、农业劳动人口数、城镇化率和人均公园绿地面积作为城镇化的指标。

3. 信息化的综合指标

根据信丽媛（2008）给出的农业信息化指标体系，文中将其分为农业信息化基础设施、农业信息资源建设、农业信息人才资源、农业信息技术应用几个方面，由于信息化的快速发展，技术的改革和创新使得粮食产量大幅度的提升，因此本文将技术人员、通电话数、农业劳动力高中以上学历所占百分比作为信息化的指标[7]。

4. 新型工业化的综合指标

新型工业化的发展会给粮食生产带来很大效应，根据谢春（2011）提出的中国特色新型工业化评价指标体系构建[8]，其指标体系分为经济发展、人力资源、产业结构等，由于新型工业化的发展会吸收农业人口，增加就业，使农业人口非农化，增加的收入又会重新投入农业，从而工业的发展会带动第一产业的发展、带动粮食产量的增产，本文选取第二产业占 GDP 的比、人均 GDP、工业增加值率和从业人员增长率作为新型工业化的指标。

5. 绿色化的综合指标

全国已全面启动粮食绿色增产模式攻关，加快创新驱动绿色增长，全面实现粮食生产稳定持续发展，其主要体现为化肥、农药、农地薄膜利用率的提高，使用量实现零增长，因此本文将农用地膜的使用量、化肥的使用量、农药的使用量选入了绿色化的指标体系。

（三）基于熵权法权重的确定

信息熵是用来刻画信息论中所包含信息的无序度的一个量，通过信息熵来度量信息的无序化程度，熵越大则无序化程度越高，相对应的该信息所占有的效应也就越低。基于这个原理，如果该数据序列的差异程度大，则对被解释变量影响就越大，相应的就赋予其较大的权重。基于熵权法权重确定[10]的具体计算步骤如下：

（1）数据的采集和处理。对原始数据 x_{ij} 进行归一化处理，计算比重 p_{ij}，即：

$$p_{ij} = \frac{x_{ij}}{\sum_{i=1}^{m} x_{ij}} (0 \le i \le m)$$

其中 m 表示第 j 列数据的

（2）熵值计算。针对第 j 个影响因素，利用该影响因素下的数据计算影响因素的熵值 e_j，即：

$$e_j = -k \sum_{i=1}^{m} p_{ij} \ln p_{ij} (j = 1,2,\cdots n)$$

其中：n 表示影响因素的个数，$k > 0$，一般取 $k = \frac{1}{\ln m}$，则 $0 \le e_j \le 1$。

（3）计算偏差度。计算第 j 个影响因素的偏差度 g_j，对于确定的第 j 个影响因素，如果因素影响程度越小，则该影响因素下的数据列越接近完全无序状态，e_j 越大，该影响因素的偏差度应越小，因此定义 $g_j = 1 - e_j (j = 1,2,\cdots,n)$

(4) 计算权重。对以上计算出的偏差度进行归一化后得到的数值即为每个影响因素的权重，它反映了该影响因素的影响程度的大小。其中第 j 个影响因素的权重计算公式为

$$w_j = \frac{g_j}{\sum_{j=1}^{n} g_j} (j = 1,2,\cdots,n)$$

（四）综合水平测度

权重确定以后，需对每个指标数据进行标准化处理，使不同的量纲指标能加总计算。标准化采取的方法是实际值与目标值的比，然后分别计算“五化”指标：

$$X_1 = W_{11} * Z_{V1} + W_{12} * Z_{V2} + W_{13} * Z_{V3} + W_{14} * Z_{V4}$$
$$X_2 = W_{21} * Z_{V5} + W_{22} * Z_{V6} + W_{23} * Z_{V7} + W_{24} * Z_{V8}$$
$$X_3 = W_{31} * Z_{V9} + W_{32} * Z_{V10} + W_{33} * Z_{V11}$$
$$X_4 = W_{41} * Z_{V12} + W_{42} * Z_{V13} + W_{43} * Z_{V14}$$
$$X_5 = W_{51} * Z_{V15} + W_{52} * Z_{V16} + W_{53} * Z_{V17}$$

其中：$W_{ij}(i = 1,2,3,4,5; j = 1,2,3,4)$ 分别表示第 i 个“化”中的第 j 个因素的权重，$Z_{Vk}(k = 1,2,3,\cdots,17)$ 表示第 k 个变量的标准化结果。

（五）“五化”对粮食总产量的多元线性回归模型的建立

可以构建一个从“五化”分析粮食生产的回归模型为：

$$Y = a + b_1X_1 + b_2X_2 + b_3X_3 + b_4X_4 + b_5X_5 + \varepsilon$$

其中 Y 表示粮食总产出，X_1 表示农业现代化，X_2 表示城镇化，X_3 表示信息化，X_4 表示新型工业化，X_5 表示绿色化，ε 表示随机误差。

三、“五化”对粮食产量影响的实证分析

（一）权重确定

根据官方的统计数据整理出 2001—2012 年湖南省粮食安全影响因素指标，运用熵权法计算各相应影响因素的权重[11]为：（本研究中 $k = \frac{1}{\ln 12}$）：

在确定指标的目标值时，从动态的角度考虑我国和发达国家农业的发展，参考现代农业、可持续发展农业、资源节约环境友好型农业等评价指标体系中相近指标的目标值，多项指标的衔接与配套，参考蒋和平（2011）研究的我国粮食主产区农业现代化指标体系的构建[12]，确定了“五化”的指标体系中各项指标的目标值。

表1 指标权重和目标值的确定

一级指标	二级指标	目标值	权重
农业现代化 X_1	单位耕地面积农机总动力（千瓦/千公顷）V_1	10000	0.0965
	农村从业人员人均用电量（千瓦时/人）V_2	400	0.1774
	人均农业财政支出（元/人）V_3	400	0.7243
	有效灌溉率（%）V_4	90	0.0018
城镇化 X_2	城镇固定资产投资占比（%）V_5	90	0.2526
	城镇化率（%）V_6	60	0.3579
	农业人口转非农业人口比率（%）V_7	70	0.2
	人均公园绿地面积（平方米）V_8	10	0.1895
信息化 X_3	每万人拥有技术人员（人）V_9	160	0.4423
	通电话数（万个）V_{10}	5	0.0192
	劳动力高中以上学历所占百分比（%）V_{11}	20	0.5385
新型工业化 X_4	人均 *GDP*（元）V_{12}	60000	0.8867
	第二产业占 *GDP* 的比（%）V_{13}	60	0.0242
	工业增加值率（%）V_{14}	20	0.0891
绿色化 X_5	化肥使用强度（千克/公顷）V_{15}	300	0.4470
	农用地膜的使用强度（千克/公顷）V_{16}	10	0.3939
	农药的使用强度（千克/公顷）V_{17}	20	0.1591

（二）数据处理

本文的数据来源于2001—2012年《湖南统计年鉴》《中国农村统计年鉴》和《湖南省国民经济和社会发展统计公报》。经处理以后得表2：

表2 2001—2012年湖南省粮食产量和"五化"综合指标值

年份	农业现代化	城镇化	信息化	新型工业化	绿色化	粮食产量
2001	0.2168	0.6892	0.8592	0.1724	0.47953	0.8031
2002	0.2667	0.6965	0.9284	0.1916	0.455392	0.7680
2003	0.2678	0.7289	0.9130	0.2253	0.428561	0.7704
2004	0.2774	0.7802	0.9110	0.2645	0.381295	0.7421
2005	0.3149	0.7578	0.9409	0.2703	0.372456	0.7337
2006	0.3609	0.7887	0.9280	0.2922	0.357596	0.7300
2007	0.5764	0.8414	0.8706	0.3518	0.343811	0.7262
2008	0.7268	0.8012	0.8704	0.3747	0.336984	0.8096
2009	0.6732	0.8541	0.9083	0.4177	0.356412	0.8641
2010	0.6841	0.9003	0.9212	0.4950	0.348306	0.8459
2011	0.7095	0.8900	0.9264	0.5575	0.342499	0.8606
2012	0.7659	0.8987	0.9439	0.5859	0.328166	0.8751

（三）“五化”对粮食总产量的多元线性回归模型

利用SPSS. 21统计软件得到回归的结果为表3，考虑到变量指标之间可能存在共线性性，选择逐步线性回归，只有农业现代化、新型工业化、绿色化通过了检验，得到结果如下：

表3 多元回归模型运行的结果

变量	系数	t	p
C	0.138	1.173	0.275
X_1	0.182*	2.153*	0.064*
X_2	−0.227	−0.405	0.697
X_3	0.104	0.556	0.595
X_4	0.369**	2.861**	0.021**
X_5	1.162***	4.764***	0.001***

注：*，**，***分别表示在10%，5%，1%水平下显著

由于$R=0.939$，$R^2=0.882$，且方程显著性检验的$F=19.942$，p值为0.000，所以回归模型具有统计学意义。

从回归分析的结果可以看出：（1）农业现代化对粮食产量的弹性系数为0.182，当农业现代化变动1%，粮食产量变动0.182%。因农业生产过程中，大力构建集约化、专业化、组织化、社会化相结合的新型农业经营体系；培育专业大户、家庭农场、专业合作社等新型农业经营主体；再加上农地的流转使得农业生产出现了规模化，为机械化的实施提供了有利条件，从而劳动效率得到很大的提高，粮食产量得到了增加。（2）城镇化对粮食产量的弹性系数为−0.227，当城镇化变动1%，粮食产量变动0.227%。因城镇化过程中，很多农地进行了流转，非农化过程非常严重，抛荒现象非常严重，再加上农民的种粮积极性不高，大量的农村劳动力往城里迁移，虽然能为农产品提供市场，但也会因农村劳动力不足导致粮食产量的下降；城镇化的速度一定要适当，过快的城镇化进程会给农民工市民化会带来一系列的社会问题，如社会的不稳定、公共服务设施跟不上城镇化的速度，教育、医疗设备严重不足。该指标没有通过检验主要是因为在2001—2012年之间，城镇化对粮食产量的影响没有其他影响那么大。（3）信息化对粮食产量的弹性系数为0.104，当信息化变动1%，粮食产量变动0.104%。主要表现在信息化对现代农业的发展起着引领作用，有利于农业技术的掌握，有利于农业现代化的实施，对粮食产量数量的增加也有提高作用。信息化能为农民的生产、生活带来服务，本文指标没有通过检验是因为湖南省2001—2012年的信息化处于为生活服务多于为生产服务，信息化的应用水平不高，计算机仍主要作为计算工具，加工汇总资料，对粮食产量的影响不够大，因此回归过程中没有通过检验。（4）新型工业化对粮食产量的弹性系数为0.369，即新型工业化变动1%，粮食产量变动0.369%。这主要是因为新型工业化快速发展的同时，吸收了大量的农村劳动力，使得农村的土地出现了大量的流转，农地连片耕种，机械化操作更为简单、便捷，使得粮食产量得到很大的提升。新型工业生产出来的工业产品投入农业，对农产品进行加工，实现“以工哺农”。“以工哺农”要真正实现工农业之间在各个方面的平等交易（包括价格、

财税、信贷等)，保障农民的应有权益。(5) 绿色化对粮食产量的弹性系数为 1.162，即当绿色化变动 1%，粮食产量变动 1.162%。说明我省已开始实现农业发展方式的改变，绿色化对粮食的产量呈正面影响。主要体现在提高有机粮食生产综合能力，将目标紧紧锁定在科技强农上，实施良种化工程，加大有机肥的使用，提高农膜、农药的利用率，推动农业绿色化，以实现粮食质量上的安全。

四、政策建议

粮食安全问题是一个复杂的系统工程，应该充分考虑各因素的影响。粮食产量不仅要从数量上得到安全，更要保证粮食产量的质量安全。根据采集到的影响因素的数据和湖南粮食安全的影响因素权重确定的结果，提出政策建议如下：一是加大政策的实施力度，更好调动农民生产积极性；鼓励农民不断学习新技术，并大胆用于生产实践中；加大在粮食生产上的技术投入，如开发高效能化肥，改良农业机械设备，以及种植新粮食品种。二是农地的流转，农民工进城使得很多耕地抛荒，甚至非农化比较严重，导致农地流失，最终也会影响粮食安全，因此政府应当给出相应的政策，政府应该严格控制城镇化建设对耕地的占用，通过提高占用耕地补偿价格等经济手段，抑制过易、过度占用耕地；增加农产品价格的补贴、提高农民的科学技术水平，增加农民种粮的收入，以提高农民种粮的积极性，尽量阻止耕地面积的减少，缓解我国未来粮食安全压力。三是加强渗透，推进提高信息化作用，高端引领，提升信息化示范工程起点，因资源开发是众多信息化工程的基础，在未来的发展中，各地区应更多地关注和支持农业资源的开发和利用，突出以农为主、统筹规划的特点，使农业资源管理在推动农业信息化和现代农业发展中发挥更大的作用。四是工业反哺农业必须循序渐进，主要体现在：(1)"制度反哺"。彻底改革城乡分割体制，建立城乡统一制度，在制度上保证农业和农村不再向工业和城市进一步"输血"。尽快改变农业在国民经济中的不利地位，使农业的剩余不再过度流向工业，而是留在农业内部，促进农业自身的发展。(2)"产业反哺"。统筹考虑非农产业发展和农业发展，鼓励发展劳动密集型、适合农民就业的非农产业，以此不断吸纳农村富余劳动力，使农业的就业比重尽快下降到 30% 以下，缓解农村人地矛盾。(3)"收入反哺"。减轻农民的税费负担，增加对农业和农村的财政投入和信贷支持，建立城乡衔接的福利保障体系，加大对贫困农民的收入补贴等。五是注意推动循环经济的发展，以实现经济社会的可持续发展，推动生态文明建设。农业生产过程中采取高效的有机肥料、有机农药，提高农膜的使用率，以便在"绿色化"的前提下使得粮食产量得到提高。因此，我们要综合发展"五化"指标，实现"五化"同步，协调发展，在资源有限的情况下，按照影响程度的大小，做到有侧重点，做到都有所顾及，将有限的资源按照最优配置的原理进行分配。该论文权重的度量和回归结果的体现，在一定程度上为政府决策提供量化依据。

参考文献：

[1] 姜松，王钊，黄庆华，等. 粮食生产中科技进步速度及贡献研究 [J]. 农业技术经济，2012 (10)，40—51.

[2] 曹文献，杨娜曼. 基于灰色理论的湖南粮食生产发展因素影响力评价［J］. 中国农学通报，2012，28（32）：160—165.

[3] 赵苹，姜祎，肖佳洁. 信息化促进中国现代农业发展的策略研究［J］. 现代经济探究，2014（5），68—72.

[4] 曾靖. 我国工业化发展对粮食安全的影响及对策研究［D］. 博士论文，华中农业大学，2011.

[5] 辛岭，蒋和平. 我国农业现代化发展水平评价指标体系的构建和测算［J］. 农业现代化研究，2010，31（6）：646—650.

[6] 王博宇，谢奉军. 新型城镇化评价指标体系的构建—以江西为例［J］. 江西社会科学，2013（8）：72—76.

[7] 信丽媛，宋志文，等. 浅析天津农业信息化测评指标体系的构建［J］. 中国农学通报，2008，24（8）：465—468.

[8] 谢春，李健. 中国特色新型工业化评价指标体系构建及实证分析［J］. 系统工程，2011，29（3）：74—80.

[9] 张文彤，董伟. 统计分析初级教程［M］. 高等教育出版社2013年版.

[10] 李俊. 基于熵权法的粮食产量影响因素权重确定［J］. 安徽农业科学，2012，40（11），6851—6852，6854.

[11] 杨茂，宋伟. 基于熵权法的河南粮食生产方式转变指标权重研究［J］. 河南农业大学学报，2013，47（5）：629—633.

[12] 蒋和平. 我国粮食主产出农业现代化指标体系的构建和测算及发展水平评价［J］. 农业现代化研究，2011，32（6）：646—651.

（作者单位：湖南农业大学）

基于风险导向的高校内部控制审计模式研究

周旭枚

一、引言

高校是进行人才培养、科学研究、社会服务和文化传承的神圣学术殿堂。但是，近年来高校频繁曝出腐败案件，涉及金额大，在社会上造成负面影响。据粗略统计，党的十八大以来，仅中央纪委监察部网站“纪律审查”栏目公布的高校腐败案件就已达50多起。且案件涉及的金额大，动辄几百万元，多则几个亿，甚至有些案件在高校具有普遍性。为有效规避权力寻租，避免高校成为腐败的“重灾区”，保持高校风清气正的学术氛围，引领社会文化健康发展，就必须加强高校的内部控制审计。

从国内学者对组织内部控制审计的学术研究来看，总体上对企业内部控制审计的研究比较丰富和成熟，近年来也存在不少对高校内部控制审计的研究成果。在具体控制领域方面：谢卫华，徐建科（2010）对高校科研费内控制审计的重点环节、主要问题和控制过程进行了研究，并提出了完善措施[1]；杨明亮（2011）结合COSO框架研究了高校财务管理内部控制审计，分析了从初步了解、描述、初步评价、符合性测试、综合评价、实质性测试到得出审计结论等七步骤的具体审计实施过程[2]。在审计或评价方法方面，邱玉兴（2013）以某高校内部控制评价体系为研究对象，针对构建合理评价指标体系，运用模糊层次分析法对该高校内部控制进行了综合分析和评价[3]；陈留平、魏微、张猛超（2014）基于江苏省高校的调查，提出内部控制系统的建立要以信息技术作为依托，将各项控制内化到高校的信息系统，促进内部控制流程与信息系统的有机结合[4]。在审计模式方面，叶习红（2008）根据高校内部控制特点，提出内部控制全面审计模式和动态审计模式[5]。在发展对策方面，唐华琳（2012）指出应优化内部控制审计环境，开展灵活、多样的内部控制审计，完善内部控制审计评价标准，开展风险导向内部控制审计等路径[6]；罗红雨（2014）对高校内部控制审计低效的原因进行了分析，并提出了完善高校内部控制审计的具体措施[7]。

从上述研究文献来看，显然对我国高校内部控制审计研究还不够深入，特别是对高校内部控制审计模式的研究，在叶习红（2008）的研究成果之后就没有出现过新的研究文献，风险导向的视角也只有唐华琳（2012）在研究论文中有所提及，并未进行深入的理论研究和实务探讨。因此，本文试图在叶习红（2008）、唐华琳（2012）研究成果的基础上进行深入一步的探讨，具体构建风险导向型的高校内部控制审计模式，以求抛砖引玉。

二、高校内部控制的特征

高校属于非营利组织，企业属于营利组织，两者的内部控制的评价机制存在较大的差异，这就决定了高校内部控制审计不能照搬企业模式，必须在内部控制审计一般原理的基础上，根据高校内部控制的特殊性来构建适合高校的内部控制审计模式。与企业相比，高校内部控制的特殊性主要表现在：

（一）经营目标的非盈利性

企业是盈利组织，其经营目标是实现利润最大化。而高校是非盈利组织，主要职能是培养人才、开展科研、服务社会和文化传承，虽然高校根据自身发展的需求，可以自主开办一些校办产业，但盈利不是最终目标。因此高校的内部控制不能立足于经济利益的控制，不能出于盈利目的，而必须立足于社会发展，优化教育资源，减少或防止资源浪费。

（二）内控系统的复杂性

企业的内控系统在现代公司治理结构下，其内部组织结构一般按直线职能制或事业部制来设置，各组织单元严格按行政原则和价值链原则运行。而高校在党委领导下的校长负责制下，其内部组织结构虽然有点类似于企业的直线职能制，一般包括行政管理、教学科研、后勤服务、校办产业等子系统，但是各子系统的职能分工、管理模式和内部控制机制既有联系又有区别，并不是按价值链原则运行的。而且高校的核心和重点是教学和科研，学术管理和行政管理一样，在高校管理中非常重要。要将学术权力和行政权力分离出来，构建不同的考核评价机制，这就使高校的内控系统呈现出复杂性的特征。

（三）资金来源的特殊性

企业的资金来源主要是股权资金和债权资金，资金来源渠道简单明了。而随着教育体制改革进一步深化，高校拥有自主办学权逐步增加，高校的资金来源除了财政拨款、学生学费之外，其他资金来源还包括科研经费，银行贷款，校办企业收入，接受的各种培养、捐赠等，资金来源逐渐多元化。特别是财政拨款经费（含一般拨款和专项经费）、学生学费、纵向科研经费等具有很强的政策性，一般都有额定的标准、指定的用途和资金的支出程序，资金使用内部控制审计主要保证资金的合法合规性。

（四）业务活动的多元性

企业的业务活动主要是以产品为中心从事产供销活动，而高校主体的业务活动是教学和科研，但围绕教学和科研需要产生众多的相关经济活动，如基本建设、后勤服务、物资采购、校办企业经营等，这些业务活动都涉及资金的筹集和使用。高校的内部控制审计在保证业务活动合法合规的前提下，除了最大限度地使得资产资金安全，确保财务信息的真实外，还需要保证教学科研的质量，不断提高社会效益。

正是由于高校的内部控制审计与企业相比存在特殊之处，因此在构建高校的内部控制审计模式时，就不能照搬企业的模式，而必须充分考虑到其审计目的不同、审计对象的不同、审计过程及其效果侧重点不同。只有这样，才能真正发挥高校内部控制审计的积极作用。

三、高校内部控制审计的一般模式及评价

按照叶习红（2008）的研究和总结，我国目前高校内部控制审计的一般模式分两种，即全面审计模式和动态审计模式。

（一）全面审计模式

顾名思义，全面审计模式就是对全校所有的业务部门全部进行审计。一般做法是先成立以行政一把手（校长）为首、各部门负责人为成员的内部控制审计领导小组。然后对全校所有会计控制和管理控制范围内的活动进行审计。一般根据业务性质的不同，划分行政、教学、学工、科研、后勤服务等多个类型，分别成立审计小组逐个进行审计。此模式强调审计的权威性、广泛性、协调性，适用范围是尚未建立完整的内部控制制度，或是以前没有对内部控制进行过审计的高校。

该模式的优点是全面对高校的内部控制可以进行全面的监督与评价，掌握内部控制的整体风险，并在整体上进行控制和改进。缺点一是审计的规模大、任务重，一般高校的内审部门审计力量不足，难以深入和高质量地完成；二是由于全面开花，难以重点掌控风险，并进行重点改进；三是由于没有跟踪审计，对审计建议是否落实或审计效果如何，难以准确度量。

（二）动态审计模式

动态审计模式就是对高校的业务活动进行定期动态跟踪审计。这种审计模式一般是以高校内部审计处为主，再外聘部分专家成立若干个审计组，对学校的内部控制的重点部门进行定期动态跟踪审计。动态审计模式是将高校的内部控制审计列为审计处的日常工作，对高校重点单位或部门内部控制制度的执行情况及出现的特殊事项，开展经常性咨询和审计服务，并提出改进建议。该模式适用于已经从事过全面内部控制审计且比较成功的学校。

这种审计模式的优点一是进行动态跟踪，可以有效地观察审计建议的落实和内控机制的改进情况；二是便于重点部门或单位进行重点审计，从而减少了一次审计的工作量。缺点一是容易造成领导不重视，由于重复多次，容易造成高校领导对风险管理意识逐渐淡薄，从而对内部控制审计重视不够[8]；二是动态跟踪审计容易造成被审单位反感，每次审计盯着几个重点部门，给人造成对部门负责人“不放心”的感觉，有的领导甚至认为强化内部控制审计，会束缚管理创新的手脚，限制管理人员主观能动性的发挥。

可见，无论是全面审计模式还是动态审计模式都存在一定的缺陷，这也正是高校内部控制审计的难点所在，因此只有创新审计模式，构建以风险导向为基础的高校内部控制审计模式才能逐步解决这些问题。

四、基于风险导向的高校内部控制审计模式设计

风险导向的内部控制审计就是以高校内部控制风险为审计关注点，对内部控制进行有效审计。该审计模式既不同于全面审计，会将没有风险或风险极小的管理部门踢出审计范

围，从而减轻审计工作量；又不同于动态审计，每次审计只针对几个重点部门，而是根据高校内部控制风险产生的可能性和风险大小进行不定期的审计。这种审计模式包括风险点的选择、风险大小评估、风险机理查证、风险控制建议和风险跟踪监测等。

（一）风险点的选择

根据高校内部控制的特征和目标，审计组在制定审计方案前，必须对内部控制的风险点进行选择，这就要求审计人员对全校被审计单位的基本情况、被审计单位的性质、单位负责人、组织结构、各机构职能、单位领导分管业务及各自职责、各单位内部控制制度、单位领导对内部控制的态度、单位领导执行内控制度的实际情况、被审计单位以前或目前是否有重大违反财经法规的行为、违法违纪行为的处理情况等都要非常熟悉，并根据这些情况进行风险点的选择。[9] 在选择风险点时，一是要重点了解被审计单位业务特点及业务流程中的关键风险点；二是要以案为鉴，围绕干部选拔、基建后勤、物资采购、产业投资、职称评定、自主招生、领导班子决策等容易滋生腐败的重点领域进行选择；三是要尽量不遗漏，按高校的机构设置表逐一分析和排查，确保审计方案的全面性和科学性。

（二）风险大小评估

此处所指的风险评估是指在高校内部控制风险事件发生之前，对于风险事件给高校造成的影响和损失进行量化评估的工作。在通过定性分析选择好风险点之后，为了解各风险点可能造成的影响和损失的大小，就必须进行风险大小的评估，实现高校内部控制风险评价从定性分析到定量分析的转变[9]，以便审计抓住重点。高校内部控制风险的评价方法，简单一点可采用表格综合评价法，复杂一点可以先建立评价指标体系，然后采用层次分析法（AHP）、模糊综合评价法等进行评价。

在具体进行某个单位或某项业务的风险评价时，首先需要将该业务分解成若干个业务环节，并根据业务权力的大小分别给各业务环节赋予不同的权重，然后分别测算各业务环节年度涉及的资金总额和可能违规的概率，从而计算出某一业务环节的风险值，最后进行综合评价，将各业务环节计算出来的风险值加总。

需要注意的是，高校内部控制风险的评估不能只简单地停留在会计领域，要扩大到教学、科研、基建、后勤、资产管理、人事组织、学生管理等多个领域，对影响高校运行发展的重大方面进行全面的风险评估，采用定性与定量相结合的方法，按照风险发生的可能性及其影响程度等逐项进行计算和加总，并根据风险评估的结果和高校内部审计力量，在制定审计方案时可以选择前面重点的若干个风险点进行审计，从而避免全面审计。

（三）风险机理查证

风险机理查证是对选择进行审计的风险点的内部控制风险进行审计调查与取证，是具体的审计过程。查证重点应集中在如下几个方面：一是制度的完善性检查，即检查各业务环节是否有具体的内部控制制度规定，分析制度本身是否存在漏洞；二是制度的执行力调查，即调查内部控制制度的执行情况，各业务程序是否执行到位；三是业务程序检查，即检查各项业务执行过程中，是否按规定的程序进行，是否公开公正公平；四是财务票据审查，即分析业务环节财务数据的合理性，抽查财务票据的合法合规性；五是其他情况的分析与审查，包括职工在某一风险岗位的任职年数、个人思想品德情况、收入与消费情况等。并将各风险点的风险查证情况分别登记在表格中进行分析。

（四）风险控制建议

风险控制建议是审计人员根据各风险点存在的主要风险情况和风险产生的原因，对症下药，提出的完善高校内部控制的对策建议。虽然具体对于某个风险点的对策建议是各不相同的，但一般而言，应从如下几个方面入手：一是完善内部控制制度，对凡是没有内部控制制度或内部控制制度不完善的业务环节，必须首先完善制度，依法治校，将权力关进制度的笼子；二是要强化制度的执行力，对凡是存在“有法不依、执法不严”业务环节，必须强化单位和业务主管人员的责任意识，实行问责制度，提高单位和业务主管人员的制度执行力；三是完善业务环节，对凡是决策没有监督约束的业务环节必须增添监督约束程序，充分发挥民主管理和部门监督的作用；四是严格财务预算和财务程序，严格按照上级有关部门和学校的财务制度办事；五是加强思想品德教育，提高高校内部控制的自觉性和主动性。

而且，在提出风险控制建议时还应注意，高校是非盈利单位，侧重于社会效益，对一些盈利性、风险较高的产业投资和经营项目，应采取风险回避措施，放弃或退出盈利性风险项目，减少风险事件发生的可能性；对于一些正在发生的风险项目，应及时采取强制措施，把可能的损失控制在一定的范围内；另外，社会是发展的，高校的风险点也是随时代的发展而变化的，对于新出现的风险应该有新的政策措施，关键在于在制度博弈与约束均衡中寻找新的约束手段。

（五）风险跟踪监测

风险跟踪监测是指在审计报告完成，审计建议反馈给被审计单位进行整改后，对被审计单位的整改情况和风险情况进行跟踪监测，并根据跟踪监测的结果，决定下次审计时是否将其纳入风险点，以形成审计封闭回路。跟踪监测的方法主要有：一是财务数据监测，即根据年度被审计单位的财务数据情况，分析其内部控制是否向好；二是问卷调查监测，即每年度对被审计单位发放一次问卷调查表，调查被审计单位的各项业务内部控制情况是否发生好的变化；三是综合信息法，即根据各种可能收集到的信息，包括新闻媒体、其他高校内部信息、高校职工和学生反映的信息等，检查被审计单位是否存在某些风险情况，且重点关注老业务是否产生新的风险倾向。

诚然，高校的审计部门在进行风险跟踪监测时，应充分利用高校信息化系统和智慧校园系统，采取切实可行的监测方式，以降低审计监测成本，提高审计监测效率。

五、实施风险导向内部控制审计的保障措施

从上可见，风险导向的内部控制审计模式既不同于全面审计模式，又不同于动态审计模式，有效地解决了上述两种审计模式的缺陷，是目前各高校较为合适的一种审计模式。但是，要使这一审计模式真正达到审计目的，还必须有如下保障措施：

（一）学校领导高度重视

一般而言，如果领导高度重视内部控制审计，审计就能达到防范风险的目的；如果领导不重视，则审计只能是走走过场。因此，高校领导应树立内部控制和风险管理意识，高度重视高校的内部控制审计。实践已经证明，在高校加速扩容，建设校园时求规模、求一

步到位情况下，往往给高校发展带来较大的内部控制风险。目前，在高校财政拨款经费增加、科研经费增加、平台建设经费增加、高校办学自主权增加的情况下，高校领导更应该将风险意识作为内部控制的一项重要内容予以规范，并重点关注基本建设、物资采购、专项经费、科研经费、自主招生、干部聘任、职称评审等风险控制点，并相应采取风险识别、风险评估、风险防范及风险监控等措施。在这样的环境与背景下，才能使风险导向的内部控制审计真正发挥作用。

（二）科学制定审计方案

风险导向的高校内部控制审计应使风险理念及思路贯穿于整合审计过程的始终，特别是在风险点的选择、风险大小评估阶段，要严谨地按程序办事，不能凭经验、拍脑袋来制定审计方案，而必须通过定性和定量分析，科学地选择风险点，科学地制定审计方案。在审计方案执行过程中，特别是在风险机理查证审计过程中，要坚持实事求是的原则，做到用数据说话、用证据说话，不能犯主观主义的错误。对一些知识性强、业务较为复杂的审计对象，审计组可以外聘专家，深入下去，每个具体环节和过程都必须弄清楚，这样才能真正了解内部控制风险的产生根源，并对症下药，真正保持审计的真实性、合法性和效率性。

（三）多方参与审计过程

高校内部控制审计应以高校为主体、政府监管为促进、中介机构和家长及学生代表委员会为督促，完善高校内部治理结构、内部控制审计机制、自我评价机制等。在内部控制审计过程中，应以内部环境为重要基础、以风险评估为重要环节、以控制活动为重要手段、以信息沟通为重要条件、以内部监督为重要保证，建立高校常态内部控制审计机制，多维度对高校进行审计和监督，运用司法和行政监督，鼓励社会力量参与，发挥内部审计机构作用，提前介入各类战略规划、决策或重大事项，能够及时地在利益链上制约权力的过度集中或滥用，真正地做到全过程的高校内部控制审计。

（四）充分运用审计成果

审计成果的运用一直是各国内部控制审计的重要内容。美国就非常注重财务报表审计和内部控制审计如何整合的问题[10]；我国企业界现在也在探索将内部控制审计和财务审计进行整合，相互利用成果。那么，在高校也可以将内部控制审计成果运用到财务审计、经济责任审计、预算审计等多种审计项目中，更好地发现重大问题，并且能降低风险，节约审计成本，提高审计效果和效率，这也是未来内部控制审计值得研究和需要进一步发展的领域。

总之，本文通过对高校内部控制全面审计模式、动态审计模式和存在的主要问题的分析，构建了以风险为导向的高校内部控制审计模式，试图避免全面审计和动态审计存在的局限性，并寻找一种目前在高校内审力量相对薄弱的条件下，高校内部控制审计的可行模式。本文的创新点在于以风险为导向的内部控制审计模式的设计，以及对多方力量参与高校内部控制审计过程等方面进行了有益地探索。将来可考虑对具体实务操作、内部控制审计成果在其他审计项目上的运用等方面作进一步的后续研究。

参考文献：

[1] 谢卫华，徐建科. 高校科研经费内部控制审计研究 [J]. 商业会计，2010 (23).
[2] 杨明亮. 论高校财务管理内部控制审计 [J]. 财务与金融，2011 (1).
[3] 邱玉兴，解玮，王卓. 高校内部控制评价指标体系的构建 [J]. 会计之友，2013 (10).
[4] 陈留平，魏微，张猛超. 论我国高校内部控制建设——基于江苏高校的调查 [J]. 高校教育管理，2014 (1).
[5] 叶习红. 高校内部控制审计模式及方法探讨 [J]. 企业家天地，2008 (4).
[6] 唐华琳. 浅析高校内部控制审计的难点及其突破路径 [J]. 福建农林大学学报，2012 (15).
[7] 罗红雨. 高校内部控制与审计相关问题研究 [J]. 财会通讯，2014 (2).
[8] 年素英. 基于风险管理的高校内部控制研究 [J]. 会计之友，2011 (7).
[9] 陈关亭，黄小琳，章甜. 基于企业风险管理框架的内部控制评价模型及应用 [J]. 审计研究，2013 (6).
[10] 张龙平，陈作习，宋浩. 美国内部控制审计的制度变迁及其启示 [J]. 会计研究，2009 (2).

（作者单位：湘潭大学）

湖南生态文明建设的困境和路径选择

欧绍华

党的十八大从战略角度阐述了生态文明建设的意义，将生态文明建设与经济建设、政治建设、文化建设、社会建设并列，为建设中国特色社会主义事业作出“五位一体”总体布局，明确提出建设美丽中国，实现中华民族持续发展，凸显了生态文明建设的战略性、基础性地位。

生态文明的核心是“人与自然关系的和谐”，生态文明建设的目的就是要实现可持续发展，使人口环境与社会生产力发展相适应，使经济建设与资源、环境相协调，实现良性循环，走生产发展、生活富裕、生态良好的文明发展道路。选择适合湖南省生态文明的发展道路成为当前的一个历史使命，也是一项艰巨任务。因此，如何实现湖南省生态文明建设中人与自然和谐相处，实现经济和生态共生的可持续发展，已成为我们建设社会主义生态文明有待解决的重大问题。认真分析湖南省生态文明建设面临的各种困境，寻求可供突破的路径，无疑对当前湖南省生态文明建设具有重要的理论意义与现实意义。

一、湖南生态文明建设面临的困境

（一）公众生态意识淡薄的制约

一是人们的环保意识淡薄。改革开放以来，单纯追求 GDP 和政绩观使我们的生态建设进入了误区。湖南省一些落后地区的人们刚刚迈过“温饱线”，“他们的目标只是尽快富裕起来，生态意识几乎没有得到确立，环保行为更是无从谈起”。结果导致了落后地区人民群众对保护环境的觉悟不高，他们的生活习惯、消费习惯、参与环保的积极性与如今的生态文明建设的要求有一定距离。二是公众环保意识狭隘。将环保与发展割裂开来，不符合现代环保理念。在治理上缺少从源头上找问题的预防性解决对策。生态环保意识尚且停留在“浅绿”的阶段，丝毫没有“深绿色”思想。

（二）对粗放型经济模式的依赖

改革开放以来，粗放式的经济增长方式一直没有改变，给湖南省环境带来了严重的破坏。在长久的粗放型经济发展过程中，我们似乎对这种粗放型增长模式“情有独钟”。由于传统重化工资源型产业具有高投入、高消耗、高污染和低效益的特征，其进一步发展必将进一步消耗大量的水、矿物、能源、耕地等资源，使资源、环境的瓶颈约束日益严重，经济发展与资源、环境的矛盾冲突将不断加剧。湖南省经济结构以高能耗工业为主，环境问题严峻，产业转型升级压力大。建设生态文明不同于传统意义上的污染控制和生态恢复，而是解除工业文明弊端，探索、创造资源节约型、环境友好型的科学发展道路。因此，如何克服湖南省现有经济增长的路径依赖，突破路径依赖陷阱，形成各种有效的路径创造机制，减轻资源环境压力，是当前湖南生态文明建设面临的困境。

（三）行政管理体制不完善减缓了生态文明建设的步伐

主要表现在两个方面：一方面，政府评价体系不完善。目前，我国对地方政府政绩考核仍主要以 GDP 为主，导致许多地方领导干部为了得到上级的“肯定”和“提拔”，热衷于搞“形象工程”，不计一切代价盲目追求 GDP 的高速度增长，将环境保护工作置于次要地位。另一方面，“条块状”的分散监管模式，阻碍了生态文明建设的进程。长期以来，我国环保工作主要以行政区划和部门职能分工为基础，存在严重的“地方保护主义”现象，致使区域和部门的环境监管工作经常陷入孤军奋战的境地，支持与协助缺乏，某些方面甚至出现监管盲区。

（四）法制不健全，监管不力

随着生态环境的恶化，从中央到省在法制层面上做了不少的工作，也取得了一些瞩目的成效，但是法治缺失仍然是生态文明建设的重大障碍之一。从立法上看，虽然目前有 40 多部有关环境保护方面的法规，但是在实践中却存在提倡性规定、原则性要求比较多，而在约束性规定、可操作性规定方面不足，这导致法律不能有效地行使监督、检举的权利，因而不能有效地保护好环境。此外，从执法上看，由于利益的驱使，一些地方企业不愿意放弃能够带来高利润的污染行为，加上目前对地方干部的任免和考核制度中，经济增长是一条很重要的标准，这导致一些地方政府为追求经济发展速度，不惜以牺牲环境、资源为代价，在对企业的环保监控方面执法不严，甚至睁一只眼闭一只眼。湖南省生态文明建设的制度化程度不高，缺乏硬约束，同时，由于受益者与环境承担者背后的社会力量悬殊，一些环保部门执法不严甚至差别执法，出现了“污染越重、环保越富”的怪象。

（五）生态文明建设缺乏一个统一规范的指标体系

一个科学的、可操作性强的指标体系是全国各地区的生态文明建设的指导和考核标准，它决定着生态文明具体实践的制度设计以及后续的政绩考核，影响着公众评判和舆论导向，唯有科学设计、与时俱进、不断完善，才能更好地促进各级政府贯彻落实科学发展观，并对其建设生态文明的成果做出全面准确的评判。然而迄今为止，国家有关部委还没有出台有关生态文明建设和考核的一个统一规范的指标体系，目前我国在生态文明建设指标体系实践上也主要是参考相关领域的指标体系并在其基础上作细微的调整。

二、湖南生态文明建设的路径选择

（一）转变经济发展方式，调整产业结构

建设生态文明必须从转变经济发展方式这个源头抓起，把加强环境保护作为转变经济发展方式、调整产业结构的重要手段，努力实现经济发展与环境保护协调融合。

一要发展循环经济，逐步转变经济发展方式。大力发展循环经济，能够从根本上解决在经济发展过程中遇到的经济增长与资源环境之间的尖锐矛盾，协调社会经济与资源环境之间的关系，同时有利于提高经济增长质量，是转变经济增长方式的现实需要。

二要调整产业结构，发展有利于生态保护的产业。按照十八大报告提出的促进生产空间集约高效战略推进产业的集聚，建设产业集聚的工业园区，同时大力培育和发展符合绿色经济、循环经济、低碳经济发展的新兴产业，淘汰落后产业，逐步建立合理的产业结构。

（二）大力推动科技进步和创新

转变经济发展方式，优化产业结构，发展循环经济，这些都必须依靠科技的进步和创新。同时，科技的进步和创新也可以减少生态保护的投入成本，为企业发展生态产业提供些动力。因此，要创造条件，大力推动科技的进步和创新。首先要用政策鼓励和支持高校、企业研发节能环保技术、环保材料及设备，并建立节能环保技术创新与成果转化体系，以企业为主体，实现产学研相结合。其次对新投入的产业及其相关项目，要严把准入关。要严格按照最新的技术标准和环保标准完成项目审批，并注重该项目的后续监管，保证环保措施的落实。

（三）加强生态制度建设

首先是建立科学的决策机制，确保生态文明理念真正进入各级党政决策者的具体决策过程之中，并能在决策中综合考虑经济、社会和生态保护的协调发展，从经济发展、城市建设等重大决策、重要规划的源头上融入生态建设。其次是要建立生态文明建设和考核的一个统一规范的指标体系。该指标体系应该基于各利益相关方：政府、企业、公众的定位、驱动力等分析后科学制定，内容应当包括生态意识文明、生态行为文明、生态制度文明等层次，目的是指导各主要利益相关方在生态文明建设中的具体行为，并通过考核促进各项指标的落实。再次是建立科学的生态文明考核评价制度。为了保证生态文明建设的各项政策真正落到实处，必须建立科学合理的评价机制，必须改变某些领导干部唯 GDP 的观念，增加生态文明在考核评价中的权重，把资源消耗、环境损害、生态效益纳入经济社会发展评价体系，建立体现生态文明要求的目标体系、考核办法、奖惩机制。最后是要深化资源性产品价格和税费改革，建立反映市场供求和资源稀缺程度、体现生态价值和代际补偿的资源有偿使用制度和生态补偿制度。价格和税收政策的调节，就是根据市场的供求关系，以市场和经济手段调节相结合，通过对损害（或保护）资源环境行为进行收税（或补偿），提高其行为的成本（或收益），从而激励损害（或保护）行为的主体减少（增加），以政策制度来约束减少污染，保护环境，最终形成“污染者付费、使用者补偿，保护者得到补偿”的局面。

除此之外，还要继续健全和完善多种形式的生态补偿机制，合理制定补偿标准，完善补偿模式，全面建立资源有偿使用制度和生态补偿制度。最后是要健全基本的管理制度，加强环境监管。根据目前我国生态文明建设的实际，建立国土空间开发保护制度，完善最严格的耕地保护制度、水资源管理制度、环境保护制度，健全生态环境保护责任追究制度和环境损害赔偿制度。在此基础上加强环境日常监管，建立数据库。为了保证该项工作的顺利开展，要加强基层工作人员的队伍建设，保证环境监管人员的数量和质量。

（四）加强生态法律建设

法律对于约束人们的不文明行为具有强制作用，是生态文明建设的保证。因此有必要从立法、执法、司法等方面加强生态法律建设。首先，在立法上，修订和完善已有的生态方面的法律，特别是要弥补生态法律方面的空白，使其适应市场经济下生态文明建设的需要，尤其要注意增加自然生态保护方面的内容。其次，在执法方面，一定要做到严格、规范、公正、文明执法，真正做到有法必依、执法必严、违法必究，切实维护公共利益、人民权益和生态环境保护管理秩序。最后，要保证公正司法，确保审判机关、检察机关依法独立公正行使审判权、检察权，不因经济发展而用行政手段干预司法。

（五）加强生态文明建设中的区域协作、部门协作

十八大报告指出要将生态文明建设融入经济建设、政治建设、文化建设、社会建设各方面和全过程，要完成这样一个系统工程，需要增强各区域、各部门之间的协同参与性，从各个领域、各个层面深入推进。另外，在区域内，也同样需要各部门之间的协作，以保证生态文明建设的深入推进而不至于出现相互推诿、扯皮，无人管理的生态文明格局。

（六）提高社会公众的生态文明意识和行为参与度，倡导健康绿色的生活、消费方式

将生态文明知识纳入国民教育体系，加之各种形式的生态文明宣传教育，使社会公众树立尊重自然、顺应自然、保护自然的生态文明理念，增强全民环保意识、生态意识，并能自觉地落实到具体的行动中，能自觉参与生态保护、生态监督等活动。特别是能树立健康绿色的生活方式和消费模式，自觉地用自然科学知识来指导规范生活、消费行为，优化人们的消费结构，寻找人与自然的最佳契合点，形成生产与消费的良性循环，在节约资源和保护环境的基础上，促进人的全面发展、健康发展。

总之，要按照生态文明要求，着力推进绿色发展、循环发展、低碳发展，形成节约资源和保护环境的空间格局、产业结构、生产方式、生活方式，从源头上扭转生态环境恶化趋势，给自然留下更多修复空间，给农业留下更多良田，给子孙后代留下天蓝、地绿、水净的美好家园。

（作者单位：湖南工业大学）

以评促建　以评促改

——浅议国家二三级博物馆运行评估对我省纪念馆临时展览工作的指导意义

侯　雁

对于博物馆来说，陈列是博物馆特有的语言，是博物馆实现其社会功能的主要方式。博物馆有长期展出、稳定的陈列，也有短期展出、经常更换的陈列。我们通常称后者为“临时展览”。临时展览展出周期短、选题灵活、题材更新快、时效性强，是基本陈列的重要补充，是活跃博物馆工作的一种有效方法。对于纪念馆来说，只有不断开阔视野，与时俱进，在临时展览方面有所作为，才能真正做到以人为本，成为大众喜闻乐见的文化教育机构。

截至 2013 年 5 月，国家文物局已经公布的国家二级博物馆有 222 家，国家三级博物馆 434 家。根据《湖南省 2013 年度博物馆年检备案表》，我省登记在册的博物馆共 130 家，其中纪念馆 63 家，在我省博物馆总数中占据半数；在我省 8 家国家二级博物馆中纪念馆占 3 家，11 家国家三级博物馆中纪念馆占 2 家。我省国家二三级博物馆中纪念馆的数量仅占不到四分之一。国家二三级博物馆是我国博物馆体系的重要组成部分。为贯彻实施《国家文物博物馆事业发展“十二五”规划》，完善博物馆行业标准，健全博物馆质量评价体系，引导博物馆主体行为方向，促进博物馆事业的持续、快速、健康发展，2013 年 5 月，国家文物局在湖南、浙江、四川三省开展了国家二三级博物馆运行评估试点工作。在总结 2012 年度二三级博物馆运行评估试点工作经验的基础上，湖南省文物局委托湖南省博物馆学会，于 2014 年 1 月至 9 月开展了 2013 年度湖南省国家二三级博物馆运行评估工作。评估依据《国家二三级博物馆运行评估规则（试行）》《国家二三级博物馆运行评估指标体系（试行）》《湖南省 2013 年度国家二三级博物馆运行评估工作方案》进行，坚持了定性评估和定量评估相结合的做法，从博物馆运行的五个方面入手，以衡量湖南省国家二三级博物馆整体营运水平全貌为目标，重点体现湖南省国家二三级博物馆运行当中的经验和问题，为汇集各方力量促进湖南省国家二三级博物馆发展提供参考和依据。以下是本次运行评估与本文相关的数据：

表 1　2013 年度湖南省国家二三级博物馆运行评估综合排名

湖南省国家二级博物馆				
排名	博物馆名称	总分	定性总分	定量总分
1	常德博物馆	93.37	93.1	94
2	长沙简牍博物馆	90.3	90	91
3	任弼时纪念馆	89.17	85	98.9
4	长沙市博物馆	85.95	82.5	94
5	株洲市博物馆	79.23	78.9	80
6	中国人民抗日战争胜利受降纪念馆	78.04	80.2	73
7	岳阳博物馆	76.85	81.5	66
8	彭德怀纪念馆	75.88	81.4	63
湖南省国家三级博物馆				
排名	博物馆名称	总分	定性总分	定量总分
1	益阳市博物馆	88.66	86.8	93
2	蔡和森同志纪念馆	88.27	87.1	91
3	醴陵市博物馆	84.72	81.6	92
4	郴州市博物馆	84.65	81.5	92
5	衡阳市博物馆	82.58	82.4	83
6	怀化市博物馆	81.18	78.9	86.5
7	湘西土家族苗族自治州博物馆	80.9	78.5	86.3
8	永州市博物馆	78.03	78.9	76
9	胡耀邦故居陈列馆	76.62	72.6	86
10	临澧县博物馆	70.76	77.3	55.5
11	攸县博物馆	67.1	74.2	50.5

根据上表，纪念馆的综合排名情况比较靠后，8 个二级博物馆中前 4 名仅有 1 家纪念馆，11 个三级博物馆中前 6 名也仅有 1 家纪念馆。蔡和森同志纪念馆表现不俗，在三级博物馆中名列第二。

表 2　2013 年度湖南省国家二三级博物馆运行评估定性一级指标得分情况

定性评估一级指标	湖南省国家二级博物馆得分率	湖南省国家三级博物馆得分率
藏品管理	93.1%	91.5%
科学研究	50%	37.3%
陈列展览与社会教育	76.7%	72%
公共关系与服务	92.4%	87.2%
博物馆管理与发展建设	94.6%	95.1%

湖南省国家二级博物馆陈列展览与社会教育得分率为 76.7%，湖南省国家三级博物馆陈列展览与社会教育得分率为 72%，在五个一级指标中陈列展览与社会教育的得分率仅高

于科学研究，排在第四。

表 3　2013 年度我省二三级纪念馆湖南省国家二三级博物馆定性部分陈列展览与社会教育得分排名表

湖南省国家二级博物馆			
	博物馆名称	分数	排名
1	任弼时纪念馆	24.1	3
2	中国人民抗日战争胜利受降纪念馆	23.8	4
3	彭德怀纪念馆	19.9	7
湖南省国家三级博物馆			
	博物馆名称	分数	排名
1	蔡和森同志纪念馆	24.7	1
2	胡耀邦故居陈列馆	18.8	10

2013 年度湖南省国家二三级博物馆定性部分陈列展览与社会教育指标项满分为 30 分，二级馆平均分为 23 分，三级馆平均分为 21.6 分。最高的常德博物馆得分为 27.9 分，最低的攸县博物馆得分为 18 分。24 分以上的有 5 个博物馆，得分在 21 分至 24 分之间的有 9 个博物馆，其他 5 个馆得分在 18 分至 21 分之间。5 家纪念馆获平均分以下的，占 2 家。

从以上数据可以看出："陈列展览与社会教育"这一指标项的总体分率很低；纪念馆无论是综合得分还是"陈列展览与社会教育"指标项排名均总体靠后。虽然我省纪念馆数量较大，但总体质量与其他综合类型博物馆相比而言还是相对较弱，尤其在陈列展览方面，还有很大的提升空间。如何做好纪念馆临时展览工作？国家二三级博物馆运行评估工作能给我们带来怎样的经验和教训？依笔者愚见，能从以下三个方面着手突破：

一、树立精品意识、争取一年办好一个临展

通过各单位报送的评审材料不难发现，我省纪念馆临时展览虽然数量不少，但是获奖的基本上是凤毛麟角。很多纪念馆报上来的临时展览材料不全，缺少附件，很少能报上翔实的材料。除此之外，大部分临时展时间很短。比如综合排名靠前的任弼时纪念馆 2013 年推出的 6 个临时展览，展览时间均为 1—3 天。2013 年各纪念馆上报材料显示，超过三个月的临时展览仅有 3 家纪念馆举办的 5 个临展，其中蔡和森纪念馆 2 个，为期 3 个月；彭德怀纪念馆 1 个，为期 3 个月；中国人民抗日战争胜利受降纪念馆 2 个，为期半年。总体来看，我们的临时展览中精品不多，形式和内容都较为单一，没有发挥临时展览灵活多样、约束力小的特性，不能吸引老观众，更别提吸引潜在观众。这样的临时展览，很难成为各个纪念馆基本成列的有力补充。

诚然，要办好临时展览需要人力、物力和财力等多方面的支持，很多纪念馆由于自身原因在举办临时展览时会面临各种困难。然而，以实事求是的态度，根据自身条件、适当调整展览方案，每年至少办一个题材新颖、制作精良、具有一定社会影响力的临时展览，应该是各个博物馆和纪念馆追求的目标。要办好展览，需要先导入精品意识。没有精品意识，精品就无从产生。为了办好每年一个的精品临展，可以采用策展人责任制，充分调配

全馆的各项资源，集中力量办好一个展览。在制定展览方案时，可以参考国家二三级博物馆运行评估中的各项指标要求，甚至参考全国或者各省的展览评奖规定。

比如，《湖南省2013年度国家二三级博物馆运行评估细则》中考察了原创性临时展览的获奖情况、引进展览和合作办展的数量、临展的宣传推介情况、年度举办临时展览的个数和观众人数。在宣传推介一栏，要求检查负责人员的基本信息资料、宣传方案文本、媒体报道的视频资料或剪报。在教育项目一项，要求检查临时展览的教育项目方案。

在全国博物馆十大陈列展览精品评奖和各省的评奖中，也有非常翔实的规定，如某省文化厅发布的《关于开展全省博物馆（2011—2013年度）陈列展览“十大精品”评选活动的通知》中规定了参评要求：① 展览选题新颖、个性鲜明，能够体现时代精神，贴近实际、贴近生活、贴近群众，具有高度的思想性、知识性和原创性。② 展览内容能够体现最新研究成果，具有较高的学术、文化含量；展品组织科学合理、层次清晰、重点突出，信息传达有效性强。③ 形式设计有新的探索或突破，达到形式设计与内容设计的和谐统一。④ 展览制作精良，工艺精细，新技术、新材料运用得当，具有良好的展示效果。⑤ 展厅内具有达标的安全技术防范设备和防止展品遭受自然损害的展出设施和环境。⑥ 展览对外宣传及时、广泛、有效，相关文化产品设计精致、特色鲜明，能够满足不同观众的需求。⑦ 陈列展览的讲解咨询、公众服务周到细致。⑧ 围绕和配合展览组织开展讲座、研讨会、出版相关研究书籍等一系列延伸教育活动。⑨ 陈列展览深受观众欢迎，社会反响良好。⑩ 有内容丰富的网上虚拟展览或网页展示。

越来越多的博物馆人意识到评估不再是到处找错，而是一个观察、思考和分析的过程。美国就是一个非常注重博物馆评估的国家。美国博物馆协会认为“认证（评估）是该协会最有价值的项目之一”。在美国，很多博物馆都充分利用自己的认证资格认证带来的高知名度，筹集更多资金、吸引更多观众；严格的认证过程会导致美国的博物馆不断改进组织方式，对预订目标有着更清晰的认识；认证能为博物馆带来动力和积极性等。总之美国业内人士认为，认证（评估）是博物馆界质量保证和自我约束的主要工具。

在经费有限的条件下，研究观众需求，坚持展品说话，注重内容设计，采取科学、经济的陈展方式，参照国家二三级博物馆运行评估要求，甚至省级或国家级的陈列展览精品评选要求，积极探索，开拓创新，突出特色，一样能打造接地气的精品陈列。

二、加强原创性临时展览

“原创性临时展览”是一个较新的概念，虽然日益被博物馆界同仁关注和认同，但与之相关的一些问题尚需更为深入的讨论。《国家一级博物馆运行评估申报书》对“原创性临时展览”做了简单的解释：“指博物馆提出创意，并组织策划的临时性展览。”目前业界意念中的八种原创性临时展览为：展品与设计均以举办方为主体的展览、由举办方筹划设计而借用他馆展厅的展览、输出型展览、引进性展览、受他馆委托进行内容和形式设计的展览、非藏品类展览、面向社会临时征集展品的展览、整合全国同类藏品的展览。

《湖南省2013年度国家二三级博物馆运行评估细则》原创性临时展览一栏，要求“检查代表性原创展览的内容方案和展览图片、影像资料”，主要考察陈列主题和展品组织、形式设计、展览互动性以及获奖情况四个方面。在陈列主题和展品组织方面针对纪念馆的要求是“展览主题凸显任务的精神感召力或事件反映的思想与精神”。

很遗憾的是，对于临时展览这一大项，所有参评的纪念馆都没能提交一份完整的展览内容方案。任弼时纪念馆提交了一份简单的宣传方案、前期策划、媒体宣传活动清单，彭德怀纪念馆提供了开幕式议程，中国人民抗日战争胜利受降纪念馆是唯一提供展览图片的单位。所有的参评单位在原创性临时展览这一大项中，资料严重缺失。笔者认为，各单位除了临时展览档案整理工作有所欠缺之外，对临时展览，尤其是原创性临时展览重视程度不够是问题的关键。

在有限的藏品基础上不断推出新的展览，是博物馆界面临的共性难题。原创性临时展览的薄弱也反映了整个纪念馆界人才、资金的弱势状态。中国博物馆协会理事长宋新潮曾表示，纪念类博物馆有三大问题：一是临时性陈列展览少，特别是缺乏原创性的临时展览；二是藏品匮乏，大量用照片代替展品；三是研究不足或被忽视。因此，要加强原创性临时展览工作，同样要求我们重视藏品搜集、学术研究和人才培养等最基础的工作。

侯春燕在《原创性临时展览刍议》一文中提出了推出原创性展览的三种模式：一是通过原创性主题，重新整合本馆的藏品，提高藏品的利用率；二是通过原创性主题，重新整合国内博物馆的藏品，加强本国范围内的馆际合作；三是通过原创性主题，重新整合国内外博物馆的藏品，加强世界范围内的馆际合作。

发展原创性临时展览，将促使纪念馆专业人员加强理论研究，探索博物馆展览实践新动向，加强与兄弟单位及本地区相关部门的合作与交流，不断深挖、推陈出新、紧跟市场，使展览能满足观众日益增长的多元化需求，从而使博物馆不断焕发出新的生机和活力。

三、引进展览与合作办展

如今的博物馆门庭冷落、游客稀少的状况比比皆是。原因很多，博物馆展览不能吸引观众的眼球是最大的原因。归根到底，经费不足是展览工作停滞不前的掣肘。很多纪念馆的基本陈列三至五年甚至更久的时间都没能调整，更别提制作精良的原创性临时展览。在这种状况下，纪念馆应该一切从实际出发，加大引进或者合作举办临时展览、交流展览的力度，节省经费，整合资源，以最小的投入，换取最大的社会效益和经济效益。

湖南省博物馆的“凤舞九天——楚文物特展”便是合作办展的优秀范例。该展于2009年5月22日至8月30日在湖南省博物馆馆展出。展览从全国范围内遴选260余件（套）楚文物精品，全面展示楚国的政治、军事历史、礼乐文明、艺术成就、思想文化与社会生活。该展由湖南、湖北、河南、安徽四家省级博物馆联合举办，策展模式突破创新，跨部门、多学科共同运作，最后取得非常好的社会效益和经济效益，展览历时101天，观众总数达219797人，门票收入共计2386134元，相关纪念品收入283948元，在第九届全国博物馆十大陈列展览精品评选活动中荣获“最佳综合效益奖”。

任弼时纪念馆和蔡和森纪念馆在引进展览方面做得比较突出。任弼时纪念馆的六个临展有自主制作的，如“任弼时书画展”和“人民的骆驼”；有引进和合作的，如“杨开慧事迹展”“雷锋事迹展”“百岁红军陈琮英”和“湘楚文物展”。蔡和森纪念馆更是力求创新，举办了“蝴蝶收藏展”和“运动中的地球展”。

纪念馆的展览基本上是人文类的，非常单一，在一定程度上降低了对观众的吸引力。纪念馆在自身条件的限制下，要广泛地涉足各个领域、各个学科也并不现实。引进其他博物馆或者纪念馆的临时展览，能满足不同层次观众的不同需要，吸引博物馆的潜在观众，培育老观众对博物馆的忠诚度。在湖南省博物馆益阳年会中，皮云丰老师在《加强馆际交流丰富陈列展览之浅谈》一文中提到：临时展览具有形式多样和内容不受约束的特征，不受基本陈列的内容和题材的约束，可以广泛涉及社会生活与自然界的各个领域、各个学科，丰富博物馆陈列内容，展示民族文化沉淀，满足各种层次观众的需要，丰富观众的文化生活，发挥博物馆在社会主义精神文明建设中的作用，更好地实现博物馆的教育职能。

我们注意到，《湖南省2013年度国家二三级博物馆运行评估细则》引进展览和合作办展指标项，检查要点和评分办法是“引进或合作办展，每一个记3分，累积最多记15分”，对展览主题和内容方案均没有具体要求。在现有阶段，这些引进和合作的临时展览，主题可以与基本陈列和自主制作的临时展览不一样，题材各异、形式灵活，有利于吸纳新理念，打破传统形式、吸引游客，扩大纪念馆的影响力，充分达到社会效益和经济效益并存的效果。放宽眼界，除了纪念馆，很多省级和地市级博物馆都有比较成熟的展览进行推介。联系此类展览，能大大缩减人力、物力和时间。比如湖南省博物馆网站上就推出了“苗族银饰之美”等9个展览，各单位如果符合办展条件，均可联系。

总之，临时展览对于纪念馆和其他类型的博物馆一样，是对外宣传和开展活动的重要平台，是提高其公众知晓度和社会影响力的重要手段，对纪念馆弘扬时代精神、推行爱国主义教育的中心工作具有重大意义。国家二三级博物馆运行评估还将继续，这将对全省的二三级博物馆及其他地市纪念馆、博物馆带来机遇和挑战。我们期待早日完善科学的博物馆激励机制和约束机制，实现动态管理，以评促建，以评促改，切实提升二三级博物馆的管理、运行水平，深化博物馆体制机制创新，促进全省博物馆事业健康可持续发展。

参考文献：

[1] 王春雷．临时展览，提升中小博物馆的社会功能［N］．中国文物报，2006－12－8（6）．

[2] 美国博物馆协会．美国博物馆认证指南［M］．外文出版社，2011．

[3] 侯春燕．原创性展览的界定和功能［N］．中国文物报，2012－11－28（6）．

[4] 皮云峰．加强馆际交流丰富陈列展览之浅谈［J］．湖南省博物馆学会2013年年会论文集，2013．

[5] 袁建平．牢固树立精品意识　提供优质文化产品［J］．湖南省博物馆学会2013年年会论文集，2013．

[6] 湖南省博物馆学会．湖南省国家二三级博物馆2013年度运行评估报告［R］．2014．

（作者单位：湖南省博物馆）

践行“三严三实”，强化规矩、原则意识

侯苏勤

2014年3月9日，习近平总书记参加全国“两会”安徽代表团审议时首次提出：“各级领导干部要树立和发扬好的作风，既严以修身、严以用权、严以律己；又谋事要实、创业要实、做人要实。”鉴于目前政治生态中有的人拉帮结派，不给好处不办事，给了好处乱办事等问题较严重，笔者认为，讲规矩、讲原则问题在“三严三实”教育中非同小可，是个基本的核心的问题。

所谓规矩是指一定的标准、法则或习惯。俗话说，无规矩不成方圆。所谓原则是指说话或行为所依据的法则或标准。规矩与原则有些微的差别，但总体上是一致的。党内规矩和原则，在一般情况下，与党性、纪律性是一致的。它犹如建筑物中的钢筋、人体中的骨架。建筑物中没有钢筋，就会变形甚至倒塌；人体中没有骨架的支撑，那就站也站不稳，走也走不动。所以说纪律严，万事成；纪律松，万事空。

中国共产党在长期的革命战争年代和社会主义建设年代，之所以能得到广大人民群众的拥护和支持，其中一个重要原因就是我党纪律性强，执纪严明，有令则行，有禁则止。但是现阶段部分领导干部，一切从实用主义出发，以自我为中心，以个人利益为砝码，把规矩当儿戏，把党纪法规当摆设，不讲规矩、不讲原则的现象比较严重。

一、部分领导干部不讲规矩、不讲原则的主要表现

（一）上有政策、下有对策

毛泽东同志说过，政策和策略是党的生命线。过去人们常说传达政策不过夜、执行政策不走样，因为当时党纪、政纪严明，使政策的严肃性得到了保证。现在不少人党性原则性弱化，导致政策观念淡薄，千方百计钻政策的空子，搞“上有政策、下有对策”。

（二）歪事正办、私事公办、滥用权力

有些领导干部，不是珍惜和正确使用权力，而是亵渎和滥用权力，主要表现为以下几个特点：一是权力私有化，有些领导干部为了个人的私利，可置党的原则和利益于不顾；二是权力商品化，一些无原则性的干部，把权力当成商品，搞权钱交易，“不给好处不办

事，给了好处乱办事”；三是权力人际化，有些领导干部利用手中的权力编织关系网。

（三）讲面子，不讲原则

有不少人说话处事不是站在党性原则上，而是依据自己感情上亲疏好恶，“所亲则饰其所短，所疏则削其所长”，讲感情，不讲党性；讲面子，不讲真理；讲关系，不讲原则。

二、强化规矩、原则意识的路径

我们每个共产党员，特别是党的领导干部，应该站在时代和党的利益的制高点上，站在公平正义的高度上，寻找强化规距、原则意识的路径。

（一）提高认识，是强化规距、原则意识的启动器

江泽民同志说：“过去我们党无论怎样弱小，无论遇到什么困难，一直有强大的战斗力，因为我们有马克思主义和共产主义信念，有共同的理想，也就有了铁的纪律。”因此，加强思想教育是克服个人主义、拜金主义，强化规距、原则意识必不可少的措施。

一是要加强学习党史。特别是要加强学习中共中央《关于建国以来党的若干历史问题的决议》，正确认识我党的历史，消除模糊认识，充分认识坚持原则和开展思想斗争的必要性。

二是加强党性教育。每个共产党员，特别是领导干部，应该牢记全心全意为人民服务的宗旨，克服私心杂念，坚持党和人民的利益高于一切，敢于坚持正确的东西，敢于批评坏人坏事。列宁说：“任何非党性，任何削弱或模糊党性的做法，都是绝对不能允许的。”“而正因为我们要维护党性原则，从而维护广大群众的利益，使我们摆脱各种资产阶级的影响，使阶级界限非常明确……正因为如此，我们必须力求使党性不仅仅停留在口头上，而能见诸行动。”

三是要加强正面典型教育。新中国成立初期，毛泽东同志的一些亲朋好友向他提出要官要工作的请求，毛泽东同志严厉地批评说：“我的权力是人民给予的，我不能为你们谋取私利。”要通过正面典型的教育，传递正能量。

（二）严明执纪，是强化规距、原则意识的催化剂

从严治党、从严治政是强化规距、原则意识的组织手段。“严”字不立，规距、原则意识难行；反之，规距、原则意识不强，“严”字难立。两者是互为关联，互相作用的。习近平同志指出：要防止和克服地方和部门保护主义、本位主义，决不允许“上有政策，下有对策”，决不允许有令不行，有禁不止，决不允许在贯彻中央政策部署上打折扣、做选择、搞变通。

第一，要在全社会上倡导批评和自我批评的风气，改变那种坏人不臭、好人不香的社会风气。在舆论上要大力歌颂那些敢抓敢管、一身正气的领导干部；要公开批评和鞭笞那些丧失党性原则的人和事。

第二，有关部门要改变执纪失之于宽、失之于软的状况。纪律和法律一旦有了弹性，便会由铁的变成海绵的，海绵的纪律和法律，不会有什么约束力。因此，对那些违背原则、违反纪律的人，不能迁就袒护，不能以下不为例、易地为官了事，应该严肃执纪、

执法。

第三，组织人事部门应该把坚持讲规矩、讲原则作为考察、考核党员干部的一个重要内容。敢于坚持原则、扶正祛邪，是对每一个领导的起码要求，也是衡量领导干部党性的标准。

（三）加强监督，是强化规距、原则意识的兴奋剂

不受约束的权力最容易产生非程序化、非理性化，也最容易产生腐败现象。因此，有效的监督是医治腐败现象的良策，也是根治规距、原则意识弱化的良方。“要加强对权力运行的制约和监督，把权力关进制度的笼子里。”

只有坚持有效的监督，规距、原则意识才能得到强化。有效监督主要指三个方面的意思：（1）党内监督。每季召开一次民主生活会，认真开展批评和自我批评，对不讲原则的人和事，开展认真的批评和帮助，对屡教不改的人要进行严肃处理，从而不断强化规距、原则意识；（2）职能部门监督。纪检和监察部门每阶段召开一次领导干部党性原则情况分析会，及时掌握正反两方面的典型，适时通报那些不讲原则、刮人情风、搞关系网的人和事，给这些人敲警钟，亮黄牌；（3）群众监督。一是设立举报箱，让群众随时举报那些以权谋私权钱交易的人，有关部门应该作出积极而认真的处理；二是采取问卷和民意测验的方式，让群众来评估领导干部党性原则性的情况，使领导干部经常处于群众的监督之下。

（四）规范管理，是强化规距、原则意识的固化剂

所谓规范管理，主要是指决策科学化、议事民主化、处事程序化。（1）决策前，要深入调查，充分研究，反复权衡利弊得失，不要匆忙出台，力争把漏洞和弊病降低到最低限度。（2）坚持议事民主化，处事程序化。一是重大事件必须经过领导集体讨论决定，用章子取代条子，防止权力的个人化、商品化；二是办事要按程序，循章办事，个人不准乱开口子，乱批条子，该放权的放权，该分权的分权；三是要坚持公开的原则，即凡是不涉及党和国家的机密，不会产生负面效应的事，应该公开办事制度，公开办事过程，公开办事结果，这样既能够达到“双向沟通”，使群众知理知情，又能够约束“人情风”“关系网”的干扰。

（五）建立回避交流制，是强化规距、原则意识的清洁剂

邓小平同志说过：“我们过去发生的各种错误，固然与某些领导人的思想、作风有关，但是组织制度、工作制度方面的问题更重要。这些方面的制度好可以使坏人无法任意横行，制度不好可以使好人无法充分做好事，甚至走向反面。”目前有些领导干部党性原则弱化，固然与思想作风有关，但与目前一些政策制度也有不可摆脱的关系。比如单位“一把手”权力过大，群众对领导的监督权虚化等。单位人事日益亲近化，人事关系的近亲化，又导致了人际关系的复杂化，你中有我，我中有你，盘根错节，牵一发而动全身。如此状况，要坚持原则，公正廉明，即使是包公也无可奈何。因此，要使规距、原则意识强化，必须清除杂草，理顺同志间的行距关系，要达到这一目的，首先，要实施干部交流制。凡是在重要岗位任职或担任重要职务的干部实行易地为官，这样可以减少同乡、同学、亲戚、朋友等关系的缠绕，使我们的干部从人际和情感的圈子跳出来，回归党性原则之上；其次，要实行回避制。一是党员干部不能利用职权，把自己的亲戚朋友调到自己所

在单位或下属单位工作，已在一起的也应调离；二是凡讨论自己亲戚朋友的福利、入党、奖励、惩处等事件，有关人员应自觉回避，不准找组织纠缠，不准托人说情。

规距、原则意识弱化是一种腐蚀剂，它麻痹人们的思想，消磨人的斗志，助长了党内和社会上的不正之风。它使党的政策得不到正确地贯彻和落实，损害社会的公平正义，使党和群众的关系疏远，这是一种严重的恶劣倾向。我们要用马克思列宁主义的积极精神，克服党性原则性弱化的现象。任何时候都应该坚持讲规矩、讲原则。

（作者单位：中共茶陵县委党校）

湖南职业教育改革的几点思考

姜正国

在我省加紧构建现代职教体系，积极推进职业教育与产业体系深度融合的关键时期，省社科联举办的第六届学术年会在湖南机电职院隆重召开。借此机会，我想就我省职业教育改革发展中的几个重要问题谈谈一孔之见，权当抛砖引玉。我主要讲三个问题。

一、准确把握当今职业教育的发展形势

近些年来，我省职业教育面向产业谋发展，克服困难求发展，打造特色促发展，为全省经济社会建设和教育改革发展作出了重大贡献，在全国也产生了较大影响。特别是在全国、全省职教工作会议之后，全省各级教育行政部门、职业学校和全体职教工作者认真落实省委、省政府决定，积极实施"四个计划"，正在加紧建设一批高水平的职业院校，围绕产业转型升级积极探索特色专业体系建设，努力提升职业教育服务区域经济社会发展的能力，并初步取得了新的成效。

与此同时，我省职业教育也正面临着新的重大机遇与挑战。从机遇看，党和国家对职业教育的高度重视与大力投入，教育部对职业教育特别是中等职业教育发展的硬性规定，国家基本实现教育现代化的目标要求，教育信息化的不断推进，区域经济建设对应用型人才、职业技能型人才不断增长的需求等，无疑为我省职业教育的发展提供了巨大发展空间和美好前景。众所周知，产业转型升级的根本动力是创新，核心是技术创新。在2015年全国"两会"后，"大众创业、万众创新"的浪潮已席卷全国，为适应和引领经济新常态注入了强大动力，并将成为经济发展和社会进步的新引擎。而职业教育是专门培养技术技能人才、应用型人才的教育，这是职业教育的本质特征，也是职业教育的优势和特色所在，更在很大程度上成为大众创业、万众创新的坚实基础。

但是，我省高职院校基本上由普通中专升格而来，中等职业学校大都是二十世纪八十年代及以后创办的。办学历史不长，底蕴不足，顶层设计重视不够，发展不平衡，理论研究相对薄弱，实践探索提炼贫乏，校企合作不够紧密等，我省职业教育改革发展面临严峻挑战。目前，我省农村中等职业教育出现较大萎缩，民办中等职校发展遭遇障碍，有相当一部分高、中职院校管理水平、师资力量、教育教学规范等都亟待改进加强。而且在更高层次职业教育人才培养方面，我省没有独立设置本科职业院校，地方本科院校转型发展和

专业学位研究生教育与现代职业教育体系建设要求的衔接还在探索之中。2010—2014 年，我省高职在校生占高等教育在校生的比例不断下降，由 2010 年的 39.01% 降为 34.75%；中等职业教育在校生占高中阶段教育在校生的比例由 42.87% 降至 37.89%，其结果是“普职比”由 1.33∶1 上升为 1.64∶1。全省中职学校数也减少了 125 所。职业教育规模的下降，导致了人才供需矛盾不断加剧。

二、高度重视现代职业教育的顶层设计

作为现代国民教育体系中的一个重要教育类别，职业教育的顶层设计对于区域经济社会建设发展具有重要作用。2014 年，省委、省政府出台了《关于加快发展现代职业教育的决定》（湘发〔2014〕18 号），省政府办公厅印发了《湖南省农村中等职业教育攻坚计划（2014—2016 年）》（湘政办发〔2014〕60 号），省教育厅等六个厅局共同印发了《湖南省现代职业教育体系建设规划（2014—2020 年）》（湘教发〔2014〕50 号），明确了加快构建具有湖南特色的现代职业教育体系的目标、任务和政策、措施。省教育厅印发了学习贯彻全省职业教育工作会议精神的通知，对各地、各校学习全省职教工作会议精神进行了总体部署。这些，实际上已经在搭建我省现代职业教育发展的顶层设计。

目前，我省职业院校体系框架还不完善、布局结构不尽合理、专业设置雷同、层间衔接不紧、内外联系与融合不够等问题仍相当严重。根据当前的形势要求和现实需要，我认为，我省职业教育的顶层设计应特别注重做好以下工作：一是明确职业教育体系的总体框架。这是关系我省职业教育未来发展的一个全局性的问题。比如说，如何理解和要求我省中等职业教育在高中阶段教育的比例问题；是否应该针对我省本科教育发展不足，特别是本科职业教育缺失现状，组织本科层次职业教育院校试点建设的问题；怎样完善以初中为起点的五年制高等职业教育人才培养制度，开展以高中为起点的高职院校与应用技术型本科人才衔接培养试点的问题；怎样整合中等职业教育资源，推进县级职教中心等中等职业学校与城市院校、科研机构对口合作，实施区域学历教育、技术推广、扶贫开发、劳动力转移培训和社会生活教育统筹的问题等。二是优化职业教育学校布局。目前，我省中、高职学校都还存在布局结构方面这样那样的问题，比如中等职业学校的区域布局，市（州）之间、区县之间还不尽合理，有的地市中职学校数量多，而其中相当一些是形同虚设。三是优化职业学校专业布点。比如，我省高职教育有 30 所及以上院校开设有机电一体化技术、计算机应用技术、计算机网络技术、电子商务专业；有 25—29 所院校开设了旅游管理、数控技术、物流管理、商务英语、会计电算化、市场营销、模具设计与制造专业。可以说，破解专业设置趋同难题，已经成为我省职业教育甚至本科及以上教育发展的一个关键。

三、积极推进区域职业教育的实践探索

近年来，我省已经开展了中高职衔接试点，启动了卓越职业院校建设。大多数市（州）也已根据本地区域产业发展情况，制订了本地区现代职业教育发展规划和贯彻落实工作方案，筹备出台相关政策文件，召开职教工作会议，抓紧构建与区域现代产业体系相

适应的现代职业教育体系。这些无疑都是我省职业教育改革实践的重要探索。

当前和今后一段时期，一是应扎实推进中高职衔接。中高职衔接的重点是人才培养过程的衔接，包括中高职院校要共同制订人才培养方案，共同构建课程体系，共同开发教学资源，共同组织实施教育教学、实训实习等。目前，我省部分试点院校还只注重招生衔接、学制衔接，不太重视过程衔接、内容衔接。因而，当前应着重加强中高职衔接试点院校的协作，高职带中职，中职促高职，真正搞好试点，取得成功经验。二是积极开展试办应用技术大学的探索。高职院校要着力办好专科层次的职业教育，但根据经济建设对高层次人才呈增长趋势的现状，湖南应主动适应形势发展之需，选择一两所高职院校办学条件好、师资力量雄厚、社会急需的专业人才试办应用技术大学。这是发展本科层次职业教育的一种探讨，这种设想要想成功还得得到上级政策支持。三是组织地方普通本科院校转型发展。我省将根据国务院和教育部的统一部署和规划，积极引导地方普通本科院校转型。这项工作推进需要创造一定条件，现已在新升格的几所本科院校试点，如果试点成功，再推进铺开。

此外，应该着力推进学校治理能力现代化建设，并使之成为职业院校常抓不懈的重点工作。党的十八届三中全会将“完善和发展中国特色社会主义制度，推进国家治理体系和治理能力现代化”作为全面深化改革的总目标，这对现阶段我国各项事业的改革和发展，都起着引领性作用。推进学校治理能力现代化，关键是建设现代学校制度，构建政府与学校、社会与学校的新型关系。我省职业院校治理能力建设的任务还很艰巨，一些学校在办学中或多或少还存在一些不讲规矩、不守规矩的现象，有的还产生了不良的社会影响。因此，必须坚持依法办学、依法治校，建立健全自主管理、民主监督、社会参与的体制机制，努力完善学校治理结构，建立健全内外部制约和激励机制。

（作者单位：湖南省教育科学研究院）

创新驱动经济发展方式下的大学生创新创业

胡新华

一、当前我国经济发展状况

经过30多年的改革开放，我国成功实现了从高度集中的计划经济体制到充满活力的社会主义市场经济体制转折，我国综合国力显著提高，从1978年到2014年，我国国内生产总值（GDP）由3645亿元增长到636463万亿元，增长174.6倍，人均国内生产总值超过了7千美元。改革开放30多年来中国经济年均增速近10%，是同期世界经济年均增长率的3倍多。目前，中国粮食、棉花、肉类、禽蛋等主要农产品，以及钢、煤、水泥、化肥等210种工业产品产量位居世界第一，并成为电脑、移动电话等新兴电子产品和彩电、冰箱、汽车等现代耐用消费品的生产大国。具有世界先进水平的重大科技创新成果不断涌现，高新技术产业蓬勃发展，水利、能源、交通、通信等基础设施建设取得突破性进展，生态文明建设不断推进，城乡面貌焕然一新。

改革开放30多年来，我国城乡居民收入增长也得到极大提高。从1978年到2014年，全国城镇居民人均收入由343元增加到28844元，实际增长84倍；农民人均纯收入由134元增加到10489元，实际增长78.3倍，群众家庭财产普遍增多，吃穿住行用水平明显提高。改革开放前长期困扰我们的短缺经济状况已经从根本上得到改变。国际竞争力也不断增强，对外投资大幅增长，广泛深入的国际合作加快了我国经济发展，我国经济的快速发展也为世界经济发展作出了重大贡献。当然，按照中国的标准，我国还有7000万人没有脱贫。按照联合国标准，中国还有2亿左右人口生活在贫困线以下。

我国2014年国内生产总值（GDP）为636463万亿元，以美元计，亦首次突破10万亿美元大关，中国成为继美国之后又一个“10万亿美元俱乐部”成员，同时GDP总量稳居世界第二。这里我要特别指出的是，2003年中国GDP为美国GDP的七分之一，2012年中国GDP达到美国GDP的52.8%，2014年中国GDP达到美国GDP的64.6%，2014年中国GDP已接近德法英巴4国GDP总和。2014年日本GDP大约为4.8万亿美元，不及中国的一半。2014年中国的外汇储备也已达到3.8万亿美元，达到世界第一。

总体来说，我国30多年的改革开放成绩是巨大的，但2015年以来，受世界经济影响，中国经济也面临着一定下行压力。2015年前3季度GDP增速为6.9%，首次跌破

7%。中国的股市也出现了异常波动。同时，就业的压力依然巨大。

二、就业与经济发展方式

（一）当前大学生为什么就业难

1. 新就业人口基数太大

根据人口结构测算，今后一个时期，每年需要就业的城镇劳动力超过2500万人，包括高等学校毕业生，中专、职高、技校毕业生，退役军人，失业再就业人员，初高中毕业没有升学直接进入就业市场的等。这几年高校毕业生每年为700万左右，2015年为749万，中专、职高、技校毕业生每年为700多万。初高中毕业没有升学直接进入就业市场的，每年500多万。上述三者就接近2000万。此外，农村有超过1.5亿富余劳动力需要向城镇和非农产业转移。在正常增长条件下，每年新增就业岗位约1000万至1200万个，劳动力供大于求的矛盾仍相当突出。

2. 我国要素驱动经济发展方式不适应庞大的新就业人口

如前所述，经过30多年的改革开放，我国经济上取得了巨大成绩，但我国的经济发展方式主要是要素驱动发展方式。要素驱动是指主要依靠各种生产要素的投入，比如说土地、资源、劳动力等，来促进经济增长的发展方式。

（1）以土地驱动经济增长，指地方政府可支配财力及其融资活动高度依赖土地运作的一种财政发展模式。它是以政府为主体、围绕土地所进行的财政收支和政府投融资活动。土地财政的真正目的并不是为了简单收支，而是旨在融资和投资，实现地方经济和城镇建设的滚动发展。

土地财政是我国经济快速增长的主要动因，是推动中国城镇化跨越发展的主要力量。原因在于：第一，地方政府能够以相对廉价的方式征收大量建设用地，并通过出让积累起大量的建设资金，用于满足交通、城建、教育、文化等公共投资的需要。第二，通过城镇化和工业化用地价格的双轨制，即用房地产用地高价出让补贴工业用地低价出让，从而促进了各类产业园区的发展，使得中国制造在国际上保持了竞争力。

但以土地驱动经济增长没有可持续性，我国虽然地大物博，可是，各种地形占比分别为山地占33%，高原占26%，丘陵占10%，盆地占19%，平原占12%。我国的大西北、大西南有许多地方不适宜人类居住。我国现有可耕地面积约18.2574亿亩，世界第3，仅次于美国和印度。但由于我国人口众多，人均耕地面积世界排名在126位以后，人均耕地仅1.4亩，还不到世界人均耕地面积的一半。加拿大的人均耕地面积是我国的18倍，印度是我国的1.2倍。目前我国已经有664个市县的人均耕地面积在联合国确定的人均耕地面积0.8亩的警戒线以下。根据“十一五”规划纲要，到2010年年末全国耕地面积必须确保不低于18亿亩，这是红线。因此，我国的经济建设不能不考虑耕地面积这条红线。

（2）以资源驱动经济增长，主要是指依靠区域资源特别是矿产资源的比较优势，通过对自然资源的开采、初级加工并形成初级产品的经济增长模式。其主要特征是，主导产业依赖相关资源而发展。比如山西是煤炭大省，煤炭是主导产业，有许多产业依赖煤炭而发展。

这种发展方式的主要后果是：

一是产业结构单一。资金投入集中于资源开采，造成其他产业因投资匮乏而发展缓慢。

二是发展的不可持续。由于矿产资源的有限性和不可再生性，随着资源被不断开采利用，可开发利用的资源将逐渐减少并最终耗尽，依赖资源而形成的产业链条就会断裂。

三是对环境生态破坏严重。各种矿床的开采，严重破坏了地下结构，造成大片沉陷区；而对地表资源的开采剥离了地表植被，使环境生态恶化并难以逆转。矿产品的初加工造成的大量粉尘和有害气体，更加剧了环境恶化。

四是人们对原有模式的路径依赖，忽视了技术创新能力的培育。

（3）以劳动力驱动经济增长，就是以低廉的劳动力供给驱动经济发展。其突出特征是农村剩余劳动力为工业化提供低廉的劳动力供给，加速工业部门资本积累，劳动者工资增长缓慢，城乡收入差距持续存在。按照发展的规律，这个过程将一直持续到劳动力从无限供给变为短缺，增长方式实现一个质的飞跃，进入现代经济增长阶段。这个劳动力从无限供给到短缺的转变，就是二元经济结构转换也被称为“刘易斯转折点”。

当然驱动经济发展的因素还有出口和消费。

客观地说，要素驱动对于我国经济的发展曾起到过积极的作用，但要素驱动带来的诸多问题日益显现，这是一种原始的和初级的驱动方式，适合于改革开放初期我国科技创新匮乏的时期。

如此看来，大学生就业难只是中国经济发展方式要素驱动特征的现象学，其本质是经济发展方式的危机。这也充分印证了著名经济学家吴敬琏对就业问题的看法，与就业联系更紧密的不是经济增长率而是经济结构。而且，经济发展方式的深远影响远不止大学生就业这么简单，它关系到中国现代化转型等诸多深层次问题。因此，逐步从要素驱动转向创新驱动是大势所趋。

（二）创新驱动发展战略

创新驱动是指那些从个人的创造力、技能和天分中获取发展动力的企业，以及那些通过对知识产权的开发可创造潜在财富和就业机会的活动。也就是说经济增长主要依靠科学技术的创新带来的效益来实现集约的增长方式，用技术变革提高生产要素的产出率。

党的十八大明确提出“科技创新是提高社会生产力和综合国力的战略支撑，必须摆在国家发展全局的核心位置”。强调要坚持走中国特色自主创新道路、实施创新驱动发展战略。

假如把一国的经济发展分为三个阶段，即模仿—创新—世界知名品牌。按照这样的划分，我们基本上处于第一阶段，创新极少，世界知名品牌屈指可数，海尔、格力、华为这样的品牌不多。

如果按照产业发展的进程，我们也将其划分为三个阶段，即研发—制造—品牌经营。我们基本上处于制造阶段，即处于产业链的低端。

与要素驱动发展战略不同，创新驱动发展战略立足于先发优势和竞争优势，依赖科技创新和内源型技术进步推动中国经济的内生增长和可持续发展。从要素驱动向创新驱动发展战略的转变，绝不仅仅是简单的技术问题，而是涉及企业、产业、政府、组织和制度在内的结构性变革过程。

三、创新驱动经济发展方式下的大学生创新创业教育及行动

（一）创新与创业的概念

1. 什么是创新

创新是指：以现有的思维模式提出有别于常规或常人思路的见解为导向，利用现有的知识和物质，在特定的环境中，本着理想化需要或为满足社会需求，而改进或创造新的事物、方法、元素、路径、环境，并能获得一定有益效果的行为。

通俗地讲，将自己不同于他人的想法、理念、思路应用到产品、管理、服务中去，就是创新。比如以前，买物品要到商店去，马云创立了淘宝网，现在可以直接上网购买，这就是创新。

创新是人类特有的认识能力和实践能力，是人类主观能动性的高级表现形式，是推动民族进步和社会发展的不竭动力。

2. 什么是创业

在理论界没有一般性的界定，但是大多数学者认为创业具有两层含义：

一是建立一个新的企业实体，即经济实体。

一是缔造新事物的过程。

一般来说，大学生创业活动是一种商业行为。创业活动必然涉及创新，但创新不一定是创业活动，创业活动具有开拓性、自主性和功利性等基本特征。

（二）加强大学生创新创业教育是世界教育发展的趋势

1989年在北京举行的“面向21世纪教育国际研讨会——21世纪的劳动世界”，首次提出“创业教育”这个新概念，指出创业教育是未来劳动者应该掌握的“第三张教育通行证”。创业教育一经提出，即得到世界劳工组织、世行和国际教育署的大力倡导。教科文组织随后成立了“创业教育”课题组。教科文组织在《21世纪的高等教育：展望与行动世界宣言》中强调大学毕业生将愈来愈不仅仅只是求职者，而首先将成为工作岗位的创造者。

西方发达国家，很早就重视培养学生的创新创业意识和能力。1947年哈佛商学院率先开设创业管理课程以来，美国的创业教育获得了长足的发展。1968年只有4所大学开设创业方面的课程，到1997年，全美至少开设一门创业课程的商学院已经超过400家，其中开设4门以上课程的有50家以上。一项研究显示，在被调查的大学中，有37.6%的大学在本科教育中开设创业学课程，有23.7%的大学在研究生教育中开设企业学课程，有38.7%的大学同时在本科和研究生教育中开设至少一门创业课程。美国创业教育一方面是创业实践蓬勃发展的结果，另一方面创业教育的研究也提升和促进了美国创业教育及其实践的发展。

英国的创新创业教育繁荣于20世纪末，经历了20多年的发展，无论是在教育意识、课程体系设置，还是在实践教育上均取得了很大的进步。其发展经历了功利主义教育到非功利主义教育，再到创新创业文化教育的发展阶段。

创新创业课程是一个整体，课程设置、教学方法、教师队伍和实践教学等相互结合，

并充分利用网络资源。在英国，两类创业教育课程分别是“为创业”和“关于创业”的课程。在“关于创业”的课程中61%的教师有过商业管理经验，36%的教师有过创业经历。在“为创业”课程中98%的教师有过实业管理经验，70%的教师曾经创立过自己的企业。

在日本，从1998年起，日本文部省就和通产省合作，从小学开始实施“就业与创业教育”。日本小学有“早起会”，敦促孩子早起，利用早上课前的两三个小时参加勤工俭学，目的是培养学生就业创业的心理意识和意志品质。日本大学的创业教育更是得到了政府和学校的重视，有着六十多年创业教育历史的日本大阪商业大学成为创业教育的典范，在实践中形成了许多有益经验。

在我国，2010年5月，教育部专门出台了《关于大力推进高等学校创新创业教育和大学生自主创业工作的意见》。该意见指出大学生是最具创新创业潜力的群体之一；推进高等学校创新创业教育和大学生自主创业工作是服务于创新型国家建设的重大战略举措，是深化高等教育教学改革培养学生创新精神和实践能力的重要途径。近几年来，我国开始重视大学生的创新创业，各高校也开设了创新创业教育课程。教育行政部门、共青团、科技部门、劳动部门每年都举办了不同名称的创新创业大赛，以激发大学生的创新创业热情。

（三）大学生创新创业行动在湖南工业职院

近几年来，我校的大学生创新创业活动也有了一定的起色，并取得了一定的成绩。

① 汽车工程学院2014届毕业生朱子礼靠借款2万元起家在学校食堂开设“请进吧”粥饮店，3年变百万富翁。

② 学院经济管理系营销专业大三学生陈锦操，校园创业做人事代理，不到一年就为5000余名大学生提供了兼职岗位，自己也获得了不菲的报酬（月收入在一万五千元左右）。

③ 我校毕业生刘平萍，走上社会短短4年，靠着个人的拼搏和毅力，创办了“睿德”这一英语教育培训品牌，并扩展到3个校区，共有在培学生1000余人，安排40多个大中专学生就业。

④ 为助推学校的大学生创新创业活动，也为同学们搭建一个交流与学习的平台，湖南省创造学会与湖南工业职院分别于2014年4月、2015年4月联合举办了湖南工业职院第一、二届大学生创新创业大赛。第一届大学生创新创业大赛有16支队伍参加，第二届大学生创新创业大赛有11支队伍参加。学校选送了部分优胜者分别参加了长沙市科技创新创业大赛、湖南黄炎培创业规划大赛和每年一度的巴黎博览会。

⑤ 在长沙市第十一届大学生创新创业大赛中，我院经管系学生的参赛项目《万村千乡大学生助学网》荣获大专组二等奖，艺术系学生的参赛项目《艺术墙绘》荣获大专组三等奖。学校荣获优秀组织奖。

⑥ 在长沙市第十二届大学生创新创业大赛中，我院机械工程系李洁、李飞、杜伟湄、胡定婕四位同学的“多功能制图仪”项目在比赛中喜获专科组一等奖；电气工程系游方东、莫海军同学的“智能一笔画”荣获专科组优胜奖。学校荣获优秀组织奖。

⑦ 机械工程系的张江杰同学是创新创业的佼佼者，通过学校的大学生创新创业大赛走出国门，连续两年参加巴黎博览会，2014年的“一种脑电波控制假肢系统”获得金奖，

2015年的“一种哑语转换语音系统”再次夺得金奖。此外他发明的“一种具有自动报警功能的服装”“一种以分散式废弃热源为能源的分布式发电单元”也分别获得银奖和铜奖。张江杰的另一项发明“一种文件夹自动弹出悬浮的文件柜”和李洁、李飞同学发明的“多功能制图与模拟平面连杆教具”获得列宾竞赛奖。中国代表团参展的13项青少年发明作品中，我院独揽5个奖项。

目前张江杰同学已创立了长沙掘进电子科技有限公司，其创新成果也被有关企业看中，准备共同合作开发。

由于在创新创业中的优异成绩，2015年张江杰同学入选第十届中国大学生年度人物评选。

⑧ 机械工程系学生郭佳在参加湖南工业职院第一届大学生创新创业大赛后将其创新成果专利出售给某企业，获利几十万元。

⑨ 2015年9月，商贸旅游系旅游管理专业学生创业孵化基地揭牌，“盛世乐游——湖南工院畅游旅游协会工作室”成立。湖南省盛世乐游旅游有限责任公司总经理周喆是我院的优秀毕业生，他创办了具有省一级资质的国际旅行社。这次以校企合作的形式支持学弟学妹们创业，也将为我院旅游管理专业的教学搭建很好的实践平台。

⑩ 2015年，汽车工程学院的在校生成立了校园汽车服务团队。既是一种勤工俭学，也是一种创新创业。

2015年10月19日至20日，首届中国“互联网+”大学生创新创业大赛总决赛在吉林长春举行。李克强总理再次作出重要批示。批示指出：大学生是实施创新驱动发展战略和推进大众创业、万众创新的生力军，既要认真扎实学习、掌握更多知识，也要投身创新创业、提高实践能力。教育部门和广大教育工作者要认真贯彻国家决策部署，积极开展教学改革探索，把创新创业教育融入人才培养，切实增强学生的创业意识、创新精神和创造能力，厚植大众创业、万众创新土壤，为建设创新型国家提供源源不断的人才智力支撑。

最后我要说的是：在党和国家实施创新驱动发展战略的大背景下，让我们湖南工业职院的师生行动起来，积极开展大众创业、万众创新的活动，为建设新型国家贡献我们的聪明才智！

（作者单位：湖南工业职业技术学院）

大学生创业能力的影响因素及提升路径实证分析

钟云华　罗　茜

尽管我国已形成大众创业、万众创新的社会浪潮，但大学生创业比例仍然偏低。据智联招聘《2015 年应届毕业生就业调研报告》的数据显示，我国 2013 届、2014 届大学生自主创业的比例分别只有 2.3% 和 2.9%，尽管 2015 届大学生自主创业的比例上升到 6.3%，但仍远低于美国等发达国家的 20%—30% 水平。[1] 更甚的是，我国大学生自主创业成功率也很低。麦可思对毕业 3 年后的大学生进行跟踪调查发现，3 年后约有 7 成的大学生退出了创业，创业成功率只有 10%，远低于美国等发达国家的 30%。[2] 我国大学生自主创业参与率与成功率都很低，除了有项目不成熟、资金缺少、创业环境不优等外部原因之外，还有大学生创业能力低这个更为关键的内部原因。在大众创业与大学生就业难并存的社会背景中，创业是最高质量的就业，也最有助于解决大学生就业难，故分析大学生创业能力的影响因素并寻找提升路径，促进大学生勇于创业并成功创业，成为大众创业与大学生就业的重要推力。

一、文献述评

国外对大学生创业能力的研究主要集中以下两个方面：一是关于创业能力的界定。学者们主要从个体层面和组织层面进行。基于个体层面的研究大多把创业能力看作是创业者自身的天赋能力（Thompson，2004）[3]，或是创业者成功完成工作的特质（Man etc，2008）[4]；基于组织层面的研究则把创业能力定义为组织识别新想法和新观念的手段和方法（Rule E G & Irwin D W）[5]，或是组织根据识别到的市场机会获取所需资源以开发机会或者建构新市场机会的能力（Arthurs J D& Busenitz L W，2006）[6]。二是大学生创业能力的演化与影响因素。Helfat 和 Peteraf（2003）[7] 把创业能力生命周期分为初始、发展和成熟三个阶段以及继这三个阶段后可能出现的退出或衰亡、整顿、更新、复制、重新配置和再组合六种情况。

国内大学生创业能力的研究主要集中于：一是关于大学生创业能力现状的研究。任婧（2012）[8]、毕作庆（2012）[9]、姜昱汐（2010）[10]、李娟（2012）[11] 等人的研究发现，大多数大学生对创业有兴趣，但创业能力偏弱，创业知识和技能匮乏。二是关于创业能力包含维度的研究。联合国教科文组织亚太地区办事处（1989）从特质视角、李娟（2012）[12]从机会视角、陈晨（2011）[13]从管理视角、卢吾（2010）[14]从关系视角对大学生创业能力的维度进行了不同的界定，但“资源获得与资金能力”“创业知识与经历”“机会识别与冒险能力”“管理与决策能力”“人际关系与沟通能力”与“生理和心理条件”六个维度是这些研究的共有维度。三是大学生创业能力影响因素的研究。大多数研究者如卢吾（2010）[15]、沈树周（2012）[16]认为大学生创业能力的影响因素可分为内部影响因素和外部影响因素。其中内部影响因素主要包括创业经验、个人性格特征、协调能力、沟通能力、管理能力等；外部因素包括家庭经济支持、高校创业教育、政策法规环境、社会文化环境等。

国内外研究取得了重要的成绩，但也存在一些局限：一是研究内容过多侧重于创业能力概念的界定之上，而对创业能力的影响因素及其提升路径探讨过少，不利于大学生创业能力的提升；二是尽管国外研究者采用定性与定量相结合的研究方法来探讨创业能力影响因素，但国内研究着重于理论分析，多采用定性研究方法探讨大学生创业能力的影响因素，研究结果的科学性与政策建议的可操作性缺乏实证分析的根基。

二、变量、模型与数据来源

（一）变量

在文献综述的过程中，本文发现国内外研究者对大学生创业能力的内涵与外延界定，从不同角度给出了不同的定义。这一方面深化了社会各界对大学生创业能力的认识，有利于大学生各方面创业能力的培养；但另一方面缺乏统一的定义，不利于学界深入探讨其影响因素，也不利于实践界把握大学生创业能力提升的重点。故本文综合联合国教科文组织亚太地区办事处（1989）的特质视角、李娟（2012）的机会视角、陈晨（2011）的管理视角、卢吾（2010）的关系视角下有关大学生创业能力的概念界定，将大学生的创业能力界定为大学生有效成功地完成创业活动的特质，其外延可划分成 6 个维度，分别为“资源获得与资金能力”“相关知识与经历”“机会识别与冒险能力”“管理与决策能力”“人际关系与沟通能力”与“生理和心理条件”。为了确定各个维度的权重，依次用“A”“B”“C”“D”“E”“F”代替上述 6 个维度，然后运用“强制决定法（FD 法）”来确定每个维度对应的权重。对维度的重要性进行两两比较，重要的得 1 分，不重要的得 0 分，如表 1 所示。然后将问卷调查所得数据代入表 1，计算出每个大学生的创业能力，并以整个样本创业能力的平均分 29.5 分①为界，将大学生创业能力分为较高、较低两个水平，从而将大学生创业能力这个因变量从连续变量转化为二分类变量。

① 注：为了方便创业能力的测量本研究将里克特量表中每个题目所得分数进行了汇总，满分为 50 分，故本文以平均数 29.5 将大学生的创业能力分“高”与“低”两种，大于 29.5 分为“高”，反之为“低”。

表1　大学生创业能力的维度及相应权重表

维度	重要性得分															总分	修正总分	权数
A	1	1	1	1	1											5	6	0.286
B	0					1	0	1	1							3	4	0.19
C		0				0				0	1	1				2	3	0.143
D			0				1			1			1	1		4	5	0.238
E				0				0			0		0		1	1	2	0.095
F					0				0			0		0	0	0	1	0.048
合计																15	21	1.00

本文认为，大学生创业能力是内因与外因共同决定的结果，故将大学生创业的影响因素分为个体因素和环境因素两大类，其中个体因素分为个体特质和个体资源情况，环境因素分为社会环境和学校环境，各自变量的定义与赋值见表2。

表2　大学生创业能力影响因素自变量情况表

类别	变量名称	含义	赋值
个体特质	性别	性别	0 = "女"，1 = "男"
	专业	理科类和文科类	0 = "文科"，1 = "理科"
	创业经历	是否创过业	0 = "没有过"，1 = "有过"
	社会实践	在校期间兼职的次数	0 = "5次以内"，1 = "5次以上"
	故事阅读	阅读创业故事	1 = "从不"，2 = "偶尔"，3 = "经常"
个体资源	家庭收入	家庭月收入	0 = "5000元以下"，1 = "5000元以上"
	家庭积蓄	家庭积蓄是否能支持创业	0 = "不可以"，1 = "可以"
社会环境	亲朋创业	是否有亲戚朋友创业	0 = "没有"，1 = "有"
	学校周边	学校周边商业发展程度	1 = "较低"，2 = "一般"，3 = "较高"
	家庭地区	家庭户口所在地	1 = "农村"，2 = "城镇"，3 = "城市"
	亲朋指导	亲戚朋友是否能有创业指导	0 = "没有"，1 = "有"
学校环境	学校层次	学校等级	1 = "专科"，2 = "一般本科"，3 = "重本"
	创业教育	是否参加创业课程培训	0 = "没有过"，1 = "有过"

（二）模型与数据来源

本文将大学生创业能力因变量分为"较高"与"较低"两类，是二分类变量，自变量也全是二分类变量，故采用二元logistic回归模型就大学生创业能力的影响因素进行考察。模型为：

$$\text{logit}(P) = \text{In}(P/(1-P)) = \alpha + \sum \beta_j X_j + \varepsilon$$

解释变量 X_j 的含义为影响大学生创业能力的因素，系数 β_j 表示解释变量 X_j 对大学生创业能力的影响方向与程度。

本文所用数据来源于2015年1月至5月开展的问卷调查，调查对象是湖南长沙10所高校的大学生，其中重点本科高校4所、一般本科高校4所、高职高专4所，涉及11个学科门类，样本具有较高的代表性。本次调查采取随机概率抽样的方法，整个调查过程发放问卷1400份，回收1336份，有效问卷1168份，有效回收率为83.42%。采用统计软件SPSS16.0进行计量分析。

三、实证结果与分析

（一）大学生创业能力现状

了解大学生创业能力现状，不仅有利于准确分析大学生创业能力的影响因素，而且有助于探寻大学生创业能力的培养路径。本文首先从6个维度分别对大学生创业能力现状进行分析，再利用里克特量表计算出大学生创业能力的总分。

从表3可知，大学生各个维度创业能力的差距较大，“相关知识与经历”得分最低，只有2.235分（满分为5分，下同），“生理和心理条件”得分最高为3.81分。大学生朝气蓬勃、身体健康，但由于各种条件与机会的限制，相关创业知识与经历都比较欠缺。“人际关系与沟通能力”和“管理与决策能力”得分相近，分别为3.42分和3.45分，处于中上水平。但“资源获得与资金能力”和“机会识别与冒险能力”都处于较低水平。在大众创业的新时代，创业机会识别与冒险能力大小决定了创业者的创业项目能否抢得先机，创业资金是否充足又是创业者能否将创业意愿付诸行动并且坚持到底的一个必要条件，大学生这两个维度创业能力较低，成为其成功创业的重要阻碍。

表3　大学生六个维度创业能力情况分布表

	平均分	题数	样本数
资源获得与资金能力	2.53	2	1168
相关知识与经历	2.235	2	1168
机会识别与冒险能力	2.975	2	1168
管理与决策能力	3.45	2	1168
人际关系与沟通能力	3.42	1	1168
生理和心理条件	3.81	1	1168

接着利用里克特量表对样本中每个大学生6个维度的得分进行相加，得到大学生创业能力的总分，其满分为50分。样本容量为1168人的样本中，创业能力在15分以下的有12人，约占1.03%；创业能力在15分到30分之间的有648人，占55.48%；创业能力在30分到45分之间的有504人，占43.15%；创业能力分数在45分以上的仅1人。可见大学生创业能力得分都偏低，超过一半的大学生创业能力分数小于30分，达不到“及格线”。可以说，大学生之所以创业意愿不强，或者有创业意愿不付诸行动，即使创业付诸行动也难以成功，其重要原因就在于创业能力不强。

（二）地方高校大学生创业能力的影响因素探究

以大学生创业能力为因变量，同时纳入代表影响因素的13个自变量，进行二元Logistic 回归分析，结果见表4：

表4 大学生创业能力影响因素二元 Logistic 回归表

自变量	标准回归系数	标准误	Wald 值	Sig. 值	Exp（B）
性别	0.873**	0.296	8.723	0.003	2.393
专业	-0.354	0.308	1.319	0.251	0.702
学校层次（对照=专科）					
一般本科	-0.022	0.387	0.003	0.955	0.978
重点本科	-0.468	0.346	1.833	0.176	0.626
家庭经济收入	0.338	0.336	1.009	0.315	1.402
家庭所在地区（对照=农村）					
城镇	-0.467	0.528	0.783	0.376	0.627
城市	0.067	0.527	0.016	0.899	1.069
创业经历	0.695	0.502	1.918	0.166	2.005
家人或亲戚创业	0.933**	0.333	7.873	0.005	2.543
家庭积蓄支持	0.891*	0.369	5.824	0.016	2.437
亲戚指导	-0.568	0.485	1.368	0.242	0.567
兼职次数	0.533	0.32	2.77	0.096	1.704
创业课程	1.165***	0.296	15.462	0.000	3.206
阅读创业故事（对照=从不）					
偶尔	-1.861	0.883	4.446	0.035	0.156
经常	-1.074	0.641	2.806	0.094	0.342
学校周边发展（对照=不发达）					
较发达	-0.757	0.996	0.577	0.447	0.469
很发达	-0.725	1.035	0.491	0.483	0.484

注：***、**、*分别表示通过显著性水平0.01、0.05和0.1

从表4可知，在个体特质方面，“性别”变量通过了显著性检验，男生创业能力较强的可能性是女生的2.393倍。一般而言，社会普遍认为男性的事业和成就动机高于女性，也比女性更有优势也更适合创业，而女性则应该选择稳定、轻松的工作，将较多的时间精力用来处理家庭事务，这种社会期望有利于男性形成更积极的创业态度并有意识培养自身的创业能力。但“专业”“创业经历”“兼职次数”与“阅读创业故事”四个变量的显著性都大于0.05，没有通过显著性检验。不同专业的大学生在创业能力上没有显著差异，这说明大学生创业能力的大小不受所学专业的影响。“兼职次数”变量通不过显著性检验，这可能是因为兼职或实习与真正创业活动的性质有较大的差异，创业需要具备的能力要比实习或兼职需要具备的能力要求更高更全面。“阅读创业故事”可能会使大学生受到鼓舞和激励以致产生创业意愿，但这并不能提升大学生实质的创业能力。

在社会资源方面，“家庭积蓄支持”通过了显著性检验，意味着可以从家庭积蓄获得创业支持的大学生创业能力较强，其创业能力较强的可能性是不能获得经济支持的大学生的 2.437 倍。大学生创业初期有众多资金需求，故获得家庭积蓄支持的大学生能有更强的能力来解决资金需求问题。但“家庭经济收入”变量的 Sig 值大于 0.05，没有通过显著性检验，这是因为家庭经济收入只是大学生创业资金的必要条件，只有当家庭愿意将这些积蓄转化为创业资金时，才能提高大学生的创业能力。

社会环境方面，“家人或亲戚创业”变量 Sig 值小于 0.05，通过显著性检验，有亲戚朋友创业的大学生的创业能力较强的可能性是没有亲戚朋友创业的大学生的创业能力的 2.543 倍。家庭成员从事创业的大学生，较早就能接触到相关创业知识，对创业过程、方法耳濡目染，从而有较强的创业兴趣和意愿，故创业能力相对会较高。但“家庭所在地区”“学校周边发展程度”“亲戚朋友指导”三个变量 Sig 值都大于 0.05，没有通过显著性检验。创业是一种需要亲历的行动，大学生大多离家求学，与亲戚朋友相隔较远，在校学习期间也没有足够多的时间去进行社会实践，都决定了这三个因素对创业能力影响不大。

学校环境方面，“创业课程”的 Sig 值小于 0.05，通过了显著性检验，标准回归系数为 1.165，有过创业课程培训的大学生创业能力较强的可能性是没有过创业课程培训的学生的 3.206 倍。创业课程培训不仅可以让学生们了解创业知识与创业信息、激发创业意愿，而且帮助大学生树立创业信心、掌握创业技能、提升创业素质。Clark（1984）[17] 以美国一所大学的学生作为调查对象，发现接受完创业培训后，80% 以上的学生考虑创立自己的公司，75% 的学生提出了具体的创业计划，且 76% 学生指出创业培训对他们最终创业决定有很重要的影响。“学校层次”变量没有通过显著性检验，学校层次对大学生创业能力没有多大影响，这与我国创业教育起步较晚，重点本科学校、一般本科学校与专科学校的创业教育差异不大有关。在被调查的 1168 名大学生中，“从未接受过创业培训”的有 600 人，所占比例为 51.4%；而在 572 名接受过创业培训的大学生中，高达 34.3% 的人认为创业课程的针对性比较低，81.1% 的人认为创业教育的师资还不是很雄厚，31.5% 的人认为创业培训时效性过低。

四、研究结论与政策建议

本文对大学生创业能力的影响因素进行了实证分析后，得到一些有意思的研究结论，并基于研究结论从高校这个主体出发提出几点提升大学生创业能力的建议。

（一）研究结论

大学生创业能力不强。这不仅表现在大学生创业能力各个维度之上，大学生的“资源获得与资金能力”“相关知识与经历”“机会识别与冒险能力”“管理与决策能力”“人际关系与沟通能力”与“生理和心理条件”的得分都较低，在满分为 5 分的计量刻度下得分往往只有 2 分或 3 分，其中最低的是“创业相关知识与经历”，平均得分只有 2.235 分；而且表现在大学生创业能力的总分之上，样本容量为 1168 人的样本中，总分为 50 分时，创业能力分数在 15 分以下的有 12 人，占 1.03%；创业能力分数在 15 到 30 分之间的有 648 人，占 55.48%；创业能力分数在 30 分到 45 分之间的有 504 人，占 43.15%。

“性别”“家人或亲戚创业”“家庭积蓄支持”与“创业课程”是大学生创业能力的主要影响因素。男大学生和女大学生在创业能力上存在差异，男大学生的创业能力要优于女大学生；家庭成员或亲朋好友创业对大学生的创业能力有着显著的影响，家庭良好创业氛围有利于提升大学生的创业意愿和能力；创业教育是培养人的创业意识、创业思维、创业技能等各种创业综合素质，并最终使被教育者具有一定的创业能力的教育，对大学生创业能力有着至关重要的影响。

高校创业教育质量不高，创业课程缺乏针对性和时效性。被调查样本中从未接受过创业课程培训的大学生高达51.4%，接受过系统的创业教育的大学生仅占1.4%。且在接受过创业课程培训的被调查者中，课程中参与度较高的比例为只有11.6%。高校在开展大学生创业教育时缺乏权威、科学的教材，对课程设置、教学要求、考核标准等都还没有统一的要求。在教学体系上，创业教育的内容还不够成熟完整；在课程设置上，创业教育被边缘化，缺乏连贯性，仅作为缓解就业的“补充课堂”，依附于就业教育中，缺乏独立性。高校创业教育的专业师资力量普遍匮乏，仅靠少量校内和校外兼职教师还远远满足不了需求，不仅严重制约创业教育的发展，而且大大阻碍学生创业能力的进一步提高。[18]

（二）政策建议

高校顺应社会潮流，营造创业氛围。高校要根据“大众创业、万众创新”的时代新要求，建立与社会创新创业紧密联动的人才培养机制，培养具有创新精神和创业能力的高素质人才。在专业和课程设置上，密切关注社会经济发展对人才的需求，跟上知识更新的步伐，灵活地设置专业与课程。通过多种媒介和渠道宣传国家、政府鼓励创业的法律和优惠政策等，宣传大学生创业的优秀典型，尤其是杰出校友创业典型事迹，利用榜样力量激励大学生创业，营造良好的校园创业文化氛围，让高校校园成为各种创新思维和创业思想迸发的摇篮。[19]

加强创业教育师资培养，建立创业服务中心。高校制定有效措施，加大对创业教育师资队伍建设的重视力度，投入更多的人力、物力、财力资源，积极鼓励从事创业教育教学的教师走入企业，参与创业过程，提升创业教育师资自身水平；也可通过外引内联等途径创建一支高水平、创业教育经验丰富的师资队伍。同时在校内建立学校、政府与社会三方合作的创业服务中心，为在校大学生创业提供创业指导、政策咨询、项目推介、法律维权、技术指导、风险评估、市场营销等一条龙服务，并利用中心打造项目开发和推介平台，做好创业项目的开发工作。

提高创业课程的针对性和时效性。高校结合学校的生源情况，根据不同年级不同专业学生的不同特点，从学生进校开始到毕业之前全程分阶段、有针对性地实行创业教育，提升创业课程的针对性与时效性。具体而言可分为三个阶段：第一阶段，让学生进行职业测评，帮助学生发现和了解自己的性格特征和兴趣所在，结合社会形势、所学的专业与个性特征制定出符合自己发展的职业生涯目标。第二阶段，重点放在学生创业意识树立、创业素质培养、创业知识学习、创业能力形成及创业实践项目的运作等方面。第三阶段，创业课程指导老师与时俱进，帮助学生了解最新的创业政策、搜罗最新的创业信息，选择创业项目。

丰富校园创业实践活动，让大学生在无形中提升创业能力。创业教育应该是开放的，高校可以邀请创业成功人士和校内的学生进行交流座谈，成立创业家协会，让杰出的创业家对有志于创业的大学生进行激励、指导；通过定期开展创业计划大赛、创业演讲大赛等竞赛活动，把具有创业计划和创业冲动的大学生集中起来，使他们成为一个创业者群体，形成良好的创业氛围；设立大学生创业实训基地，如“校内创业一条街”，成立大学生创业基金，鼓励创业项目的孵化。

参考文献：

[1] 李小丹．智联招聘发布《2015 年应届毕业生就业调研报告》［EB/OL］．http：//news．365jilin．com/html/20150513/2136078．shtml，2015－7－31．

[2] 薛江华．中国大学毕业生自主创业成功率只有10%［N］．羊城晚报，2014－07－09．

[3] Thompson J L．The facts of the entrepreneur：Identifying entrepreneurial potential［J］．Management Decision，2004，42（2）：243—258．

[4] Man T W Y，et al．The competiveness of small and medium enterprises：A conceptualization with focus on entrepreneurial competencies［J］．Journal of Business Venturing，2002，17（2）：123—142．

[5] Rule E G and Irwin D W．Fosteringentrepreneurship：the new competitive edge［J］．Journal of Business Strategy，1993，9（3）：44—47．

[6] Arthurs J D and Busenitz L W．Dynamic capabilities and venture performance：The effects of venture capitalists［J］．Journal of Business Venturing，2006，21（2）：195—215．

[7] Helfat C E and Peter M A．The dynamic resource－based view：Capability lifecycles［J］．Strategic Management Journal，2003，24（10）：997—1010．

[8] 任婧．山西省大学生创业能力现状调查及培养策略［D］．山西：山西财经大学，2012：13—21．

[9] 毕作庆．提升大学生创业能力研究——基于辽宁省大学生的问卷调查［J］．辽宁工程技术大学学报（社会科学版），2012（05）：554—557．

[10] 姜昱汐，林莉，葛继平．辽宁省大学毕业生自主创业的现状及影响因素［J］．现代教育管理，2010（03）：125—128．

[11]［12］李娟．北京高校大学生创业能力及其影响因素研究［D］．大连：大连工业大学，2012：34—43．

[13]［18］陈晨．大学生创业能力的内涵及其影响因素［J］．理论观察，2011（05）：145—146．

[14]［15］卢吾，叶敏，耿帅，薛宇晟．大学生自主创业能力影响因素分析［J］．高等工程教育研究，2010（S1）：77—79．

[16]［19］沈树周，段素梅．大学生创业能力提升的策略与途径——基于高校的视野［J］．宝鸡文理学院学报（社会科学版），2012（05）：223—224．

[17] Clark B W，Davis C H，Harnish V C. Do courses in entrepreneurship venture creation?［J］．Journal of Small Business Management，1984（2）：89—93．

（作者单位：长沙学院）

舜文化传统与依法治国的文化借鉴

唐之享

在全面推进依法治国的过程中，舜文化关于依法治国的理念和方法原则，值得重视和借鉴。

一、“执两用中”与执法的公正性

“执两用中”是舜文化传统中一个极为重要的内涵，在中国古代典籍文献中曾反复提到“用中”“设中”“求中”的问题，如《中庸》云：“舜好问而好察迩言，隐恶而扬善，执其两端，用其中于民。”这是直接论述舜帝“用中”的问题；近年发现的清华简《保训》篇，记载周文王给周武王的遗言云：“昔舜旧作小人，亲耕于历丘，恐求中，自稽厥志，不违于庶万姓之多欲。厥有施于上下远迩，迺易位迩稽，测阴阳之物，咸顺不扰。”这是说舜帝在人微位卑的时候就在自觉地“恐求中”，也就是小心翼翼地探求、运用中道。到了殷商时代，由舜帝所探求、运用的中道，已经成为一种很流行、很普及的处事原则或方法，如《尚书·盘庚》云：“汝分猷念以相从，各设中于乃心。乃有不吉不迪，颠越不恭，暂遇奸宄，我乃劓殄灭之，无遗育，无俾易种于兹新邑。”这是盘庚决定从“商”迁都于“殷”时的一段训词，“各设中于乃心”，也就是要求民众一定要从内心真心诚意地坚守中道。这个“中道”，孔子将它总结为“凡是叩其两端而用其中”的方法论，后来儒家的学者则将它简化为“执两用中”一词。

“用中”的传统本是由来已久的。刘兴隆说：“氏族社会，凡遇大事必先立旗建中，以便集结群众。卜辞言‘立中’者，即此事也。商代把立旗建中视为大事，又视此类事为历史，从事此事者又皆为官吏。所以卜辞中事、史、吏同字，并同音假借作使用之使。”其实，事、史、吏本身就包含“使用”的含义，因为“立旗建中”是国家管理中的一件实用性大事，史、吏是这件大事的操办者；此“事”本身就是用中，操办此事的史、吏当然也是用中。需要特别指出的是，这里的“用中”还是操作层面的具体方法，属于形而下之器，没有上升到形而上之道；“执两用中”则是在总结长期的社会实践特别是政治实践的基础上所提炼出来的方法论，它具有普遍的应用价值，属于形而上之道的范畴。

“执两用中”本身就包含着“中正”“公正”的内涵，儒家还将“中”“中行”看作高尚、正直之德，并进而确定为处事、从政的原则。《论语·子路》曰：“不得中行而与之，必也狂狷乎！狂者进取，狷者有所不为也。”《孟子·尽心下》对此进行解释：“孔子岂不欲中道哉！不可必得，故思其次也。”孟子的解释不一定准确，“中道”作为一种思想原则，体现在行为上就是“中行”，强调“笃行”的孔子，或许更重视“中行”，并非是退而求“其次”。再如荀子，也同样强调“中行”：“先王之道，仁之隆也，比中而行之。曷谓中？曰：礼义是也……凡事行，有益于理者，立之；无益于理者，废之，夫是之谓中事。凡知说，有益于理者，为之；无益于理者，舍之，夫是之谓中说。事行失中谓之奸事，知说失中谓之奸道。”（《荀子·儒效》）孔子的“中行”是指个人的行为原则，荀子的“中行”是先王处理政务的行为原则，二者的结合，就是儒家“中道”之行为原则的整体内涵。

将“执两用中”的思想原则与行为原则结合起来，就可以运用于各种事物的处理。如《尚书·吕刑》谈执法：“惟良折狱，罔非在中”；谈判案：“民之乱（治）也，罔不中听狱之两辞，无或私家于狱之两辞”。执法在“中”，判案也在“中”，都是要求公正执法、公正判案。因此，“执两用中”作为一种哲学意义上的方法论原则，可以运用于一切领域；当它运用于执法领域时，其核心、精髓的内涵就是强调执法的公正性，这是全面推进依法治国最值得借鉴的。

《中共中央关于全面推进依法治国若干重大问题的决定》（下文简称《决定》）指出：“公正是法治的生命线。司法公正对社会公正具有重要引领作用，司法不公对社会公正具有致命破坏作用。必须完善司法管理体制和司法权力运行机制，规范司法行为，加强对司法活动的监督，努力让人民群众在每一个司法案件中感受到公平正义。”应该说，完善“管理体制”和“运行机制”是制度保障，运用“执两用中”的方法原则是过程保障，二者的结合是保证执法公正性的关键。

二、“惟明克允”与执法的公信度

当然，要保证执法的公正性，还有一个关键的要素不可或缺，这就是执法的公开、透明，自觉接受社会的监督，以提高执法的公信度。《尚书·舜典》记载舜帝的话：“龙，……命汝作纳言，夙夜出纳朕命，惟允！”《传》解释说：“纳言，喉舌之官。听下言纳于上，受上言宣于下，必以信。”《正义》亦云：“‘从早至夜出纳我之教命，惟以诚信’，每事皆信则谗言自绝，命龙使勉之。”这里所讲的“惟允”，首先是舜帝自己所说的话要诚实可信，其次是百姓的话要真实可信，最后是中间环节的上传下达更要属实可信。三者要做到“可信”，关键是政治开明：“月正元日，舜格于文祖，询于四岳，辟四门，明四目，达四聪。”（《尚书·舜典》）《传》云：“谋政治于四岳，开辟四方之门未开者，广致众贤。广视听于四方，使天下无壅塞。”正是因为有了“广视听于四方”作基础，百姓才会说真话，才能保证龙的传达“属实”；如果只是听信龙一人的上传下达，就势必会造成言路“壅塞”，从而失“信”于民。

政治清明，政治上的取“信”于民，与执法的公信度是紧密地联系在一起的。《尚书·舜典》曰：“皋陶……汝作士，五刑有服，五服三就，五流有宅，五宅三居。惟明克允。”《正义》云：“‘克允’谓受罪者信服。故王肃云‘惟明其罪，能使之信服’，是信施于彼也。但彼人信，由皋陶有信。”“惟明”，是要求增强执法的透明度；“克允”，是强调执法的可信度。“惟明克允”，不仅强调了执法的公开公平，更是强调了对待罪犯的公开公平，要让他们“明其罪”，“信服”其判。这也就是“执两用中”的方法原则落实到执法的过程中。

要真正做到公开公平，则还需要解决一个“爱君”与“畏民”的问题。《尚书·大禹谟》载：“帝曰：俞！允若兹，嘉言罔攸伏，野无遗贤，万邦咸宁。稽于众，舍己从人，弗虐无告，弗费困穷，惟帝时克。”“无稽之言勿听，弗询之谋勿庸。可爱非君？可畏非民？众非元后何戴？后非众罔与守邦。”这里的要点是如何做到“舍己从人”，其前提是如何认识君与民的关系：是“爱君”还是“畏民”？只有心存“畏民”之念，才有可能舍弃私念而依从众人，才有可能真正做到公开公平。

显而易见，在舜文化传统中，执法的公信度是与政治的公信度紧密结合在一起的；而这一传统也恰好与今天的现实相合拍。《决定》指出：“全面推进政务公开。坚持以公开为常态、不公开为例外原则，推进决策公开、执行公开、管理公开、服务公开、结果公开。各级政府及其工作部门依据权力清单，向社会全面公开政府职能、法律依据、实施主体、职责权限、管理流程、监督方式等事项。重点推进财政预算、公共资源配置、重大建设项目批准和实施、社会公益事业建设等领域的政府信息公开。”“构建开放、动态、透明、便民的阳光司法机制，推进审判公开、检务公开、警务公开、狱务公开，依法及时公开执法司法依据、程序、流程、结果和生效法律文书，杜绝暗箱操作。加强法律文书释法说理，建立生效法律文书统一上网和公开查询制度。”无疑，执法的公信度如果缺失政治公信度作基础，所谓公开透明便会成为无源之水、无本之木，“公平公正”也会成为一句空话。

三、“无或私家”与法律面前人人平等

《尚书·吕刑》谈判案，要求“罔不中听狱之两辞，无或私家于狱之两辞”。这里更重要的是要求“无或私家”，亦即不徇私情。

关于舜帝不徇私情，坚持在法律面前人人平等的问题，九疑山地区的民间传说中，曾流传着一个《舜帝审案》的故事：舜帝治理天下时，人民安居乐业。九疑山本是一座宝山，内有金银无数。这个消息被娥皇的哥哥和舜帝的侄儿知道了，于是他们向舜帝奏一本：愿意到九疑山来管矿理财。这两人是财迷，来九疑山后强令百姓下河淘金。百姓只好止耕种、弃渔樵，生计没有了着落。百姓们忍无可忍，联名向舜帝告状。当时舜帝正南巡，听到此消息，勃然大怒，立马派人去查问，结果属实。但这两人以为自己是皇亲国戚，舜帝也不会把他们怎么样。一个说：“看在舍妹的面子上，求圣上宽容。”一个说：“念家父与陛下的手足之情，请叔皇宽恕。”舜帝将袍一挥，说：“王子犯法，与庶民同罪。”并写下如此判词：搜刮金银为害，致令黎民遭灾；革除官职顶戴，交与百姓安排。九疑山的百姓见到舜帝公正圣明，执法如山，高兴得手舞足蹈，欢声雷动，于是又出现了一片升平气象。这个故事无疑是后人编造的，因为在古代典籍文献中根本找不到这样的记载。但在舜文化传统中，“在法律面前人人平等”的理念是确实存在的，最重要的依据就是对待大禹父子的态度，鲧因为治水不力，舜帝可以杀之于羽山；禹因为治水有功，舜帝不仅可以重用他，还可以禅位与他。这不仅体现了舜帝“在法律面前人人平等”的理念，

更是体现了舜帝“无或私家”“天下为公”的宽广胸怀。

当然，在舜文化传统中，虽然早已有了“王子犯法，与庶民同罪”的人人平等理念，但这一传统在后来几千年的专制社会并没有真正传承下来。因此，我们现在需要超越几千年，直接到舜文化传统中去接续今天所需要的文化根脉，真正做到如《决定》所说的：“坚持法律面前人人平等。平等是社会主义法律的基本属性。任何组织和个人都必须尊重宪法法律权威，都必须在宪法法律范围内活动，都必须依照宪法法律行使权力或权利、履行职责或义务，都不得有超越宪法法律的特权。必须维护国家法制统一、尊严、权威，切实保证宪法法律有效实施，绝不允许任何人以任何借口任何形式以言代法、以权压法、徇私枉法。必须以规范和约束公权力为重点，加大监督力度，做到有权必有责、用权受监督、违法必追究，坚决纠正有法不依、执法不严、违法不究行为。”

最后还要特别指出的是，无论是舜文化传统还是现实需要，都要强调依法执政与依法治国的结合。因为“依法执政是依法治国的关键”，“各级党组织和领导干部要深刻认识到，维护宪法法律权威就是维护党和人民共同意志的权威，捍卫宪法法律尊严就是捍卫党和人民共同意志的尊严，保证宪法法律实施就是保证党和人民共同意志的实现。各级领导干部要对法律怀有敬畏之心，牢记法律红线不可逾越、法律底线不可触碰，带头遵守法律，带头依法办事，不得违法行使权力，更不能以言代法、以权压法、徇私枉法”。《决定》对这一“关键”问题的解决，可谓抓住了关键的关键，解决了“各级党组织和领导干部”的问题，从根本上说就是解决了几千年专制制度形成的“特权”思想问题，也就是真正做到了“在法律面前人人平等”。

（作者单位：湖南省舜文化研究会）

混沌理论对分割理论的检讨及其大学课程变革

唐松林　廖　锐

当下的大学课程体系，令人普遍忧虑与厌倦的是，知识的条块分割导致了知识碎片化。知识的整体、和谐与美丽的品性被挤压。它除了使人成为一个“知识匠”外，根本无法完成使人成为“整全的人”的教育目标。我们是否可以建立一种整合的课程体系，以促进人回归内心，凝聚沉思，绵延创造，完善人格，拥抱无限。笔者以混沌理论为分析工具，对分割理论及其课程进行检讨，并对大学课程的变革提出新的愿景。

一、分割理论及其课程观

分割理论根源于以培根、笛卡尔、牛顿等为代表的确定论与绝对论思想体系。它坚信，物质世界是一个决定性、必然性与静态性的存在。它为科学体系的分类、学科划分与专业化提供了蓝图。认为大学课程应该在永恒的知识世界中，分析、系统化与传承绝对的、稳定的、实用的真理体系。但是，分割理论及其课程观因缺乏伦理性世界观、思想、智慧与精神魅力，无力支撑强大的生命过程与文明运动，因而正呈现日益凋敝之势。

（一）分割理论的内涵诠释

分割理论将知识体系与人与世界的整体关系进行切离，将知识进行客观的、机械的、绝对的分割，使知识在传承与再生过程中呈现抽象化、简单化、可操作化与有效化等特征。它持有如下基本观点：第一，就世界观而言，世界是一个结构性的客观实体。万物是按照自身的规律生成的，它的存在是有理由的，必然的，从而成为严格的世界决定者。第二，就认识论而言，知识是人类对结构性的客观世界的反映，它与世界的物质实体是对应关系，它不依赖于人的思想而存在，是由外在世界所决定的。世界的结构性与客观性，决定了知识的结构性与客观性，也就决定了知识的可分割性。掌握了知识就掌握了客观世界，就能指引人类文明不断向前。第三，就学科专业而言，知识的可分割性，在认识层面将世界进行分解细化，加深对客观世界的认识。“一门学科总是有逻辑起点的，总是依据内部逻辑发展起来的。”[1]对某一事物的认识，需要将整个事物分割为一个个小的部分，以达到深入认识客观世界的目的。由于一门科学知识体系有自己的独立体系，是“整一”且“静止”的，所以，为达到有效地传承知识的目的，必须按照一定的规律对知识分门别类，按照知识本身的结构特点或一定的规律将知识进行分割，这更有助于人类更深入地认识世界。

（二）分割理论的课程观

分割理论，在其意识中，展示了其对文化整体观念的一种消解运动，它将大学课程视为一个机械的、封闭的、稳定的客观知识场域，通过“分割”的方式，将知识固定化、明晰化、逻辑化、有序化，使得课程具象化、有独立性、可操作、易管理。第一，大学课程的目的，在于高效地传承知识与价值，进而促进知识的进步，满足社会对高质量人才的需求。正如怀德海说的，学校教育如果排除专门化，就毁灭了生活。其中，知识与价值的目的采用确定的、分割的、孤立的目标体系进行固化，具有严密的知识逻辑与秩序。第二，大学课程的结构与内容，以一种简单的方式，将混沌的人类文化知识进行分割，使知识被切割为具体独立结构的小整体，知识更为明细、条理、独立、程序式[2]。工具知识与价值知识分割，自然科学与人文、社会科学分割，使知识具有了确定性与绝对性的对偶形式。据有关数据统计，我国高校专业设置一度达到 1343 种，课程也随之猛增[3]。课程设置，使得学科专业之间的界限明晰，其内部知识对象概念精确，逻辑分明，自成体系。第三，课程设置的方法，其主体是科学家、教育学家和技术官僚组成的群体。他们将课程分门别类，使课程内容客观、具体、明确，具有逻辑性及结构性，便于知识传承与深化。这既能保证课程的科学性、普遍性与客观性，使人对世界的认识有序、分步骤地进行；又有利于制定合理的评价方案与管理办法，使课程管理更为标准化、程式化与规范化。

（三）分割理论之于课程的意义

分割理论有利于解决知识激增所导致的知识无限性与生命有限性之间的矛盾，也有利于缓解人类认知的迫切需要与人类认知能力的局限性之间的矛盾，从而有助于科学知识的传承、发展与进步。其课程关注的焦点不在人及其关系，而在于知识本身，在于学科范围内的知识体系与逻辑框架。这种课程体系逻辑严密、星罗棋布、族类分明、其尽所能地包罗了人类的知识万象，同时使人类对知识的传承目标明确、路径清晰、操作有效，能够进入科学研究的纵深层次。但是，分割理论的最大局限在于，它使课程成了高度逻辑化的产物。它企图通过课程的稳定性、程序性与绝对性，制造一个由点及面、由部分到整体、由无序到有序的认知过程，以期实现知识的全面、思想的遥深、认知的拓展。正如怀特海所说：“选择一种特殊关系受到心灵的意志——心灵意志指向感觉—意识的其他目的——的指导。这种指导原则是出于理智的方便，而不是出于自然事实。”[4]所以，在分割理论的课程中，知识的选择无法不受选择者心灵的制约，所选择的知识是出于专家们理智活动的方便，并不是知识本身的自然状态。于是，课程中的知识体系是世界规律体系的揭示，只是一个科学的谎言。它的最大局限是，在它的理论体系中，知识与人的存在似乎没有任何关系。结果，我们所遭遇的真实却是固化、机械与绝对的知识困境，约束了生命的灵动，遮蔽了知识的混沌，冷落了课程的伦理。

二、混沌理论及其课程观

混沌理论根源于以雷格斯、摩尔、普里高津等为代表的生态论、复杂论与混沌论思想体系。它相信万物流变，变动不居的主观与客观的整体的感觉，是真实的知识的源泉。课程，永远都是一个主观与客观模糊的系统问题，是一种生态的、复杂的、整合的、不可分割的、诗性的文化现象。

（一）混沌理论的内涵诠释

所谓的混沌，按照美国贝尔实验室物理学家约克的陈述，“是宇宙的自然状态。在混沌中，复杂系统可以被不断完善，秩序形成于混沌之中。混沌不是混乱的、随机的分散，相反，其中的模式是非常有秩序的，只是较为复杂，混沌指的就是这种复杂的秩序化”[5]。笔者以为，混沌，是一种联系的状态，它承认历史与逻辑、有序与无序、偶然与必然、有与无的共存、博弈与共生，具有模糊、关系、非线性、不可预测等特征。混沌理论以生态学、生命论、复杂论为主导，以一种综合的、多元的方法，包含并超越了分割理论。第一，就世界观而言，世界万物以混沌的方式存在着，是一个无法分割、相互联系、不断运动的复杂实体。“混沌和秩序相互交织在一起，连接形成一个更为复杂、综合有时甚至显得颇为奇怪的秩序，这一过程就是后现代观的新的愿景。”[6]第二，就认识论而言，它坚信，除了逻辑与实证的方式获得真理以外，历史、经验与直觉的方式也不失为更好地认识世界的一种方式。人的直觉、价值与伦理观念能够与客体在认识过程中相互融合，科学与形而上学能够融合，逻辑与伦理能够融合，人因此能够把握生生不息、不可分割的“全部的实在”，或者万物造化的“绝对”。所以，认识是反复的、流变的、复杂的过程。第三，就学科与专业而言，客观事物的复杂、联系与变化之特征，决定了人类认识过程的复杂性、多元性、变化性等混沌性质。因此，学科与专业要生动地体现知识、人与世界的关系，这种关系的实质，是一个复杂而联结的混沌的整体。

（二）混沌理论的课程观

混沌理论将课程视为一个有生机的文化场域，在文化的混沌气质与自由土壤中衍生出一种生态的、关联的、复杂的、整体的、系统的知识模式，这一模式允许知识间的相互影响、相互联系，进而产生出丰富且有意义的互动[7]。在这一模式之下，能使我们更好地理解教学、课程、师生间的复杂性及混沌性[8]。第一，课程的目的，在于提供文化土壤，促成生命的生长与人格的养成；强调学生不仅有丰盈的知识，有想象的与批判的意识，而且有开放、接纳、辩证、自主的人生态度。第二，课程的结构与内容，应该以广博的、联系的视野去定义和建构。它不是只强调对世界及其知识的认识，而是更强调对生命及其关系的理解；由强调知识的逻辑、线形与传承走向强调知识的广博、混沌与生成。在这里，知识界限模糊，课程结构多元。第三，课程管理与评价之法，在于调节人与学科间的关系，主张学科专业领域之间的沟通及协作，使之形成混沌的学习环境，激发教师、学生的创造性，促使更多开放性观点得以产生[9]。这样的大学课程，还原了知识的混沌性、复杂性及生成性特征，有利于自我反思与学术争鸣。

（三）混沌理论之于课程设置的意义

混沌理论最大的意义，在于使人在自由的土壤中实现与课程、与世界的融通，进入“整全的人”的发展境界。第一，它将人及其关系价值融入其中，使知识不断趋近无限，臻于一种天人合一的境界，这为课程提供了无限可能性。正如史怀哲赞赏老子理论时说的那样：“人可以凭借朴实的思想与世界互动神往，可以借用自我生活体验，抵达天人合一的境界。”[10]第二，它把生命推上了课程舞台，使课程保持永恒的生命之力量，它使课程成为一种特殊的影响，成为一种涵养创造与道德的最为肥沃的土壤。所以，它的意义在于，肯定生命、肯定世界的伦理精神。第三，它使课程具有开启心灵之动力的职能。课程是灵动朴实的，它不仅使课程成为更广阔、可重塑的、混沌的课程环境，而且促进人对世界及其知识的理解、体验、诠释与改造，在一种复杂、混沌的不确定性、不可预知性教学过程中，寻找新的契机。诚然，课程需要以整体的、全面的、非线性方式的角度去理解它[11]。为此，课程应该是源于生命之爱的精神力量，它促进自我的自由认识，使人通向多元道路之无边领域，创造无法意料的生活形式。

三、混沌理论对分割理论的检讨：大学课程设置的问题

从混沌理论的视域检讨分割理论，我们会发现，分割理论征服了科学知识与文化体系，使混沌的文化体系被肢解与分割，将混沌的知识简单化、客观化与机械化，使混沌的知识沦为具有规律性、必然性、确定性的结构序列，形成了课程的机械论和决定论，这伤害了文化的整体混沌性质，占领了生命的自由时空，割裂了人与世界的相互神往，挤压了内在生命冲动与人生体验，人的直觉与顿悟被排斥在知识的生成机制之外，生命、生活与主体的价值被排除在课程之外。

（一）在目标上，过分强调知识之“用”，逃离了真理之爱

分割理论的课程设置，带有较强的逻辑主义与功利主义色彩，课程设置呈现出科学体系与工具性的特点，课程目标在于使人掌握系统的科学知识体系，在于培养对社会“有用”的人。一方面，课程理论中的分割主义，与课程实践中的知识混沌性构成了隐性冲突。教师以逻辑的知识系统为工具，驾驭、操纵着教育对象及其学习过程，使学生深陷于知识的传递、记忆、应试、评价的链条中，丧失了创造与想象的自由。正如史怀哲所忧虑的，如今“时代精神如此强势，个人开始怀疑自己的思想，开始照单签收权威所释放的任何信息。他无力抵制外部势力的操纵，他工作繁忙，神情惶惑，注意力衰退，物质依赖心理严重……他不再相信自己还有能力独立思考、独立裁决”[12]。这样的课程，其本质是割裂了知识、人与宇宙间的整体联系，破坏了知识的生成性与整体性；遮蔽了人的创造能力、人生意义与生命价值，排斥了人的伦理行为、生命意识与生存环境的一体感。另一方面，现行的课程特别是高校课程，一味地顺从商业社会之牵引，以“实用”和“专业技术”至上，过度追求应用型与职业化。学校，特别是大学，“本应犹如‘海上之灯塔’‘社会精神文化之中心’，引领社会在发展的无限机会中做出明智的选择，给人类以终极性的关怀”[13]，而如今却沦为了一个巨型的工厂，为社会生产加工各式各样的“零件”。知识为适应外在需要，为了谋生与文凭，不断地被“切割整形”，成为碎片化知识模块，成了职业训练的载体。它逃离了真理之爱，排斥了人的伦理行为、生命意识与生存环境的一体感，因此变得粗糙与干瘪，难免产生“精致的利己主义者”。

（二）在结构与内容上，过分强调知识之“专”，忽视了文化之力

分割理论下的课程界限清晰，结构严密，内容明确，它使无限的知识生成性质，演绎为有限的、机械的、绝对的客观知识体系。一方面，专业化知识体系，它致力于专业技能

的养成与职业资格的获得，使人逃离文化知识的统一性。这使得知识处于一座座孤立的岛屿之中，与世隔绝，与真实的、充满生命活力的生活世界没有任何接触。“一个零散的课程，一个客观的知识体系，不可能帮助学生形成一个整合的观点或哲学，也不可能产生学习迁移”[14]，更无法培养“整全的人”。另一方面，在每一专业内部的课程体系中，学生学习的自由与丰富的知识选择性，被局限在狭窄的范围内，在这里，人的灵魂无法敞开，文化的知识整体性力量被消解，人的创造能力与生命价值被藐视。正如迈克尔·阿普尔说：“从哲学、真正的理论和各种实践史的水平和角度来看，有一个我称之为选择性传统的过程……选择总是关键的，从过去和现在的整个可能领域里进行选择，某种意义和实践被当作重点选出，而另外某些意义和实践则被忽略和排除。”[15]这样，知识本身的整体结构常常被决策者们所忽略；学生的学习与生活空间，常常被一些脱离于生命主体的陌生事物所占领；那些深入乡土的、经验的、地理的与实践的历史与传统被排斥。这将使学生沦为一种无关系、无伦理与无道德的“知识匠”，这是分割课程理论的现代性悲剧。然而，唯独与环境、与世界交互的知识才得以生成、充满意义[16]。因此，忽视文化的力量而言专业技能是无意义的。

（三）在管理与评价上，过分强调知识之“标”，遮蔽了生命之美

知识的标准及其评价与管理的标准，是分割理论在课程评价与管理中的重要依据与形式。这些“标准”，虽然披着科学与正义的皮囊，但它隐含着某种权力信息，呈现出一种外在的、强制的、封闭的与机械的性质。一方面，师生被排除在课程设置及其内容之外。现场教师是教育专家，是身处教育现场的知识分子，处于教学一线，能深刻地了解学生的需求及社会的变化，他们应该是课程设置的主体。然而，他们在课程相关的所有活动中，一直处于被动地位，他们的直觉能力与自治精神从来没在课程开发与建设中受到重视，因而，在课程实施中，难以享受发现、建构与创造知识的快乐。正如有人说，他们早已“逃入最冷漠空洞的‘存在’概念那死亡般的寂静中……特别之处正在于没有芳香、色彩、灵魂、形式，完全缺乏血肉、道德热情”[17]。另一方面，它不可避免地牺牲现场师生的课程利益。“教育或课程被视为维持既定社会特权、利益和知识的基本手段，为了维持自身特权，甚至可以牺牲权力较小的集团。”[18]大学课程设置的主体停留在教育专家身上，不重视现场教师与学生的意愿，从未赋予师生参与课程建设之权力。正如有人所强调的，“学校中的知识形式，不论是正式的或潜在的，都含着权力、经济资源和社会控制之间的相互关系问题。因此，组织或选择，即使是无意的，也都是根据指导教育者思想或行动的意识形态或经济的前提而提出的”[19]。

四、混沌理论中的大学课程愿景

“课程是正在创造着的一条跑道”，“课程需要不断实施新的计划，探寻新的可能；不沉溺于过去，憧憬未来；为当下准备，而又不完全拘泥于此。”[20]如何穿越理性主义之网，解开分割主义束缚生命的镣铐，最好的方式，是厚植混沌之文化土壤，还原生命、知识与生活世界的混沌性质，让动态流动的生命，融入知识体系，让知识体系回归生活世界，让课程成为一种主体性实践，使课程与此生的自我神往，又要与生活世界互动神往。这种神往是在课程环境中自动地、主动地发生的。这里笔者用 2400 多年前的古希腊哲学家德谟

克里特的一句话最为合适，“任何不可分割的越占优势，则重量越大”。

（一）以还原生命之爱，建构课程之目标

混沌理论不是建立一定的课程模式，而是恢复文化的混沌性质，以此“作为重构课程研究的一种隐喻或是工具”[21]从而使课程成为生命世界之土壤，以混沌文化养人，达成“唤醒生命之力”这一根本目标。一个完全脱离生命存在的课程，无论如何是不健全的，是没有意义的。没有生命蕴含其中的课程，它就不是课程。这需要超越知识的条块分割的僵化形式与教条，避免流程、效率与技术等课程理念的偏颇，还原蕴含于课程中的人生意义与生命价值，使学生进入一种“我思故我在”的境界，恢复知识的创造与生成，尽情享受学习与探索求知的乐趣，使之融入主体生命活力，融入普遍的生命之爱。

实现生命之爱的唯一途径是，更新人与课程的关系，使之由人与物质的关系，走向人与生命的关系、精神的关系。这需要我们重建课程的概念、目标与意义。第一，课程概念重建。课程不是传统的定义，即“学生在学校所获得经验的总和”，而是将课程定义为涵养生命的文化土壤。“课程并非是一个处于教师与学生之外的实体性的静态、线性、固态存在，而是教师与课程、学生与课程以及其他因素与课程相互对话、协商、交融的复杂性网络，进而整个过程散发出复杂性的魅力与旨趣。”[22]第二，课程目标重建。课程在于建构一个“自我超越”的环境，这种环境，能够使人获取内心的自由，内省、宁静、深邃与强大。在这里，“只有努力超越，我们就可以与世界、与他人主动地神往，亦即创建主动的精神性关系”[23]。所以，混沌理论的课程目标，在于发展学生的生命活力，最终生成知识、生长能力与养成人格。第三，课程意义的重建。课程的重大意义在于它已然有一个知识的审美的空间。在那里，你聆听、观察与感知，离不开它，它使你的感受、体验与创造，融入专业技术知识的生成与人格的养成过程。“课程场域中学习、大脑、集体的互动以及知识本身都是具有无限的差异性与可能性，并且每一个现象都在与自身的要素不断地发生联系与互动，并相互间构成了一个涌现、复杂的网络，进而使得每一个课程现象都富有“超现象”（transphenomenon）的特质”，[24]将历史、现实、科学、生活、社会、思想、政治、伦理与音乐等巧妙地融于课程体系，以涵养生命。

（二）还原生活世界，以建构课程结构与内容

还原生活世界不是简单地回归世俗生活，而是以知识的整体感融入生活，引领生活，超越生活。混沌理论下的课程设置，以一种非线性的、相互关联方式重构课程体系，使之成为丰富的、直觉的、关联的文化环境。这一理论中的课程是一种具有生成取向的课程，需要确保学生能深入地、有效地参与到课程内容之中，且学生具有对课程回应、选择、提议等权利[25]。

其基本途径是，以哲学、数学与艺术厚植知识混沌之基础。它们能够提供思想、逻辑与想象空间，为混沌系统的演化与课程自组织特征提供力量；为知识的融合、交互、非线性、整体感等特征提供养料，能够把课程从思想、逻辑与想象空间扩展到人生的如性、创造、情与家、乡愁与国家等主题，让课程真正还原生活与生命的存在。这三个学科具有跨学科对话，并还原知识的混沌性质，以此增加知识的广度与思想的厚度，从而将课程内容与结构还原为生活世界。第一，以哲学开启生活智慧之门。哲学是一种生活方式，是一种思想或理性生活。“哲学让我们走出云里雾里，拓展我们对于自身的观点和我们关于世界

的知识，让我们破除偏见和有害的习惯。”[26]所以，具有永恒而形上的哲学思想，它使你进入深邃的、理论的沉思与审慎的实践；它给你思想的力量，让你学会思考与甄别，维护你的所作所为，使你弄清楚你的信念和行为的根据和限度。相反，那些所谓实用的、感官的、市场导向的知识，使你坠入花里胡哨的世俗世界，你将无法从现代性奴役中获得解放与超越，而臻于灵魂之净化。正如罗伯特所说的：“哲学使我们能够重新考察我们观看世界的方式，我们所设定之物，我们所推断之物以及我们所确知之物，由此正确地看待我们的生活和信念。”[27]第二，以数学养成理性生活之力。早在2500多年前，毕达哥拉斯就坚称，整一的、和谐的世界，是上帝按照数创造出来的，所以，数是世界的基本要素，它处于人类智能的中心。透过数学，你能发现宇宙之奥秘。因为，神是用“数”创造宇宙万物的。你研究了数学，你就接近了神。所以，从某种意义上说，“数”之信仰为教育之信仰。无论如何，数学作为一门理论性与工具性学科，在培养人的思维与逻辑上具有不可替代的功效。“数学作为训练他们思维与逻辑的一种最有效的工具，在培养组织才能、敏感性、直观性和洞察力方面是再恰当也没有了。”[28]第三，以艺术激发生活之美。“艺术作为精神表现的最有魅力的具体化的、最有创造性的自由的和最有进步性的原创的形式。”[29]艺术所包含的理智的、道德的、情感的美，由一种内在本源的力量所感知，它与人的直觉、好奇与求知欲相连，与内省、创造与意识混沌相连。它能战胜世间的邪恶欲望，弥补善良的欠缺，使人进入审美生活。所以，以哲学、数学与艺术铺垫课程内容，哲学、艺术产生思维和直觉知识，数学为科学定量实验与逻辑推理奠定基础。此三者，使人有思想、有创造，有诗、有爱，从而激发生命之力，彰显生命之美。

（三）还原主体世界，以建构课程管理与评价之方法

主体世界，即人的本真状态，以及其生存的历史与境遇的整体关系。混沌理论视域下的课程管理与评价，关注生命意义，是一种有生机的、呵护生命价值与意义的形式。因为，任何管理与评价的规则均成了多元主体再度理解自己与世界的暂时性工具，凭借于此，每一主体对自身、对世界重新理解与自我建构。这期间，主体与环境、与世界发生交互作用，课程在不断地生成意义，散发新的魅力，这一交互过程，融合了人与知识、世界、自然与对立，它们在不断对话、协商过程之中完成自己。

其基本途径是，重视以课程服务代替课程管理，以课程学术争鸣代替课程评价，以唤醒与激励主体的实践能动性。第一，赋予现场教师自主权，使人与课程的关系由人与物质的关系，走向生命的关系、精神的关系。混沌理论的课程评价与管理，在于建构一个“自我超越”的环境。这样的环境，它使你内省、宁静、深邃与强大，使人获取内心的自由，从而使人获得个性化自由，从而生成知识、生长能力与养成人格。这需要消解课程评价与管理的精英意识，重视教育现场的教师为真正的课程专家。在课程评价与管理上，应该充分尊重现场教师的意见，对他们的课程研究成果与改革意见，应给予充分肯定。学校应鼓励教师开发教学评价的测量工具，以真实反映课程、学生的评价情况[30]。第二，基于乡土历史与文化之绵延。课程是知识延续与创造的载体，是生命的结晶与历史的果实。“生命是丰满的、多样的，是个人种种经验的相互关系。在它基本的质料上，生命与历史是一回事。历史由在最不同的关系中一切种类的生命组成，历史只是从整个人类的角度把握生命，它构成一种总体关系”[31]。课程是发生在真实场景中的，需要经得起历史的考验，更需要倾听实践者与参与者的感受与心声。第三，鼓励课程研究的学术争鸣。优质课程是在

长期的实践与争鸣中诞生的，是从课程实践、课程评论中经过民间认同而产生的，不是比赛评奖评出来的。鼓励课程研究的学术争鸣，允许其充分表达自我思想并给予鼓励，从而带动其他教师参与到课程改革与建设之中。在这一过程中，课程的规划、编制、计划、大纲与组织等要素，在自由的氛围与课程混沌的力量中，在基层的教师与学生的集思广益与百家争鸣中，经常流变、突现、分形与涌现新的课程形式。这是一个多元主体的对话、博弈与生成的过程，是主体由基层、由体制的最底层向外面、高层与世界绵延开去的过程。

参考文献：

[1] 郭思乐．论大学学术观念的更新［J］．教育研究，1998（11）：41—44.

[2] 曹志平，邓丹云．论科学主义的本质［J］．自然辩证法研究，2001，04：11—15，19.

[3] 潘懋元，邬大光，张亚群．中国高等教育百年［M］．广州：广东高等教育出版社，2003：103.

[4]［英］阿尔弗雷德·诺思·怀特海．自然的概念［M］．北京：北京联合出版公司，张桂权译，2014：100.

[5] 曹辉．混沌理论、复杂性与课程变革［J］．现代大学教育，2011（2）：13—18.

[6]［美］小威廉姆·E·多尔．后现代课程观［M］．王红宇，译．北京：教育科学出版社，2006：29.

[7] Doll，W：A post - modern perspective on curriculum. New York：Teacher College，1993：92.

[8] Donna Trueit，William E. Doll. Jr. Thinking complexly：Being - in - relation［A］. Deborah Osberg and Gert Biesta. Complexity Theory and the Politics of Educatio［C］. Rotterdam：Sense Publishers，2010：13—152.

[9]［美］小威廉姆·E·多尔，等．混沌、复杂性、课程与文化：一场对话［M］．余洁，译．北京：教育科学出版社，2014：184.

[10]［12］［23］［德］史怀哲著．生命的思索［M］．赵燕飞，译．北京：长江文艺出版社，2013：178，173，181.

[11] Bernard Ricca. Beyond Teaching Method：A Complexity Approach［J］. Complicity：An International Journal of Complexity and Education，2012（2）：31—51.

[13]［美］路易丝·莫利著．高等教育的质量与权力［M］．罗慧芳，译．北京：北京师范大学出版社，2008：7.

[14]［美］丹尼尔·坦纳，劳雷尔·坦纳著．学校课程史［M］．崔允漷，等译．北京：教育科学出版社，2006：206.

[15]［美］迈克尔·阿普尔．意识形态与课程［M］．上海：华东师范大学出版社，2001：5—6.

[16] Deborah Osberg，Gert J. J. Biesta，Paul Cilliers. From Representation to Emergence：Complexity's challenge to the epistemology of schooling［A］. Mark Mason. Complexity Theory and The Philosophy of Education［C］. West Sussex：John Wiley&Sons Ltd，

2008：204—218.
[17] [德] 佛里德里希·尼采. 希腊悲剧时代的哲学 [M]. 周国平，译. 南京：译林出版社，2011：97—98.
[18] M. W. Apple Ideology and Curriculum [M]. New York：Routledge，Chapman and Hall，Inc，990：48.
[19] 郭德侠. 中国近代高等学校课程设置研究 [M]. 青岛：中国海洋大学出版社，2007：211.
[20] Brent Davis，Dennis Sumara，Rebecca Luce - Kapler. Engaging Minds：Changing teaching in complex time [M]. New York：Rutledge，2008：110，21—23，3，57.
[21] Kahn R E. (1998). Exploring chaos：Can chaos theory inform the curriculum? Doctoral dissertation，University of Missouri - Kansas City，1998. Abstract in Dissertation Abstracts International. DA9900318.
[22] [24] 张良，陈玥. 论西方课程研究的复杂性转向 [J]. 全球教育展望，2014 (05)：3—10.
[25] Deborah Osberg and Gert J. J. Biest. Beyond Presence：Epistemological and Pedagogical Implications of Strong ´Emergence [J]. Interchange：A Quarterly Review of Education，2007，38 (1)：31—51.
[26] [27] [美] 罗伯特·C·所罗门著. 哲学导论 [M]. 陈高华，译. 北京：世界图书出版社，2012：8，9.
[28] 丁石孙，张祖贵. 数学与教育 [M]. 大连：大连理工出版社，2008：137，150.
[29] [美] 理查德·舒斯特曼. 生活即审美——审美经验和生活艺术 [M]. 彭锋，等译. 北京：北京大学出版社，2007：2.
[30] Clementina Acedo. Curriculum reforms：In search of innovative models for dynamic education systems [J]. Prospects，2013，43：393—395.
[31] 张汝伦. 现代西方哲学十五讲 [M]. 北京：北京大学出版社，2003：85.

（作者单位：湖南省徐特立研究会）

互联网思维下的保障模式创新

夏雪芬

今天是9月25日，历史上的今天发生过很多事情，比如1980年的今天——中共中央发表《关于控制我国人口增长问题致全体共产党员共青团员的公开信》，号召一对夫妇只生一个孩子。中国人自古就有“养儿防老，积谷防饥”的朴素的保障思想，然而，天有不测风云，人有旦夕祸福，在人的一生当中，生老病死，或者如期而至，或者不期而至，这是不以人的主观意志为转移的。有一次我应邀参加麓山枫社会服务中心组织的一次公益活动，这次活动的主题是帮助失独家庭，主要是提供心理支持和精神扶助。我联系的有两个家庭的女主人，对她们而言，不幸好像总是结伴而行，联翩而至。一个家庭的女主人就我所知道的不幸至少有三种，一是独生子早逝，二是自己成了下岗女工，三是家庭解体；另一个家庭的女主人至少有两种不幸，一是独生子早逝，二是自己身患癌症。这是个体问题，家庭问题，也是社会问题。

老有所终、幼有所长、病有所医、贫有所救、矜寡孤独废疾者，皆有所养，是几千年来老百姓的梦想，也是目前中国这个拥有13亿多人口的发展中国家面临的重大难题。《中华人民共和国宪法》第45条规定：“中华人民共和国公民在年老、疾病或者丧失劳动能力的情况下，有从国家和社会获得物质帮助的权利。国家发展为公民享受这些权利所需要的社会保险、社会救济和医疗卫生事业。”实事求是地说，政府按照《宪法》所确立的义务在努力履行责任，历届国务院总理的政府工作报告中我们都可以读到极其醒目的民生承诺。中共十七大报告提出了建设多样化的社会保障体系：“要以社会保险、社会救助、社会福利为基础，以基本养老、基本医疗、最低生活保障制度为重点，以慈善事业、商业保险为补充，加快完善社会保障体系。”建设多样化的社会保障体系这一措施体现了社会保障改革过程中的全面性和重点性。目前，我国在社会保障的制度建设方面取得了突破性进展，社会保障体系的框架基本形成。但是，我国的社会保障依然面临很多问题和挑战，比如在医疗卫生事业方面，老百姓看病贵、看病难、因病致贫、因病返贫现象依然比较严重，未来几十年，社会保障的发展应该是我们最大的任务。我国是世界上最大的发展中国家，仍处于并将长期处于社会主义初级阶段，政府致力于实现到2020年人人享有基本医疗卫生服务的目标，但公民个人的医疗保障完全仰仗政府、社会、单位解决不现实，也不可能。一个公平有效的社会保障体系应该是包括社会保险、商业保险、社会救助、社会福利、公益慈善等多层次优势互补，政府、社会、单位和个人多渠道参与的全方位保障体系。所以我们应该在“多渠道参与”的“多样化的社会保障”上开动脑筋，创新驱动。互联网时代的科技进步为这种创新带来了可能。

一、抗癌公社：基于互联网的小额互保模式

抗癌公社设立动因：一个贫寒孝子对母亲的纪念。抗癌公社是一个理想主义者的创业故事，更是一个贫寒孝子纪念母亲的方式。抗癌公社的创始人叫张马丁，在抗癌公社的网站故事里，有一句话特别令人动容——谨以“互保公社”和“小额互保”献给在天堂的母亲（最初时，抗癌公社名称为“互保公社”）。

张马丁是一个草根，人生经历很坎坷。2001 年毕业于华东师范大学，先在上海一家证券公司工作，2003 年曾有过一段失败的创业，后来进入一家保险公司总部工作。2004 年年底，出于对互联网和电子商务的热爱与关注，萌生办网上保险公司的设想，多方努力，没有成功。在一个草根青年还没有积蓄，更谈不上实现财务自由的情况下，家里的不幸接二连三，父亲中风导致终生残疾，母亲晚期癌症，母亲治病缺钱是儿子最大的痛，那时候他心中充满悲伤和愤怒，悲伤于母亲的病痛，愤怒于社会的不公，也愤怒自己的无能。在上海肿瘤医院陪母亲住院时，看到有一个病人找到医生，请医生帮开个证明材料。医生问缘由，病人说他参加了基督教会，教友们可以帮助募捐。当时张马丁信用卡透支很多，正为钱的事发愁，所以很羡慕这个人有个组织可以依靠。但他不是教徒，不可能去请求帮助。2007 年，母亲去世后，张马丁便执着于保障领域创业，曾立志发起一家互联网人寿保险公司，还为此出版了一本书《草根的中国梦》介绍设想，希望提供性价比更高的产品，做了很多努力但是一直未有进展。2011 年，张马丁突然产生了一个想法：“会不会有人为了万一大病时能得到募捐而去信教？我能不能建立这样一个组织帮助人们万一癌症的时候能帮他募捐？如果很多人都同时有这个想法，我们不是可以互相帮助吗?”基于此，在 2011 年母亲节当天，抗癌公社的前身——互保公社正式上线。当时，张马丁在一家保险公司上班，由于不知道互保公社在中国的市场有多大，所以没有全身心地去发展用户。2013 年 10 月份，公社的一名社员确诊恶性肿瘤，当时公社内正式成员只有几百人，但大家都积极地投入募捐，据张马丁回忆，当时募集到的款项人均在 40 元左右。受此事件鼓励，张马丁看到了公社继续发展的希望，于是他在 2014 年辞职，专心做公社业务，并将公社更名为抗癌公社，并用时一年完善规则。招募了 12 名伙伴和他一同奋斗，其中 6 名同事都有亲人被癌症夺去生命的经历。由于遭遇失亲之痛，便更想要把公社做好，后来张马丁一直视母亲节为抗癌公社纪念日。

抗癌公社的运作原理。抗癌公社是一个互联网上的开放社区，大意是：一群人组织在一起，彼此承诺，当这个组织有人遇到某类风险时，我保证会去帮你。比如我们在电影中看到一群士兵约定，当某个战友战死沙场，其他人保证去照顾其家人。又比如在农村里面，村民互相约定，如果哪一家发生了重大灾难性事故，大家都帮他。或者一个班的同学约定，毕业后，如果哪位同学遇到重大不幸事件，大家一起出钱帮他渡过难关。但以上这些都是熟人圈子、小圈子的事情，力量是有限的，属于所谓线下的抱团取暖。抗癌公社是基于互联网建立的陌生人之间的社区，是属于线上的抱团取暖，人员基数可以不断扩大，力量是无限的。

抗癌公社的制度机制。——100% 的资金效率（社员互助 100% 用于赔付）；——互助金后付（发生风险事件后再聚集资金）；——互助金 P2P（资金从社员到社员，每个社员可清楚知道互助金流向）；——低成本运营（节约所有费用，保证在中国市场有最高的性价比）；——坚持普惠路线（要有最低的门槛和能覆盖大部分中低收入者）；——不捐助视为自动退出（保证每个人尽到义务，保证公社运行）；——随人数变动的捐助额（社区人越多，每个人每次捐助数额越小）；——无关诚信道德（一个人加入和退出，仅需考虑是否对个人有利，跟诚信道德无关）；——没有沉淀资金（无资金运营风险）。

抗癌公社的入社申请程序及社员权利义务。需要符合健康条件的人方可加入抗癌公社：一年内无重大疾病及相关症状就诊或治疗史。并提交正确的姓名和身份证号码。如果有不知道操作的，可以由其亲友代为加入公社和管理。提交加入申请后，满 29 岁（含）以下的有 180 天的等待期，满 40 岁（含）至 65 岁的有 360 天等待期。成为正式会员后，当有社员在度过等待期后首次确诊包括癌症在内的 30 种大病以及身故时，您需要资助其不超过 3 元的一笔钱，计算公式为：受助人权利除以公社人数；未成年社员需由家长代履行费用的一半。同样，正式会员也会享受公社相应的权利。

二、e 互助——用保险与互联网的跨界思维构建医保互助创新模式

e 互助是由保险行业推出的国内首个类保险概念的互联网互助保障平台，2014 年 7 月 3 日正式上线。尝试利用保险与互联网的跨界思维，给深受癌症与意外困扰的家庭一个创新性解决方案。

e 互助由美国纳斯达克上市公司泛华企业集团下属企业深圳点熔信息科技有限公司发起，目前注册会员逾 40 万名。这是继抗癌公社后出现的又一个能弥补社会保险、商业保险、慈善机构的各种不足的双向保障模式。

目前，e 互助针对不同人群对癌症和意外的风险防控需求，分别推出两款保障计划——抗癌无忧计划和死神无惧计划，并通过互助的形式，为每位加入的会员创造了比较高的保障。根据计划内容，会员每人只需为每次互助事件均摊最多 3 元①，如果加入的会员人数越多，每人均摊的费用就更少。不幸患癌的会员和意外身故的会员家庭，分别可获得最高 60 万元和 20 万元互助保障金（最高保障金额随年龄段变更有所调整，以“家庭守护抗癌无忧计划”为例，不同年龄段互助会员可获得不同的最高互助金额具体如下 18—30 岁——60 万元；31—40 岁——50 万元；41—50 岁——40 万元；51—55 岁——20 万元；56—60 岁——10 万元；61 岁以上——自互助会员加入本计划之日起至确诊罹患癌症之日期间付出的互助金总额）。迄今为止，e 互助已为 9 个家庭募集共 320 万元互助金。

e 互助的游戏规则与抗癌公社高度相似：不收取保费；不设立资金池（不涉及资金运营，资金百分百的保障效率）；不对赔付进行承诺（全凭平台会员通过网络渠道的自发捐款）；以结果为导向（每一笔赔付都是建立在已定事实上，只有当意外已经发生了，才会

① 为了进一步体现会员之间的公平性，e 互助设置了不同年龄段的最高捐助金额，分别是 18—30 周岁每年最高捐助 390 元；31—40 周岁每年最高捐助 790 元；41—50 岁每年最高捐助 1390 元。但这是理论上的额度，实际上由于人员数量不断增大，实际捐赠额度大大低于这个数。某一个会员在一年之中参与捐赠，仅仅几元钱。

进行支出)；信息透明公开（受捐人信息对捐助人公开)；成员加入和退出都是自愿自发，无须负任何违约经济损失，无关诚信道德等。

e互助与抗癌公社的区别：1. 是否预付费不同（是否免费注册)。e互助的基本原理在于：在互助平台注册会员、充值后保证账户余额中不少于9元，若会员账户余额持续低于9元，则该会员将被视作自动退出e互助计划。抗癌公社则宣称不预收任何费用，并表示："一旦预收费，一方面有违规嫌疑，另一方面钱的主人就发生了变化（即便是托管），对于客户也可能存在利息或潜在投资收益方面的损失，会增加公社工作人员的道德风险。"2. 资金是否托管不同。抗癌公社是从会员到会员之间直接P2P，没有预付费，自然也不存在资金托管问题；e互助平台因为设定了会员预付费制度，e互助将会员预付的费用交由招商银行大连分行托管，在患病会员提交捐助申请后，由泛华集团旗下的泛华保险公估有限公司对其真实性进行调查核准，经证实后50万元捐助资金再打给患病会员的账户。上述两种操作模式的利弊见仁见智，抗癌公社将"钱不经手"贯彻到底，e互助则认为预付费有利于公平并增强了会员黏性。3. 扣款是否自愿不同。e互助会员必须对每次互助申请事件进行义务均摊式的捐助，否则将失去获得保障的权利；而抗癌公社则完全是临时自愿性质。

三、基于互联网技术的互保模式的创新意义

抗癌公社、e互助等小额互保互助模式下，未患癌的社员处于保障之中得到从容，患癌的社员癌症时得到资金，爱心人士有直达患者的奉献方式，这种基于互联网技术的保障模式，其创新意义主要表现在以下几个方面：

其一，可能是对保障模式的创新。社会保障体系的健全与完善是国家着力改善的重点问题，也是全社会一直关注的热点问题，这一体系直接关系着亿万百姓的切身利益，更是关乎着民生及社会的稳定发展。近年来，关于完善保障体系的措施在不断落地，但是离人民群众的保障需求还有很大距离，政府官员、专家学者及有志之士对于这一方面的深层次探索也从未停止。抗癌公社、e互助这样的互助组织，应该也是完善社会保障体系的一种新的探索。

中国国民的保障方式，可归纳为三种，一种是国家强制性的医保社保，二是商业保险，三是慈善救助，而抗癌公社、e互助等形式可能补充了第四种，即民间的公民之间的自保与互保，这是一个有益的补充。这样就使得人们处于四种维度的保障之下，万一罹患大病或遭遇意外可能就会得到多重保护。抗癌公社宣称，其终极目标是提供近乎免费的癌症保障，可以与医保、保险、慈善一道将人们置于多重保护之下。e互助希望，未来能作为整个社会保障制度的一个环节，与基本保障制度和商业保险一起，连成一个相对完整、立体的社会保障体系，为多地域、广时段的人们共同提供互助服务，真正实现全民参与的社会互助，为社会保障体系的完善建设贡献一份力量。

其二，可能是对公益模式的创新。在传统公益中，参与公益的双方地位是不对等的，而且参与公益的人也只是人群中一部分爱心人士，而抗癌公社、e互助等互保模式使得在公益中人人都是平等的，人人都是受益者。即便不是出于爱心目的而只是出于自身利益的考虑，也完全可以加入，通过帮助别人换来得到帮助的机会。《光明日报》评价：如果说

传统的慈善注重单向度的“给予”，现代的公益则强调双向度的“参与”。抗癌公社不仅搭建了社会互动的参与平台，还促进了爱心事业形式和内容的双重创新；更关键的是，它通过“助人自助”的公益理念，将松散的社会成员打造成为一个利益共同体和关系共同体，通过广泛的社会参与，为社会保障体系提供了一种民间支点。

张马丁提出了“慈善商业化与商业慈善化”概念，其理由是：我们是在一个市场经济的社会，如果慈善不能让投入其中的人有相当的收入，那么慈善只能是一小部分人展现爱心的平台；而如果能有利益驱动，使慈善与经济相挂钩，那么就可以使更多人投身其中，使之可持续，不管这些人中是否是真慈善，但客观上却是有慈善的效果。

其三，可能是对商业保险的创新。抗癌公社、e 互助等互保模式客观上起到了一个数十万癌症保险或意外伤害保险的作用，而且以一种与保险公司做法完全不同的方式。首先是产品形式的不同，比如抗癌公社是一个互联网社区，提供的是社员信息，甚至都接触不到资金（即保费）；其次抗癌公社的功能已与商业保险公司不同，现在的商业保险公司基本是保险销售公司和资金运营公司，而抗癌公社没有这些功能。抗癌公社与商业保险公司的组织形式也完全不同，抗癌公社完全可以以一个“轻公司”的形式存在，不像商业保险公司这么规模庞大人员众多。

其四，可能是互联网模式的创新。抗癌公社、e 互助与国外相互保险仍然不同，它完全建立在互联网这个基础上。这一模式的成功必须依赖于大量成员，数十万甚至数百万、数千万，如果没有互联网，一是人群的聚集方式会很困难或高成本，二是万一产生资金流动，资金的归集就非常困难。而现在互联网、移动互联网如此发达，人员的聚集和资金的归集都是举手之间的事，这使得抗癌公社、e 互助的方式成为可能，所以抗癌公社创始人张马丁自信地认为，“它完美体现了互联网的本质和意义”。

四、几个值得追问的问题

抗癌公社、e 互助等互保模式，是基于互联网技术且独立于商业保险和公益事业之外的全新互助模式，本着“我为人人，人人为我”的宗旨，致力于将保障与关爱完美结合，以期真正实现“关爱他人，保障自己”。面对这样一个利用互联网思维为大众搭建起来的透明、公开、高效率的互助平台，人们通常会追问这么几个问题：

（一）是否合法

张马丁曾经就发起抗癌公社写信给李克强总理，题目是《市场有办法补充医保》，而且引用了总理的话——对市场主体而言“法无禁止即可为”。他将抗癌公社的规则例举写给了总理，并且陈述说，“这些规则使得抗癌公社虽然有与商业保险相同的思想，但是做法完全不同，从而规避了非法运营保险和非法集资的法律风险。虽然我不知道总理是否回信给他了，但总理确实说过，“法无禁止即可为”，这也是我国基本的法律原则。

全国政协委员、最高人民法院特约监督员朱征夫律师认为，这种类慈善、微公益的网络互助平台——e 互助商业模式合法，没有特殊的经营许可要求，没有触犯法律规定。

对外经济贸易大学王国军教授说，如果说这样的平台卷款走了这就属于商业欺诈了，这就需要其他的法律来约束了，不是保险法来约束它。所以这样的平台一旦跑路可能会涉及商业欺诈。但是抗癌公社根本不经手钱款，e 互助委托第三方管理而且有社会监督委员会实施监督，从制度设计上阻止了卷款跑路的可能性。

（二）是否值得鼓励

2014 年 5 月 1 日《社会救助暂行办法》正式实施，鼓励社会力量通过捐赠、设立帮扶项目、创办服务机构、提供志愿服务等方式参与社会救助，给社会力量参与社会救助创造必要条件，还要求社会救助管理部门建立社会力量参与社会救助的机制和渠道。在此大背景下，利用保险学原理，抗癌公社、e 互助等互保模式应运而生，辅助社会保险和商业保险，使得人们在完善自身保障方面多一种选择，在面对大病医疗问题时更加从容，同时，它与政府鼓励的“人人为我，我为人人”的社会风气是一致的，与国家发展医疗保障事业、发展普惠金融的方向是一致的，对政府、社会、个人都是有益的，是值得鼓励的尝试。

（三）盈利模式何在

抗癌公社已经向社员做了两个永久承诺，一是永不从成员间的资助中抽成。目的是保证 100% 的资金效率；二是永不收会员费。目的是尽可能设置最低门槛，给社员最少经济压力，使得人人可参与。也就是说抗癌公社的收入绝不可能来自社员的互助资金。那么如此一来，很多人都在问，公社运营成本从哪里来？从哪里创造收入？员工如何生存和致富？制度成本如何解决？

其盈利模式是“羊毛出在猪身上”的互联网思维。张马丁说自己很信奉哈耶克的观点：“商业是最大的公益。”在充分的市场竞争下，生存下来的商业组织都是公益组织，因为只有解决了人们的需求、为人们创造利益的公司才可能得到消费者的支持。在一定规模的用户数的基础下，他认为有三个方面的收入模式可供探索和尝试：一是广告（健康医疗类的广告）；二是增值服务，比如体检公司，愿意为公社社员提供折扣的癌症体检，公社可以向他们收取一点费用。再比如保险公司，愿意为公社提供 30 万癌症保障之外的其他类型的保险产品，也可以向保险公司收费；三是医疗服务，如有些成员可以通过抗癌公社联系优秀的医生、医院等服务，公社可以收取一定费用。公社目前不考虑做资金沉淀，是出于法律或公信力等问题的考虑，未来如果机构化、具备公信力、监管到位，会有个人账户功能和资金池的功能，这些资金沉淀将可以产生利息以及增值可能。

同济大学胡景北教授是一位经济学家，他曾经三赞抗癌公社，为此写了三篇文章，认为抗癌公社从一开始就不仅仅是经济学意义上的重大创新，同时是社会学意义上的重大创新，因为它为人与人之间的互爱互助提供了一种崭新而可行的形式。

人类社会的互爱互助由来长久，多限于亲友或乡村社会村民之间，当人们的生活范围超过村庄和亲友的圈子而在一个巨大的国家内流动以后，亲友间的互爱互助型传统保障就不够了。在几乎举目无亲的外地、在强调心灵自由和职业需要的现代社会，人类不得不建立政府的或者商业性的保险机构以减少个人遇到生老病死时难以独自应付的风险。但是，超脱亲友关系的政府提供的社会保障和大众互爱互助的商业保险事业所提供的保障，都不能完全帮助人们应对各种人生风险，所以，抗癌公社、e 互助等网络社区会员之间的小额互保互助形式就变得可行而富有特别的意义，而这种可行如果没有互联网技术的发展是不可能实现的。

在结束今天的发言的时候，我要向在座的各位提到一个大家耳熟能详的名字——范仲淹。范仲淹因为写了《岳阳楼记》闻名天下，青史流传；但可能有一件事很多人不知道，那就是范仲淹并没有来过洞庭湖，没有登过岳阳楼，他是凭借好友滕子京的激情描述加上自己丰富的想象力写出了《岳阳楼记》；还有一件事，可能知道的人更少，那就是范仲淹曾经把自己的俸禄也就是工资，拿出一部分，在范氏家族建立了一项基金，为范氏家族成员遭遇重大人生灾难时提供帮助。范仲淹声称要“先天下之忧而忧，后天下之乐而乐”，但是他也只能为一个家族提供保障，不可能为天下苍生提供更为广泛的保障，所以他经常是“进亦忧，退亦忧”。如果范仲淹不是生活在宋代，而是生活在今天的互联网时代，创立抗癌公社的恐怕就不是张马丁了，范仲淹做不到的事情，被一个毫不起眼的青年草根做到了，这就是互联网的魅力。

（作者单位：保险职业学院）

网络社会治理法治化问题

敖双红

网络治理过程中无论是政府监管抑或行业自律或社会自治，都应当在法治化的基本轨道上运行，以法治化保障多元价值目标的平衡实现、多元主体的有序参与以及多种路径的协调作用，促进网络社会的健康、有序发展，防止基于权力、市场优势、技术优势及多数人意志而产生的肆意和武断。

网络公共空间的治理运用法治规范政治过程，确保秩序价值；同样也运用法律和制度约束执法者，保障公民的言论自由和网络公共空间的民主价值，推动政治和社会发展。这产生了两重治理结构，分别是对网络的治理（主要对象是公民的网络言论及其表达）和对国家行为（主要对象是国家的治理行为，包括立法和执法）的控制，它们共同构成了网络公共空间治理的任务。因此，它是一种双重治理结构：将在社会领域展开的政治过程纳入到法治轨道，最终建成法治社会；而政治过程本身更需要得到保护，因此要防止国家权力滥用。当然，双重治理的最终结果都是实现法治中国的愿景和目标。

一、大数据引发政府管理危机与挑战

美国政府于2012年推出“大数据的研究和发展倡议”，标志着进入大数据时代。将数据作为一种重要资源并研究如何加以开发利用成为当今各国政府公共管理部门所关注的问题。大数据时代的到来，给政府危机管理提供了极大的便利，同时也提出了新的挑战。那么，什么是大数据呢？所谓大数据（big data），是指无法在一定时间内用常规软件工具对其内容进行抓取、管理和处理的数据集合，而简言之，从各种各样类型的数据中快速获得有价值信息的能力，就是大数据技术。随着将大数据作为国家战略资产意识的增强，越来越多的国家将数据管理上升到了战略层面。

（一）“互联网+”时代下的舆论与民意

1. 信息消费与个性定制

中国互联网络信息中心发布第36次《中国互联网络发展状况统计报告》显示，截至2015年6月，我国网民规模达6.68亿，互联网普及率为48.8%。网民中使用手机上网的人群占比由2014年12月的85.8%提升至88.9%，互联网的核心逻辑是“互联互通”，其对传统新闻媒体冲击是巨大的。互联网新时代下，每一个微观的个体既是新闻的来源者和生产者，也是信息的接受者与消费者，进而衍生了“定制化新闻”与“个性化消息”的发展趋势。

网民的信息获取往往依托于网络社交类应用。例如，62.0%的网民表示“喜欢看大家都关注的热点新闻”，41.9%的网民喜欢看别人转发的新闻，20.9%的人喜欢看到新闻后转发到社交类应用上面，20.1%的网民喜欢看新闻后做评论，而社交类应用能很好地满足网民这些需求。社交类应用的属性决定了进入关系圈内进行分享的话题多是圈内热点或共同关注、感兴趣的热点。信息消费者或者圈子关注的喜好成为了任何一个新闻媒体发展成长的决定性因素。这就犹如淘宝等购物平台一样，新闻媒体为了获得“消费者”的点赞与五星好评，往往会费尽心机迎合网络大众的“重口味”。什么样的新闻报道最能吸引眼球，进而引发大量的点击与转载呢？答案之一就是政法类新闻，因为这个“新闻富矿”包含着太多的人性纠结、利益抉择、世态炎凉，乃至供给暴力情色、婚姻家庭等谈资与话题。以至于专业性较强的政法资讯一旦进入“众声喧哗”的网络舆论生态，将不可避免产生激烈的民意对撞与情感抉择。

2. 网络民意与场域突破

在互联网的世界中，人们的互动关系不再依赖于时空的一致性，社会关系的建构超越了时空的限制。网络的公共空间化使网络民意摆脱了地域化的限制，使不在场的、素昧平生并可能永远不会有直接接触的人们在即时形成“民意”。互联网中所谓的“民意”，往往是价值多元主义下各类观点、理论、情感的对立、冲突以及杂糅，并且这样的民意往往是流动的和善变的，任何一个细微事实（甚至是谣言）都可能导致“民意”的逆转。

截至2014年12月，有54.5%的中国网民对互联网上信息表示信任。虽然相比往年，网民对互联网的信任度有较大幅度提高，但是“互联网+”时代下信息技术的快速发展，在瓦解传统社会信任基础的同时，虚拟空间信任机制却并未因此成熟。与此同时，“去中心化”是互联网的基本属性之一，网络空间给广大网民提供了平等表达自己意见的“新公共领域”。调查显示，有43.8%的网民表示喜欢在互联网上发表评论，其中青少年群体的网络舆论表达意愿更强烈，尤其是10—19岁网民网上发言积极性最高，有50.2%的比例。从网民的教育程度来讲，初高中文化程度高达67.4%，总体文化水平较低。因此，在互联网场域中，针对司法个案的讨论，往往背离司法专业主义与理性客观思维，导致难以形成所谓的“社会共识”，以致导致互联网中法律的多元世界观紊乱，“民意”容易演变为“言语暴力”。法律的社会实践事实上就是“场域”运行的产物，这个“场域”的特定逻辑是由两个要素决定，一方面是特定的权力关系，另一方面是司法运作的内在逻辑，前者为场域提供了结构并安排场域内发生的竞争性斗争（更准确地说，是关于资格能力的冲突），后者一直约束着可能行动的范围并由此限制了特定司法解决办法的领域。互联网“民意”对司法个案的关注，特别是正处于法律程序中的个案讨论，往往极易突破“法治场域”。

3. 网络民主与制造舆论

现代性改变了民意的发生及其存在形式，网络民意与传统民意在表达形式和对社会关系的建构上有着极大的差异。传统民意有赖于场域或者物理载体的限制，而互联网使民意的表达有了极大地自由，甚至形成“互联网中的民主”。但是，互联网下的“民主”却极易被技术化操控。例如，专业造谣者“秦火火”的名言就是“谣翻中国”和“谣言止于下一条谣言”。类似非法公司和不法分子往往可以通过技术化手段和商业化方式操控舆论走向，甚至左右网络舆情生态。

此外，即使排除技术化操控网络舆论的可能，案件当事人也容易利用网络信息平台左右舆论，进而对案件处理施加强大“民意”压力。例如，“微博信访”极易引发网友“围观”与对被信访对象“围攻”。当事人在微博中反映的涉诉涉法问题极易引发网友对国家机关及其工作人员误解，甚至成为虚假信息和谣言的始作俑者，进而转化为重大网络舆情事件。一旦相关信息扩散和大范围传播，网络舆情事件的处理难度将急剧增大。类似的网络民意一旦被谣言裹挟，普通网民是无法有效甄别虚假与真实之间的界限。如果我们在一个个的个案中简单地回应网络“民意”，任由网络“民意”指引，其结果必然是行政的任意性与法律权威的丧失。在李昌奎案件中，受害人亲属就利用微博、上网发帖等方式“鸣冤”，进而演变为万民关注的轰动性案件，引发官民激辩。最终，云南省高院于 2011 年 7 月 16 日做出再审决定，于 8 月 22 日再审改判李昌奎死刑。抛开案件本事是非曲直，单单就网络民意对司法审判的干预就值得警惕。

（二）从法外之地到法内之地：网络社会治理法治化问题的提出

20 世纪 90 年代曾经展开过网络自治还是法治的大讨论，自治派主张网络是自治的，不受传统法治的约束；法治派主张传统法律可以规制互联网；另有中间派认为自治和法治可以共存，但是自治需以法治框架为基础。

在网络社会发展的早期，许多人认为网络交往产生的利益远远超过了其带来的损害，网络空间应成为没有规制的领域，如约翰·P·巴洛在 1996 年发表的《网络空间独立宣言》中宣称网络空间是独立于主权、独立于政府的自由空间和自治空间，“它是一个自然之举，于我们集体的行动中成长”。这种观点也对立法者产生了影响，如美国早期法律制度给予了网络参与者较宽松的免责保护（在线下环境类似行为可能导致法律责任的承担）。但是，随着网络社会发展的成熟，各种失范和负面问题大量出现，由此产生了如何构建既符合网络发展特点又避免其成为违法及犯罪行为保护罩的网络治理体系问题。对此，无论是发达国家和地区还是发展中国家和地区都在积极尝试和不断探索。从对主要国家和地区网络治理模式的归纳来看，单纯依靠政府管理，或者单纯依靠行业和社会自我约束都无法实现网络的良好治理，越来越多的国家和地区倾向于采用“多元主体共同治理”的模式，并通过加快制定和修改相关法律制度，为网络治理提供法律依据和保障。

虚拟公共空间打破了社会公共空间中阶层排列结构，不同阶层主体源于“深层心理感知”，在虚拟公共空间对流、重组、互动。网络为认识和改造社会提供了新的“阿基米德点”。

1. 我国网络公共空间的五重效应：蝴蝶效应（蝴蝶效应——选择性传播引导机制，网络公共空间是舆论的“显微镜”“放大镜”“望远镜”“听诊器”

网民个体如同一只只蝴蝶，积极“扇动翅膀”，刮起了“舆论龙卷风”。“蝴蝶效应”恶性效应演化成为“网络舆论风暴”，如杭州飙车案、贵州瓮安事件、华南虎照事件、邓玉娇事件；当然蝴蝶也有良性效应）、破窗效应（破窗效应——纠错机制，若对个别、偶然、轻微的“破坏”行为熟视无睹、反应迟钝，则会纵容与激励更多个体参与“破坏”，打烂更多窗户玻璃，当网民失去对政府公信力的信任时，“官方发布”信息丧失传播效力，这就会给“网络激进思想者”“网络推手”“网络水军”乘虚而入的时机。“及时修好第一扇被打破的玻璃”，也是网络危机治理的有效策略）、“匿名制服”效应（“模拟监狱”实验表明：“匿名制服”赋予个体潜意识的权力操控欲望，而身份隐匿性给权力操控提供了安全的实施环境。网络虚拟空间的匿名性，使个体网民穿上了“网络制服”，进而产生“匿名制服”效应：网民个体行为不被标识，网民个体行为去个性化与去责任化）、“沉默螺旋”效应与“群体极化”效应（大多数个人会力图避免由于单独持有某些态度和信念而产生的孤立。具有特定价值倾向的网络主体，在特定网络议题讨论中，若发现自己属于“少数”或处于“劣势”一方时，由于担心被多数方的反击或孤立，网络主体倾向于屈从于压力而附和或沉默）。

2. 互联网的安全问题、网上言论表达自由、电子商务、人格权保护、著作权保护、侵权责任等问题都是信息时代的法律所面对的新挑战

系统安全问题主要指系统的实体安全和运行安全。实体安全是指网络设备、设施免遭地震、水灾、有害气体或其他环境事故（如电磁感染）等的破坏以及被盗、被毁等人为破坏。显而易见，网络系统实体安全主要是对网络基础设施和硬件安全的保护。运行安全主要是指防止非法侵入系统或者是病毒对系统运行的冲击，还包括防止非正常中断计算机网络或通讯服务，造成网络或通讯系统不能正常运行。

信息安全主要包括信息不被修改、泄漏、攻击以及信息的安全、及时、准确传输等问题。

计算机病毒不仅可能对系统运行、信息传输造成破坏性影响，严重的还能对计算机硬件造成损害，甚至造成局域网的瘫痪。各种新型病毒及其变种不断增加，互联网又为病毒的传输提供了最好的媒介。

对个人和集体来说，网络公共空间塑造了一个“新世界”。第一，它具有高度平等性，改变了现实世界中官民地位的差距，从而也在很大程度上消解了政府及其代表所具有的权威性。这在诸多公众事件之后表现得更为显著。第二，自媒体没有门槛限制，公民可以用简单的、浓缩的语言传递信息和表达意见，不再需要借助传统媒介，他们对公共事务的认识和态度可以自由发布并被传播。新媒体具有强烈的放大效应，也起到了推波助澜的作用。第三，不同于传统媒体，由于自媒体/新媒体的网络是向所有人开放的，也就无所谓信息的提供者和使用者之分，也没有传统模式下的“把关人”。正是由于没有“把关人”，它就难以受到新闻伦理的制约，政府治理直接面向大众舆论，参与公共讨论和监督的行为也难免不会越轨。第四，和其他公共空间一样，网络也具有从无中心到中心化的渐变过程。一些网络“意见领袖”“网络大 V”是空间内的关键人物，人们获取信息的能力和途径亦空前提高，“自我知识救赎”的机会也就大为增加。第五，它具有“蝴蝶化”效应。一起微小的事件可能引起连锁反应，产生各式各样的外溢现象。当网络空间的某一个角落掀起了涟漪，波纹就会迅速扩散至网络空间的其他领域，进而不断传导构建起一个基本完整的因果链条，最终形成整个网络空间的“蝴蝶化”效应。

总的来说，公众基于新媒体/自媒体的匿名性、虚拟性、交互性强、传递速度快等特点，能够无所顾忌地讨论公共事务和批评政府及官员，使得监督更加直接、深入和有效。而且，网络公共空间还有很多缺陷和不足，例如它的虚拟性、易操控性、非理性、匿名性以及由此而产生的无责任性，给社会治理带来了挑战。网络公共空间的治理要针对网络的特点，面对自由化的现实和趋势，提出新的目标和思路。

二、网络治理法治化的正当性分析

（一）网络治理的法治化是现实社会治理逻辑向网络空间的自然延伸

法治是人类政治文明的重要成果，是现代社会的基本运行框架。亚里士多德曾指出，

法治是“已成立的法律获得普遍的服从，而大家服从的法律又应该本身是制定得良好的法律”。在当代中国，法治是治国理政的基本方式，是国家治理体系与治理能力的重要依托。从实质意义来看，法治即“法的统治”，它是以民主为前提，以严格依法办事为核心，以确保权力正当运行为重点的社会管理机制、社会活动方式和社会秩序。对于网络社会，虽存在不同广度的理解和界定，但都肯定了网络社会是现实社会的组成部分。网络社会是现实社会中人们彼此互动联系的特殊场域，是人类社会本身再生产出来的一个特定的人类活动空间，是人类社会大系统的一个子系统。因此，人类历史不断积累的社会治理经验会惯性地向网络空间中延伸。网络空间并非法外之地，人们在网络空间中的行为与关系同样应当受到法律规范的调整与约束。

（二）网络治理的法治化是国家主权在网络空间的重要体现

国家主权概念最早由法国学者让·博丹提出，“现代国际法之父”格劳修斯对其内容进行了完善，揭示了国家主权的两重性，即对内的最高权和对外的独立权。根据这种权力，国家按照自己的意志决定对内对外政策，处理国内国际一切事务，而不受外来干预。法律乃治国之重器，由国家制定或认可并由国家强制力保障实施，因此立法权的行使是国家主权的重要体现。网络空间是人类智慧的创造，又一次突破了物理空间的限制，扩展了人类交往的时间和空间。尽管网络空间所具有的非中心化、开放性、国际性、虚拟性和无界性等特点对国家主权理论提出了一定挑战，但国家的存在及其对网络架构和网络参与者的属地控制足以使国家主权理论获得历史性的发展，以适应网络主权的要求，并通过国家或地区间的合作来解决跨境带来的法律问题。而网络治理的法治化直接体现了国家通过行使立法权来主张和行使网络空间的主权。

1. 国家的积极义务和消极义务

国家介入势必会产生公民自由权与法律规制之间的冲突。自由权是指公民在法律规定的范围内，按照自己的意志和利益进行思维和行动，而不受外来约束、控制和妨碍的权利。网络公共空间主要涉及信息自由和言论自由两种自由权利。信息自由是网络公共空间存在的基础，因为网络公共空间立足于自由的交互式讨论，同时，信息也是治理的直接对象——执法者通过控制传播、删除等手段影响信息。言论自由是公共空间的存在前提，阿伦特在构建公共空间的概念时就将“自由言说”放在最重要的位置。言论自由具有强烈的民主功能，并被视为是政治和民主的基础。

公民自由对应着一定的国家义务，包括积极义务和消极义务。总体上看，积极自由对应着积极义务，消极自由对应着消极义务。网络公共空间治理的法治化既要保护公民的信息自由和言论自由，也应约束公民的自由权。然而，当公民的政治参与伤害到一定的利益集团时，利益集团很有可能会打着法律旗号来压制和侵犯人民的权利。治理的法治化应以保护公民自由和权利为目标，对国家义务作出明确规定，并发展出适当的基本权利限制标准（审查标准）。

信息自由包含积极自由和消极自由。它首先体现为接近信息的权利，其实现需要权利主体和国家的双重努力，既基于主体意愿，也还需要国家提供现实的条件，这是积极自由的共同基础。信息自由的积极自由属性还表现在它仰赖于一个开放的、自由的网络和信息沟通平台，平台的建设直接影响到了自由的实现。而信息的真实、健康和合法，同样是其积极自由属性的要求。针对公民的信息自由，国家需要履行的义务主要是信息公开的积极义务，并且应当创造条件，推动网络技术的快速发展，建立更为适宜的网络平台。

作为消极自由来说，言论自由拒绝国家的干预，并形成防御功能。因此，保护公民的言论自由需要国家履行谨守界限义务，这也是国家权力边界的理论基础。

2. 国家行为的合宪性控制

基于这样的理论前提，我们在这里要特别讨论国家治理行为的合宪性。按照传统宪法学理论，基本权利有其保护领域（保障范围），只有在保护领域内基本权利主体的行为，才可基于基本权利的本质而受到保护。公民行使基本权利有一定界限。然而，什么才是边界？这就涉及国家介入的程度。简单地说，国家限制公民的基本权利要有“违宪阻却事由”或者“正当化事由”。因此，所有的问题都集中到基本权利限制的正当性是否充分，即国家行为侵入公民自由权的限度是否适当。

信息自由要求政府信息公开，并让真实信息有效、及时地传递。目前如火如荼地开设的“政务微博”就是某种体现。它是比较典型的国家积极履行义务的形式——当然也是国家治理的重要举措。延伸开来，信息自由的积极属性，也具有获得真实、有效信息的内涵。其中一个解释就是它要求国家打击传播虚假信息、谣言的行为，从而在整体上赋予国家打击谣言的正当性。此外，国家建立起网络民意的吸纳机制，让网络反映的民意转化成为执政的内容，将是信息自由的最宽泛解释，为后来的制度设计提供了合宪性支持。

言论自由被视为政治社会的核心价值。“因为要是假定领袖绝不会犯错误或者是能够无事不知，那就把他说成是特蒙上天的启示而超出人类之上了。因此，言论自由就是人民权利的唯一守护神，但须保持在尊敬与热爱我们生活于其中的体制这一限度之内。”在基本权利体系中，言论自由的保护程度属最高的一类。换言之，对限制言论自由的司法审查必然遵循最严格的标准，我们熟知的是美国联邦最高法院发展起来的“清楚而现实的危险”。

虽然对象是公民的言论及其表达，治理网络言论并不必然意味着限制言论自由，但却总会在相关问题上产生争议。网络公共空间治理法治化考验着国家义务的履行方式和程度，要求限制言论自由必须遵循法治原则，切实保护公民的言论自由，实现民主价值。同时，在我国，言论自由的界限显然不同于“美国标准”。《宪法》第 51 条明确规定：“中华人民共和国公民在行使自由和权利的时候，不得损害国家的、社会的、集体的利益和其他公民的合法的自由和权利。”这是治理过程中限制公民言论自由的重要理据。总体来说，目前我国还没有更为细致而明确的针对言论自由的司法审查标准。该标准的建立与完善有待理论和实践进一步的发展。

（三）网络治理的法治化是网络空间中利益平衡与价值协调的必然要求

如同现实社会交往中存在着不同的利益诉求与价值追求一样，网络空间中也存在着利益与价值的冲突，并且可能表现得更加错综复杂和难以调和。如一方追求安全、秩序而寻求可控制性，另一方则追求自由、创新而倾向于摆脱控制；一方倡导言论自由而寻求最大化公开，另一方则倡导隐私保护而排斥全部公开。协调不同利益与价值的方式主要有两种：一是通过法律的安排为各方设定可接受的行为规范和边界，满足其对行为稳定性和可预期性的要求，并以国家强制力保障法律规范能够得到执行和遵守。这种方式比较公平和强效，但是存在较高的制度运行成本。另一种是利益相关者协商确定。主要包括网络社区公约、网络自律公约、网民舆论倾向等，通过地位平等的利益相关主体的参与、协商与妥协形成契约并信守，从而实现网络空间中的自律与自治。通常情况下，法律并不介入平等主体间基于意识自治而对自身利益进行的合理安排。但是，当利益相关者的地位并不平等，协商并非出于自愿和意识自由，从而出现了不公平的公约或者多数人暴力时，法律就应当予以介入和调整。从这个意义上说，网络空间的自律与自治同样应当在法治化的轨道上运行。

三、网络治理法治化的路径分析

（一）“四位一体”的治理模式

罗斯科·庞德从人类文明发展的视角指出社会控制的主要手段包括道德、宗教和法律。同时指出，道德、宗教和法律之间并非彼此独立的，在人类社会发展的不同阶段，它们的作用和相互关系会随着社会控制的现实需要而发生调整变化。劳伦斯·莱斯格在现实社会中人的行为约束方式的基础上，建立了网络空间中的行为规制框架——法律、市场、代码及准则，即“四位一体”治理模式。从作用方式来看，法律通过惩罚的威胁来进行约束；准则通过共同体施加的声誉毁损来进行约束；市场通过其中的价格来进行约束；代码则通过其施加的物理负担来进行约束。从路径来源看，法律由代表人民意志的立法机关制定；准则由特定群体如行业协会、宗教组织、特定民族、家庭等来制定；市场来自于平等参与者的相互竞争；代码则来自于技术开发者，尤其是软件开发者。这四条路径间既存在区别，又相互依赖和影响，共同控制着网络空间中的行为与关系。

（二）通过法律的直接调整：专门性立法与延伸性立法

网络的基本功能在于提供数字信息传输的技术架构，从而构成了人们从事社会行为、搭建社会关系的媒介工具。这种工具性使得网络空间中的行为调整可以通过提示性的不完全法条规定及补充性的完全法条规定引入传统法律体系的适用，从而使延伸性立法成为网络法律体系的一个主要组成部分，英国等国家的网络治理就是主要依靠既有法律来进行的。近年来，我国的延伸性立法活动也较为频繁。如《侵权责任法》《消费者权益保护法》《食品安全法》《广告法》《专利法》《商标法》等，都涉及了网络空间中法律关系的调整与规范，这也表明，随着互联网与人类社会生活领域的不断融合，传统法律体系与部门都将面临着“互联网＋”的问题。而“互联网＋”后的传统法律体系也将会为网络治理提供更加完备的法律支撑。

虽然延伸性立法在节约立法资源与成本方面具有优势，但是也可能带来立法重复、冲突、分散等问题，而专门性立法在避免这些问题方面具有优势。美国等国家则比较重视网络专门立法，颁布了大量的专门性法律法规，如《千禧年数字版权法》《儿童在线隐私保护法》《计算机犯罪法》《计算机安全法》《网络安全国家战略》等，为应对网络空间中的某方面突出问题提供更加全面、系统、可操作的法律依据。我国的网络专门立法数量也较多，但以行业及业务管理的部门规章为主，法律层面的专门立法数量很少。

法律直接调整的对象主要包括两类：其一是网络使用行为，主要是利用网络提供、传播、获取信息的行为，以及利用网络提供服务的行为等。其二是治理行为。网络治理的法治化是一个动态的运行系统，以传播淫秽色情信息为例，如果法律仅规定传播淫秽色情信息违法显然是不够的，因为还会涉及当出现传播的淫秽色情信息后，由谁依据什么标准采取何种措施进行处理，以及由谁承担什么责任等一系列问题，只有将这些问题一并纳入法律的规范范围，才能真正实现网络治理的法治化。因此网络治理法治化还包括治理行为本身的法治化。

（三）通过法律的间接调整：传导性立法

法律不仅可以通过规范网络空间中的行为与关系从而直接作用于网络社会，而且可以通过对技术、市场、准则的影响，引导其他路径作用的发挥，从而间接作用于网络社会，这就是传导性立法，具体而言：

1. 法律——→技术

技术控制是一种较为直接和有效的网络治理路径。如在一些地方，你必须输入密码方可获准进入，在另一些地方无须身份验证即可进入；在一些地方，你从事过的活动会留有踪迹，借此可将活动与你联系起来，在另一些地方，仅在你希望如此时，这种联系才可实现；在一些地方，你可以选择说一种只有接收方能听懂的加密语言，在另一些地方加密则不被允许。此外，与海量信息的人工识别、审查相比，通过信息过滤系统的自动识别、审查无疑是更加方便和有效率的。但是，基于技术开发者的意图、偏好等可能导致技术控制的隐蔽性不公、肆意与武断。法律通过对相关技术的开发与使用行为的直接调整，如对某些技术的发展进行正向引导和支持；对特定网络服务的技术标准进行规范；对某些技术的创新和应用进行约束和限制等，从而避免技术路径在发生作用过程中的目的性偏离，从而间接作用于网络社会。

2. 法律——→市场

除技术因素外，经济因素对于互联网社会的形成和影响亦至关重要。便捷、低成本、可自动化的信息交流使得商业主体大大降低了沟通成本和人工成本，能够更加迅速地实现全球市场布局，而从消费者角度看，价格的竞争也更加透明，消费者更易于获得性价比高的产品和服务。更为重要的是互联网经济催生了一种新的商品形式——信息产品，因此形成了一类新的经济活动，上述“实惠”使得互联网在商用化后得到迅速普及和繁荣。但是，人们在从互联网经济中获益的同时，也受到了市场的制约，如价格结构约束着网络接入，“信号繁忙”也会限制接入，大众站点从广告商处获得经费，人气不佳的网络板块会从在线服务中被剔除，这些行为都是市场约束和市场机遇作用的结果。为了避免不正当竞争与垄断带来的价格失灵，法律通过对某些市场行为进行直接调整，如区分并规范互联网服务的主体资格条件，明确网络交易的契约规则及效力保障，维护市场竞争秩序及保护消费者权益，来保障市场价格机制作用的发挥。

3. 法律——→准则

准则是基于特定群体的行为习惯和偏好，经过长期的教养教化及相互影响而逐渐形成的，如行业准则、宗教准则、家庭准则等，可以是成文的也可以是不成文的。准则通过群体内成员间相互监督制约、名声毁损及自我约束来获得执行，通常情况下准则会内化为成员的行为习惯而获得自然而然地遵守。法律对准则的作用主要表现为认可、无明文规定以及纠正。

四、我国网络治理法治化现状分析

（一）我国网络治理法治化的基本现状

从1994年国务院颁布我国第一个有关网络的行政法规《中华人民共和国计算机信息系统安全保护条例》以来，我国已出台与网络相关的法律、法规、规章、司法解释以及规范性文件数百部，内容涵盖了网络信息安全、电子商务、个人信息保护、网络知识产权保护、网络行业管理等诸方面。与此同时，《侵权责任法》《消费者权益保护法》等传统法律在制定、修改过程中通过嵌入式规范将适用范围延伸到网络空间。上述立法中所确立的网络使用行为规范和治理行为规范为现阶段我国网络治理提供了基本的法律依据。

1. 治理主体方面

现有立法主要对政府部门和网络服务商的治理权力做了规定。目前，我国已颁布了大量的部门规章，对相关政府部门的网络治理权做出了较为广泛的授权。仅中央一级的治理机关，就至少包括中宣部、公安部、国新办、工业与信息化部、国家新闻出版广电总局等二十余个，在具体的业务领域，管理机关更多也更复杂。《信息网络传播权保护条例》较早涉及网络服务提供商的网络治理权力，该《条例》确立了网络著作权保护中的“通知—移除”程序。后《侵权责任法》将“通知—移除”程序广泛应用到网络民事侵权治理领域。目前，搜索链接、空间存储等网络服务提供商已广泛建立了包括“通知—移除”程序在内的举报制度，落实网站主体责任，满足网络治理的需求。

2. 治理对象方面

主要包括：（1）有害信息。《互联网信息服务管理办法》《互联网出版管理暂行规定》《互联网电子公告服务管理规定》《互联网新闻信息服务管理规定》《互联网文化管理暂行规定》等所规定的有害信息范围主要包括：第一，反对宪法所确定的基本原则的；第二，危害国家安全，泄露国家秘密，颠覆国家政权，破坏国家统一的；第三，损害国家荣誉和利益的；第四，煽动民族仇恨、民族歧视，破坏民族团结的；第五，破坏国家宗教政策，宣扬邪教和封建迷信的；第六，散布谣言，扰乱社会秩序，破坏社会稳定的；第七，散布淫秽、色情、赌博、暴力、凶杀、恐怖或者教唆犯罪的等。（2）侵权行为。《侵权责任法》第36条规定，网络用户、网络服务提供者利用网络侵害他人民事权益的，应当承担侵权责任。他人民事权益主要包括姓名权、名称权、名誉权、荣誉权、肖像权、隐私权等人身权益（《最高人民法院关于审理利用信息网络侵害人身权益民事纠纷案件适用法律若干问题的规定》）；著作权（《著作权法》《信息网络传播权保护条例》）；商标权、商业秘密、商誉等（《商标法》《反不正当竞争法》《最高人民法院关于审理利用信息网络侵害人身权益民事纠纷案件适用法律若干问题的规定》）等。（3）犯罪行为。根据《刑法》的规定，利用信息网络散播违法信息可能构成刑事犯罪。利用计算机网络实施金融诈骗、盗窃、贪污、挪用公款、窃取国家秘密或者其他犯罪的，依照《刑法》相关规定定罪处罚。（4）商业纠纷行为。主要是网络企业间的不正当竞争与垄断。

3. 治理措施方面

对于信息层面，监管机构主要采取事先的审查过滤及事后的巡查处理。首先，先行审查境外网站或信息，对不适合入境者即通过技术手段屏蔽隔离；其次，对已在境内流动的信息，由主干路由器上的过滤系统实时扫描，一旦发现不良内容瞬间阻断；最后，对国内用户发布信息的论坛、新闻跟帖和博客等公开渠道，采取敏感词预防范机制，对已发布或传播的内容，组织监管人员巡视抽查，发现问题及时处理，或删除、屏蔽，或记录在案。网络服务商主要运用技术过滤系统和通知—移除机制，通过开展自查、依通知或举报来及时移除违法信息内容。对于行为层面，则主要依靠行政处罚程序及司法程序，依法追究相关行为人的法律责任。

（二）面临的主要问题

1. 潜伏期危机信息收集滞后

危机在潜伏期，往往会有一些征兆显示危机发生的可能性，也就是说，大部分危机都具有可预测性和可预防性。政府可以通过获取危机征兆信息来降低危机的不确定性，为积极消解危机或应对危机争取时间和机会。但与此同时，公共危机又具有突发性，有时候危机从酝酿到爆发就是一个极其短暂的过程，这就要求政府必须注重信息采集的及时性，要在有限的时间里尽可能迅速地获取有价值的征兆信息。而我国政府目前在危机管理的预测阶段获取的信息仍相对滞后，缺乏有效的信息支持，无法在危机爆发前系统、全面、及时地掌握危机信息，从而抢在危机爆发前采取行动降低损失。

2. 爆发期政府信息公开不够

危机信息属于政府应当公开的信息范畴。根据《中华人民共和国政府信息公开条例》第二条和第九条的规定，凡涉及公民、法人或者其他组织切身利益的，需要社会公众广泛知晓或者参与的信息，都属于政府应该主动公开的范围。危机发生及蔓延过程中相关的各种危机信息，是政府在履行职责过程中产生、收集和整理的与社会公众人身、财产权益等切身利益息息相关的信息，危机的管理，也需要社会公众广泛的参与和知晓，因此，危机信息属于政府应该积极主动公开的信息范畴。

目前我国政府对危机信息的公开力度不够。危机爆发阶段，人们往往容易手足无措，对危机的关注度和了解需求度急剧上升，但囿于这一阶段相关的信息资源较少，获取信息渠道较为单一，因此在这一阶段，人们会在心理上更加依赖政府，希望政府能够尽可能公布危机的实际情况。而我国政府在避免、减少恐慌的目的和报喜不报忧的传统思想以及少数官员的自保心理等复杂原因下往往选择封锁大部分信息，这样或许可以在一定程度上控制事态，但同时也给虚拟空间里的谣言滋生提供了土壤。尤其是在大数据时代社会媒体空前发展的今天，虚假信息的传播速度和数量惊人，社会大众得不到官方的权威信息就容易听信虚假信息陷入恐慌和混乱，有时甚至造成二次危机。而政府公布的“善意谎言”与实际不符则会让民主失望，丧失政府公信力。

3. 蔓延期民众参与的“悖论”

无序参与过度和实质参与不足是大数据时代我国政府面临的民众参与“悖论”和难题。

一方面，随着移动互联网、社交媒体和智能终端等的普及和成熟，信息传播的成本和门槛日益变低，民众参与社会治理和表达诉求的渠道越发便捷、多元，个人诉求的表达更加自由。但“媒体舆论表达空间的扩张既为社会舆论表达提供了表达通道，也为社会声音和情绪释放提供了可能”，无节制地甚至恶意地释放和参与容易造成“无序参与过度”，导致信息传播的鱼目混杂，谣言得以迅疾传播，甚至“战胜”政府所提倡和引导的正确言论、真实信息，出现经济学当中“劣币”驱逐“良币”的现象。

另一方面，我国民众对社会事件的有效参与多停留在形式层面，以象征性参与为主。就以政府危机管理领域为例，政府网站以发布缺乏操作性的危机政策、制度等告知性政务信息为主，危机网站上的“建议征集”“网站调查”等更新不及时，或者没有回复和互动，公众参与反馈度不足等。也就是说，民众仍然只是被动地信息接收者，未能真正地参与到事件当中，进行合作性、决策性参与。

4. 痊愈期信息反馈不畅通

完备的危机管理机制至少应当包括危机潜伏期的预警机制、危机爆发期的信息管理机制、危机蔓延期的综合协调机制和危机愈合期的信息反馈机制，但我国目前的危机管理过于偏重前面的几个阶段，而容易忽略危机愈合期的反馈机制，反馈机制在这个危机管理系统中的地位偏低，甚至流于形式。另外，由于缺乏系统化和制度化的危机管理教育和训练，我国部分政府官员和公共管理者的危机意识较弱，缺乏居安思危意识，普通社会民众的参与意识、知情权意识和法治意识较低，应对危机的能力较低。

（三）国家网络空间“法治路线图”需处理好五大矛盾

十八大以来，在“总体国家安全观”指导下，国家处理“改革、发展、安全”之间关系的思路进一步清晰。四中全会强调全党同志要把思想和行动统一到中央关于全面深化改革、全面推进依法治国重大决策部署上来，审时度势、居安思危，既要有抓住和用好重要战略机遇期推进改革发展的战略定力，又要敏锐把握国内外环境的变化，以钉钉子精神，继续做好保持经济持续健康发展工作。为此，我们必须梳理国家网络空间立法需要处理好的主要矛盾，并具体化、路径化网络空间“法治路线图”。综合考量经济全球化、网络普遍化、利益多元化环境下网络空间法制建设，我们认为处理好以下“五大矛盾”至关重要：

1. 个人隐私与网络监控之间的矛盾

在当今社会，隐私权已经发展为一种重要的人权，在不同法系国家受到了普遍尊重和法律保护。云计算和大数据技术所催生的网络监控的尖锐性，颠覆了长期以来稳定的国家司法合作关系。在这样的格局下，隐私权益保护不当会导致国家安全利益上的冲突。国家如何管理“安全漏洞”以确保网络空间隐私期待利益，国家如何明确法律界限平衡个人隐私保护和国家安全需要，在唤醒世人网络安全觉醒的“斯诺登”事件之后，已经发展为网络空间治理的矛盾焦点。

2. 开放包容与安全审查之间的矛盾

我国建设网络强国需要吸收借鉴国际先进技术，包括管理技术，但保护本土技术发展也应当成为不容忽视的战略抉择。闭关锁国，最终害国。盲目引进，也最终误国。去 IOE 之后是否更安全，“去”会引发怎样的国际关系冲突？这些在国家关键基础设施保护领域表现得更为突出。由此同时，同时关于建立国家网络安全审查制度的“热议”似乎更加凸显了冲突的存在。不管美国和英国对华为、中兴等企业“法律政治化”走得多远，但中国企业走出去的“拐点”已经来临。在走出去与引进来的“双向”国家利益格局下，建立国家网络安全审查是完全必要的，但是要认识到，国家网络安全审查主要应对的是外国技术对国家安全的威胁，不应当受“利益集团”的左右，将其作为一种技术障碍和普遍意义上的做法。

3. 技术领先与法规滞后的矛盾

网络空间仰赖于技术支撑，网络空间安全更离不开技术保障。法规的滞后性是法的

"天性"，新的利益关系产生法律保护需求，法律也在很大程度上维系这种利益关系的稳定。跨境数据流动源于数据处理、存储等的需求，这种需求必然导致法律对不同国度法域的遵从；远程技术支持、大数据挖掘等都会提出国家安全的法益要求。如跨境数据传输的国家安全管控，数据存储服务器是否应当设立在本国境内以及政府、公共云等信息服务是否应当具有特殊的安全要求。"阅后即焚"技术应用以来，由此产生的针对反恐、大规模攻击的刑事执法困境也日益受到人们的关注。

4. 网络认证与现实身份之间的矛盾

基于网络空间身份管理技术与现实社会身份管理的巨大反差，身份欺诈已经成为当今网络社会非常严重的一种安全威胁，寻求"功能等同"网络空间管理模式的法制遇到了多种层次不同群体的极大关注。当下，"网络实名制"引发的争论并未平息，"不可抵赖性"作为安全性的一般要求仍然难以落实。技术上过分强调网络空间的特殊性，引发网民对网络空间特殊权益的追求，以及强烈的保护期盼，这种追求往往表现为对跨法域的向往。言论自由、通信自由遇到了网络与现实的多重理解。当然由于网络空间实名制的理念源于现行管理"底盘"的体制约束，在没有挖掘出更适合的网络空间身份管理模式之前，这种身份管理的冲突将会更加尖锐复杂。

5. 综合执法与责任追究之间的矛盾

面对网络空间安全的综合复杂性，特别是国家关键基础设施面临日益严重的传统安全与非传统安全的各种"极端"威胁，网络空间的安全风险"不可逆"的特征进一步凸显，因此传统上将风险预防寄托于责任的法治理念遇到了挑战，亟须在"监测预警到灾难控制恢复和责任追究"中，树立综合风控的法治理念，实施综合执法。但是综合执法理念与传统惩治理念之间的冲突，一方面来源于网络空间活动的"跨界"发展，传统领域与网络空间的融合，需要对传统法治进行彻底的检查评估，其范围之广必然导致传统法制理念与综合法制理念上的极大反差与对立。另一方面也来源于这种综合性法治理念的"制度实践"缺乏学术理论上的"智库"研判，特别是网络安全法律专业人才的支持。

五、我国网络治理法治化的发展建议

从以下几个方面着手，提升我国网络治理的法治化水平：

（一）规范政府监管，保障行业自律，促进"多元主体共同治理模式"的有效实现

虽然网络专门性立法数量不少，但是以业务管理内容的行业规章为主，立法层级较低，缺少法律层面的一般性立法，并且授权性内容较多，约束性内容较少。导致相关政府部门之间的权限划分既不清晰又多有交叉与重复，既有可能导致部门"夺权"，又可能导致各部门相互推诿，出现监管真空。同时也难以满足我国建设法治政府和依法行政的实际需要。

互联网这样一个分散式网络，具有与生俱来的增强个人权利和巩固民主进程的能力，这种高度分权化也意味着政府难以通过控制某个中央机构来监督和控制互联网中的信息流。因此，对于互联网的控制理念必须发生转变。主要国家和地区的网络治理经验表明，"政府监管 + 行业自律 + 公众参与"是一种被广泛采用和有效的网络治理模式。我国的治理实践也倾向于采取这一模式。但是在我国一直存在着强政府、弱社会、公民社会参与意

识薄弱等现实问题，政府的主导和组织作用仍十分明显。虽然政府主导下的多元主体共同治理模式在现阶段具有一定的合理性，但是也应当看到欠缺法律规范和约束的行政行为极易在技术措施的庇护下构成对公民合法言论和合法权益的侵害，而欠缺法律保障的行业自律和公民参与也容易沦为政府控制的工具，从而使政府行为可以借助行业自律而绕过依法行政的限制。因此，必须通过法律制度来明确多元主体的地位、权责，保障主体地位的独立性，促进“多元主体治理模式”的有效实现，具体而言：

一是规范政府的监管行为。目前我国已经组建了网信部门，根据《国务院关于授权国家互联网信息办公室负责互联网信息内容管理工作的通知》（国发〔2014〕33号），国家互联网信息办公室负责全国互联网信息内容管理工作，并负责监督管理执法。但是由于缺少具体的法律规定，实践中出现了一些问题，突出地表现为：一是与既有法律授权的交叉和重叠。如根据《互联网信息服务管理规定》第18条的规定，国务院信息产业主管部门和省、自治区、直辖市电信管理机构，依法对互联网信息服务实施监督管理。二是执法手段受限。目前网信办网管部门主要根据《互联网新闻信息管理规定》的相关规定，依法对属地新闻网站行使行政处罚权。其权力配置显然与其机构定位不相匹配。因此，亟需制定和修改相关法律法规，对网信部门的权力范围及权力行使进行规范，重点包括网信部门监管有害信息的范围，处罚、约谈、决定、建议等各种行政措施的适用条件及程序，当事人的救济机制等。

二是明确网络行业协会的独立地位。我国目前还没有制定《行业协会商会法》，对行业协会的地位功能、组织形式、管理监督等还没有明确的法律规定。从中共中央办公厅、国务院办公厅2015年7月8日颁布的《行业协会商会与行政机关脱钩总体方案》来看，行业协会属于非营利性独立法人，其服务重心应当是企业、行业、市场而不是政府，通过提供指导、咨询、信息等服务，更好地为企业、行业提供智力支撑，规范市场主体行为，引导企业健康有序发展，促进产业提质增效升级。因此，行业协会的功能（基于会员和行业发展利益）与政府的监管职责（基于公共利益）是存在区别的，互联网协会的行业自律与网信部门的监管可能在范围和强度等方面存在不同。例如，对于不良信息的判断标准，行业自律可能会比监管部门低，而这应该是合理的。在行业协会一般法缺失的情况下，可以考虑在网络立法中明确网络行业协会的地位。如《网络安全法（草案）》规定了“网络相关行业组织按照章程，加强行业自律，制定网络安全行为规范，指导会员依法加强网络安全保护，提高网络安全保护水平，促进行业健康发展”。但是很遗憾并未明确规定网络行业协会的独立法律地位。

1. 网络硬法的三个体系

目前应用于治理网络公共空间的硬法有三个体系，分别是网络安全法律体系、调节公民之间关系的网络言论规范体系和网络信息保护体系。

目前我国已经建立起了一套网络信息安全法律框架。早期的法律规制集中在网络技术安全，例如1994年国务院颁布《中华人民共和国计算机信息系统安全保护条例》，旨在维护国家事务、经济建设、国防建设、尖端科学技术等重要领域的计算机信息系统的安全。随后的网络信息立法集中到了网络信息服务和内容安全领域，2000年颁布的《全国人民代表大会常务委员会关于维护互联网安全的决定》对网络空间的违法犯罪行为进行了界定，明确将网络造谣诽谤、窃取国家机密、侵犯知识产权、传播淫秽色情内容、侵犯公民通信秘密等行为入罪。

2000 年国务院发布的《互联网信息服务管理办法》，也是旨在规范互联网信息服务活动，促进互联网信息服务健康有序发展。

与网络安全不同的是，网络公共空间的治理最终要落实到公民的言论及其表达。在我国的法律体系中，有关网络言论和意见表达的条款非常多，除《宪法》第 3 条关于民主集中制的规定、第 35 条有关言论自由的规定外，还有《刑法》上有关侮辱罪和诽谤罪的规定，《民法通则》《侵权责任法》有关侵权的规定等。这些法律已经构成了一个比较完整的、层次结构清楚的体系。然而，从作用范围上看，它们主要针对“个人—个人”的关系，没有深入到社会层面（因素）以适应国家和社会治理的迫切需求。从作用方式上看，因为它们主要基于公民个人权益是否被侵害的现实，主要是一个自我体验的问题，在治理意义上就不能发挥出“多元联动”的作用，不同主体之间无法有效协作，治理过程中也就不能确定直接的责任主体。当然，所有治理都要回归到公民个人，涉及公民之间关系的网络言论规范体系能够为网络公共空间的治理提供最后屏障。这也是下文将要讨论的“两高解释”之功效的重要理据。

2012 年出台的《全国人民代表大会常务委员会关于加强网络信息保护的决定》（以下简称《加强网络信息保护的决定》）能够直接针对网络公共空间发挥作用。它共有四部分十二条，内容指向了三个方面，分别是“信息收集、使用与信息安全”“信息发布与相关服务的管理”和“垃圾信息的处理”，第四部分是侵权责任。综合来看，前三方面的内容又可以分为两大领域，其一是对传统意义上公民表达自由的保护与限制（控制），其二是对信息化和网络化时代公民信息自由权和隐私权的关怀。这两大领域都是治理网络公共空间的重要方面，国家介入其中，关键在于授予了哪些权力以及权力行使的具体方式。《加强网络信息保护的决定》第 5 条规定“网络服务提供者应当加强对其用户发布的信息的管理，发现法律、法规禁止发布或者传输的信息的，应当立即停止传输该信息，采取消除等处置措施，保存有关记录，并向有关主管部门报告”。从逻辑上看，它是国家向网络服务提供者（服务商）施加的义务——从另一个角度看，这也是一种授权，服务商有权删除网络信息——法律要求他们这么做，否则将承担法律责任。这引起了很多争议。服务商行使的权力是法律授予的，在现实中就很容易演变成服务商对网络社会的控制权。然而，这种权力及其行使具有非常强烈的公共性，也非常容易侵犯公民的基本权利。那么，国家作出这种授权的法律依据和正当性基础是什么呢？

从治理的角度看，网络服务商在整个网络公共空间和网络信息提供方面扮演着非同寻常的角色，它们掌握着用户的信息，创设了信息交互的平台，提供了传递公众利益和意见的通道，因而可以被视为政治过程的参与者。这种情况下，国家和社会治理要纳入服务商，它就是治理的对象，也是参与治理的社会主体。服务商行使的执法权在治理体系下就有了更大的存在价值。就执法权来说，其根源在于对公民基本权利的限制。它要溯及到宪法寻找依据。《宪法》第 35 条有关言论自由的规定、第 41 条有关监督权的规定和第 2 条有关民主的规定都能够作为公民参与网络公共空间的依据，也说明了公民基本权利的界限。《宪法》第 51 条则明确规定公民行使权利不得侵犯他人的合法权益、国家和社会的公共利益。这些限制性规定也都能够作为《加强网络信息保护的决定》第 5 条的直接宪法依据。

2. 软法结构

软法之治立足于现代国家承担公共治理之任务的事实。网络公共空间作为一种特殊的社会形态，人虚化为账号，行为表现为言论，影响力来自于信息交换，这些特点决定它可以更依赖软法之治。国家治理视野下的软法是不依赖国家强制力保证实施的法的规范。这个界定的范围是非常宽泛的，包括了“国家法中的软法规范”“政治组织创制的自律规范”和“社会共同体创制的自治规范”。网络公共空间的治理中已经出现了大量的软法现象，最主要的就是由社会主体发布的具有一定强制约束力的行为规则，根据主体不同又有多种形式。服务商为规范网络平台发布了一系列的行为规则就属其中，新浪微博已经发布的《微博社区公约（试行）》《微博社区管理规定（试行）》《微博社区委员会制度》《微博商业行为规范办法（试行）》等就是非常典型的软法。相关行业组织发布了一些倡议、行为规则指南、网络言论和行为的标准，呼吁、影响和约束公民的行为。

软法工具的使用体现了法治的“辅助性原则”，即政治国家对公民社会的横向辅助，公共机构系统内上级对下级的纵向辅助。社会自治能够自我完成的任务，公权力就不应该越俎代庖；公权力为实现治理目标，应当运用它所掌握的公共资源进行辅助，但应当遵守法治原则。因此，软法具有很强的过程控制功用。受制于软法在司法裁判过程中的地位模糊性，它的作用方式主要不是司法中心主义——尽管也会在司法过程中发挥作用，但主要还是通过相关主体的自愿服从或习惯性服从，以及社会组织的适用以实现其效力。

网络公共空间本身是公共舆论（public opinion）的集中场所，它输入的是个别公民的意见，输出的可能是集体性的民意，甚至可能是公共意志（公共利益的表达）。治理过程也就应当是传递民意的过程。

（二）充分发挥法律在“四位一体”模式中的系统效应和协同效应

现代复杂社会中，法律因其具有其他社会控制手段所无与伦比的技术可操作性而成为最佳的社会关系调整器，但法律在创制、运作以及对社会关系的作用等方面，也存在着固有的局限。因此尽管社会的法治化程度在不断提高，但同样需要其他社会控制手段共同发生作用。(1) 政府重视：教育部侧重于针对在校学生的网络素养教育，新闻通讯及艺术部致力于以社会公众为教育对象的网络素养推广活动；(2) 社会各方热心参与：如社区组织、志愿者团体和社会慈善机构，以及工商企业等；(3)“服务外包”的运作模式：教育部提倡各公立学校开设网络素养课程，但具体的教学任务则让学校外包给私立的教育公司和培训机构，教育部只负责对私立教育培训机构进行资质认证，开设网络素养课程的学校也不用为师资、教材、经费等问题烦恼。政府相关职能部门通过公开招标和项目资助的方式，资助私人教育培训机构、社区组织和慈善团体等开展各类网络素养教育、活动或学术研究。

（三）完善制度设计，细化评价标准，突出处置程序的透明性和可救济性

1. 细化有害信息的评价标准

我国《互联网信息服务管理办法》《互联网出版管理暂行规定》《互联网电子公告服务管理规定》《互联网新闻信息服务管理规定》《互联网文化管理暂行规定》等都明确规定了不得制作、复制、发布、传播的有害信息类型。其中，淫秽色情信息当属较易识别，并且在实践中是被查处较多的，对“淫秽色情”的认定标准也是相对明确的，除了《刑法》第367条对“淫秽物品”的界定外，新闻出版总署1998年颁布的《关于认定淫秽及色情出版物的暂行规定》以及1989年《关于部分应取缔出版物认定标准的暂行规定》中都有详尽的判断标准。但是对于其他禁止信息内容，则缺少相对明确的认定标准，实践中

的自由裁量空间较大。对此，应当遵循底线治理的原则，从严设置评价标准，降低对公众表达自由的过多干扰，同时积极提供正向的舆论引导。另外，对于兜底条款的解释，从国外的相关经验来看，一般不包括侵犯私权的信息，也就是说如果权利人的知识产权等私权被侵犯，可以通过网络服务商的“通知—移除”规则和司法程序进行处理，一般不属于政府监管有害信息的范围。

2. 建立健全信息处置过程中的异议程序，依法保障公众的知情权、参与权和言论自由

网络是公民获取公共信息、参与公共事务讨论、监督公权力行使的主要途径之一，同时也是决策机关、管理机关了解民意、与民沟通互动的重要平台。在网络治理过程中，往往涉及运用技术措施对违法或者不良信息的删除、屏蔽等，而如果技术措施的运用不当，使得网络信息被错误或者不当删除、屏蔽，则会严重危害公民通过网络进行意思表达的权利和自由。我国《信息网络传播权保护条例》确立了网络著作权保护中的“反通知—恢复”异议程序，对于平衡著作权人、网络服务提供商和网络信息提供者的利益具有重要意义。但是，对于网络空间中其他个人权利以及公共利益保护过程中，尤其是行政执法和网络服务商管理过程中的异议程序尚未得到有效建立，易造成执法过程或服务商管理中隐蔽性地降低标准和技术滥用。因此，有必要建立健全信息处置过程中的异议程序，允许公众在认为信息处理错误或不当时提出异议申请，促使监管机关或网络服务商更加审慎地进行判断，并且应当以司法方式作为最终救济途径。

在网络管制主义层面，笔者重点分析两种互联网管制的国家策略：一是以“网言入罪”为代表的刑事严打策略；二是以“新浪删帖”为代表的管制外包策略。2007 年发生在厦门的“PX 事件”中大量的网络动员人士都可入罪，因为他们显然引起了“群体性事件”和“公共秩序混乱”，然而该事件却开创了我国“参与式开放治理”的样本意义。对目前活跃的三类人物构成一种“司法恐怖”：一是网络大 V 群体，他们的任何发言很容易被浏览点击五千字或转发五百次，也很容易与政府认定的“公共秩序混乱”等标准不一致；二是死磕派律师，他们对诸多案件的公共介入必然依赖于一定的网络动员，也很容易被界定为诽谤罪或寻衅滋事罪；三是新生代媒体记者，他们的职业行为和良知可能在这一解释前止步。没有指明批评官员与诽谤普通人有何差别，没有充分认知和释放网络言论自由的公共政治价值。官员享受着制度性保障下的充分的特权，但却不愿承担与此类特权相应的公共义务，不愿承受更为沉重的批评负担。在遭遇批评性言论时，他们就不再强调自身是官员，而愿意接受“法律面前一律平等”，躲藏在公民的外衣下享受着法律的平等保护。然而，任何法治国家都不会只保护特权而不赋予义务，尤其是隐私权和名誉权方面的更严格的法律限制。因为对官员而言，他们的特权合法性来自公共利益，受限制的义务也来自公共利益，二者相匹配的目的正是为了确保官员更好地代表和实现公共利益。而对于何为公共利益以及官员行为与公共利益是否符合之类的问题，显然不可能是“政府说了算”，政府不过是开放社会里关于公共利益的商谈主持者和执行人，言论自由权利始终是宪法保护的公民参与决策过程的基础性权利。民主也不是“一选了之”的短期行为，而是贯穿于治理过程的持续性监督和参与行为。若言论无自由，则民主亦无意义。

（作者单位：中南大学）

试论生态文明建设不同层面着力点

袁国华

从十七大首次提出“建设生态文明”任务，到十八大“五位一体”总体布局，再到十八届三中全会突出“制度建设”重点部署，充分体现了党和国家对生态文明建设越来越高度重视。

关于生态文明建设现实路径，学者们站在不同角度进行了探讨。有学者认为，生态文明建设有三项核心任务：一是以普及生态学知识和树立生态价值观为目标的“良心的革命”；二是科技的生态学转向；三是促成生态经济和绿色消费的制度建设[1]。有学者认为当前我国生态文明建设的着力点在于：一是加快形成有利于节约能源资源和保护生态环境的产业结构；二是加快形成有利于节约能源资源和保护生态环境的增长方式；三是加快形成有利于节约能源资源和保护生态环境的消费模式[2]。本文认为，生态文明建设应有不同的层面，不同层面应有不同的着力点。

一、社会层面：以价值重塑为思想基础

个社会的价值观决定这个社会的行为方式。建立一个与生态文明建设相适应的价值观，是生态文明建设最为重要的思想基础。

（一）价值迷失：以“资本逻辑”为特征的经济主义

自由主义者把基本社会制度的中立性当作一种重要的政治理想。但在清华大学教授卢风看来，制度和政策的这种中立性事实上并非中立于一切意识形态，因为制度的修改、更新和公共政策的制定总是在一定思想的指导下进行的[3]。今天西方社会的基本制度和公共政策的制定受“资本的逻辑”的隐秘指导，把经济增长看作最高的社会共同目标。一个把经济增长看作最高共同目标的社会必然尽力使其制度和公共政策有利于资本的增值，也就是说，其制度更新和公共政策的制定受制于“资本的逻辑”。“资本的逻辑”背后隐藏着一种意识形态，这便是经济主义。经济主义的基本观点是：经济增长是个人幸福和社会福利的唯一源泉，是推动社会全面进步的根本动力。服从甚至敬重“资本的逻辑”的人们就是经济主义者。经济主义者是现代制度的主要支持者，也是现代社会的中坚。经济主义在当代社会就表现为消费主义，经济主义和消费主义的实质就是物质主义。在西方世界，物质主义、经济主义和消费主义的流行与自由主义成为主流政治意识形态有关。少数自由主

义者甚至认为无限追求物质财富的增长就是人的本质。这是个被现代文化掩饰着的巨大错误。

既然现代制度受制于经济主义，那么这种制度到底好不好呢？这就是一个善观念的问题。经济主义不仅作为一种观念渗透到人们的头脑中，而且正在借助经济学这一科学的光环而力争全面指导人们生活。经济学家认为，只有经济学所给出的关于何谓“善”的界定才是最正确的。美国经济学家大卫·弗里德曼曾代表经济学家说：“对于好与坏的判断，……我可以告诉你们一个重要的判断标准，我们经济学家称之为‘效率’。”诚然，经济学给出的善观念是最容易懂的，但也是最浅薄的，把“好不好”等同于“有没有效率”是愚蠢的。

经济主义的这种价值迷失，具体表现为四个方面：一是价值评价的缺失——发展天然合理论，只关注“如何发展”而不关注“为了什么发展”。二是价值认识的偏颇——拒斥环境价值，只看到自然界作为人类物质生产所必需的原料（资源）的价值，看不到作为“人类家园”的价值。三是价值倾向的异化——挥霍性消费，基本特征就是对使用价值的背离。四是价值追求的背离——背离自然，追求不断用外部自然力代替人的器官的功能，以便使劳动更轻松、生活更舒适；追求劳动生产率的无限提高，以便从自然界摄取、占有和消费更多的物质财富。这就是西方工业文明发展观的基本特征。

西方工业文明发展观在全世界得到迅速复制，中国也难独善其身，经济主义、物质主义、消费主义已深深地根植于国人心中。“我们的发展速度越来越快，但我们却迷失了方向。”[4] 全球生态危机，其实质是价值迷失。这种价值迷失不校正，生态文明建设断难成功。

（二）价值重塑：“生存论”价值观

我们知道，自然界作为人类生存的环境，对于人类的生存来说就具有两种价值：一是作为“人类家园”的价值，亦即“存在性价值”；二是作为人类物质生产所必需的原料（资源）的价值，亦即“消费性价值”[5]。但在这里我们看到了人类生存的一个“悖论”：自然界之于人类的两种价值即“存在性价值”与“消费性价值”是一对矛盾。例如，河边的树木，我们砍掉它用来做门窗时，却失去了树木调节气候、保持水土等环境价值。

现代发展观（即资本主义工业文明的发展观）只看到了自然界的消费性价值而没有看到其环境价值，生态伦理学价值观尤其是生态中心主义价值观则只看到了自然界的环境价值而没有看到其消费性价值，两者都将危及人类生存。不对现代工业文明的发展观进行全方位的改造，人类就摆脱不了生态危机。生态文明的核心价值观应该体现在怎么处理这一对矛盾上，即体现在怎么处理人与自然的关系上。

建设生态文明，必须重塑我们的价值观，坚持“生存论”价值观，即最终立足于人类的生存来处理人与自然界的关系。如果把人类的生存作为评价人类行为的终极尺度，那么，我们就既不能无限制地改造和掠夺自然界，也不能完全否定人类消费自然界、改造自然界的必要性。要做到二者的统一，关键在于要找到它们的最佳结合点。这个结合点就是人类的发展局限在只要能维持人类生存就足够而不是奢侈挥霍的范围内，那么人类对自然界的消费和改造的实践活动就会保持在自然界的自我修复能力的限度以内，就不会对自然环境造成致命的破坏，因而就不会危及人类的可持续的生存和发展。因此，生存价值是人类的实践活动和社会发展的终极价值，也是评价、约束、规范人类实践行为的终极尺度。

二、企业层面：以生态经济为生产方式

党的十八大提出，要把生态文明建设放在突出地位，着力推进绿色发展、循环发展、低碳发展，形成节约资源和保护环境的空间格局、产业结构、生产方式、生活方式。

国内有学者认为，生态文明包括“生态意识文明”“生态行为文明”“生态产业文明”与“生态制度文明”四个方面[6]。其中，生态产业文明是生态文明建设的物质基础。如果把绿色发展、循环发展、低碳发展视作国家发展战略、发展理念或发展模式的话，那么，作为生态文明建设责任主体之一的企业，落实这一国家发展战略的具体生产方式，应把与“三个发展”对应的“三种经济”即绿色经济、循环经济和低碳经济作为企业发展战略的主导生产方式，而这“三种经济”本质上是生态经济。

（一）绿色经济、循环经济、低碳经济本质上是生态经济

循环经济、绿色经济、低碳经济都是20世纪后半期相继产生的新的经济思想或经济发展模式，是人类在社会经济高速发展中陷入资源危机、环境危机、生存危机后深刻反省的产物，一定程度上体现了人类对可持续发展的共同追求。

尽管这“三种经济”内涵略有差别，研究的侧重点有所不同（循环经济重在资源节约和充分利用，绿色经济突出环保技术，低碳经济关注碳减排），但它们有相同的现实背景（资源环境危机）、相同的理论基础（生态经济理论和系统理论）、相同的技术手段（生态技术为基础）、相同的追求目的（可持续发展）。因此，循环经济、绿色经济、低碳经济本质上就是生态经济，是经济活动的生态化过程。所以，从根本上讲，它们都是旨在解决人类可持续发展问题而提出的一脉相承的经济发展模式。

（二）坚持技术创新生态化取向

在生态文明建设中，生态经济将成为我国的主导经济发展模式，而技术创新则是建设生态文明、发展生态经济的技术保障和重要基础。这就要求作为经济活动和技术创新主体的企业，必须适应新形势的变化，将以能源资源节约和生态环境保护为核心的生态理念迅速渗透到企业技术创新过程中，切实改变传统技术创新中存在的单纯经济价值取向的技术创新观、效益型的技术创新战略、线性的技术创新模式、效益型的技术选择原则等的生态缺陷[7]，实现企业技术创新的生态化转向，以技术创新引领和驱动生态经济发展，真正为推动生态文明建设和生态经济发展提供强有力的技术支撑。

一要坚持技术创新观的生态化。把生态学观点引入科技创新领域，依据自然界有机循环原理，运用生态学思维于技术创新全过程，对技术创新的各个环节提出资源节约、环境保护和生态建设的目标，在保证获得经济效益的同时，注重开发其生态效益。二要坚持技术创新战略由效益型转向生态型。企业技术创新战略必须服从生态经济的基本原则，按照清洁生产模式，从产品的整个生命周期设计出发，考虑到产品“从摇篮到坟墓”的各个阶段对环境的影响。三要坚持技术选择原则由效益型转向生态型。既要考虑自然界动态平衡，又要考虑生产闭路运行，还要考虑资源最佳利用和污染最小。

三、个人层面：以绿色消费为消费范式

个人是组织和国家的细胞，建设生态文明是一个全民工程，需要全体公民共同参与。个人作为消费者，其消费观念和消费行为对企业生产起到巨大的反作用，从而也影响整个社会风气的养成。建设生态文明，消费者必须以绿色消费作为消费范式。

（一）绿色消费是一种生态行为文明的消费模式

目前国际上将绿色消费一般归纳为：节约资源，减少污染；绿色生活，环保选购；重复使用，多次利用；分类回收，循环再生；保护自然，万物共存[8]。中国消费者协会对绿色消费界定为：倡导消费者在消费时选择未被污染或有助于公众健康的产品；在消费过程中注重对垃圾的处理，不造成污染；引导消费者转移消费观念，崇尚自然，追求健康，在追求生活舒适的同时，注重环保，节约资源和能源，实现可持续消费[9]。

从上述定义可以看出，绿色消费从消费选择、消费过程、消费观念等方面进行了全面规制，是一种生态行为文明的消费方式，以尊重自然规律为基础，顺应了社会与自然环境协调发展的趋势，保护了人类赖以生存的生态环境，是加强生态文明建设的重要途径之一。

（二）树立“新节俭主义”消费理念

绿色消费是以新节俭主义为其价值理念的。崇尚节俭是中国人的传统美德，古人特别重视崇俭在养德、修身中的作用。司马光曾说过，“言有德者，皆由俭来也”。墨子的消费观以“节用”为核心，以实用为原则，以利民为目的，反对奢侈消费，强调适度消费[10]。传统的节俭主义，我们可以简单地概括为：尚俭节用，约束物质消费和生活欲望。在生产力水平低下、社会物质财富匮乏的年代，提倡节俭，约束物质消费和享受欲望，有利于缓解社会消费需求和物质短缺的矛盾，可保证社会安定和发展。

那么，到了社会生产力已经高度发达、物质产品空前丰富的今天，是否还有必要来崇尚节俭呢？我们应当从更高的立意来认识节俭对于社会发展的重要性。首先，人类赖以生存的自然资源是有限的，而不是取之不尽、用之不竭的。其次，我们所提倡的节俭，是指在保障经济社会发展基础上杜绝浪费和不必要的消耗。而诸如大量的广告、过度包装、过度生产、过度消费等产生的浪费，消耗了大量资源，给地球环境造成了巨大的压力和破坏。因此，在 21 世纪重提“节俭”，并非要大家退回到原来节衣缩食的社会，而是要以与时俱进的态度对节俭观加以发展，注入新的时代内涵。这就是我们要提倡的“新节俭主义”：崇俭求简，杜绝资源浪费和奢华贪欲。印度圣雄甘地曾说过这样一句名言：“世界满足人的需要绰绰有余，但却不能满足人的贪欲。”所以，我们要崇尚“节俭”“简约”，反对“浪费”“奢华”。

（三）戒除不良消费嗜好

便利和奢华已成为很多现代人生活和消费中流行的价值观，而这种便利和奢华的生活消费方式在人们的经意或不经意中造成了很大的浪费。从绿色消费理念的养成到绿色消费行为的实施，还需一个过程。因此，每个消费者必须从我做起，从现在做起，践行绿色消费，戒除一些不良消费嗜好。

一要戒除“便利消费”嗜好。人是大自然的产物，人的每一个器官也必须在大自然中不断地得到锻炼，才能适应大自然的环境，才能健康和进化。不能简单地追求便利、方便、舒适，否则，既浪费资源、污染环境，又损害自身健康。二要戒除“一次性消费”嗜好。一次性消费既浪费资源，又污染环境。三是要戒除“面子消费”嗜好。千万不要为了满足自身的虚荣心而盲目与人攀比，为了面子而消费超出自己支付能力的商品。四要戒除“炫耀性消费”嗜好。这种消费只是为了满足某种心理需要，但并不会给自己带来实实在在的利益，却给社会带来资源浪费。五是要戒除“奢侈消费”嗜好。这种消费比“面子消费”和“炫耀性消费”对社会资源的浪费更严重。六是要戒除“挥霍性消费”嗜好。挥霍型消费的基本特征是：第一，消费主体具备超常规的支付能力，这是其能够任意花费的客观物质前提；第二，此类消费者的消费动机不是为了满足当时常规的物质需要和正常的精神需要，而是为了满足一种畸形的特殊的心理需要[11]。因此，挥霍性消费对社会资源的浪费是十分巨大的。七是要戒除“怪癖消费”嗜好。有些消费行为是由于不良的消费习惯而变得匪夷所思，如冬天穿衬衫吹暖气、夏天穿毛衣吹冷气等。这些“怪癖消费”行为，在不经意间无端地浪费了大量资源并污染了环境。

四、国家层面：以“两座山论”为指导方针

“金山银山”与“绿水青山”这“两座山论”，正在被海内外越来越多的人所知晓和接受。十八大以来，习近平在很多场合，以此来阐明生态文明建设的重要性。在这些论述中，又以2013年9月7日在哈萨克斯坦纳扎尔巴耶夫大学发表演讲时的阐述最为全面、经典——“我们既要绿水青山，也要金山银山。宁要绿水青山，不要金山银山。而且绿水青山就是金山银山。”

这三句话从不同角度阐明了发展经济与保护生态二者之间的统一关系。生态文明建设必须以“两座山论”作为我国未来发展的指导思想。

（一）既要绿水青山，也要金山银山——辩证的逻辑

“两座山论”的形成，符合改革开放以来中国经济社会发展的大逻辑。对此，习近平早在2006年就有过一段精彩的论述：在实践中对绿水青山和金山银山这“两座山”之间关系的认识经过了三个阶段：第一个阶段是用绿水青山去换金山银山；第二个阶段是既要金山银山，也要保住绿水青山；第三个阶段是认识到绿水青山可以源源不断地带来金山银山，绿水青山本身就是金山银山。

在中国经济起飞的过程中，如何处理经济发展与环境保护两者之间的关系问题一直困扰着我们，在实践中存在很多偏差。习总书记的论述告诉我们：第一，绿水青山与金山银山是一个矛盾的统一体，它们是一个辩证的关系，我们既不能只要金山银山而不要绿水青山，也不能只要绿水青山而不要金山银山，二者是相互促进、相辅相成的，我们必须坚持在发展中保护，在保护中发展。第二，这一论述彰显了观念更新，把“要绿水青山”放在了“要金山银山”之前，更加凸显了绿水青山的重要性。

（二）宁要绿水青山，不要金山银山——历史的担当

在现实发展中，很多情况下经济发展与环境保护存在着矛盾，甚至存在冲突。如何处

理这一矛盾？在矛盾不可调和时怎么办？“宁要绿水青山，不要金山银山”就是我们必须坚持的方针和指导原则。第一，绿水青山是金山银山的基础。党的十八大明确提出：“良好生态环境是人和社会持续发展的根本基础。”我们必须“坚持节约优先、保护优先、自然恢复为主的方针”。习总书记的论述与十八大精神一脉相承。第二，在二者不可兼得时，“宁要绿水青山，不要金山银山”更体现了一种历史的担当，我们宁可暂时发展慢一点，也不能断了子孙后代的后路。

在习近平看来，一旦经济发展与生态保护发生冲突矛盾时，必须毫不犹豫地把保护生态放在首位，而绝不可再走用绿水青山去换金山银山的老路。

（三）绿水青山就是金山银山——实践的路径

2005 年 8 月，时任浙江省委书记的习近平在浙江安吉余村考察时，提出了“绿水青山就是金山银山”的科学论断。现在全国很多地方都在建设美丽乡村，一部分是吸收了浙江的经验。

“绿水青山就是金山银山”是一种观念创新型的升级版的“靠山吃山，靠水吃水”，是绿色发展、循环发展、低碳发展的最佳路径。其一，绿水青山是金山银山的根本基础和依靠。没有绿水青山，金山银山就失去了根基，变成了空中楼阁、海市蜃楼。因此，“靠山吃山，靠水吃水”有一个前提，不能把山吃秃、把水吃黑。其二，充分利用绿水青山挖掘金山银山。我们可以利用良好的生态自然环境和优势资源做文章，例如有的地方搞休闲观光农业、农家乐，搞绿色生态旅游景区，实施特色农产品品牌战略等，用老百姓的话说就是“把树叶子变成钞票子”，这就是对“绿水青山就是金山银山”最好的诠释。

五、政府层面：以制度建设为重要抓手

十八大提出了生态文明建设的四大任务，十八届三中全会通过的《中共中央关于全面深化改革若干重大问题的决定》（以下简称《决定》）对生态文明制度建设进行了重点部署。这是我们各级政府今后的重点工作和努力方向。

（一）制度建设是生态文明建设的根本保障

马克思在考察世界文明发展史时曾说：“文明如果是自发地发展，而不是自觉地发展，则留给自己的是荒漠。”精辟地揭示了人类文明发展与自然环境之间的关系。

这就告诉我们，生态文明的发展必须自觉建设，而要做到自觉，必须要靠制度保障。其一，生态意识与生态自觉存在非同步性。由于各种利益关系和利益博弈的存在，生态意识无法自发转化为生态自觉，二者之间存在非同步性。这就需要制度进行规范。其二，生态环境问题存在外部性。解决外部性的基本思路，就是让外部性内部化，即通过制度安排经济主体经济活动所产生的社会收益或社会成本，转为私人收益或私人成本。其三，社会行为是制度安排的结果。制度既是约束人类行为的规则，同时也是衡量人类文明水平的标尺。其四，制度建设代表了生态文明的“软实力”。如果说生态环境质量代表了生态文明的“硬件”的话，那么生态文明制度则是生态文明的“软实力”。生态建设不等于生态文明建设，文明本身就侧重于指人类行为，制度正是对人类行为的调节器。其五，制度缺陷是我国当前生态危机的主要和深层原因。

顾钰民认为，制度建设在生态文明建设中之所以重要，从根本上说，是由现代社会发展的两个基本特征决定的：一是高度社会化，社会化的发展要求更加注重发展的整体性，社会化发展的效益只有在整体发展的条件下才能得到充分体现。二是高度市场化，市场化的发展要求更加注重发展过程中处理好个体性的问题，为了鼓励个体行为产生正能量，就需要通过制度建设来实现[12]。

《决定》对生态文明制度建设已经作了顶层设计，提出了建立“源头严防、过程严管、后果严惩”的制度体系。我们各级政府的下一步工作是要在顶层设计下，进一步细化和创新。我认为，当务之急要把制度建设作为着力点。

（二）建立政府绿色采购制度

政府绿色采购是生态文明建设的重要举措和突破口。有专家认为，政府绿色采购可以解决环境保护领域的“市场失灵”问题，同时对倡导绿色消费具有示范效应，还可以降低绿色产品的成本和价格[13]。

尽管我国于2003年1月1日正式实施《政府采购法》，近年来财政部会同国家发改委和环保总局先后建立了节能产品和环境标志产品政府优先或者强制采购的制度，但实事求是地说，目前我国的政府绿色采购还处于起步阶段，所占比例相对较低，在实际操作中也面临许多困难和障碍，也可以说，一个真正成体系的政府绿色采购制度并未建立起来，因此，丰富和完善其制度体系已成为政府采购改革的重要内容。

当务之急：一要在现有基础上，通过不断创新、丰富、完善和细化政府绿色采购制度，为走向国家立法准备条件，把制度上升到国家意志。二要确定政府绿色采购的重点方向或优先领域，同时对企业的生产行为和消费者的消费行为也能起到引导和示范作用。三要制定“绿色采购标准”，这是政府实施绿色采购的核心内容。这一“绿色采购标准”必须做到统一、有效、便于操作，为此必须整合我国目前存在的各种不同的地区标准、行业标准和机构标准，这样才能使政府绿色采购制度真正落到实处。

（三）健全企业技术创新激励制度

制度环境对技术创新具有深刻的影响，不同的制度环境形成不同的激励和约束机制，进而影响人们的技术创新活动。绿色技术创新符合生态文明建设的基本要求，但由于其具有投资大、见效期长、风险高的特点，在市场竞争中不占优势。因此，绿色技术创新不能由纯粹的市场机制去激励，需要政府的大力推动和制度保障[14]。

一要加大财政政策支持力度。财政拨款要用得其所，保证资金确实应用到企业绿色技术创新上；要在政府采购中建立企业绿色技术创新支持机制，进一步加强政府采购规范化管理工作；鼓励非政策性银行和金融机构对企业绿色技术创新给予贷款支持，对企业绿色技术创新贷款利息给予财政补贴；应在借鉴国外先进经验的基础上，结合国情设计出有效的税收激励政策，来鼓励企业绿色技术创新。二要加大信贷政策支持力度。政府应充分发挥政策性银行的政策性作用，对企业绿色技术创新进行大力扶持。三是充分发挥经济杠杆激励作用。政府要通过排污收费、排污权交易、节能量交易、排污许可证制度等经济手段推动企业绿色技术创新。

（四）完善公众参与制度

生态文明公众参与有广义和狭义之分。广义的生态文明公众参与主要体现在公众自身环境友善行为和参与环境保护的宣传教育等方面。狭义的生态文明公众参与是一种制度化的民主制度，是指公众对那些由国家、政府承担的与生态文明相关的公共管理事务的参与，是政府和公众通过协商、合作、互动来解决相关公共事务的一系列规则[15]。

在生态文明建设中，我们既要强调广义的公众参与，更要强调狭义的作为制度化的公众参与制度建设。建立和完善公众参与制度，既可改变政府唱“独角戏”的状况，更重要的是能充分发挥公众的监督作用，矫正政府失灵和市场失灵的问题。

为此，一要建立健全宣传教育机制和制度，帮助公众转变理念，培育公共精神，提高参与能力。二要建立绿色引导机制，如“碳足迹”制度、绿色产品“领跑者”机制、“环保积分”制度等。三要建立公众参与机制，为公众参与提供制度平台，如信息公开机制、公众参与的反馈机制、公众参与的责任追究机制、环境公益诉讼机制等。四要建立和健全环保非政府组织，为公众参与提供组织保障。

（五）创新地方政府绩效考核和生态问责制度

从过去的实践看，政府绩效考核制度和生态问责制度是一根指挥棒，这根指挥棒发挥的作用直接决定生态文明建设的成效。

第一，创新地方政府绩效考核制度。要彻底改变“唯GDP论”“以GDP论英雄”，把生态文明建设摆在十分重要的位置。针对过去生态文明建设绩效考核中存在的考核指标所占权重偏低、可操作性不强、区域关联性不够等问题，绩效考核制度的设立，必须坚持突出生态、科学设计、量化考核、区别对待的原则，大幅提高生态文明建设所占比重，科学设计出一套绿色GDP指标体系，实行量化考核。同时特别要强调的一个问题，就是针对各地不同实际，如对一些全国重要生态功能区、国家级贫困县，要区别对待，不能搞一刀切。

第二，转变生态问责方式。政府生态问责制是一项针对政府环境保护过程中的失职行为或损害公众利益的责任追究制度。我国的环境问责制倾向于事后问责，是一种“结果导向型的环境问责制”[16]。但环境问题一旦爆发，通常都具有难以逆转性和恢复性的特点，因此，要转变生态问责方式，从事后导向的生态问责转为事前导向的生态问责。政府必须每年提交年度生态报告，制订环保计划和制度措施，使政府呈主动问责状态。同时，问责追究不只是直接责任人，而是多方面相关责任人和间接责任人，并且实行“党政同责”，以此推动多方面责任人主动监督、主动问责。

参考文献：

[1] 卢风．生态文明与绿色消费［J］．深圳大学学报（人文社会科学版），2008，5.

[2] 周幸．树立生态文明理念加强生态文明建设［N］．平顶山日报，2013－9－18（3）.

[3] 卢风．生态价值观与制度中立——兼论生态文明的制度建设［J］．上海师范大学学报（哲学社会科学版），2009（2）.

[4]［5］刘福森．价值迷失：现代工业文明发展观的“走火入魔”［J］．吉林大学社会科学学报，2003（1）.

[6]［14］秦书生．基于生态文明建设的企业绿色技术创新［J］．理论导刊，2010（10）.

[7] 牛桂敏．生态文明建设中的企业技术创新生态化［J］．经济界，2008（1）.

[8] 闫缨. 云南生态文明建设中绿色消费的必要性探讨 [J]. 学术探索，2012 (5).
[9] 王润如. 以全新的理念驱动绿色消费 [J]. 消费经济，2001 (5).
[10] 杨卫军. 墨子的消费观及对生态文明建设的启示 [J]. 学习与实践，2012 (2).
[11] 卫兴华. 论我国贫富分化下的挥霍性消费问题 [J]. 消费经济，2014 (4).
[12] 顾钰民. 论生态文明制度建设 [J]. 福建论坛·人文社会科学版，2013 (6).
[13] 韩玉玲. 生态文明建设视域下政府绿色采购研究 [J]. 东岳论丛，2015 (3).
[15] 邓翠华. 关于生态文明公众参与制度的思考 [J]. 毛泽东邓小平理论研究，2013 (10).
[16] 叶彩虹，吴学兵. 生态文明制度视域中的政府生态问责制探析 [J]. 长春理工大学学报（社会科学版），2014 (10).

（作者单位：中共株洲市委党校）

论我国刑事证人保护制度的完善

郭　哲　文焱冬

一、我国刑事证人保护制度的现状与问题

（一）我国刑事证人保护制度的立法现状

在我国有关刑事证人保护制度的规定主要分散存在于《刑法》《刑事诉讼法》《宪法》这几部法律中。其中《宪法》第41条可以作为我国刑事证人保护制度的宪法渊源。该条规定：对于公民的申诉、控告或者检举，有关国家机关必须查清事实，负责处理，任何人不得压制和打击报复。而在实体法方面，《刑法》第307条明确规定了以暴力、威胁、贿买等方法阻止证人作证或者指使他人作伪证应负的法律责任，而第308条还专门规定了打击报复证人罪，以加强对证人的保护。同时在《治安管理处罚法》中第42条也规定了对证人及其近亲属进行威胁、侮辱、殴打或者打击报复的处罚方式和力度。在诉讼法方面，最新修改的《刑事诉讼法》中对于刑事证人保护制度有关规定予以细致化，第61条明确规定：人民法院、人民检察院和公安机关应当保障证人及其近亲属的安全。对证人及其近亲属进行威胁、侮辱、殴打或者打击报复，构成犯罪的，依法追究刑事责任；尚不够刑事处罚的，依法给予治安管理处罚。第62条更是进一步对该制度予以完善，规定：对于危害国家安全犯罪、恐怖活动犯罪、黑社会性质的组织犯罪、毒品犯罪等案件，证人、鉴定人、被害人因在诉讼中作证，本人或者其近亲属的人身安全面临危险的，人民法院、人民检察院和公安机关应当采取以下一项或者多项保护措施：

（1）不公开真实姓名、住址和工作单位等个人信息；

（2）采取不暴露外貌、真实声音等出庭作证措施；

（3）禁止特定的人员接触证人、鉴定人、被害人及其近亲属；

（4）对人身和住宅采取专门性保护措施；

（5）其他必要的保护措施。

证人、鉴定人、被害人认为因在诉讼中作证，本人或者其近亲属的人身安全面临危险的，可以向人民法院、人民检察院、公安机关请求予以保护。

人民法院、人民检察院、公安机关依法采取保护措施，有关单位和个人应当配合。

上述法律法规虽然相比以前大有发展，构成了当前我国对证人进行保护的基本框架，可是从司法实践的情况来看，该规定还不完善，存在的问题还有很多。

（二）我国刑事证人保护制度的问题

前面主要阐述了关于刑事证人保护制度的立法现状，由上述可知我国刑事证人保护制度还存在着一系列的问题，其中主要有以下几方面：

一是保护主体职责规定不够明确，过于笼统，缺少细致分工。虽然按照刑事诉讼法的规定，公、检、法三机关都是实施证人保护的责任机关，但是并没有明确三机关如何分工合作以及各机关在不同的诉讼阶段具体承担哪些职责等问题。再加上我国刑事诉讼过程中，各机关职能管辖明确，他们各有不同职能，由此很容易导致他们仅在各自的职能范围内对证人进行保护。这样不仅大量资源被浪费，还容易造成相互推诿的局面，这样证人的保护就很难得到落实。而且人力、物力、财力分散在不同部门，加上保护人员缺乏专业化水平，在没有专项资金的情况下，真的很难指望上述三个部门会真正关注对证人进行保护，如此刑事证人保护制度将变成一纸空文，很难实施下去。

二是在立法上存在矛盾、保护对象过于狭窄。如上所述，我国现行的刑诉法和刑法对证人保护范围的规定根本不尽一致，刑事诉讼法当中规定的保护范围是包括了证人及其近亲属的安全，而刑法中关于打击报复证人罪和妨害证人作证罪规定的保护对象却仅限于证人本人，对证人近亲属安全的保护基本没有规定。所以，就会经常出现当证人近亲属受到侵害，司法机关常常不知该如何进行保护和追究责任的情况。同时，我国法律本身只注重保护证人的人身安全不受侵害，忽视了对证人财产权利以及名誉权利的保护，可是在现实生活中，对证人打击报复时，侵犯证人及其近亲属财产权利或名誉权的行为非常常见。例如到证人家中打砸物什，砸毁证人的汽车等。所以，我们不仅要保护证人的人身安全，更要保护证人的名誉权、荣誉权、人格尊严以及相关的财产权利不受到侵犯。

三是保护程序缺乏可操作性。公、检、法三机关虽然在本机关关于实施刑事诉讼法的规范性文件当中，重新申明了各自具备证人保护实施主体资格的问题，但是可以采取哪些保护措施保障证人及其近亲属的安全，仍然没有制定出具有可操作性的具体措施，证人保护是一项程序性很强的工作，证人在什么情况下可以申请保护，需要经过什么程序，公安司法机关如何受理，保护证人安全可以采取哪些措施等，如果法律不作明确规定，在司法实践中一旦发生证人及其近亲属遭到威胁、报复等事实，特别是证人申请保护时，司法机关根本无法及时采取切实有效的措施，而且没有具体的程序规定，也难以有效评定证人保护的需求，可能产生不必要的行动。因此，法律规定缺乏操作性，必然会导致证人保护在实践中无法得到有效的落实和开展。

四是对证人的保护方法重惩罚轻预防。当今大部分法条规定主要是立足于对已经实施了的报复行为进行刑事处罚，这就意味着只有当证人因作证而付出各种代价后，法律才会出手，采取救济措施对其予以保护。可是实际上证人无论在审前、审中或审后均有可能遭到威胁、报复，如果没有预防性措施的保障，仅仅只是注重事后保护，这是无法彻底打消证人的惧怕心理的。另外，现行法律对于证人作证前后的保密工作也很少涉及。

五是发生证人受到侵害的事件后，对有关机关的责任追究不明确。保障证人安全是司法机关的责任，因此，证人保护不力就应当追究相关人员的责任，这是法律基本精神有权即有责的表现。不过现行法律在责任和后果的承担上却规定不明确，并没有说明证人因保护不到位而受到伤害，应该由谁来承担保护不力的责任，同时也没有一个明确的追究机制。而缺乏追责机制，就会使得负责证人保护的工作人员实际不受制度约束，可以心存侥幸，不严格落实刑事证人保护制度的有关规定，甚至不负责任的置证人安危于不顾。

二、对各国刑事证人保护制度的考察

现今世界各国法律体系，都可以划归为英美法系和大陆法系，所以对于刑事证人保护制度，两大法系之间的区别自然不小。分别考察两大法系当中典型国家对于刑事证人保护制度是如何规定的，从而为完善我国该制度提供借鉴。

（一）美国的刑事证人保护制度

美国证人保护制度起源较晚，在 20 世纪初的时候，证人地位很低，证人保护制度更是没有引起重视。直到 1962 年发生了瓦拉其案之后，加大对证人的保护呼声才逐渐高涨。当然美国建立起系统的证人保护程序，则是在 20 世纪 60 年代对黑帮势力的扫荡中逐步产生完善的。

第一，证人保护立法。美国国会于 1970 年通过了《有组织犯罪控制法》，授权于司法部长并且专门拨出一部分特别经费用于保护证人，而这也是正式标志着美国证人保护计划的启动。次年美国还出台了《证人安全法》，同时接着在 1976 年联合美国律师协会刑事司法部共同创设了被害人委员会这一重要机构。接着在其努力下，1982 年美国国会又通过了《被害人和证人保护法》，1984 年通过《被害人法》《证人安全改革法》等对建立刑事证人保护制度有重要意义的多部法律，由此美国对联邦证人保护程序的立法可谓是相当的成熟。

第二，证人保护机构。美国对证人进行保护的机构和我国具有相当大的不同，它已不仅仅局限于官方机构，在一定条件下民间机构竟然也参与了进来，并发挥着举足轻重的作用，因为最先对证人进行保护的恰恰是民间机构，政府只是对民间机构予以授权。只是随着证人保护形势的严峻，及私人机构对证人保护的种种限制，最后美国联邦政府才成立了官方保护机构，加大了对证人的保护力度。美国对证人的保护机构主要有以下几个：一是检察官执法办公室，属于检察官办公室的分支机构，负责联邦的电子监控和侦查，并负责证人保护计划的审批和管理；二是美国证人服务组织，它属于私人性质。后来在 1974 年，法律执行援助协会又赞助了 10 个被害人和证人的保护计划，并在后来美国证人保护制度中得到长足发展。接着在 1975 年，美国又建立了一个被害人援助联盟，对被害人、证人及其亲属提供全面性、系统性的援助服务，且该机构在 1980 年还正式获得政府基金补助。

第三，证人保护对象及手段。在美国刑事证人保护制度中，它的保护对象十分广泛，不仅包括可能受到报复陷害的证人，同时还包括和证人有利害关系的其他人，如他们的近亲属等。例如：美国《证人安全法改革法》所保护的对象除证人及其近亲属以外，还包括与该证人有密切关系的人，保护范围十分广泛。在全世界各国中，美国证人保护手段算是比较齐全的，除了最基本的隐藏身份：也即对出庭作证的证人不公布其姓名、住址等信息；还有提供完善的人身保护：即对证人由警察或其他组织在一定时间内提供人身安全保障；甚至更进一步还有安置住所和变更身份。会为前往其他地区的即将预出庭的证人提供临时居住或者长期居住住所；同时，通过各种手段，包括变更身份证件、档案、履历甚至易容等，变更证人的身份；必要时可以通过变更作证手段来保证证人安全作证：所谓作证手段变更保护是指，在证人出庭作证之时采取适当的措施变更证人以前同被告人面对面的作证方式，以保障其安全。

（二）德国的刑事证人保护制度

第一，证人保护立法。在1998年以前，德国有关证人保护的规定没有系统化，而是散见于刑事诉讼法、警察法以及法院组织法等多部法律中，而且当时德国的证人保护制度也主要适用于重大刑事案件。这个情况直到1998年12月，随着德国专门的《证人保护法》出台才有所改变，该法首次在法律中明确规定了对于易受伤害的证人可以获得指定律师的帮助，对未满16岁或证人于公判有正当理由不宜于庭上与被告人对面时，可利用录音、录像进行；可以对不出席法庭的证人进行录像询问，允许利用有线电视系统于别室对证人进行询问；对针对儿童之性侵害事件加以特别严密保护等。

第二，德国证人保护机构。德国承担证人保护任务的法定机构主要是联邦刑事警察局（BKA），保护的范围也是比较宽泛，包括证人及证人的亲属，还有证人最亲近的人，这规定是在1999年德国参议院审查保护证人的法律草案时加上的，在联邦和州建立证人保护机构，并规定除证人以外还应保护其亲属和其他有关人员；在证人变更身份之后，保护证人的退休保险请求权；刑罚执行程序中保护证人；法院程序中保护证人等。

第三，德国证人保护程序。德国对于证人保护采用的是“阶层理论”，即对受害的证人根据危险程度实行层层递进式保护，这是德国在证人的保护程序和措施上与其他国家大不相同的地方。第一阶段的证人保护措施对被告人的程序权影响较轻，主要是“匿名保护”“屏风遮蔽”“将被告人排除在审判庭外”“审判不公开”“视讯传送”等方法。第二阶段保护措施在前面基础上更进一步，主要是采取委托询问，在主要的审理程序中预见证人或者鉴定人在长期或不可预期的时间内生病或者残疾，或其他不能排除的障碍，因此法官能透过受托或调查法官执行讯问。在第三阶段，由于行政机关行使信息封锁权与证人特免权，即使法官也无法探知证人的身份，此种方法对证人的身份信息保密非常之到位。保护的手段主要有以下几项：匿名保护、视觉障碍、不公开审判、询问秘密证人排除被告人和律师、法庭外审理、视讯传送、委托询问、书面答询、传闻证人。

（三）英国的刑事证人保护制度

当然在世界各国中，英国对于刑事证人保护制度所作出的规定也是非常具有借鉴意义的。早在20世纪80年代，英国就开始对证人保护制度进行立法，并且在以后的立法和实践中不断地修正与完善。

第一，证人保护立法。英国于1998年发布《呼唤正义》和《迈向正确的结论》两份报告，其中提出了保护证人的100多项建议。后来，其中部分建议被1999年《青少年司法和刑事证据法》所吸收，其中规定的证人保护措施多是对英国证人保护的经验总结。2002年7月，英国内政大臣、大法官和总检察长向上下两院提交了具有准法律性质的《司法改革白皮书》，拟建立一个以被害人和证人为中心的刑事司法制度。同年，苏格兰发布了旨在为将来的法律改革提供依据的《重要的声音——帮助证人出庭作证》。

第二，证人保护条件、手段和对象。证人要受到保护必须满足一定的条件，即其有可能遭受到犯罪行为的侵害。如果负责侦查的警察认为应当对证人进行保护，应当由其提出请求，然后由证人保护计划的官员进行评估是否需要进行证人保护，再由高层管理会进行批准。根据《1999年警察与刑事证据法》，规定了8种证人隐蔽作证方式。证人保护对象主要包括符合条件的证人及其亲属。

第三，证人保护机构。英国的证人保护机构由三部分组成，分别是证人保护的官方组织、民间组织和部门间的证人保护组织。证人保护的官方组织主要是警察部门。后来，随着英国皇家检察院的成立，检察机关对侦查活动的介入，在侦查阶段出现警察机关和检察机关共同对证人进行保护的局面。英国保护证人的民间组织虽然发展时间相对于其他国家的较为短暂，但是，其证人服务制度却是最为完善的。英国为适应证人保护现状的需求，设立一种官民合作的部门间组织保护证人权利。例如：由地方居委会和警察局合作组成的社区和警局执法计划、萨尔弗德证人援助组织等。其中萨尔弗德融合了法院、市住房管理部、社区和社会服务部、警察局、缓刑处、国家健康信息服务处、被害人援助组织和地方市民咨询局等，为证人保护提供了全方面保护。

三、对我国刑事证人保护制度的完善

通过对我国刑事证人保护制度的现状与问题进行分析，再加上对外国法律规定的借鉴，笔者认为完善我国刑事证人保护制度可以从以下几个方面下手：

（一）建立专门的《证人保护法》

许多司法实践已经表明，可操作性极差的法律只能停留在制度层面上，缺乏处理社会实际问题的能力，自然更是谈不上具有权威性。针对我国目前证人保护立法的可操作性不强的现状，在学术界，就立法模式问题提出了多种意见：有的主张，无必要对证人保护单独立法，应将其置于正在起草的证据法典中单列一篇；有的主张，修改刑事诉讼法时，把证人保护作为专门章节予以规定；有的主张，先制定立法规划，修改诉讼法，写入原则性规定，待条件成熟后，再制定证人保护法，规定有关具体内容；有的主张，直接由最高立法机关出台专门的证人保护法，在此基础上，司法机关再制定具体实施细则。笔者赞同最后一种观点，因为证人保护问题是一项涉及社会各个方面、内容庞杂、条文繁多、行政性很强的法律制度，由诉讼法或者证据法予以规定并非适宜。而且制定一部专门的对证人的权利义务，证人保护机构及其职责，保护的对象、程序、手段，启动条件，案件范围，经费保障，费用承担以及责任制度等予以规定的法律，可以使得证人保护的重要性得以彰显，又有利于法律的规范统一，同时也是符合国际立法趋势。

（二）扩大证人保护对象的范围

必须将刑法与刑事诉讼法中不一致的规定统一，明确将证人保护对象确定为证人及其近亲属。因为很多证人之所以不愿出庭，更担心的是其家属和亲人的安全受到威胁，因此我们应该学习西方将证人保护对象界定为证人及其近亲属。当然，更进一步对于检举告发者，他们就算没有在以后的审判程序中成为证人，但是当受到威胁确有保护必要时，也可以与证人享有同等的保护。最后我觉得被害人及其近亲属也可以包括在刑事证人保护制度的对象当中。虽然法律规定证人是除当事人以外了解案件情况，并向司法机关作证的诉讼参与人，被害人虽不属于此范围，可是司法实践已经表明，被害人作为当事人了解案件的真实情况，对指控犯罪能够提供非常关键的信息，所以经常成为犯罪嫌疑人、被告人甚至是犯罪组织成员进行恐吓、威胁的对象。因此，我们也应该将其纳入刑事证人保护制度的保护范围。

（三）明确证人保护责任机关和相关责任

要明确证人保护的责任机关和相关责任，这样可以有效避免公、检、法三机关在证人保护这个事情中相互推诿。而在这其中，又因为侦查机关具有较强大的执行力，加上侦查阶段在司法程序中持续时间又长，具有特殊的地位，所以应该以侦查机关为主体对证人进行保护，而起诉机关、审判机关则从旁协助。当然证人如果感觉受到威胁则可以向公、检、法任何一家求助，至于具体由哪个机关采取措施则由三家内部分配。同时既然规定了证人保护责任机关，对于证人受到的侵害，法律也应该明确责任的划分，即完善事后追责机制，对于没有尽到职责的保护机关应该加以惩处，由此加大对证人的保护，避免公、检、法三机关出现不作为的情况。

（四）加强对证人的事前保护

现行法律忽视了对证人的事前保护，侧重对证人的事后保护。事前保护是指提前为证人提供的人身安全方面的保护，避免证人受到损害（伤害）。主要措施有姓名更改制度、改变居住地点等制度。事后保护，则是指在诉讼进行中或判决生效后，或是证人受到侵害时对证人提供的必要的保护。就我国现有的法律规定来说，绝大多数是关于证人的事后保护，对事前保护几乎没有规定。如果是事后保护，一旦侵害已经发生，事后惩罚对证人其实是没有实质意义的，而且威慑力也有所欠缺，对某些严重暴力刑事犯罪的行为人或组织来说也是无用的，无法有效阻止证人被侵害案件的发生。同时事后救济也不够全面，不能有效地为证人提供保护。而且就算是现有规定的事后保护制度，缺陷也着实不少，如《刑事诉讼法》有规定人民法院、人民检察院和公安机关应当保障证人及其近亲属的安全。该条规定主要是针对已然行为进行的事后处罚。但是该条规定还是过于原则、笼统，虽然在后面提及司法机关可以采取的措施，但在司法实践中还是难以操作，而这也就必然会导致证人不愿出庭作证。

证人出庭作证与否关系到庭审制度改革效果的好坏，关系到被告人辩护权能否得到全面行使，最终关系到案件能否得到公正的审理的好坏。鼓励证人积极履行出庭作证义务并依法保证证人的合法权利，有必要构建一个以事前和事中保护为主，事后保护为辅的完整的、体系的、合理的证人权益保护制度。证人权利的保障，是社会文明、民主发展的必然要求，是刑事诉讼顺利进行的必然要求，也是推进审判方式改革的需要。为回应司法实践的客观需要，推进我国司法制度改革进一步深入，应合理构建切实有效的、可持续的保护证人及其亲属人身财产安全的证人权益保护制度。

参考文献：

[1] 陈卫东. 刑事诉讼法实施问题调研报告 [M]. 北京：中国人民公安大学出版社，2002：359.

[2] 蔡伟鹏. 论建立和完善证人保护制度 [J]. 法制与社会，2010 (9)：15—22.

[3] 李美鑫. 论我国刑事诉讼中证人保护制度 [J]. 法制与社会，2014 (7)：26—33.

[4] 王永杰. 两大法系证人保护制度的比较与借鉴 [J]. 犯罪研究，2011 (3)：34—55.

[5] 高雅. 刑诉法修改后公安机关实施证人保护制度的思考 [J]. 北京警察学院学报, 2014 (3).
[6] 唐亮, 朱利江. 美国证人保护制度及其启示 [J]. 人民检察, 2001 (12): 22—42.
[7] 吴琼阁. 境外证人保护制度比较研究 [J]. 云南警察学院学报, 2008 (2): 84—92.
[8] 何家弘. 证人制度研究 [J]. 人民法院出版社, 2004: 164.
[9] 齐树浩. 英国司法制度 [M]. 厦门: 厦门大学出版社, 2005: 563.
[10] 陈光中. 21 世纪域外刑事诉讼立法最新发展 [M]. 北京: 中国政法大学出版社, 2004: 239.
[11] 姚健. 关于我国刑事证人保护制度的立法构想 [J]. 中州学刊, 2006 (6): 73—78.
[12] 李乐平. 现行刑事诉讼制度检讨与完善 [M]. 北京: 中国检察出版社, 2006: 90.
[13] 肖进成. 建立我国刑事证人保护制度的思考 [J]. 南京航空航天大学学报 (社会科学版), 2003: 5—14.
[14] 韩光军. 我国刑事诉讼中证人保护制度研究 [D]. 辽宁: 辽宁大学, 2013: 5.
[15] Children and Young Persons in the Criminal Justice System: TheCouncil of Europe Recommendation on Witness Protection and Rights of the Defence [J]. J. F. Nijboer, Criminal Law Forum1999, Volume10, Issue 4.
[16] Witness Protection in Criminal Cases: Anonymity, Disguise or Other Options; Demleitner, Nora V [J]. 46 Am. J. Comp. L. Supp. 641 (1998).
[17] 熊锋. 证人保护制度 [M]. 北京: 法律出版社, 2002: 86.

（作者单位：湖南省女社会科学工作者协会）

产权保护、双重计量与三重列报

曹 越

一、问题缘起

十八届三中全会的召开是中国市场转型开始的标志，在底层的自发努力与国家的权威运用之间形成制度变迁的合力，使分散的利益结合成为建设中国经济的伟大力量。中国从行政控制型经济到市场决定型经济的转型，堪称“历史上最为伟大的经济改革计划”，是哈耶克“人类行为意外结果”理论的一个极佳案例，使得约束竞争的权利结构从“以等级界定权利”过渡到“以资产界定权利”。十八届三中全会（2013）强调要使市场在资源配置中起决定性作用，十八届四中全会（2014）再次强调要加强对私有产权的保护。经济学本质上是研究稀缺资源的产权问题，也即产权的界定、交易、分配和保护问题。清晰的产权界定是市场交易的前提。产权界定与产权保护是现代会计的两大基本职能。准确界定产权是有效保护产权的前提。会计在市场经济的有序运行中处于最基础、最重要和最具操作性的地位，是整个产权界定体系和产权保护体系正常运转的基础。资源稀缺，竞争无可避免，决定胜负要有准则，在无数可以采用的准则中，只有市价（market price）不会导致租值消散，而市价的使用是基于私有产权的存在。作为人类“自生自发的合作秩序”，市场经济秩序的有序运转离不开会计对存量财产权益的准确计量和增量财产权益的恰当反映。会计法律制度体系须以“准确界定产权和有效保护产权”为根本目标，形成具有系统性与一致性的“正当行为规则”体系。计量是会计的核心，为防范租值消散，减少“公共领域”，以市价为基础的“价值计量”是一种必然选择。资产计价与收益决定是会计的两大主题，而这又必须是由针对财产权利计量和分配的会计制度来决定。

整体而言，现代会计已形成历史成本计量基础和公允价值计量基础。学者针对会计计量的研究集中在：一是会计计量属性的选择、作用、优缺点和不确定性；二是公允价值与金融危机、会计稳健性、信息披露、信息含量与金融工具计量；三是会计计量与财务会计的目标定位；四是主张用双重计量和多重计量来解决单一计量基础存在的问题。上述研究为本文奠定了重要基础，但如何协调决策有用与受托责任、相关性与如实反映、历史成本计量基础和公允价值计量基础，如何为各国（尤其是大陆法系国家）会计法律制度体系有序运行提供会计数据源，财务会计如何进行适应性变革来适应虚拟经济蓬勃发展的态势，这都是理论界和实务界亟待解决的重大理论与现实难题。IASB（国际会计准则理事会，下同）于 2013 年 7 月发布“财务报告概念框架评论”（A Review of the Conceptual Framework for Financial Reporting）讨论稿（Discussion Paper，以下简称 DP），2015 年 5 月发布“财务报告概念框架”（Conceptual Framework for Financial Reporting）征求意见稿（Exposure Draft，以下简称 ED），旨在通过提供一套更加完整、清晰和更新后的概念来改进财务报告。IASB 的现行 CF（概念框架，下同）由其前身 IASC（国际会计准则委员会）于 1989 年制定，其中关于财务报告目标和财务信息质量特征的内容由 IASB 与 FASB（美国财务会计准则委员会）于 2010 年在双方的联合项目中修订。CF 实质上是由一些财务会计最为基本的概念所组成，它们相互关联，形成一个完整的框架体系，目的在于指导会计准则的制订或应用。CF 是会计理论体系最实用的部分，有助于：协助 IASB 基于一致的概念制定准则；协助财务报告编制者在某一特定交易或事项没有实用的准则，或者某项准则允许选择会计政策时确定一致的会计政策；以及协助他人理解和解释准则。如何建议 IASB 完善 CF 及 IFRS（国际财务报告准则，下同），加快趋同进程，显得尤为必要。综上，本文的研究显得极为迫切。

二、会计计量：从“二元计量”到“双重计量”的嬗变

（一）二元计量的必然性及经济后果

1. 二元计量的形成及其必然性

本文所指的二元计量（又称混合计量）是指，一项资产或负债要么采用“历史成本计量基础”，要么采用“价值计量基础”。而单一计量即指全部资产或负债均适用同一计量基础，即历史成本计量基础或价值计量基础。ED 将计量基础划分为两大类：历史成本和现行价值（Current Value），其中现行价值包括针对市场参与主体的公允价值（Fair Value）和针对特定个体的使用价值（Value in use）、履行价值（Fulfilment value）。现代市场经济体系由实体经济和虚拟经济构成，形成了二元经济结构。市场经济中的商品交易本质上是一种权利交易，正是权利的价值决定了商品的价值。二元经济结构的背后是二元产权结构，即“产权 = 实体产权 + 虚拟产权”。实体产权的显著特征是价值变动风险小，其价值的实现一般具有确定性和稳定性的特征。虚拟经济源自货币和价值符号，是在信用制度和股份制度的基础上发展而来，它涵盖整个金融市场体系，是以金融体系为依托的各种金融工具及其交易的总和。虚拟经济的显著特点是价值变动风险大、交易频繁，价值的实现一般具有非确定性和“随行就市”的特点。会计计量的对象实际上是财产权利，计量属性的选择须与财产权利的特征相匹配，从而使得个体收益率与经济组织收益率趋于一致，自发促进经济组织生产性努力的增长。计量投入的生产率及对报酬的计量是经济组织两个至关重要的需求，报酬的支付须与生产率保持一致性；如果经济组织的计量能力很差，报酬与生产率之间只有松散的关系，生产率将较低；但如果经济组织的计量能力很强，生产率就高。据此可以得出会计计量的一般原则：就计量基础而言，实体产权应采用历史成本，虚拟产权应采用现行价值。“产权 = 实体产权 + 虚拟产权”，合乎逻辑地推出“会计计量 = 历史成本 + 现行价值”，由此形成“二元计量”模式。该模式形成的必然性如下：

历史成本计量基于过去的交易或事项，能够提供资产、负债、收入和费用信息，尽管并不能反映资产或负债的价格变化，但能反映资产的减值、消耗以及负债的履行。非金融

资产的历史成本是资产收购或购建过程中所产生的所有费用，包括给予的对价和交易费用。只有发生资产的消耗（折旧或摊销）和资产历史成本不可收回（减值）时，才须进行调整。非金融负债的历史成本是承担负债时所实际收到的对价（剔除交易成本），只有发生应计利息、负债的履行以及估计的现金流出超过实际收到的对价时，才须进行调整。金融资产与金融负债的历史成本（即摊余成本）与上述类似，其后续的账面价值以摊余成本计量，反映应计利息、预计现金流量（含金融资产减值）、付款或收款的变化，但并不能反映其他因素引起的后续价格的变化。以历史成本计量的收入和费用可能具有预测价值，如对于非金融资产而言，有关过去商品和劳务的供应所收到的对价以及过去消耗方面的信息可以被用来评估一个主体未来现金流量的前景。此外，以历史成本计量收入和费用也可能通过反馈过去现金流量或利润而产生确认价值（Confirmatory Value）；与采用现行价值计量相比，历史成本计量更简单、代价更低，更容易被人理解和验证（verifiable）。会计和审计界之所以选择以历史成本为主要计量属性，根本原因就是保证财务报表的真实、客观，财务数据可以稽核。可见，历史成本计量的显著特点是不反映后续资产或负债价格的变化，坚持实现原则，主要适用于价格变化小、价值变动风险小、管理上不要求报告价格变化的会计要素计量。这与实体产权的特征不谋而合。因而，历史成本计量基础与实体产权计量相匹配。

现行价值计量基础包括公允价值、资产的使用价值和负债的履行价值。现行价值计量使用更新之后（updated）的信息来计量当日的资产、负债、收入和费用。因为更新，现行价值能够捕获到自前一计量日以来现金流和其他因素积极或消极的变化。公允价值是指市场参与者在正常的有序交易中，出售资产所收到或转移负债所支付的价格。公允价值反映了以下因素：一是预计未来现金流量；二是由现金流量固有的不确定性引起的，计量资产或负债未来现金流量估计数和时间的可能变化；三是货币的时间价值；四是承受现金流量固有的不确定性的价格（即风险溢折价）；五是市场参与者考虑的其他因素如流动性等。以公允价值计量的资产和负债具有预测价值。因为公允价值反映了现金流的数量、时间和不确定性的预期（expectations），即反映了市场参与者的预期，并以反映它们的风险偏好方式来定价。如果财务信息提供关于（确认或改变）前期估计的反馈，那么财务信息具有确认价值。通过提供前期估计数的反馈，公允价值也具有确认价值。以公允价值计量的收入和费用可以通过不同的方式来提供具有预测价值和确认价值的信息①：如在资产持有期间，市场参与者期望的回报值；期望的回报值与主体实际使用资产产生的回报值之间的差异；与市场参与者风险偏好估计变化相结合，市场参与者有关未来回报的数量、时间和不确定性预期估计变化效应。使用价值和履行价值是特定主体的价值（entity - specific values）。使用价值是指主体预期从一项资产的持续使用和最终处置中所获现金流量的现值（present value）；履行价值是主体预期履行（偿还）一项负债所支付的现金流量的现值。使用价值和履行价值不能被直接观察到，需要借助现金流量基础计量技术来确定。原则上，资产的使用价值与负债的履行价值跟公允价值计量所需考虑的因素相同，但为了提供

① 财务信息的预测价值和确认价值是相互关联的。具有预测价值的财务信息通常具有确认价值。如本年的收入信息可以作为预测以后年度收入的基础，同时也可以和以前年度关于今年收入的预测值进行对比。这些对比的结果可以帮助信息使用者修正和改进先前预测的流程（para2. 10）。

最有用的信息，它们可能需要根据以下假设进行调整：一是使用市场参与者有关货币时间价值和风险溢价的假设；二是从履行价值中排除主体违约的可能性造成的影响。可见，以现行价值计量的显著特点是反映资产或负债后续基于风险调整等多种市场因素或个体因素引致的价格或现值变化。计量结果反映了市场或特定个体对资产或负债的预期，具有非确定性和“盯市调整”特征，主要适用于价值变动风险大且需及时报告变动结果的金融工具计量，这与虚拟产权的显著特征相吻合。因而，现行价值计量基础与虚拟产权计量相匹配。综上所述，二元产权结构决定了二元计量模式。

2. 二元计量的经济后果

“二元计量”尽管有其形成的必然性，但也有其难以回避的经济后果：

一是历史成本计量基础即便具有很好的“如实反映”信息质量特征，但可能缺乏“相关性”。如不同时期取得或产生的类似资产或负债在财务报表中列报的金额相差很大，这导致在不同的报告主体之间以及同一报告主体内部的可比性降低。此外，在价格变化非常显著时，现行成本（Current cost）就比历史成本更相关，因为它符合实物资本保全理念并更能准确预测未来的利润。相关的信息是指投资者能够用来评估公司现在和未来经济状况的信息，而“如实反映”的信息则是指精确的和不会被管理当局操纵的信息。目前已证明，保证投资者获得有效信息的机制虽然能够控制逆向选择，但却不一定会是激励管理人员（即控制道德风险）的最优机制，相关性与可靠性（如实反映）两相权衡所得到的信息是对投资者最有利的信息。这也说明财务信息同时具有高“相关性”和高“如实反映”质量特征是一种理想状态，现实中两者时有冲突。

二是现行价值计量即便具有很好的“相关性”，但可能缺乏“如实反映”。如果某一项资产或负债的公允价值难以在一个活跃的市场观察到，那么就需要使用估值技术来确定公允价值。估值过程可能昂贵且复杂，估值过程中的输入值（inputs）可能是主观的，很难验证输入值和估值过程的有效性（validity），导致不同的主体对同一资产或负债计量的结果不同，这直接削弱了可比性，间接减损了如实反映。使用价值和履行价值是以现金流量为基础的计量技术，而未来现金流量取决于报告主体的估计，这也会存在公允价值类似的问题。此外，很多资产是与其他资产结合使用的，其使用价值难以单独计量，而是以一组资产联合计量，然后再将结果分配给单一资产。这种分配过程复杂而昂贵，具有主观性。另外，使用价值和履行价值的估计可能不经意地（inadvertently）反映了与其他资产和负债的协同效应（synergies effect），可能不只是计量了他们想要的项目。估值过程的主观性、联合计量及分配、计量的协同效应决定了现行价值计量基础可能难以“如实反映”计量对象。IASB 在 CF ED 中首次增加讨论了“计量的不确定性”，认为计量不确定性是影响财务信息相关性的因素，“当一项资产或负债计量不能被直接观察而必须采用会计估计来替代时，计量的不确定产生。估计的使用是生成财务信息的一个必不可少的部分，并没有减弱财务信息的相关性，但会计估计需要恰当地描述和披露”。但 IASB 也承认“如果估计的不确定性很高，那么该会计估计相对于它本来可以达到的低计量不确定性是不相关的，如一些估计引致的高计量不确定性会偏重某些其他因素到某种程度以至于得出的财务信息不相关”。有用的财务信息必须具有相关性和如实反映的特征。一个不相关经济现象的如实反映或一个相关现象的不如实反映都不能帮助信息使用者做出正确的决策。如果报告主体恰当运用合适的程序、恰当地描述会计估计以及解释任何显著影响估计的不确定性，一项会计估计可以说是如实反映。如实反映即指客观、公允地反映交易或事项。为了达到完美的如实反映，一项描述（depiction）需要其有完整性、中立性和无差错的特征。而现行价值计量中存在的主观性、高计量不确定性与中立性相悖，联合计量及分配跟“无差错”相悖，协同效应跟“完整性与无差错”相悖。这都可能导致现行价值计量结果难以符合“如实反映”的质量特征。

三是二元计量使得财务报表汇总数据成为混合数据，降低财务信息的有用性。反映实体产权过去交易或事项的历史成本计量财务数据与反映虚拟产权现在和未来预期交易或事项的现行价值计量财务数据混淆起来。已实现的利得或损失与未实现的利得或损失（如公允价值变动损益、其他综合收益等）混淆起来。报表使用者难以识别财务报表中哪些数据是面向过去的，哪些数据是面向现在和未来的；财务报表中的“净利润”，哪些是已实现、可分配的，哪些是未实现、不可分配的。报表使用者也难以识别财务报表数据反映的主体面临的风险，如以公允价值计量且其变动计入当期损益的金融资产资产负债表日的公允价值与初始投资成本偏离程度高低。这些都降低了财务报表数据的有用性。财务报表混合计量（二元计量）的矛盾是当前财务报表面临的实质问题，它威胁到当前的财务报表能否满足评估管理当局的受托责任和对资源配置决策有用性的财务目标，也关系到报表中“财务状况”、“经营成果”和“现金流量”是否符合会计信息“如实反映”和“相关性”的基本质量特征，因此必须得到妥善解决。

四是二元计量与会计稳健性。二元计量使得会计稳健性的存废问题成为争论的焦点。CF ED 将有用财务信息的质量特征分为基本质量特征（Fundamental qualitative characteristics）和增强质量特征（Enhancing qualitative characteristics）：前者包括相关性和如实反映，后者包括可比性、可验证性、及时性和可理解性。并没有将谨慎性（稳健性）单独作为一个信息质量特征。现行价值计量侧重相关性，要求财务信息具有预测价值、确认价值或两者兼而有之。而预测要求公允地考虑资产或负债的未来风险、违约情况、资金时间价值等各种因素，这与谨慎性的内涵背道而驰。稳健性是指确认好消息比坏消息有更高的可验证性程度倾向，对资产与负债、收入与费用、利得与损失进行非对称处理。经验证据表明，稳健性是普遍存在的，已成为一个国际会计惯例，其产生主要归因于契约、诉讼、税收和政治。公允价值与会计稳健性之间的关系在历史成本会计模式下若即若离，在公允价值会计模式下彻底背离，在混合会计模式（二元计量）下适度耦合（张荣武、伍中信，2010）。可见，现行价值计量基础与稳健性相悖。实际上，IASB 在 2010 年 CF chapter 3 中删除了谨慎性概念的应用，在 2013 年 CF DP 中就谨慎性不符合中立性、低估资产或高估负债导致难以真实、公允地反映交易或事项的经济实质展开讨论。许多反馈者建议重新引入谨慎性概念的明确指引，因而 IASB 在 CF ED 中增加了“谨慎性”（prudence）指引，“中立性由谨慎性支持。谨慎性是在不确定的情况下做出判断需要保持一定的注意（caution），其运用体现为资产和收入不能被高估或低估、负债不能被低估或高估”。而这已经偏离了稳健性（Conservatism）的初始涵义，因为谨慎性被解释为在确保财务信息中立性时需要保持注意。会计稳健性作为一种国际会计惯例具有普适性，会计制度的演进遵循着“会计习惯→会计习俗→会计惯例→会计法律制度”的套路。若在 CF 中删除稳健性，则将使得以 CF 为指导的 IFRS 舍弃稳健原则，这是建构理性主义“致命的自负”，源于会计惯例的稳健性原则属于“正当行为规则”，强制删除稳健性将使得 IFRS 丧失“正当性”，阻碍趋同进展，难以建立全球公认的高质量财务报告准则体系。

五是二元计量与会计法律制度体系冲突。英美法系会计法律制度体系主要由宪法、财产法、契约法、继承法、公司法、破产法和会计准则构成，大陆法系会计法律制度体系主要由宪法、民商法、公司法、税法和会计制度构成。英美法系国家沉淀了个人主义历史传统，证券市场蓬勃发展以来会计制度服务私人决策意思浓烈，遵循“判例法”传统，往往形成“金融预期型”会计制度，具有私益性；大陆法系国家“法典式会计制度”特色鲜明，遵从“上位法决定下位法”，往往形成“法律遵从型”会计制度，具有公益性。与大陆法系相比，英美法系会计法律制度因“判例法”传统而具有更高的适应性效率。二元计量的引入使得会计制度与法律制度的理念发生重大分歧。现行价值计量基础的引入使得会计制度由“法律遵从型”转变为“金融预期型”：会计制度以决策有用性为目标，以相关性为首要信息质量特征，沦为证券市场投资者交易公司股权（外化为股票、基金、期权、期货、认股权等金融工具）的估价工具；而法律制度以维护社会公平正义为要义，强调基于交易的可稽核、可验证的证据，重视证据的可信度和公信力，坚持历史成本计量、实现原则和配比原则。会计制度处于会计法律制度体系的基础层次，现行价值计量基础的引入使得会计法律制度体系的运行基础被架空，难以为会计法律制度体系的有序运行提供有效的数据源。

（二）双重计量发轫：不完全契约与财权理论

双重计量是指对每一项资产或负债既采用历史成本计量又采用现行价值计量。会计是以货币为主要量度，依据公认标准来界定财权（产权）和保护财权（产权）以内部化外部性的微观计量系统。贯穿会计发展史，会计的对象是产权流或产权价值运动。但是，现代会计是一个货币计量系统，产权的价值形态即为“财权”。“财权”是一种“财力”及与之相伴“权力”耦合体，即“财权 = 财力 + （相应的）权力”。其中，“财力”表现为一种价值，是企业的财务资金或本金，而相应的权力则是隐藏在“财力”背后并支配“财力”所具有的权能。在财权归属于产权的内容中，主管价值形态的权能，并构成法人财产权的核心内容。财权流是现代会计对象的恰当表述。财权（产权）的载体是契约，契约的基础是财权（产权）。基于不完全契约理论，财权在现实中也体现为一种不完全财权契约：该契约中的完备部分（即能够用条款规定且其结果可由第三方验证）形成通用财权契约，而不完备部分（即不能事先由条款规定或即便能用条款规定但结果具有不可验证性）则形成剩余财权契约。其中，通用财权契约的保护侧重公平，旨在为合同交易双方提供稳定预期，一般由法律、公司章程予以规制，遵循休谟（Hume）“稳定财产占有法则”和“履行许诺法则”；而剩余财权契约的保护侧重效率，旨在促进合同交易双方自愿交易和自由缔约，一般由交易习惯、习俗和惯例来调整，遵循休谟（Hume）“根据同意转移所有物的法则”。可见，“财权 = 通用财权 + 剩余财权”，财权是一个二元结构价值体系，即由基于公平价值观的通用财权和基于效率价值观的剩余财权构成。前文已述，现代市场经济是由实体产权和虚拟产权构成的二元产权结构，其价值化形成实体财权和虚拟财权，即“财权 = 实体财权 + 剩余财权”。结合前文实体产权和虚拟产权的显著特征可知：就实体财权而言，其构成是“通用财权为主，剩余财权为辅”；而对虚拟财权而言，其构成则是“剩余财权为主，通用财权为辅”。通用财权遵循“稳定预期”和“履行许诺”，要求会计计量遵循确定性原则、财务会计具有信任功能及财务信息应具有可验证性，这与历史成本计量的特征相吻合，即与通用财权相匹配的计量基础是历史成本；而剩余财权遵循“自愿交易”和“自由缔约”，要求会计计量及时提供面向现在和未来的具有预测价值、确认价值的信息，财务信息应具有估值功能，这正与现行价值计量的特征相一致，即与剩余财权相匹配的计量基础是现行价值。可见，进一步的分析表明，对于实体产权而言，其计量基础应以“历史成本为主、现行价值为辅”；对于虚拟财权而言，其计量基础应以“现行价值为主、历史成本为辅”，由此形成“双重计量”。即对每一项财权，均从历史成本计量和现行价值计量两个维度来刻画其增减变动及结果，揭示其风险，从而为解决二元计量情景下的难题和推进 IASB 趋同进展奠定坚实基础。双重计量的形成逻辑如下图所示：

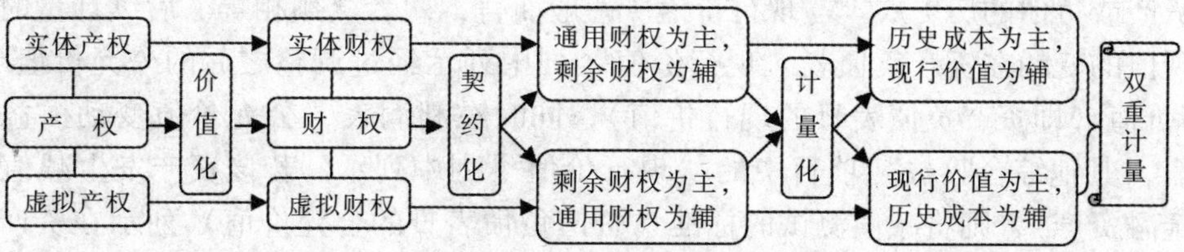

图 1 双重计量的形成逻辑

三、三重列报：财务会计适应性变革的可行路径

（一）三重列报操作方案及推广成本

三重列报是指将财务报表改造成“三栏式”，分别列示“历史成本”“现行价值”和“现行准则要求数据”。推行三重列报须基于双重计量。美国会计学会于 1966 年在其著名报告《基本会计理论说明书》（ASOBAT）的附录中，建议将财务报表改成“历史成本”和“现行成本”两栏式结构以应对当时剧烈的物价变动。基于此，葛家澍和叶丰滢（2010）主张将现行财务报表改为“历史成本”“公允价值”和“合计”三栏，将报表的“合计数”分解为“历史成本”和“现行价值”，从而将由二元计量引致的混合数据变为清晰可辨的数字，增加财务报表数据有用性。具体的操作方案是：根据现行准则，凡准则要求或允许按公允价值计量的项目列示在“公允价值”一栏，凡准则要求按历史成本计量的项目列示在“历史成本”一栏。“合计栏”的数据等于“历史成本数据合计 + 公允价值数据合计”，从而向报表使用者传递出合计数中历史成本与公允价值的构成比例关系，有助于报表使用者了解主体公允价值运行的范围及程度，从而调整自己的决策。然而，该列报方式是基于二元计量（混合计量），仍无法解决二元计量情景下面临的难题，从而催生出三重列报，该列报的具体操作方案是：（1）对于实体财权而言，因其计量基础是“历史成本为主、现行价值为辅”，所以在列示时，初始计量列示在“历史成本”中。后续计量若是折旧、摊销，仍列示在“历史成本”中；若发生减值，“历史成本”列示减值之前的账面价值，“现行价值”列示减值测试的标准（如长期资产一般为可收回金额、存货为可变现净值、贷款和应收款项为现值）；若未发生减值，则将账面价值列示在“历史成本”中。涉及连续会计年度时，主要涉及再次减值或升值的列示。若年末再次发生减值，“历史成本”列示自上一会计期间以来资产在本年末的账面价值（即上期期末数据剔除折旧、摊销后的余额），“现行价值”列示当年年末发生减值测试的标准（同上）。这样在期

末，将“历史成本”和“现行价值”对比就可以传递累计发生的减值损失金额。若涉及升值（可能源于物价变动），则“现行价值”仍列示减值测试的标准（同上）。这样，“历史成本”和“现行价值”在年末的对比就可以反映出自初始计量以来，该资产累计的现行价值变动结果。处置时，在利润表中，“历史成本”列示处置时的售价减去处置时该资产的账面价值（按资产负债表中的“历史成本”列示数据）及相关税费来确定，“现行价值”列示处置时的售价减去处置时该资产的“现行价值”列数据（按资产负债表中的“现行价值”列示数据）及相关税费来确定。(2) 对于虚拟产权而言，其计量基础是“现行价值为主、历史成本为辅”。初始计量时，在“历史成本”列和“现行价值”列同时分别列示资产或负债的历史成本与现行价值。一般而言，两者金额相等。后续计量时，公允价值或现值的变动在资产负债表“现行价值”列中列示经过调整之后的公允价值/使用价值/履行价值（即资产负债表日的现行价值），同时在利润表“公允价值变动损益”或资产负债表“其他综合收益”项目中的“现行价值”列中列示。若该资产发生减值（如可供出售金融资产），则将减值测试的标准（资产负债表日的公允价值）列示在资产负债表“现行价值”列中，同时利润表对应报表项目中将按现行准则规定确认的“资产减值损失”金额列示在“现行价值”中。若发生减值之后的资产又升值（现行准则也允许转回），则遵从现行准则处理，将相关计量结果列示在报表的“现行价值”列中。处置时，利润表中对应项目“历史成本”列列示“售价减去初始计量的历史成本及处置中发生的相关税费”（该数据即为企业所得税法规定的投资资产处置所得），“现行价值”列列示“售价减去处置日的账面价值、处置税费，同时加上将未实现的收益（公允价值变动损益和可转当期损益的其他综合收益）转化为已实现收益（投资收益）”。不管是虚拟财权还是实体财权，第三列均按现行会计准则的要求列示数据，从而形成三重列报操作方案。

该方案具有较低的推广成本：一是可以保持现有报表体系结构，仅仅将现有报表的金额“一栏”分解为“三栏”，在财务软件或电子化表格中容易操作。二是就虚拟产权而言，“现行价值”列列示的数据与现行准则的要求一致，而“历史成本”列的数据在初始计量时易取得且可验证，并不会实质性增加财会人员的工作负担。三是就实体财权而言，财会人员的工作量会有所增加。初始计量时“历史成本”列与现行准则要求一致。后续计量时若未发生减值或升值，也与现行准则要求一致，如发生减值或升值时，则“历史成本”列需要列示不考虑减值或升值情况下资产的账面价值（即考虑折旧、摊销），实际上这种做法在现行准则中也有类似规定：持有至到期投资发生减值后又升值时，原确认的减值损失应当予以转回，计入当期损益，但转回后的账面价值不得超过假定不计提减值准备情况下该金融资产在转回日的摊余成本（对持有至到期投资而言，摊余成本即为账面价值）。后续计量“现行价值”列列示的是判断是否发生减值或升值时的标准（除使用寿命不确定的无形资产和商誉外，只有出现减值迹象时才须进行减值测试；根据重要性原则，建议只有出现明显的升值迹象时才需要升值测试；减值测试和升值测试的标准相同）。这种数据也容易获得，只是升值测试会增加财会人员的工作量，但并非大幅增加。四是不需要在记账凭证、明细账和总账中增加“历史成本”和“现行价值”列，可以在保持现有会计核算基础上获取所需的数据源，不会实质性增加现有会计实务的核算成本，容易在实务中推广。综上所述，三重列报是一种低成本改进财务报表列报、增加财务信息有用性的列报方案。

（二）三重列报与财务会计适应性变革

三重列报有助于二元计量难题的解决，是财务会计适应性变革的可行路径：

一是通过兼容财务报告“决策有用”和“受托责任”的目标，切实解决财务信息“相关性”与“如实反映”的冲突问题。IASB在“2010年财务报告概念框架”Chapter 1（通用目的财务报告的目标）中指出“通用目的财务报告的目标就是提供报告主体的财务信息以有助于现在和潜在的投资者、债权人作出是否向该主体提供资源的决策”（OB2）。在IASB发布CF DP后，很多反馈者要求财务报告目标应更加重视评价管理层对主体资源受托责任所需信息的重要性。IASB在CF ED中指出“财务报表的目标是提供一个主体资产、负债、权益、收入和费用的相关信息，有助于报表使用者评价主体未来净现金流入的前景以及评价管理层对主体资源的受托责任”。在这一点上体现了IASB有望将“受托责任”纳入CF。财务报告的目标是CF的基础（foundation），CF的其他方面均源自目标的逻辑推演。一般而言，“决策有用”强调“相关性”，而“受托责任”强调“如实反映”。然而，对投资者的保护作用而言，“决策有用观”取决于特定的经济体制、商业惯例和相关市场成长发育特征，“受托责任观”则是发挥公司治理机制的功能；公司治理机制是业绩的基础特征，受托责任的财务信息有助于完善公司治理机制，从而更基础、更长远地保护投资者。然而，相关的信息并不一定如实反映，而如实反映的信息并不一定相关。相关性偏向采用现行价值计量基础，而如实反映则偏向历史成本计量基础。三重列报将“历史成本”和“现行价值”分别列报，可以满足报表使用者多方面的信息需求，能够破除“决策有用”与“受托责任”、“相关性”与“如实反映”长久以来的争论僵局，使得列报的财务信息既能如实反映，又具有相关性。

二是三重列报将现有的混合数据改进为“历史成本”和“现行价值”，可以协调财务会计信任功能与估值功能的矛盾。财务会计的基本职能既不试图提供可能的未来信息，又不产生非财务信息，其任务是为企业提供历史的财务信息。财务报表是以过去的交易和事项为基础，以有力的客观而可稽核的证据来支撑；其他财务报告以报告日为基础，运用估计、判断和模型来捕捉不确定性，这些不确定性可能提供财务和其他经济信息，有助于使用者作出决策；两者都是完全必需的，但财务报表是中心，其他财务报告是补充。上述主张旨在维护财务会计的信任功能，因为财务会计是一种低成本的信息机制。然而，随着虚拟经济的蓬勃发展，证券市场交易规模不断扩大、交易日益频繁，IASB认为财务报告应向使用者提供有关主体未来净现金流入的前景，这实际上是要求财务报告具有估值功能。一般而言，信任功能要求会计计量采用历史成本基础，财务信息具有完整性、中立性、无差错和可验证性；估值功能要求会计计量采用现行价值基础，财务信息具有预测价值或确认价值，信息生成充满估计与判断。在财务报表中采用历史成本计量基础确保财务会计具有信任功能，而在其他财务报告中采用现行价值计量基础实现财务会计的估值功能，也是一种理想列报模式，但与IASB当前的工作思路和各国现有准则的实际情况不符，这种列报模式将颠覆现有的会计实务，改革成本高昂。此外，将估值功能放在其他财务报告中且处于“补充地位”，也可能减损整个财务报告体系的决策有用性。而三重列报中“历史成本”列可以确保财务会计具有信任功能，“现行价值”列可以实现财务会计的估值功能，且两者平行列报，可以同时充分实现财务会计的信任功能和估值功能，协调二元计量情景下两者的矛盾。

三是三重列报可以使会计稳健性这一国际会计惯例得以保留。本质上而言，会计准则的国际趋同应以会计惯例具有共性为前提。经验证据表明，会计稳健性是一个国际会计惯例，遵从“斯密—门格尔—哈耶克”的演进理性主义理路，IASB 应将其纳入 CF 及具体准则中，从而确保 IFRS 属于“正当会计行为规则”。然而，IASB 为了提升财务报告的估值功能，在现有 CF 中删除稳健性以指导 IFRS 的修订，并强制性推进 IFRS 的趋同进程，这必将使 IFRS 难以成为“正当会计行为规则”而被世界各国所普遍接受，这是“康芒斯—凡伯伦—诺思”工具理性主义理路“致命的自负”。全球性会计制度变革必须以各主权国家统一会计制度为基础，由一国会计制度向全球会计性会计制度演进须经过长期的反复协调过程；全球性会计制度改革的基本方针应以协调为指导，将全球性会计准则构建的基本范围分为一致性、趋同性与协调性三个维度，依次增进，建立现阶段全球会计准则体系。那么，三重列报“现行价值”列通过实现财务报告的估值功能而为 IASB 在 CF 及 IFRS 中吸纳稳健性等国际会计惯例奠定基础和可行路径。这对于提高 IFRS 的普适性，加快趋同进程具有重要意义。

四是三重列报可以为会计法律制度体系的良序运行提供数据源，切实解决二元计量境势下会计法律制度体系冲突问题。前文已述，法律制度强调基于交易的可稽核的数据，主张依法记账，贯彻历史成本计量、实现原则和配比原则。经济史中先后诞生了两类会计规则：一是遵循民商经济法、追求公共利益的“法律遵从型”会计制度；二是面向证券市场、谋求私人利益的“金融预期型”会计准则。2007 年实施的企业会计准则使得我国的会计制度从“法律遵从型”过渡到“金融预期型”，报表中“利润总额”因包含未实现的利得和损失不具有可分享性而不被企业所得税法和公司法所认可，“净资产”因包含预期公允价值变动而不代表实际新增的确定性财产权益。会计准则与税收法规、公司法等民商经济法相分离。2010 年我国确立了中国企业会计准则与国际财务报告准则持续全面趋同战略，要求会计准则与 IFRS 保持同步。在此背景下，三重列报中“历史成本”列可以为民商经济法的良序运行提供基础性的数据源，如利润表中“历史成本”列的“利润总额”就代表新增的确定性利润，具有可分配性，符合税法、公司法和破产法等民商经济法理念，是企业所得税法应纳税所得额和公司法可供分配利润的基础数据源。“现行准则要求数据”列列示的数据符合趋同战略和政府监管部门的要求，降低因报表不被其他国家认可而发生的调整成本，有助于促进跨国交易、投资，享受国际趋同收益。总之，三重列报可以有针对性地解决会计法律制度体系冲突问题，有助于建立以准确界定产权和有效保护产权为目标、具有系统性与一致性特征的会计法律制度体系。这对于破解各国（尤其是大陆法系国家）会计制度国际趋同导致的会计法律制度体系冲突难题，解决强制趋同获得的收益与法律体系高昂的调整成本之间的矛盾，化解趋同障碍，加快趋同进程，建立全球统一的高质量会计准则体系具有借鉴意义。

参考文献：

[1]［加］斯科特. 财务会计理论［M］. 陈汉文，等译. 北京：机械工业出版社，2006.

[2] 阿尔钦，德姆塞茨. 生产、信息费用与经济组织. 载：［美］科斯等著，刘守英等译. 财产权利与制度变迁［M］. 上海：上海人民出版社，2002：61—62.

[3] 曹越，等. 现代会计理论的产权基础［J］. 财经理论与实践，2011（4）：60—64.
[4] 曹越，等. 两大法系会计法律制度：架构、特征与适应性效率［J］. 会计研究，2014（10）：13—16.
[5] 成思危. 虚拟经济与金融危机［J］. 管理科学学报，1999（1）：1—6.
[6] 高德. 虚拟经济的起源［J］. 南开经济研究，2002（4）：55.
[7] 葛家澍，刘峰. 论企业财务报告的性质及其信息的基本特征［J］. 会计研究，2011（12）：3.
[8] 葛家澍，叶丰滢. 论财务报表的改进——着眼于正确处理双重计量模式的矛盾［J］. 审计研究，2009（5）：5—6.
[9] 葛家澍，叶丰滢. 双重计量在财务报表列报中列报的新探索［J］. 厦门大学学报（哲学社会科学版），2010（1）：38—40.
[10] 葛家澍. 财务会计的本质、特点及其边界［J］. 会计研究，2003（3）：3.
[11] 葛家澍，等. 财务会计计量模式的选择：双重计量［J］. 会计研究，2010（2）：7—10.
[12] 郭道扬. 论产权会计观与产权会计变革［J］，会计研究，2004（2）：8—15.
[13] 郭道扬. 会计制度全球性变革研究［J］. 中国社会科学，2013（6）：72—76.
[14] 施先旺. 产权价值运动：基于会计对象视角的分析［J］. 会计研究，2006（6）：35.
[15] 伍中信. 现代财务经济导论：产权、信息与社会资本分析［M］. 上海：立信会计出版社，1999：29.
[16] 夏冬林. 受托责任、决策有用性与投资者保护［J］. 会计研究，2015（1）：25.
[17] 张荣武，伍中信. 产权保护、公允价值与会计稳健性［J］. 会计研究，2010（1）：28.
[18] 张五常. 中国的经济制度［M］. 北京：中信出版社 2009：122.
[19] 张晓朴，朱太辉. 金融体系与实体经济关系的反思［J］. 国际金融研究，2014（3）：43—46.
[21] 周华，等. 财产权利的计量规则与企业利润的可分享性［J］. 财贸经济，2008（7）：46—53.
[22] 周其仁. 改革的逻辑［M］. 北京：中信出版社，2013：5.
[23] Barth M E, et al. Fair value accounting: Effects on banks´earnings volatility, regulatory capital, and value of contractual cash flows [J]. Journal of Banking & Finance, 1995 (19): 577—605.
[24] Barth M, Taylor D. In defense of fair value: Weighing the evidence on earnings management and asset securitizations [J]. Journal of Accounting and Economics, 2010 (49): 26—33.
[25] Benstonv G J. The shortcomings of fair - value accounting described in SFAS 157 [J]. Journal of Accounting and Public Policy, 2008 (27): 101—114.
[26] Bhargava R, Dubofsky D A. A note on fair value pricing of mutual funds [J]. Journal of Banking & Finance, 2001 (25): 339—354.

[27] Blacconiere W G, et al. Are voluntary disclosures that disavow the reliability of mandated fair value information informative or opportunistic? [J]. Journal of Accounting and Economics, 2011 (52): 235—251.

[28] Bowen R M, Khan U. Market reactions to policy deliberations on fair value accounting and impairment rules during the financial crisis of 2008 - 2009 [J]. Journal of Accounting and Public Policy, 2014 (33): 233—259.

[29] China Journal of Accounting Research [C]. Vol. 5, 269—292.

[30] Choudhary P. Evidence on differences between recognition and disclosure: A comparison of inputs to estimate fair values of employee stock options [J]. Journal of Accounting and Economics, 2011 (51): 77—94.

[31] Dechow P M, et al. Fair value accounting and gains from asset securitizations: A convenient earnings management tool with compensation side - benefits [J]. Journal of Accounting and Economics, 2010 (49): 2—25.

[32] Dietrich J R, et al. The reliability of investment property fair value estimates [J]. Journal of Accounting and Economics, 2000 (30): 125—158.

[33] Gauri Bhat G, et al. Panacea, Pandora's box, or placebo: Feedback in bank mortgage - backed security holdings and fairvalue accounting [J]. Journal of Accounting and Economics, 2011 (52): 153—173.

[34] Goh et al. Market pricing of banks' fair value assets reported under SFAS 157 since the 2008 financial crisis [J]. Journal of Accounting and Public Policy, 2015 (34): 129—145.

[35] IASB. Discussion Paper: A Review of the Conceptual Framework for Financial Reporting [J]. available at: http://www.ifrs.org/Pages/default.aspx.

[36] IASB. Exposure Draft: Conceptual Framework for Financial Reporting [J]. available at: http://www.ifrs.org/Pages/default.aspx.

[37] Khurana I K, Kim M S. Relative value relevance of historical cost vs. fair value: Evidence from bank holding companies [J]. Journal of Accounting and Public Policy, 2003 (22): 19—42.

[38] Livne G, et al. Bankers' compensation and fair value accounting [J]. Journal of Corporate Finance, 2011 (17): 1096—1115.

[39] Roggi O, Giannozzi A. Fair value disclosure, liquidity risk and stock returns [J]. Journal of Banking & Finance, 2015 (58): 327—342.

[40] Shao R et al. Profits and losses from changes in fair value, executive cash compensation and managerial power: Evidence from A - share listed companies in China [J]. China Journal of Accounting Research, 2012 (5): 269—292.

（作者单位：湖南大学）

农村金融机构支农效率及其影响因素研究

——以益阳市农村金融机构投入和产出效应为例

曹平辉　李应清　鲁力耕　谢群良　易　荣　袁康安

一、绪论

（一）研究背景及研究意义

改革开放30多年来，社会经济取得长足发展和进步，尤其是城市化建设，完成从无到有再到现代化高速发展时期。而与之相比我国农村状况则令人担忧，城乡之间的差距日益拉大，城乡贫富差距悬殊，发展农村经济，缩小城乡差距已成为关系到我国经济社会未来发展走向的关键问题。之前国家从农村大量汲取资源支援城市化建设，造成农村经济金融上发展的落后性。为保障社会公平稳定和谐发展，国家近年来持续加大对农村经济发展的支持，其中核心部分是对农村金融市场的介入和支持。金融作为现代经济的核心，其对农村经济发展、农民收入增长起着重要支持作用。

发展农村经济离不开农村金融的支持，事实上，资金的缺乏一直是制约农村经济发展的重要原因之一。我国的农村金融体系经过30多年的发展，先后经历了重构、拓展、调整和深化四个阶段。目前，已经形成以农村合作金融机构、商业银行、政策性银行、农村新型金融机构共同组成的多层次、多元化农村金融服务体系。但由于我国各地区农村经济发展水平不同，产业结构差异较大，导致不同地区农村金融需求各有特点，甚至在一个省份内，不同的县农村金融需求也不完全相同。因此，只是扩大金融支农规模，不关注金融支农的效率，不能从根本上解决农村经济的资金短缺问题，也不能有效发挥农村金融支持“三农”的重要作用。特别是在金融危机的背景下，深化农村金融体制改革，建立多层次、广覆盖、可持续的农村金融体系需要有一种新思路和新的视角。

基于此，本文通过对益阳市县域经济的考察，针对各县不同的经济发展特征、农村金融供给现状和需求特点，从益阳市农村金融体系所处的经济环境和支农目标出发，以此探究提高农村金融支农效率的有效途径，进而为改善农村金融服务体系，培育完善的农村金融市场，推进农村金融改革提供参考。同时，2012年12月，湖南省政府确定益阳市和郴州市作为全省市农村金融综合改革试点地区，因此在研究农村金融与农村经济、农民收入增长关系的同时，研究农村金融组织支农机制以及如何提高金融支农效率将具有重要现实意义。

（二）农村金融国外研究文献梳理

由于发达国家的农村金融体系已形成了各具特色的发展模式。因此，国外的学者主要着眼于发展中国家农村金融市场的研究，一部分学者从发展中国家农村金融市场的特点出发进行研究，麦金农（1988、1989），戈德斯密斯（1990），Hoff、Braverman and Stiglize（1993），Meyer、Nagarajan and Hushak（1997）等研究得出，发展中国家的农村金融市场存在着信贷分割的特点，即农村金融机构根据借款者的类型和行为特征，以及借款的用途设置不同的利率水平，甚至通过这种利率设置使部分借贷者排除在农村金融市场之外。Banerjee（2003）实证研究发现，在同一个经济体内，同样用途的借贷行为，对不同的人有差别极大的借贷利率；Timberg and Aiyar（1984）研究发现，印度农村金融市场的借贷者，不同人借贷利率分布在 20% 到 120% 之间；Dasgupta（1989）的研究表明，在一个农村金融市场上，高于 60% 的借贷利率和低于 30% 的借贷利率二者并存；而 Ghate（1992）从泰国农村金融市场的案例分析中得出，泰国南部的借贷月利率在 2%—3% 之间，而北部和东北部的利率介于 5%—7% 之间。Udry（1991）发现在尼日利亚北部的四个小村庄，大约 20% 的借贷者名义月利率超过了 7.5%，而在尼日利亚的中部，没有人的利率达到这一水平。对于发展中国家的农业企业也存在着信贷分割现象，Mekenzie and Woodruff（2004）研究发现，墨西哥的农村小企业的贷款月利率高达 15%。Banerjee and Duflo 研究显示，印度中等规模的企业向印度大银行的贷款年利率高达 100%。造成信贷分割的主要原因在于发展中国家农村金融市场的信息不对称，放贷者没有较为有效的手段低成本地监督借款者的行为，而且由于农业受自然环境因素影响，农业企业和农户从事生产经营面临的风险较大。因此，发展中国家农村金融市场形成了特有的信贷分割的特点。

发展中国家农村金融市场的另一个重要特点是由于政府干预的广泛存在，金融抑制现象特别显著。主要表现在信贷配给、利率管制和过度的监管以及直接参与农村信贷市场。世界银行一份关于农业信贷的报告指出，不到 1% 的非洲农民能够获得政府补贴，非洲国家的政府对农村金融市场的干预主要集中在利率管制，而在中国台湾几乎全部农民都能获得政府的补贴，政府对农村金融市场的利率完全不干预。Cole（2004）发现，在 1985—1999 年间，印度的农业借款者在向国有银行的借贷，在政府选举年份比平常年份增长 5—10 个百分点，而且在选举年份，农业生产率基本不变的情况下，农业信贷的还款率低于正常年份。同样的情形发生在塞内加尔，Mckinnon、Rajan and Zingales（2003）进一步指出，由于发展中国家存在着政府腐败、软预算约束、反复的财政救助、法律的不完善以及信息不透明等问题，农村金融市场需要尽快地改革。

（三）农村金融国内研究文献梳理

国内学者对于农村金融的研究，主要集中于以下两个方面：一是从农村经济现状出发，通过实地调查研究不同地区农村金融需求和供给的特征和规律；二是研究农村金融供给和需求的微观主体，从需求角度来看，研究农户的借贷行为、风险偏好，涉农企业的贷款难等问题；从供给角度来看，研究农村信用社的改革模式、改革绩效，农业银行的股份制改革、农业发展银行的制度变迁以及农村小额信贷的模式等问题。

从农村经济现状出发，通过实地调查研究农村金融需求和供给特征的学者主要有韩俊（2007），何广文（2005），屈小博、霍学喜（2005）等。韩俊对 29 个省（区）市的 1962

户农户调查表明，在农户需求方面，60.65%的农户有资金借入的需要，68.92%的农户期望借款金额为5000元以上，31.08%的农户借款需求达到万元以上；在资金供给方面，农村信用社和亲友借贷是其资金的主要来源，其中43.03%的农户贷款选择为农村信用社，而42.86%的农户贷款选择为亲友借贷，仅有1.4%的农户能够从农业银行获得贷款；何广文等通过对贵州6个县720户农户的调查分析得出：40.75%的农户贷款主要用于孩子的学杂费和购买农资，22.43%的农户贷款主要用于建房和看病，在农村信用社的授信额度方面，55.62%的农户授信额度在5000元以下，35%的农户在5000元到10000元之间，授信额度在10000元以上的农户仅占8.43%。屈小博、霍学喜通过对四川省102户农户的调查表明，在3年内发生的288笔贷款中，24笔贷款来源于商业银行和政策性银行，占贷款数目的6.19%；297笔贷款来源于民间借贷，占贷款数的76.55%；52.63%的农户认为正规金融贷款不能满足其资金需求的主要原因是没有抵押物。

从农村金融供给和需求的微观主体出发的研究，主要有谢平（2006），宋磊（2009），汪小亚（2009），覃道爱（2009），赵峦、孙文凯（2010）等。谢平通过对农村信用社改革前后的考察，认为农村信用社改革取得了成效，但是改革并未带来农村信用社盈利能力的提高，信用社的盈利主要来自政策优惠。宋磊同样对农村信用社的改革绩效进行研究，认为信用社财务状况的改善得益于改革的成果和倾斜性政策的扶持。汪小亚对农村信用社改革的研究认为，信用社的改革进一步明晰了产权、理顺了管理体制、减轻了历史包袱、改善了资产质量，支持“三农”功能和改善农信社财务状况的改革目标基本实现。覃道爱则运用DEA和SFA方法研究了农村信用社的改革绩效，认为农村信用社改革绩效的提升源于纯技术效率的改进，而与规模效率、成本效率和配置效率关系不大。赵峦、孙文凯则运用农户调查面板数据研究了农村信用社改革对改善支农的政策效应，研究认为，农信社的改革一方面提高了农户的贷款覆盖面，另一方面解决了非商业化导向的农户贷款问题，减少了农村金融的财政补贴功能。因此，改善金融支农应该从提高农业的综合收益水平以及降低贷款交易成本着手。

从上述研究成果看，现有研究偏重于农村金融方面定性的分析和农村经济金融现状的统计描述。基于定量分析较少，鲜有从农村金融支农效率方面进行的研究。本文以益阳市农村经济金融现状的调研数据为基础，运用定量分析方法，研究益阳市农村金融支农效率，并从农村信贷投入、农村从业人员就业结构、农村固定资产投资和农村受教育程度四个方面研究农村金融支农效率的影响因素。

二、益阳市涉农金融机构支持农村经济发展现状分析

（一）农村金融机构总量逐年下降，农信社和邮储银行仍主要占据农村市场，支农新型金融机构在县域大量涌现，受农村金融机构在县域地区大量撤离影响，金融机构在农村覆盖面呈逐年下降态势

1. 农村金融机构总量逐年递减，农村信用社仍发挥支农主力军作用

益阳农村金融机构体系主要由农业银行、农业发展银行、农村信用社、邮政储蓄银行、村镇银行和小额贷款公司构成。截至2012年年末，6家农村金融机构营业网点总数从2000年的739个下降至511个，农村金融机构减少30.85%。

20 世纪 90 年代末，商业银行纷纷撤出农村金融市场，涉农商业银行逐渐萎缩，支农效率受限，对农村经济发展产生一定影响。从全国范围来看，1998—2001 年农业银行共撤办 2 万余县域级以下网点，机构网点缩减了 52.7%，机构人员缩减了 23.4%。2002—2010 年，农行进一步撤并机构网点，网点数由 2002 年的 39286 个下降为 2010 年的 22930 个，受农行大幅度缩减机构网点影响，益阳市农行机构网点从 2000 年的 95 个下降至 2012 年的 54 个，下降了 43.15%。

益阳农村信用社机构网点数从 2004 年开始大幅下降，至 2012 年年末，期间机构网点数下降了 160 个，减少 34.19%，尽管农信社机构大幅缩减，但仍占农村地区金融机构总量的 60.27%，成为农村支农金融服务机构不容忽视的主力军。

2007 年，邮储银行向商业银行改制时曾精简部分非正式员工，试图减少机构，但为了保证其金融反哺农村的网点规模覆盖率，其机构数一直维持在 130 个左右的水平。

农发行主要分布在市、区以及县域，主要对粮棉油收购企业发放优惠贷款。2000 年以来，农发行机构数量一直没有发生很大的变化。2012 年，益阳市农发行机构数为 7 个，占农村金融机构总量的 1.37%。

2007 年中央金融工作会议提出组建村镇银行、小额贷款公司等多元化试点方案，开启了允许民营资本和外资进入农村金融市场的闸门。截至 2012 年年末，益阳在农村地区设立 2 家村镇银行，3 家小额贷款公司。

2. 农村金融机构在县域地区大量撤离，导致金融机构在农村覆盖面呈下降趋势

自 2000 年起，益阳农村金融机构覆盖面逐年下降，随着商业银行在农村地区的逐步撤离，金融机构向城市集中，信贷权限也趋于集中化。但由于没有及时在整个金融体系方面进行补救，地方性金融机构发展没有及时跟上，致使一些县域、乡镇出现了金融服务空白。2012 年，益阳市近 90 个乡镇平均金融机构数量约为 5 个，乡镇实现金融机构全覆盖的仅为 25.27%。

农村金融机构对农村人口的覆盖面总体变化呈下降并逐步趋于平稳态势，由 2000 年的农村每万人 2.21 个下降至 2005 年的 1.88 个，之后机构数趋于平稳，至 2012 年维持在 1.84 个。从机构的网点覆盖面来看，覆盖面最高的是农信社，2012 年农村每万人拥有农信社营业网点数 1.11 个，较 2000 年下降了 0.4 个，从 2005 年开始，现已处于平稳态势。其次是邮储银行，2012 年农村每万人拥有网点数 0.49 个，比 2000 年增长 0.1 个，保持稳定态势。

（二）从农村金融需求来看，农村经济主体金融需求旺盛，农户小额贷款仍是农村经济主体融资首选

农村经济主体的金融需求有三个方面：一是农民生活性借贷需求，二是农业生产性借贷需求，三是农村发展性借贷需求。农村的发展需求属于宏观发展问题，不仅受制于农村金融，更重要的还取决于农村基础设施建设、农村劳动力转移、农村政策以及财政支农力度等因素。因此，农村金融需求主体主要是农业生产性借贷需求和农村生活性借贷需求，这两者均归结为农户的借贷情况。

农村金融需求日趋旺盛，向正规金融机构融资满足率却较低，融资缺口较大。对益阳辖内 4 个县 137 家农户的调查显示：农户消费贷款需求较少，农户生产性借贷需求旺盛，大部分农户收入无法满足生产支出。137 家农户中，64.23% 的农户有借款，35.77% 的农

户没有负债，137 个农户借款总额达到 756.25 万元，单个农户负债最多的有 200 万元，大部分农户借款数额在 1 万元左右。

从借款渠道来看，农户向银行融资和民间借贷并存。在银行融资方面，农户借款的首要渠道是农村信用社；从借款来源来看，主要来自银行融资、亲朋好友和其他融资。向银行融资占借款总额的 55.78%，亲朋好友借款占 31.96%，其他融资占 12.26%。从还款方式来看，农户归还银行贷款以一次性归还为主，民间借贷以口头协议为主，一般为信用或保证类贷款，并不需要抵押物。从成本方面来看，农户贷款利率有所偏高，银行贷款利率水平在 11%左右，民间融资利率水平在 15%左右。从成本和借款方式角度来看，农户小额担保贷款中的联保作用，使得小额贷款不需要抵押物，成本方面也比民间融资要小。农户小额贷款在农村地区得到极大发展，从样本中可以看出，银行融资占总融资额一半以上。

（三）从农村金融供给来看，农村金融供给主体多元化，农村金融服务产品不断创新

益阳涉农金融机构主要有农村信用社、中国农业银行、农业发展银行、邮政储蓄银行和新型农村金融机构。这些金融机构共同组成了政策性银行、合作性金融和商业性金融相结合的多层次多元化农村金融服务体系。

1. 金融机构支农资源充足，农行、农信社和邮政储蓄呈三足鼎立格局

农村金融机构主要以中央政府提供隐形存款保险机制的商业银行为主，同时农村地区政策性农村金融机构在农村地区广泛存在。农村经济迅速发展和农民收入的提高，农村存款规模增长迅速，农村存款从 2000 年的 22.46 亿元上升到 2012 年的 185.54 亿元，增长 8.26 倍。农村存款规模增长与农村经济发展和农民收入水平密切相关，2012 年，益阳城乡居民人均收入比约为 2∶1，城乡收入的扩大使农村存款增长受到制约。

在农村存款构成中，农行、农信社和邮政储蓄呈三足鼎立格局，农信社从 2004 年改革后，存款迅猛增加，2007 年存款份额超过农业银行，成为农村地区吸纳存款最多的商业银行。2007 年以后，邮政储蓄银行在农村地区机构快速扩张，在农村地区吸收存款快速增长，份额也不断提升，从 2000 年的 16.66% 上升至 2012 年的 28.98%。

2. 农村金融机构支农力度不断加大，涉农贷款逐年上升

涉农贷款总量是从量上反映金融机构支农力度的重要指标。2012 年，在益阳市金融机构涉农贷款份额中，信用社和农发行分别占涉农总体规模的 38.1% 和 36.6%，两者合计占 74.7%。其他商业银行（包括国有商业银行和股份制商业银行）其比重占涉农贷款总额的 14.8%，而农行所占比重仅为 6.1%。近年成立的新型农村金融机构支农力度加大，支农规模超过邮政储蓄银行，新型农村金融机构涉农贷款占总量的 3%，高出邮储银行支农贷款 1.2 个百分点。

农村金融体制和农村信贷业务风险较高等因素与商业银行趋利性运营相悖，在涉农贷款投放方面保持谨慎原则。近年伴随着国家政策的支持和农业现代化进程，城乡经济结构与以前相比逐步缩小，涉农金融机构支农规模和力度正处于稳步改善、快速增加的过程，涉农贷款增长速度非常明显。

2007 年 9 月新执行了涉农贷款统计制度，2007 年年末，益阳主要涉农金融机构涉农贷款余额仅 102.44 亿元，至 2012 年年末，主要涉农金融机构涉农贷款余额达 202.78 亿元，增长 97.95%，年均增长 14.63%，高于各项贷款增速。农村信用社涉农贷款从 2007 年的 29.11 亿

元上升至 2012 年的 93.66 亿元，年均增长更是达到 26.33%，涉农贷款余额超过农业发展银行。涉农金融机构在国家政策环境支持和较为宽松的信贷环境下，充分发挥其灵活的经营策略和方式，涉农贷款取得进一步增长，从量上为金融机构支农效率提升提供了支持。

3. 农村金融服务产品不断创新，着力支持农村经济发展

益阳农村经济发展近年来出现飞跃式增长。从农业生产经营组织发展情况来看，2012 年年末，全市农业生产经营组织共 1965 家，带动农户 48.4 万户，占农户总数的 49.2%，与 2000 年相比，促进农户户均增收 1325 元。期间，在农村经济发展的同时，涉农金融相生相伴迅速跟进，有效匹配，金融与经济发展协调一致。一是小额农户贷款伴随农业经营生产，促进农村经济快速发展。益阳市农业生产经营过程始终伴随着小额农户贷款的支持，农户小额贷款额度为 3—5 万元，重点支持家庭农户生产性经营。截至 2012 年年末，金融机构小额农贷 23.74 亿元。二是贷款联保助推农业生产经营组织发展，促进农民增收。为解决农户、农村企业无抵押、贷款难问题，农信社创造性地开展信用类贷款——农户联保贷款，并在全国范围内形成有影响力的“兰溪模式”。2009 年，邮储银行也开始推出相应的联保贷款小额贷款业务担保模式。截至 2012 年年末，以“兰溪模式”发放贷款余额达 7.22 亿元，大力支持农村经济快速发展。三是抵（质）押创新产品拓展银农合作空间。针对农业经营组织抵押难问题，益阳涉农金融机构结合自身特点，创新一系列抵（质）押产品，如林权抵押、土地流转抵押、订单农业质押，为农户、农村企业提供更加宽松担保条件的金融创新产品。截至 2012 年年末，林权抵押贷款余额 3.74 亿元，土地流转抵押贷款 3.7 亿元，订单农业贷款余额 857 万。抵（质）押创新产品逐步拓展银农合作空间，特别是林权抵押贷款打破农村地域局限，形成跨村、跨镇，甚至跨县的林权类抵押。抵（质）押产品不断创新，突破传统合作模式，有效解决贷款难问题，进一步促进农民增收。

三、益阳市涉农金融机构支农效率分析

益阳地处湘中偏北，自然资源优越，是全国产粮大市，具有鱼米之乡和黑茶之乡的美誉。近年来，益阳经济得到快速发展，工业化进程不断加快，产业结构不断优化，财政收入大幅增加，吸引外资能力不断增强，居民收入稳步增长。特别是农村经济出现了跨越式发展。2012 年，益阳市 GDP 突破千亿大关，城镇居民可支配收入从 2000 年的 5727 元上升至 2012 年的 19594 元，年均增速达 10.79%。农村经济也取得了较快发展，农村居民纯收入从 2000 年的 1968 元增加至 2012 年的 7958 元，年均增速 12.35%。

随着传统农业向现代化农业转变，农村资金已成为重要的紧缺生产要素，优化农村金融资源配置是提高金融支农效率的关键。农村金融支农效率主要有两个衡量途径：一是金融发展的经济增长绩效；二是农村金融资源投资的收入效应。然而，农村经济的快速增长和涉农贷款的大量投入，并没有改变益阳农村经济发展缓慢的现实，从涉农贷款投放转化效率来看，支农成效与贷款投放力度不相称，支农效率低下存在诸多现实制约因素。

（一）贷款相关比率逐年下滑，金融结构比率维持稳定，农村金融发展水平低下，抑制涉农金融机构支农效率的提升

改革开放以来，我国城市地区直接金融和间接金融都有了长足发展，金融工具越来越丰富。而在农村地区仍然是以间接金融为主，金融工具主要以传统存贷款为主，相关学者

根据金融发展的实际提出贷款相关比率（LIR）和金融结构比率（FSR）来分别衡量在资金配置方面，我国金融中介在国民经济中的作用和金融中介的结构对金融资源配置的影响。

根据农村实际情况，贷款相关比率（LIR）不仅可以反映农村金融工具规模的扩大，还能在资金配给方面反映农村金融工具在农村经济的活跃程度，LIR = L/GDP，L 为农业贷款（涉农贷款）总额，GDP 为农村经济总量。金融结构比率（FSR）表示涉农金融机构贷款与贷款总额之比，以此来反映涉农金融机构在支持农村经济发展和金融资源配置中的作用。FSR = （L - FNL）/L，FNL 为非涉农金融机构贷款总额。

2000—2012 年，农村贷款相关比率总体上是处于下降态势。从农业贷款方面看，农村贷款相关比率从 2000 年的 3.59 下降至 2006 年的 3.47；从涉农贷款方面看，农村贷款相关比率从 2007 年的 1.11 下降至 2012 年的 0.84。农村贷款相关比率的下降表明农村金融机构在农村地区的贷款在扩大的同时，增加的贷款并没有相应地促进农村地区经济的增长。从另一方面来说，生产单位农业产值要求投入的资金量在逐年减少，在 2000 年单位农业产值投入的资金为 3.59 元，而至 2012 年仅 0.84 元，比 2000 年下降近 3 元。

农村金融结构比率在 2000—2006 年间一直处于上升的过程，之后稳定在较高水平；2007—2012 年金融结构比率平均水平在 0.6 左右，表明农村信贷结构中涉农金融机构占比较高。其主要原因有：第一，传统的涉农金融机构如农村信用社与农业银行、农业发展银行等金融机构相比，涉农贷款投放力度逐年加大，已成为涉农金融机构支持农村经济发展的主力军。第二，其他新兴的中小金融机构如村镇银行、小额贷款公司支农发力，用有限的资金规模大力支持农村经济的发展，扩大了对农村经济的支持。

提高农村金融发展水平，不仅与农村联系密切的涉农金融机构应加大对农村经济的支持力度，而且应大力发展农村地方性的中小型金融机构，为农村发展提供充足的金融支持，同时促进农村金融市场的竞争，提高金融支农效率。

（二）农村金融资源净流出，农村地区金融资源外流严重，制约涉农金融机构支持农村地区发展效率

资金净流量指在一个区域计算存款与贷款的差额后，通过符号判断其资金是从该区域流出还是流入，并以结果的数值表示流出和流入的大小。在我国银行没有商业化之前，已从农村抽取大量资金流向城市。商业银行作为趋利性的金融机构，将农村吸收的存款以贷款的形式投放向收益更高、风险更低的城市，本就缺乏资金的农村经济生产雪上加霜。当资金来源不足时，商业银行运营便出现停止业务、撤并机构等市场退出行为。从对农村资金利用的角度来说，资金净流量比支农贷款额度更为精确地反应金融机构支农效率。

从农村地区存贷差、存款比、资金净流出、资金外流率等指标来看，益阳市农村信贷资金并没有在效率高的农村地区充分运用。存贷差是一定时期内存款余额与贷款余额的差额，它反映农村地区通过间接融资方式使用外来资金或向外输出资金的绝对净值；存贷比是反映金融机构把从农村地区吸收的存款转化为贷款支持农村经济的情况。

农村地区金融资源逐年外流，2000 年至 2012 年，资金净流出达 221.36 亿元。而益阳市 2012 年涉农贷款余额仅 242.89 亿元，资金从农村地区净流出严重。从存贷比来看，2007—2012 年一直稳定在 2 左右，农村金融机构从农村吸收的存款已较为稳定的转化为支农贷款，但转化效果是较差的。从资金外流率来看，益阳农村地区资金每年向外流出，

2000年至2012年资金平均外流率高达43.18%，其中最高外流率为53.74%，最低年份也有30.62%。因此，从信贷资源运用的角度衡量，益阳市农村信贷资源支农效率不高。

（三）涉农贷款规模大幅提升，但农村地区GDP增长所占用的贷款资源却逐年下降，与农村经济发展比较，涉农贷款投放力度小于农村经济指标发展速度

农村信贷投入促进第一产业产值增加和农村居民收入增长的一个重要因素，信贷投资增加会促进农村经济发展，带来农村收入的增加。随着涉农贷款投放增加，第一产业增加值也随之增加，涉农贷款对第一产业贡献度也逐年增加。农村贷款从2000年的14.97亿元增加至2006年的25.71亿元，期间增长171.74%，第一产业相应从53.68亿元增加至89.19，仅增长66.15%；涉农贷款从2007年的103.6亿元增加至2012年的242.89亿元，增长了134.45%，而第一产业相应从114.96亿元增加至2012年的203.9亿元，仅增长77.37%。第一产业产值的增长速度慢于涉农贷款投放速度，这说明涉农贷款投放并没有产生相应的经济增加效应，经济增长慢于涉农贷款投放力度，支农效率没有得到有效提升。

涉农贷款增加的同时，农村居民人均纯收入显著提高。2000年益阳农村人均纯收入为1968元，到2012年农村人均纯收入达到7958元，年均增长率达12.35%，涉农贷款投放的增加促进了农村居民收入的增长。从农村地区每单位贷款所支持的经济增长量来看，农村地区生产总值所需要的贷款总量高于益阳市的平均水平。2000年农村地区每单位GDP的增长需要1.93个贷款，而益阳市每单位GDP的增长仅需0.6个贷款；2012年农村地区每单位GDP的增长需要贷款下降至0.71，而益阳市每单位GDP的增长仅需0.42个贷款。

与益阳市经济增长占用的信贷资源相比，农村地区GDP增长所占用的贷款资源逐年下降，一定程度上反映金融机构投放涉农贷款力度要小于其他行业的贷款投放力度。按照信贷资源配置效率准则，考虑到农村经济和农业部门的弱质性特征，益阳市信贷资源应该更多地运用于农村地区。

（四）除农村信贷投入外，农村就业人员结构、农村固定资产投资和农村受教育水平也是影响农民人均纯收入增长的重要因素

农村经济的快速发展与金融机构的农村贷款投放密不可分，也与农村经济结构、固定资产投资和受教育程度相关。农村固定资产投资增长迅猛，从2005年的42.66亿元增长至2012年的152.36亿元，年均增长达19.95%。农村固定资产投资的增长带动农村基础设施建设，新农村建设稳步推进，城乡产业结构、人口结构和生产力布局加快调整，城乡一体化进程加快，农村经济发展力度不断加大，农村居民纯收入得以提高。

农村就业结构和农民受教育程度是农村居民人均纯收入上升的重要因素。非农人员与农业人员占比逐年上升，农村就业群体中非农人员占比上升，从2005年的35.41%上升至2012年的41.24%。务农人口逐年降低，农民由农业部门转移到非农业部门就业，创造了高于农业部门的财富，农民收入因此相应地得到提高；农民的受教育程度直接影响农民收入水平的提高，农民受教育程度越高，收入增长越快。近年以来，益阳农民受教育年限有所增加，从2005年的8.22年上升至2012年的8.94年，农民受教育程度提高，促进了农民收入的增长。从上面的分析看，农村居民人均纯收入不仅与农村信贷投放相关，同时与

农村固定资产投资、农村就业结构和农民受教育年限相关。

（五）涉农金融机构支农面临的主要障碍

1. 农村创新信贷产品缺失，金融支农效率受限

近年来，服务于农村经济的政策性金融作用越来越大，大批资金已运用到农业、农民生产经营上，效果十分显著，但直接运用到农村基本农田水利建设的政策性金融少之又少。主要原因在于农田水利建设为公共产品，投资数额大，回收期限长，从商业银行利益角度看，农田水利贷款几乎不存在收益。同时，金融介入农田水利建设缺乏配套政策，金融机构对农田水利的贷款，既不能享受一定的补贴，贷款损失后也没有从相关部门获得补偿的可能，金融支持农田水利建设的积极性受到一定影响。对农村居民收入影响最大的固定资产投放贷款受限，导致金融机构支农效率低下。从金融服务角度来看，涉农金融机构服务相对滞后，创新信贷产品少。各金融机构并未开发专门针对农业、农村金融创新产品，对农村贷款投放方式主要为联保贷款、小额贷款、个人经营性贷款等传统信贷业务。信用、抵（质）押、联保、担保贷款中，银行仅对抵（质）押感兴趣，且抵（质）押方式不能创新，在办贷业务中极少见订单质押，应收账款质押，农机设备抵押等创新抵押方式。金融服务体系的滞后削弱涉农金融机构支农效率的提升。

2. 贷款风险分担机制不健全，阻碍涉农金融机构支持“三农”发展

益阳市农业保险近几年得到长足发展，但随着自然灾害的频发，农业保险的力度亟待加强，农村农业现代化水平不高，时刻面临自然和市场的双重风险，农业和农村经济的发展都迫切需要农业保险的支持和保护，但由于难以摆脱赔付率高、回报率低等固有问题困扰以及缺乏必要的政策支持和法律依据，益阳农业保险品种数量和业务量偏小。我市现阶段介入农业生产领域的保险公司只有中国人民保险公司和中华联合财产保险公司两家，2012 年两家保险公司保费收入仅有 1.49 亿元。办理的农业保险品种也仅限于生猪、棉花、水稻三种农产品，难以适应农业生产经营组织对农业保险品种多方面需求。据泗里河、天蓬和建启生猪养殖专业合作社反映，三家合作社均不愿意购买生猪保险，其原因在于保险公司预计生猪保险赔付率高达 20%，风险过大，保险公司对合作社收取的保费相对较高，而合作社不愿承受过高的保费，宁愿自己承担风险也不愿购买保险。风险补偿体系缺乏也加剧银行慎贷行为。

3. 农村经济环境、金融生态环境较差导致商业银行难以融入和发挥

农村经济环境、金融生态环境较差会给商业银行在农村金融业务上的运作带来不良的后果。一是涉农贷款不良率高。近年来，农产品价格波动频繁，特别是 2010 年棉花年度和 2013 年粮食年度，棉花、粮食等农产品价格波动性强，由此导致农业企业经营亏损率高，从实体经济经营状况上直接影响了涉农资产质量，商业银行在农村地区的“盈利性”优势难以体现。二是信用状况隐患重重。金融生态环境差会导致授信主体征信体系缺失、金融意识薄弱，易发生由于客户诚信缺失、资产状况难以调查了解产生的不良信用客户骗保等道德风险问题。三是农村金融市场信息不对称。部分地区的金融环境和政府服务体系无法提供集中、统一、高效的信息披露和公布机制，这导致一方面商业银行无法获得及时、准确的产业经营整体和受贷主体个体的经营信息，贷款质量无法得到有效的监督保障，另一方面商业银行也缺乏农企和农户对金融机构业务和产品的反馈信息渠道，这使得商业银行在设计创新金融产品时难以掌握农企和农户自身的需要。

4. 政策性金融机构追求商业化利益，支农力度逐年下滑，支农效率优势下降

农业发展银行等政策性金融机构正逐步向商业性贷款转化，在业务模式上，追求着商业化运营的模式。这虽然是市场力量的体现，也是金融自由化的一个趋势，但是在政策性和商业性业务上的重合可能会导致对商业性支农金融的挤出效应。2009 年以来，农发行在区域信贷模式上发生了商业化的改变，其保留主要用于政策性的国储粮收购贷款，在贷款比重中发生了明显下降，从而导致县域基层农发行不得不寻求商业性贷款，来弥补信贷上投入的不足，出现信贷盲目扩张的现象，商业信贷占比一度达 80%，其贷款品种也包括农业产业化龙头企业贷款等项目。可以看出农发行作为政策性银行与商业银行在支农信贷授信主体上发生了部分重合，虽然其重合支农贷款规模有限，但如果下属基层机构过于追求商业化利益，这将对商业银行支农信贷业务造成了一定程度的影响。

四、农村信贷投入的产出效应实证分析

农村金融资源优化配置要求金融产品价格能够对各类信息做出灵敏的反应，保持金融与经济的协调和可持续发展，但最终要以金融对经济增长的贡献作为基本评价标准。农村金融资源主要表现为信贷资源，其支农效率最终也要用金融机构信贷投入的产出效应来测度，即用农民人均纯收入表示。

农民人均纯收入不仅与农村信贷投放的涉农贷款直接相关，同时农村固定资产投资、农村就业结构和农民受教育年限对农民人均纯收入具有重要的影响。这部分将依据生产函数建立一个农村信贷资源投入——产出模型，分析农村金融制度重大变革前后农村信贷投资的产出效应，采用益阳 1990—2012 年的农村资金信贷投入、非金融资源投入与农民纯收入数据进行计量分析和比较研究。

（一）模型设计

借鉴 Greenwood 等的研究方法，引入柯布—道格拉斯生产函数，试图通过变量的替代与转换，建立与农村正规金融、非正式金融相关的经济计量模型，以论证益阳农村正式金融、非正式金融与农民收入增长的关系。柯布—道格拉斯生产函数的一般形式为 $Q = AL^{\alpha}K^{\beta}$，其中 Q 为产出，L 和 K 分别为劳动和资本投入量。将农村信贷资金当作一项“投入”用于生产，农村收入作为产出，由上面分析得知，“产出”是多种因素作用的结果，因此“产出”由多个控制变量构成，设计模型如下：

$$y = AL^{\alpha} \sum_{i} K_i^{\beta}, \qquad i = 1,2,3 \tag{1}$$

其中：y 表示农民收入，A 为常数项，且 $A > 0$，L 为农村信贷投资，K_i 为第 i 个产出控制变量，即农村从业人员就业结构、农村固定资产投资和农村受教育程度。

对(1) 式两边取对数，可得如下模型：

$$\ln y = \ln A + \alpha \ln L + \sum_{i}^{3} \beta_i \ln K_i + \varepsilon \tag{2}$$

模型转变为一个多元线性回归模型的形式，可以用 OLS 法进行回归分析。α 表示为农民收入的信贷投资弹性，β_i 为三个控制变量的弹性，即 β_1、β_2、β_3 分别为农民收入的农村从业人员就业结构弹性、农村固定资产投资弹性和农村教育水平弹性。

由于1998年以来我国商业银行大量撤并农村基层网点，此后农村中小金融机构也快速发展起来，为反映这段时期金融制度变革对农村信贷投资的收入效应变化，在模型(2)回归分析的基础上，再引入时间虚拟变量，构建如下模型：

$$\ln y = \ln A + \alpha \ln L + \sum_{i}^{3} \beta_i \ln K_i + \gamma D_1 + \varphi D_1 \ln L + \varepsilon \tag{3}$$

(3)式中，D_1 表示在1990—1997年取0，在1998—2012年取1的时间虚拟变量，γ，φ 表示待估参数。

此外，2004年以来我国农村固定资产投资大量分布在农村基础设施，农村个人建房和农村环境治理方面，这也可能对农村固定资产投资的收入效应产生影响，因此，在(2)式基础上，引入时间虚拟变量，以反映2004年前后两个不同时间段，农村固定资产投资的收入效应变化。其模型构建如下：

$$\ln y = \ln A + \alpha \ln L + \sum_{i}^{3} \beta_i \ln K_i + \varphi D_2 + \theta D_2 \ln K_2 + \varepsilon \tag{4}$$

(4)式中，D_2 表示在1990—2003年间取0，在2004—2012年取1的时间虚拟变量，φ，θ 表示待估参数。

(二) 指标说明与数据来源

1. 农民收入 (y)

农民收入用益阳市农村居民人均纯收入来衡量，农户人均纯收入包括生产性纯收入和非生产性经营收入。它反映农民一年内实际收入水平和扩大再生产、改善生活条件的能力，是农村经济发展的综合体现和最终结果。为了准确反映农民实际纯收入，本文使用1990年等于100的农村消费价格指数对其进行了平减。

2. 农村信贷投资 (L)

农村信贷采取农村人均信贷指标，即用农村贷款余额除以农村从业总人数得到。农村贷款余额包括农业贷款余额与乡镇企业贷款余额。本文采取乡镇企业贷款与农业贷款之和的变动来解释农民收入变化是比较合适的。

3. 农村从业人员就业结构 (K_1)

农村从业人员就业结构用农村从事非农行业人员数与从事农林牧渔业的人数之比来衡量。农村从事非农行业人数包括从事农村工业人数、建筑业人数和交通运输、仓储、邮政及信息传输、计算机业人数，以及批发和零售贸易、住宿、餐饮业和其他非农业行业。农村从事非农行业人员数占从事农林牧渔业人数的比例增大，说明农村就业结构升级，农村城镇化程度提高，可以解释农民从非农行业获得收入增长。

4. 农村固定资产投资 (K_2)

农村固定资产投资所形成的生产能力既体现为对农民收入的拉动效应，也体现在农村生产生活条件改善等多方面。本文农村固定资产投资包括农村集体所有制单位固定资产投资和农村私人固定资产投资，并采用农村人均固定资产投资指标，即用农村固定资产总投资除以农村人口总数来衡量。

5. 农村受教育程度 (K_3)

农村受教育程度的收入效应和经济增长效应已被许多国内外学者所证实。农村受教育程度是将农民家庭劳动力的文化程度换算成平均受教育的年限。假设不识字或识字很少的劳动者受到的教育年数是零，小学受到的教育是六年，初中受到的教育是九年，高中或中专受到的教育是十二年，大专及其以上受到的教育是十六年。利用统计资料上的每百人受到的小学、初中、高中或中专、大专及以上教育的人数百分比为权重，运用加权平均数法，算出每个农民的平均受教育年限。

（三）计量结果及检验

将 1990—2012 年益阳市农民人均纯收入、农村信贷投资、农村从业人员就业结构、农村固定资产投资、农村人力资本投资，分别以自然对数形式 $\ln y$、$\ln L$、$\ln K_1$、$\ln K_2$、$\ln K_3$ 表示，并利用 Eviews6.0 软件和采用 OLS 法进行参数估计。估计结果见表 1。

表 1　农村信贷投放对农民纯收入影响的参数估计结果

变量	方程 1	方程 2	方程 3	方程 4
C	−0.8734* (−1.8288)	−1.8006*** (−6.9850)	−1.4197** (−2.6203)	−1.5473*** (−3.5704)
$\ln L$	0.3151*** (4.3415)	0.2840*** (9.2789)	0.1898*** (2.9564)	0.2811*** (8.4356)
$\ln K_1$	0.6574*** (4.4517)	0.5599*** (10.919)	0.5496*** (8.3529)	0.6297*** (5.8200)
$\ln K_2$	0.1658*** (3.5493)	0.1793*** (10.252)	0.1779*** (9.2981)	0.1340** (2.3361)
$\ln K_3$	2.7477*** (12.167)	3.2139*** (30.157)	3.3378*** (15.273)	3.2756*** (12.049)
D_1	—	—	−0.6383 (−0.7937)	—
$D_1 \ln L$	—	—	0.0941 (0.7939)	—
D_2	—	—	—	−0.2867 (−0.5106)
$D_2 \ln K_2$	—	—	—	0.0398** (2.4806)
AR（1）	—	0.5497*** (3.4811)	0.5842*** (3.5208)	0.5485*** (3.2950)
AR（2）	—	0.4836*** (3.4116)	0.4883*** (3.2497)	0.4894*** (3.1530)
R^2	0.9952	0.9984	0.9984	0.9984
DW	2.1400	2.0802	2.0921	2.0491
F	931.87	1415.5	955.76	959.25

注：数据均来自《益阳统计年鉴》1991—2013 年各期。括号内为 t 值，***、**、* 分别表示在 1%、5%、10% 水平上显著，—表示统计量不存在，方程 1 表示对模型（2）的估计结果，方程 2 表示对模型（2）修正的估计结果，方程 3 表示对模型（3）的估计结果，方程 4 表示对模型（4）的估计结果

从表 1 可以看出，经计量修正后，方程 2、方程 3、方程 4 的拟合优度、DW 检验和 F 检验统计量均通过模型的统计检验，农村信贷投资的 t 统计量达到了 1% 的显著性水平，

表明农村信贷投资回归系数的回归效果显著，模型所选择的农村信贷投资这个自变量是影响同期农民纯收入的重要因素。方程2中农村信贷投资对农民纯收入的弹性为0.284，即农村信贷投资每增长一个百分点，同期农民人均纯收入增长0.284个百分点；农村就业人员结构、农村固定资产投资和农村受教育水平也在1%水平下显著，表明这三个因素也是影响农民人均纯收入增长的重要因素，并且其收入弹性分别为0.5599、0.1793和3.2139，其中农民收入的农村受教育水平弹性最大，农村固定资产投资的弹性最小。

方程3比较农村信贷投资收入效应的时间差异。结果显示，方程3中 $D_1\ln L$ 回归系数 t 统计量不显著，这说明在1990—1997年和1998年两个时间段里，农村金融信贷资源投入的收入效应并没有发生显著的变化，时间差异不明显。在这两个时间段中，农村信贷资源的投入并没有发生太多的变化。从数据来看，尽管农村贷款总量逐年上升，但所占比重却逐年下降，农村贷款资源大量投入并没有引起收入效应出现显著变化。

方程4的回归结果表明，农村固定资产投资的收入效应存在时间差异。2004年以来，农村基础设施建设投入规模扩大，特别是新农村建设以来，集体单位环境治理和农村个人建房等方面的投资大量增加，对农民收入也起了促进作用。从计量指标来看，$\ln K_2$ 回归系数t统计值达到1%的显著性水平，1990—2003年，农民收入的农村人均固定资产投资弹性为0.134；2004—2012年，该弹性增加至0.1738（0.134+0.0398）。这说明2004年以来，农村人均固定资产投资的效应不仅仅直接体现为农民收入，而更多地体现在农民居住条件和农村环境的改善。

五、政策建议

（一）提高农村资金使用效率，避免农村资金外流

农村资金大量流向城市，农村金融市场呈资金净流出状态，农村地区金融处于不断萎缩局面。提高农村资金使用效率，提升金融机构在农村金融市场的收益水平，促使金融机构将资金贷放到农村，并促进农村经济的发展，进一步加强金融机构通过农村金融市场的获利能力。政府应制定相应的发展农村经济的具体政策，降低或减免农业税，促进农业经济发展；中央银行可以对金融机构提供的符合政策方向的农村借贷进行必要的政策支持，如加大信贷规模限额、给予一定的贴息等，提高农村金融机构为农村经济提供资金支持的主动性。重新设计农村金融机构的考核指标，对金融机构提供的农村服务进行必要的补偿，降低其经营风险。建立专项用于覆盖农业中个人或企业现金流无法覆盖偿债成本的统筹资金池——农村金融风险准备金，由国家、地方政府、相关企业与银行共同承担风险，采取发行优先股的形式，实行有偿使用原则。

（二）创新农村金融产品，加大金融支农力度

深化农业投资管理体制改革，发挥涉农金融机构支农优势。全面放开农业和农村基础设施投资领域，鼓励和支持民间资本投资开发农牧产业、建设农村基础设施。鼓励和引导商业银行、邮政储蓄银行把更多的资金，投向农户、农业、乡镇企业及农业产业化龙头企业，为农业和农村经济提供金融服务，增加信贷投入。针对农民抵押难的问题，研究适当放宽省商业银行贷款制度，如对支农信贷实行单独考核等。加快落实农户和农村中小企业

实行多种抵押担保形式的政策，探索实行动产抵押、仓单质押、权益质押等多种担保形式，切实解决农户和农村中小企业贷款担保难的问题。制定专门法规、条例，明确规定商业银行有义务为其经营业务所在社区提供金融服务。在保证资金安全的前提下，将商业银行分支机构吸收存款的一定比例用于本社区信贷投入。放款达不到一定比例的可以撤掉网点，让出存款市场。

（三）加快农村金融市场体制改革

深化农村金融改革，建立资金投入的长效机制，以政策性银行为主，以县域商业银行和合作金融为辅，以其他金融机构和民间资本为补充，构建功能完备、分工合理、适度竞争的农村金融体系。农业发展银行应扩大其业务范围，积极转变职能，将信贷支持重点从流通领域转向产前、产中的生产领域，改变业务单一的被动局面。农业银行应减少与农信社的重叠服务，以市场为导向，积极支持农业产业化、农村城镇化发展，重点支持农业产业化龙头企业、农村基础设施建设和农村中小企业发展。继续推进农村信用社改革步伐。完善以股份制、股份合作制为主体的新产权模式，建立决策、管理、监督相互制衡机制。激励和约束相互结合的经营机制，增强农村信用社自身营运能力和服务功能。加大对农民科学种养、外出就业等专项技能培训的投入，授之以“渔”，切实提高农民专项技能水平。加大邮政储蓄改革力度，引导邮政储蓄走商业化经营之路。让邮政储蓄资金回流农村，支持农村经济发展。同时，允许其把资金委托给农业发展银行、农业银行、农村信用社等，用于支持农村经济发展。

（四）健全风险防范机制，促进新型农村金融组织发展

相关部门要加快农业保险立法研究，加快政策性农业保险的制度建设，建立多种形式的农业保险组织。同时通过发展农村互助担保组织、鼓励中小企业担保机构拓宽担保业务。积极开展农村信贷担保业务，来解决“三农”贷款担保难问题。进一步完善农产品收购价保护制度、粮食储备制度、农产品风险基金制度的同时，尽快建立健全农业保险体系。尽快建立政策性农业保险公司，并在财政、税收、金融、再保险等方面给予优惠政策。现有商业保险公司应调整保险产品结构，简化理赔手续，多开发农村和农业保险产品。完善农户小额信贷机制，进一步扩大其覆盖面。继续鼓励和推动各类资本到农村地区新设主要为当地农户和农村小型企业提供金融服务的村镇银行。支持各类资本参股、收购、重组农村地区现有的金融机构。支持农村金融组织体系创新，鼓励以私人资本为主体的只贷不存小额贷款公司的发展，支持自发创新的农村资金互助组织的发展。

参考文献：

[1] Burgess, Pandel. Do rural banks matter? Evidence from the India social banking experiment [J]. CMPO Working Paper Series, 2003 (2): 4—104.

[2] Honohan P. Financial sector policy and the poor [J]. New York: World Bank Working paper, 2004 (5): 43.

[3] Nourse T H. The missing parts of microfinance: Services for consumption and insurance [J]. SAIS Review, 2001 (21): 61—70.

[4] Cohen M. Making microfinance more client - led [J]. Journal of International Develop-

ment，2002（14）：335—350.
[5] 曾康霖．金融资源优化配置的理论与实践［J］．金融研究，2005（4）．
[6] 王广谦．经济发展中金融的贡献与效率［M］．中国人民大学出版社，1997.
[7]［美］乔治·考夫曼．现代金融体系：货币、市场和金融机构［M］．经济科学出版社，2001.
[8]［美］雷蒙德·W·戈德史密斯．金融结构与金融发展［M］．中译本，上海：上海三联书店，1994.
[9] 王一宇．农村金融产品和服务的“本土化”研究［J］．经济师，2011（2）．
[10] 甘勇．农村商业性金融与农村经济发展的实证研究［J］．求索，2007.
[11] 刘丹林，松沈晖．关于农村金融抑制问题的文献综述［J］．金融经济，2010.9.
[12] 冉光和，赵倩．中国农村金融制度效率的测度及其空间差异研究［J］．农村经济，2012（1）．
[13] 张宇哲．农行“一行两制”突围［J］．金融与保险，2008（5）78.
[14] 李文军．商业银行的效率与竞争力［M］．北京：经济管理出版社，2008.
[15] 赵峦，孙文凯．农信社改革对改善金融支农的政策效应评估［J］．金融研究，2010（3）：194—206.
[16] 王醒男．基于需求和发展视角的农村金融改革逻辑再考［J］．金融研究，2006（7）：53—64.
[17] 谷慎．我国农村金融效率实证分析［J］．西安交通大学学报，2006（9）：31—35.
[18] 张兵，许国玉．江苏省农村信贷资金配置效率——基于面板数据的经验分析［J］．中国农村经济，2007（6）：54—61.
[19] 杨栋，郭玉清．中国农业贷款效率——基于双方程误差修正模型［J］．金融研究，2007（9）：151—159.

（作者单位：湖南省金融学会）

徐特立“断指血书”事件再考

梁堂华

徐特立是伟大的无产阶级革命家、教育家。他一生探索救国救民的道路，他的一生是“光荣的一生、伟大的一生、革命的一生”。早年，他曾有过“断指血书”的壮举。但对于这一事件的具体情况，诸如发生时间、血书内容、起因、目的等，说法甚多，甚至出现较大争议。中国社会科学院历史研究所伊杰教授曾著文《徐特立“断指血书”事考》[1]，作出了比较令人信服的结论。本文拟在该文基础上，作进一步的考证。

一、关于断指血书的时间

从已有资料来看，关于徐特立断指血书的时间，至少有四种不同说法：

① 1906 年说。徐特立在《六十自传》中写道：“二十九岁时做过反对铁路国有以反对清朝的运动，发动了全省城的学校罢课。我断过指写过血书。”[2]徐特立出生于 1877 年，29 岁时是 1906 年。按这一说法，断指血书也应发生于这一年。同为中共五老之一的吴玉章持相同说法。他在文中写道：“1906 年初的南昌教案，就曾经轰动一时……当时正在长沙教书的徐特立同志，闻悉之后，立即向同学们演说，他愈说愈恨，随取菜刀砍去一指，誓与众同报此仇。”[3]

② 1907 年说。较早研究徐特立的蒋崇伟、邹秋龙等人即持此说，在《徐特立》一文中写道：“1907 年，他（指徐特立）至长沙修业学校兼课。一天，在该校操坪作时事报告，慷慨激昂地痛陈帝国主义的暴行和清朝对之屈服投降的政策。越讲越激昂，越讲越悲愤，以致声色俱厉，热泪如倾。突然，他纵身从台上跳下来，跑进厨房，取来菜刀一把，当即砍断左手小指以示对帝国主义的愤恨和报仇雪耻的决心。顿时指血不止。他写了血书后，晕倒了。当时省内外的某些报纸曾经报道过这一新闻，……一时徐特立成为一个有名的爱国者，蜚声湖南，名扬全国。”[4]

据称，《长沙日报》“1907 年农历十月刊载的《断指送行》报道了徐特立的壮举：徐为支持湖南代表进京请愿早开国会，在修业学堂断右手①小指以血书“请开国会，断指送行”[5]。该报由湖南巡抚端方于清光绪三十一年（1905 年）4 月主持创办，虽然没有官报

① 笔者所看到的其他资料中都是写“左手”，此处应属错误。

的牌子，但巡抚衙门既审定稿件，又行文各县派销，因此实质上是一份官报，具有相当的权威性和影响力。

③ 1908 年说。中国国家博物馆保存有一份徐特立血书，其说明文字为：“近代，1908 年，纵 36.3 厘米、横 62 厘米，张清华捐赠。”并对徐特立本人以及血书的缘由做了如下说明：“徐特立（1877～1968 年），湖南长沙人，著名教育家。宁乡速成师范学校毕业后，长期在中学任教。他深受资产阶级民主革命思想的影响，拥护孙中山的革命学说。1906 年，清政府宣布‘预备立宪’，但无任何准备立宪的措施，立宪派和部分群众多次联名上书，请求速开国会。1908 年 8 月前后，各省立宪团体的代表先后到京向都察院呈递速开国会请愿书。这时徐特立正在湖南长沙修业学校教书。他愤而断指，写成血书，怒斥清廷误国，以此为请愿代表送行。原由张清华保存，1950 年 2 月 27 日捐赠。”[6]

④ 1909 年说。关于这一说法，伊杰教授在《徐特立“断指血书”事考》一文中，做了比较详细而令人信服的考证。他写道：

> 据上海《时报》1909 年 12 月 20 日报道，徐特立断指血书为同年 12 月 8 日（农历十月二十六日），原文为：“善化徐懋生〔恂〕名特立，十月二十六日九时在湖南修业学校断指沥血，书此八字，为请愿人送行：请开国会 断指送行。”
>
> 此前的 12 月 11 日，上海《申报》刊登了如下一条电讯：“长沙公电。各报馆鉴：湖南教员徐特立痛外交种种失败，非组织责任内阁无以救亡，自断其指，血书‘断指送行，请开国会’八字，送捧呈员行。”11 日见报的电讯距 8 日仅差三天，又是由长沙发来的“公电”，可谓及时而可靠。由此可见，断指日为 1909 年 12 月 8 日，当无疑义。
>
> 笔者见到的最早报道如前所述，为徐断指三日后的 1909 年 12 月 11 日，同月 20 日《时报》刊印出血书，其后《申报》、北京的《正宗爱国报》、天津的《大公报》、奉天的《盛京时报》也陆续作了报道。此外，还见诸 1909 年 12 月末张謇写的《送十六省议员诣阙上书序》。[1]

上海《时报》报道的血书原义，从国家博物馆所藏血书可以得到印证，唯“请开国会断指送行”八字应在前，不知报道何以将其置于后。

张謇的记载则是这样的：“咨议局既闭会，相约以十一月上旬，各推代表集于上海。先后来者凡三十余人，就预备立宪公会日共讨论，谋所以纾国家之难，而称先帝明诏立宪，使人民参预政权之盛旨。会，湖南罗君（杰）、刘君（善渥）宣示善化徐君断指请开国会之血书，殷赤淋漓，众咸感泣，益思亟行，乃定十五日大会，十六七日分道即发。”[7]

从以上四种说法看来，第四种说法应该是最可信赖的：第一，关于 1906 年说，徐特立自己的回忆可能因为时代的久远而出现误差；吴玉章虽与徐特立同为中共元老，两人交往较多，但他的说法不过来自于徐特立本人或听其他人所说，未必可靠；第二，关于 1907 年说，如果真有《长沙日报》1907 年农历十月刊的相关报道，应该非常可信，因为长沙终属事发之地，但伊杰教授就蒋崇伟、邹秋龙之说明确指出：“笔者未有查到当时湖南省的报纸，仅翻阅了一些其他报纸，可是一直未发现 1907 年有关这一问题的报道，不知论者查考了 1907 年哪些报纸而下此断语。”[1] 第三，至于“1908 年说”，主要是根据一个历史背景：“1908 年 8 月前后，各省立宪团体的代表先后到京向都察院呈递速开国会请愿书。”中国国家博物馆在作这一文物说明前是否进行过仔细的考证，不得而知，但应该存在问题。据查史料，在立宪之风日起的情况下，清政府于 1907 年 9 月颁布上谕，决定先在中央设立资政院，以立议院基础，各省则设立路议局，以为“采取舆论之所”，“并为资政院预备议员之阶”[8]；1908 年 7 月，清政府又颁布上谕，“着各督抚迅速举办（谘议局），实力奉行，自奉到章程之日起，限一年内一律办齐”[9]。以后，各省（包括湖南）立宪派都投入路议局的筹备工作，请开国会的事被暂时搁置下来。[10]因此，徐特立于此时写血书“怒斥清廷误国，以此为请愿代表送行”之说，根据根本不成立。相比较而言，第四种说法明显更易令人信服：有公电电文、有报纸报道，还有名人日记记载，而且与“1908 年说”所持的理由一致——都为立宪、为请开国会，仅时间上相差一年而已。但一年后的 1909 年，各省谘议局已经成立，于 10 月份首开常会，江苏省谘议局议长张謇发表《请速开国会建设责任内阁以图补救书》，并呼吁各省组织起来联合请愿。徐特立于此背景下，于 1909 年 12 月 8 日（农历十月二十六日）① 断指写血书，以为湖南代表送行，可谓合情合理合历史真相。

二、关于血书的内容

关于血书的内容，主要有两种不同说法：一种说法是“请开国会，断指送行”，另一说法是“驱除鞑虏，恢复中华”。由于这两种说法代表了明显不同的政治观点——前者为主张立宪，后者为主张革命，激烈争议由此产生。部分人认为，徐特立是坚强的共产主义战士、坚定的革命者，他的血书肯定写的是“驱除鞑虏，恢复中华”，而不可能是带有妥协性质的立宪主张；另一部分人则认为，徐特立一生探求救国救民的真理，并在革命处于最低潮的 1927 年毅然加入中国共产党，成为坚定的共产主义战士，但其政治观点有一个逐步发展的过程，他的断指血书应该是主张立宪的，后来才逐渐走上革命道路。本文赞成后一观点，并试从以下几方面做一些分析：

（一）徐特立本人语焉不详

我们先看看徐特立本人的回忆。经查阅《徐特立文集》，徐特立至少曾在三篇文章中回忆过这一事件。在《我和党有历史上不可分离的关系》一文中，他说：“我是反对帝国主义最有激烈情绪的一人，曾经因此断过指写过血书借以激励青年学生。”[2]246 这里，他明确说“断过指写过血书”，但对血书的内容没做更详细的说明。在《纪念“五四”对青年的希望》一文中，他回忆：“当我到修业学校和学生讲话时，一开口就泣不成声；我沉痛地告诉学生，要他们这一代把救国的担子挑起来。义之所在，虽赴汤蹈火，亦在所不辞，要向帝国主义报仇雪耻。……学生也激动得痛哭。我立即到厨房拿了一把菜刀，当场斩下自己的一个手指，以表示对帝国主义的愤恨和雪耻的决心。”[2]608 这里，略有些奇怪，徐特立只言断指而未言血书事，而事实上二者应该是紧密相关的。在《我的生活》（徐特立晚年讲述、徐乾记录整理）一文中，对于这一事件讲述比较详细：“我在修业学校给学生讲述这些惨痛历史，为表示对帝国主义的愤恨和雪耻的决心，遂走进厨房拿出一把刀，断下自己左手的一个指头，顿时流了一盏碗的血。我写了血书后，因流血不止，晕倒了。校长

① 关于具体日期，少数研究者在不经意中犯了一个错误，即将农历日期误用为公历，认为断指时间为“10 月 26 日”。

彭国钧竟用我流的血写了‘请开国会，断指送行’，让湖南的粟戡时等人带到北京，以宣传他们的君主立宪主张。而我的断指血书则是借以激励学生反对帝国主义的侵略。”[2]601这段文字比较详细地陈述了断指的缘由、经历，而且说出了一个重要的史实：“请开国会，断指送行”的血书是彭国钧写的，与本人的“断指血书”目的不同。根据这一说法，可推断出这样一个事实：徐特立不仅“断过指”，而且确实“写过血书”。但诸多疑问也随之而来：徐特立本人究竟写的是什么？他自己亲手写的血书下落如何？中国国家博物馆的存件难道并非他所写？徐特立本人为什么从来不曾明言自己所写的是哪几个字？由此看来，作为当事人的徐特立在谈到断指血书一事时，多少有些语焉不详，也多少有些令人不解。对于这种不解，是否可做如下推测：作为中共领导人毛泽东曾经的授业恩师、无产阶级革命家的徐特立，在当时一致革命话语主导一切的社会背景下，对于自己曾经断指支持的“君主立宪”主张，不能不有所避讳，只好语焉不详了。

（二）有关说法不足为证

支持“驱除鞑虏，恢复中华”一说者，曾举出几个重要人物的言论作佐证。一是毛泽东。据说，毛泽东曾谈到徐特立“断指血书”一事，并说：“这给了我对革命的第一次感性认识。”[9]查阅毛泽东年谱可发现，1909年秋至1910年夏，毛泽东在韶山乌龟井、东茅塘私塾读书；1911年春，到长沙入湘乡驻省中学读书。因此，毛泽东关于徐特立“断指血书”的了解及感受，只可能是读报或听其他人所说之后而生，不可能亲自在场（徐特立当时是对修业学校学生演讲，也不大可能有外人在场）。但是，徐特立的这一血性之举，足以给他对于革命的感性认识，这就是：革命是要流血甚至牺牲的。何况，毛泽东也从不曾明言徐特立所写为“驱除鞑虏，恢复中华”。二是同为中共五老之一的吴玉章。这在前文已经提到。特别的是，他还进一步写道：“谁知彭国钧却用这血指写了‘请开国会’等几个大字，竟以革命者的鲜血去作改良主义者升官发财的工具。”[14]1909年，吴玉章本人已是坚定的革命分子，早已参加同盟会，并亲自参与暗杀清政府官吏的活动，但此时他与徐特立还没有任何交往，更不可能亲眼看到徐特立的“断指血书”；况且，吴玉章的这一说法认为徐特立“断指血书”的时间是1906年，直接原因是南昌教案，因此他的说法明显是在相当时间后——1961年的综述性、模糊性回忆，某些事实不准确是可以理解的。

（三）断指血书的背景清楚确凿

“请开国会”是中国近代立宪派为实现君宪主张而发动的一项重要活动。首先提出国会请愿问题的是湖南人杨度，时间是1907年9月25日。当时杨度在日本留学之后回国，与杨德邻、罗杰等筹组湖南宪政公会，并发动绅民签名，呈请速开国会。请愿代表是雷光宇，雷拟于1908年2月18日（光绪三十四年正月十七日）出发赴京。直至5月，都察院尚未代奏。于是，湖南绅民又公举萧鹤祥、胡挹琪二人赴京催其代奏。7月，再次推选代表廖名缙、陆鸿逵、易宗夔、仇毅等赴京，与各省代表一起请愿。在各省请愿的压力下，清政府于8月27日颁布《钦定宪法大纲》，宣布以9年为期，召开国会，同时对各地的请愿进行压制。立宪派对9年的期限非常不满，准备酝酿新的请愿运动，但这时光绪皇帝和西太后相继去世，新的请愿暂时搁置下来。立宪派转而利用各省谘议局展开推动立宪的活动。然而，谘议局的议案丝毫没有法律保障，清廷对其控制甚为严密。立宪派认识到“法定舆论之机关，惟有议会”，从而把召开国会看作是真正实现立宪政治的最大希望，利用各省谘议局发起了声势浩大的全国性的国会请愿运动。1909 年 11 月中旬，江苏谘议局发起成立“各省谘议局联合会”（亦称“国会请愿同志会”），拟赴北京请愿。湖南省谘议局派出罗杰、刘善渥两人作为代表。正是在罗、刘二人即将启程赴上海与各省代表会合之际，徐特立于 12 月 8 日断指血书，交由罗、刘，以期表达个人及湘省民众对速开国会、实行宪政的强烈愿望与决心。12 月 27 日，十六省谘议局代表汇于上海，讨论如何采取行动，力促清廷速开国会。会上，罗杰、刘善渥展示了徐特立的血书，引起震动。张謇记其事云：“谘议局既闭会，相约以十一月（按：农历）上旬各推代表集于上海，先后来者三十余人。……会，湖南罗君、刘君宣示善化徐君断指请开国会之血书，殷赤淋漓，众咸感泣，益思函行。乃定十五日大会，十六七日分道即发。”[7] 由此可见，徐特立“断指血书”的背景清楚确凿，其目的也明白无误——要求政府速开国会，实行宪政。

（四）“驱除鞑虏”之说既无根据，也无道理

经查阅相关资料可知，“驱除鞑虏”之说最先见于陈志明执笔的《徐特立传》：“一九〇九年，他到修业学校去演讲，在历数帝国主义的罪恶和反动政府对外奴颜婢膝、对内残酷镇压的卖国行径后，当场拿起一把菜刀，将左手的一个指头砍断一节，用殷红的鲜血书写了‘驱除鞑虏，恢复中华’八个大字，以示反抗帝国主义和清朝政府压迫的决心。”[11] 这一说法以后在书籍、报刊、杂志及网站的一些宣传类文章中经常出现，或许是因为这一口号相对“请开国会，断指送行”要激愤、热血得多，能获得更好的宣传、鼓动效应吧。但研究者中持此观点者相对较少。出版时间早得多的《革命老人徐特立》《我们的师表》等书籍（作者分别是徐特立的早期学生、一生朋友的熊瑾玎和周世钊），都不曾提出这一说法。正如伊杰所说：“陈志明认定写了‘驱除鞑虏，恢复中华’八字，所据资料没有注明，无法查找，想非凭空杜撰，可是从实际情况考虑，却难以令人深信。”[1]

在此，我们不妨考究一下“驱除鞑虏，恢复中华”这一口号的来由。在元、清等少数民族统治中国时期，汉人曾几度提出此类纲领，号召汉族团结一致，恢复汉室江山。元末朱元璋就曾提出“驱逐胡虏，恢复中华，立纪陈纲，救济斯民”[12] 的口号，最终推翻了元朝统治。清朝末年，类似纲领再度提出。1894 年，孙中山在檀香山建立兴中会时，明确提出“驱除鞑虏，恢复中华，创立合众政府”；1905 年在日本建立同盟会时，确定“驱除鞑虏、恢复中华、建立民国、平均地权”为其四大革命纲领。此后，孙中山发动了一系列反清的武装斗争。正因这一口号鲜明地打出革命反清的旗帜，为此，清政府将革命党人视为首恶、叛逆、乱党、逆匪，要求各省督抚严密防范查拿、严厉镇压。在这样一种背景之下，徐特立公然在省城长沙的修业学校向师生断指血书“驱除鞑虏，恢复中华”，宣称要推翻清王朝，这是不可思议的。另外，此时的徐特立年已 32 岁，已过了血气方刚、容易冲动行事的时期，而且自幼饱读诗书，性格上也老成持重，从教也已 10 多年，因此尽管热血满怀、激情难遏，但无论如何不会去做那种“任何一个明智的革命者所不取的愚蠢至极的行为”[1]。而且事实上，这一事件很快传开，蜚声省内外，但徐特立却既未被告发，更未受到任何追究，这只有一个唯一的解释——他的行为尽管激烈，但并未触犯到政府的统治。

（五）赞成立宪符合当时徐特立的思想状况

人们所熟悉的徐特立的形象，是革命家、教育家，是一生追求救国救民的真理、敢于在革命最低潮的时候毅然加入中国共产党的“坚强的老战士”，是“一切革命党人与人民

群众的模范”（毛泽东语）……但事实上，他并非生来的革命者，他的政治思想是在不断摸索、不断转变之中的。他一生先后经历过封建正统思想、资产阶级维新思想、资产阶级革命思想、无政府主义、无产阶级革命思想等一系列的转变。[13]正如他日后在回忆中明确承认自己曾“从康梁的信徒转为孙文的信徒”、“由立宪思想转到民主共和”[2]，1909年前后的徐特立，受当时政治思潮的影响，正处于立宪思想阶段。客观地讲，立宪思想相对封建专制，在当时明显是属先进的，只是因为清政府表面同意、内里拖延和阻挠，未能成功而已。这不能不激起徐特立的沉痛反思，最后促成他向革命思想的转变。

三、关于“断指血书”的意图

关于徐特立断指血书的意图，同样存在多种说法，其中影响最大的有两种观点：一是主张革命，推翻清朝政府；二是要求政府召开国会，实行宪政。此外，至少还出现过这样两种说法：一是反对铁路国有。例如：“1909年10月，修业为铁路国有问题，支持本省各界请愿召开国会，举行全校师生大会，教员徐特立讲演国事，为主早开国会，激昂慷慨，声泪俱下，并趋入厨房持菜刀自断左手小指，血流如注，面色苍白，全场震骇。”[14]二是反对袁世凯称帝。但事实上，后面两种说法是根本站不住脚的。因此，本文只考证、辨析前两种观点。而上述关于血书内容的分析与考证，已经在一定程度上回答了这一问题。因为血书内容与写血书的用意，原本就是密不可分的，甚至就是一个问题。上述关于血书内容的两种说法，正表达了两种完全不同的用意，其实也代表了两种不同的政治观点：“驱除鞑虏，恢复中华”主张革命，属于资产阶级革命派的主张，而“请开国会，断指送行”一说，明显主张立宪，属于资产阶级改良派的主张。抛开革命最终取得胜利的既定事实不说，单从立宪与革命两种政治观点来看的话，肯定是各有理由、各有优长；持不同观点者也未必一定要分出个先进与落后，何况人的思想还总是在发展之中的。因此，实事求是地考察徐特立“断指血书”的用意，既是对徐特立本人的尊重，更是对历史的尊重与负责。

根据上文考证，血书的内容为“请开国会，断指送行”，则徐特立写血书的目很明显地就是要求政府召开国会，实行立宪。正如《清末立宪运动史》一书所说：“12月6日，湖南各界推举罗杰、陆鸿逵、陈炳焕、刘善渥为代表，定于8日启程赴沪。长沙修业学校教员徐特立闻悉异常兴奋，8日在学校谈及外交失败，时局阽危，“既已筹备宪政，以图补救，则非早开国会，不足以促进行”时，他热血奔腾，“乃觅刃自断左手小指，濡血写‘请开国会，断指送行’八字”，表达了支持请愿的坚强决心。”[15]

但是，在新中国建立前后相当长时期革命话语占统治地位的氛围中，一些研究者甚至徐特立本人出于可以理解的考虑，或者直接将血书的意图归为革命，或者有意淡化“国会”“立宪”的色彩，而笼统地称为“反帝、爱国”。例如，徐特立本人多次谈到此事时，都是说：“我是反对帝国主义最有激烈情绪的一人，曾经因此断过指写过血书借以激励青年学生。”[2]“我立即到厨房拿了一把菜刀，当场斩下自己的一个手指，以表示对帝国主义的愤恨和雪耻的决心。”[2]608，等等。再看几位研究者的说法：“断指血书，是徐老青年时期反帝爱国的重大壮举”（李正心）[16]；“这一爱国壮举，使在场的青年学生深受感动，爱国热情顿时高涨，‘打倒帝国主义’的口号声响彻云天！”（陈恩浩）[17]，等等。

相对这种比较模糊的“反帝、爱国”说，另外两位重要的历史人物无疑提供了关于徐特立“断指血书”目的的比较清晰、明确的回答。一位是田汉。田汉是徐特立 1912 年创办长沙县立师范后的本科一部学生，而且受到过徐特立的特别关注，对恩师徐特立是非常了解和极为敬重的。他就读长沙师范时，创作了一个戏曲剧本《新桃花扇》，将老师的这一血性爱国举动写入其中加以讴歌：“爱国志士几多不惜杀身来相劝？又有的为写血书斫脱指头尖。”[18] 1947 年 1 月，徐特立 70 大寿，远在上海的田汉又特地为身在延安的徐特立寄来贺寿长诗，其中明确有“断指争国会”[19]之句。另一位是曾经亲自采访徐特立、毛泽东的美国著名记者埃德加·斯诺。在《西行漫记》中，他写道：“徐特立本人在毛泽东能分辨共和派和保皇派之前很早就参与了政治。他身上仍留着帝制时代与封建政治作斗争的标志，那是他为了要表示他上书请愿实行宪政的诚意割去的小指尖。”[20] 该书还记载了 1936 年 10 月毛泽东在同斯诺谈话时回忆的一个重要史实：在湖南新军起义后，“革命党人所发现的清廷文件中，有几份请求召开国会的请愿书。原稿是由现在的苏维埃政府教育人民委员徐特立用血书写的。当时他切断指尖，表示诚意和决心。他的请愿书是这样开头的：‘为吁请召开国会，予（为本省赴京代表）断指以送。’”[20] 在这里，《西行漫记》两次提供了徐特立断指血书的真实意图——召开国会，实行宪政。

四、一点推断：血书或系彭国均承徐特立之意代写

徐特立在回忆中明确肯定：“我写了血书后，因流血不止，晕倒了。……校长彭国钧竟用我流的血写了‘请开国会，断指送行’……”[2]

看另一段资料的说法：“修业学校创立之初，为革命党人聚义之所。为避清廷耳目，校长数易，校屡迁。经费困难，租祠堂破屋授课，天雨赤脚张伞上课，教职员仅供食宿，不发薪资，有‘修业叫化’谑称。1909 年 10 月，为铁路收归国有一事，全校师生集会，支持湘省各界请愿召开国会。教员徐特立讲演国事，慷慨激昂，声泪俱下，从厨房拿来菜刀自断左手小指，血流不止，全场震骇。校长彭国钧取徐断指于手帕上，代书‘请开国会，断指送行’八字，与教员姜济寰一道去见湖南晋京请愿代表，代表为之动容。”[21]

再看现存国家博物馆的血书原稿，除“请开国会，断指送行”八个大字外，还有一行小字：“善化徐懋生名特立，十月二十六日九时在湖南修业学校断指沥血，书此八字，为请愿人送行”。八个大字“殷赤淋漓”，不甚工整，而多达 37 个字的这行小字却甚为工整，实在不大可能是“断指”后的徐特立所写，而且从其语意及“徐懋生”（徐特立原名“徐懋恂”）的说法，都更像旁人所述。兼及其他史实，这“旁人”非彭国均莫属。至此，我们或许可以勾勒出这样一幅场景：祖国饱受帝国主义国家欺凌，有志之士一心救亡图存，立宪派提出君宪道路，清政府姗姗行动；徐特立感触旧事，热血沸腾，抽刀断指，血流不止而晕倒；彭国均承徐特立之意，代书“请开国会，断指送行”并予说明；血书后由姜济寰、彭国均送交湖南晋京请愿代表罗杰、粟戡时；罗、粟将血书带至上海，展示于各省代表，“殷赤淋漓，众咸感泣，益思亟行”……

五、余论

至此，我们或许可借李正心先生的一段话来作一小结：“断指血书的内容为‘请开国

会，断指送行’是确实的，同时也诚如徐老指出的血书内容是修业学校校长彭国均所代书”，“青年徐特立慷慨陈词，断指血书，其内容被代书为一句合法斗争的政治口号‘请开国会，断指送行’，具有不可低估的时代价值。”[16]尽管立宪运动最终失败，尽管徐特立最后转向了革命——由资产阶级革命而至无产阶级革命，但他为立宪而曾采取的激烈行为——“断指血书”的影响及意义则无论如何都不应被忽视与忘记。这一行为，是有着“光荣的一生、伟大的一生、革命的一生”的徐特立在青年时期为爱国、反帝而做出的一个壮举，曾激励并将继续激励无数爱国志士为国、为人民奋勇前行。

参考文献：

[1] 伊杰．徐特立“断指血书”事考［J］．近代史研究，1989（01）．

[2] 湖南省长沙师范学校．徐特立文集［M］．长沙：湖南人民出版社，1980.

[3] 吴玉章．辛亥革命前后的回忆//全国政协文史资料委员会．辛亥革命亲历记［G］．北京：中国文史出版社，2001：33—34.

[4] 蒋崇伟，邹秋龙．徐特立//陈志凌．中共党史人物传精选本（第九卷）［M］．北京：人民日报出版社，2001：273.

[5] 长沙日报［DB/OL］．百度百科，http：//baike. baidu. com/view/1683021. htm.

[6] 徐特立断指血书“请开国会断指送行”．中国国家博物馆，http：//www. chnmuseum. cn/tabid/212/Default. aspx？AntiqueLanguageID＝1292.

[7] 张謇．张謇全集（第一卷）［M］．南京：江苏古籍出版社，1994：127.

[8] 湖南省地志编纂委员会．湖南通鉴（上）［G］．长沙：湖南人民出版社，2007：378.

[9] 谭仲池．长沙通史（近代卷）［M］．长沙：湖南教育出版社，2013：690.

[10] 湖南立宪运动的中心［DB/OL］．http：//www. changsha. cn/infomation/rllsfy/t20030808_ 1568. htm.

[11] 湖南省长沙师范学校．徐特立传［M］．长沙：湖南人民出版社，1984：23.

[12] 李日星．中国戏曲文化史论［M］．长沙：岳麓书社，2003：269.

[13] 梁堂华，张国平．徐特立的早年思想探求历程［J］．文史博览（理论版），2007（1）．

[14] 彭国钧．ICIBA 汉语站，http：//hanyu. iciba. com/wiki/2343549. shtml.

[15] 侯宜杰．二十世纪初中国政治改革风潮：清末立宪运动史［M］．北京：中国人民大学出版社，2009：209.

[16] 李正心．徐特立断指血书爱国精神考［J］，徐特立研究，1998（2）．

[17] 陈恩浩．徐特立断指写血书［J］．良友，2002（2）．

[18] 董健．田汉传［M］．北京：十月文艺出版社，1996：64.

[19] 田汉．田汉全集（第十一卷）［M］．石家庄：花山文艺出版社，2000.

[20] 埃德加·斯诺．西行漫记［M］．北京：三联书店，1979：116—117.

[21] 修业学校．http：//www. lishou. com/xyxx. htm.

（作者单位：长沙师范学院）

推行开放式高职教育　培养技术技能型人才

彭　元

根据论坛的安排，我以《推行开放式高职教育 培养技术技能型人才》为题，讲三个问题，不妥之处请各位指教。

一、什么是开放式高职教育

开放式高职教育是借鉴和利用开放教育的先进办学理念、比较完备的信息化基础设施、较为丰富的远程教育资源和网络教育资源的开发应用能力，积极探索和实践网络及多媒体技术在高职教育中的广泛应用，努力打造以网络教学平台为主体的开放式高职教育人才培养模式。这种观念和模式，是在21世纪初从国外引进的，有代表意义的是澳大利亚的技术与继续教育体系，它是一种建构在终身学习理念基础上的、以能力为本位的，以就业为导向的职业技术教育和培训制度，是一种培养职业人的教育。国外有英国开放大学，国内有全国电大系统、普通高校网络学院等，这些学校都是开展开放式高职教育的典型，都是充分使用远程教育手段进行教学和管理。

二、开放式高职教育与传统高职教育的不同

开放式高职教育使高职教育建构在终身学习的理念上，实现高职教育和开放教育有机融合，高职教育与继续教育有效沟通，在教育对象、师资队伍、专业与课程建设、教学资源、教学手段、考核评价等方面全方位、全过程开放，可以节省开支，在现代社会职业快速流动下方便学习者对学习时间、空间、学习方式的自由选择。

传统高职教育相对封闭，教学资源有限且开放性不够，不能得到更好的沟通和共享，依赖自身力量办学，办学规模不集中，专业服务能力受时空条件限制，对行业、企业的影响力不足，难以成为行业或企业的人力资源开发战略合作伙伴，难以面向社会开展职业培训、社区服务，实现终身教育功能。

三、如何办好开放式高职教育

开放式高职教育有别于传统高职教育，办好开放式高职教育总的指导思想是要用开放教育的理念、方法和手段，坚定不移地走开放式高职之路，坚定不移地推进开放式高职教育发展，不断提高教学质量，在改革中取得又快又好的成绩。

1. 整合国内外最优质的教育资源。当前教育有两大趋势，即终身学习和信息技术。在信息技术高速发展的情况下，通过互联网可以把国内外最优质的教育资源集中整合，站在巨人的肩膀上往前走，开展新型的、优质的开放式高职教育，用信息化推动我们国家终身学习体系的建设。以开放、优质、灵活、放心为办学理念和信息技术为支撑的开放式高职教育，将成为新的更加贴近普通民众的教育。可汗学院和美国著名大学引领的慕课已经吸引了世界更多国家的没有机会进入名校的千万计的学生，给传统高职教育带来了巨大的震动。事实证明，优质资源不仅可以在更基层的更广的范围内让更多的人共享，而且还推动了传统的教学模式、教学内容和教学手段的改变。

2. 发展“两并举”开放式高职教育。“两并举”开放式高职教育是指职前教育与职后培训、学历教育与非学历教育并举，建立开放的优势互补、相互促进的人才培养和培训体系，推动高职教育实现“四个对接”，即高职专业建设与企业岗位需求对接、课程体系与培训模块对接、校园文化与企业文化对接、课程考核与技能鉴定对接，利用世界大学城一体化平台、数字化校园 CRP 系统、校园共享平台等网络学习平台，通过线上学习与线下讨论相结合，以终身教育理念培养“双高”（高文化认同、高技能）且具备可持续发展能力的能工巧匠。

3. 创新高职教育产教深度融合制度。实现真正意义上的高科技实体企业与高职院校的产教深度融合，共同建立产教深度融合的内部治理结构，形成与企业共育高端人才、共享实训设施、共培师资力量、共建特色专业（群）、共享要素投入、共推技术服务的产教深度融合机制，大大提高高职院校学生的岗位适应能力，缩短技术技能人才成长周期，使学校培养目标和企业需求对接，增强技术技能人才培养的针对性和适应性，零风险落实入学与学生签订的就业协议，实现学生就业的稳定性。将高职院校与企业共同研发的成果转化为现实生产力，推动企业技术进步和产业转型升级，促进区域经济和带动地方产业发展。

4. 建立高职教育学分积累转换制度。开放式高职教育要建立以职业能力为本位，以就业为导向的职业技术教育与培训体系，激励学生自主学习，建立学习以过程性评价为主，终结性评价与社会及用人单位评价相结合的学习评价体系，将学生正式、非正式学习获得的学习成果认证兑换成相应的成绩和学分，实现不同类型学习成果的互认和衔接，将学生培养成有一定理论知识、社会知识和具有实际动手操作能力的人才，最大限度地增强学生的创业能力、创新能力与实践能力，使开放式高职教育成为终身教育立交桥的重要支撑。

（作者单位：湖南广播电视大学）

生态文明视域下幼儿园生态环境教育现状及对策研究

彭蝶飞　彭谦俊　谭春风

一、问题提出

目前人类文明发展已从工业文明向生态文明过渡，生态文明建设上升到国家发展战略层面。生态文明的核心在于将自然范畴的“生态”植入到行为范畴的“文明”，将人与自然、社会通过积极进步的文明形态联系起来，真正实现人与自然的和谐。[1]生态文明建设时期的教育必须按照生态学观点及精神从理论、观念、价值、政策、目的、目标、内容、方法等方面进行改造与提升，积极参与解决工业文明遗留下来的人类与自然之间的矛盾——生态危机。幼儿教育作为基础教育的基点，承担着为幼儿进行生态环境启蒙教育的责任。[2]大量研究表明，对幼儿进行生态环境启蒙教育，既有助于提高幼儿生态环境保护意识，丰富其生态环境知识；又有助于增进幼儿生态环境情感，增强生态环保技能，以达到尊重环境、保护环境、合理利用环境的目的；更有助于推动幼儿素质教育的改革，促进幼儿的良好发展。

经过多年探索与实践，幼儿园生态环境教育取得了一定的成效，但在实施过程中也暴露出一些问题，如幼儿教师自身缺乏生态环境知识且未能理解生态环境教育的真正内蕴；只注重相关知识的灌输，理念认同、情感共鸣及行为互动的结合较难到位；教学内容较为单薄，教学模式与方式较单一；家园配合不够密切，社会重视度不够理想等。如何在生态文明视域下培养并造就具有生态意识、生态理念、生态情感、生态素养及生态行为的“生态人”是幼儿园的社会责任，也是幼教界共同关注的话题。[3]因此，我们以湖南省“幼教国培计划”项目实施平台为支撑，随机抽取西藏、甘肃及湖南省城乡公办幼儿园和普惠性民办幼儿园园长、骨干教师、转岗教师进行相关调查，剖析当前幼儿园生态环境教育的现状，试图找出生态文明视域下幼儿园生态环境教育的切入点，并寻求有效的突破路径及保障措施，以期促进幼儿个性发展与幼儿园教育、家庭培育及社会支持所构成的“四维一体”生态网的和谐统一。

二、研究方法

（一）研究对象

本研究的调查对象为湖南、新疆、甘肃等省城乡108所不同类型幼儿园（公立示范园、公立非示范园、私立示范园、私立非示范园、其他类型幼儿园）的200余名一线教师，借助学院开展幼儿教师国培计划项目的平台，进行随机抽样形成原始样本，以保证调查数据的真实性和有效性。

（二）研究设计

用自编的《当前幼儿园生态环境教育现状问卷调查》，该问卷是在专家指导下经多次讨论和试测后修缮形成，具有较高的内部一致性度（$\alpha = 0.91$）。整套问卷共设计问题32道，分别由主观和客观两类题型构成，从幼儿园生态环境教育实施的主体（幼儿教师专业素养）、教学组织实施的途径及教育资源的开发与利用等三个维度开展系统调查。师资队伍专业素养包括学历、学缘、教龄、继续教育及相关专业教育5个子项。教学组织实施的途径涵括教学目标和内容、教学方式与方法、教学过程3个子项，教学目标和内容主要考察教师对幼儿园生态环境教育目标和内蕴的认知程度；教学方式与方法方面，主要针对分科与综合教学、启发式和探究式教学、操作法和游戏法等组织实施状况进行深入调查；教学过程方面主要对生态环境教育过程中面临困难及瓶颈突破进行了摸底。教育资源的开发与利用主要从教材的选取和使用、园本教材的开发与利用、家庭参与及培育3个子项着手。

（三）实施过程

2014年5月至2014年12月，利用幼儿教师参加国培计划实施的机会，分三批次（甘肃省幼儿园骨干教师集中培训项目、新疆幼儿园园长置换脱产研修项目及湖南省幼儿园骨干教师集中培训项目）进行随机抽样调查，前后总共发放问卷210份，有效问卷201份，有效率为95.7%。问卷数据分布为：城市137份，农村64份；公立示范园69份，公立非示范园45份，私立示范园55份，私立非示范园26份，其他园6份。

本研究采用的主要方法是问卷调查法、访谈法、数据分析法，并辅以文献研究法；所得的所有数据均采用SPSS19.0进行处理，形成原始数据库。然后按照研究需要进行数据处理，运用描述性统计分析了变量的百分比、平均数、标准差的具体情况；运用方差分析技术统计变量的性别、年龄、城乡、幼儿园性质、教学方法及方式等方面的差异。

三、研究结果与分析

（一）幼儿园教师专业素养

根据幼儿教师的学历、学缘、教龄、继续教育及是否知悉具备生态环境相关知识等基本情况进行的调查结果的数据可以看到，幼儿教师70%以上拥有大专及以上学历，其中拥有本科学历的达到20.4%。值得一提的是，已有研究生进入幼儿园从事一线教学工作。这表明，幼儿园对幼儿教师的学历要求与标准有所提高，并有向高学历化发展的趋势。这样的结果与近年来国家和社会对幼儿教育的高度重视紧密相关，行业对幼教从业人员的素质及专业化水平提出了更高更新的要求。[4]而对教师“是否毕业于学前教育专业”以及“是否接受继续教育”的两项调查数据也应证了这一点。数据显示，绝大多数（2/3 以上）教师均接受过专业的系统化从业教育，且一半以上（55.7%）的教师都接受过在职培训，这有利于教师专业化发展及学前教育的整体质量水平的提高。但是，对教师“是否知悉具备环境相关知识”的调查显示，仅有 37.8% 的幼师具备生态环境领域相关知识，研究者认为这样的状况不太利于幼儿生态环境素质的培养。

幼儿教师中仅 40.3% 的教师有 4 年以上的教龄，说明幼儿教师队伍不够稳定，长期从事幼教事业的教师相对较少，大部分中途改行或者另谋他职，这与目前幼儿教师社会地位偏低及待遇不高的整体现状密切相关。这种情况对保障我省幼儿教师队伍的可持续且高质量发展较为不利，也会影响幼教质量和整体水平的持续提高。

另外，研究者还对来自农村与城市的幼儿教师在学历、专业背景、教龄、继续教育、生态环境知识素养上进行卡方分析，发现两地幼儿教师在上述 5 个方面的比较中并无明显差异。但是，在对不同性质幼儿园教师进行卡方分析时，发现在学历、教龄及生态环境知识素养等三个方面均存在显著差异（$X^2_{学历}=41.192$，$P_{学历}<0.01$；$X^2_{教龄}=35.818$，$P_{教龄}<0.01$；$X^2_{知识}=16.677$，$P_{知识}=0.034$）。具体来说，在学历方面，公立园教师学历层次较非公立园高，其中公立示范园大专以上学历教师占 91.3%，公立非示范园则为 80%，私立示范园为 53.7%，私立非示范园为 53.8%，其他类型幼儿园这一比例仅为 33.3%；在教龄方面，公立示范园拥有 4 年以上教龄教师占 60.8%，公立非示范园为 30.9%，私立示范园为 26.6%，私立非示范园为 26.9%，其他类型幼儿园仅为 16.7%；说明在教师队伍稳定性上，公立园尤其是公立示范园明显高于其他类型幼儿园。在生态环境知识素养方面，公立示范园知悉生态环境知识的教师占 52.2%，私立示范园为 37.8%，公立非示范园为 32.7%，私立非示范园为 19.2%。以上数据均说明，公立园具备的生态环境教育师资水平相较于私立园高，这与公立性质幼儿园在获取政府财政扶持和社会其他资助上相对私立性质幼儿园更有优势有关，也从侧面反映了公立幼儿园整体办学质量比私立幼儿园更胜一筹。[5]

（二）教学组织实施的途径

1. 教学目标和内容

在教学过程中，目标制定和内容选择举足轻重，贯穿整个教学活动始终。

数据统计显示，目前幼儿教师对生态环境教育的目标定位并不十分一致。在选择“最重要的教育目标时”，45.2% 的教师选择“建立环境责任感”，30.1% 的教师选择“理解人与环境相互依存关系”，20.3% 的教师则选“培养对大自然的兴趣”，对此进行卡方检验，也证明教师在生态环境教育目标定位上差异较为显著（$X^2=66.323$，$P<0.01$）。另外，研究者对不同性质幼儿园教师在教学目标上的选择结果进行卡方检验，结果 $X^2=20.206$，$P=0.063$，呈现边缘显著，说明在不同性质幼儿园中教师对生态环境教育的目标选择和定位略有差异。针对目标选择与定位呈现一定差异性，我们随机抽取 69 位参与调研的教师作为样本，进行相关访谈、梳理统计，比较认可的结论为：一是目前《幼儿园教育指导纲要（试行）》（以下简称《纲要》）中将幼儿教育分为健康、语言、社会、科学、艺术五大领域，并对这五大领域的教育目标、内容以及教育要求进行了明确界定，暂时未

将生态环境教育作为独立领域列出，由此导致幼儿教师对生态环境教育目标、内蕴的界定与把握的不一致；[6]二是教师自身的教学能力及其对幼儿园生态环境教育内蕴的认知与行为存在偏差；三是各类别、各层次幼儿园在完成《纲要》规定要求的基础上，会在自选的教育活动上作文章，通过有区别的教育目标设置，产生所谓的特色园、特色班，从而吸引家长眼球最终达到吸引生源的目的。

对教学内容进行调查发现，大部分幼儿教师对教学内容的选择有一定局限性，对生态环境教育应教授的内容不太明晰。据相关文献资料，生态环境教育内容大致可分为气候变化、空气污染、水污染、土壤污染等八个方面的内容。[7]对于这8个方面的内容，仅有27.9%的教师全部认可，2/3以上的教师并未全部认可。从各单项内容选择情况看，空气污染是绝大多数（87.1%）教师选择的内容，其次是水污染（78.1%）和环保措施（77.1%），再次是气候变化（68.2%）和土壤污染（64.1%），而旅游资源的过度开发与利用引发生态环境恶化的后果及生态系统平衡的打破等内容教师选择概率相对较少。针对较少选择此两项教育内容的原因，我们再次对随机抽取的69位参与调研教师为样本，进行相关访谈、梳理统计，形成如下结论：一方面，旅游资源的过度开发与利用、生态环境的恶化及生态系统平衡维护等内容，教师们普遍认为应纳入教学内容的实施，但由于该领域具有较强的专业性与学术性，教师自身熟知具备的相关知识有限，且接受生态环境教育相关知识的培训机会相对较少，[9]导致在遇到此类教学活动时出现内容难以把握且选择回避的情况。另一方面，该领域兼具一定的逻辑性与推理性，幼儿阶段孩子大多处于具体形象思维阶段[8]，暂时难以脱离具体实物去思考问题，孩子较少能亲身体验，学习起来难度较大，因此被教师选为教育内容的概率相对较小。反之，空气污染是目前人们经常谈论并亲身体会的污染现象（比如雾霾等），幼儿对此现象感受较为深入，学习时易接受，大多数幼儿教师会着眼此处选择教育内容。

2. 教学方式与方法

教学方式与方法的恰当选择能促进幼儿的学习并提高教学的效率。实际教学活动中，幼儿教师采用的生态环境教学方式包括讲授式、启发式、参与式等，教学方法又包括游戏法、操作法、比较法等。

调查显示，在教学方式采用方面，32.5%的教师采用讲授式、32.3%的教师采用启发式、22.1%的教师采用探究式、13.1%的教师采用参与式；且研究者对农村与城市幼儿教师，以及不同性质幼儿园教师采用的教学方式数据进行卡方分析，发现均不存在显著差异。说明幼儿环境教育活动的过程中，教师并无明显偏爱的教学方式。另外，从数据统计与访谈中发现，教师对于《纲要》中提出的探究式教学、参与式教学采用相对较少，原因在于这两种教学方式较新颖，对教师的专业素养要求相对较高，标准与要求也难以把握。

而教学方法方面的调查发现，即便老师们在教学过程中较少采用探究式教学，但探究法（44.8%）被认为是最有利于幼儿学习环境知识的方法，其次是游戏法（34.8%）。老师们普遍认为这两种方法如果能运用恰当，便能有效激发幼儿的兴趣，提升幼儿学习的积极性与主动性。

另外，调查还发现幼儿教师普遍喜欢采用综合课程的形式开展生态环境教育，这一比例达到了76.1%。卡方分析也发现无论城乡、不同性质幼儿园教师之间的选择均没有显著差异，说明当前幼儿园生态环境教育活动大多是与其他教育活动融合在一块的，较少有幼儿园单独开发独立的幼儿园生态环境教育课程。进一步访谈与分析发现，幼儿教师在进行环境知识渗透时较多选择健康、科学、社会三大领域，而艺术领域最少（5.2%），教师们普遍认为在学前阶段语言及艺术教育的内容与生态环境密切度不高，难以融合。

3. 教学过程设计与实施

教学过程是教学活动的启动、发展、变化和结束在时间上连续展开的程序结构，是一种特殊的认识过程。在教学过程中，教师有目的、有计划地引导幼儿进行各种认识活动，以促进幼儿身心全面发展。

调查访谈发现，幼儿教师进行生态环境教育活动时在目标设置、材料准备、形式选择等教学环节上均存在不同程度困难，而其中材料准备环节上困难最大（39.3%），其次为形式选择（34.3%）、目标设置（26.4%）。这是因为：第一，生态环境教育一般均为渗透到其他教育领域中，难以为其单独制作操作材料；第二，生态环境的变化具有一定周期，即使制作相关操作材料，也不能在短时间内显示其对环境的影响，幼儿难以通过自身的操作经验去感知环境的变化，学习效果难以评估；第三，生态环境教育材料有特殊性及动态性，既要保证幼儿学习到相关知识，又要避免材质对环境造成破坏，否则就失去了环境教育的意义。[10]

对生态环境保护教育形式的调查显示，首先教师主要通过课堂讲授及专家讲座来探索幼儿生态素质的养成教育（66.3%），其次是通过社会探索与实践活动来培养幼儿的生态情感及生态行为（16.6%），最后是通过相关广告宣传及传播途径植入生态意识与理念（11.1%）。另外，在幼儿碰到阻碍寻求教师帮助时，大部分幼儿教师选择鼓励幼儿多尝试（58.2%）。卡方分析也发现，城乡之间、不同性质幼儿园教师之间在环境教育的设计内容与实施方式的选择上没有差异。这表明，对于生态环境教育的教学设计与实施，幼儿教师的态度总体是积极主动的，有利于幼儿思维能力的提高和社会性发展。

（三）教育资源的开发与利用

1. 生态环境教材的选取与使用情况

幼儿园教材的选取与使用直接决定了幼儿园教育活动内容的开展，同时对教师教学方式与方法有一定影响。而目前关于幼儿园的教材开发主要集中在传统的五大领域，目前暂时缺乏幼儿园开展生态环境教育的专门教材。因此，大多数幼儿园只能在选择五大领域教材时适当考虑融合生态环境教育主题的教材。目前国家没有实行统一的幼儿园教材，各幼儿园使用的教材版本也不尽相同，且其内容安排的侧重点以及难度、难点的设置上也有差异，这间接导致了幼儿对生态环境认知的缺乏或不足。

2. 园本生态环境教材的开发与利用

幼儿园生态环境教育的教材调查，本研究着眼于幼儿园园本教材的使用情况。数据显示，近 90% 的幼儿园暂未开发生态环境教育的园本教材，原因在于园本教材建设不仅需要高水平幼儿教师在教学方面的支持，也需要幼儿与家长的配合，更需要相关专家和学者的业务指导与把关，同时要求能与当地经济、科技、文化等进行较好融合，以上这些使得因地制宜地开发园本教材有了技术与操作层面的难度。

研究者对已进行园本教材建设的城乡及不同性质幼儿园进行对比，发现在园本教材的开发依据上，城乡及不同性质幼儿园之间有着显著差异（$X^2_{城乡}=43.956$，$P_{城乡}=0.019$；

$X^2_{园性质}=43.956$，$P_{园性质}=0.015$），不同幼儿园的参考依据均有差异。这说明，幼儿园已意识到所订教材中的相关环境教育内容或不能满足《纲要》的教育需求，或与幼儿发展特点不吻合，由此开始了寻求适合幼儿个性发展的与区域特色匹配的园本教材开发的探究。

3. 家庭参与及培育

幼儿的发展离不开幼儿园的培养，更离不开家庭的参与及支持。家园合作是一种双边互动活动，两者相辅相成才能相得益彰。本研究对幼儿生态环境教育的家庭资源利用情况亦进行了抽样调查，主要内容包括是否布置与环境相关的家庭作业与社会实践、家长是否参与幼儿园的生态环境教育活动、家长参与幼儿园生态环境教育的方式。

调查显示，仅有2.5%的教师会在每次课后布置与生态环境相关的家庭作业及社会实践，36.8%教师偶尔布置，43.3%的教师则很少布置，17.4%的教师表示从不布置。

在幼儿园环境教育活动的参与情况上，大部分家长（61.7%）并未参与，仅有38.3%的幼儿家长能参与进来，而其中农村家长（21.9%）参与率远远低于城市家长（46.0%）。卡方分析也发现，在家长参与幼儿园环境教育活动方面，存在显著城乡差（$P=0.03$）。这说明对城市家长对幼儿教育的重视普遍高于农村家长。另外，统计分析还发现，在不同性质的幼儿园中，家长参与情况也存在显著差异（$P=0.017$），其中示范园参与率较高，而非示范园参与率较低，这或许也说明示范园在家园互动及教学管理上的工作做得较好。

对家长参与方式的调查显示，根据教学需要准备材料、指导幼儿完成环境教育延伸活动、帮助幼儿巩固所学的环境知识是家长参与的主要方式，而根据需要准备材料的参与率最高（69%）。分析认为，家长更容易参与准备相关材料，即使难以找到现成的材料，也可自行购买，而指导幼儿延伸活动及帮助巩固所学环境知识耗费的时间相对较多，由于现在的父母大多忙于事业，分配给孩子的时间不多。从相关数据还可以看出，家长似乎不够重视幼儿具体的学习内容、学习过程以及学习活动质量的评价，与这三者对应的参与率分别为38.5%、32.1%、35.9%。研究者认为出现此种情况的原因在于，家长对幼儿教育的认识存在误区，不少家长认为幼儿的学习应该是幼儿园考虑的问题，甚至认为幼儿园专职就是“看管”孩子，不在乎也不关注孩子在幼儿园到底学了什么。需要注意的是，家长直接有效参与幼儿园教学活动有利于教师与家长信息沟通的双向畅通，便于对幼儿身心发展作较为全面的了解，从而选择符合幼儿特点的学习内容及方式，促进幼儿健康发展。

四、对策与建议

综合以上结果，我们结合幼儿个性特征及发展，围绕园本教育、家庭培育及社会支持等关键层面，提出幼儿园生态环境教育的对策与建议。

（一）发挥幼儿园主体作用，多重探索幼儿生态环境教育路径

学校是开展教育的主阵地，幼儿园是开展幼儿生态环境教育的重要场所，发挥幼儿园的主体作用，围绕教育过程积极探索幼儿生态环境教育实施路径，对于开展幼儿生态环境教育，培养幼儿生态环境认知，养成良好的环境保护习惯和行为具有重要意义。

1. 理念先行真正重视，系统纳入课程实施计划

理念是行动的先导，教育改革，理念要先行。调查中发现，一些幼儿园对生态环境教

育的理念、目标、内蕴界定均较为模糊，有些仅停留在口头上，真正重视并落实到行动上的较少，农村地区幼儿园尤为漠视。如何引导教师、家长、社会树立正确的生态环境教育理念，准确定位其教育目标，科学界定其内蕴并合理予以实施是一项关乎全园的系统工程，需要精心规划、有效管理。幼儿园应及时把握生态环境教育的方针政策，将其纳入正式课程之中，制定相应实施方案，安排一定课时，保证生态环境教育的顺利开展。

2. 提升教师生态环保素养，打造高素质幼师队伍

幼儿园是先进教育理念的实施者，幼儿教师则是理念能否真正得到贯彻执行的实际操作者，高素质、高水平的幼儿教师队伍，能够保障幼儿园生态环境教育的健康开展。首先，要保证幼儿教师社会地位，适当增加其相关待遇，确保幼儿师资队伍的相对稳定；其次，要为幼儿教师提供培训进修机会，促进其良好生态环境素质和教学能力的形成；再次，它山之石，可以攻玉，教师要防止闭园自封，应加强园园互动与社会实践，增强生态环保意识，提升自身专业素养与技能；最后，制定幼师从业标准，努力打造品行良好、知行合一且技能过硬的高素质幼师队伍。

3. 合理制定教育目标，因地制宜选择教育内容

制定科学的教育目标，选择合适的教育内容，有助于提高教育的有效性。调查结果表明，幼儿教师对于开展生态环境教育的目标不明确，选择的课程内容分散，不利于幼儿生态环境教育的展开。教师应从幼儿身心发展规律出发，结合当地生态环境状况及幼儿园实际，明确园所层面的生态环境教育目标及定位，确保活动目标与幼儿的发展基础相适应以及总目标、各年龄阶段目标和教育活动目标保持一致[11]，建立包括认知、情感、价值观念、行为习惯等方面在内的目标体系，有效避免教育活动中的盲目性和随意性，为选择合适的教学内容提供依据。在选择生态环境教育内容时，要注重针对性，依据教育目标，将气候变化、环境污染、生态维护、环保措施等不同的内容融入到幼儿熟悉的环境中，由浅入深，切合幼儿的年龄特征选择不同的难度水平，并使之能广泛反映生活环境。

4. 动态构建教育体系，有效探究教育途径

生态环境教育具有跨学科融合的特质，幼儿园生态环境教育不能仅依赖于科学领域教育，而应渗透到各领域教学，进而融入幼儿园日常生活各环节。教育者应根据幼儿活泼好动的个性，采用多样化的方法，全方位、多途径开展幼儿园生态环境教育。一是重视幼儿园内部和外部生态环境资源的动态创设，倡导“零污染”，提倡节约，巧用资源，变废为宝，彰显“绿色生态”理念，达到环境育人进而有效促进幼儿发展的目的。二是在幼儿生态环境教育中多采用探究及启发式的教学方式，注重培养幼儿自主学习的精神，探索大自然的奥秘，有初步的生态环保意识。三是重视幼儿的参与实践，启发幼儿的生态认知，使幼儿通过体验式的活动参与，正确认识人与环境的关系，爱护动植物，关心周围环境，亲近大自然，珍惜自然资源，使环保内化为自身的素养。四是提倡快乐学习，寓教于乐，通过故事或游戏的形式在健康、科学、社会、艺术等领域和日常生活中全方位进行生态环境教育的渗透，使幼儿养成良好的生态环保习惯与行为。五是动态开发适合幼儿身心发展的生态环境园本教材。目前我国学前教育领域尚没有系统、统一的生态环境教育教材，政府教育部门要加强对幼儿园环境教育教材的选择与指导，同时结合幼儿生态环境教育目标和幼儿发展特点，寻求适合幼儿个性发展与区域特色匹配的园本教材开发，使环境教育内容与《纲要》的要求相吻合[12]。

（二）推行家园合作共育，创建双向互动的幼儿生态环境教育机制

家长是孩子的第一任老师，父母的言行举止对幼儿起着潜移默化的影响。幼儿园和家庭均是促进儿童发展的主体，通过幼儿园与家庭积极主动的相互了解、相互支持及双向互动可共同促进儿童的身心发展。因此，要积极探索生态文明视域下家长参与幼儿生态环境教育的新机制，正确引导家庭生态环保教育。一方面，幼儿园可通过专题讲座、家长会议、亲子活动及社会实践等多重形式开展幼儿生态环境教育培训，丰富其生态环保知识，提高家庭生态环保教育水平；另一方面，家长应通过多种途径主动获得生态环保教育的相关信息，树立正确的生态环保教育理念，提高自身生态环保素养，争做生态环保表率，为幼儿树立良好的榜样引导。通过家园密切配合，共同培育，双向开展幼儿生态环境教育，营造出一个幼儿带动一个家庭、一个家庭带动社会的良好生态环境保护氛围[13]。

（三）整合社会教育资源，保障幼儿生态环境教育的顺利开展

生态文明视域下“生态人”的培养是幼儿园的社会责任，在生态环境日益恶化的今天，幼儿生态环境教育深入开展离不开社会的重视及民众的支持。

一方面，建立健全相关法律法规，为生态环境教育开展提供机制保障。发达国家生态环保教育启动较早，相应的生态环境教育方面的法律法规较健全，各种资金投入和财政支持均有法律保障。我国当前生态环境教育亟须转变管理手段单一、行政性干预为主的方式，建立生态环境教育的法律、制度和相应的配套机制，确保其应有的法律地位。《全国环境宣传教育行动纲要》指出：“环境教育是各级环保、宣传、教育部门的一项重要任务。在环境教育工作中，教育部门要起主导作用，环保部门要积极配合。”因此，加强环保和教育部门的协同配合，设立专门的生态环境教育管理机构，有助于推动生态环境教育尤其是幼儿生态环境教育的开展。[14]

另一方面，充分调动各方积极因素，促进幼儿生态环境教育的全面开展。政府着力引导、媒体大力宣传以及社会团体全力参与，充分调动家庭与社会参与的积极性，挖掘与利用多样化的生态环境教育资源，有助于形成幼儿生态环境教育的良好氛围并达成普遍的共识。[15]国家和社会通过改善生态环境，为幼儿的学习和发展塑造一个良好的外部环境；通过加强环保公益宣传，创造良好的社会生态环境，使幼儿在成长过程中主动加入环保行列；通过向农村地区幼儿园的政策倾斜，加快广大农村地区幼儿生态环境教育发展水平，可以缓解城乡幼儿教育不平衡的问题，有助于幼儿生态环境教育的持续健康发展。

幼儿作为发展中的人，有权利知道其所处的生态环境真实状况，有义务成为美好生态环境的维护者和缔造者；幼儿园是引导幼儿与自然和谐共生的重要阵地；家庭是培育幼儿健康成长和良好品行的关键载体；社会是幼儿珍爱自然及保护生态环境的支撑平台。因此，幼儿园的生态环境教育，只有综合考量幼儿发展、幼儿园培养、家庭培育及社会支持等4个维度，才能合理构建其观念、价值、目标、内容、方式、政策的和谐统一。

参考文献：

[1] 余志健. 生态文明与生态文明教育 [J]. 教育探索，2007 (03)：67—69.

[2] 夏蓉. 环境教育在幼儿启蒙教育中的重要性探讨 [J]. 中国校外教育，2012 (04)：153.

[3] 彭蝶飞. 幼儿园生态环境教育探析 [J]. 学前教育研究，2007 (08)：73—75.

[4] [5] 翟理红. 幼儿环境教育师资建设初探 [J]. 环境教育，2005 (05)：32.

[6] [7] 杨晓玲，唐敏. 幼儿园环境教育目标、方法与体系构建的理论基础 [J]. 学前教育研究，2010 (07)：57—59.

[8] 范国睿，王加强. 当代西方教育生态问题研究新进展 [J]. 全球教育展望，2007 (09)：39—45.

[9] [10] 杨淑丽. 3 ~6 岁幼儿环境保护意识的研究 [D]. 华中师范大学，2011.

[11] 田素娥. 当前幼儿园环保教育中存在的问题及其解决策略 [J]. 学前教育研究，2008.

[12] 刘强. 幼儿园生态伦理教育的思考与对策 [J]. 幼儿教育（教育科学），2011 (11)：65—67.

[13] 许艳. 幼儿园环境教育课程资源开发个案研究 [D]. 西南大学，2010：34.

[14] 李政. 幼儿园生态文明教育及其实践路径探析 [J]. 教育探索，2013 (6)：152—153.

[15] 杜昌建，李冬雪. "美丽中国" 视域下的生态文明教育意义探析 [J]. 教学与管理，2014 (05)：4—6.

（作者单位：长沙师范学院）

合成毒品泛滥的现状原因与控制对策

曾启尚　张　军

随着全球毒品问题复杂化，毒品流行格局发生变化，以海洛因、可卡因、大麻等为代表的第一代传统毒品的增长势头有所减缓，以冰毒、摇头丸、麻古、氯胺酮等为代表的第二代合成毒品蔓延趋势显著加快，尤其以大麻素、卡西酮等为代表的第三代精神活性物质来势凶猛。与传统毒品相比，合成毒品具有制造方法简便、消费价格较低、欣快体验强烈、肇事肇祸频发、社会危害更大等特点，成为了当今世界毒品泛滥最突出的焦点问题，也成为我国毒品泛滥的突出热点问题。加强合成毒品防控治理，客观上成了我国禁毒工作的紧迫任务。各级政府务必提高认识，积极应对，全力遏制合成毒品迅速蔓延的不良趋势。本文拟从介绍合成毒品泛滥现状并分析泛滥原因着手，提出防控合成毒品泛滥的对策措施，供同行商榷。

一、合成毒品泛滥的现状问题

合成毒品与传统毒品泛滥交织发生，有相同的牟利犯罪动机、享乐吸毒诱因和类似的贩毒吸毒方式，也有不同特点。

（一）合成毒品制贩犯罪呈现新特点

合成毒品制贩犯罪与传统毒品制贩犯罪既类似又有区别：就走私贩卖方式来看，与传统毒品类似，或利用航空、海运、铁道、公路等公共运输资源，通过邮寄、托运等途径走私；或采用金钱美色通关、人体藏毒、掉包顶罪、人物分离、蚂蚁搬家、欺骗利诱病残孕人员携带等方式贩运；或利用各种方法隐藏、武装护卫、毒品衍生物蒙混过关等方式贩运；尤其利用物流快递、电话网络及高速公路快速交易等方式贩卖十分突出。就贩毒营销手段来说，贩毒集团用一些闻所未闻的新名词制造时尚骗局，贴上“新潮前卫”标签，包裹种种骗人描述：成瘾性小、不会上瘾、无损健康、能带来兴奋感、可产生更强性快感等。宣称每个药品可适应不同个体需求，总有一款适合你。打造毒品消费文化，欺骗更多易感人员陷入毒品陷阱。就制毒犯罪情况来看，国内制毒犯罪的主要品种是冰毒、麻古、K粉等合成毒品，还有利用构效相关原理研制可增强欣快体验并能逃避执法检测的新型策划药；制毒场地多为边远隐秘地点，以各种名目作掩护的秘密工厂、地下实验室或隐秘家庭作坊；我国毒品市场的晶体冰毒和氯胺酮几乎都是国内生产，制毒地主要在广东、四川、广西、福建、湖北、湖南等地，并已扩散到全国所有省、直辖市、自治区，尤以广东、四川最为严重，全国缴获的冰毒、氯胺酮约五六成来自广东，四分之一来自四川，仅广东一次打毒行动就在陆丰甲西镇端掉 86 个制毒工场。

（二）合成毒品滥用品种不断翻新增多

国际滥用药物不断增多，尤其新精神活性物质剧增，会员国向联合国禁毒署报告的新精神活性物质数目从 2009 年年底的 166 种增加到 2012 年的 251 种。受其影响，国内监测到的滥用药物达 60 多种，其中合成毒品就有 40 多种，除冰毒、摇头丸、麻古、K 粉、安眠酮、三唑仑外，还有其他苯二氮卓类、精神药物组合（Bup + 异丙嗪）、GHB（γ—羟基丁酸）、咖啡因、安钠咖、忽悠悠、烫面面、开心水、咳嗽水、阿拉伯茶（恰特草或卡塔叶）、大麻素、甲卡西酮等诸多不同类型合成毒品。

（三）合成毒品滥用人数呈井喷样增长

当前国际毒情日益严重，吸毒人数不断增多。据联合国禁毒署统计，全球有 130 多个国家和地区存在毒品消费问题，170 多个国家和地区存在毒品种制贩卖问题，吸毒人数超过 2 亿人，每年有 20 多万人因吸毒死亡。受其影响，国内吸毒人数迅速上升，截至 2013 年年底，全国登记吸毒人员 247. 5 万人，其中滥用阿片类毒品人员 135. 8 万人、滥用合成毒品人员 108. 4 万人，分别占 54. 9% 和 43. 8%，新发现登记吸毒人员 36. 5 万人。截至 2014 年年底，全国登记在册吸毒人员 295. 5 万，同比上升 18%，其中滥用海洛因者 145. 8 万人，占吸毒人员总数的 49. 3%；滥用合成毒品者 145. 9 万名，占吸毒人员总数的 49. 4%；新发现登记吸毒人员 46. 3 万人，合成毒品滥用人数首次超过传统毒品滥用人数，预计全国实际吸毒人数有 1400 万人。吸毒人数大幅增长，尤其合成毒品吸食人数剧增，已成为我国的主要毒害问题。

（四）合成毒品原料管控难度不断增大

国内制毒物品流失犯罪加剧。利用麻黄碱类及复方制剂制毒日益泛滥，利用化学原料合成麻黄碱成为当前制毒新趋势，一些毒品原料列管后利用未列管化合物作为替代原料的情况不断出现。2013 年全国缴获麻黄碱类制毒原料 34. 4 吨、麻黄碱复方制剂 5. 7 吨、麻黄草 1270. 8 吨；氯胺酮非法生产问题日益加剧，缴获氯胺酮首次超过海洛因，半数系国内加工，缴获替代毒品原料邻酮 23. 5 吨；制毒物品走私出境也日益突出，2013 年仅云南就查获流向金三角的制毒物 1096. 8 吨，流向金新月的制毒物 756 吨。2014 年全国破获制毒物品案件 549 起，缴获制毒物品 3847 吨，缴获替代原料溴代苯丙酮 23. 21 吨、邻酮 100 多吨。制毒物品流失仍十分突出，管控难度不断增大。

（五）合成毒品滥用社会危害日益严重

合成毒品具有过度兴奋和致精神障碍的毒理作用，常导致易激惹、冲动、攻击、自杀等紊乱行为，这种行为通常具有突发性、冲动性、伤害性、不可自控性及难以防范性等特征，产生比传统毒品更严重的社会危害：一是导致精神病性障碍，诱发极端化伤害行为，除吞异、撞墙、割腕、自缢外，还出现了助跑撞墙、割颈动脉、跳楼自杀、咬舌自尽、抢喝剧毒辅料等极端伤害行为。二是对吸毒者身体危害更严重，吸食合成毒品致死案件增多，因性亢进性淫乱加剧艾滋病、肝炎的传播流行；三是引发恶性犯罪案件增多，吸食合成毒品引发的自伤自残、暴力凶杀、劫持人质案件，甚至弑亲案件频发，如发生在武汉的公开弑杀父母案、发生在湖南衡阳的疯狂残杀亲祖母案，发生在广东德庆的惨杀老母亲案等；三是毒驾肇祸事件频发，毒驾导致幻觉妄想引发的重特大交通事故时有发生，甚至发生毒驾人员驾车冲击机场、政府机关的严重事件；四是引发严重暴力抗法袭警事件，全国此类案件时有发生。

（六）合成毒品滥用不良趋势令人忧虑

吸毒的低龄化、时尚化、交际化、普遍化及毒品泛化，已成为毒品泛滥的不良趋势，给当下的禁毒工作带来严峻挑战。

吸毒低龄化趋势日益加剧。一些中小学生因无知、好奇、逆反等复杂原因卷入吸毒，一些青少年为了寻求群体归属，在吸毒者引诱之下开始吸毒；有些青少年错把吸毒当成时尚来崇尚模仿，大部分青少年未意识到吸毒的危害和后果。据统计，在滥用合成毒品的人员中，35 岁以下青少年占 67.8%。

吸毒普遍化已成为不争事实。一些失意落魄的艺术家、功课繁重的大学生、外出打工的小伙子，在毒品欣快诱惑和好奇心裹胁下，怀着忐忑矛盾心情，尝试用毒品舒缓日益加大的学习、工作、生活压力；一些迷失了自我的成功人士，如证券经纪、地产炒家、律师、会计师、医生，甚至极少数领导干部，当伴随着成功而来的焦灼、压抑、危机感使他们神经过度疲劳时，错把毒品当化解焦虑、舒缓压力、提神醒脑的“奢侈品”使用。

明星吸毒成了极坏的负性“榜样”。不断曝光的明星吸毒被抓，只是掀开了娱乐圈吸毒现象的冰山一角。事实上，随着新型毒品的开发、集体性吸毒行为的出现，一种吸毒亚文化已经在娱乐圈内形成——吸毒不再仅是满足自己的毒瘾，而是一种心照不宣的时尚，一个判断是否“同类”、是否有共同审美趣味的潜规则，成了影响极坏的负性“榜样”。通过明星效应将这种负性潜规则蔓延进普通公民的日常生活，特别是城乡青年的集体派对中，吸毒已成为他们相互认同的交际方式。

请客吸毒成了可悲流行时尚。请客吸毒并非新鲜事，原在毒源产地或邻近地区的居民中流行，后流传到内地一些老板、明星的吸毒圈，成了某些小圈子待客的高级礼遇，甚至演变为一些居民宴请娱乐活动的常有项目，更让人揪心的是还出现在中小学学生生日派对中。有人把请朋友吸毒作为最高待客之道，跟请客吃饭一样。如被“抬举”一方不吸，就肯定玩不到一起。

毒瘾与网瘾合流加剧毒情形势。目前毒品滥用地点已由迪厅、歌厅、宾馆向网吧、游戏厅转移。一些网瘾者为了支撑持续数天通宵达旦玩网络游戏，而使用冰毒、麻古来提神；一些无良网吧老板，为了招揽生意，放纵贩毒人员在网吧中兜售毒品，甚至直接参与贩毒，导致一些网瘾者又交叉感染了毒瘾，成了双料依赖者，使原本十分严峻的毒情形势更趋复杂。

毒品泛化趋势应引起高度警惕。一些吸毒者在获得毒品困难时，找些类似作用的药物替代；一些贩毒者不断研制投放新策划药；一些吸毒者自行发现致欣快药，甚至将戒毒组方药当毒品用；事实上凡能带来直接舒服的药物都可能演变成毒品。

合成毒品向小城镇农村蔓延更令人担忧。在那里社会管理薄弱、娱乐方式很少，一旦泛滥流行，将很难管控遏制。

特殊人群贩毒现象日益严重，逐渐呈现家族化、团伙化、规模化、公开化趋势，务必引起各级政府高度警觉。

二、合成毒品泛滥的原因分析

（一）国际毒品渗透加剧，国内毒情形势恶化

国际毒品全线渗透、多头侵入势头加剧。我国地理区位处于世界两个最大毒源地——“金三角”“金新月”的南北夹击之中，还受到南美、东南亚及朝鲜等毒源地毒品的渗透影响，边境线漫长复杂，海陆空口岸众多，国际毒品向我国全线渗透、多头侵入的态势不断加剧。境外毒品大肆向国内走私贩运，主要通过云南、广西、新疆、东北等陆地边境线贩运，或通过广东、福建、浙江、江苏等沿海港口走私，还有通过广州、上海、北京、重庆、武汉、长沙等大中城市的航空港空运侵入。全国查缴的主要毒品约50.8%属境外走私毒品。受其影响，国内毒品犯罪活动猖獗，吸毒人员不断增多，危害日益严重，毒品问题蔓延，尤其合成毒品泛滥恶化。2013年，全国共破获毒品刑事案件15.09万起、抓获毒品犯罪嫌疑人16.83万名；缴获毒品海洛因8.55吨、鸦片1.46吨、冰毒类毒品19.52吨、大麻4.50吨、氯胺酮9.69吨。2014年，全国共破获毒品刑事案件14.59万起，抓获毒品犯罪嫌疑人16.89万名，缴获毒品海洛因9.3吨、冰毒类毒品25.9吨、大麻4吨、氯胺酮11.2吨。

（二）国民思想教育缺位，社会主流文化衰退

社会处于变革时期，旧规范被打破，新规范未建立，生活方式改变，社会矛盾加剧，多元思想交织冲突，国民心理情绪浮躁，国民思想教育缺位，导致主流文化观念弱化，主流文化阵地退化，主流文化影响衰减，主流价值观认同率降低，少数个体陷入心理困惑、思想迷茫、方向迷失的空虚状态，抵御不了负性亚文化的蛊惑。在主流文化疏远、价值观念冲突、需求定位错误及负性亚文化干扰的复杂心境下，少数人社会认知偏差、生活态度颓废、价值取向低俗、行为叛逆放纵，盲目认同毒品亚文化观念，形成了以自我为中心的思维定式、逆反依赖的心理倾向和自私享乐的行为方式，诱发违法涉毒行为。

（三）腐朽思想观念侵蚀，生活需求严重错位

随着社会政治经济变革，原有社会意识形态发生变化，一些迷茫者错把充当自我欲望的仆人作为人生幸福，贪图享乐之风盛行蔓延，信奉“如果感觉好——就干”“做自己快乐的事情——尽情享乐”等非理性观念，加上国际毒品合法化沉渣泛起，国内无良者追随喧嚣，贩毒集团恶意欺骗宣传，迷惑误导易感者深陷毒品亚文化圈。在极端享乐主义思潮的影响下，一些人过分强调自由和享乐，认为吸毒行为纯属个人自由，无度追求即刻满足欲望和感官刺激，幻想即刻获得贩毒带来的快速暴富的满足感，即刻满足吸毒产生的超强欣快感，鼓吹赞美种制贩卖毒品的冒险成功体验和吸毒带来的所谓“美妙”感受。生活需求严重窄化错位，误把毒品当作打开财富之门的钥匙，错将吸毒欣快当作人生快乐之源，错误选择吸毒作为逃避竞争压力的捷径和实现愉快需求的方式，深陷毒品泥潭不知醒悟。

（四）基层组织职能弱化，社会管理存在漏洞

随着政府职能转变和简政放权的推进，基层政府组织的管理职能也随之弱化，城市街道和乡镇对居民村民的管理方式逐步向服务转变，社区或村组的管理职能更弱，缺乏对辖区治安事务和居民村民行为的有效管理，思想政治工作处于停顿状态。加上有些地区的基层组织建设滞后，社区或村组组织形同虚设，不能有效履行管理职能，社区管理处于无序

失范状态，毒品防控工作抓得不力，对辖区内的种制贩吸毒违法犯罪行为不闻不问，甚至极少数基层组织还参与其中。社会管理缺陷给毒品泛滥留下了空隙，更给合成毒品流行提供了便利。

（五）毒品问题认识不深，防控策略定位偏差

对毒品问题本质认识不深。对吸毒成瘾原因分析不透，仅看到是毒品、个人、社会三方面复杂因素作用的结果，与吸毒者生理、心理、社会功能缺陷密切相关，并未弄清吸毒成瘾与诸多影响因素之间的内在联系，尤其对引发毒品问题的社会失范、主文化衰退、价值观偏移、需求选择错位等本质原因认识不深。对宣传预防重要性认识不足。未能认识到预防为本的内核涵义和重要价值，未能认识到宣传预防在禁毒防控体系中长远作用，只将其当作一般应付性日常事务，未能摆上应有位置。

对戒毒内涵认识肤浅，只从技术层面强调做好急性脱毒、身心康复、社会功能恢复及促进回归等业务工作，未认识到戒毒工作内涵是促进改变认知、重构价值观、引导理性需求、选择正确需求实现途径、放弃吸毒欣快追求，最终保持操守。对禁毒效果不佳原因认识不清。把禁毒效果不佳的原因责之于毒源难绝、缉毒手段落后、戒毒技术缺乏、吸毒者心瘾难除、社会支持不力等客观因素，未认识到禁毒部门主动协作不够、缺乏全面禁毒的主观能动性，是当前禁毒工作效果不佳的主观因素。

国家禁毒防控策略出现偏差，在禁吸戒毒的整体布局上，存在重缉毒查案、轻预防戒毒的倾向，禁毒的主要精力放在了缉毒堵源上，预防控制被冷落，宣传教育只在“6.26”集中活动时，做做样子、走走过场；协调成员单位发挥职能作用、组织动员群众参与禁毒斗争大打折扣；戒毒工作未摆上应有位置，戒毒目标缺乏全局性：社区戒毒定位在盯住人员、帮扶照管；戒毒医疗定位在完成急性脱毒，辅以药物替代；公安机关强制隔离戒毒定位在强制隔离、阶段控管；司法行政强制隔离戒毒定位在管住人员、保住安全、辅以医教矫治；有的领导定位在利用各种措施隔离管束吸毒人员，减少对社会的危害，对如何提高禁吸戒毒效果缺乏信心和思考。没有真正从全民参与、综合治理、科学戒毒、改善民生的高度定位禁毒工作目标。

（六）禁毒工作体制不顺，防控缉戒效果不佳

禁毒管理机关的统筹协调机制未有效形成。各部门的管理资源未整合，时常发生各自为战、协调不力的情况，缺少真正掌握戒毒规律的内行领导，客观存在决策者不懂行、懂行者没有决策权的现象，禁毒工作决策与实施未真正实现科学化。

宣教预防领域的联合实施机制未见雏形。处于责任主体不明确、牵头部门不明确、目标任务不明确、教育内容不明确的混沌状态，宣传方法陈旧，教育非常态化，预防效果不佳。

禁缉打击领域的联合缉毒机制有待完善。公安与武警、边防等部门的配合良好，与航空、铁路、邮政等部门的配合还有待强化，与快递、旅馆、运输等行业的配合差距较大。

戒毒康复领域的综合矫治机制徒有虚名。医疗戒毒因缺乏强制措施，不便管理，经济效益不高，而处于萎缩状态；强制隔离戒毒因公安与司法的分段收治矛盾重重，两部门配合不佳，影响戒治效果；社区戒毒社区康复受制于社区条件，只能培育少数试点样板，很难复制推广，大多数还处于无力、无为、无序状态；多元戒毒措施未有效对接，未能发挥

应有作用。

事实上，因受认识偏差、经费短缺、利益驱动等不利因素制约，有限资源未整合，职能部门主业错位，禁毒工作推进不平衡，未真正形成共同参与、各负其责、优势互补的一体化工作格局，宣教防控落实不到位，禁缉戒治效果不佳。

（七）禁毒法规建设滞后，影响禁毒工作正常实施

目前，禁毒法规建设滞后于禁毒工作要求和毒情形势变化。一是《禁毒法》《戒毒条例》在禁毒机制、实施、激励和戒毒执行主体、程序、监督及审批权限等方面客观存在不完备的缺陷，有待修改完善；二是麻醉药品和精神药品管理法规纳入管控的名录始终滞后于贩毒集团的新型毒品翻新速度，致使对新型毒品的缉查打击缺乏依据，带来了新型毒品查禁难的问题；三是禁毒保障政策出台滞后，禁毒保障政策法制化进程缓慢，没有全国统一的戒毒保障政策法规，没有明确的经费标准，也缺乏统一医保、低保及就业保障政策法规，靠各地禁毒机关去争取，很难得到落实，严重影响了禁毒工作的正常实施。

（八）政府主导责任旁落，禁毒措施落实不力

面对日益严峻的国内毒情形势，中央政府对禁毒工作非常重视，将其放在重要议事日程，积极推进禁毒人民战争。而在有的地方政府的禁毒主导责任旁落，未能把禁毒列入当地政府工作的重要议事日程，甚至毒情重灾区的政府工作要点中只字未提禁毒工作，客观造成了下急上不急的尴尬局面。有些政府职能部门的领导不了解毒情形势，不知晓禁毒工作要求，不懂得禁毒工作的重要性，不支持解决禁毒工作面临的困难问题，使禁毒工作成了“口头上重要、部署上次要、行动上可以不要”的无关紧要的事情，导致政府对禁毒工作的人、财、物保障不力，禁毒措施落实不到位，当地毒情蔓延态势得不到有效控制。

三、合成毒品滥用的防控对策

合成毒品滥用的防控必须在全面整体禁毒的前提下，采取有针对性的措施，具体应从以下几方面着手：

（一）正视国内毒情严峻形势，强力推进毒品问题综合治理

要高度警觉我国日益严重的毒情形势，尤其是呈井喷蔓延的合成毒品泛滥形势，站在国家发展、民族振兴的高度，主动承担起时代赋予我们的禁毒历史使命，把禁毒工作纳入各级政府的社会发展战略和整体工作规划，摆上重要议事日程，强力推进毒品问题的综合治理：一要强化政府禁毒主体职能，细化禁毒职能部门的职责任务，确定每项禁毒工作的责任单位和责任人，明确各级政府和职能部门主要领导的禁毒工作第一责任，强化禁毒工作的组织保障；二要加大禁毒工作的督导考核，将禁毒业绩纳入各级政府主要领导的政绩考核，用活考核手段，加大推进力度；三要加强禁毒职能部门的协调配合，建立多部门、多层次、全方位主动参与的立体禁戒防控体系；四要动员全体公民共同参与禁毒工作，从文化引导、宣传教育、预防控制、缉查打击、戒毒矫治、后续照管等方面同步入手，强力推进毒品问题综合治理，形成政府主导、全员参与、宣教同施、防控互补、禁戒结合的禁毒人民战争新局面。

（二）理顺政府禁毒工作体制，努力构建科学禁毒常态机制

切实采取措施打破部门利益壁垒，克服禁毒工作的体制障碍，整合多方禁毒资源，理顺政府禁毒工作体制，构建科学禁毒工作机制：一是强化禁毒主管机关职能，提升各级禁毒委员会办公室的行政级别，在国务院和省市县政府办公厅下设禁毒委办公室，以强化禁毒管理职能。二是结合司法体制改革，调整部门禁毒职责，实现由公安部门牵头管理缉毒管控工作、由司法行政部门牵头管理戒毒工作，理顺禁毒管理体制。三是加强职能部门协作，整合禁毒社会资源，构建常态禁毒机制：建立以社区宣传教育为主，学校教育为辅，媒体宣传为补充的宣教预防机制；以公安、武警、海关为主，有关职能部门配合，全民参与，社区联防为补充的缉毒机制；以强制隔离戒毒为主，自愿戒毒社区戒毒为辅，社区康复戒毒康复为补充，社会各界支持的戒毒机制；以危险行为教育矫治为主，美沙酮替代维持为辅，安全套推广和清洁注射器交换为补充的降低危害机制；最终形成预防、缉毒、戒毒、降害相结合的综合禁毒体制机制。

（三）深化毒品问题本质认识，理性选择禁吸戒毒正确策略

深刻认识毒品问题的本质，是促进毒品问题解决的前提。通过对毒品问题产生的原因的深入分析，不难发现：毒品问题是一个“非正当谋利”与“非正常享乐”纠缠在一起的综合性世界难题。贩毒者为了非法谋取毒品带来的暴利，而丧失人性，敢冒杀头风险，从事毒品犯罪；吸毒者为了获得毒品带来的非正常超强欣快体验，而丧失理性，不惜赔上身家性命，疯狂追逐毒品。正是这两类错误需求人员的臭味相投，加上一系列复杂原因，而酿出了错综复杂引发诸多违法犯罪的罪源性问题和人类必须长期面对的跨世纪难题。毒品问题的本质是涉毒人员的需求及需求实现方式错位，是他们社会认知错误和生活方式选择错误的结果，是复杂社会问题在他们身上的异常表现。

要破解毒品泛滥难题，必须认识把握毒品问题的本质，针对本质问题理性确定我国禁毒工作的探索方向，正确选择我国禁毒工作的策略：既加大社会控制和打击毒品犯罪的力度，又加强全民文化思想教育和预防易感者涉毒的力度；既加大成瘾人员综合戒毒矫治的力度，又加强降低危害措施的推广应用。按“打、防、戒、降”相结合的要求，确立适应我国当前实际情况的禁毒策略——政府主导、全民参与、四禁并举、三减同施、汇聚群力、综合治理，打一场全民、综合、科学的禁毒人民战争，坚决遏制我国的毒品泛滥势头。

在宣教预防策略选择上，要突出文化教化和价值观引领的作用，坚持用先进文化引导国民，倡导开展全民预防教育，要号召大家保持健康生活方式，珍爱生命，拒绝毒品，夯实预防毒品侵袭的心理防线。在缉查打击策略选择上，应坚持全面、科学、迅速、准确、有力原则，切实做到毒源地堵截与消费地深挖结合、重点突击与常规查禁结合、专业侦缉与社区联防结合、职能部门与相关行业结合，长期保持高压打击态势，形成全面禁毒的常态局面。在戒毒策略取向上，要确立“依托社会、服务社会、适应社会、对接社会”的社会化大戒毒理念和“ 多措并举、多法同施、综合矫治、提质增效”的专业化大矫治理念，坚持强制性戒毒为主，自愿戒毒社区戒毒为辅，社区康复戒毒康复为补充，注重多元戒毒措施的无缝对接。在戒毒方法选择上，应大胆冲破原有学术观点和思维定势的约束，消除学术流派隔膜，整合多学科研究成果，建立戒毒医疗、认知教育、心理矫治、康复训练、

文化熏陶、后续照管、效果评估相结合的综合矫治方法体系。

（四）加强社会主流文化建设，充分发挥戒毒文化教化作用

毒品问题既是一个疑难生理心理问题，也是一个复杂社会文化问题。加强社会主文化建设，遏制毒品亚文化流传，是提高禁毒效能的治本之策。要坚持“以文化文、以规制规、以立促破”原则，按照“以先进主流文化教化摧毁负性亚文化，以社会正常规范遏制涉毒群体非法潜规则，以加快戒毒新文化建设来促进摧毁毒品亚文化”的思路，开展毒品亚文化的剖析批判和戒毒文化的创新构建。

在文化建设导向上，大力弘扬中华优秀文化，倡导社会主文化核心价值观，剖析批驳毒品亚文化的荒谬观点，彻底揭露毒品亚文化“以自我为中心”“极端自私贪婪”“亡命贪图暴利”“舍身追求欣快”的丑陋本质和严重危害，暴露涉毒人员丑恶颓废的内心世界，打破涉毒人员自以为胆识超人、懂得生活的过高自我认识，摧毁他们对贩毒吸毒神秘刺激、新潮时尚的盲目崇拜心理，弱化毒品亚文化的不良影响。构建以先进价值观和理性需求为核心的新型主流文化，尤其要构建中华语境下的理性需求文化，以引导公民的正确价值取向和合理需求定位，避免因需求错位诱发涉毒行为，发挥文化的教化预防作用。

在戒毒文化建设中，着力构建以“矫正错误认知”“培植正确价值观”“引导合理需求”为核心，以“科学人本、博爱包容、自尊自强、诚信操守”为基调，以“戒毒策略理念”“戒毒价值追求”“戒毒精神”“戒毒理论”“戒毒模式”“戒毒方法”“戒毒信条”“戒毒誓言”“戒毒康复之歌”“戒毒工作者之歌”等为内容的独特戒毒文化。以引导吸毒人员重构正确主文化认知，培植积极、上进、乐观、严谨的生活态度，确立“诚信守法、自尊自立、合理需求”的价值观，矫正他们“以自我为中心以及时享乐和欣快满足为人生追求”的错误认知和庸俗价值观，促进改变吸毒行为，发挥戒毒文化的教化矫治作用。

（五）改进禁毒宣传教育方法，全力降低新增涉毒人员数量

要切实采取措施，强化预防宣传教育工作，改革禁毒宣传教育方法，动员全社会广泛开展禁毒宣传教育，改变过去宣传教育部门唱独角戏的状况，改变以往禁毒宣传教育高调低效的尴尬局面。媒体要从引导理性需求，倡导健康生活方式，弘扬社会正气，培养高尚生活情趣和积极生活态度等方面着手，进行长期国民素质教育，引导国民正确定位生活目标，自觉抵御毒品亚文化侵袭。教育部门要将禁毒法规教育、涉毒危害教育、拒毒技巧教育及与禁毒相关的生命教育、人生观教育、需求教育、生活方式教育纳入学生素质教育内容，引导学生从小就确立正确人生观，懂得合理需求，树立理想信念，学习健康生活，学会珍爱生命，果断拒绝毒品。社区村组要开展全覆盖持续性的禁毒宣传教育，要引导居民村民了解毒品知识，认识毒品危害，知晓涉毒违法，增强拒毒动机，自觉抵制毒品。

要彻底改变就禁毒谈禁毒的宣传方式，变一阵风式的集中时段宣传教育为持续性不间断的常态宣传教育，变新闻媒体的独家集中宣传教育为全社会共同介入的全面宣传教育，变危害恐吓式的宣传教育为科学说理式的宣传教育，变以危害情境渲染式宣传教育为理性教化式宣传教育。尤其要客观介绍合成毒品的特性功能、毒副作用、作用机制、严重危害，科学说明合成毒品的成瘾性和危害，打破贩毒集团新型毒品不成瘾的谎言，提升预防宣传教育的品质效果，有效减少新增涉毒人数。

（六）强化基层组织职能责任，全面落实社区禁毒防控措施

加强乡镇人民政府、街道办事处及基层单位的组织领导，加强社区村组等基层组织建

设，强化基层组织的社会管理主体责任，加强社会管理薄弱环节、重点人群、死角区域的控制管理，加强流动人员的管理，结合户籍制度改革，实行户籍地与居住地联手、以居住地为主的管理机制，尤其是加强涉毒违法犯罪以及流动人员的管理，强化吸毒人员动态管控；加强涉毒多发区域、行业、场所、单位的社会管理，建立联防治理机制，抓好联合防控和综合治理。全面落实社区禁毒防控措施，增强社会管理效能，充分发挥基层组织禁毒防控的基础作用。

（七）培植宣教缉戒综合能力，有效提升禁毒工作整体效果

强力推进毒品问题综合治理，努力培植宣教缉戒综合能力：一是加大毒品查缉打击力度，继续持续组织各种集中禁毒拒毒活动，用铁腕控制毒品泛滥；二是加强预防宣传教育，探索新型预防宣传教育方法模式，形成家庭、社区、学校、单位、各行各业全覆盖的预防宣传教育体制机制，提高预防宣传教育的实际效果，有效减少新增涉毒人数；三是加大戒毒矫治力度，科学实施综合矫治，切实提高矫治效果，减少吸毒人员；四是合理应用降低危害措施，积极推进美沙酮维持替代治疗，帮助部分顽固吸毒成瘾者恢复社会功能，减少疾病传播和违法行为，减少社会危害；五是加强禁毒工作科研探索，针对禁毒工作的难点问题组织科研攻关，破解防控、缉毒、戒毒、减害等方面的主要难题，提高禁毒工作的科技水平；六是整合社会多方禁毒资源，加强社会各部门、各系统、各行业的相互协调配合，加强多方面禁毒措施的综合应用，培植宣教缉戒综合能力，有效提升禁毒工作整体水平。

（八）健全禁吸戒毒法规体系，切实强化禁毒工作法律保障

针对禁毒法规建设滞后于禁毒工作要求和毒情形势变化的问题，加大禁毒法规完善建设的力度。一是修改《禁毒法》等相关法规在禁毒机制、实施、激励、保障和戒毒执行主体、程序、监督及审批权限等方面客观存在的不相适应的缺陷；二是加大麻醉药品和精神药品法制管理的前瞻性研究，探索是否可将一些毒品化学结构变构体也纳入管控的名录，为查缉打击翻新毒品提供依据，切实解决新型毒品查禁难的问题，以切实加大毒品查禁惩处力度；三是加快禁毒保障政策法制化的进程，将一些经实践证明可行有效的禁毒保障政策提升为禁毒保障法规，以增强其权威性和有效性，为禁毒工作全面规范实施提供更有力的政策法律保障。从而尽快完善我国的禁毒法律法规体系，为我国禁毒工作健康深入开展保驾护航。

四、几项具体建议

第一，强化党委和政府禁毒领导。加大党委和政府对禁毒工作的督导管理力度，将禁毒工作开展情况和当地毒情控制情况，纳入党委和政府的政绩考核，提高党委和政府禁毒管理效能。

第二，适时启动《禁毒法》修改。针对《禁毒法》存在的部分不适应问题，在深入调研的前提下，开展适应性修改，使之更符合禁毒客观规律，为禁毒工作体制改革排除法律障碍。

第三，强化国家禁毒管理机制。建议在国务院下设禁毒委员会办公室，提高行政管理

级别，在公安部内设置查缉管控局，主要负责毒品查禁打击和涉毒人员管控，在司法部内设置矫治预防局，主要负责戒毒矫治和宣教预防，省市县可按此设置。

第四，强化国民文化素质教育。开展以强化正确认知、培植正常价值观、引导合理需求为核心的国民文化教育活动，着重构建大众价值观体系和国民需求文化，严防国际毒品亚文化（毒品合法化）的侵袭，警惕敌对势力的文化渗透，以发挥其抵御诱惑、合理需求、珍爱生命、拒绝毒品的教化作用。

第五，理顺禁毒工作管理体制。利用司法体制改革机遇，调整部门职能分工，明确由司法行政部门牵头管理戒毒工作，并实行省级主管机关垂直管理为主、当地政府配合的双重领导。

第六，加强禁毒决策能力培养。加强部省市县领导禁毒决策能力建设，以增强禁毒决策的科学性和有效性，建议在各级党校的教育课程内增加禁毒形势、禁毒知识及禁毒决策的内容。

第七，切实解决禁毒保障问题。加大禁毒保障政策的研究、制定、实施力度，逐步实现人力、经费、技术保障法制化，实现禁毒工作国家行为化，从源头上解决禁毒职能错位问题。

第八，合理确定戒毒策略取向。建议近阶段坚持以强制隔离戒毒为主，以自愿戒毒社区戒毒为辅，以社区康复戒毒康复为后续。重点发展强制隔离戒毒与社区康复戒毒康复有机结合的新型戒毒工作模式，待我国社区条件成熟后，再向社区戒毒为主，强制隔离戒毒为辅的理想戒毒策略转变。

第九，建立“禁毒专家咨询委员会”。建议在国家及省（区、市）两级组建“禁毒专家咨询委员会”，邀请国内知名戒毒专家及有独特见解的戒毒研究人员参与国家禁毒工作政策、法规、技术规程的研究制定，以保证禁毒决策与实施的科学性。

第十，加强禁吸戒毒科研探索。组织跨区域、多学科、综合性禁毒难点攻关。建议国家设立多学科缉毒、戒毒方法综合应用研究项目，以便探索出高效实用的综合性缉毒、戒毒方法，形成具有中国特色的缉毒、戒毒方法体系。建议国家设立戒毒效果评估方法研究项目，组织专家从吸毒人员生理、心理、行为、生活质量、社会适应等多方面研究制定量化测试评价工具。建议有关部委对现有戒毒方法模式组织可行性、实用性论证，择优推广应用；建议组建戒毒业务培训中心，对戒毒工作人员实施有效轮训，加快戒毒知识更新和技术提升进程。

总之，要把握禁毒控制的关键时期，通过多方面综合工作，建立以统一领导为核心、法律制度为依托、理论探索为先导、宣教预防为本，多元措施并举的一体化综合禁毒工作体制机制，创立中国特色的禁毒工作模式，闯出我国禁毒工作的新路子，提高禁毒工作整体水平，为我国禁毒斗争作出应有贡献。

（作者单位：湖南省戒毒管理局）

新常态下深化湖南农村改革的几个问题

曾剑光

“三农”问题，是指农业、农村、农民这三个问题。实际上，这是一个从事行业、居住地域和主体身份三位一体的问题，但三者侧重点不一样。“三农”问题，是农业文明向工业文明过渡的必然产物。我国是传统的农业大国，农业文明亦曾助力我国长期在世界上居于领先地位。工业革命后，西方超越了我国。当今，我国正在沿着中国特色道路走向伟大复兴。分析近代以来我国走的中国道路，就是一条以“三农”为主脉的革命、建设、发展之路。“农村包围城市”“土地革命”“包产到户”“粮食直补”等一个个词语，就是一个个深刻的历史见证。

党中央对“三农”问题历来是高度重视的。从党的十六大以来，中央始终把解决好“三农”问题放在全党工作重中之重的位置。近10多年来，是我国农业发展最快、农村变化最大、农民得到实惠最多的时期之一，是“三农”发展的又一个“黄金期”。一是粮食生产实现历史性的“十一连增”，主要农产品供给充足，连续登上两个千亿斤新台阶，我国粮食综合生产能力已历史性地站稳了1万亿斤大台阶，对我们这个13亿人口的大国来讲，极为难得，极为重要，中国人的饭碗牢牢端在自己手里。二是农民增收实现“十一连快”，收入渠道不断拓宽，农民分享到经济快速发展成果。三是现代农业建设取得重大进展，生产方式发生了阶段性变化。四是新农村建设取得重大进展，农村面貌得到显著改善。五是农村改革深入推进，成效明显。

从我省来看，作为中部农业大省，农业农村经济在全国具有重要地位，历史上素有“湖广熟，天下足”之说。改革开放以来，我省农业创造了许多骄人成绩。目前我省粮食总产量稳定在600亿斤以上，稻谷产量稳居全国第一位。特别是世界杂交水稻之父袁隆平院士研发的杂交水稻，已在全国和20多个国家地区累计推广60多亿亩。2014年全省农民人均纯收入达到10060元，比上年增长11.4%，是改革开放以来农民增收最快的时期。

有专家说，当前中国经济问题，首推“三农”问题，就如木桶短板，这块不补上去，经济社会发展就有可能慢下来甚至停滞。特别是经济进入新常态的今天，“三农”问题已经严重制约了我国包括我省经济社会快速协调发展。解决农业发展模式旧、农民收入低、城乡差距大等一系列问题，想靠单兵突破是难以奏效的，必须树立系统思维，通过深化改革，加快农业转型发展，实现新型工业化、信息化、城镇化和农业现代化“四化同步”。今天，想着重讲讲这么几个方面的问题：一是土地怎么种？就是关于农村土地制度改革。

二是土地谁来种？就是关于构建新型农业经营体系。三是种地的人怎么服务和管理？就是关于乡镇区划调整改革。

一、关于深化农村土地制度改革

在我国这样一个人多地少的国家，在推进现代农业的过程中，农村土地问题是极为关键和敏感的问题。农村土地制度是影响经济社会全局的基础制度，农业基本经营制度、现代农业经营体系、农村集体经济体制、农村村民自治制度及乡村治理结构等制度的创立与发展都与农村土地制度息息相关。

（一）基本方向

农村土地属于农民集体所有，这是我国农村最大的制度。一个时期以来，理论界对我国农村土地集体所有制议论较多。有人主张，只有实行土地私有化，允许土地兼并和集中，才能发展现代化大农业。但我国农村人多地少，如果实行土地私有，不加限制地让工商资本大规模圈占土地，就会造成大批农民失地失业，产生严重社会问题。农村土地实行农民集体所有，保障了农民平等拥有最主要的农业生产资料，也保障了农民最基本的居住需要，是实现农民共同富裕的制度保障，是中国特色社会主义的重要制度特征。中央对于农村土地制度改革的基调是“慎重稳妥”。习总书记在 2014 年 9 月 29 日中央深改组会议上给农村土地制度改革定了调，即坚持农村土地集体所有前提下的三权分置。深化农村土地制度改革的根本方向是，落实农村土地集体所有权，稳定农户承包权，放活土地经营权。落实集体所有权，就是落实“农民集体所有的不动产和动产，属于本集体成员集体所有”的物权法规定，明确界定农民的集体成员权，明晰集体土地的产权归属，实现集体产权主体清晰。稳定农户承包权，就是公平合理地将承包权分配给每个有资格的集体成员。放活土地经营权，就是将土地经营权配置给有经营意愿和经营能力的主体，提高农业土地资源利用效率，破解“谁来种地、怎么种”的难题。

（二）改革重点

农村土地制度改革既涉及农村内部利益关系调整，又涉及工农、城乡以及国民经济部门之间利益格局调整。深化土地制度改革，必须坚守农民利益不受损的底线。一是开展农村土地征收、集体经营性建设用地入市、宅基地制度改革试点。农村土地征收制度改革，重点要缩小土地征收范围，完善对被征地农民合理、规范、多元保障机制，提高个人收益。集体经营性建设用地制度改革，重点要允许土地利用总体规划和城乡规划确定为工矿仓储、商业服务等经营性用途的存量农村集体建设用地，与国有建设用地享有同等权利，在符合规划、用途管制和依法取得的前提下，可以出让、租赁、入股，完善入市交易规则、服务监管制度和土地增值收益的合理分配机制。宅基地制度改革，重点要在保障农户依法取得的宅基地用益物权基础上，改革完善农村宅基地制度，对农民住房财产权作出明确界定，探索宅基地有偿使用制度和自愿有偿退出机制，探索农民住房财产权抵押、担保、转让的有效途径。二是深化农村土地承包经营制度改革。重点是在基本完成农村集体土地所有权确权登记颁证的基础上，按照不动产统一登记原则，加快推进宅基地和集体建设用地使用权登记颁证工作。三是健全耕地保护和补偿制度。耕地保护是红线。当前重点盘活土地存量，加大中低产田改造力度，依法加强耕地占补平衡规范管理，强化耕地占补平衡的法定责任，完善占补平衡补充耕地质量评价体系，确保补充耕地数量到位、质量到位。同时，完善耕地和基本农田保护补偿机制。

（三）土地流转

家庭承包责任制是一种按人口平分土地的小规模“均田制”，它天然地与小生产相联系，本质上排斥现代农业的发展。改革开放30多年来，尽管我省农业和农村经济有了很大发展，但传统农业向现代农业转变十分缓慢。当前，经济下行压力增大，内外形势较为严峻，启动以推进农村土地经营权流转为核心的深化土地改革政策正当其时。另外从公平的角度讲，土地是农民最大的资产，农民离开农村而承包土地却不能流转变现成为收入，实在是有违社会公平。

当前，推动土地经营权规范有序流转，就是要在农村耕地实行所有权、承包权、经营权“三权分置”的基础上，按照依法自愿有偿原则，引导农民以多种方式流转承包土地的经营权，以及通过土地经营权入股、托管等方式，发展多种形式的适度规模经营。从我省来看，农村土地流转平稳有序推进，发展势头较好。主要是稳定和盘活了“三块地”。一是承包地。重点抓好农村土地确权颁证，2014年全省共有15个县79个乡镇1237个村开展了试点。2015年我省被列入全国农村土地承包经营权确权登记颁证整体推进试点省，2015年已确定在48个县（市、区）铺开，其余县（市、区）分两年作出安排，力争到2017年全省基本完成任务。土地流转面积逐年增多。截至2014年，全省累计流转耕地面积1483.2万亩，占家庭承包耕地面积30.5%。二是林地。累计流转林地1360万亩，占集体林地总面积的7.6%。流转的土地种类从耕地为主扩大到了果园、林地和滩涂等整个农用土地，流转的范围从丘陵、平原扩展到了整个农村。三是宅基地。启动了浏阳市宅基地改革国家级试点，探索宅基地权益保障和取得方式、有偿使用制度、自愿有偿退出机制，努力建立“依法公平取得、节约集约使用、自愿有偿退出”的宅基地管理制度。

土地流转要把握“四项原则”，即坚持确保所有权、稳定承包权、搞活使用权的原则；维护农民的权益，坚持“自愿、有偿、依法”的原则；坚持土地资源优化配置和土地同其他生产要素优化组合的原则；坚持保护耕地重点保护基本农田的原则。“三条底线”，即坚持土地公有制性质不改变、耕地红线不突破、农民利益不受损。

“十三五”规划出台在即，我们要把着力点放在结构调整和转型上，以此作为推动经济增长的新动力。对于土地流转，我有这么几点想法：一是要进一步明晰农村土地产权关系，抓好确权颁证，促进多形式土地流转。二是加大力度盘活闲置土地资源，解决目前大多数农村中普遍存在的土地和宅基地“空心化”现象。三是以土地流转为基础，着力加快农业现代化步伐，推进农村合作社、农业经营大户、家庭农场等新型经营主体在农业生产领域发力，农业经营、农产品销售等领域多维发展。

二、关于构建新型农业经营体系

新型农业经营体系是指大力培育发展新型农业经营主体，逐步形成以家庭承包经营为基础，专业大户、家庭农场、农民合作社、农业产业化龙头企业为主体，其他组织形式为补充的新型农业经营体系。

（一）重大意义

建立新型农业经营体系是对农村基本经营制度的丰富发展。着力在“统”和“分”两个层次推进农业经营体制机制创新，加快农业经营方式实现“两个转变”。

新型农业经营体系充分体现了发展现代农业的客观要求。构建集约化、专业化、组织化、社会化相结合的新型农业经营体系，使农业经营方式更好体现集约化、规模化、组织化、社会化要求，有利于加快我国现代农业发展、推动农业更好更快实现现代化。

新型农业经营体系是应对当前农业经营方式面临新挑战的有效举措。当前农村正发生深刻变化，农业经营方式面临诸多新挑战，经营规模小、方式粗放、劳动力老龄化、组织化程度低、服务体系不健全是突出表现。根据第二次全国农业普查，全国从事农作物种植业的农户平均土地经营规模不足 10 亩，90% 左右的农户养肉牛数量在 2 头以下、养猪数量在 10 头以下；全国农业从业人员中，51 ~60 岁占 21.3%，60 岁以上占 11.2%，女性占 53.2%。农业后继乏人问题日益凸显，农业兼业化、农民老龄化、农村空心化现象日益严重，今后谁来种地问题十分突出。构建集约化、专业化、组织化、社会化相结合的新型农业经营体系，大力培育专业大户、家庭农场、专业合作社等新型农业经营主体，发展多种形式的农业规模经营和社会化服务，有利于有效化解这些新问题和新挑战，保障我国农业健康发展。

（二）分析四种经营主体的作用

一是新型农业经营主体是相对于传统农业经营主体（经营几亩地的小农户）而言的，其经营规模较大，收入水平更高，规模化、集约化、专业化、市场化和社会化程度更高。

二是新型农业经营主体包括：专业大户、家庭农场、农民合作社、农业企业。其中，专业大户和家庭农场是家庭经营，农民合作社和农业企业是合作经营、集体经营或者企业经营。农民合作社和农业企业除了一些特殊产业如养殖业和特种农业之外，一般是作为农业经营中提供服务的主体，他们的主要功能应放在为专业大户和家庭农场提供各种产前、产中、产后社会化服务上面，服务是他们的主要职责。家庭经营是农业生产过程中的基础，离开了这个基础，所有农业社会化服务就变成了无源之水、无本之木。

三是专业大户实现了规模化经营，但还没有实现集约化经营，虽然提高了家庭收入水平，但对提高土地生产率和促进农业持续发展没有多大帮助，是一个过渡形式。

四是家庭农场可以把规模经营与集约经营有机结合起来，实现农地资源的有效配置，提高土地生产率和增加农民收入，应成为我国农业生产的主要经营主体。

（三）结合我省实践，培育发展家庭农场

家庭农场是指以农户家庭为基本生产经营单位，以家庭成员为主要劳动力，以农业为主要收入来源，从事集约化、商品化以及适度规模化生产经营，达到一定经营规模并相对稳定的新型农业经营主体。

湖南是“七山一水两分田”。除了洞庭湖平原地区外，其他地区地形都较为复杂，通过租赁几千上万亩的耕地进行规模经营是不符合省情的，必须通过发展家庭农场，把经营规模控制在一定范围，进行精耕细作，提高土地产出率、资源利用率和劳动生产率。目前，我省共有家庭农场 29084 家，经营土地面积 317.3 万亩，每个家庭农场平均经营土地 109 亩。从我省家庭农场发展的趋势上看，家庭农场发展数量增加迅猛，这是我省家庭农

场持续、蓬勃发展的强大动能。同时也要看到，由于资金、土地、劳动力素质等问题，加快家庭农场发展仍有很多工作要做。一是设立省级财政专项扶持资金。省财政每年要拿出一定数额的专项资金，用于扶持全省区域内的家庭农场创建工作。逐步建立和完善家庭农场财政专项扶持资金的申领条件，加强监督，加强考核，确保专项资金用在刀刃上，真正起到示范引领作用，达到“四两拨千斤”的功效。二是鼓励各类家庭农场创新发展。加强分类指导，形成特色。对以粮食生产经营的家庭农场要予以重点支持，在税收减免、财政补贴和资金扶持等方面给予倾斜。三是搞好用地支持。土地是基础，要认真落实国土资源部和农业部有关农业生产配套设施用地政策并予以优先安排。四是制定家庭农场综合培育计划。以现有培训机构为基础建立和完善家庭农场主的培训体系，加快新型农民培养。

三、关于乡镇区划调整改革

经济学上的规模效应理论认为，适度的规模产生最佳经济效益。针对我省省情，合理调整乡镇行政区划，适度扩大乡镇规模，促进乡镇布局由“量多而散”向“优化集中”转变，有利于合理配置要素资源，加快转变发展方式，这是推动我省农村经济发展、全面小康建设的重大战略重要举措。

（一）为什么要合

合乡并村，优化和调整乡镇区划是促进农村经济发展、提升基层治理能力、巩固基层政权的内在要求和重要举措。自20世纪90年代以来，我省先后进行了两次较大规模的乡镇区划调整，全省乡镇数量减少了一些，城镇空间布局也在一定程度上得到了合理调整。但现在看来，乡镇和建制村数量多、规模小的问题仍没有得到根本解决。从全国来看，我省乡镇数量排名中部第一、全国第二，建成村数量排名全国第五。目前，我省7174万人，有2159个乡镇；而河南省10543万人，只有1878个乡镇；安徽省6902万人，只有1262个乡镇；湖北省6175万人，只有940个乡镇。不仅乡镇多，村也多。全省4.2万个行政村，比安徽多2.7万个，比湖北多1.6万个，比江西多2.5万个。由于乡村多、规模小，造成行政管理幅度小、运行成本高，每万农村人口乡镇干部数量明显高于兄弟省市，加大了财政负担，同时还造成规划难到位、资源难整合、人口难集中、产业难集聚、公共服务难统筹、乡村干部待遇条件难改善，制约了农村经济社会发展。进行合乡并村，势在必行。第一，这是贯彻落实中央决策部署的内在要求。“基础不牢、地动山摇”。乡镇和村是我国最基层的政权组织和群众自治组织，是国家治理体系和治理能力现代化的重要环节和根基所在，其建设与发展如何，事关党的执政基础，事关国家长治久安，事关“四个全面”战略布局在湖南的顺利推进，所以我们要从战略全局高度来认识乡镇区划调整改革的重要性。第二，这是推动和促进我省城乡统筹的必然选择。通过合理调整行政区划，能够推动各类资源要素优化配置，解放和促进生产力发展。我省有一批经济强镇、中心城镇和特色城镇，区划调整到位，乡镇功能发挥得比较好。第三，有利于增强基层公共服务效能。我省平均每个乡镇财政供养人员100人左右，按人均每年3.5万元计算，每个乡镇人头经费就要350万元左右，加上“三公”经费开支，一年下来的行政运行成本约500万元，全省共需支出100多亿元。4.2万个建制村，按每个村5万元基本运转补助资金计算，每年需要资金20多亿元。当然，还不能仅仅从投入产出的成本来计算，更多的是要从区域空间拓展、资源配置、活力释放、提升服务等问题上探索和扩大此项改革的经济效应、社会效应和政治效应。

（二）合的难点在哪里

由于受到一些现实条件制约，不能避免地会出现一系列问题。一是思想磨合会有一个长时间适应的过程。乡镇、行政村合并后，干部之间的年龄、性格、文化素质等方面存在较大差异，重大事项决策会出现不同的分歧意见，在开展工作中需要一个磨合、适应的过程。二是行政工作人员安排分流存在一定难度。我省是一个人口大省，全省乡镇财政供养人员比较多，再加上一些地方经济发展不够，就业比较困难，加上受到各种因素的影响，人员分流的压力很大。三是百姓办事会有一个适应阶段。合并以后，乡镇政府办公地、村级办公场所会有所变化，也在某一程度上影响到为老百姓办事的效率。

（三）怎么合

2015年以来，我省就将行政区划调整和建制村合并工作列入全省重大改革事项推进，开展了系列调查研究工作。9月22日下午，湖南省委召开会议，部署启动全省乡镇区划调整改革工作。此次改革，湖南省将合并500个以上乡镇，合并1.6万个以上的建制村，使乡镇总数控制在1500个左右，建制村总数控制在2.5万个左右；这次乡镇区划调整改革要求在原则上做到“四个不变”：包括农村基本经营制度在内的党的各项方针政策不变；依法形成的经济关系不变；现有国家、集体、个人财产性质不变；现有乡镇干部、职工身份、职级、工资待遇不变。

下一步要做的事情：一是加大宣传力度，做到并乡并村又并心，合并工作是一项情况复杂、难度较大、涉及面广的工作，要充分尊重村民意愿，充分考虑行政村的区域设置、历史沿革、地域状况、生活习俗、民族文化等相关因素。政府要多加引导，加大宣传力度，对村民宣传合乡并村的必要性以及合并后给村民带来的益处等，形成浓厚的合并氛围。充分发挥乡镇干部和村干部的作用，积极引导村民理解、支持和参与合并后的各项工作。二是理顺各类关系，加强领导班子规范化建设，要积极指导新的乡镇、村理顺各类关系、建立健全制度，做好便民服务工作，使各项工作顺利进行。健全干部的激励制度，健全监管考核机制、奖惩制度、村级重大事务公决制度，维护群众的知情权、参与权和监督权。三是做好配套政策。依法依规开展合并乡镇机构设置、人员编制和干部职工安置工作。加快完善乡镇、村基础设施条件，重点加快合并后的乡镇、村交通网络、电力网络体系建设，统筹推进新农村建设和小城镇发展，为广大农民群众生产生活提供便利。在确保农村社会稳定的前提下，要区别情况，因地制宜，积极探索，稳步推进新乡镇、村资产融合。

（作者单位：湖南省委政研室）

上市公司盈利持续性及影响因素的实证研究

——以机械、设备及仪表行业为例

曾辉祥　李世辉　周浪波

一、引言

历经数十年的发展壮大，我国上市公司的运作日趋规范，国际竞争力和影响力得到极大提升。有资料显示，全球将近60%的企业存活期不超过一百年，成功运营百年且能持续盈利的企业更是屈指可数。盈利持续性（PP，Profit Persistence）作为衡量企业利润质量的重要指标，是指企业当期实现的利润在未来期间可以重复发生的可能性。盈利持续性是财务信息披露的核心内容，是判断企业投资价值的核心要素，也是公司上市和维持上市的条件。自改革开放以来，我国上市企业备受市场竞争的冲击，如何提高盈利质量和提升盈利持续性，实现企业的可持续发展已经成为学术界和企业界普遍关注的问题。基于产业组织理论和企业资源理论，本文分析了2005—2014年间我国上证A股123家机械、设备及仪表行业的盈利水平，并在此基础上对其盈利持续性的影响因素进行实证分析。研究中国大环境下上市公司的盈利持续性问题，有利于完善我国上市公司的盈利机制，以防上市公司在盲目追求利益最大化的过程中忽视对风险因素的监控。

从目前的研究现状来看，国外学者从20世纪初期就开始对盈利持续性进行了研究，研究所涵盖的范围相对比较广泛，例如盈利持续性的影响因素、公司盈利能力与盈利质量、盈利持续性与股票市场的关系等。国内学者对盈利持续性的关注相对较晚，大部分研究集中于行业视角下的盈利持续性对比，以及盈利持续性的影响因素分析等方面。综合国内外学者的研究成果，可以将其研究视角概括为以下两个方面：（1）盈利持续性的比较研究，包括特定行业间的对比分析，以及国别视角下特定行业的对比等。比如，1958—1982年美国48个行业的利润持续性、英国制造业和服务业的盈利持续性以及1985—1999年法国、意大利、日本、澳大利亚、西班牙、美国和丹麦制造业的利润持续性对比等。（2）盈利持续性的影响因素研究，主要是行业层面（市场集中度、市场份额、纵向一体化、市场风险和行业的进入、退出的难易程度等）和企业层面（产品创新倾向、回避竞争的能力、市场账面价值比、公司规模和公司声誉等）的影响因素，且相对于行业因素，企业因素层面的研究更为丰富，越来越多的研究将企业战略层面的因素纳入其内。

纵观已有的关于盈利持续性的研究，国内外学者以不同的视角、运用多种方法对盈利持续性进行了广泛研究，形成了多种盈利质量评价方法。一方面，尽管国外学者很早就开始关注盈利持续性问题，并进行了极为广泛的研究，但由于研究情境的差异性，国外相关研究结论并不能指导中国企业的实践。另一方面，目前大部分学者主要关注某一行业（例如制造业、服务业及银行业等）的整体盈利持续性问题，而较少关注某一特定的二级行业。鉴于此，本文以中国机电、设备及仪表行业上市公司为研究对象，借鉴和继承已有的研究思路，探讨中国大环境下上市公司的盈利持续性具有重要的理论与现实意义。

二、上市公司盈利持续性测度

盈利持续性作为企业参与市场经济动态竞争过程的反应，是企业拥有长期竞争优势的外在表现，也是企业当前收益对前期收益的一种依赖程度的表现。一般而言，竞争越激烈，则盈利持续性可能越弱，有可能出现某期高于平均盈利水平的企业在下期且低于平均盈利水平；反之亦然。目前，关于盈利持续性的测度学术界主要倾向于两种观点。第一种观点认为，盈利持续性指利润收敛于零或是某个平均值的速度。该观点基于竞争环境假设和替代假设，其中竞争环境假设是指长期市场竞争的结果会导致企业的超额利润趋于零，盈利持续性弱；替代假设认为由于存在市场进入障碍，所以公司具有盈利持续性。第二种观点认为，盈利持续性为公司前期收益在当期收益中所占的比重，亦即前期所实现的会计盈利在当前重复发生的可能性，且该指标常被用来衡量公司的利润质量。基于此，本文认为盈利持续性可以定义为当期盈利对于前期盈利的依赖程度，它代表盈利变动的趋势，企业的盈利水平在一定时期内保持相应速率的增长。若企业在短期内具有较高的盈利水平，但缺乏持续性，则表明企业的经营状况并不理想。因此，盈利的可持续性是短期利益与长远利益、盈利质量与增速之间的统一。

（一）盈利持续性测度模型

为了全面地反映企业的盈利能力和投入产出状况，本文首先计算了不同时间跨度内企业的平均资产报酬率和行业平均资产报酬率，比较在前一个时间跨度内高于行业平均资产报酬率的企业是否会在下一期仍然高于行业平均资产报酬率，以便于通过直观的数字变化粗略地评价样本企业的盈利持续性。

现行的关于盈利持续性研究延续和发展了 Mueller（1986）的自回归模型，应用较为广泛的是一阶自回归方法和二阶自回归方法。本文也采用一阶自回归模型，即：

$$\pi_{it} = \lambda_i \pi_{i,t-1} + \alpha_i + \mu_{it} \qquad \text{式 (1)}$$

其中，π_{it}表示企业 i 在期 t 的盈利，通常用资产报酬率（ROA）衡量；μ_{it} 为随机误误差；λ_i、α_i 均为估计参数。通常将 λ_i 称之为盈利持续性系数，$|\lambda_i|$ 越大，表示当期盈利对于上期盈利的依赖程度越强，即盈利持续性越强，说明市场的竞争程度越低；反之亦然。

（二）测度结果及分析

本文选取了机械、设备及仪表行业中于 2005 年 12 月 31 日之前在沪上市的 A 股公司作为研究样本，剔除数据缺失或数据不连续以及净资产为负的样本后，最终得到123家企业。此外，本研究所需的财务数据来源于国泰安数据库（CSMAR）。通过计算123家样本企业2005年至2014年10年间的资产报酬率，并分别进一步计算和比较样本企业在前三年（2005—2007）和后三年（2012—2014）每个样本企业的平均资产报酬率和行业平均资产报酬率，其结果分别见图1和图2。结果统计显示，前三年（2005—2007）和后三年（2012—2014）平均资产报酬率高于行业平均资产报酬率（分别是0.0261和0.0276）的企业分别为69家和61家，数量减少，且前三年的69家企业中有39家企业的平均资产报酬率在后三年低于行业平均水平。从样本企业在2005—2014年间的财务表现可以看出，优质企业的数量逐渐减少，且机械、设备及仪表行业上市公司的整体盈利持续性水平不容乐观。

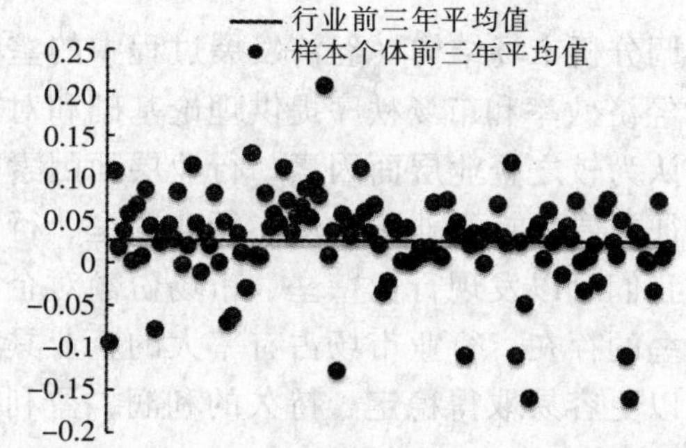

图1 前三年行业及样本个体资产报酬率均值分布

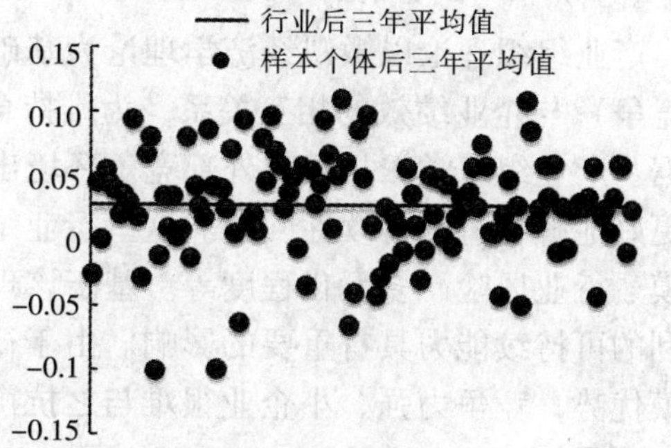

图2 后三年行业及样本个体资产报酬率均值分布

此外，根据式（1）中的一阶自回归模型（$t \in [2006, 2014]$），借助EViews7.2分析2006—2014年间样本企业的盈利持续性估计结果如表1所示。同理，为了使结果更具说服力，扩大时间跨度，以2006—2008、2009—2011、2012—2014为第1、2、3个时间段，分别计算各时间段的平均资产报酬率，一阶自回归的结果如表2所示。

表1 2006—2014年盈利持续性分析

年度	2006	2007	2008	2009	2010	2011	2012	2013	2014
λ	0.4947	0.2083	0.3507	0.3938	0.4139	0.2996	0.3258	0.2686	0.3535
P	0.0000	0.0182	0.0000	0.0000	0.0000	0.0179	0.0000	0.0000	0.0000

表2 分阶段盈利持续性分析

时间段	λ	P
第2时间段（2009—2011）	0.2578	0.0000
第3时间段（2012—2014）	0.2197	0.0000

由表1可以看出2006—2014年间机械、设备及仪表行业上市公司每一年的盈利水平对前一年的依赖程度，所有的λ值都小于0.5，大部分的λ值为0.3左右，说明当期

的盈利水平对前一年的依赖性不强。表 2 反映的是以三年为一个时间跨度的平均盈利水平对上一个三年的依赖程度，第 2、第 3 时间段的 λ 值分别为 0.2578 和 0.2197，也说明盈利持续性也不强。由此可以看出，机械、设备及仪表行业的上市公司的盈利持续性整体状况不算乐观，而且随着时间跨度变长，当期盈利对于上一期盈利的依赖程度有减弱的迹象。

三、上市公司盈利持续性影响因素的实证检验

为了深入考察上市公司的盈利持续性问题，本文拟进一步分析影响盈利持续性的主要因素，并进行实证检验。

（一）理论分析及变量选取

产业组织理论以微观经济学理论为基础，强调分析市场结构（经济发展过程中的垄断与竞争）与企业绩效的相互关系，为维持合理的经济效率和市场秩序提供理论基础和对策依据。产业组织学派从企业外部竞争环境出发，认为较之企业层面因素，行业层面因素能够更好地解释盈利持续性问题。这些行业结构特征主要包括行业集中度、行业壁垒、行业规模、行业风险、多元化程度等。基于该理论，我们可以发现行业壁垒、市场份额对企业盈利的可持续能力具有重要的影响。由于行业壁垒的存在，行业市场占有率大的企业具有规模优势，竞争力强，小企业很难与之抗衡，所以更容易取得稳定、持久的利润，盈利持续性更强。

与产业组织理论的观点相反，企业资源理论认为较之行业层面因素，企业资源层面能够更好地解释不同企业之间盈利持续性的差异。企业资源能力特征主要包括：声誉、利益相关者关系、研发、资本结构等。其中，企业独特的、难于被模仿的异质性资源是企业竞争优势的来源，也是超额盈利存在的原因；有研究表明，控制其他一些相关因素后，良好的公司声誉、利益相关者关系及研发强度与盈利持续性呈正相关；资本结构对企业盈利持续性的影响存在两面性，企业沉重的债务负担会制约企业选择投资新项目，负债的杠杆作用也可以使企业获得更多的利润。除此之外，企业的业务组合特征、企业规模、所有权结构等都是企业资源能力的表现。

总体而言，影响企业盈利和盈利持续性的因素大致可以概括为宏观经济、行业和企业三个主要方面。然而，究竟哪些因素更为重要，学者们目前仍未达成共识。本文认为，宏观经济环境对所有企业都会产生影响，行业差异（发展潜力、发展水平、发展速度及制度背景等）决定其受影响的程度。基于产业组织理论和企业资源理论，参照上文对盈利持续性影响因素的分析，本文重点选取专业化率、企业性质、企业规模及企业年龄作为解释变量，来研究这四个因素对于企业盈利持续性的影响。

（二）模型构建

本文的研究样本为在沪上市的 123 家机械、设备及仪表企业，样本年限为 2005—2014 年。鉴于样本数据特征，本文拟构建面板数据模型，经过豪斯曼检验（豪斯曼统计值为 13.59，P 值为 0.018），本文应使用固定效应模型，如式（2）所示。

$$E_{it} = \omega_{it} + \alpha_1 Spec_{it} + \alpha_2 Prop_{it} + \alpha_3 Size_{it} + \alpha_4 Age_{it} + \varepsilon_i \qquad (2)$$

式（2）中，因变量 E_{it} 表示盈利持续性，此处选取十年前后资产报酬率的排名位次的相对变化来量化盈利持续性（见图 3）；α_i 为系数；ω_{it} 为常数项；t 表示年份，$t=2005$，2006，…，2014；i 表示样本企业，$i=1$，2，…，123。各变量的含义、预期方向及描述性统计如表 3 所示。

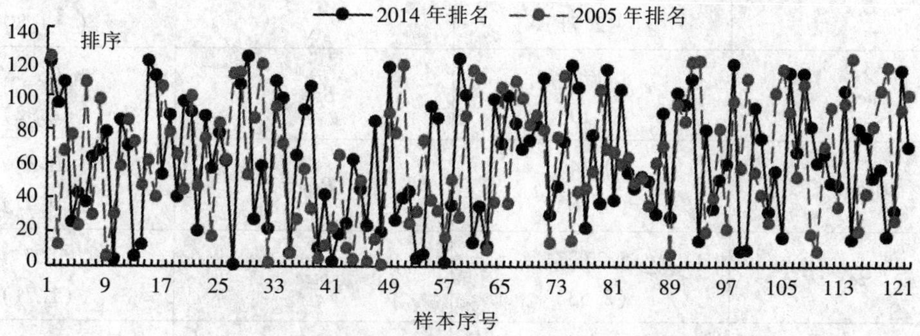

图 3　样本企业 2005 年、2014 年资产报酬率排名

表 3　各变量的含义、预期方向及描述性统计

变量名称	符号	变量定义	预期方向	平均值	最大值	最小值	标准差	观测值
专业化率	*Spec*	主营业务收入/营业总收入（百分比）	+	0.9664	1.000	0.4640	0.1249	1230
企业性质	*Prop*	国有，Prop = 1；非国有，Prop = 0	/	0.6545	1	0	0.4757	1230
企业规模	*Size*	企业总资产的对数	+	9.4844	11.6179	8.3056	0.5385	1230
企业年龄	*Age*	企业存在时间	−	14.3618	28	1	4.7005	1230
盈利持续性	*E*	资产报酬率排名位次的相对变化	/	—	—	—	—	—

由自变量的描述性统计可以发现，企业专业化率的平均水平约为 0.966，其中专业化率最高为 1，最低为 0.464；企业性质作为虚拟变量，仅有少量样本企业发生变动，由平均值可以看出，在 123 家上市公司中约有 60% 以上的企业属于国有企业，超过了样本总量的一半；企业规模变量在 8.31 至 11.62 的范围内变动，均值约为 9.48，相对平稳；企业年龄则差异相对较大，以 2005 年为基准，样本中企业的存在时间从 1 年到 19 年不等，但大部分企业的存续年限集中在 8 年到 12 年之间。

（三）实证结果及分析

为避免出多重共线性问题，造成估计结果的偏误，首先对自变量进行多重共线性检验，结果表明自变量间不存在多重共线性问题（篇幅限制，此处不再列示详细结果）。通过对式（2）中的面板模型进行估计，固定效应模型一的结果见表 4 第一列。

表 4　模型回归结果

固定效应模型一		固定效应模型二（稳健性）	
变量	回归系数	变量	回归系数
C	−2.999*** (−2.71)	*C*	−2.999* (−1.80)
Spec	8.06** (2.19)	*Spec*	8.06*** (2.92)
Prop	0.34 (0.16)	*Prop*	0.34 (0.47)
Size	5.27** (2.53)	*Size*	5.27* (1.71)
Age	−2.35*** (−3.11)	*Age*	−2.35** (−2.48)
F 值	0.0062	*F* 值	0.0071

注：***、**、*分别表示在 1%、5% 及 10% 水平上显著

从表 4 模型一的回归结果可知，*F* 检验值小于 0.05，说明固定效应方程中的变量有解释效力。总体而言，企业专业化率，企业规模和企业年龄对其持续盈利能力均有显著影响。（1）企业的专业化率对公司的续盈利能力有显著正影响，每当公司的专业化率提高 1%，其盈利持续性排名将提高 8.06 名。这是因为企业的专业化率越高，企业的核心业务竞争力越强，企业的盈利越稳定，从而提高了其盈利持续性水平。（2）公司规模同样在 10% 的水平上有显著正影响，这是因为更大的公司规模意味着企业具有更加强大的自身实力，在其他因素保持一致的情况下，则具有更强大的规模优势，从而提高其盈利持续性水平。当公司规模提升 1%，公司的盈利持续性排名也将提高 5.27 名。（3）企业年龄则对持续性盈利水平具有显著的负影响。企业年龄每增加一年，公司的盈利持续性排名将下降 2.35。这种负影响可能普遍存在于其他行业中，企业持续盈利的能力往往与其创新性和发展潜力有关。新成立的企业虽然可能发展并不成熟，但具有更强的创新意识和发展潜力，因此具有更好的持续性盈利能力。（4）在传统印象中，国有企业因为具有更加良好的政策性保障措施而可能具有更强的持续性，但企业性质（即企业是否为国企）对于公司的持续性盈利虽然有正向作用，而这种影响并不十分显著。因此，可以认为企业性质并不是企业能更好地长期盈利的关键因素。

此外，考虑到模型一可能存在的异方差问题，本文进行了组间异方差检验。结果表明，组间异方差统计值为 46380.19，*P* 值为 0.001，*P* 值在 1% 水平上仍然显著，所以判定该固定效应模型可能存在异方差问题。由高斯—马尔科夫定理可知，虽然变量的回归系数是无偏的，但是其显著性可能存在偏误，因此需要建立模型二，对于回归系数进行稳健性估计。由表 4 模型二的估计结果可知，自变量的显著性结论基本没有发生变化，企业专业化率、企业规模和企业年龄仍然对其持续盈利能力均有显著影响。其中企业专业化率变为在 1% 水平上显著，而企业规模和企业年龄的显著性则有所下降，企业性质依然不作为企

业能够持续性盈利的重要标准。

四、结语

本文以机械、设备及仪表行业的 123 家上市企业为例，测度了样本企业 2005—2014 年的盈利持续性；基于产业组织理论和企业资源理论，借助面板数据模型对盈利持续性的影响因素进行了实证检验。研究结果表明：机械、设备及仪表行业上市公司的盈利持续性水平较低；专业化率和公司规模对盈利持续性有稳健的显著正向影响，且企业年龄对盈利持续性有稳健的显著负向影响，而企业性质并不是企业能更好地长期盈利的关键因素。

鉴于上述研究结论，我们可以从中引申出如下启示：第一，增强企业的核心竞争力，依赖于不断做大做强企业自身的主业。主营业务即企业的核心业务，其稳定性对企业盈利持续性有着重要的影响。因此，企业应当紧紧围绕自身独特的资源和文化，结合所处行业的既定环境，加大主营业务投资，构建核心能力；同时，增加研发投入，增强自主创新能力，经营具有自身特色的核心产品和服务，巩固并增强自己的竞争优势，以实现盈利的持续性。第二，完善企业内部结构的有效治理，提升企业的盈利质量。企业内部结构治理的目标在于使公司经营管理者与所有者对企业发展形成一致认识，且能有效监督和约束企业的经营管理，进而提升盈利质量。具体而言，完善股权结构，建立适度分散化的股东持股结构，实现股东之间的有效制衡；企业完善发挥董事会的运作机制，落实独立董事制度，保证其独立性，高效地发挥董事会的职能，提高公司治理的效率。

当然，本研究也存在一定的局限性，具体表现在以下几个方面：（1）本文在样本选取方面，仅以 2005—2014 年制造业中机械、设备及仪表行业的 123 家上证 A 股公司为例，其研究结论可能并不适用于其他行业。（2）由于数据资料获取限制，本文在对盈利持续性的影响因素进行实证分析时，仅选取了企业层面的相关部分因素，并没有考虑行业层面和制度层面。而实际上，上市公司盈利持续性会受到行业层面和制度层面的因素的影响，比如政府政策、行业壁垒等。（3）在盈利持续性的量化方面，本文只选取了单一的资产报酬率来进行排序，没有纳入其他指标综合考虑；而且，根据位次的相对变化直接量化盈利持续性这一做法目前还没有学者尝试过，还有待进一步的研究分析和检验。在后续的研究中，还有待寻求一种更为全面的盈利持续性量化方法，并扩展研究样本和研究期间进一步验证，力争更加全面和准确地分析上市公司盈利持续性水平及其影响因素。

参考文献：

[1] Mueller D C. The Persistence of Profits above the Norm [J]. Economic, 1977, 44 (176): 369—380.

[2] Mueller D C. Profits in the Long - run [M]. Cambridge, Cambridge University Press, 1986.

[3] Roquebert J A, Phillips RL & Westfall P A. Markets vs management: What 'Drives' Profitability? [J]. Strategic Management Journal, 1996, 17 (8), 653—664.

[4] McGahan A M, Porter M E. The Persistence of Shocks to Profitability [J]. The Review of

Economics and Statistics, 1999, 81 (1), 143—153.

[5] McGahan A M, Porter M E. The Emergence and Sustainability of Abnormal Profits [J]. Strategic Organization, 2003, 1 (1), 79—108.

[6] Hawawini G, Subramanian V & Verdin P. Is Performance Driven by Industry – or Firm – Specific Factors? A New Look at the Evidence [J]. Strategic Management Journal, 2003, 24 (1), 1—16.

[7] Yurtoglu B B. Persistence of Firm – Level Profitability in Turkey [J]. Applied Economics, 2004 (36), 615—625.

[8] Chacar AS, Newburry W & Vissa B. Bringing Institutions into Performance Persistence Research: Exploring the Impact of Product, Financial, and Labor Market Institutions [J]. Journal of International Business Studies, 2010, 41 (7), 1119—1140.

[9] Goddard J, Liu H, Molyneux P, & Wilson J O. The Persistence of Bank Profit [J]. Journal of Banking & Finance, 2011, 35 (11), 2881—2890.

[10] Chari M D, & David, P ( ). Sustaining Superior Performance in An Emerging Economy: An Empirical Test in the Indian Context [J]. Strategic Management Journal, 2012, 33 (2), 217—229.

[11] Lefteris T, Constantinos A, Thanasis P. Revisiting Profit Persistence and the Stock Market in Japan [J]. Structural Change and Economic Dynamics, 2015, 33, 15—24.

[12] 周晓苏，张继袖，王健. 中国上市公司赢利持续性研究 [J]. 管理科学，2007 (1)：75—81.

[13] 彭韶兵，黄益建. 会计信息可靠性与盈余持续性——来自沪深股市的经验证据 [J]. 中国会计评论，2007，5 (2)：221—232.

[14] 李军. 盈利持续性研究综述 [J]. 系统工程，2012 (10)：107—111.

[15] 王玉涛，陈晓，薛健. 限售股减持：利润平滑还是投资收益最大？[J]. 金融研究，2013 (1)：164—176.

[16] 翟永会. 市场结构、获利能力与证券公司效率 [J]. 财经理论与实践，2014 (4)：43—47.

[17] 陆岷峰，汪祖刚. 中国商业银行盈利能力持续性研究——基于20002012 年的商业银行非平衡面板数据 [J]. 经济与管理评论，2015 (3)：100—111.

[18] Goddard J, Liu H, M olyneux P, Wilson J O S. The Persistence of Bank Profit [Z]. 2011. Available at SSRN: http: //ssrn. com /abst ract = 1695396.

[19] Geroski P A, Jacquemin A. The Persistence of Profits: A European Comparison [J]. The Economic Journal, 1988, 98 (391): 375—389.

[20] Kambhampati U S. The Persistence of Profit Differentials in Indianindustry [J]. Applied economics, 1995, 27 (4): 353—361.

[21] Cubbin J, Geroski PA. The Convergence of Profits in the Long Run: Inter – firm and Inter – industry Comparisons [J]. Journal of Industrial Economics, 1987 (35): 427—442.

[22] Peter W. Roberts, Grahamer Dowling. Corporate Reputation and Sustained Superior Financial Performance [J]. Strategic Management Journal, 2002, (23): 1077—1093.

[23] Waring G F. Industry Differences in the Persistence of Firm - specific Returns [J]. American Economic Review, 1996 (86): 1253—1265.

[24] McGahan A, M Porter. The Persistence of Shocks to Profitability [J]. The Review of Economics and Statistics, 1999 (81): 143—153.

[25] 成敏，张春仁. 基于资源观的战略风险研究 [J]. 湖北社会科学，2009 (11): 78—80.

[26] 郭小群，杨剑波，彭本红. 银行业上市公司盈利能力持续性的影响因素 [J]. 金融论坛，2010 (9): 31—37.

[27] 徐浩峰，朱松，余佩琨. 企业竞争力、盈余持续性与不对称性 [J]. 审计与经济研究，2011，26 (5): 77—85.

[28] 肖华，张国清. 内部控制质量、盈余持续性与公司价值 [J]. 会计研究，2013 (5): 73—80.

[29] 周浪波，杨琼. 企业增长对财务弹性的影响——基于制造业上市公司的实证分析 [J]. 中南大学学报（社会科学版），2014 (6): 33—38.

（作者单位：中南大学）

价值、结构和功能：城市公用事业体制改革的内在逻辑

董石桃　何植民

城市公用事业是指从事城市供水、供热、供气、公共交通（公共汽车、电车、地铁、轮渡、出租汽车及索道缆车）等建设与管理的行业。城市公用事业被认为是一个社会的“社会资本”（social capital），它关系到公众的基本生产和生活，是城市经济和社会发展的重要载体，其发展水平直接关系到城市发展的现代化和城市居民的生活水平，因而城市公用事业治理体系和治理能力的现代化在整个国家治理体系和治理能力现代化发展居于十分重要的地位。从制度变迁和制度创新的视域来看，20 世纪 80 年代以来，世界范围内公用事业的管理、监管和治理方式正出现范式的转换。由马克斯·韦伯提出并由伍罗德·威尔逊补充的官僚制公共行政模式受到攻击。传统的官僚行政模式让位于市场驱动的管理式领导。市场趋向的管理体制取代了原有的命令式行政管理体制。就中国而言，改革开放的推进，使中国从一个市场和企业精神被禁锢的国度，成功转型为一个市场较为开放的全球经济重镇。与此同时，中国公用事业治理方式同样正在经历一场重要的变革，逐步打破了传统公用事业政府直接投资、国有企业垄断经营的单一化治理模式。十八届三中全会提出全面深化改革的总目标是完善和发展中国特色社会主义制度，推进国家治理体系和治理能力现代化。就中国城市公用事业体制改革而言，其主要问题就是：探讨在新型工业化、信息化、城镇化对城市公用事业巨大需求的背景下，如何实现城市公用事业治理体系和治理能力的现代化。我们试图对这一问题进行探讨和分析。

一、双重目标的平衡：城市公用事业体制改革的价值定位

公用事业与其他产业不同，首先体现在其基本属性和价值目标上，这种基本属性和价值目标主要表现在实现公用事业治理公共性和经济性二元价值的发展和合理平衡。

城市公用事业的公共性和经济性本质上根源于其生产经营需要承载双重价值目标：即公共服务公平分配的社会目标和企业追求效益最大化的经济目标。社会目标包括提供普遍服务，安全、稳定、连续地提供质量优良、价格合理、数量充足的产品（或服务）。企业经济目标即合理的投资回报，保障企业维持生产和扩大再生产能力。很明显，城市公用事业的这种双重价值目标存在着内在的二元价值冲突。公用事业的公共性与普遍服务有关，

其根本目标在于追求公共利益和社会福利的最大化，其后果具有政治敏感性。从公共性的角度来看，低收费或者免费最能满足普遍服务目标，但这必然会造成需求过度并需要政府的介入和巨额的财政支持，不具有可持续性。而公用事业的经济性与提供服务的可维持程度有关，对承担具体公共服务的公共企业来说，还面临着企业利润最大化的问题。但是如果公用事业按企业化的方式经营，由于其自然垄断性，极易形成价格的提高和歧视性定价等，这势必伤害普遍服务目标。公用事业公共性和经济性价值的冲突形成了供应企业追求利润最大化与公用事业谋求社会福利最大化的目标间的冲突以及在公用事业治理过程中如何平衡的问题。

在世界范围内，城市公用事业治理的现代化都是围绕如何处理公共性和经济性价值的合理平衡。城市公用事业的发展史本质就是在公共性和经济性二元价值之间不断发展和平衡的历史。工业化早期，城市公用事业同其他竞争性私人产品一样完全由市场提供，其主导价值在于经济性目标。随后，由于社会力量的博弈，公用事业产品和服务转到政府一边，公共性的价值目标开始得以凸显。20 世纪 70 年代以前，各国城市的公用事业产品主要采用“国有化”的模式。但是此后的历史发展表明：公共性的发展固然是必需的，但是其国有化的实现方式却会危及公共企业的经济性价值目标，从而导致公用事业产品供给效率不高，最终影响到公共性价值目标的实现。随着技术进步，市场规模与市场范围的变化，公用事业中合理自然垄断领域不断收缩。特别是由于传统规制政策的若干缺陷，以美国为代表的西方国家率先实施政府规制放松政策，并探索有利于激励企业在追逐利润最大化目标的同时实现社会目标的、新的规制政策及手段。自二十世纪七八十年代起，“新公共管理”受到较大推崇，伴随着公用事业领域民营化浪潮的出现，国有资本或者退出，或者以参股、控股的形式体现自身的存在，公用事业企业也逐渐脱离国有国营的公企业的运行轨道，开始以受私法即公司法调节的公司形象出现。

就我国而言，在计划经济时代，在竞争性领域和包括公用事业在内的垄断行业，企业财产组织形式和治理结构一度都曾经采用国有国营、政企不分、政资不分的运营模式。在这个历史阶段，在城市中，依托单位制和完全的国有化公有制，公用事业主要致力于实现公共性的目标，但是这种公共性又是以城乡二元分割为基础的公共性。国家通过产业政策来扶持城市工业部门的发展，并实行人为扩大工业制成品与农产品的剪刀差政策来推动城市工业化的发展。在这种背景下，城市公用事业也是支持工业发展的产业政策的内在组成部分，因此这一阶段城市公用事业的公共性是“不完全”的公共性。同时这种公共性在经济效率上存在着很大缺陷，即公用事业服务供给严重不足且效率低下。改革开放以来，特别是 1992 年明确改革的目标是建立社会主义市场经济以后，一方面，我国公用事业“不完全”的公共性问题依然存在，城乡二元带来的公用事业产品共享还存在问题。另一方面，公用事业的市场化改革得以推进，解决国有企业与市场经济的内在矛盾，通过改革国有企业使之成为市场竞争主体和法人主体一直是改革的关键环节。这种市场化改革一方面提高了公用事业的效率，但是由此带来监管和公共性实现的难题。因此，我国公用事业发展的公共性和经济性二元价值的平衡，和西方国家存在不同，即体现在：（1）这种不平衡还存在于经济社会城乡二元性的基础上；（2）这种不平衡一直存在城市公用产品的供给不足和效率不高的问题，这是由计划经济时代以及改革开放以来为推动国家工业化快速发展对城市公用事业产品的“历史欠债”所造成的。因此，我们认为，未来中国城市公用事业公共性和经济性价值的平衡是一种“价值发展性的平衡”，即一方面城市公用事业公共性和经济性都需要进一步发展，公共性需要扩大供给能力、舒缓供给瓶颈，解决城乡二元分割和城市农民工新二元分割的不公平性问题，实现公用事业的服务普遍化，如当前的农民工市民化和小城镇公用事业发展等都是处理好这一问题的重要方面；另一方面需要解决好公用企业的效率问题，尤其是公用事业国企的效率问题，需要引进市场化的竞争方式来提高公用事业的经济效率。在这个方面，我国公用事业面临着部分公用事业领域国有经济民营化以后需要强化对公用事业企业的政府规制并进行政府规制创新，以防止民营化带来的对城市公用事业产品公共性的破坏问题。当然，民营化并不意味着国有资本的全部退出，公用事业企业公司治理问题将成为进一步改革的关键环节。

二、多元主体的合作：城市公用事业体制改革的结构整合

如前所述，城市公用事业治理是一个复杂而动态的领域，它兼具经济性和政治社会性，在根本价值目标上须实现经济性和公共性的发展平衡。因此，城市公用事业属于复杂性问题治理。对于复杂性问题的治理，往往需要多元主体的合理介入和协调合作。复杂性本身就隐含着对主体多元化的需求。正如有学者指出的，“从主体看，复杂性治理源自政府，但又不限于政府，由一系列社会公共机构和行动者参与其中，它涉及集体行动的各个社会公共机构之间的权力依赖关系”。中国城市公用事业治理体制的结构整合可能更趋向于一种合作主义的逻辑，即在政府主导下，政府、企业、社会之间的相互支持和合作，在进一步厘清政府、企业、社会的角色和职能基础上，逐步构建起政府、企业和社会的多元对话和合作机制，进而达成城市公用事业治理均衡、有序和协调。

（一）城市公用事业体制改革中的政府责任

城市公用事业管理体系中，政府无疑居于首要的地位，在现代化城市公用事业治理体系中，政府是“公共责任人”，而不是“公共企业家”。“在公用事业治理过程中，有些事是政府应该做的，而有些事则不是；有些事情政府做得好，而有些事则做得很差。”因此，城市公用事业治理体系现代化中的政府职能需要结合公用事业推进的实践予以调整和转变。当前市场化是公用事业发展的基本方向，市场化不等于民营化，市场的关键机制是竞争，而不是民营化的所有权问题。在中国公用事业发展中，所有权不是关键，关键是如何引入市场的竞争机制。民营化容易导致简单的私有化，各国的经验表明，简单的私有化并非解决公用事业经济效益和社会效益的有效药方。而且即使公用事业民营化以后，政府也不能完全与之脱离。“公用事业民营化并不意味着政府在提供公共物品和服务方面的责任的转移，而是政府在其中所承担责任的内容和方式发生了转变。”（1）政府须通过科学合理的制度设计以及制度供给，规制市场来推进城市公用事业治理体系的现代化。从制度经济学来看，政府的首要职责在于“提供一种我们可以用以修改规则的途径，调整人们规则含义上存在的分歧，使少数不遵守游戏规则的人遵守规则”。在推进我国公用事业民营化改革有序进行的过程中，政府在减少对公用事业生产等环节不必要的干预的同时，又必须承担起制度设计与战略规划的责任。城市公用事业体制改革本质是一种由政府自上而下推进的一种制度变迁。政府是城市公用事业治理体制改革的主要设计者和参与者，政府提供的核心服务应是制度的生产和维护。（3）政府需承担有效监管的职责。市场本身具有逐利

性和信息不对称性，因此，在公用事业民营化中容易出现损害公共利益、产品价格暴涨、服务质量下降、环境污染等外部效应。为消除外部效应，政府应该适时调控，对公用事业产品的价格、服务质量等进行有效的监管。正如斯蒂格利茨所说，“缺乏有效的观之结构，民营化在实践中既不能提高经济效率，也不能实现其他社会目标”。（3）维护公用事业治理的分配正义，保障城市公用事业服务的普遍化。“公用事业即使民营化以后，仍然具有重要的政治意义。公用事业是服务于每一个公民的，其价格与提供的条件都属于政治问题。”公用事业作为公众日常生活的必需品，具有很强的公益性，政府必须保护弱势群体在民营化改革中的利益。从政府管理的角度来看，公用事业服务应始终坚持普遍服务原则，即服务的可获得性、非歧视性和可承受性。对于政府而言，公用事业的服务更应契合登哈特的“新公共服务”理念——“公共利益是目标而非副产品”。

（二）城市公用事业体制改革中的企业角色

城市公用事业治理体制改革对政府和企业都提出了新的要求，企业与政府各自的角色要重新定位，改变过去政府做企业事、企业做政府事的状况。在城市公用事业治理体系现代化中，企业的角色定位主要体现在：（1）实现自主经营，积极推进企业技术和管理创新，追求合理利润。公用事业企业的第一个身份是“企业”，公用事业企业需和其他市场上的企业一样，实现自主经营，追求合理利润，逐步成为真正意义上的市场主体。目前的市场化改革，意味着政府和企业的职责正在逐渐分离，各方的责任也逐渐清晰。对于市场化改革过程的公用事业企业来说，首先必须转变观念，直面市场竞争。长期以来在计划经济体制影响，许多公用事业企业仍然是传统的、与原有计划经济文化相吻合或相沿袭的“以产定销”的观念，这些观念无法引导公用事业企业提高自身的创新能力和运行效率。在未来的发展中，政府给予公用事业企业的政策性补贴会逐渐减少。所以，企业应以高效、优质的产品和服务，积极争取各类社会资本投资企业，以解决企业的资金问题。同时，由于公用事业企业提供的产品具有准公共产品的性质，容易产生“搭便车”问题的困扰。所以，企业应通过科技创新，建立合理、公正的收费模式，维持企业的发展和服务的供给。此外，公用事业企业一般都是高耗能企业，利用技术革新来降低成本、节能减排也至关重要。（2）公用事业企业必须平衡好企业盈利和社会责任的关系。公用事业企业与普通的私人企业不同，其产品是关系社会运行和发展基础的水、热、气、公共交通（公共汽车、电车、地铁等），公用事业产品的公益性特点，决定了公用事业企业不得因追求利润而忽视公众利益和社会的责任。在公用事业企业经营的基本思路应是“保本微利”。“保本微利”就是在保证公用事业服务安全、有效、高质量供给的前提下，企业能够获得一定的盈利。“公用事业企业应更突出社会责任感，应追求企业价值最大化，追求合理利润而不是利润最大化。合理利润保障企业经营与可持续发展投入，保障企业更好地提供优质公共产品与服务，并以此有效推动落实企业社会责任履行。”近年来，一些公用事业企业因为债务纠纷而随意断水断电，就在于忽视了公用事业企业社会责任建设的一面。

（三）城市公用事业体制改革中的社会参与功能

公用事业最终是服务于社会的，服务于社会的生产和生活。社会建设是公用事业发展的根本归宿，这是城市公用事业体制改革必须要明确的。因此，城市公用事业体制改革中社会的参与是根本的一环，这一环在中国的过去没有凸显，而在接下来的改革中将逐步加以重视。社会参与包括两部分：一般公众的参与和社会组织的参与。公众是公用事业企业产品和服务的直接消费者和质量的监督者。公用事业与人民群众的生活密切相关，所以，公众参与公用事业治理是社会公众在社会治理中的主体性和自主性的体现和必然要求。在推进城市公用事业治理体系现代化过程中，公众的作用主要体现在：（1）公众应该通过多种渠道参与到公用事业的决策中，提高公用事业决策的民主性和科学性。城市公用事业涉及的是与市民生活息息相关的公用事业运营问题，其决策属于重大城市公共决策。公用事业决策适用于彼得斯所说的“参与模式”，即“政府决策是通过对话方式作出的，公民有机会对政策施加重大影响。公民有权反映自己的愿望和要求，并同不同政策观点的其他公民进行直接的辩论，由此公共利益得以实现”。公用事业走上市场化改革路线之后，各地掀起转让公用事业的热潮，一些地方政府将市政公用事业的市场化和民营化当成“一卖了之”，引发公众所说的“甩包袱”的质疑，其根本原因在于公用事业的改革和决策缺乏公众参与。公用事业改革的核心问题并不在于把政府的决定事后告诉公众，而是要在决策过程中有充分的公众参与和讨论，全程公开透明。公用事业改革，不仅仅是政府与企业的两边关系，公众必须有知情权、参与权，通过人大等权力机构对基础投入、利润空间等原则问题表达态度、施加影响。（2）公众应该通过各种渠道对公用事业的运营和产品质量实施有效监管。政府在市政公用事业特许经营之后应当担负起保证公众利益不因公共服务提供者的趋利性而受到侵害的职责，但是这种监管也必须依托于公众的积极参与才能完成。市政公用事业领域的博弈中，任何一方主体的缺少，都将导致其他方力量的失衡。仅凭政府一己之力，是很难对市政公用事业特许经营进行有效监管的。因此，必须构建政府与公众之间的合作伙伴关系，建立公众参与制度，使公众参与市政公用事业特许经营监管的全过程。在目前的市政公用事业监管实践中，社会公众的力量恰恰是被严重忽略的。（3）社会组织的参与功能须在公用事业管理过程中逐步凸显。在城市公用事业管理过程中，社会组织主要有两类：一类是公用事业行业性组织，主要包括水、电、气、公共交通等行业性协会组织。公用事业行业大都建立了这类组织，但是由于公用事业行业国有化和自然垄断性的原因，这类组织的功能还未有效发挥出来。随着市场化的推进，行业协会将逐步显现社会组织的性质，在行业的自律性管理、行业标准化的制定和实施，行业内部的监督上将慢慢发挥重要的功能。另一类公用事业社会组织主要与一般公众和一些产业行业协会相关的，是公众和产业行业协会组织化参与的重要渠道，主要包括城市的一些产业协会组织、城市居民服务组织和城市环保组织。在公用事业的管理过程中，这些组织为公用事业的消费者提供了组织化的参与渠道。

三、多重制度的创新：城市公用事业体制改革的功能提升

十八届三中全会提出，“全面深化改革的总目标是完善和发展中国特色社会主义制度”。由此显示，制度创新是改革的根本，改革的过程归根结底是制度创新的过程。城市公用事业体制改革主要是改制度，推进城市公用事业治理体系和治理能力的现代化，必然要求以制度创新作为最高形式。当前我国城市公用事业改革的功能提升的根本路径在于：以政府、企业和社会三方合作为基础，推进多重制度创新，提升城市公用事业的治理能力。

（一）政府监管制度创新

实现城市公用事业体制改革的功能提升，首先需推进政府监管制度的创新。如前所述，在城市公用事业体制改革的过程中，政府始终要发挥主导性作用，因此，处理好政府与市场关系，政府监管制度创新是关键。推进政府监管制度创新，应该从如下几方面着手：（1）优化行业主管部门组织体系。从内部来看，需要按照机构和事权相匹配的原则，合理设置城市公用事业组织内部结构，这对推进城市公用事业管理制度创新意义重大。为此，须调整职能部门的机构设置，明确权责关系，整合并强化行业处室的责任与权利，加强监管能力建设。从外部来看，需要理顺主管部门和其他部门在监管中的关系。现实中经常出现横向不同部门监管职能界定不清，职权交叉重叠、监管责任不明确等问题。从这个方面来说，大部门制可能是一种较好的创新思路，“大部制作为一种政府政务综合管理组织体制，其特征是‘大职能、宽领域、少机构’”。大部制的发展趋势会形成城市公用事业机构整合的催化剂。解决该问题的关键是建立制度性的多部门协调机制，明确各自职责，加强沟通和协调，同时构建12319等公共服务信息共享协调的平台。（2）进一步强化政府的监管制度供给。必须改变政府过度依赖于行政手段直接管理的方式，突出和强化间接管理和宏观调控，从管企业转变为管行业，观市场；从对企业负责转变为对公众负责，对社会负责。目前，我国公用事业的行业法规建设还滞后于行业发展的步伐，行业法规与行业改革发展相脱节的情形依然普遍存在。主要体现在城市公用事业行业法规滞后于社会环境的新变化，以及法规之间存在冲突、衔接不力。为此，需建立健全法律法规体系，真正实现依法监管。以法律形式明确投资者、经营者和管理者的权力、义务和责任，明确政府及其主管部门与投资者、经营者之间的法律关系。对于改革中的一些关键问题，如市场准入、产品和服务标准、产权界定、价格收费机制、税收优惠政策、土地使用方式、项目经营期限、应急管理机制等问题，也应以法律法规的形式加以明确。法律法规体系的建立需要中央和各级地方政府共同努力，地方立法的进度更应加快，以满足改革进程的需要。（3）加强监管机制创新。如在具体的监管机制上，可以综合运用行政合同、行政指导手段，加强行业自律和社会监督。通过行政合同方式既发挥了市场资源配置的优势，又体现了间接行政的最新理念，包含了对被监管者的平等合作与协商的精神。有助于被监管者积极主动遵守相关法律法规，保障监管工作的有效落实。同时，作为市场调节与政府监管缺陷的补救者，行政指导的多样性、自愿性等特征，符合现代监管的精神与理念，应该在实际监管过程中承担越来越大的作用。此外，应该多运用合同约束取代行政管理。政府可以多通过合同的方式与服务的提供者建立起平等、自愿、互利的民事关系。如果服务没有达到质量标准，政府有权重新选择服务者；一旦出现纠纷，可以采用司法途径解决，这样市政公用设施服务真正具备了市场经济的素质。（4）加强政府监管绩效考核制度创新。加强城市公用事业监管，离不开对监管主体的“监管”，通过监管绩效考核制度建设可以有效加强对监管主体的“监管”。目前国内许多城市公用事业监管体制已经初步建立，但由于缺乏对监管实际绩效的考核，难以对政府主管部门的监管活动产生激励约束作用。忽视监管成本、监管效果的现象在各行业还比较普遍。因此，需要尽快建立针对各行业监管部门的绩效考核管理体系，确立监管绩效考核的主体、流程。要重点制定合理全面的监管绩效指标体系，量化包括人财物在内的监管成本，将市政公用事业服务考核指标纳入监管绩效考核指标，从而推动政府监管绩效和功能的切实提升。

（二）企业经营制度创新

企业是城市公用事业管理体制创新的主要主体。城市公用企业是公共服务的直接提供者，因此企业改革是城市公用事业改革的重要内容，推进公用企业经营制度创新，可以从如下几个方面着手：（1）有效推进城市公用事业企业经营的民营化。民营化是提高公用事业效率的重要途径，对推进企业经营制度创新至关重要。但是在中国城市公用事业实行民营化，并不意味着城市公用事业都应由民营企业经营。正如学者指出的，国有企业与民营企业的分布应取决于城市公用事业业务领域的性质。管道燃气、自来水和污水处理等产业通常被认为是典型的城市公用事业，但并不等于这些产业的所有业务领域都是具有自然垄断性的。也就是说，对特定城市公用事业而言，总是既有自然垄断性业务，又有竞争性业务。自然垄断性业务主要是指那些固定网络性业务（如燃气管道网、自来水管网、污水管网等），其他领域的业务则属于竞争性业务。由于自然垄断性业务是城市公用事业的核心业务，其规模经济与范围经济非常显著，在相当程度上决定整个城市公用事业的运行效率，因此，自然垄断性业务领域应由一家或少数几家国有企业控制。竞争性业务的规模经济和范围经济并不显著，可由多家企业竞争性经营。由于在竞争环境下，民营企业具有较高的效率，所以，竞争性业务领域应首先向民营企业开放。总体而言，中国城市公用事业的民营化应该根据不同业务的特点有序推进，其根本目标是提高公用事业产品的供给效率，防止一哄而起不加区分的民营化道路。（2）推进公用企业产权制度创新。推进公用企业现代企业制度建设，着重做好清产核资，界定产权。目前“国有民营”改革主要在公交企业实行，下一步可以扩展到供热、三产等方面。同时加强探索组建企业集团，组建集团公司，对现有企业实行公司化改造。同时需要加强企业的内部管理，划小核算单位，提高企业素质，为建立现代企业制度奠定基础。（3）推进公用企业履行社会责任制度创新。公用事业产品的公益性特点，决定了公用事业企业不得因追求利润而忽视公众利益和社会的责任。公用企业社会责任的履行需要制度化的保障。目前比较好的制度模式，在内部管理上，主要有“服务承诺制度”，它以详实具体的量化标准形式，对社会公布公开，直接接受政府、社会、消费者的监督，尊重维护消费者权益，让政府和公众满意。在外部行业管理上，通过建立标准化的管理体系可以促进和保障社会责任的履行，比如以顾客为关注焦点的 ISO9000 质量管理体系，顺应环境保护、适应国际经济贸易发展需要的 ISO14000 环境管理体系，以及以员工劳动保护为核心的社会责任管理体系 SA8000 等。

（三）社会参与制度创新

公众的参与是城市公用事业决策科学化、民主化及其顺利贯彻实施和满足公众需求、实现社会公正的重要途径。城市公用事业管理中的社会参与制度创新，应该重点突出如下几个方面：（1）完善公用事业与企业的信息采集和发布制度。确保城市公用事业的信息规范、全面公开，维护公众对公用事业行为的知情权，及时将产品和服务质量检查、检测、评价的结果和整改情况以一定的方式向社会公布。实现公用事业的公开化和透明化，公开披露公用事业尤其是其中的国有企业在董事会人名、经营计划、财务报表、职务消费、高管薪酬、业绩考核、审计监督等方面的信息，有利于为公众参与公用事业监督，对公用企业产生有效的激励和约束。这其中的重点是公用企业的成本公开，公用企业的成本公开应该是常态的公开，而不是迫于形势压力作一两次公开。政府的主管部门要对经营部门进行核算，要监督审核。还可以委托第三方参与成本监管。在信息公开规定之中，地方政府可以对企业公布哪些项目进行尽量详细的规定，以便经营者更好地接受政府、公众和媒体的监督。(2) 推进城市公用事业决策过程中相关利益群体的参与和协商制度创新。民营化以后，部分企业在容易通过提供低质量、不安全的产品和服务来获得较高收益，损害公众利益。为此，监管要转变侧重维护在位厂商利益的做法，加强对主导厂商行为、产品和服务质量的监管，把监管目标集中在促进产业发展、强化竞争和保护用户利益等方面。要建立具有广泛代表性的不同利益集团之间的协商机制，完善公示和征求意见的程序，并通过咨询、听证、对话等形式来实现。监管机构应要求相关企业设立处理用户投诉的机构，改进投诉处理程序，力求在企业和行业内部解决用户投诉。监管机构不仅要调查用户投诉的问题，而且要调查运营商对投诉的处理是否得当。用户关于公用事业服务的投诉和询问，可以与运营企业联系。如果投诉和询问没有得到解决，用户可以向监管机构投诉。同时，我们还应抓好公众评价和机制建设，开展以社会满意度调查为核心的社会绩效评价，赋予公众更多的知情权、参与权、监督权和评议权。(3) 推动社会组织参与制度创新。公用事业体制改革的重要方面是发挥社会的积极性来进行体制创新，激发公用事业管理体制改革的活力。要重视公用事业行业协会组织建设，通过制度创新，逐步凸显行业协会组织的独立性、自主性和规范化，使行业协会组织在推动公用事业行业的自律性、行业标准制定，行业发展战略规划，规范行业规范竞争等方面发挥重要作用。同时，注重赋权公众社会组织，扩大社会组织活动的空间，甚至可以将一些公用事业监管的职能逐步委托给社会组织来做，使公众类社会组织获得良好的发展环境，为公众在监督公用事业产品质量、公用事业发展决策、公用事业重大规划上提供组织化的有效参与渠道。

参考文献：

[1] [美] 戴维·E·麦克纳博. 公用事业管理：面对21实际的挑战 [M]. 北京：中国人民大学出版社，2010：12.

[2] 时和兴. 复杂性时代的多元公共治理 [J]. 人民论坛·学术前沿，2012年6月(上).

[3] [澳] 欧文·E·休斯. 公共管理导论 [M]. 北京：中国人民大学出版社，2007：121.

[4] 饶常林，常健. 论公用事业民营化中的政府责任 [J]. 行政法研究，2008：3.

[5] 张昕竹. 城市化背景下公用事业改革的中国经验 [M]. 知识产权出版社，2008：8.

[6] Stiglitz, Joseph E. " An Agenda for Development for the Twenty – First Century", in Anthony Giddens (ed) The Global Third Way Debate (Cambridge: Polity Press), 2001: 350.

[7] [澳] 欧文·E·休斯. 公共管理导论 [M]. 北京：中国人民大学出版社，2007：121.

[8] 张丽娜. 城市公用事业公私合作中的政府责任 [J]. 理论探索，2010 (6).

[9] 摆玉萍. 公用事业：公共性与经济性的冲突与对策 [J]. 西北师大学报（社会科学版），2012 (5).

[10] 聂喜宗. 浅议公用事业企业社会责任 [J]. 西部财会，2013 (1).
[11] [美] 盖·彼得斯. 政府管理与公共服务的新思维，载国家行政学院国际合作交流部编. 西方行政改革述评 [M]. 北京：国家行政学院出版社，2000：24.
[12] 付小为. 公用事业改革决策不能排除公众 [N]. 长江日报（武汉），2011-05-17.
[13] 闫海，魏萍. 论市政公用事业特许经营中公众参与 [J]. 环渤海经济瞭望，2011 (9).
[14] 陈秀娟，许立根. 大部制视野下公用事业管理机构设置的理性思考 [J]. 上海城市管理职业技术学院学报，2008 (5).
[15] 王俊豪. 中国城市公用事业民营化的若干理论问题 [J]. 学术月刊，2010 (10).
[16] 叶石界. 公用事业成本公开应为常态 [N]. 21世纪经济报道，http://www.21cbh.com/HTML/2010-4-27/2MMDAwMDE3NDU2MA_2.html.
[17] 刘戒骄. 我国公用事业改革的几点思考 [J]. 中共中央党校学报，2012 (6).

（作者单位：董石桃，湘潭大学；何植民，江西财经大学）

基于经济转型的地方政府职能转变研究

赖建明　陈建东

当前，我国各项改革正处于攻坚阶段，并步入深水区。党的十八届三中全会明确指出："必须切实转变政府职能，深化行政体制改革，创新行政管理方式，增强政府公信力和执行力，建设法治政府和服务型政府。""加快转变经济发展方式，加快建设创新型国家，推动经济更有效率、更加公平、更可持续发展。"随着经济发展的进一步转型，地方政府的职能转变已是迫在眉睫。

一、研究基础：经济转型出现了新变化

随着中国特色社会主义市场经济的逐步完善，我国的经济体制改革渐进展开与深化。特别是以习近平总书记、李克强总理为首的新一届领导班子推行中国新政以来，我国经济转型速度加快，并出现了以下特征：

（一）发展方式上的制度决定性

当前的经济转型，在发展方式上实现了从要素决定向制度决定的转变。

20 世纪 80 年代初期，我国开启了从计划经济向市场经济的经济转型。30 多年的改革开放，我国的经济增长主要依靠要素来支撑，投资来拉动，经济增长的成就绝大部分来源于要素条件带来的红利，包括资金红利、土地红利、人口红利等。当前，经济发展的要素条件正在发生着新的变化，经过 30 多年的高速增长，劳动力、土地、矿产资源等一些经济增长的基础要素成本都在上升。土地资源约束日趋紧张导致地价飙升，人口老龄化与生活成本增长导致了劳动力成本大幅上升，外延扩张的局限性也导致过去曾长期支撑经济增长的高投资模式难以为继。至此，传统行业及其增长方式的利润空间已经非常有限，低廉的要素价格已不可持续，要素红利丧失殆尽，改革开放以来的"三低一高"（即低土地成本、低劳动成本、低污染成本和高投入）增长模式必然面临着转型的重重压力。

基于资源要素支撑的不可持续，当前的经济转型突出强调从外延式扩张转向内涵式增长，从注重要素投入转向更注重发展的内涵、发展的质量。内涵式发展相对于外延式发展来说，更突出理顺发展的体制机制，突出发展方式上的制度决定性，以获取制度红利。李克强总理强调，要释放体制改革的制度红利，破除束缚人才积极性创造性充分涌流的体制机制障碍，促进资源要素的集约高效利用，以制度红利来获取人才红利等要素红利。

（二）合作秩序上的区域联动性

市场经济的发展是一个人类合作秩序不断扩展的过程，经济的全球化使得任何一个国家和地区不可能独立于世界经济发展格局之外。

从全球来看，当前全球经济格局处于一个不断深化调整的阶段，市场重心也因为区域竞争合作而可能发生转移。目前，印度、巴西等新兴经济体成长迅猛，我国传统出口加工业面临着激烈竞争，原有的国际市场份额正面临着重组的危机。欧美发达国家提出了再工业化理念，工业化的全球竞争日趋激烈。全球经济格局所发生的深刻调整和市场重心的转移，也倒逼我们加快转变粗放的出口增长方式，进而要求政府加快转变涉外经济管理职能。

从国内来看，经济市场化加剧了地方之间的竞争，也增进了区域之间的合作。由于科技创新、文化教育和交易制度等都具有显著的地区性外部效应，对地区经济结构的优化升级和信息化建设产生重要支撑作用，区域之间的合作、协调发展变得越来越重要。随着地区经济的增长，我国长期存在的人为分割市场等地方保护主义受到了严重挑战。经济交易的倾向迫使地方政府之间就统一市场建设，包括市场秩序、交易规范和公平竞争政策等方面进行协商。

（三）发展环境上的约束多元性

当前，经济转型不再是单纯的经济问题，而是涉及政治、社会、文化、环境等多方面的综合性问题，发展环境约束具有多元性特征。

生态环境约束日益严峻。一方面，碳排放的大幅减排是我国经济转型的一大硬性约束性指标。在哥本哈根会议上，我国主动承诺减排义务，提出到 2020 年单位 GDP 的碳排放比 2005 年下降 40%—45%，“十二五”期间单位 GDP 的碳排放就要下降 17%。另一方面，国内的生态环境恶化也倒逼经济转型。近年来，雾霾、沙尘暴的施虐，江河和地下水的污染日益严重，使得一个地区的经济发展不再是一个地区的事情，也是周边区域的事情。如河北的大量重型工业必将带给北京更多的雾霾天气。近年来，韩日也不断抗议中国的雾霾影响了他们的生态环境。

社会舆论考验日渐增加。随着互联网、微博、博客等新媒体的不断发展，经济增长面临的国内舆论环境在发生着深刻变化。广大民众对经济发展的关注度在不断提高，信息传播和信息处理的速度匪夷所思，学术界和社会团体组织的与经济转型有关的各类评估也相当活跃，包括市场化指数、省域竞争力指数、绿色发展指数等。这些舆论考验是经济转型的新环境，也是政府职能转变面临的新环境，可以说舆论环境的变化，既是压力也是动力。

二、发展倒逼：经济转型对地主政府职能转变提出了新要求

经济转型正在发生的深刻变化，也正是政府转型面临的新环境。在这样的背景下，我们需要进一步反思对政府、市场、社会三者关系的认识，创新社会治理模式，依托活跃的市场和广泛的社会参与，建设有限的政府、有效的政府、有责的政府。

（一）合理界定政府与市场的边界，确立市场在资源配置中的决定性作用

可以说，我国经济转型的主体是企业，是市场，而不是政府。因此，在经济增长和发

展方式的转变上，调结构、促创新、推转型都要以市场为基础，以企业为主体，要充分发挥市场在资源配置中的决定性作用。政府倡导经济增长和发展方式转型，重在以法律、规划和政策来引导。

一是地方政府尽量减少对产业发展、结构调整的直接干预，慎用部门选择性的产业政策，应当尽量采用功能引导性的、对其他部门都适用的产业政策。

二是地方政府应该大幅度减少微观经济指标的审批，加强维护公共利益的职能，加大监管力度，尽可能地减少经济活动的消极外部影响，并将其转化为积极的外部影响。

三是地方政府应该完善市场信息和准入规则，推进市场制度的创新，加强风险监管。市场存在着信息不对称和规则不完善的问题，存在垄断和风险失控的危险，而单靠市场本身是解决不了这些问题的。因此政府应当加强反垄断、信息公开、市场准入和退出等制度建设，维护竞争秩序，促进市场体系健康发育。尤其是对发育很不完善的金融市场，既要强化风险监管，也要推进金融创新，以适应经济转型和大量小型微型企业发展的需要[1]。

（二）有效瞄准市场失灵和社会公平，充分发挥地方政府的公共服务职能

经济转型的新变化要求地方政府在不断压缩经济建设职能的同时，不断扩张公共服务职能，并实现地方公共财政从经济建设性财政向公共服务型财政的转型。

一方面，地方政府要积极应对市场失灵，积极培育和壮大市场。我国的市场经济经历了一个从无到有、从弱到强的逐步完善的过程，市场本身存在着起点较低、运行不规范和市场制度缺失等方面的问题。因此，地方政府部门必须在培育和发展市场要素、市场监管、交易规范、体系健全等方面介入协调。

另一方面，地方政府应立足于社会公平，大力发展与市场建设相互促进的公共产品提供、社会管理、宏观经济稳定、收入分配调节等核心职能，这些职能的有效实施是地区经济长期发展的必要基础。在经济转型阶段相应的问题更为突出，也更需要政府部门的积极参与，以确保整个经济社会的和谐稳定。

（三）积极依托社会组织和市民社会，突出创新多方参与的社会治理模式

一是要充分发挥社会组织的作用。社会领域的许多事情无疑需要发达的社会组织来参与社会治理，政府无疑也需要依托社会组织来创新社会治理模式。社会的分散性决定了地方政府无可替代的社会管理职能，就是充分利用社会组织，实现社会的自治和民主管理。

二是要突出社区治理，构建市民社会。它是基于协商与合作的社区资源共享和公共参与的互助体系，也就是社区发展所倡导的自治体系。党社共治、政社共治和居民自治是未来中国社区治理的基础方向。

三是地方政府应积极引导舆论，凝聚改革共识。深化改革和加快经济转型，需要有利的舆论环境。经济的转型也是社会经济利益的再分配，必将损害到一部分既得利益者的利益，一些现实问题也必将引发极大的民间情绪。对此地方政府应当善加引导，凝聚改革和经济转型的共识，使全体老百姓能够分享改革和经济转型的社会发展红利。

三、改革驱动：地方政府职能转变的新方向

地区经济增长和发展方式的转型改变了地方政府职能的作用基础。鉴于以上分析，笔

者认为地方政府应当从以下几个方面来实现自身的职能转变：

（一）经济发展：有序退出与外部规范的并重

随着经济增长和发展方式的逐步转型，地方政府需要在直接经济领域有序退出，而在市场秩序和制度建设，特别是产权界定和保护、地区之间的交易规范和外部性等方面作出努力。

一是要突出地方政府的外部规范职能。减少地方政府对市场的直接干预，尤其是微观领域的直接干预。地方政府的主要角色要从运动员转变为设计师、监管者和裁判员。政府首先应该作规划和规则的设计者，描绘蓝图，制定正确而清晰的行为规范，然后才有科学公正的依据去监管、去裁判。政府应该从直接的投资和建设中解放出来，为市场交易提供一个低交易成本的环境，由建设型的政府转变为服务型的政府。而在直接经济领域，要鼓励市场竞争，让更多的主体参与到市场中来，通过激发市场活力来推动经济发展，而不是政府亲自去推动经济。事实上经济的发展必须要调动多数人的积极性才能实现，单凭政府的努力远远不够。

二是要保障市场对资源配置的决定性作用。减少政府对社会资源的控制，真正以市场为基础配置资源，给市场更多的活动空间，把一些可以交由市场和第三方中介组织进行管理的事务交给市场和第三部门去完成。特别是地方政府在对城市土地的控制，垄断基础设施等重要资源，还拥有各种各样的审批权力和政府管制。因此，减少政府控制的资源的数量，放松和取消不必要的政府管理和审批程序，是促进第三产业发展和产业结构优化的基本保证[2]。地方政府应逐步改变热衷于招商引资、争取上大项目、努力上大项目，来拉动本地经济增长的行为方式，应当把注意力和公共资源更多地转向支持人力资源开发、鼓励技术创新上，以此为促进经济发展方式转变提供更好的人力资源和技术支撑。

（二）公共服务：市场生产与政府提供的均衡

经济转型带来了地区居民收入水平的提高和社会结构的转型，相应地要求地方政府增加社会保障、公共卫生、教育等方面的公共服务水平。

要规范地方政府公共服务职能。地方政府公共资源配置应当由一般的经济建设领域，转向社会建设和生态文明建设领域，逐步向保障和改善民生、治理和修复生态环境方面倾斜。公共产品和服务由政府提供，但公共产品和服务的生产可以由市场来承担，通过市场竞争来降低公共产品和服务的提供成本。

要强化地方政府的公共服务提供职能。不同地区间的经济差距有许多客观制约因素，特别是资源环境的约束难以突破，而政府和社会要把注意力转变到缩小社会发展差距上来，主要是缩小公共服务水平差距，所以政府应该在促进基本公共服务水平大体均等方面投入更多精力。

（三）社会管理：发展效率与社会公平的协调

经济增长和结构调整会带来一系列的社会负效应，如收入分配不公平、失业等问题，这也给地方政府的社会管理职能指明了方向。

一是要关注民众真实福利水平的提高。经济发展方式转型是否成功或成效大小，最终要以民生是否改善、真实福利水平是否提高、老百姓是否满意来衡量，而不能仅仅看账面财富是否增加，排位是否提高。地方政府要积极关注公平分配、扩大就业等社会问题，完善社会保障和社会救济制度，在促进调整发展的同时，努力促进社会公平。

二是要完善公众参与制度。经济发展的目的就是要满足社会和公众的需要，为公众追求自身价值提供物质条件。政府在配置资源的时候，要尽量避免从政府部门的利益特别是官员利益出发，而应积极与当地民众沟通，健全行政程序中公众的参与和协商制度，把民众的满意程度纳入到政府官员的政绩考核指标，积极完善公众参与机制以适应快速经济增长和生活水平提高后所带来的社会利益分化格局。

（四）自身建设：降低成本与服务效能的统一

一是要提高服务效能。由传统的全能型的政府转变成为服务型的政府，把由市场和第三方主体能做的，政府不用做的、不能做的或做不好的事情，交给市场或第三方主体去完成。根据目前公共支出结构中的基本职能部分加大投入，这是政府提供公共产品和公共服务的核心内容，也是建立有效政府的内在要求。

二是要降低运行成本，积极精简机制，把过去万能型政府的模式，转变成为有效政府的模式，以节约行政成本，提高行政效率，将政府资源用于为社会提供更好的公共服务，充分发挥市场机制的作用，为经济发展方式的转变创造更好的条件[3]。

参考文献：

[1] 卢中原. 经济转型新形势和政府职能转变［J］. 行政管理改革，2011（08）：30—33.
[2] 余华. 深化行政审批制度改革的战略思考［J］. 湖南财政经济学院学报，2013（06）.
[3] 张树全. 政府治理模式对经济转型的作用研究［J］. 经济体制改革，2014（4）：169—172.

（作者单位：湖南行政管理学会）

全国苗族地区经济社会发展之比较研究

雷学业　李　华　曹正城　刘学用

苗族是一个优秀的民族，也是一个发源于中国的全球性的民族。在2010年的全国第六次人口普查中，苗族总人口为9426007人，主要分布在贵州、湖南、云南、重庆、广西、四川、湖北、海南等地。在长期的迁徙漂泊中，部分苗族现已在越南、泰国、老挝、缅甸、美国、法国、澳大利亚等国家定居生活。20世纪澳大利亚民族学家格迪斯在他的著述中这样感叹："世界上有两个苦难深重而又顽强不屈的民族，他们就是中国的苗族和分布于世界各地的犹太人。"21世纪苗族作家南往耶写道："苗族是一个不断被驱赶甚至被消灭的民族，但他们一直没有放弃生命和祖先，自五千年开始，跋山涉水，经历千难万苦，从中原逃到云贵高原和世界各地，朝着太阳落坡的地方寻找故乡，用血泪养育古歌和神话，没有怨恨，把悬崖峭壁当做家园，梯田依山而建，信仰万物，崇拜自然，祀奉祖先，感谢仇人。"

新中国成立以后，在党的民族政策光辉照耀下，广大苗族人民翻身解放，当家作主，揭开了苗族历史新的一页，苗族人民从此走上了社会主义康庄大道，各方面都有了较大变化。政治上实现了民族平等，实行了区域自治。迄今为止，先后与其他兄弟民族建立了7个联合自治州、22个苗族自治县、5个单列的苗族自治县。在经济文化上也取得了显著进步，与其他少数民族一样，融入了现代先进中华民族大家庭。

2014年，湖南省城步苗族自治县承办第五届"中国苗族文化论坛"，借此良机，该县政协决定开展一次对全国五个单列的苗族自治县经济社会发展状况的大调研，对全国苗族地区经济社会进行比较研究，总结苗族社会发展成果，探寻苗族社会发展规律，寻找苗族地区发展差异，向中央及各级党委和政府提出促进全国苗族地区经济社会发展的对策和建议，使苗族社会紧紧融入全国建设小康社会、实现中国梦的时代潮流。

一、全国五个单列的苗族自治县基本县情

城步苗族自治县成立于1956年11月，是全国第二个建立的苗族自治县，位于湖南省西南部，距省会长沙436公里，距国际旅游城市桂林210公里。全县面积2647平方公里，辖14个乡镇（场）292村（居、社区），境内居住着苗、汉、侗、瑶等24个民族，总人口28万，

其中苗族人口占总人口的59%，以苗族为主的少数民族人口占总人口的63%。境内生态优美、物产富饶、气候宜人，有森林、草山、矿藏、电力、旅游五大优势资源，林地总面积21.5万公顷，森林覆盖率达83%，草山面积9.1万公顷，水能蕴藏量30万千瓦，风电蕴藏量80万千瓦，矿产资源探明储量的有32种，锌镉、硫铁、辉绿岩、滑石、碎白云母为大型矿藏。旅游资源有国家3A级风景名胜区南山牧场、金童山国家自然保护区、两江峡谷国家森林公园、十万古田白云湖国家湿地公园，先后获得“全国民族团结进步模范县”“国家级生态示范区”“全国最佳生态旅游县”“中国区域休闲旅游目的地城市”“中国最具影响力文化旅游百强县”“中国山歌之乡、油茶之乡、吊龙之乡”等“国字号”荣誉。

广西融水苗族自治县成立于1952年，是全国最先建立的苗族自治县。融水是广西唯一的苗族自治县，现为国家扶贫开发工作重点县。全县面积4638平方公里，辖20个乡(镇)，总人口50.6万人，居住着苗、瑶、侗、壮等13个世居民族，少数民族占全县人口的74.4%，其中主体民族苗族人口21.13万人。融水境内资源丰富，河流水流蕴藏总量达54.65万千瓦；风能发电可装机20万千瓦；已探明的矿产主要有金、煤、铁、锡等40多种；有林地面积530万亩，森林覆盖率达78.8%。融水山清水秀、生态优美、风光如画，境内有元宝山国家森林公园、九万山国家级自然保护区，有国家级4A级景区1个、3A级景区4个、全国旅游示范点1个、“柳州市十大美丽乡村”10个，享有“百节之乡”“中国芦笙斗马文化之乡”美誉，“融水苗族系列坡会群”被列入国家首批非物质文化遗产名录。先后获得“全国民族团结进步模范县”、“广西优秀旅游县”、“全国绿化模范县”、“全国林业信息化示范县”、“广西林业产业发展十强县”、“广西文化先进县”、建设“平安广西”活动先进县等荣誉。

松桃苗族自治县成立于1956年，位于贵州省东北部梵净山麓，地处贵州、湖南、重庆两省一市交界处。全县辖28个乡镇509个行政村，面积为3409平方公里，人口72.6万，其中苗族人口占全县总人口的68.1%。松桃区位交通优势明显，铜仁·凤凰机场位于县境内，湘渝高速、杭端高速穿境而过，立体交通网络已初步形成。矿产资源十分丰富，锰矿、钒矿、铅锌矿、页岩气等储量较大，锰矿储量达1.2亿吨以上，有中国“锰都”之称。旅游资源独具魅力，境内有国家级风景名胜区梵净山，有“东方氧都”桃花源，有原始古朴的“中国苗王城”。该县民族文化古朴神奇，苗族绝技绝艺、苗族傩戏、苗族服饰银饰、苗族刺绣等享誉海内外，先后被命名为“中国民间文化艺术之乡”“中国滚龙艺术之乡”“中国民间绝技文化艺术之乡”“贵州花鼓艺术之乡”等，原生态苗族文化节目《苗族花鼓舞》《武陵雄风》先后获得中国民间文艺“山花奖”，苗族刺锈花鼓系列产品被国家外交部指定为外交用品。

屏边苗族自治县成立于1963年7月，位于云南省南部、红河州东南部，距省会昆明320公里，距国家级开放口岸河口95公里，是通往东南亚、南亚各国的重要门户，也是历史上南方“古丝绸之路”的途经地。全县面积1905平方公里，辖6乡1镇、80个村(居)民委员会，境内聚居着苗、汉、彝、壮、瑶等17种民族，总人口15.6万，其中苗族人口占总人口的46%，以苗族为主的少数民族人口占总人口的66%，是云南省唯一的苗族自治县。屏边气候宜人，被誉为“中国最南端的春城”，全县有林地面积193.8万亩，森林覆盖率67.8%，林木绿化率76.4%，水能理论蕴藏量56.94万千瓦，珍稀资源有熊胆、大黄藤、红豆杉、石斛等，矿产资源有铅、锌、铁、钨、锰等有色金属矿和大理石、硅石、花岗石、无烟煤等非金属矿，旅游资源有大围山国家公园、天然大睡佛、园内罕见的史前陆地火山、景致迷人的高山瀑布、举世瞩目的滇越铁路和人字桥等自然人文景观。近年来，屏边先后被授予“国家卫生县城”“全国造林绿化先进单位”“全国民族团结进步模范集体”“全省双拥模范县”等荣誉称号。

全国最后一个建立苗族自治县的是湖南麻阳。1988 年 10 月经国务院批准，设立麻阳苗族自治县。全县总面积 1568 平方公里，辖 23 个乡镇、321 个村（社区），有苗、汉等 17 个民族，2013 年年末总人口 39.35 万人，其中苗族占 78.8%。境内生态良好，有奇特的地质地貌和丰富的水资源，气候温和、雨量充沛，全县森林覆盖率达 62%，空气环境质量好，促进了人民的健康长寿，人均寿命高于全国水平 3 岁。近年来，先后获得了“中国冰糖橙之乡”“中国长寿之乡”“中国民间文化艺术之乡”等荣誉称号。

二、全国五个单列的苗族自治县经济社会发展现状

苗族是一个古老的民族，也是一个灾难深重的民族。由于历史原因造成的五大迁徙，苗族人民被迫迁徙到我国西南地区的崇山峻岭之中，各部分彼此隔绝，自然条件艰苦恶劣，生产技术极为原始落后，导致苗族社会经济发展极为缓慢。新中国成立后，苗族人民在中国共产党的英明领导下，团结拼搏、艰苦奋斗，用自己勤劳的双手，建立起崭新的家园，创造了丰富的物质文明和精神文明。进入二十一世纪以来，全国各地苗族人民奋发有为、锐意进取，在建设中国特色社会主义和实现中国梦的伟大征程中作出了新的贡献。

（一）民族工业蒸蒸日上

城步工业始于 1952 年，当年工业总产值仅 49 万元，占全县工农业总产值的 8.1%。改革开放以后，全县工业企业大幅增加，到 1985 年，全县共建成工业企业 89 家，职工 4874 人，固定资产原值 4553.8 万元，基本形成了水电、食品、造纸、建材、冶金、化工等门类比较齐全的轻重工业体系，工业总产值达 4553.8 万元。进入新世纪以来，城步工业发展潜力不断增强，招商引资和项目建设力度加大，新型工业异军突起。2013 年全县 22 家规模企业共实现工业总产值 22.6 亿元，规模工业增加值 5.3 亿元，工业固定资产投资 16 亿元，技改投资 43 亿元，工业信息化投入 2000 万元，战略性新兴产业增加值占生产总值的比重为 45%，实现税收 6700 万元。

1949 年，麻阳工业总产值 150 万元，占工农业总产值的 19.63%。到 1988 年建立自治县时，已经形成了以电力、造纸、食品、化工、冶金为主体的工业结构，工业总产值达 7960 万元，占工农业总产值的 30.5%。近年来，该县突出“培育新型工业集群”战略重点，加快项目建设进度，着力加速推进新型工业化进程，使规模质量稳步提升，发展后劲明显增强，产业集群独具特色。到 2013 年年底，规模工业企业完成现价产值 44.83 亿元，工业税收完成 7433.5 万元。

屏边工业始于 1952 年。1963 年成立自治县时，全县有工业企业 19 个，工业总产值仅 95 万元。近年来，该县工业发展速度不断加快，国有企业改革不断深化，不同所有制企业发展壮大，招商引资助推工业经济发展。到 2013 年，全县有工业企业 60 户，主要产品涉及电力、化工、矿业、制药、煤炭、食品加工、建材、民族服饰八个大类，实现工业总产值 107589.1 万元，利税总额 12353.3 万元，利润总额 10230.9 万元。第二产业实现地区

生产总值 74935 万元，占全县 GDP 的 37.44%，第二产业在三次产业中位居榜首，工业经济已成为全县国民经济的重要主导产业。

融水坚持工业经济主导地位，加快建设特色工业发展平台。一是抓好传统工业持续发展。加快传统工业升级改造，整改高耗能企业，对部分规模以上企业进行技改升级，扩大产能和提升产品质量，增强传统工业的发展后劲；二是促进工业园区经济加快发展，2013 年园区面积达 2775 亩，实现产值 11.3 亿元；三是加大能源资源开发，累计建成投产电站 65 座，总装机 33.75 万千瓦，水电行业产值 4.08 亿元。2013 年全部工业总产值完成 49.18 亿元，其中规模以上工业总产值完成 41.01 亿元。

松桃县委、县政府按照省委、省政府提出的工业化、城镇化带动战略，以发展为第一要务，积极实施“兴工富县”发展战略，按照工业围绕旅游业发展的思路，着力培育工业经济增长点，工业经济保持了持续、快速、健康发展。2014 年工业总产值完成 86 亿元，同比增长 34%；实现增加值 24.6 亿元，增速 15.5%。

（二）农林水牧各业成就骄人

山高水冷，土壤贫瘠，九山半水半分田，吃了上顿愁下顿，这是昔日苗乡山寨的真实写照，直到新中国成立，受尽苦难的广大苗胞终于圆了“耕者有其田”的梦想，真正成为苗乡大地的主人。党的农村政策释放了数百万苗胞身上的巨大能量，使苗乡的山山水水发生了翻天覆地的巨大变化。

城步自古以来就是个农业县，农业经济历来是县域经济的主体。1956 年自治县成立时，城步有耕地 15.61 万亩，当年全县农业生产总值 2422 万元（按 90 年不变价计算）。从致力于解决温饱问题到实现粮食基本自给，城步走了 22 年。1978 年党的十一届三中全会以后，全县全面落实家庭联产承包责任制，积极调整农业产业结构，农村经济获得了持续、稳定的发展，当年耕地面积 17.14 万亩，全县农业总产值 4736 万元，占全县国民生产总值的 42%。到 2013 年，全县耕地面积 19.32 万亩，粮食总产 81234 吨，农业总产值 51432 万元，占全县国民生产总值的 34.1%。城步是林业大县，全县共有林地面积 329 万亩，占全县总面积的 83%，活立木总蓄积量为 950 万立方米，森林覆盖率达 83%，拥有高等植物 2200 余种；珍贵树种 110 种，国家Ⅰ、Ⅱ级重点保护树种 30 多种，国家二类保护野生动物 14 种；草地总面积 9.1 万公顷。在计划经济期间，全县累计为国家提供木材 1000 万立方米、楠竹 2500 万根，为国家建设做出了重大贡献。截至 2013 年年底，全县林业总产值达到 10 亿元。畜牧业方面，1949 年，城步有牛存栏 1.54 万头、猪存栏 1.99 万头、家禽存笼 12 万羽。到 2013 年，该县发展到牛存栏 8.95 万头、猪存栏 18.6 万头、家禽存笼 130 万羽。随着南山牧场的崛起，城步畜牧业产业建设实现跨越式发展，2003 年县委出台了《关于加快奶业发展的决定》，2005 年出台了《关于进一步加强科技兴奶工作的意见》。到 2007 年奶业获得空前发展，全县共饲养奶牛 1.98 万头，全年生产商品奶 1.25 万吨，鲜奶产值 3390 万元，实现奶业工业产值 12 亿元，创利税 6078 万元。以城步为重要奶源地的南山奶粉的销售业绩进入了顶峰，成为全国奶粉行业销售“五强”品牌，全年销售额达到 15 亿元左右。水利电力方面，境内共有大型水库 1 座，库容 3.6 亿立方米；小Ⅰ型水库 7 座，库容 1550.4 立方米；小Ⅱ型水库 19 座，库容 266 万立方米；山平塘 1220 口，库容 204 万立方米，电灌站 71 处，水轮泵 66 处，河坝 1090 座，渠道水圳 12500 条，全县蓄、引、提水量 44655 立方米，有效灌溉面积达 14.31 万亩，旱涝保收面积达

10.65 万亩。截至 2014 年 8 月，全县共建成电站 105 处，机组 211 台，装机容量 128854KW。全县共有 220KV 变电站 1 座、110KV 变电站 4 座、35KV 变电站 10 座，年供电量约 3.7 亿 KWH，年售电量约 3.3 亿 KWH。

麻阳是个农业大县，1988 年自治县成立时，在全县 31.53 万人口中，农村人口 28.95 万人，全县农林牧渔业总产值 1.35 亿元，农民人均纯收入 407 元。到了 2013 年，麻阳农村经济有了新进步，全县农业总产值 19.98 亿元，全年粮食种植面积 30.35 万亩，总产 10.64 万吨。农田水利建设强力推进，投入资金 1.8 亿元，实施了兰里、谷达坡等 5 个小农水建设项目，完成 38 座小Ⅱ型水库除险加固，实施了滑石江、濠洛溪的中小河流治理项目，被评为“全国水土保持生态文明县”。林业建设成效显著，完成工业原料林 2.96 万亩、补植补造 6000 亩、“三边”造林 4700 亩、绿化提质 144 公里，森林覆盖率达到 66.3%。农业机械化水平不断提高，全县农机总动力 16.5 万千瓦，全县农业机械化水平达到 32.9%，农业综合开发力度加大，完成土地开发整治 1.58 万亩，中低产田改造 8000 亩，被评为全省土地治理项目“优质工程开发县”。全县完成户用沼气池 600 口，新建乡村能源服务网点 5 个，推广太阳能热水器 580 台及气化炉 700 台。

屏边县委、县政府团结带领全县各族干部群众，紧紧围绕经济建设这个中心，坚持农业的基础地位不动摇，以发展为主题，以结构调整为主线，以科技进步为动力，以农业增产、农民增收、农村稳定为目标，加大对农业的投入，大力推广良种良法，狠抓科技项目的实施工作，农业产业经营水平全面提升，全县农业发生了巨大变化，取得了辉煌成就。1963 年自治县成立时，粮食播种面积 223150 亩，总产量 2.07 万吨，平均单产 92.3 公斤，农村经济总收入 322.8 万元，农民人均纯收入 34 元。1978 年，党的十一届三中全会以后，全县大力实施科技兴农的发展战略，全面落实和完善家庭联产承包责任制，积极调整农业产业结构，加强农业基础设施建设，农村经济获得了持续、稳定的发展，自给半自给的传统农业逐步转向商品农业、市场农业、现代农业。2013 年全县粮食播种面积 367429 亩，粮食总产量 78029 吨，粮食平均亩产 213 公斤，农村经济总收入 72568 万元，农业总产值 88925 万元，农民人均纯收入 3565 元。林业方面，2013 年全县共有林地面积 189 万亩，森林覆盖率 67.8%，林业绿化率 75.6%，林业产值达到 2.8 亿元。畜牧业方面，2013 年全县牛、马匹、生猪、山羊存栏分别达到 48017 头、16318 匹、263303 头、11268 只，分别比自治县成立当年增长 221.23%、95.5%、750.32%、178.98%。至 2013 年，屏边共建成水源工程水库 9 座，总库容 406 万立方米；投入资金 5529.5 万元，解决全县 7 个乡镇 710 个自然村 28613 户 151390 人、59406 头大牲畜的农村饮水困难；投入资金 11.67 亿元，建成水电站 34 座，总装机容量 17.78 万千瓦，发电量 69456 万千瓦时，实现了农村初级电气化。

融水在稳定粮食生产的基础上，加大“三农、三香、三林、三养”等特色农业产业发展扶持，农业产业化进程不断加快，竹木加工产业进一步规范和壮大，品牌质量不断提升。2013 年完成粮食播种面积 75.89 万亩，粮食总产量 11.66 万吨，茶叶种植总面积 3.3 万亩，干茶总产量 552 吨；桑园种植总面积 3.3 万亩，鲜茧产量 2152 吨；水果总面积 4.9 万亩，水果产量 4.75 万吨；蔬菜种植面积 12.55 万亩，总产量 12.3 万吨；肉类总产量和水产品总产量各为 3.84 万吨、0.82 万吨，猪、牛、羊、家禽分别出栏 32.85 万头、3.27 万头、2.96 万只、820 万羽，2012 年农民人均纯收入 4698 元。

松桃全县森林覆盖率达 57.3%，全县有耕地面积 110.2 万亩，万亩大坝 7 个，千亩大坝32个，是“全国科普示范县”“全国科技进步先进县”“全国粮食生产先进县”“全国优质花生生产基地县”“全国茶叶科技示范基地县”“国家大鲵自然保护项目县”“全国茶产业体系科技示范县”等。目前，已初步形成了以生态畜牧业、茶叶、中药材、百合、油茶为主的五大主导产业和以烤烟、蔬菜、经果林、楠竹、葡萄为主的五大特色产业。这里水电能源富足。全县大小河流共148条，拥有水资源总量39.52亿立方米，水力资源蕴藏量达13万千瓦，可开发利用5.9万千瓦，目前已建成大小水电站28座，装机容量5875千瓦，年发电量1000万千瓦时。全县电力基础设施完备，电力供应富足，有500KV变电站1座，220KV变电站2座，110KV变电站6座，35KV变电站12座，全部进入国家电网，是西电东送的桥头堡。

（三）城建交通电信蓬勃发展

1949年，城步城区面积才0.75平方公里，人口2804人。新中国成立60多年来，城步城市建设突飞猛进，县城共建成大小街道20多条，城区面积扩大到7.8平方公里，城镇人口8万余人。新中国成立前，该县没有一条公路，也没有运输船只，水陆交通闭塞，全靠肩挑背负。从1952年开始，该县开始大修公路，到2005年，共修建县乡公路68条，计720公里，村级公路450公里。自2003年开始，国家加大对农村公路改造建设投资力度，城步全县人民掀起了农村公路改造建设高潮，到2008年共投入资金28718万元，共完成223公里通乡公路砂改油改造，完成203个行政村562.8公里农村公路通畅工程建设，实现了乡乡通油路目标。2009年至2013年，全县共完成县乡道改造370.4公里，完成农村通畅工程645.1公里，累计完成投资45281万元，新建县乡道81.6公里，完成投资1224万元，100%的行政村都有公路通达，93%的行政村达到通畅水平。高速公路实现从无到有，2013年年底建成了武冈至西岩高速公路。到2013年年底，全县共有二级汽车站1个、农村客运站5个、农村客运招呼站123个，渡口码头16个，长、中、短途客运班线38条，189个行政村有客运班车通过，通航34公里。1949年启动电信建设，到1999年全县交换机容量达到了3万门，安装电话2.35万户，全县现有乡镇所在地，85%以上的行政村都通了电话；2013年县城全面实现光纤上网，全县行政村通光缆宽带率达到85%，移动信号覆盖95%以上行政村和90%以上自然村。

麻阳全力推进新型城镇化建设，城乡面貌日新月异，截至2013年年底，城区面积达8.5平方公里，全县城镇化率达39.8%，开通公路1503公里，其中高速公路1条30.1公里、国道1条59.9公里、省道5条221公里、县道11条197公里、乡道44条310公里、村道648公里；航道5条、渡口60处。全县有4类火车站点4个、汽车站1个、农村客运站场13个。全县通讯光缆总长1898KM，县城城区及全县23个乡镇全面实现光网传输，电信C网基站57个，C网信号覆盖城区及100%乡镇95%以上村组。

屏边县城区面积2.16平方公里，县城人口2.43万人，城市道路长19.44千米，城市供水管道长35.12千米，城市供水能力1.35万立方米，全县城镇化率19.6%。屏边早在1911年就开通了滇越铁路。到2013年，境内共有铁路1条70公里，公路480条2330公里，其中国道1条40.846公里、省道1条57公里、县道11条354.171公里、乡道71条581.871公里、村道387条1274.37公里、专用公路9条21.318公里，全县7个乡镇已有4个乡镇通油路、3个乡通弹石路、76个行政村694个自然村已全部通公路。

融水加大县城扩容力度，促进城镇化建设增速，近年来引资10亿元开工建设一批重大项目，城镇面貌日新月异。民族体育休闲公园、芦笙广场、会展中心等设施相继投入使用，城市基础设施明显改善。全县公路通车里程达到 1561.62 公里，实现乡乡通油路、村村通公路目标。

松桃地处湘、黔、渝两省一市结合部，是黔中经济圈、成渝经济圈与湖南经济圈的交汇点，更是大西南联结长三角、珠三角的桥头堡。铜仁·凤凰机场座落在境内大兴镇，渝怀铁路穿境而过，特别是连接杭瑞、包茂两条高速的松铜高速公路建成通车，“三位一体”的交通网络优化升级。松桃北通川渝，南极潇湘，与外界的时空距离缩小，松桃融入了重庆、长沙、贵阳 4 小时经济圈内。

（四）旅游事业阔步向前

城步旅游资源得天独厚，开发空间和发展潜力巨大，已规划的旅游资源主要有儒林慢乐文化休闲区、大南山国家旅游度假区、白云湖休闲度假区、两江峡谷生态休闲区、十里长寨生态文化旅游区、罗汉洞银杉生态旅游区、十万古田高山探险区等 7 大景区，资源组合堪称完美，山乡民俗风味浓郁，历史人文底蕴深厚。现有国家级风景名胜区 1 处、国家级森林公园 1 处、国家级湿地公园 1 处、国家级自然保护区 1 处、国家 3A 景区 1 处，三星级和二星级酒店各 2 家，五星农家乐 1 处、四星乡村旅游点 3 处，共有旅游接待床位 2227 张，旅游购物商场 3 家、旅行社 4 家，旅游产业初具规模。2013 年实现接待游客 56.5 万人次，旅游综合收入 3.84 亿元，占全县 GDP 的 14.08%。

麻阳旅游产业起步于 21 世纪初，该县抢抓大湘西生态旅游圈的发展机遇，以重点旅游项目为龙头、以景区建设为核心、以市场为依托、以打造旅游产品为关键，积极开展好各项工作，全面提升旅游产业发展整体水平，推动了全县旅游事业蓬勃发展。目前，全县共有三星级旅游宾馆 2 家、星级乡村旅游区（点）6 家、旅行社 4 家、旅游商品生产企业 11 家。到 2013 年，全县共接待旅游总人数 71.5 万余人次，实现旅游总收入 10498 万元。

屏边旅游产业始于二十世纪九十年代，1993 年建成“大围山水围城风景区”，并对外开放经营，迈开了旅游业发展的第一步。进入 21 世纪以来，屏边县旅游业向广度和深度发展，取得了全面进展，逐步成长为全县国民经济中的一个新兴产业和特色产业。该县树立“大旅游、大产业、大市场”理念，紧抓“西部开发”机遇，采取了一系列得力措施，促进了旅游产业持续快速协调发展。到 2013 年年底，全县拥有大小宾馆酒店 60 余家，共有房间 1378 间，床位 2491 个，特色餐饮饭店 17 家。旅游直接从业人员 0.04 万人，全年共接待国内外游客 36.92 万人，实现旅游收入 2.92 亿元。

融水紧抓创建广西优秀旅游县的发展机遇，大力发展旅游业。一是提升旅游发展战略定位，按照“秀美融水、风情苗乡”和“生态休闲、文化体验”的旅游发展定位，努力将该县打造成全区一流、全国知名的区域性旅游目的地和集聚地；二是明确发展格局和建设重点 。根据特色资源，重点打造“一山、一水、一城、一节”；三是高起点开发、高标准提级改造，努力打造旅游精品。目前有国家 4A 级景区 1 个、3A 级景区 4 个，荣获“广西优秀旅游县”“中国最佳绿色生态旅游目的地”和“中国最佳民俗风情旅游目的地”等称号。2012 年共接待游客 134.1 万人次，旅游总收入 5.2 亿元。

松桃旅游资源独具魅力，境内国家级风景名胜区梵净山被联合国教科文组织称为“人与生物圈”保护网成员；有“东方氧都”之称的桃花源，是广大游客领略异域风情、体验原生态文化、休闲度假养生之地；原始古朴的中国苗王城，以其独特美妙的苗族文化、神奇厚重的历史文化深得广大游客的喜爱。2014年，接待游客263万人次，实现旅游总收入19.9亿元，同比增长23.9%。

（五）全国五个单列的苗族自治县发展进程中遇到的困难

一是贫困程度深，小康建设压力大。按国家新标准，全国五个单列的苗族自治县尚有贫困人口54.21万人，占5县总人口206.05万人的26.31%，其中城步贫困人口达5.7万人，占全县人口总数的20.3%。该县292个村还有70个国家、省定整体推进贫困村，占全县行政村总数的24%，农民人均纯收入仅4140元，为全国农民人均纯收入的47%。屏边有贫困人口7.2万人，占全县人口总数的46.15%。苗族人口基本居住在高寒山区，致贫返贫因素复杂，自然灾害频发，其返贫率较高，一般为10%—20%以上。

二是配套资金政策弹性过大，成为苗族地区项目建设的“拦路虎”。在基础设施建设方面，作为安排项目时调控项目的一个手段，要求地方财政承担相应的配套资金，且有的建设项目如交通等资金配套比高达50%，地方财政根本无力配套，致使一些项目建设进展缓慢，有的甚至无法实施。配套资金政策给苗族地区尤其是散居苗族县建设造成了极大的压力。

三是基础设施建设欠账多，资金投入压力大。如麻阳共有5326座山塘，其中95%需加固，159座水库有82座需除险；全县农村饮水不安全涉及113个村8.31万人，尚有225个自然村580公里通畅工程没有完成，还有132个村需进一步完善农村电网；县城学位紧缺500个以上。湖南城步至今尚有未通村级公路村。该县白毛坪乡青峰村地处五岭山脉黔峰山腰，共有3个村民小组360人口，是苗族集聚区。该村离县城18公里，距乡政府白毛坪12公里，目前县城至村公路已拉通毛坯路，但乡政府至村仍有2公里未拉通，是该县唯一一个未通村级公路的行政村。其原因是因为该县为修建白云水电站而修筑了白云水库，淹没了下小言、冷水坪、大井等村寨，青峰村至白毛坪乡政府要修筑下小言大桥跨越白云水库。而修筑下小言大桥，根据有关规定，需由具有相应资质的设计单位进行勘测设计，费用由村自行负责，花费需上千万元，村民们只能“望桥兴叹”，县财政也只能“爱莫能助”。

四是城乡基础设施薄弱，城镇化水平低。尽管新中国成立60多年来，苗族地区经济社会发展取得可喜成就，但苗族地区城乡基础设施仍很薄弱，制约经济社会发展的瓶颈尚未从根本上解除，水利、电力、道路、通讯和就医就学条件、环境保护设施建设等基础设施建设任务仍很艰巨。苗族地区城镇化水平很低，五个苗族单列县中，城镇化率最高的麻阳也只有39.8%，屏边最低为19.6%，而全国平均水平为49.68%。县城规模等级低，城镇化容纳空间小，工业基础薄弱，缺乏为进城农民提供大量工作岗位的劳动密集型企业，对劳动力吸引能力小，不利于城镇化发展。

五是产业结构单一，财政收支矛盾突出。苗族地区产业发展受自然条件的限制，人才、资金、技术都比较缺乏，企业发展缓慢；种植业跳不出小农经济模式，种植养殖科技含量低，管理粗放。加之信息不灵，交通不便，销售渠道不畅，抵制自然灾害能力差，往往造成增产却减收的尴尬局面。县域经济来源不足，财政自给能力低，财政收支矛盾突出，收不抵支的状况无法从根本上改变。

六是教育、文化、卫生等社会事业发展滞后。教育投入不足，历史欠债多。国家拨付的教育经费主要用于保证教师工资，无力改善办学条件。边远山区医疗设施简陋，群众看病难就医难的问题比较严重，农民因病致贫、因病返贫的现象仍有发生。农村的科技推广力度还不够，农民的科技意识仍需加强。

三、全国五个单列的苗族自治县经济社会发展及享受国家省（区）优惠政策比较分析

（一）经济社会发展指标比较

在全国五个单列的苗族自治县中，中部省份湖南占两个：麻阳和城步，西部省份贵州一个松桃、广西一个融水、云南一个屏边。经济指标比较：1. 按人均 GDP 排名，麻阳第一，其次是融水、屏边、松桃，城步第五，城步的人均 GDP 只占麻阳的 72%；2. 按人均财政收入排名，第一是松桃，其次是城步、融水、屏边，麻阳第五，麻阳的人均财政收入只占松桃的 70%；3. 按农民人均纯收入排名，第一是融水，其次是松桃、麻阳、城步，屏边第五，屏边的农民人均纯收入只有融水的 64%；4. 按城镇居民人均可支配收入排名，融水第一，其次屏边、松桃、麻阳，城步第五，城步只占融水的 73%。从经济社会发展总体情况看，西部省份的融水、松桃、屏边总体发展好于中部省份湖南的麻阳和城步。在湖南省内比较，麻阳又好于城步。但是，从全国来看，五个苗族县各项经济指标都远远落后于全国平均值。麻阳人均 GDP 只占全国平均值的 32.4%，而城步人均 GDP 只占全国平均值的 23%；人均财政收入最好的松桃只占全国平均值的 13.4%，而麻阳的人均财政收入还不到全国平均值的 9.3%；农民人均纯收入最高的融水还不到全国平均值的 63%，而屏边农民人均纯收入只占全国平均值的 40%；城镇居民人均可支配收入最高的融水只达到全国平均值的 79%，城步城镇居民人均可支配收入还不到全国平均值的 58%。

（二）优惠政策比较

1. 西部大开发政策

为促进我国不同区域的发展，国家制定了不同的战略方针，目前已形成了东部开放、西部开发、东北振兴和中部崛起以及片区区域发展与扶贫攻坚的格局。西部大开发战略于 2000 年实施，广西、云南、贵州属于西部大开发的范畴。2010 年《中共中央国务院关于深入实施西部大开发战略的若干意见》（中发〔2010〕11 号）进一步明确了西部大开发的优惠政策。按照《国务院实施 <中华人民共和国民族区域自治法> 若干规定》，“未列入西部大开发范围的自治县，由其所在的省级人民政府在职权范围内比照西部大开发的有关政策予以扶持”。湖南省在相关文件中也明确了自治县比照享受西部开发政策。与纳入西部开发范畴的县相比，麻阳、城步作为比照执行西部开发政策的自治县，但享受的照顾政策标准远远不如西部地区。

交通扶持政策方面，2000 年实施西部大开发以来，贵州、云南、广西等西部交通建设免除地方配套资金；国家对国省干线提质改造补助标准为 400 万元/公里，通畅公路 35 万元/公里。2012 年后，国省干线提质改造 550 万元/公里，通畅公路 50 万元/公里。2012 年前，按照湖南省“十一五”规划，国省干线提质改造补助标准为 220 万元/公里，每公里比西部县市少 180 万元，需县级配套 50%；通畅公路 17 万元/公里，每公里比西部县市少 18 万元，需县级配套 52%。2012 年起，国省干线提质改造 400 万元/公里，每公里比西部少 150 万元，需县级配套 38%。2012 年麻阳、城步列入武陵山片区区域发展与扶贫攻坚规划后，通畅通达公路的上级补助资金标准才基本统一。

水利扶持政策，按照《关于进一步促进贵州经济社会又好又快发展的若干意见》（国发

〔2012〕2号）文件规定：贵州县市除农村安全饮水工程要求县级10%配套外，中小河流治理、病险水库除险加固、堤防工程建设等均为中央和省级资金，无需配套资金。按照《中共湖南省委、湖南省人民政府贯彻落实〈中共中央国务院关于水利改革发展的决定〉的实施意见》规定：中小河流治理、农村安全饮水工程要求县级按10%配套，“四水治理”县级50%进行配套；按照《湖南省财政厅关于预拨2011年小（Ⅱ）型病险水库除险加固项目中央专项资金的通知》文件规定：病险水库除险加固重点项目预拨标准为每座100万元，一般项目标准为每座40万元，对用完预拨资金后缺口部分资金需县按30%配套。

教育扶持政策。在资金投入方面、职业教育方面、人才保障方面中央对西部地区的政策都远远优于中部地区。

医疗卫生政策。药物补贴方面，贵州乡镇卫生院实施国家基本药物制度，按药品销售总额15%的比例进行补偿，所需资金由省、县两级财政按6：4的比例负担。湖南实施的国家基本药物制度补助资金采取因素法分配，其补助标准远低于西部地区。乡村医疗补助方面，贵州县市村卫生室全部实施国家基本药物制度，每村年财政补助不少于2.98万元；所有村卫生室由省里投资，已全部建成，每个村建设资金5.7万元。湖南部分实施国家基本药物制度，每村全年补助约1.6万元，比贵州少1.38万元。未实行基本药物制度的村卫生室，每年财政补助0.4万元。

社会保障方面，西部地区在创业就业政策、社会保险政策、城乡低保政策、失地少地农民保障政策等方面远远优由中部地区。

财政支持方面，中央对西部地区的财政补助远远高于中部地区，民族地区转移支付方面的补助也高于中部地区。西部地区全部纳入了国家重点生态功能区，享受重点生态功能区转移支付政策，而湖南的麻阳、城步虽然地处武陵山重要生态功能区，却没有纳入国家重点生态功能区转移支付政策范围。

此外，国家对西部地区在投资、国土、税收、金融、环保、工业园区建设、项目审批等方面也出台了一系列的优惠政策。

2. 国家扶贫开发政策

（1）国家级贫困县、国家重点扶持工作县政策。城步同融水、松桃、屏边一样属国家级贫困县、国家重点扶持工作县，享受中央财政扶贫资金的扶持，具体扶持方式有：对口帮扶、以工代赈、易地扶贫搬迁、整村推进、贴息贷款、劳动力培训、重点村扶持等，西部地区还有整乡推进方式。麻阳由于没有纳入国家重点扶持工作县范围，没能享受相关政策。

（2）片区扶贫政策。进入新时期，国家把集中连片特殊困难地区作为扶贫攻坚的主战场，划分了14个片区，制定了片区扶贫攻坚和区域发展规划。城步、麻阳属武陵山片区，融水、松桃、屏边是滇黔桂石漠化片区，享受片区优惠政策。

3. 云南屏边还享受边疆国境县战区恢复、西南开放的桥头堡建设、红河谷绿色经济走廊等中央特殊政策支持

四、关于促进全国苗族地区共同繁荣发展的对策和建议

从上述比较分析可以看出，全国苗族地区经济社会的发展水平远远落后于全国平均水平，即使2013年人均GDP在全国五个单列的苗族自治县中排名第一的麻阳，其人均GDP

也不到全国人均值的三成；而人均财政收入在全国五个单列的苗族自治县中排名第一的松桃县，2013年人均财政收入也仅为全国平均值的13.4%；而在全国五个单列的苗族自治县中农民人均纯收入最低的屏边县，其收入比仅为全国平均值的四成……由此可以看出全国苗族地区经济发展的落后程度。

为改变当前苗族地区的落后状况，赶上全国人民奋力建设小康社会的步伐，到2020年同步实现小康目标，我们特建议如下：

（一）要加大对中西部民族自治地区的优惠政策扶持力度，已有政策要一视同仁落实到位

近年来，国家先后出台了《中国农村扶贫开发概要》《关于易地扶贫搬迁试点工程的实施意见》《关于深入实施西部大开发战略的若干意见》《武陵山片区区域发展与扶贫攻坚规划》《关于进一步做好退耕还林还草试点工作的若干意见》《关于促进中部地区崛起的意见》等一系列扶持政策，支持中西部地区优先发展。但是在具体实施过程中，不同省份不同地区享受国家优惠政策的程度有很大不同，即使是同一政策，在不同地区的实施也会有所差异。以城步为例，由于城步是比照实施西部大开发有关政策，政策享受范围小，政策含金量缩水、优惠力度减弱，无法得到与西部地区一样的政策机遇，突出表现在安排建设项目、建设资金投入力度、民族地区中央财政转移支付、财政资金配套等方面，都处于劣势。加之城步地理位置偏僻、信息闭塞、经济滞后，项目和资金的争取难度很大，有些项目即使争取到，也因无法配套而被迫放弃。如在基础设施建设配套资金方面，广西、贵州、云南等西部地区省份的国省干线公路建设资金全部由省区进行预算并全额投资，地方政府无需配套。而中部地区的城步等地则享受不到该项优惠政策，在"十二五"期间执行一二级公路补助300万元/公里、三级200万元/公里的标准，剩余的均需自行筹集配套。

优惠政策是促进民族地区加快发展的最大红利，一些影响重大的优惠政策因执行程度的差异，在中西部地区造成了新的不平衡和发展差距。因此，建议全国一盘棋，同一标准执行国家优惠政策，同享发展成果，助推中西部地区各民族地区齐头并进。

（二）要从国家层面统筹研究解决民族自治县的特殊困难

我国现有民族自治县（旗）120个，总面积66.31万平方公里，占全国总面积的6.9%，占全国民族地区的11%。自治县的少数民族人口占全国少数民族的21%，实行区域自治的少数民族数量多达41个。在全国的县域经济中，自治县大多属于欠发达地区，120个自治县中，有国贫县72个、省贫县22个，两者相加94个，占总数的78%。自治县（旗）人均GDP不足全国一半，有2/5的自治县人均GDP在6000元左右，财政自给率只有三分之一，有的还不到四分之一。如云南的屏边苗族自治县，2013年财政总收入仅1.57亿元，而总支出达12.69亿元，本级财政自给率仅12.37%。可以说，自治县是少数民族和民族地区的典型代表，目前是我国发展最滞后、困难最多、难度最大的地区，仍然是我国全面建成小康社会的难点和短板。国家加大对自治县的扶持力度，促进自治县的快速发展，事关全面建成小康社会的大局，也事关党和国家的工作全局，对于全面推进小康社会建设具有重要意义。为此，建议对自治县存在的一些共性和特殊性困难和问题，从国家层面专门予以通盘研究和解决，尤其是要重点解决如下四个方面的问题：一是民族自治县年人均财政支出水平达不到全国平均水平，其差额建议由中央财政每年给予弥补。二是

中部地区的少数民族自治县，建议享受西部地区开发的所有优惠政策。三是建议落实基础设施建设项目资金“零配套”政策，免除财政困难县基础设施建设项目配套资金，使少数民族自治县真正享受到国家对民族地区的优惠政策。四是对为保护生态环境作出巨大贡献的民族地区，符合条件的都要纳入国家重点生态功能区和西部地区生态文明示范工程县范围，在分配生态功能区转移支付资金予以重点倾斜，以更好地发挥民族自治地区重点生态功能区的作用。如湖南的城步，森林覆盖率高达83%，生态环境十分优美，又是资水的发源地和珠江、沅江的上游，但至今尚未列入国家重点生态功能区并享受其有关优惠政策。

（三）中央、省（区）要加大对苗族地区的基础设施建设投入

基础设施作为经济社会发展的基础和必备条件，抓好了可以发展积蓄能量、增添后劲，而建设滞后则可能成为制约发展的瓶颈。苗族地区都是地理位置偏僻、交通落后、信息闭塞、经济滞后的高寒山区，基础设施很差，群众的生产生活条件极其艰苦。要改变苗族地区的落后状况，必须加强苗族地区的基础设施建设，不断提高苗族地区的综合实力和竞争力，为实现持续快速发展提供有效的支撑。近年来，国家大力实施西部大开发战略和中部崛起战略，启动了一系列重大建设项目，这是苗族地区加强基础设施建设的历史性机遇。对此，各苗族地区一定要有敏锐的视角和抢抓意识，超前谋划、主动出击、积极作为，积极搞好项目申报衔接，大力推进基础设施建设。尤其要按照新农村建设总体部署，紧紧围绕改善农民生产生活条件和发展农村社会事业，将基础设施建设的重点转向农村，加强支撑现代农业的基础设施建设，抓好农田水利基本建设，实施农村饮水安全工程，建设和改造通乡通村公路，加快农村清洁能源，促进农业可持续发展。交通建设是苗族地区发展的命脉，新中国成立以后尤其是实施大西部开发以来，苗族地区的交通事业得到了前所未有的飞跃发展，极大地改善了苗族人民的出行条件。在全国五个单列的苗族自治县中，松桃的交通事业最为发达，公路、铁路、航空等立体交通网络已经构成，为该县经济社会发展提供了强有力的保障。该县在全国五个单列的苗族自治县中是人口最多的县，但其财政总收入和人均财政收入都居于全国五个单列的苗族自治县的首位，农民人均纯收入排名第一，城镇居民人均可支配收入排名第三。苗族地区只有着力改善基础设施落后的状况，只有大力加强交通、水利、电力、通讯和人畜饮水等基础设施建设，尤其是要致力于交通设施的改善，才能改变贫穷落后的面貌。

（四）要利用苗族人文资源和生态资源优势大力开发旅游业

旅游产业是当今世界第一大产业，作为战略性和绿色环保产业，旅游业拥有其他产业无法比拟的优势和作用。它具有很强的关联性，能广泛带动其他产业发展，有力拉动消费需求，并且提供大量就业地位。苗族地区发展旅游业具有得天独厚的优势，主要是生态资源优势和人文资源优势明显，苗族文化底蕴浓郁，歌舞文化、乐器文化、龙狮文化、服饰文化、饮食文化、建筑文化等独具魅力、绚丽多姿、引人入胜，加上良好的生态环境，是吸引人气的旅游名片。在全国五个单列的苗族自治县中，松桃和融水两县旅游产业发展最快最好。融水2012年全年接待游客134.1万人次，旅游总收入5.22亿元。2013年该县大力开展广西首批20个特色旅游名县创建工作，大力推进旅游“十大项目”建设，全年完成投资1.64亿元，成功举办了第十三届中国·融水苗族芦笙斗马节、龙舟赛、元宝山金秋烧鱼季等系列活动，进一步提升了融水的知名度。2013年，全县共接待游客140.6万人

次，增长 4.9%；实现旅游总收入 5.88 亿元，增长 12.6%。

苗族地区利用苗族人文资源和生态资源发展最成功的范例是湖南的凤凰县和贵州的雷山县。从 2000 年开始，凤凰县成功利用苗族文化资源优势大力推进旅游业发展，短短十多年时间就从一个贫困的苗族县跻身全国旅游大县行列，实现了跨越式飞跃。该县民族建筑特色明显，非物质文化遗产资源丰富，共有凤凰彩扎、蓝印花布印染技艺、苗族银饰锻制技艺、苗族鼓舞、苗族医药 5 个项目入选国家级非物质文化遗产保护项目，湘西阳戏、文武茶灯、湘西苗绣、凤凰扎染 4 个项目入选省级非物质文化遗产保护项目，属湖南省非遗文化“富矿”县。该县先后建成苗族银饰、湘西阳戏、土家织锦等 5 个项目传习所和 1 个民族服饰研制基地，将苗族鼓舞内容引进校园教育，培养了一大批“苗族非遗”人才。还在县城古城区常态性举办苗族鼓舞、纸扎、苗绣等非物质文化遗产技艺展示，展演茶灯、阳戏、傩堂戏等民间歌舞戏曲等内容。从 2000 年到 2013 年，该县旅游从业人员从 2 千多人增加到 5 万多人，游客接待量从 57 万人次上升到 842.42 万人次，旅游总收入不足百万元攀升到 66.86 亿元，财政收入也从 265 万元增加到 6.3675 亿元，旅游收入占全县 GDP 的 67.5%，旅游业已经成为国民生产总值的绝对大户。

贵州黔东南雷山县，也是依靠苗族文化这座大“富矿”，走上了旅游兴县的康庄大道。该县大力抢救、保护和保养濒临消亡的非物质文化遗产，积极培养苗族文化传承人，对有代表性并作出重大贡献的 77 名民间歌师、技师、艺人进行了命名，授予了相应称号，其中有苗族吊脚楼建筑工艺师 150 名、刺绣工艺师 13 名、银匠师 6 名、乐器师 10 人、演技师 6 人、歌师 27 名。全县共有苗族芦笙制作工艺、苗族吊脚楼营造工艺、银饰制作工艺、苗族刺绣工艺、苗族鼓藏节、苗族飞歌、苗族织锦、苗族医药、苗年、铜鼓舞、芦笙舞等 11 项入选国家级非物质文化遗产名录，苗族酒礼等 17 项入选省级非遗名录，另有 99 项被定为州、县级非遗名录。以保护、弘扬和传承苗族文化为抓手，该县大力发展文化旅游，收到了极为丰硕的成果。1994 年，该县仅接待游客 6849 人次，旅游综合收入才 7.25 万元。到 2013 年，该县平均每天游客超万人次，全年达到 377.61 万人次，旅游综合收入达到 29.18 亿元。

（五）要加大对苗族地区教育、卫生、文化等社会事业的投入力度

数千年来，苗族地区教育、卫生事业极其落后，人才培养和开发未入主流，缺医少药现象严重，严重制约了苗族社会的发展。新中国成立以来，苗族地区教育事业虽然得到了前所未有的发展，但教育投入仍然不足，历史欠债较多。苗族同胞的教育意识不强，“读书无用论”普遍盛行乡间，绝大部分青少年读完九年义务教育后即外出打工，高中升学率和高考升学率越来越低，年轻一代苗族公务员和公职人员越来越少。建议国家要进一步加大对苗族地区的教育扶持力度，着力发展农村高中教育和职业教育，进一步降低少数民族高考录取分数线，增加定向培养指标，确保一定比例的少数民族考生进入高校深造。在招录国家公务员和公职人员时，要为当地少数民族预留一定比例的指标，保障民族地区公职人员队伍中有适当规模的少数民族人员，使当地主流民族能够具有管理本地区社会事务的能力，实现民族自治和区域自治。另外，国家还要加大对民族地区的医疗卫生投入，彻底改变山区群众看病难就医难状况，改变苗、汉、侗、瑶各族同胞因病致贫、因病返贫现象，提高苗族同胞的幸福指数，使他们能紧紧跟上全国人民建设小康社会的时代步伐。

（作者单位：湖南省苗学学会）

什么因素多大程度影响正规农户小额信贷

——基于“北大花旗”数据库的农民家庭借贷行为调查

谭燕芝　李维扬

一、研究背景

凯恩斯主义的传统补贴信贷政策实际上阻断了货币、生产、收入和就业之间的良性循环，农村金融更长期的发展目标被忽略，农村金融的可持续发展陷入长期的停滞。在此基础上，政府意图通过市场资金的注入实现农村经济发展的目的并没有真正意义上的实现。在金融深化理论的指导下，众多发展中国家从20世纪70年代开始对本国农村金融机构实行了商业化改革，以求达到农村金融可持续服务农村金融的目的。然而，由于农村金融风险大、成本高且普遍性的缺乏合格的抵押品等原因，转型后的商业化农村金融机构仍然缺乏对小农经济开展持续性服务的动力。即便在宏观政策的调控下，农村金融机构意图通过收取较高的利率等措施实现自身的可持续发展，但由于借贷双方的信息的严重不对称，也难以避免逆向选择和道德风险的出现。因此，以血亲关系为信用载体的农村非正规借贷网络不断发展，传统的正规农村金融机构缺乏向穷人提供普惠性信贷服务的动力，农村地区长期存在的逆向选择和道德风险是导致非正规金融广泛存在的根本原因。然而，非正规金融却只能在有限区域或社会群体中发挥作用，难以成为农村金融中的支柱中介。因此，本文认为破解农村金融难题亟待方式和方法创新，起源于20世纪70年代并在近代逐渐盛行的小额信贷技术成为填补这一空白的有力工具。

目前，根据国际上小额信贷的一般含义，小额信贷主要是面向中、低收入者开展的信贷业务。现阶段大部分小额信贷都是在政府或资助人扶持下发展起来的，且多以非政府组织（NGO）的形式出现。但是，随着小额信贷规模的发展壮大，特别是在基层农村地区，以NGO形式出现的小额信贷组织要么不能合法地吸收存款，要么由于在业务初期缺乏公信力，吸收的存款额度杯水车薪，只发贷款而不吸收存款的小额信贷模式，难以实现服务的可持续性，因此，小额信贷组织存在朝“公正化”转变的趋势，而实现这一转变的方式有两个典型性的成功案例佐证：

第一个案例来自于尤努斯教授在1976年发起的孟加拉国乡村项目，项目初始主要采取从商业银行贷款再通过二次转移将资金贷给穷人的息差盈利模式。但随着自身规模经济和贷款业务的发展，对于资金来源的途径和数量的需求不断扩大，在 1983 年孟加拉国政府出台《乡村银行法案》之后，乡村项目试验的分支机构得以组成一个独立的商业银行，即后来的格莱美银行，在后续的发展中储蓄业务和小额信贷业务成为支持格莱美银行发展的双翼。这说明 NGO 组织通过自身的努力获得政府相关法律政策的直接支持，是实现朝正规服务模式转变的方式之一。

第二个案例阐述的是印度尼西亚人民银行在 1984 年对现有的金融网络进行了大规模的改革，赋予其新的目标，即将村镇银行转变成为能够满足农村地区广泛金融需求并且在财务上可持续的农村金融网络。研究发现，在既有正规金融机构中设立内部业务单元等方式实现小额信贷的正规化，也符合当今农户小额信贷发展的趋势和要求。

与此同时，理论工作者和实践工作者均发现，实现从“小额信贷到微型金融，再从微型金融到普惠金融”的转变，是破解小农和穷人金融服务约束的关键。研究认为，金融可持续性、覆盖力和福利影响构建的“大三角”是金融机构服务成功的行业标注。“小额信贷”到“微型金融”的转变，是因为增加了储蓄、保险和汇款等内容以及收取较高的利率，故而有利于低端客户服务覆盖力和福利水平的提高，并最终实现自身的可持续发展。而“小额信贷”向“普惠金融”的转变，则是小额信贷和微信金融的去边缘化，标志着正式融入正规的金融体系之中，或者说“无论是独立的抑或是合作的发展银行、商业银行和其他金融机构，都是促进穷人获得金融服务的有效工具”，“针对农村地区和落后地区的低收入人口的金融服务，应该被视作金融部门和各类金融机构的重要和完整的组成部分，不同机构要充分利用各自的比较优势，进行有效的金融创新，将这些服务当做有待开发的商业机会，普惠金融应当包含在金融部门的发展战略中”。

总而言之，农户小额信贷在近 20 年的发展路程中，已经在理论和实践中展现出非凡的生命力，但普惠金融目标的实现仍然任重道远。在小额信贷组织“正规化”趋势的背景下，农户小额信贷所涉及的抵押品的选择、风险水平的甄别、宏观政策调控尺寸等问题仍然困扰着众多小额信贷组织的可持续发展，这为本文的研究提供了广阔的空间。

二、文献综述

近些年来，学术界对农户小额信贷行为的研究主要围绕两个方面展开，即农户借贷特质和农户小额信贷的外部环境因素。其中，对于农户借贷特质对农户小额信贷的影响，学者们主要从借款规模、频率、用途、来源、对象等方面进行了探讨。贺莎莎（2008）通过对农户借贷的整体分析发现，农户借贷主要来自非正规金融的信用拆借，只有少数资金量较大的非农经营农户依靠正规金融。梁山（2003）通过对农户小额信贷的需求、安全性、盈利性及信用水平的分析发现，农户小额信贷并不应该成为农村正规金融机构的经营负担，而更应该是成为一种盈利的资产，正规农户小额信贷能显著提高借款人的信用水平。阮红新、杨海军、雷春柱（2003）认为可以通过资产的分散化，降低小额农贷存在的系统性风险。杜晓山（2004）、刘锡良、洪正（2005）、林万龙、杨丛丛（2012）等人也从对借贷客户的甄别、模式的多样性、贷款的有效需求等方面对什么因素影响农户的借贷行为进行了阐述。

对于农户小额信贷的外部环境因素，研究人员主要从农村金融信用水平、监管水平、社会保障体系建设程度、农村金融政策、贷款期限等方面进行了较为翔实的分析。杨兆廷、涟漪（2006）从农户对农户小额信用贷款的认识误差、信用环境方面进行了探讨，认为贷款风险、农民信用观念是影响我国农户正规小额信贷发展的主要原因。何广文（2011）认为农村保险的完善水平对农户小额信贷具有显著影响。王曙光（2010）的调研证明，农户贷款的主要风险来源于自然灾害等不可抗拒的客观因素，而不是农户天然存在的逃税避债特质。陈雨露、马勇（2010）在对1100农户的调研问卷中发现，愿意提前还款和按期还款的农户比例高达85%左右，剩余的15%左右的农户不能按时还贷，也并非蓄意避债，更多的是由于客观的自然因素造成的。王景富（2002）则更加直接的提出，农户小额信贷应该从信用评定、贷后管理以及审慎推进三方面进行完善，以求实现农户小额信贷的风险最小化。

以上的研究在很大程度上真实地反映了当前中国农户小额信贷的发展困境、借贷供需的变化以及农村金融机构在小额信贷业务上的发展水平和经营环境。但是，在农户小额信贷“正规化”趋势日益明朗的背景下，已有文献对农户从正规农村金融机构获得资源的影响因素研究较少，已有的研究主体不突出，总体的研究深度不够透彻，因此不能准确地反映出正规农户小额信贷在我国的发展状况。本文希望通过对“北大花旗”数据库中1581名农户的分析，阐述清楚正规农户小额信贷在我国的发展情况，借贷行为的影响因素以及解决这些问题的关键途径。

三、模型设计

前文阐述了正规农户小额信贷产生的背景和目前研究的现状，为了更细致地研究农户小额信贷额度影响因素，我们可以将农户小额信贷的技术手段分为小组贷款（Group Lending）和动态激励（Dynamic Incentive）。在此基础上，对农户借贷的行为特征开展进一步的分析。

（一）小组贷款技术

假如存在小组贷款技术，不妨设贷款主体中存在高风险和低风险两类客户，两类客户分别向农村金融机构申请贷款服务。我们设高风险客户贷款成功的概率P_1低于低风险客户获得贷款的概率P_2，但高风险客户贷款成功后获得的收益R_1大于低风险客户贷款成功后的收益R_2。再设小额信贷机构对于高风险和低风险项目的期望收益R（—）相同，即R（—）$= P_1 * R_1 = P_2 * R_2$。最后假设，当两类客户不发生贷款行为时均能保持固定收入I。

由于农村地区信息不对称的广泛存在，农村金融机构难以甄别两类风险不同的客户类型，因此只能制定统一的贷款利率i，对于两类客户贷款额度相同的Y，因此金融机构正常回收贷款的收益$R_i = Y * i$，再假设两类客户贷款成功的平均概率为P（—），贷款的成本为K，可得在零利润的约束条件下，$K = P$（—）$* R_i$。

综合上述公式进行推导可得，R（—）$- R_i * P_2 < R$（—）$- R_i * P_1$，即低风险的客

户期望收益值将低于高风险的客户期望收益值，特别是当 R（—） $-R_i * P_2 < I$，低风险客户的期望收益值甚至低于不发生贷款行为时的固定收入，出于自身收益的考虑这部分低风险客户将产生退市行为。可知，在分散贷款的情况下，小额信贷市场将产生如阿克洛夫所预见的“柠檬市场”格局，高风险客户将逐步在信贷市场挤兑低风险客户，农村金融机构产生逆向选择现象。

同时，根据 Ghatak（1999）等人研究发现，小组贷款技术能促使彼此比较了解的、风险水平差异程度较低的借款群体自发组成联保小组，从而有效地规避农村地区逆向选择的情况出现。对于信息不对称程度严重的农村地区，情况确实如此吗？

我们仍然将农村地区的借款人区分为高风险和低风险两类群体，且两类群体独立从事经济活动互补干涉，如果失败，支付为零，如果成功，支付 R_i，在经济活动中两类群体相互约定，一方要为另一方的违约行为承担违约风险 L。

当高风险群体与低风险群体组成联保小组时，低风险客户的期望收益情况如下：

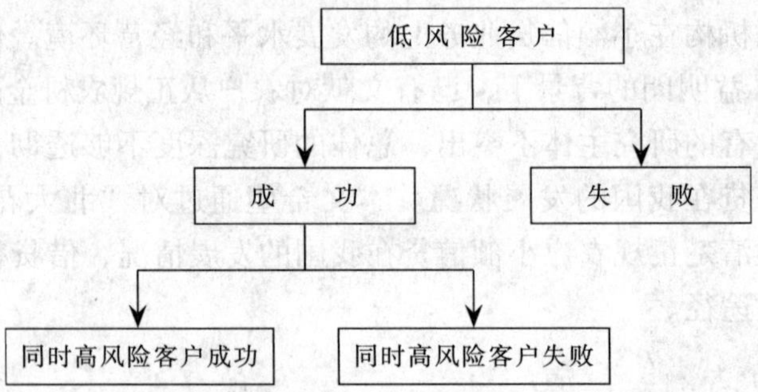

图 1　风险异质性联保下低风险群体收益情况

因此，其期望收益为：

$$R\ (—)\ - P_2 *\ [R_i + (1 - P_1) * L] \tag{1}$$

同理，当低风险客户之间结成联保小组时，其期望收益情况如下：

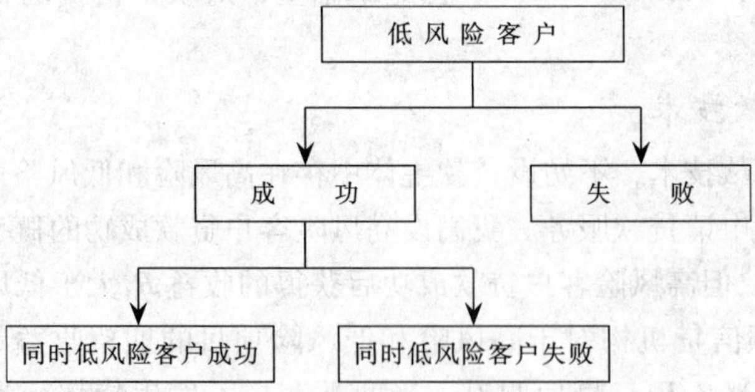

图 2　风险同质性联保下低风险群体收益情况

因此，其期望收益表示为：

$$R\ (—)\ - P_2 *\ [R_i + (1 - P_2) * L] \tag{2}$$

对公式（2）与（1）做减法，可得低风险者与高风险者结成联保小组时的共有损失为：

$$P_2 *\ (P_2 - P_1) * L \tag{3}$$

相应的，高风险者与低风险者结成联保小组进行贷款时，收益为：

$$P_1 * (P_2 - P_1) * L \tag{4}$$

最后对（3）和（4）做减法，可以得到：

$$(P_2 - P_1) * (P_2 - P_1) * L > 0 \tag{5}$$

上式说明，高风险借款人的收益难以补偿低风险借款的实际损失，因此，低风险借款人将更加倾向于与风险水平相近的群体结成联保小组。与此相对应，Ghatak（1999）证实，由任意种类组成的联保小组，在达到长期均衡时，小组成员的风险特征趋向于平衡。

由此可见，当农户小额信贷采用小组联保技术时，从理论层面验证，低风险借款者可以通过农村地区社会群体的甄别和自我选择保证自身的收益水平，进而继续留在农村信贷市场中。这也说明，如果小组贷款模式能够利用内嵌在农村地区关系网络的社会人文资本要素，从而顺利地组建并长期延续，就能够有效地规避资本市场逆向选择的现象出现。

接下来，再看小组贷款技术对于由信息不对称造成的另一种市场失灵——道德风险的作用问题。我们假设借款者道德风险主要体现在两个方面：一是借款者在获得贷款资金后并未按计划进行稳健的投资管理，而是将资金转移到风险更高的项目中，增加了资金项目投资失败的概率进而加大了违约的风险；二是借款者投资成功并获得收益但故意隐瞒或者赖账。

针对第一种道德风险，Stiglitz（1990）认为，只要存在足够高的担保责任 L，就可以使贷款小组成员趋向于从事稳健的项目投资——从博弈分析证实，风险程度水平同质性的贷款小组成员，纳什均衡解有两个，要么集体从事高风险高收益项目，要么集体从事低风险低收益项目。

然而对于第二种道德风险，针对当前联保小组贷款机制的静态分析，无论是合约缔结之前的共同协议，还是事后足够的责任担保，均不能有效防止借款人在获得了贷款收益后可能会采取的隐瞒或者赖账行为，也可以说静态时间点的小组贷款技术对于规避第二种道德风险是无效的（焦谨璞、杨俊，2006）。

（二）动态激励技术

动态激励技术包括简单的重复博弈和累进机制两种。所谓重复博弈，是指对按时足额还本付息的客户，将无差别的持续提供相同信用额度的信贷支持，如果发生违约行为，将降低其获得贷款的概率和信用额度直至取消借贷资格。所谓累进机制，是指对于按时足额还本的借贷客户，金融机构将在下一期信贷周期中为其提供增长性的信贷资金（设定一个固定基数和一个大于1的激励系数）。比较而言，累进机制更为灵活多变，能首先通过一段时期内额度较小的贷款检验客户的还贷能力和信用水平，因此能用较小的风险成本在借贷双方之间形成长期有效的合作关系。

但无论动态激励技术的表现形式如何改变，降低农户的违约水平是最重要的实现途径。如果贷款人知道本期是最后借款，自然人的理性选择违约几率最大。我们设 N 为借款农户成功还款后担保农户所获得的收益，通过博弈分析可得如下图表：

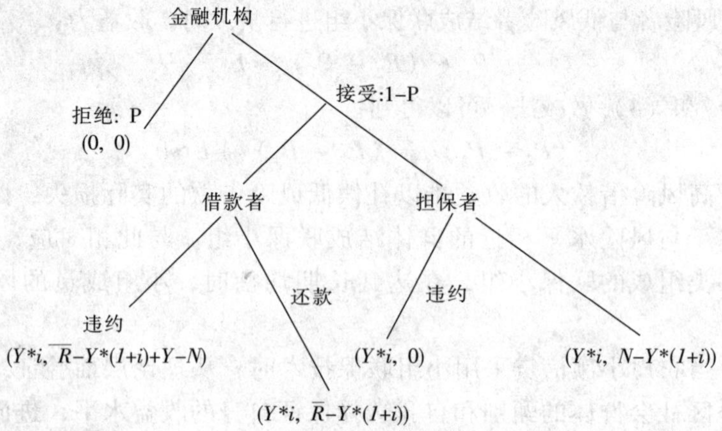

图 3　一次性借贷博弈下的农户预期收益

通过分析可知，在农户一次性借贷博弈与重复博弈的前提下，金融机构对于农户还款的预期收益为$P*[R(—)-Y*(1+i)]$，低于农户发生违约行为的预期收益$P*[R(—)-Y*(1+i)+Y-N]$。

“累进机制”的动态博弈特质可以有效缓解小组贷款技术中提到的第二种道德风险问题。而这种有效性至关重要的前提条件是“贷款利率水平低于激励系数与未来收入贴现值的乘积”，这些关联性的条件都说明，合理的利率水平、适合的激励技术的设置与稳定的收入预期对于成功的借贷经济行为十分重要。另外，我们还可以验证“累进机制”的动态博弈技术在人口流动性较大的农村地区相对于拥有稳定人口社会管理网络的地区效果较差，导致这种结果的原因可能是流动人口的剧增加大了小组组建和成员之间彼此监督的难度。而农村地区信用水平评估的不完整和“熟人社会”信息也是阻碍这种机制发挥作用的不利因素——在这家金融机构发生违约行为的客户完全可以到另一家金融机构继续申请贷款业务。

综上所述，我们可以认为，小额信贷技术的产生和发展是在农村地区缺乏合格的抵押品的环境下，金融结构设法克服借贷双方信息不对称以期将金融资源成功的渗透到农村低收入阶层当中。针对上述对小额信贷的技术分析，我们可以得到以下几点结论：

1. 影响小组贷款技术的几个重要因素是：借款客户风险水平的甄别与评估、自发性贷款小组的顺利组建、社会资本与其他类型资本的结合程度

首先，小组贷款技术在规避逆向选择时，可以做到在农村信贷市场保持一定量的低风险借贷客户，但并没有将高风险客户自然地挤兑出信贷市场。因此，农村金融机构在发展和扩大信贷业务时要做的第一步工作就是对于客户风险程度的鉴别，应当尽量避开高风险的借贷客户。

其次，当对目标客户开始授信时，必须要求组建相应信贷小组，且最好是天然的组合。贷款小组技术发展的主要目的是想利用关系、网络、信任和规则等社会资本的作用来克服涉农贷款中风险大、成本高的问题。因此，设法培育良好的社会资本十分关键。

除了对水平层面的社会资本的构建与培育外，还需要关注垂直型的社会资本——金融机构与借款人之间的关系。基于此，许多农村地区的微型金融机构聘用当地人去当地的分支机构工作也是培育和改善与借款者之间关系的一项重要举措，金融机构也乐于授予这些

信贷款相应的权利来处理信贷业务。

我们需要注意的是实现上述信贷约束的外部环境，即良好的就业环境和商业渠道，倘若缺乏必要的外部规则，集体行动即使能解决信贷行为的信用约束也同样无法增加贫困人员的收入（World Bank，1997）。这也意味着，培育成型的社会资本如果缺少其他形式资本的支撑和融合，单一的社会资本形式发挥的作用也十分有限。

2. 影响动态激励技术的几个重要因素是：对于重复博弈的预期、农户为未来收入提升的需求以及社会信用水平的公示

假设农户预期在下一期的信贷申请中难以获得成功，作为经济自然人，违约将作为农户的理性选择。要进行持续稳定的重复博弈，一方面要求农村金融机构采用各种形式的宣传手段，树立持续开展小额农贷的机构形象；另一方面也要求政府机关和金融机构在制定相关政策时避免忽略实际经济的情况的一刀切，尤其对于非道德风险造成的客观违约给予特殊的政策流程。

如果农户的信用水平不能在公共层面不能公开和共享，高风险群体有机会在农村不同金融机构之间进行重复道德信贷行为并增加违约风险，因此建立信用信息对称的征信体系势在必行。征信体系的建立将大大减少农村金融机构分别收集信息而进行的重复劳动，节省交易成本。

四、实证研究

（一）基本模型

针对上文提出的若干影响农户小额信贷的影响因素，这一部分主要提供实证检验。本文的因变量是典型的离散变量，因此不服从统计学要求的正态分布，由普通最小二乘法估计出的 t 检验值不符合统计学的假设前提，所以不能使用常规的普通最小二乘法或者加权最小二乘法进行参数估计。为了分析农户小额信贷的影响因素，进一步研究变量的影响程度，本文采用 Logit 模型对云南、湖南、黑龙江省的 1581 个农户样本进行了分析，以求客观的分析出是什么因素多大程度影响了农户的信贷行为，在小额联保和动态激励技术下又有怎样新的发展方向。

在这里我们采用二元 Logit 模型，限制因变量的取值范围在［0，1］之间。再通过最大似然估计法对数据进行回归参数估计。

我们设 $X_1, X_2, X_3, X_4, \cdots, X_m$ 是与因变量 Y 有关的解释变量，一共有 N 组观测数据，如：$X_1, X_2, X_3, X_4, \cdots, X_m; y_i(i = 1,2,3,4,\cdots,n)$。在本文中，$y_i$ 的取值是为 0 或 1 的因变量。y_i 与 $X_{1i}, X_{2i}, X_{3i}, X_{4i}, \cdots, X_{mi}$ 的关系为 $E(y_i) = p_i = \beta_0 + \beta_1 X_{1i} + \beta_2 X_{2i} + \beta_3 X_{3i} + \cdots + \beta_m X_{mi}$

则 y_i 的概率分布服从以下规则：

$$p(y_i) = \wedge (p_i)^{y_i} [1 - \wedge (p_i)]^{(1-y_i)} \quad i = 1,2,3,4,\cdots,n$$

Logit 回归函数为： $\wedge (p_i) = \dfrac{e^{p_i}}{1 + e^{p_i}} = \dfrac{e^{\beta_0 + \beta_1 X_{1i} + \beta_2 X_{2i} + \beta_3 X_{3i} + \cdots + \beta_m X_{mi}}}{1 + e^{\beta_0 + \beta_1 X_{1i} + \beta_2 X_{2i} + \beta_3 X_{3i} + \cdots + \beta_m X_{mi}}}$

由此我们可得其似然函数为：

$$L = \prod_{y_i=0} [1 - \wedge (p_i)] \prod_{y_i=1} [\wedge (p_i)] = \prod_{i=1}^{n} [\wedge (p_i)]^{y_i} [1 - \wedge (p_i)]^{(1-y_i)}$$

对以上似然函数取自然对数，可得：

$$LnL = \sum_{i=1}^{n} \{y_i Ln \wedge (p_i) + (1-y_i) Ln[1-\wedge (p_i)]\}$$

对其进行似然估计，得出参数估计量。

（二）模型变量

本文研究的是农户的小额信贷行为，即小额信贷技术朝“正规化”发展的国际趋势下，作为我国低端市场的农户群体从正式金融机构获得信贷资源的状况和影响因素分析。我们将农户是否向信用社发生信贷行为作为因变量，将“由银行或农信社获得信贷”定义为 $Y=1$，“由银行或农信社未获得信贷”定义为 $Y=0$。在全部农户样本是否获得正规信贷业务 Y 的基础上，为进一步研究农户特质性造成的信贷选择因素，我们将样本农户再细分为在小组联保影响下是否发生正规信贷行为与在动态激励技术下是否发生正规信贷行为，并分别定义为 Y_1 和 Y_2。解释变量为反映农户的个人与家庭特征、经济变量和风险保证三个方面：

表 1　模型变量描述

模型变量	单位或赋值	变量描述	均值	标准差	偏度	峰度
农户是否从银行或信用社获得信贷（Y）	0～1	否=0，是=1	0.258	0.4377	1.1063	2.2239
参与联保农户是否从银行或信用社获得信贷（Y_1）	0～1	否=0，是=1	0.5101	0.5003	-0.0406	1.0016
未参与联保农户是否从银行或信用社获得信贷（Y_2）	0～1	否=0，是=1	0.1102	0.3133	2.4891	7.1959
是否有贷款证（loannote）	0～1	否=0，是=1	0.3708	0，4832	0.5351	1.2864
您的家庭是否参加了小额联保（GroupLending）	0～1	否=0，是=1	0.2771	0.4477	0.9959	1.9919
家庭规模（members）	人		4.0375	1.4701	0.5478	3.5836
家庭负担率（labor）	%	家庭劳动负担率=家庭总人数/具备劳动能力人数	0.6688	0.2523	-0.3894	2.8359
婚姻状况（Marriage）	0～3	未婚=0，已婚=1，丧偶=2，离异=3	1.0609	0.3202	4.2688	25.3202
户主文化程度（Culturaldegree）	0～6	文盲=0，初小=1，高小=2，初中=3，高中=4，大专=5，大专以上=6	2.2929	1.1492	-0.1919	2.885
2009 年家庭纯收入（income）	元		25542.69	50601.83	13.4517	289.0747
家庭每月食品消费（totalfd）	元		933.7315	808.9467	7.0735	126.2232
衣着消费（consum）	元		1149.454	1768.128	7.6594	103.8931
来自工商业的收入（income1）	元	未经营工商业的收入定义为0	5778.233	22734.35	7.680447	89.87298

续表

模型变量	单位或赋值	变量描述	均值	标准差	偏度	峰度
是否想扩大经营规模（Scale）	0~2	无工商业基础=0，否=1，是=2	1.612641	0.7162	-1.5243	3.667
是否有抵押（Mortgage）	0~1	否=0，是=1	0.448	0.4974	0.2088	1.0436
贷款的用途（purpose）	0~1	生活性用途=1，生产性用途=1	0.4274	0.4948	0.2934	1.0861
是否购买农业保险（agins）	0~1	否=0，是=1	0.1977	0.3989	1.5176	3.3031

（三）数据来源

本文的数据来源于花旗基金会赞助由北京大学承接的涉及全国6个省范围内的农村家庭实地调研。数据库包含有农户生产、消费趋向、农户对信贷的认识程度与实际信贷影响因素的多方面调查数据。与其他的同类型数据库相比，此数据库样本数量充足，调研数据丰富翔实，能较好地支撑深层次的实证研究。且数据库选取的调研样本具备较强的代表性，涵盖了农村经济比较发达的地区，也包括了欠发达的农村地区，能真实地反映出当前我国农村经济发展的特征。针对本文的研究目的，以解释变量为基础，剔除数据缺失的无效样本后，本文选取了1581户农户家庭作为实证分析的样本数据来源，以求得到真实、可靠的分析结论。

（四）实证分析结果

根据前文提出的研究思路和方法，本文利用微观样本，采用二元 Logit 模型实证分析了影响农户从正规金融机构获得信贷行为的因素。本次模型的实证结果来源于1581户农户的采样数据，用 Stata12 软件用最大似然估计对模型进行分析，详细结果见下表：

表2　正规农户小额信贷回归结果

解释变量	logit model			
	Coef.	Std. Err.	z	$P>\|z\|$
loannote	2.076123***	0.1494189	13.89	0.000
GroupLending	0.1727958	0.1532363	1.13	0.259
members	0.0699181	0.0531276	1.32	0.188
labor	0.1590476	0.2871416	0.55	0.580
Marriage	0.1491313	0.213342	0.70	0.485
Culturaldegree	0.0699753	0.0621191	1.13	0.260
income	-0.0000114	3.01E-06	-1.13	0.258
totalfd	-0.000067	0.0000917	-0.73	0.465
consum	-0.0000749	0.0000575	-1.30	0.192
income1	3.40E-06**	4.48E-06	2.54	0.011
Scale	-0.002234	0.1037622	-0.02	0.983
Mortgage	0.6174483***	0.1326408	4.66	0.000

续表

解释变量	logit model			
	Coef.	Std. Err.	z	P > | z |
purpose	0. 4956802 ***	0. 1328153	3. 73	0. 000
agins	0. 8203741 ***	0. 2775738	2. 96	0. 003
_ cons	− 2. 55698	0. 4947338	− 5. 17	0
logit likelihood		− 718. 71045		
Pseudo R^2		0. 2365		
Number of obs		1581		

注：*** 表示在 1% 的水平上显著，** 表示在 5% 的水平上显著，* 表示在 10% 的水平上显著

根据上述模型估计的最终结果，将影响农户从正规金融机构获得信贷的因素总结如下：

1. 最显著因素

在风险保证特征中，是否有抵押品、是否具备贷款证和是否购买了农业保险对农户是否能从正规金融机构获得信贷的影响显著。回归模型结果显示，农户是否有贷款证对农户是否能从正规金融机构获得信贷影响显著，检验的显著性水平在 1% 水平上显著，且回归系数大于 0，说明当农户持有贷款证时，农户倾向于向正规金融机构获得信贷资源；回归模型还显示，农户是否持有合格的抵押品对农户是否能从正规金融机构获得信贷的影响显著，影响在 1% 水平上显著，回归系数大于 0，说明具备抵押品对农户获得正规信贷正相关；从回归结果我们还可知，农户是否参加农业保险对农户是否能获得正规信贷具有显著影响，影响水平在 1% 水平上显著，回归系数大于 0，说明农户参与农业保险，则获得正规信贷的可能性越大。

2. 次显著因素

在农户的经济特征中，来自工商业的收入和获得贷款后的用途对农户从正规金融机构获得信贷的影响显著。从回归模型可以得知，来自工商业的收入对农户的正规信贷行为影响显著，检验的显著性水平在 5% 水平上显著，且回归系数大于 0，说明工商业的收入显著影响农户获取正规信贷的可能性，来自工商业的收入越高，农户越倾向于获取正规的信贷资源；从模型回归结果还可知，获得贷款后的用途对农户获得正规信贷也有显著性的影响，贷款用途对农户获得正规信贷的显著水平在 1% 程度上显著，系数值大于 0，说明贷款的用途越向生产性方向（投资、农业生产、经营等）发展，农户越倾向于向正规金融机构获取信贷资源。

3. 其他因素

在农户的个人与家庭特征当中，无论是家庭规模、家庭负担率、婚姻状况还是户主的文化程度，对样本农户从正规金融机构获得信贷的影响不显著，由此可以说明，农户的个人特质与正规信贷业务的获得并不存在直接的关联关系。但需要注意的是，并不能说明农户的家庭特征与非正规信贷或者借贷行为不存在显著关系。

（五）进一步的分析

根据前文提到的农户小额信贷技术，可以大致分为适用于群体借贷的联保小组技术和

单一客户采用较多的动态激励技术。我们将参与联保并获得信用社与银行的信贷服务假定为联保小组技术的影响，将未参与联保小组又获得正规贷款的农户定义为动态激励技术的影响，用上述解释变量对两个因变量 Y_1 和 Y_2 分别进行回归分析，再用 stata 的逐步后退法得到其显著因子，结果如下：

表3 单一动态激励下的正规农户小额信贷回归结果

解释变量	logit model（无联保）			
	Coef.	Std. Err.	z	$P>\|z\|$
loannote	2.270983***	0.1739048	13.06	0.000
income1	8.92e-06*	5.28e-06	1.69	0.091
Mortgage	0.7922943***	0.1706223	4.64	0.000
purpose	0.5965861***	0.1690938	3.53	0.000
_cons	-3.746677	0.5739209	-6.53	0
logit likelihood		-455.77986		
Pseudo R^2		0.2241		
Number of obs		1143		

表4 联保模式下的正规农户小额信贷回归结果

解释变量	logit model（无联保）			
	Coef.	Std. Err.	z	$P>\|z\|$
loannote	1.684361***	0.2695482	6.25	0.000
income1	9.15e-06*	8.02e-06	1.14	0.086
Mortgage	0.3804381*	0.2180809	1.74	0.081
agins	1.30255**	0.5164728	2.52	0.012
_cons	-2.55698	0.4947338	-5.17	0
logit likelihood		-254.69637		
Pseudo R^2		0.1280		
Number of obs		438		

注：***表示在1%的水平上显著，**表示在5%的水平上显著，*表示在10%的水平上显著

根据上述模型估计的最终结果，将在小组联保与动态激励技术影响下的农户从正规金融机构获得信贷的因素总结如下：

1. 共有显著因素

是否具有贷款证、收入中是否有来自工商业的收入和是否有抵押对小组联保和动态激励技术下的农户是否能获得正规信贷都存在影响，在联保模式下是否具有贷款证、是否有来自工商业的收入和是否有抵押对农户是否能获得正规信贷的影响分别在1%、10%、1%水平上显著；在动态激励模式下，是否具有贷款证、是否有来自工商业的收入和是否有抵押对农户是否能获得正规信贷的影响分别在1%、10%、10%水平上显著。

2. 联保模式显著影响因素

在联保模式下，回归结果显示，是否参加农业保险对农户是否能获得正规信贷有显著影响，影响在5%水平上显著，回归系数大于0，说明农户参加农业保险，其向正规金融机构获取信贷资源的可能性越大。

3. 动态激励模式显著影响因素

在动态激励模型下，回归结果显示，贷款的用途对农户的正规信贷行为有显著影响，影响在1%水平上显著，回归系数大于0，说明农户贷款的用途倾向生产性消费，其向正规金融机构获取信贷资源的可能性就越大。

五、政策建议

通过分析观察我国正规农户小额信贷的现状，最突出的问题在于天然的联保小组无法自然地组建。即便联保小组顺利建立，由于组建后农户自身信用的有限扩张以及社会资本支撑的缺乏等因素，事前贷款合约中的各种担保责任等条款有很大几率流于形式难以执行。加上农村产业经济对于客观环境的苛刻要求，当农户发生违约行为时，有极大几率引发大规模的跟风模仿行为，造成系统性风险。

而与此同时，作为单一农户贷款的主要途径，动态激励技术目前缺乏具有普遍认识度的定价标准，业务宣传存在误导和定位不清、西部等欠发达地区优势产业欠缺、全国性的征信体系建设滞后，影响了农村金融机构与农户之间动态激励机制的顺利建立，从而造成了农户对信贷的错误认识，导致了在农村地区小额信贷违约率的居高不下。

综合上文的理论分析与现实情况，要规避农户在小额信贷中的风险，可以从以下几个方面着手：

（1）通过帮助农户特别是中西部欠发达地区农民组建合作社的经济模式，从宏观政策上加强农民之间的经济来往和利益的相关度，拓展“熟人社会”的信用外延范围。

（2）在定位清晰的前提下，不断加大金融知识的普及宣传，丰富金融服务渗入农村地区的实施方法，通过组建信用村、信用镇，并运用相关法律法规规定在实施过程中的正确形式，鼓励信用环境的自我改善。

（3）通过产业规划先行的方式，大力发展适合本地特色产业的农业产业化模式，提高农户非农收入，一方面发挥龙头企业带动农户散户抵御市场风险的作用，另一方面发挥农业龙头企业整合当地资源与社会成本有效结合的作用，增加农户对于未来收入的看好，降低农户信贷发生违约的几率。

（4）通过组建政策性的保险公司或者县域乡镇级别的风险补偿基金，将最底层小农经济的自然风险降低或者转移。特别需要注明的是，对于中西部的贫困地区，中央应该通过财政政策的转移支付等方式给予倾斜性的直接扶持。

（5）建设农户信用档案建设工作，逐步有层次性地在全国范围内建立农户的信用评估体系，并通过技术手段确保全国范围内的各金融机构能够快速便捷的共享农户信用信息。

（6）明确农户的贷款质量考核指标，通过合理定价的方式实现收益覆盖风险。

（7）切实做好对农户的甄别筛选，一方面注重于当地产业的结合，通过“信用担保”“间接担保”的方式降低金融机构自身业务风险，另一方面着力借助当地政府的科层权威，努力培育优质农户。

参考文献：

[1] 雅荣，本杰明，皮普雷克．农村金融：问题、设计和最佳做法［J］．中国农村金融研讨会资料，2002.

[2] Yaron. Making the transition from state agricultural credit institution to rural financial intermediary：role of the state and reform options［N］．Working paper，1999.

[3] Santonu Bsau. Why institutional credit agencies are reluctant to lend to the rural poor：a theoretical analysis of the Indian rural credit market［N］．Working Paper，1997.

[4] Stiglitz and Weiss. Credit rationing in markets with imperfect information［J］．American Economics Review，1981.

[5] 林毅夫，孙希芳．信息、非正规金融与中小企业融资［J］．经济研究，2005（7）．

[6] 陈军，曹远征．农村金融深化与发展评析［M］．中国人民大学出版社，2008．．

[7] Pail B. McGuire，John D. Conroy and Ganesh B. Thapa. Getting the framework right：policy and regulation for microfinance in Asia［J］．Foundation for Development Corporation，1998.

[8] 项俊波．国际大型涉农金融机构成功之路［M］．中国金融出版社，2010.

[9] 李振江，张海峰．微型金融业务的四种模式［J］．农村金融研究，2008（12）．

[10] 焦谨璞．白澄宇，等译．联合国开发计划署：建设普惠金融［J］．内部资料，2006.

[11] 刘锡良，洪正．多机构共存下的小额信贷市场均衡［J］．金融研究，2005（3）．

[12] 焦谨璞、杨俊．小额信贷和农村金融［M］．中国金融出版社，2006.

[13] Ghatak Maitreesh. Group lending，local information and peer selection［J］．Journal of Development Economics，1999.

[14] Manfred Zeller and Richard L. Meyer. The triangle of microfinance：financial sustainability，outreach，and impact［M］．The Johns Hopkins University Press，2002.

[15] Stigiltz. Peer monitoring and credit markets［J］．World Bank Economics Review，1990.

[16] 赵岩青，何广文．农户联保有效性问题研究［J］．金融研究，2007（7）．

[17] The World Bank. Expanding the measure of wealth：indicators of environmentally sustainable development，1997.

[18] 王曙光．守望田野——农村金融调研手记［M］．中国发展出版社，2010.

[19] 陈雨露，马勇．中国农村金融论纲［M］．中国金融出版社，2010.

[20] Serageldin I and C Grootaert. Defining social capital：an integrating view［J］．World Bank，2000.

[21] N S Chiteji. promis kept：enforcement and the role of rotating saving and credit associations in an economy［J］．Journal of international development，2002.

（作者单位：湘潭大学商学院）

徐特立担当精神与大学生责任感教育的契合探析

潘谊清

党的十八大以来，习近平总书记多次提出要坚持原则，敢于担当，勇于担责，把为人民服务、担当起该担当的责任作为共产党人毕生追求的价值目标。当前，大学生普遍存在社会责任感弱化、集体荣誉感淡薄、个人责任意识欠缺和遇事推诿逃避等问题，亟需通过典型示范和精神引领，使其增强使命感和责任感。这不仅关系到大学生个人的发展，从某个意义上讲，更是一个关系国家、民族未来命运的重大问题。

徐特立是一位有声望的老革命家和杰出的无产阶级教育家，他在一生长达70多年的革命和教育实践中，留下了敢为人先、敢于承担、勇于担责和善于担责等诸多宝贵的精神财富，可作为大学生增强责任意识、责任意志、责任情感和责任行为的鲜活教材。

一、徐特立担当精神的内涵

徐特立的一生，是“光荣的一生，革命的一生，伟大的一生”。在长期的革命和教育实践中，他充分显现出可贵的担当精神，既具有勇挑重担、舍己忘我、艰苦奋斗和兢兢业业的奉献精神与历史担当精神，又蕴含着革命第一、工作第一、他人第一的精神品质。具体看来，徐徐特立的担当精神集中体现在以下几个方面：

（一）从政治担当来看，蕴含着坚忍不拔的“革命第一”精神

徐特立是一位理想信仰崇高的革命家和教育家。他出生于封建社会末期的一个地道农民家庭。青年时期的徐特立就一心探索救国救民的道路。他在积极投身于新、旧民主主义革命和社会主义建设的过程当中，勇冲前列，在革命最危急关头毅然加入党组织，承担党赋予的历史使命和任务要求。毛泽东后来称赞他：“许多共产党员离开了共产党，有的甚至跑到敌人那边去了，你却在一九二七年秋天加入共产党。”[1] 58岁，他毅然加入红军二万五千里长征的队伍。途中，他表现出坚忍不拔的革命意志和顽强不屈的革命精神。过河时，他脱掉上衣，卷起裤腿，带头走；过草地，他向其他同志喊出“走出草地就是革命的胜利”。杨立三回忆徐特立当年情景：“他脚踏草鞋、手持竹杖，毫不以为然，精神甚强，实为长征中的老英雄。”[2] 徐特立坚守党赋予的责任和使命，坚持真理，从“康梁的信徒转为孙文的信徒”，“从立宪思想转到民主共和”，后来又从“孙中山民主革命思想到马列

主义忠实信仰者”，从此为共产主义理想奋斗终生。[3]邓小平在总结革命胜利的经验时曾指出：“为什么我们过去能在非常困难的情况下奋斗出来，战胜千难万险使革命胜利呢？就是因为我们心中有理想，有马克思主义信念，有共产主义信念。”[4]徐特立为了寻找救国救民的真理，艰苦奋斗一生。他的身上，鲜明地体现出共产党人的责任意识和担当精神，彰显出内心深处积极向上正能量的价值追求和价值取向，表现出老一辈共产主义战士的人格魅力和担当自觉。

（二）从事业担当来看，蕴含着舍己利人的“工作第一”精神

徐特立的一生也是坚持“工作第一”的一生。在工作中，他完成了该完成的历史使命，始终坚持实事求是、不自以为是、艰苦奋斗和无私奉献的工作作风。无论是入党前一心一意想通过教育改革人心、救亡图存的伟大抱负，还是入党后“为革命办教育，用革命精神办教育”[5]的切实实践，他直到耄耋之年仍然不懈工作，舍己利人地忘我工作。为了搞好工作，想方设法，不畏艰难，顾不上休息，常常忘记了自己的身份、地位和年龄，与家人聚少离多，承担了许多本应不属于自己承担的义务和职责。毛泽东在祝贺徐特立60大寿的贺信中热情称赞：“你总是拣难事做，从来也不躲避责任，而在有些人则只愿意拣轻松事做，遇到担当责任的关头就躲避了。”[6]徐特立是一位极其负责、公而忘私的共产主义战士。无论早年在湖南办学，还是入党后在中央苏区、陕北边区主持教育工作，他经常顾不上家庭孩子，顾不上个人的劳累，事事躬亲，无私奉献，表现出宝贵的责任担当意识和“工作第一”精神。

（三）从个人担当来看，蕴含着先人后己的“他人第一”精神

科威特作家穆尼尔·纳素曾说：“责任心就是要关心别人，关心整个社会，有了责任心，生活就有了真正的含义和灵魂。”徐特立十分关心百姓疾苦，总是先人后己，甚至舍己为人。曾担任徐特立秘书的张腾霄回忆：“徐老处理大小问题，不是首先考虑自己，而是首先考虑别人。”[7]李维汉在《群有师尊党有光——怀念徐特立老师》一文中深情而崇敬地写道：“毫不利己、专门利人、心忧天下，心中只有别人，而无自己，一事当前先替别人着想。”[8]徐特立他人第一的精神，还表现在率先垂范，积极推行经师与人师的合一，“采取经师与人师二者合一的，每个教科学知识的人，他就是一个模范人物，同时也是一个有学问的人”[9]。徐特立一生勤俭节约，简单朴素，从不奢华浪费，始终坚持严于律己宽以待人，主张“身教重于言教”，用实际言行感染人教育人。作为一位伟大的爱国主义者，一心向着党、向着社会主义、向着人民疾苦。1909年12月他在长沙修业学校作时事演讲时，“强烈反对帝国主义列强的侵华暴行和清政府卖国政策，声泪俱下，当众断指血书，激励青年学生反帝爱国”。[10]他鼓励学生“读书不忘救国、救国不忘读书”。无论为人处世还是他的教育理论体系，都蕴涵着强烈的责任意识和担当精神，爱国爱民，为党为国，尽心尽力，坚持做到了把责任意识转化为一种责任行为，成为他终身的追求和永不褪色的支柱力量。

二、徐特立担当精神与大学生责任感教育的内在关联

责任，就是做好该做的分内事情，完成该完成的历史使命。大学生责任感是一种担当

理性、责任认同、责任行为的统一，更是一种抽象意识形态现象与深刻的思想行为活动现象的总和，是某种力量促使他们朝着一定方向迈进和永恒追求，换言之就是一种精神世界的内化产物。这个产物，需要借助易懂易学的徐特立担当精神这类载体来实现。徐特立作为老一辈无产阶级革命家的杰出代表，他不仅见证了中国人民波澜壮阔的革命历史，而且包含了责任感教育的诸多元素，具有责任价值目标和责任行为价值准则，能够有效地指引大学生责任感教育的正确方向。

（一）徐特立担当精神是加强大学生责任感教育的重要桥梁

随着当代大学生思想文化异化扭曲，责任意识减弱，责任行为丧失，不愿承担该承担的义务，怕担担子，遇事推诿拖沓。基于此状，从理论到理论、从概念到概念、从书本到书本的灌输教育，难以满足当前大学生社会责任感教育的需要，传统责任感教育的效果无可避免地受到影响。面对这种情况，需要寻求一种易学易懂易接受的价值观教育模式或者载体，而徐特立担当精神正成为引领大学生责任感教育的重要桥梁和介体，能帮助大学生把马列指导思想、中国特色社会主义共同信念、民族精神、时代精神和历史担当精神，内化为责任取向、责任意志、责任追求与责任行为表现。完成这种转换目标，需要以形象生动、可见可触和栩栩如生的真实事物为载体。用徐老“牺牲自己的一切来干别人不敢干的事情”[11]这种责任担当精神，引领当代大学生将被动履职负责转化为主动担当，变“要我承担”为“我要承担”，比如可以通过组织大一新生参观教育基地徐特立纪念馆、徐特立故居、徐特立公园等，把书本中抽象的责任感教育理论知识和现实生活紧密相结合起来，架起一座抽象理论与心灵感悟的桥梁。

（二）徐特立担当精神是大学生责任感内化于心外化于行的生动体现

责任感教育不仅要大学生形成对读书穷理、有所担当的意识，而且要在这种责任认同的基础上内化出一种责任行为和责任价值准则，并把这些责任理论、责任价值观念向实践行为转化，形成固不可破的责任信仰。一幅幅生动的图画照片，一处处形象的遗迹遗物，展现出徐老“为实现教育救国梦想担负起该担负的责任，承担了该承担的义务，艰苦创业，把困难担在自己肩上，惯于摆烂摊子，顶烂斗笠，没有一间房、没有一分钱居然创办了规模不小的师范学校”[12]的生动景象，深深地烙印在每一位大学生心目中，久久不能忘却。通过组织和指导学生参观徐特立纪念馆和生平图画展，让学生真切地感受到革命前辈的崇高理想和坚定信念，以及坚忍不拔、耐劳忍苦、勤俭奋斗的精神，使马克思主义理想信念、社会主义共同追求、民族认同精神和社会主义核心价值观为大学生所感知、所认同、所接受和所践履，从而把社会责任感、集体荣誉感转化为群体责任行为，实现内化于心外化于行的目的。

（三）徐特立担当精神是加强大学生责任感教育的典型范本

大学生责任感教育要实现从规范约束向典型示范、榜样带动的转化。中华民族是一个崇尚道德榜样的民族，优良价值文化源远流长，泽被后世。大学生责任感教育需要徐老担当精神作支撑素材，贯穿于教育的整个过程。徐特立作为“当今一圣人”[13]，始终坚持“革命第一、工作第一、他人第一”[7]，蕴涵着丰富的历史担当精神资源。深入挖掘徐老责任感教育资源，通过各种形式和途径，使其得到传承和弘扬。通过展示有关徐特立生平的珍贵文物、书籍杂志、影像资料等，从不同方面全方位给大学生以视觉、听觉的冲击，促使大学生想干事、真干事、干真事，明确自己肩负的责任感使命感，找准毕业后个人在社会中的正确位置和未来梦想，并在学习实践中不断进行责任感的矫正，逐步形成正确的责任感行为规范和良好的行为习惯。

三、运用徐特立担当精神增强大学生责任感教育实效性

充分挖掘和运用徐特立担当精神，增强大学生责任感教育的实效性，是一项长期系统的工程，需要借助徐特立担当精神文化资源，进一步提炼和升华，须紧密结合大学生实际，通过马克思主义理论课堂教育、组织丰富多彩的校园文化、开辟独具特色的网络专栏、积极参与社会实践等途径，增强教育的针对性与实效性。

（一）可将徐特立担当精神融入马克思主义理论课课堂

充分发挥马克思主义理论课课堂教学的导向作用，增强大学生的责任认知能力。大学生接受思想道德修养理论学习，主要是通过高校思想政治理论课课堂，尤其是马克思主义理论课、毛概课、思政课和专业课的系统学习。这种常态化责任感教育必不可少，但往往收效甚微、效果不佳。因此，可根据学校教育教学实际，将徐特立担当精神有机地融入马克思主义理论课课堂。例如，组织徐研专家、思想政治理论课教师、徐特立研究所和纪念馆等部门的教职工，编写有关徐特立生平和教育思想的教材、教辅读物，让徐特立担当精神进课堂、进教材、进大学生头脑；还可以编写一些与大学生感兴趣的课程配套的校本资源教学案例集。在教学过程中，可努力采取多种教学手段和易学易懂的新形式，特别是多媒体网络技术，图文并茂、绘声绘色地把徐特立一生轨迹展示在大学生课堂当中，使得抽象的理论知识转化为一种形象生动和易于让学生接受的知识体系。可在全校“思想道德修养”公共课程上着重讲授责任感相关的知识，并结合徐老相关史料教育，深入了解老一辈无产阶级革命家历史使命和巨大责任，使理论认知内化为思想意识并转化为生活实际行为，从内心深处认识到自己要成为富有高度责任感和使命感的大学生。

（二）可将徐特立担当精神融入大学生校园文化活动

开展丰富的校园文化活动，直接关系大学生健康快乐地成长成才。高尚、优雅、多彩的校园文化活动，可美化学生心灵，陶冶学生情操，启迪学生智慧，开拓学生视野，激发学生的进取心和社会责任感。例如，在校园内可举办各种以徐特立为主题的读书日、纪念日，开展徐特立主题班会，写学习徐特立的心得感受等校园文化活动。可以邀请徐特立研究专家、亲属等给大学生讲述徐特立的感人故事。举办以徐特立创业精神为主题的大学生创业竞赛活动，让学生更加全面了解徐特立艰苦创业过程。

（三）可将徐特立担当精神融入网上网下教育环境

网络成为现代大学生生活必不可少的工具。为更好地把徐特立担当精神融入到大学生日常生活中，除了可利用校园广播、校报、宣传橱窗等传统媒介形式外，还应充分利用现代信息技术的巨大作用，以网络为载体，把徐特立担当精神广泛传播开来。可在校园网上开辟“学徐师徐”网络学习资源专栏，开设内容丰富、形式新颖的动画栏目，以方便学生在网上随时随地阅读到有关徐特立责任担当精神的信息内容，更有效地传播海量的责任感教育内容。通过手机、腾讯 QQ、微信、论坛等现代媒体形式，学生随时可登陆网站查询

或阅读徐老经典语录、优秀事迹等，同时还可在网上发表个人学习心得，传给朋友圈，从而形成网上网下大学生责任感教育的强大合力，不断扩大徐特立网上网下育人功能的范围，使徐特立担当精神永远在大学生日常生活中得以传承和弘扬。

（四）可将徐特立担当精神融入社会生活实践教育

社会实践是形成与坚定大学生责任感的最重要的途径。学生掌握、理解徐特立担当精神之后，还需进一步深入社会实践，践履徐特立担当精神的丰富内涵。为此，可组织学生在每年清明节向徐特立铜像敬献花圈，参观徐特立故居、徐特立纪念馆、徐特立公园、特立文化路等场所，缅怀其丰功伟绩，感受徐老的革命精神魅力；可组织大学生志愿者担任徐特立纪念馆、徐特立故居的义务讲解员，为游人讲解徐老光辉的一生。通过开展种种实地体验活动，让学生身临其境地感受到徐老崇高的历史担当和理想信仰，真切地感悟出徐特立担当精神的魅力所在，把远大责任目标转化为实际行动，并成为徐特立担当精神的宣传者、传播者和践行者。

参考文献：

[1] 熊瑾玎. 革命老人徐特立 [M]. 北京：工人出版社 1959：34.

[2] 湖南长沙师范学校. 怀念徐特立同志 [M]. 长沙：湖南人民出版社，1979：8.

[3] 武衡，谈天民，戴永增. 徐特立文存（第四卷） [M]. 广州：广东教育出版社，1995：107.

[4] 邓小平选集（第三卷）[M]. 北京：人民出版社，1993：110.

[5] 吉多智，李国光，戴永增. 徐特立教育学 [M]. 广州：广东人民出版社，1990：352.

[6] 彭世华. 当今圣人徐特立 [M]. 北京：人民教育出版社，2012：238.

[7] 彭世华. 当今圣人徐特立 [M]. 北京：人民教育出版社，2012：256 - 257。

[8] 王云风. 徐特立在延安 [M]. 长沙：湖南人民教育出版社，1991：83.

[9] 武衡，谈天民，戴永增. 徐特立文存（第五卷） [M]. 广州：广东教育出版社，1995：248.

[10] 湖南长沙师范学校. 徐特立文集（第五卷） [M]. 长沙：湖南人民出版社，1980：601.

[11] 彭世华. 当今圣人徐特立 [M]. 北京：人民教育出版社，2012：314.

[12] 长沙师范学校编. 徐特立传 [M]. 长沙：湖南人民出版社，1984：45.

[13] 武衡、谈天民、戴永增. 徐特立文存（第二卷） [M]. 广州：广东教育出版社，1995：5.

（作者单位：长沙师范学院）

社会主义核心价值观与纪念馆对青少年“爱国”理念的培育

——以全国爱国主义教育示范基地毛泽东与第一师范纪念馆为例

颜蒹葭

一、社会主义核心价值观及其中的“爱国”理念

（一）社会主义核心价值观的基本内容

社会主义核心价值观是社会主义核心价值体系的内核，体现社会主义核心价值体系的根本性质和基本特征，反映社会主义核心价值体系的丰富内涵和实践要求，是社会主义核心价值体系的高度凝练和集中表达。

在十六届六中全会上，党第一次明确提出了“建设社会主义核心价值体系”的重大命题和战略任务，明确提出了社会主义核心价值体系的内容，并指出社会主义核心价值观是社会主义核心价值体系的内核。党的十七大进一步指出，“社会主义核心价值体系是社会主义意识形态的本质体现”。党的十七届六中全会强调，社会主义核心价值体系是“兴国之魂”，建设社会主义核心价值体系是推动文化大发展大繁荣的根本任务。

十八大以来，党中央高度重视培育和践行社会主义核心价值观。十八大报告明确提出“三个倡导”，即“倡导富强、民主、文明、和谐，倡导自由、平等、公正、法治，倡导爱国、敬业、诚信、友善”，积极培育社会主义核心价值观，这是对社会主义核心价值观的最新概括。2013 年 12 月，中共中央办公厅印发的《关于培育和践行社会主义核心价值观的意见》明确指出，以“三个倡导”为基本内容的社会主义核心价值观，与中国特色社会主义发展要求相契合，与中华优秀传统文化和人类文明优秀成果相承接，这是我们党凝聚全党全社会价值共识作出的重要论断。

社会主义核心价值观包括国家目标、社会理想以及个人行为三个层面的价值理念。“富强、民主、文明、和谐”，是我国社会主义现代化国家的建设目标，也是从国家目标层面对社会主义核心价值观基本理念的凝练，在社会主义核心价值观中居于最高层次，对其他层次的价值理念具有统领作用。“自由、平等、公正、法治”，是对美好社会的生动表述，是从社会理想层面对社会主义核心价值观基本理念的凝练，反映了中国特色社会主义的基本属性，是党矢志不渝、长期实践的核心价值理念。“爱国、敬业、诚信、友善”，是公民基本道德规范，是从个人行为层面对社会主义核心价值观基本理念的凝练，覆盖社会道德生活的各个领域，是公民必须恪守的基本道德准则，也是评价公民道德行为选择的基本价值标准。

（二）社会主义核心价值观中的“爱国”理念

爱国即爱祖国，是基于个人对自己祖国依赖关系的深厚情感，也是调节个人与祖国关系的行为准则，既是一个公民应有的道德，一定程度上也是保证人的生存自由权利的需要。祖国与国家不是一回事，祖国直接体现的是同胞，而国家直接体现的是政权。公民应该热爱自己的祖国，国家应该效忠自己的公民。

在社会主义制度下，爱国内涵与以往有了质的变化。封建时代执政者强调人民爱国，但本质是维护皇权，人民生活在国中，而国不属于人民。社会主义制度下，实行人民民主专政，人民是国家的主人。这样，公民爱国，实际上就是爱自己国家的人民，捍卫公民自己的根本利益。因此，在社会主义核心价值观中，作为个人行为层面的价值理念，爱国既是国家的要求，又是个人的诉求。

列宁指出，爱国主义就是千百年来巩固起来的对自己祖国的一种最深厚的感情。人们对于自己的祖国的忠诚和热爱的思想及为她的独立与富强而斗争的献身精神就形成了爱国主义。爱国主义不仅体现在政治、法律、道德、艺术、宗教等各种意识形态和整个上层建筑之中，而且渗透到社会生活各个方面，成为影响民族和国家命运的重要因素。

爱国主义要求人们把对祖国的热爱变成自己的行动，努力为祖国和人民的利益而工作，集中表现为：具有强烈的民族自尊心和自信心，维护祖国尊严和人民利益的高度责任感，对祖国前途怀有坚定的信念；对祖国的河山、人民、历史和文化，对祖国的一切物质财富和精神财富的无限热爱；把个人的前途和祖国的命运紧密地联系在一起，反对其他国家的入侵和本国的腐朽反动势力，为祖国和民族的繁荣富强而发挥自己的聪明才智。

随着社会经济生活条件的发展和变化，爱国主义在不同历史时期和不同阶级有着不同的具体内容。在当代中国，爱国主义是从本国劳动人民的根本利益出发的，是同社会主义紧密结合在一起的，是跟国际主义密切联系着的，要求人们既热爱自己的祖国，自觉报效祖国，维护祖国统一，促进民族团结，又反对侵略，尊重别的国家和民族的权利与自由。在现阶段，爱国主义最基本、最本质、最重要的表现，就在于要巩固最广泛的爱国统一战线，为维护祖国统一，加强民族团结，构建和谐社会，实现中华民族的伟大复兴而作出自己的贡献。

二、爱国主义教育与全国爱国主义教育示范基地

（一）爱国主义教育内涵

中国人民的爱国主义精神是在中华民族悠久历史文化的基础上产生和发展起来的，反过来又对中华民族的历史发展产生重大影响。中华民族在几千年的历史中形成了以爱国主义为核心的团结统一、爱好和平、勤劳勇敢、自强不息的伟大民族精神。这是维护祖国统一和民族团结的纽带，是实现中华民族伟大复兴的动力，是个人实现人生价值的力量源泉。

在不同的国家和每个国家的不同时代，爱国主义具有不同的内容，因而进行爱国主义教育的内容也都有所不同。改革开放特别是进入新世纪新阶段以来，我国所处的国内外环境发生了很大变化，爱国主义有了更加符合实际、更加有利于凝聚人心、鼓舞士气和团结最大多数人的新内涵。在当代中国，爱国主义包含两个一致性：一是爱国主义与爱社会主

义具有一致性；二是爱国主义与拥护国家统一具有一致性。主要表现为五个方面：热爱祖国的壮丽河山、悠久的历史、灿烂的文化；关心祖国的前途和命运；热爱社会主义制度和社会主义现代化建设事业；热爱中国共产党和各族人民；维护祖国的独立和统一。

因此，进行爱国主义教育，要从学习历史特别是中国近现代史入手，使人们了解祖国的历史和现状，引导人民群众尤其是青少年树立民族自尊心和自信心，树立对自己祖国的高度责任感和祖国利益高于一切的思想，结成最广泛的统一战线，把爱国之心、报国之志转化为爱国之举，为完成祖国统一积极效力，为建设中国特色社会主义现代化国家而努力奋斗。要引导人民群众充分认识爱国主义和社会主义的一致性，明确建设中国特色社会主义是新时期爱国主义的主题。要引导人们正确认识弘扬爱国主义精神与坚持对外开放政策关系，反对崇洋媚外和盲目排外，做到既能继承和发扬中华民族的优秀成果，又能学习和吸收世界各国包括资本主义发达国家创造的一切文明成果。

（二）全国爱国主义教育示范基地设置概况

爱国主义是中华民族的光荣传统，是推动中国社会前进的巨大力量，是各族人民共同的精神支柱，是社会主义精神文明建设主旋律的重要组成部分，同时也是中国培养“四有”新人的基本要求。显然，爱国主义教育是提高全民族整体素质的基础性工程，是引导人们特别是广大青少年树立正确理想、信念、人生观、价值观，促进中华民族振兴的一项重要工作。为此，中宣部于1994年8月23日颁布了《爱国主义教育实施纲要》（以下简称《纲要》），阐述了进行爱国主义教育的重要意义，提出了教育的基本原则、主要内容、重点对象以及一系列具体措施。《纲要》拓宽了进行爱国主义教育的渠道，强调通过群众丰富多彩的实践活动取得教育成果，并着眼于建立长远的教育机制，体现了精神文明重在建设的方针。

之后10余年，即从1997年到2009年，中宣部先后公布了四批全国爱国主义教育示范基地，全国共353个景区（馆）分批被命名。1997年7月，中宣部公布了首批百个爱国主义教育示范基地，并以此影响和带动全国爱国主义教育基地的建设。2001年6月11日，中宣部公布了以反映党的光辉历史为主要内容的第二批百个爱国主义教育示范基地。2005年11月20日，中宣部公布了第三批66个全国爱国主义教育示范基地名单。2009年5月，中宣部公布第四批87个全国爱国主义教育示范基地。这些全国爱国主义教育示范基地的确立，有利于进一步推动爱国主义教育基地建设，更好地发挥爱国主义教育基地作用，更深入地开展群众性爱国主义教育活动，激发爱国热情，凝聚人民力量，培育民族精神。

三、毛泽东与第一师范纪念馆及其对青少年“爱国”理念的培育

（一）全国爱国主义教育示范基地毛泽东与第一师范纪念馆简介

毛泽东与第一师范纪念馆（湖南省立第一师范学校旧址）是全国重点文物保护单位、全国爱国主义教育示范基地、全国红色旅游经典景区、全国人文社会科学普及基地，面向社会免费开放。作为国家级爱国主义教育基地，毛泽东与第一师范纪念馆同第一师范的光荣历史、同青年毛泽东的光辉事迹是分不开的。

第一师范是一所历史悠久的中华名校，前身是宋代理学大师张栻创办的城南书院，

1903 年改制为湖南师范馆，1912 年易名为湖南公立第一师范学校，1914 年合并湖南省立第四师范学校并更名为湖南省立第一师范学校，新中国成立后改名为湖南省第一师范学校，2008 年升格为本科院校并更名为湖南第一师范学院。该校迄今有近千年的历史文化渊源，故享有“千年学府，百年师范”的美誉。

第一师范及其前身城南书院为中国培养了一大批具有重大影响的历史人物。中国近现代史上许多著名人物，如曾国藩、左宗棠、郭嵩焘、王先谦、黄兴、谭延闿、陈天华、蔡和森、何叔衡、任弼时、徐特立、杨昌济、黎锦熙、李达、田汉等，都曾在此学习或工作。一代伟人毛泽东青年时期在此求学、工作以及从事早期革命活动更是长达八年。在这里，毛泽东立下了“改造中国与世界”的宏伟志向，实现了从民族主义者到马克思主义者，从青年学生、教员到职业革命家的伟大转变，为他日后领导中国革命取得胜利打下了坚实的基础。

湖南省立第一师范学校旧址属于近现代重要史迹和代表性建筑，占地 66670 平方米，其中文物建筑面积达 26343 平方米。为了宣传青年毛泽东的光辉业绩，激励并培育当代青少年的爱国精神与报国情怀，1963 年开始建置纪念馆并对外开放。目前，毛泽东与第一师范纪念馆在依托管理已复原开放的第八班教室、第八班寝室、第二十二班教室、大礼堂、阅报室、自习室、水井、君子亭、附小主事室、工人夜学旧址等 14 处纪念点的同时，还设有以“一代伟人从这里起步”为主题的 6 个基本陈列展厅和 4 个辅助陈列展厅，陈展总面积达 5000 多平方米，内容丰富充实，手段现代化，形式生动活泼。

（二）毛泽东与第一师范纪念馆对青少年“爱国”理念的培育

毛泽东与第一师范纪念馆在爱国主义教育中积极弘扬第一师范作为千年学府、主席母校的爱国主义光荣传统，充分发挥全国爱国主义教育示范基地的模范作用，在对青少年的社会主义核心价值观之“爱国”理念培育方面进行了积极探索，并取得了显著成效。

1. 加强队伍建设，提高服务水平，做到爱教队伍有实力

为挖掘爱国主义教育资源，增强纪念馆的社会教育功能，切实做好爱国主义教育工作，毛泽东与第一师范纪念馆于 2009 年 3 月提议成立了爱国主义教育基地工作领导小组，即由主管单位湖南第一师范学院的党委书记任组长，分管校领导任副组长，纪念馆正副馆长以及学校有关部门负责人为领导小组成员，日常工作则由纪念馆具体负责。同时，纪念馆注重建设一支高素质的管理和讲解队伍。通过职称评聘或专业深造，到 2014 年年底，9 名专职工作人员中已有 2 名教授、5 名硕士，4 名专职讲解员也都具有本科及以上学历。为了适应发展需要，除抓好日常管理与考核、定期进行业务培训外，还组织管理人员和讲解员赴延安革命纪念馆、韶山毛泽东同志纪念馆以及山西国民师范旧址革命活动纪念馆等兄弟单位交流学习，多次公派管理人员和讲解员参加湖南省文物局、湖南省博物馆学会等举办的各种专业培训以及国家旅游局、湖南省旅游局举办的红色旅游讲解员、导游师资培训班，还支持学术骨干参加中共中央文献研究室等主办的“纪念毛泽东同志诞辰 120 周年学术研讨会”等学术会议，从而使他们扩大了文化视野，增强了业务能力。此外，纪念馆常年拥有 50 名左右经过严格挑选和专业培训的大学生志愿讲解员，不仅增强了讲解队伍的实力，而且使这些大学生讲解员在接受爱国主义教育的同时，还成为了爱国主义教育工作的积极宣传者。

2. 优化旅游环境，丰富陈列内容，做到爱教基地有引力

作为爱国主义教育基地，纪念馆的首要任务就是要依托自己所处的自然地理环境，加大环保性基础设施建设的力度，促进自然资源和历史文化资源的有机融合与整体开发，为广大参观学习者创建一个优美舒适的受教环境。毛泽东与第一师范纪念馆依托管理的湖南省立第一师范学校旧址始建于1912年，整个建筑群走廊迂回，庭院相连，古朴别致而又庄重典雅，是集东方文化内涵和西方建筑风格于一体的建筑艺术珍品。为呈现青年毛泽东求学时的校园风貌，加强纪念地的保护，营造良好的旅游环境，湖南第一师范学院将教学活动迁出文物保护区，复原或修缮了青年毛泽东求学、工作及从事革命活动的第八班教室、第八班寝室、第二十二班教室、大礼堂、阅报室、水井、君子亭、工人夜学、附小主事室等历史文化景观。学校还经常性地对景区进行维护，不断绿化、美化、亮化、净化旅游环境。为落实中央政治局常委李长春同志2007年视察时的指示精神，充分发挥纪念馆的红色旅游和爱国主义教育功能，经报请中宣部、国家文物局等有关部门批准，2007年就启动了扩馆改陈工作，2013年被纳入湖南省纪念毛泽东同志诞辰120周年纪念活动重点工程，并于当年年底全面完成，面向社会免费开放。经扩馆改陈后，纪念馆全面提质：第一，陈展总面积扩大到5000多平方米，展出了大量文物资料；第二，除了传统的文字、照片等纸质陈列手段外，还采用包括3D幻影成像在内的现代化高科技手段；第三，整个展览内容丰富充实，形式生动活泼，观赏性、互动性大大加强，真正实现了寓教于游、寓教于乐的目的，能充分发挥宣传教育的功能。

3. 立足自身资源，发挥景区功能，做到爱教方法有魅力

为充分发挥革命纪念馆和红色旅游经典景区的爱国主义教育功能，推进社会主义核心价值观的培育践行，多年来，毛泽东与第一师范纪念馆采取多种形式、多种手段对青少年开展爱国主义教育，不断强化他们的爱国理念。

首先，坚持“三个结合”。

一是与继承弘扬传统优秀文化结合。第一师范前身城南书院是以心忧天下、敢为人先为内核的湖湘文化的重要发祥地。2013年10月中旬，为了纪念第一师范前身城南书院创始人、南宋著名理学大师、湖湘文化的代表人物张栻诞辰880周年，第一师范与中华朱子研究会、四川师范大学、张浚张栻思想研究会、中国人民大学孔子研究院、香港孔教学院、湖南大学岳麓书院联合主办了“张栻思想与现代社会国际论坛”。该国际论坛旨在通过探讨张栻思想与现代社会的关系，宣传、借鉴其“传道济民”等积极思想，弘扬中华优秀传统文化。来自我国以及美国、德国、法国、韩国的110多名专家、学者出席了会议。作为本次国际论坛主办方之一的代表，毛泽东与第一师范纪念馆馆长出席了会议，并作了大会发言。会议取得了圆满成功，有力宣传了湖湘文化中的爱国主义精神。

二是与中国梦宣传教育活动结合。为了积极响应习近平主席提出的复兴中华、实现中国梦的伟大号召，毛泽东与第一师范纪念馆于2014年向湖南省社科联成功申报并组织开展了省级社科普及特色活动项目“走进主席母校，学会励志成才”。该项目以“红色励志、奋发成才”为主题，以长沙市青少年学生为主要目标对象，依托自身独特的资源优势，将爱国主义教育和社科普及寓教于游、寓教于乐。具体而言，该项目通过组织青少年参观毛泽东与第一师范纪念馆，观看电视剧《恰同学少年》，开设“青年毛泽东成才之路”专题讲座，重走毛泽东求学路，举办“青春、励志、成才”主题征文活动，学习毛泽东青年时期励志“改造中国与世界”的宏伟志向和奋斗精神，激励广大青少年继承和发

扬毛泽东青年时期勤奋学习、追求真理、立志报国的崇高精神，自觉陶冶情操、锤炼品格、确立志向，树立正确的世界观、人生观、价值观、荣辱观，成为全面发展的优秀人才，从而更加热爱祖国，更好地报效祖国。

三是与重大纪念活动结合。在毛泽东诞辰日、党的生日、抗日战争胜利纪念日、国庆日等重要人物和重大事件纪念日，毛泽东与第一师范纪念馆组织系列纪念活动，突出爱国的核心价值理念，弘扬民族精神，激发青少年的家国情怀、爱国热情。在毛泽东同志每年的诞辰日，毛泽东与第一师范纪念馆都会单独或与第一师范等联合举办纪念活动，如纪念毛泽东诞辰主题征文比赛、演讲比赛、红歌演唱比赛、向青年毛泽东铜像献花仪式。为了纪念中国共产党成立 90 周年，贯彻落实国家《2011—2015 年全国红色旅游发展规划纲要》，作为全国红色旅游经典景区的毛泽东与第一师范纪念馆推出了一系列活动。影响较大的活动有：第一，开展主题为“恰同学少年 庆红色七月”的“红色教育 1234”活动，即寻访一个红色圣地、观看两部红色影片、传唱三首红色歌曲、阅读四本红色书籍。第二，与湖南卫视联合举办“红色青春季”项目启动仪式，并推出九大项目为建党 90 周年献礼。第三，积极参与由国家旅游局与湖南省政府主办、由湖南省委宣传部、湖南省旅游局等承办的 2011 年中国（湖南）红色旅游文化节暨纪念中国共产党成立 90 周年大型主题教育活动，并鼎力支持中国红色旅游第一卡——湖南旅游红卡的发行落实，借势推进红色旅游文化建设和爱国主义教育工作。

其次，做到“三个融入”。

一是融入各种宣教形式与手段。具体而言，主要有：第一，组织编写《培育和践行社会主义核心价值观学习资料汇编》，收集整理各级领导关于培育和践行社会主义核心价值观的重要讲话以及各级各类文件、资料，供学生和游客学习参考。第二，围绕社会主义核心价值观中的“爱国”理念等精心设置议题，邀请社科专家、爱教工作者、学生代表，运用座谈、访谈、辩论等方式开展讨论，互动交流，引导了解社会主义核心价值观并积极践行。第三，组织学生参加志愿服务、社会调查等社会实践活动，倡导爱国从小就要从自己做起、从小事做起。第四，运用影视、网络、手机等手段扩大覆盖面与影响力，增强爱国主义教育工作的实效性。2004 年以来，毛泽东与第一师范纪念馆和中央电视台、长沙电视台、湖南卫视、中国电影集团、潇湘电影制片厂合作拍摄了《恰同学少年》《毛泽东》《建党伟业》《风华正茂》《湘江北去》等一系列红色影视作品，形象生动地展现了青年毛泽东的成长历程和光辉业绩，通过中央电视台和湖南卫视等的播映，在全国产生了热烈的社会反响，从而带动了前往该馆参观学习和接受爱国主义教育的新热潮。特别是红色青春励志偶像剧《恰同学少年》，在央视一套首播后引起了全国轰动，使得第一师范这所千年学府、主席母校愈发显得神圣、庄重、深邃，其千年积淀的湖湘文脉、百年锻造的红色精神，顿时井喷般辐射全国。

二是融入学校教育和学生思想政治工作。为了深入贯彻落实中共中央、国务院印发的《爱国主义教育实施纲要》《关于加强和改进未成年人思想道德建设若干意见》以及中央政治局常委李长春同志视察所作的指示精神，充分发挥国家级爱国主义教育基地的示范作用，毛泽东与第一师范纪念馆积极推动社会主义核心价值观进教材、进课堂、进学生头脑，采取各种方式加强对广大青少年学生的爱国主义教育。举措主要有：第一，充分利用“馆校合一”的优势，为前来参观学习的学生举办党课、团课和爱国主义专题讲座，举行入党、入团、入队仪式等活动，每年都在30场次以上。第二，与省内外100多所大学和中小学共建德育基地，让其学生在此开展社会实践活动、接受爱国主义教育和革命传统教育，每年为合作学校师生开设党课、团课和爱国主义专题讲座等50场次以上。第三，经常性组织人员前往长沙市的学校、公园、社区等场所举办爱国主义教育流动展览，每年20场次以上。第四，2011年6月，与天心区委、区政府联合将第一师范旧址开设为天心区青少年红色励志第一课堂，并推出了“恰同学少年”专题报告会、“寻伟人足迹”演讲会、“访红色热土”社会实践、“伴书香成长”读书竞赛、“在身边创业”系列培训和“树文明新风”志愿服务等六大主题活动，进一步加强和改进了新形势下的青少年思想政治道德建设，激励广大青少年励志成才。这些活动引导了广大学生积极践行社会主义核心价值观，促进其德智体美全面发展。

三是融入社科普及和文明创建。毛泽东与第一师范纪念馆积极探索爱国主义教育新路径，将其与社科普及和文明创建有机融合。作为全国人文社会科学普及基地和湖南省首批社科普及基地之一，毛泽东与第一师范纪念馆除了组织开展了省级社科普及特色活动项目“走进主席母校，学会励志成才”等之外，还积极响应湖南省社科联的全省社科普及志愿者“五进（进农村、进社区、进学校、进企业、进机关）”活动号召，组织部分管理骨干和学生志愿讲解员组成社科普及小分队，走进毛泽东学生时代的校长孔昭绶故里浏阳农村，以“孔昭绶校长与青年毛泽东的励志成才”为主题，面对农村群众开展微宣讲、微展览、微咨询活动，激励当代农村青少年继承和发扬毛泽东青年时期爱国报国、励志成才的崇高理想和奋斗精神。作为湖南省文明窗口单位，毛泽东与第一师范纪念馆也很重视培育和践行社会主义核心价值观在精神文明建设中的作用。在长沙市的全国文明城市创建和本馆的省级文明窗口单位创建中，毛泽东与第一师范纪念馆以旅游服务优质化、志愿服务制度化等为载体，把社会主义核心价值观融入其中，将爱国主义教育落实到服务工作之中，收效迅速显著，文明创建都先后获得成功。

参考文献：

[1] 胡锦涛．坚定不移沿着中国特色社会主义道路前进 为全面建成小康社会而奋斗——在中国共产党第十八次代表大会上的报告［J］．求是，2012（22）：3—25.

[2] 刘奇葆．在全社会大力培育和践行社会主义核心价值观［EB/OL］．人民网（2014-03-05）［2014-9-26］．http：//news. xinhuanet. com/politics/2014-03/05/c_126221970. htm.

[3] 刘云山．着力培育和践行社会主义核心价值观［EB/OL］．人民网（2014-01-16）［2014-9-26］．http：//cpc. people. com. cn/n/2014/0116/c64094-24136367. html.

[4] 中共中央办公厅．中共中央办公厅印发《关于培育和践行社会主义核心价值观的意见》［EB/OL］．新华网（2013-12-23）［2014-9-26］．http：//news. xinhuanet. com/politics/2013-12/23/c_118674689. htm.

（作者单位：毛泽东与第一师范纪念馆）

“省管县”体制改革要聚焦县域经济持续发展

戴　军

一、抓住“省管县”体制改革的本质要求

“省管县”体制改革的提出由来已久，并且也在全国、在湖南有一定程度、一定范围的探索与实施，也取得了可喜的成绩。现在我们再提“省管县”体制改革，显然不是重复，不是简单的温故知新，而是革故鼎新，鼎故辞旧，或者用今天最热潮的词汇就是“省管县”体制要“创新”。什么是创新？用美籍奥地利经济学家约瑟夫·熊彼特的观点，创新就是“创造性的破坏”，我理解，“创造性的破坏”化成当下的语言，大意就是“有价值的构建”。“省管县”体制要创新，就是要构建对县域经济发展有价值的体制，也就是我今天发言的主题。“省管县”体制改革的价值取向、功能定位要聚焦县域经济更好的转型发展，实质上就是县域经济持续发展。这是一个理念问题、认识问题。大家知道，思路决定出路，而思路来自哪里？来自理念。

体制沿着什么样的方向转型和变革？首选要明确体制存在的价值。从制度经济学的视角看，体制设计是要服务与服从于经济发展战略的。“省管县”体制改革就是要构建与完善服务与服从于县域经济发展战略的制度安排。把县域经济发展提升到战略高度，从战略管理学的角度看，是因为县域经济太重要了，同时，县域经济的虚弱也相当程度上影响了全局的发展。就湖南来看，近些年，湖南经济总量稳定在全国前十位，无论是纵向比，还是横向比，反映了湖南经济发展取得了巨大的成就。但湖南经济总量不足、经济结构不优、发展质量欠佳的这种状况没有根本性改观，这种困难的状况与湖南县域经济发展相对落后直接相关。

从近些年的统计数据来看，湖南经济总量较稳定排在全国第十位，但相比较，还不到排名第一、第二的广东、江苏经济总量的一半。从县域口径统计的湖南87个县市（16个县级市、71个县）来看，县域人口超过湖南总人口的70%，县域面积超过90%，县域经济总量占全省的60%。湖南县域经济发展对湖南经济总量提升至关重要。

从湖南经济发展结构、发展质量看，湖南人均主要经济指标，如人均GDP、人均固定资产投资、人均进出口总额以及三大产业比例、城镇化率、城乡居民收入、对外开放度、地方收入等都低于全国平均水平，部分指标在中部靠后。如果作一个简单的曲线分析，可以明显地看到，纳入统计的绝大部分县域相应指标比湖南省平均水平都要低。这表明，湖

南县域经济结构、县域经济发展质量严重制约湖南经济发展整体质量与水平。

基于以上简要分析，可以说，县域经济是湖南的“省本”经济，也是湖南的“短板经济”，这种现实、这种困境，很大程度上影响湖南有效实现“三量齐升”“两个率先”“富民强省”的战略。因此，全省上下要形成共识，围绕县域经济发展真抓实干，多出实招干货。

高质量高水平发展湖南县域经济，需要问题导向思维，需要有针对性地解构制约湖南县域经济发展的成因。发展经济学认为，“贫困国家之所以贫困是因为贫困”，这一论点换种县域经济发展语境，也可以讲，“县域经济发展落后是因为落后”，这不仅仅是指落后的县域经济导致发展的负循环，更主要是指有一系列束缚因素共同作用导致县域经济发展薄弱。客观地讲，束缚湖南县域经济发展的因素有许多，既有理念认识、思想观念、产业发展、资源禀赋、地理区位等“硬发展环境”方面的原因，也有体制机制等“软发展环境”的原因。

制度经济学认为，发达地区与不发达地区最明显的差异是体制制度的差异。实际上，我理解，体制是一种依附性的制度安排，体制本无好坏、优劣，其好坏、优劣宏观上取决于是否适用、促进与服务好经济发展战略，微观上是否能促进个体、基本经济体的积极性与创造力。

关于后面这一点，实际上中央决策层已经有深刻的体悟与安排。如，“十三五”规划建议中关于未来五年经济社会发展的六大基本原则遵循中，排在第一位的是“坚持人民主体原则”；中央深改组第十七次会议指出：“全面深化改革任务越重，越要重视基层探索实践。”“形成鼓励基层改革创新的合力，最大限度调动地方、基层以及各方面的积极性、主动性、创造性。”李克强总理最近多次提到，“高手在民间”，这些论述实际上为我们指明了体制创新的价值功能。

今天我们重启“省管县”体制改革，并作为我们全面深化改革部署中先行先试的重点改革事项，核心目的就是要去除一些带在县域经济体身上的枷锁，针对县域经济体发展的特点和难点，减少中间环节，降低体制交易成本，实现职能下沉，赋予县域经济体更大范围与类似意义上的、比较清晰的“权利界定”，最大可能扩大大县（市）经济社会发展的自主权，从而激发县域经济体自我定位发展的活力，形成县域经济发展的内在动力与激励，实现县域经济的持续发展。

二、把握“省管县”体制改革的方法与阶段性进程

2015 年以来，突出“省管县”体制改革，湖南出台了一系列政策文件，确定了 13 个改革试点县（市），并将出台《湖南省赋予省直管县试点县部分市级经济社会管理权限目录》，这些都表明，湖南“省管县”体制改革力度在加大、步伐在加快。

大力度、快步伐的改革能否取得实效，不在于是否“平衡发展”，而是在于关键问题关键领域是否能突破。县域管理体制的形成有历史的积淀，有历史的合理性，经验告诉我们，解决历史形成的问题本身具有历史性、复杂性。需要用一种“非平衡”的思维，以关键问题关键领域的突破，来带动全局。

“省管县”体制改革要抓住关键问题与关键领域。诸如，如何有效解决县域经济体普

遍存在的财政收入不足、金融支持不够等许多重大问题。

“省管县”体制的历史性，决定了当前“省管县”体制改革是一场试验，需要把握方法与进程。

从“省管县”体制改革的方法论上讲，要构建一种动态的省级层面设计调整机制。既要发挥省级层面设计对县域实践的引领、规划、指导作用，又要鼓励支持县域（当前主要是13个试点县（市））从实际出发，因地制宜，大胆探索。实现省级层面设计与县域创新的有效结合，特别要构建一种顺捷的、及时的、稳定的机制，能够有效地吸收“省管县”体制改革中县域创新经验，将县域实践中揭示新问题、新方法、新特点、新规律及时形成理性认识，推动省级层面上的体制设计调整。这种动态调整的动机，不是缘于市级层面的意愿与偏好，而是来自县域经济发展的实践与要求。这种调整，应该是适时调、相机调、定向调。目的只有一个，破除一切被证实了的阻碍县域经济自我激励、内在驱动发展的体制与机制。

从“省管县”体制改革进程上讲，当前的“省管县”体制改革既要立足当前，更要服务与服从于长远，即未来“省管县”体制改革取向。当前的“省管县”体制改革，主要是在13个试点县域经济体内，围绕剥离市级对县域的部分经济社会管理职能、扩大县域经济体自主权为重点而展开，这显然是在过去“省管县”财政管理体制改革基础上的一大进步。体制改革范围的扩大，实必带来更多的困难与挑战。这种困难与挑战，不仅在当前，而且也将影响未来。从可预期的发展趋势来看，将来的新型的“省管县”体制改革，不仅会由试点县覆盖到全部县域经济体，而且会由市级县域经济社会管理部分职能的剥离到完整意义上的“省管县”体制确立，直到完整意义上“省管县”体制本身的调整与变革，这种变化很多时候是不以人的意志为转移的。撒切尔夫人曾讲，不可预期的事情经常会发生，你最好早作准备。“省管县”体制改革的未来取向是可以预期的，我们最好早作准备。如何早作准备，一个基本遵循，就是当前解决问题的体制变革最好不要成为未来体制改革的重点与难点。

三、界定“省管县”体制改革的关键主体

从“省管县”体制改革所涉主要主体讲，涉及省级、市级、县级三个主体层面。

韩非子讲，“事在四方，要在中央”。我省的“省管县”体制改革，“要”在省级决策层、管理层。

大家知道，湖南目前的“省管县”体制改革主要是在13个县（市）开展试点，从有关试点文件看，主要是“省管县”经济体制改革试点，这种确定，有必要对“经济体制改革”进行认识与再认识。

十八届三中全会指出，经济体制改革是全面深化改革的重点，核心问题是处理好政府和市场的关系，使市场在资源配置中起决定性作用和更好发挥政府作用。

政府与市场的关系是一种什么样的关系，我的理解，通俗地讲，就是“政府管的方面”与“不管的方面”的关系。市场经济学认为，“市场是政府的一种镜像”，顺着这点，可以得出两个推论：有好的政府，就会有好的市场；有不好的政府，就会有不好的市场。再把这种认识延伸一点，政府应该管的方面管好了，“不管的方面”，就会有自激励效应；

政府管了不该管的方面，该管的方面没管好，就会抑制“不管方面”的主动性，就会使“不管的方面”失去秩序。

我们把这种分析再移植到“省管县”体制改革的主体层面上来，如果把省级层面看成是“政府”，市级、县级则可以视为“市场”的角色，权且把市级、县级当作一级市场与二级市场。“省管县”体制改革，实际上就是要强化省级与县级之间的直接关系，两者关系处理得如何，“县级层面是省级层面的一种镜像”。而省级层面的作用能否更好地发挥，取决于其体制设计是否能促进县级自激励效应的生成。

（作者单位：湖南省县域经济研究会）